한국과학교육콘텐츠협동조합
과학교육학 교재 series no. 2

〈2판〉

과학 교육론과 지도법

이기영 · 김희경 · 윤희숙 · 변정호 · 조희형

교육과학사

중・고등학교의 과학교육은 주로 과학과 교육과정에 따라 이루어진다. 우리나라 과학과 교육과정은 대체로 각급 학교 과학교육의 목적과 과학 교수・학습의 목표, 그런 목적과 목표를 달성하기 위한 교수・학습의 내용, 그리고 그 내용의 교수・학습 방법과 그 결과에 관한 평가 방법으로 구성되어 있다. 이 가운데에서 과학교육의 목적과 과학 교수・학습 목표의 설정, 과학 교수・학습 방법과 평가 도구의 선택을 위한 이론적 배경은 각각 과학철학, 과학학습심리학에 있다.

과학철학은 과학교육의 목적과 아울러 과학의 본성, 과학지식과 과학적 방법의 특성에 관한 관점과 통찰을 제공한다. 과학학습심리학은 과학의 본성에 관한 인식, 과학지식의 획득, 과학적 탐구 기능의 습득 과정과 방법을 기술한다. 한편 과학과 교육과정의 내용을 선정・조직하는 원리와 방법은 과학철학・심리철학・학습심리학 사상에 따라 결정되며, 실제의 내용은 분야별 현대의 과학지식에서 선정한다.

이 책에는 이와 같은 과학교육의 이론적 배경, 각 이론적 배경이 과학교육의 여러 측면에 던져주는 시사점에 관하여 기술하고, 그 시사점에 따라 과학교육 이론을 실제에 적용하는 방법이 예시되어 있다. 이 책은 기존의 『과학교육론』의 내용과 『과학 교재연구 및 지도법』의 내용을 통합한 것이다. 과학교육학 이론을 적용하는 방법의 예시에는 대부분 『2022 개정 과학과 교육과정』의 내용이 반영되어 있다. 이 책의 내용은 구체적으로 다음과 같이 여덟 장으로 조직하였다.

제1장 과학철학: 과학교육에 영향을 미친 전통적 과학철학과 현대의 과학철학
제2장 과학의 본성: 과학의 본성, 과학지식, 과학적 방법, 과학사회, 과학윤리의 특성
제3장 과학학습 심리학: 급진적 구성주의, 그에 이론적 배경을 둔 학습이론
제4장 과학 교육과정: 과학 교육과정의 의미와 목적, 과학교육 사상과 그에 따른 교육과정의 변천, 과학 교육과정 개발 모형
제5장 과학 교수・학습 모형: 구성주의에 따른 순환학습 모형, 개념변화 모형, 생성학습 모형, POE 모형, 발견학습 모형
제6장 과학 교수・학습 전략: 구성주의에 따른 과학 교수・학습 방법 및 디지털기반 과학 교수・학습 전략
제7장 과학 교수・학습의 계획과 평가: 과학 교수・학습 계획, 과학교육 평가
제8장 과학교사 교육: 과학교사의 전문성, 과학교사 양성

머리말

저자들은 과학교육학 영역을 가능한 한 모두 포함시켜, 이 교재를 일반 과학교육학 교재로 구성하려 하였다. 이 교재를 구성하기 위하여 기존의 『과학교육론』과 『과학 교재연구 및 지도법』을 통합할 때, 이 두 교재의 내용 중 교육학 계열 영역에서 보편적으로 다루고 있는 내용과 물리학 · 화학 · 생명과학 · 지구과학의 분야별 교육에서만 다루는 내용을 제외하였다. 이 교재는 또한 몇몇 저명한 외국의 과학교육학 교재에 공통적으로 포함되어 있는 내용과 그 밖에 우리나라 과학교육 현실에 부합되는 내용을 중심으로 구성하였다.

이 책의 내용은 예비과학교사, 현직과학교사, 과학교육학 전공 대학원생들이 과학교육학의 구조를 이해하고, 과학 교수 · 학습에 기본적인 과학교육학 지식을 획득하며, 과학 교수 · 학습에 필요한 실제적 기능을 습득할 수 있도록 선정 · 조직하였다. 예비과학교사들을 위해 과학교육학 관련 이론과 과학 교수 · 학습 방법 및 평가의 실례를 제시하였으며, 현직과학교사들을 위해 과학교육의 실제에 가까운 체제로 구성하였다. 그리고 과학교육학 전공 대학원생들이 과학교육학을 이해할 때뿐만 아니라 연구하는 과정에서 참조할 수 있도록 관련 참고문헌을 가능한 모두 인용하였으며, 새로운 과학교육학 관련 개념이나 이론도 참고문헌의 연구자나 저자가 제시한 원문을 그대로 나열하였다. 저자들은 이 책이 과학교육에 종사하는 모든 이들에게 조금이나마 도움이 되길 진심으로 희망해 본다.

이 책이 나오기까지 여러 사람의 도움을 받았다. 누구보다도 교육과학사 이정호 실장님의 격려와 꼼꼼한 편집과 지도, 그리고 한정주 사장님의 배려가 없었으면, 이 책이 나오지 못했을 것이다. 그분들에게도 감사드린다.

저자 이기영, 김희경, 윤희숙, 변정호, 조희형

차 례

머리말 / 3

제1장 과학철학 ······ 13

1. 철학의 대상 및 영역과 과학교육학의 관계 ······ 15
   1) 철학의 대상과 영역 ······ 15
   2) 진술의 진리 판단 ······ 19
   3) 철학이 과학교육에 미친 영향 ······ 21
2. 전통적 과학철학과 과학적 방법 ······ 22
   1) 경험주의와 귀납적 방법 ······ 24
   2) 이성주의와 연역적 방법 ······ 28
   3) 실증주의와 조작주의 및 환원주의 ······ 30
   4) 반증주의와 가설-연역적 방법 및 귀추법 ······ 36
   5) 과학적 방법에 따른 과학 교수·학습 ······ 42
3. 현대 과학철학과 구성주의 ······ 46
   1) 쿤의 패러다임과 과학혁명 ······ 46
   2) 라카토스의 연구프로그램과 과학의 분화 ······ 50
   3) 라우든의 연구전통과 과학의 발달 ······ 53
   4) 사회적 구성주의와 지식사회학 및 과학사회학 ······ 56
   5) 구성주의에 따른 과학 교수·학습 ······ 58
4. 과학철학과 과학지식의 발달 모형 ······ 62
   1) 누가적 모형 ······ 62
   2) 진화적 모형 ······ 63
   3) 격변적 모형 ······ 64
   4) 점진적 모형 ······ 65

제2장 과학의 본성 ······ 67

1. 과학의 구성과 발달 ······ 69
   1) 과학의 정의와 목적 ······ 69
   2) 과학의 발달 ······ 84
   3) 과학의 분류와 자연과학 ······ 93

2. 과학지식 ········ 96

1) 과학지식의 의미와 출처 ········ 96
2) 과학지식의 종류 ········ 101
3) 과학지식의 구성요소 ········ 104
4) 과학지식의 교수 · 학습 ········ 112

3. 과학적 탐구 ········ 119

1) 과학적 사고와 사고실험 ········ 120
2) 과학적 탐구 과정과 활동 ········ 129
3) 과학공학 실행 ········ 164

4. STS와 과학 윤리 ········ 173

1) 과학-기술-사회(STS) ········ 174
2) 사회과학 쟁점(SSI) ········ 185
3) 과학의 윤리 ········ 189

제3장 과학학습 심리학 ········ 197

1. 급진적 구성주의와 교수 · 학습 ········ 199

1) 급진적 구성주의의 대두 배경 ········ 199
2) 급진적 구성주의의 특성과 종류 ········ 200
3) 급진적 구성주의가 과학교육에 미친 영향과 비판 ········ 202

2. 피아제의 지능발달 이론과 교수 · 학습 ········ 204

1) 지능발달 이론의 개념과 한계 ········ 205
2) 지능발달 단계 ········ 209
3) 지능발달에 영향을 미치는 요인 ········ 213
4) 지능발달 이론의 적용 ········ 214

3. 오수벨의 유의미수용학습 이론과 교수 · 학습 ········ 217

1) 학습 형태의 종류 ········ 217
2) 유의미수용학습의 종류 ········ 218
3) 유의미학습의 조건 ········ 219
4) 동화설과 명제학습의 종류 ········ 221
5) 유의미학습 이론의 적용 ········ 223

4. 비고츠키의 사회-문화적 이론과 교수 · 학습 229
1) 사회문화적 이론의 대두와 특성 229
2) 근접발달영역 231
3) 사회문화적 이론과 과학교육 231
5. 브루너의 수업 이론과 교수 · 학습 233
1) 학습의욕 233
2) 지식의 구조 234
3) 계열 236
4) 수업 이론의 특성과 과학교육 적용 237
6. 대체적 개념틀 이론과 교수 · 학습 239
1) 대체적 개념틀 이론의 대두 240
2) 대체적 개념틀의 기원과 분석 방법 242
3) 분야별 중요한 대체적 개념 244

제4장 과학 교육과정 257

1. 과학교육의 의미와 목적 259
1) 과학교육의 의미 259
2) 과학교육의 필요성과 정당화 260
3) 과학교육의 이념 · 목적 · 목표의 특성과 진술 263
2. 과학 교육과정의 의미와 특성 279
1) 과학 교육과정의 의미 279
2) 과학 교육과정의 유형 282
3) 과학 교육과정의 운영 형식 285
3. 과학교육 사상과 과학 교육과정 289
1) 과학교육 사상 290
2) 과학 교육과정의 변천 295
3) 2022 개정 과학과 교육과정 299
4. 과학 교육과정의 개발 309
1) 교육과정 설계 방법 310
2) 교육과정 개발 모형 311

3) 과학 교육과정 내용의 선정과 조직 ······ 315

제5장 과학 교수 · 학습 모형 ······ 327

1. 순환학습 모형 ······ 329
1) 순환학습 모형의 특징 및 이론적 배경 ······ 329
2) 순환학습 모형의 절차와 방법 ······ 335
3) 순환학습 모형의 적용과 예시 ······ 339

2. 개념변화 과학 교수 · 학습 모형 ······ 345
1) 개념변화 모형의 이론적 배경 및 특징 ······ 345
2) 드라이버의 대체적 개념틀 교환 모형 ······ 356

3. 생성학습 모형 ······ 360
1) 생성학습 모형의 특징 ······ 360
2) 생성학습 모형의 절차와 방법 ······ 361
3) 생성학습 모형의 적용 ······ 363

4. POE 모형 ······ 365
1) POE 모형의 특징 ······ 365
2) POE 모형의 방법과 절차 ······ 365
3) POE 모형의 적용 ······ 367

5. 발견학습 모형 ······ 370
1) 발견학습 모형의 특징과 이론적 배경 ······ 370
2) 발견학습 모형의 절차와 방법 ······ 371
3) 발견학습 모형의 적용 ······ 373

제6장 과학 교수 · 학습 전략 ······ 377

1. 강의 ······ 379
1) 강의의 특성과 한계 ······ 379
2) 강의의 형식 ······ 380
3) 강의의 과정과 전략 ······ 381

2. 질문 ········ 382
1) 질문의 기능과 필요성 ········ 383
2) 질문의 종류 ········ 384
3) 질문 교수·학습 ········ 386

3. 토론 ········ 387
1) 토론의 의미와 기능 ········ 388
2) 토론 교수·학습의 종류 ········ 389
3) 토론 교수·학습의 목적과 절차 ········ 390

4. 비유 ········ 391
1) 비유의 의미와 필요성 ········ 391
2) 비유 교수·학습 모형 ········ 392
3) 비유 교수·학습 예시 ········ 393

5. 개념도 ········ 396
1) 개념도의 의미와 특징 ········ 397
2) 개념도의 작성과 평가 ········ 398

6. 인식론적 V ········ 401
1) V도의 의미와 특징 ········ 401
2) V도 작성 ········ 402
3) V도 평가 ········ 404

7. 협동학습 ········ 406
1) 협동학습의 의미와 기능 ········ 407
2) 협동학습의 이론적 배경 ········ 408
3) 협동학습의 종류와 방법 ········ 408

8. 시범실험 ········ 414
1) 시범실험의 의미와 필요성 ········ 414
2) 시범실험의 기능과 특성 ········ 416
3) 시범실험의 방법 ········ 417

9. 실험실 실험 ········ 418
1) 실험실 실험의 의미와 특성 ········ 419
2) 실험실 실험의 목적과 역할 ········ 419

3) 실험실 실험 기술 ········ 421
4) 실험실 실험의 종류 ········ 421

10. 현장실습 ········ 424

1) 현장실습의 목적과 필요성 ········ 424
2) 현장실습의 계획과 장소 ········ 425
3) 현장실습의 안전 ········ 427

11. 역할놀이 ········ 428

1) 역할놀이의 가치와 목적 ········ 428
2) 역할놀이의 형식과 전략 ········ 429
3) 역할놀이의 교수 · 학습 단계와 주제 ········ 430

12. 개별화 교수 · 학습 ········ 431

1) 개인차와 개별화 교수 · 학습 ········ 431
2) 영재 교육 ········ 432
3) 성차와 과학교육 ········ 434

13. 디지털 기반 과학 교수 · 학습 전략 ········ 435

1) 디지털 전환 시대와 과학 교수학습의 변화 ········ 435
2) 인공지능을 활용한 과학 교수 · 학습 ········ 441
3) 메타버스 기반 과학 교수 · 학습 ········ 446
4) 클라우드 기반 디지털 협업 도구 활용 전략 ········ 452
5) 시뮬레이션 활용 과학 교수 · 학습 ········ 455

제7장 과학 교수 · 학습의 계획과 평가 ········ 465

1. 과학 교수 · 학습 계획 ········ 467

1) 과학 교과 계획 ········ 467
2) 과학 단원 계획 ········ 470
3) 과학 교수 · 학습 과정안 ········ 475

2. 과학교육 평가 ········ 484

1) 과학교육 평가와 교수 · 학습 · 수업의 관계 ········ 485
2) 과학교육 평가 틀과 영역 ········ 486
3) 과학교육 평가 방법 ········ 496

제8장 과학교사 교육 521

1. 과학교사의 전문성 523
   1) 과학교사의 역할 · 자질 · 상의 의미와 관계 523
   2) 과학교사의 전문성 개발 525
2. 과학교사 양성 · 자격 · 신규채용 528
   1) 과학교사의 양성 529
   2) 과학교사의 자격 529
   3) 과학교사의 신규채용 532

참고문헌 533

찾아보기 558

제 1 장 과학철학

목차

1. 철학의 대상 및 영역과 과학교육학의 관계
2. 전통적 과학철학과 과학적 방법
3. 현대 과학철학과 구성주의
4. 과학철학과 과학지식의 발달 모형

목표

- 철학의 본성과 과학교육의 필요성을 안다.
- 전통적 과학철학과 과학적 방법의 특성을 안다.
- 현대 과학철학의 영역과 대상 그리고 과학교육에 미친 영향을 안다.
- 과학지식의 과학사적 발달 과정을 안다.

1. 철학의 대상 및 영역과 과학교육학의 관계

일반적인 의미의 과학철학(philosophy of science)은 철학(philosophy)의 한 분야이다. 한편 철학의 한 분야로서의 과학철학은 과학교육학의 이론적 배경, 곧 그 기초 영역이 된다. 과학교육학의 이론적 배경으로서의 과학철학은 넓은 의미와 좁은 의미로 해석된다. 넓은 의미의 과학철학이 자연과학·형식과학·사회과학을 포함한 과학 분야의 철학적 가정·기초·시사점을 일컬음에 비하여, 좁은 의미의 과학철학은 관찰·논증형식·전제(premise)를 비롯한 과학적 탐구 방법과 과정의 특성을 설명하고 그 타당성을 검토하는 일반철학의 한 분야를 가리킨다.

1) 철학의 대상과 영역

철학은 우주의 궁극적 사물을 연구하는, 즉 우주에 대한 연구의 대상, 지식, 방법의 분석에 목적이 있는 학문이다. 철학은 여러 가지 준거에 따라 다양한 영역으로 분류되지만, 대체로 대상과 방법에 따라 인식론(epistemology), 형이상학(metaphysics) 또는 존재론(ontology), 논리학(logic), 윤리학(ethics) 또는 가치론(axiology)의 네 영역으로 분류된다([그림 1-1]).

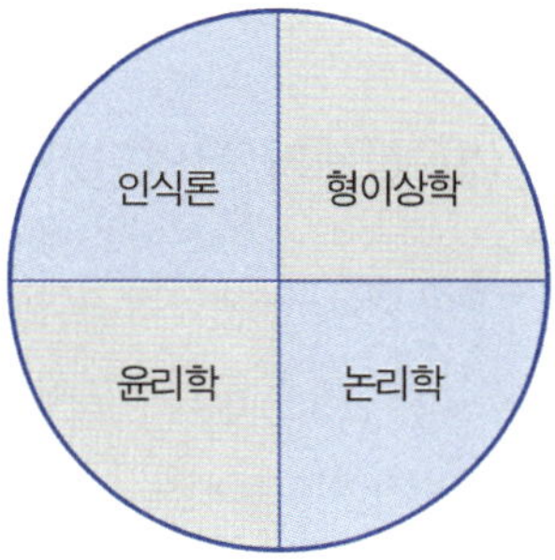

[그림 1-1] 철학의 영역

(1) 지식이 무엇인가?

어떻게 아는가? 안다는 것이 무엇인가? 지식은 무엇인가?와 같은 질문은 모두 인식론적 물음이다(Honer et al., 2006). 인식론은 참과 거짓, 인식의 기원·본질·한계, 신념, 지식의 출처·가능성·타당성을 대상으로 하는 철학의 한 영역으로서 지식을 [그림 1-2]와 같이 도식적으로 규정한다. [그림 1-2]에서 진리·지식·신념 사이의 관계는 '정당화된 참된 신념(justified true belief)'으로 정의되는 과학지식의 본성을 표현한다.

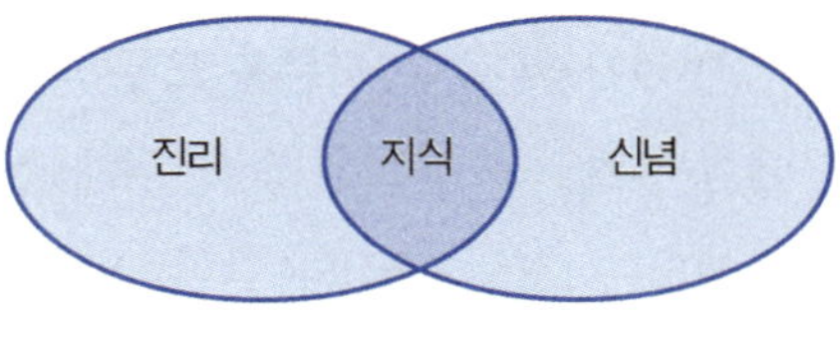

[그림 1-2] 지식의 정의적 구성요소

인식론은 경험론(empiricism)·이성론(rationalism)·과학적 방법론(scientific methodology)으로 구분되기도 한다([그림 1-3]). 경험론은 감각·증거·귀납과 관련되어 있으며, 인식이 오감을 이용한 감각적 경험을 통해 이루어지고, 지식은 경험의 귀납적 일반화로 구성된다고 주장한다. 이와 달리, 합리론으로 불리기도 하는 이성론은 마음·추리·연역과 관련되어 있으며, 인식이 이성적 사유를 통해서 확립되고, 지식은 자명한 명제에서 출발하는 연역적 과정을 거쳐 절대적이고 확실한 지식에 도달된다고 본다. 한편 과학적 방법론은 과학적 방법(scientific method)의 본성을 설명하는 이론으로서(Kitchener, 1999), 특별히 과학지식의 특성과 출처에 관한 경험론과 합리론의 두 인식론적 신조를 동시에 수용하여(Honer et al., 2006) 인식이 경험과 사유를 통해 이루어진다고 가정한다.

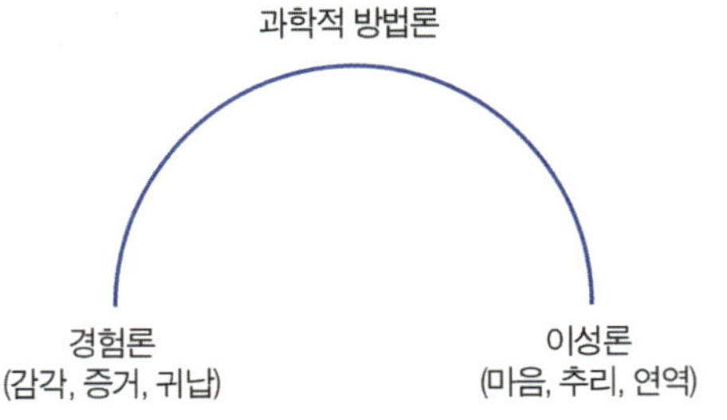

[그림 1-3] 인식론의 종류와 관계

(2) 실체가 무엇인가?

형이상학의 궁극적 질문은 이론이 설명하려는 실체(reality)란 무엇인가? 사물의 본질은 무엇인가? 현상의 실재가 무엇인가? 등과 같다. 형이상학은 본질·본체·존재·실체에 관한 신조로서 본체론, 존재론, 실체론으로 불리기도 한다. 원자는 실제로 존재하는 것인가? 무엇을 유전자라 하는가? 산(acid)이란 무엇인가?와 같은 질문은 모두 과학적 연구에서 실체, 곧 진실을 찾기 위해 던지는 형이상학적 물음이다.

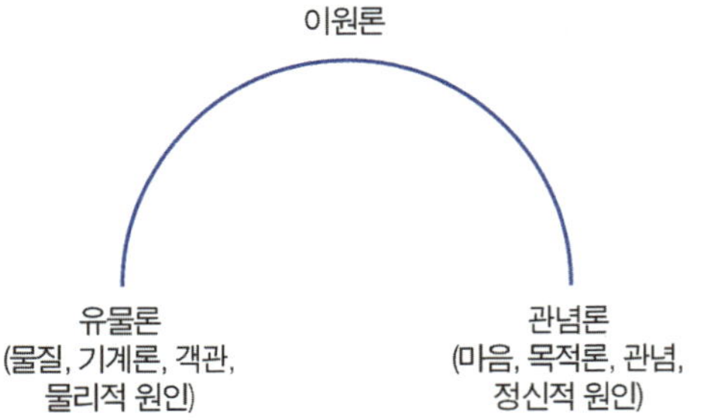

[그림 1-4] 실체론의 종류와 관계

실체론은 [그림 1-4]와 같이, 유물론(materialism)·관념론(idealism)·이원론(dualism)으로 나뉜다(Honer et al., 2006). 실체의 본질을 객관적으로 존재하는 물질로 가정하는 유물론은 대상과 영역에 따라 환원론(reductionism), 또는 기계론(mechanism)의 이론적 배경이 된다. 유심론으로 불리기도 하는 관념론은 존재의 본질로 마음과 정신을 제시하는 실체론으로서 목적론(teleology)의 근간이 된다. 이원론은 본체를 서로 환원되지 않는 물질과 정신의 두 가지 본질(substances)로 이루어진 것으로 보는 신념이다.

(3) 논리적 추리에는 어떤 것이 있는가?

논리학은 논증(argument)과 그 논증에 명제(proposition)가 사용되는 방법을 연구하는 철학의 한 분야이다. 논증에 사용되는 선언적 진술(declarative statement)은 명제들과 결론(conclusion)으로서 추리(reasoning)의 기본 단위이다. 추리는 심리적 추리와 논리적 추리로 구분되는데, 심리적 추리는 근거(evidence)나 전제를 바탕으로 결론을 도출하는 심리적 과정으로서 추론(inference)으로 불리기도 한다(Honer et al., 2006).

논리적 추리는 가장 일반적으로 귀납적 추리와 연역적 추리로 대별된다. 귀납적 추리는 부분에서 전체로, 특수한 것에서 일반적인 것으로, 개체에서 보편으로 나아가는 논리적 추리이며, 연역적 추리는 대전제와 소전제에서 결론을 도출하는 논리적 추리이다. 귀납적 추리의 한 유형으로 유비(analogy)가 있다. 유비는 잘 알려져 있지 않은 것을 친숙하고 흔히 알려져 있는 용어로 표현하는 추리의 한 유형으로서 유추로 일컬어지기도 한다. 유추는 유비추론(inference by analogy), 또는 유비추리(reasoning by analogy)의 약어로서 비유를 이용한 논증(김광수, 2007; 박은진 · 김희정, 2008), 또는 유사(상사)(similarity)의 특수한 예(Holyoak & Morrison, 2005)를 일컫기도 한다.

비판적 사고는 이와 같은 추론 및 논리적 추리를 따르는 사고이다. 비판적 사고는 내용과 무관한, 곧 어느 내용에나 적용되는 논리적 사고이다. 비판적 사고는 추리 과정을 판단하는 능력, 이를테면 타당한 추리 과정과 그렇지 못한 추리 과정을 구분하는 능력을 요구한다. 비판적 사고는 추론 단계를 구성하는 전제의 진위를 따짐으로써 형식논리적 사고와 구분되며, 모든 분야의 전제를 다룸으로써 자연과 생명에 관한 전제만 다룬다는 점에서 과학적 사고와 구분된다.

(4) 옳고 그름을 어떻게 판단하는가?

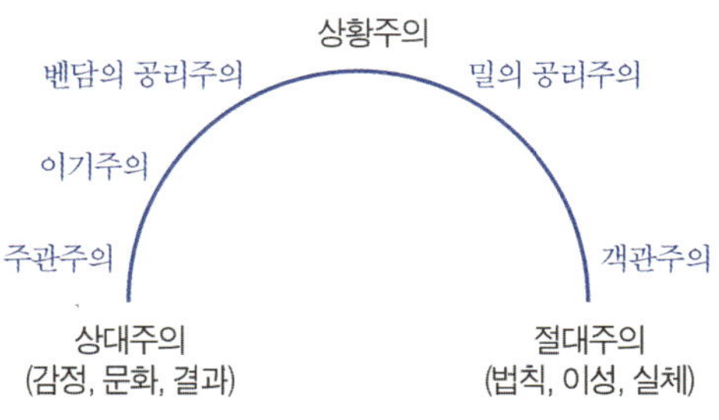

[그림 1-5] 윤리학의 종류와 관계

윤리학은 인간의 행위에 관한 여러 가지 문제와 규범을 연구하는 철학으로서 도덕의 본질 · 기원 · 발달, 선악의 기준 따위를 다룬다. 윤리학은 책임 · 가치 · 전통에 관해서도 연구하고, 그 결과를 바탕으로 결론을 도출하는 접근법으로서 의무론적(deontological) 방법, 목적론적(teleological) 방법, 공리적(utilitarian) 방법을 제안한다. 윤리학은 [그림 1-5]에 기술되어 있는 바와 같이(Honer et al., 2006), 가치의 본성과 가치판단의 정당성에 관한 접근법에 따라 상대주의, 절대주의, 상황주의로 대별된다. 윤리학은 또한 주관주의, 문화적 상대주의, 벤담(Jeremy Bentham, 1748~1832)의 공리주의, 이기주의, 밀(John S. Mill, 1806~1873)의 공리주의, 객관주의와 같이 더 세부적 영역으로 나눠기도 한다.

무엇이 좋은 것인가? 무엇을 옳은 것이라 하는가? 아름다운 것은 무엇을 말하는가?와 같은 질문의 답은 과학윤리 및 생명윤리의 이론적 배경이 되는 가치론에서 찾아야 한다. 결정론(determinism), 윤리학, 미학(aesthetics)으로 분류되기도 하는 가치론은 당위(當爲), 또는 보편타당한 가치를 탐구하거나 그런 가치의 확립에 목적을 둔 철학 분야로 분류된다. 윤리학의 포괄적 개념으로 볼 수도 있는 가치론은 주로 진선미, 행위의 규범, 도덕의 본성을 다루며, 실천적 문제와 관련이 있어서 실천철학으로 받아들여지기도 한다(Honer et al., 2006).

(5) 오감을 통해 지각하는 것이 무엇인가?

지각(perception)은 오감을 이용해 사물을 인식하는 심리적 과정이다(Honer et al., 2006). 지각을 대상으로 하는 철학 영역은, [그림 1-6]에 기술되어 있는 바와 같이, 크게 실재론(realism)과 관념론(idealism)으로 나뉜다. 실재론자는 물리적 세계가 인간의 사고에 독립적으로 존재한다고 생각하며, 이런 실재론자와 입장을 달리하는 관념론자는 물리적 세계가 인간의 의식 활동에 의존한다고 주장한다(Okasha, 2016). 즉 실재론은 진리가 자연에 객관적으로 존재하기 때문에 감각적 경험과 같은 실증적 방법을 통해 발견할 수 있다고 생각하는 신조이며, 관념론은 진리를 이성과 정신에 존재하는 이데아(idea)로 보고 논리적 사유를 통해 검증할 수 있다는 주장이다.

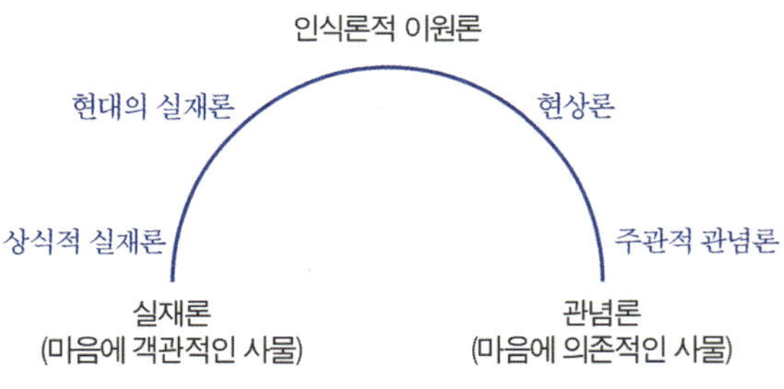

[그림 1-6] 지각 이론의 종류와 관계

[그림 1-6]에 기술되어 있는 바와 같이, 철학에서는 오감을 통해서 얻어지는 지각의 특성을 준거로 하여 실재론을 현대의 실재론과 상식적 실재론의 소영역으로, 그리고 관념론을 현상론(phenomenalism)과 주관적 관념론의 세부 영역으로 다시 나누기도 한다. 현상론은 자연의 현상과 사물에 대하여 지각된 자료가 개념으로 전환된다고 가정하고, 오감을

통해서 지각할 수 있는 현상이 곧 본질이라고 주장한다. 현상론은 사물의 겉모습만 지각할 수 있기 때문에, 그것의 궁극적 본질은 알 수 없다고 주장하는 철학사상인 것이다. 바꾸어서 말하자면, 실재론과 반실재론(anti-realism) 사이에 일어나고 있는 논쟁의 핵심은 관찰이 가능한 것과 비가시적인 것의 구분에 있다(Okasha, 2016).

2) 진술의 진리 판단

명제의 진술, 또는 과학지식의 진위를 평가하는 준거(criteria)는 인식론적 관점에 따라 달라진다. 인식론적 관점의 변화에 따라 여러 가지 평가 준거가 제시되어 온 사실이 이를 잘 보여준다. 인식론에서는 지식의 평가 준거, 즉 진리 이론(theory of truth)으로 대응설 · 정합설 · 실용설 · 확증설 · 입증설 · 반증설이 제시되었으며(Honer et al., 2006; Hospers, 1997; Moser & Nat, 1987), 후실증주의에서는 이에 사회적 합의(social consensus)가 더해졌다. 인식론에서는 또한 진리 이론을 [그림 1-7]에서도 볼 수 있듯이, 일치설(correspondence theory), 정합설(coherence theory), 실용설(pragmatic theory)로 대별하기도 한다(Hospers, 1997; Moser & Nat, 1987). 대응설 · 정합설 · 실용설은 각각 경험론 · 이성론 · 실용론이 지지하는 진리설이다(Palmer, 2005).

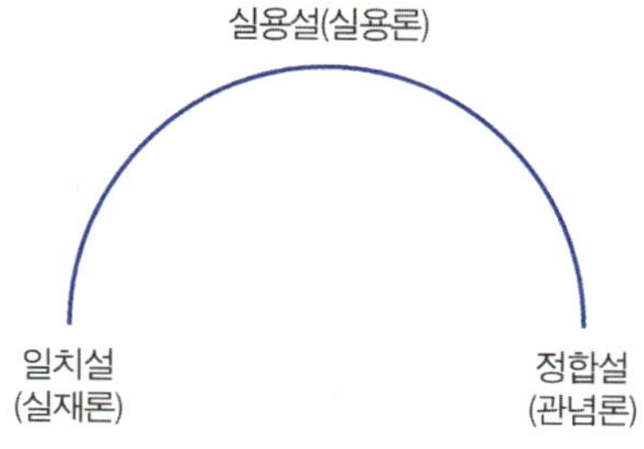

[그림 1-7] 진리 이론의 종류

(1) 일치설

일치설은 사물의 객관적 존재와 실체를 추구하는 실재론에 이론적 배경이 있다. 일치설은 사실과 상황에 일치하는 진술만을 진리로 인정하며 아리스토텔레스(Aristotle, 384~322 BC) · 러셀(Bertland Russel, 1872~1970) · 비트겐슈타인(Ludwig J. J. Wittgenstein, 1889~1951)의 신조도 이 진리 이론에 부합된다. '부산에서는 물이 99℃에서 끓는다.'는 진술을 부산의 한 해변에서 실제로 물을 끓여보고, 그 결과에 따라 '그렇다.'고 확인하는 사례가 일치설의 예이다. 대응설로 불리기도 하는 일치설은 주로 이와 같은 경험적 진술의 검증에 적용하며, 역사적 진술, 가정적 진술, 규범적 진술, 논리학적 명제나 수학 명제와 같은 비경험적 진술에는 적용하지 않는다.

(2) 정합설

정합설은 한 명제·진술·판단의 진위를 이미 검증된 다른 명제·진술·판단을 준거로 적용하여 확인할 수 있다고 설명한다. 정합설은 라이프니츠(Gottfried W. Leibniz, 1646~1716)·스피노자(Baruch Spinoza, 1632~1677)·헤겔(Georg W. F. Hegel, 1770~1831)을 비롯한 대다수의 관념론자들이 지지하였다. 관념론에서는 비교하여 검증하는 명제가 이미 검증되어 비교의 준거가 되는 명제와 일치할 때, 비교하여 검증하는 명제가 비교의 준거가 되는 명제에 대해 정합적이라고 말한다.

정합설에 따르면, 갈릴레오(Galileo Galilei, 1564~1642)의 지구관이 지동설과 일치하기 때문에, 갈릴레오의 지구관은 지동설에 정합적이다. 과학적 법칙에 따라서는 그것을 설명하는 과학적 이론과의 정합적 관계를 이용한 검증이 실제적이다. 수학과 논리학 진술은 정합적 관계를 적용하는 방법을 통해서 그 참과 거짓을 판단한다. 그러나 정합설은 과학적 진술의 진위를 확인하기 위하여 그 진술과 관련된 모든 진술에 정합되는지의 여부를 확인해야 하는 문제를 안고 있다.

(3) 실용설

실용설의 이론적 배경은 경험주의와 공리주의(utilitarianism)에 있다(Kneller, 1971). 실용설은 진리를 주관적 속성으로 보고 변화 그 자체를 실체로 가정하며, 지식의 참가치를 실효성(workability), 또는 유용성(usability)에 따라 판단한다. 퍼스(Charles S. Pierce, 1839~1914), 제임스(William James, 1842~1910), 듀이(John Dewey, 1859~1952), 그리고 루이스(Clarence I. Lewis, 1883~1964)가 주장하는 실용설에 따르면, 과학적 문제를 효과적으로 해결하기 위하여 이용하는 과학지식과 일상생활에서 널리 활용하는 과학지식은 교수·학습할 가치가 있는 것이다.

그런데 실용주의 이론을 적용하여 문제를 해결하거나 적용하는 방법과 과정, 그 효과는 상대적이다. 예를 들면 특정한 다이어트 프로그램(diet program)이 모든 참여자들에게서 동일한 효과를 내지는 않는다(Hospers, 1997). 실용설이 과학의 실제에서는 이 밖에도 자체적으로는 해결하기 어려운 몇 가지의 어려움에 봉착한다. 실용주의는 절대적 기준이나 보편적 가치를 인정하지 않기 때문에, 과학지식의 보편적 진리를 제공하지 못한다. 실용주의는 또한 유용성이나 실효성만으로 과학적 이론을 진리로 볼 수 있는 이유를 명쾌하게 제시하지 못하는 문제를 안고 있다.

(4) 실증론과 반증론

입증(verification) · 확증(confirmation) · 반증(falsification)은 각각 실증주의 학파들인 논리실증주의(logical positivism), 논리경험주의(logical empiricism), 그리고 실증주의와 후실증주의(post-positivism)의 과도기 단계에 있는 반증주의(falsificationism)의 신조에 따라 진술의 진위를 검증하는 방법이다. 논리실증주의는 진술의 진위를 절대적으로 검증할 수 있다고 보며, 논리경험주의는 진술을 기껏해야 확률적으로 검증할 수 있다고 주장한다. 반증주의는 진술의 진리를 절대적으로 입증할 수 없으며, 확률적으로 확증할 수도 없고, 오로지 반증만이 가능하다고 주장한다.

이와 같은 방법론적 신념과 논리적 특성 때문에, 과학적 연구나 과학 실험에서 가설을 지지하는 결과가 나왔을 때, 논리실증주의는 '그 가설이 맞다.'고 단정함에 비하여, 논리경험주의는 '그 가설이 맞을 확률이 높아졌다.'고 말한다. 한편 이 두 실증주의와 대조적으로, 반증주의는 '그 가설의 반증에 실패했다.'는 결론을 내린다(조희형 · 박승재, 2001). 과학교육학 연구 현장에서는 논리경험주의의 확증법과 반증주의의 반증법을 가설-연역적(hypothetico-deductive) 방법으로 일컫기도 한다.

3) 철학이 과학교육에 미친 영향

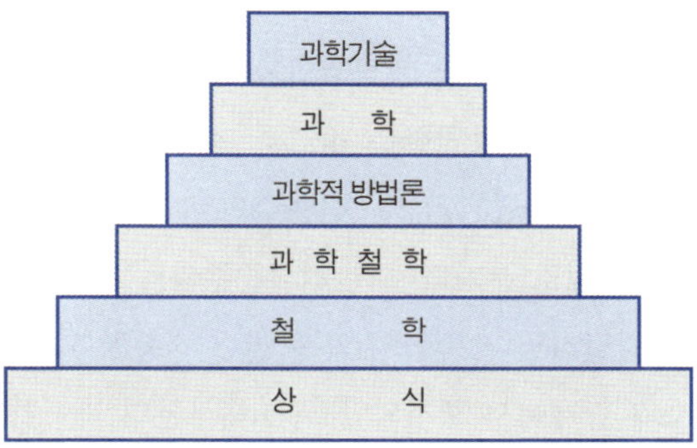

[그림 1-8] 철학 · 과학철학 · 과학의 관계

고대 그리스의 원자론자(atomist)를 포함한 기계론적 세계관(mechanistic world view)을 가진 고대의 자연철학자들은 자연세계를 신비나 신화의 관점에서 해석하지 않으며, 절대자를 빌어 설명하지도 않고, 오늘날의 과학으로 볼 수 있는 철학적 관점을 통해 이해하였다(Weate, 1998). [그림 1-8]에 기술되어 있는 바와 같이, 철학은 상식을 바탕으로 이루어진 기본적 학문으로서 과학철학 · 과학적 방법론 · 과학 · 과학기술(technology)을 포함한 다른 학문 분야의 기초적 바탕이 된다(Gauch, 2003).

[그림 1-8]에 나타낸 학문 분야들 가운데에서, 과학교육에 가장 직접적인 영향을 미친 학문은 과학철학이다(Godfrey-Smith, 2003). 과학철학의 한 사조인 경험론은 1960년대 이

후부터 널리 적용된 발견학습의 이론적 바탕이 되었으며, 이성론은 설명식 과학 교수·학습의 타당성을 정당화한다. 현대 과학철학의 또 다른 한 영역인 논리학은 귀납법·연역법·가설-연역법을 과학적 방법으로 제시하였으며, 현행 과학과 교육과정에서 강조하는 과학논술(science essay)의 근간이 되는 비판적 사고(critical thinking)의 골격을 이룬다. 과학철학의 또 다른 영역인 윤리학은 과학(생명)윤리에 대한 교수·학습의 필요성과 방법을 제시한다. 이외에 후실증주의 과학철학 사상의 하나인 사회적 구성주의는 토론에 의한 과학 교수·학습의 중요성과 수행평가의 필요성을 제공한다.

과학적 방법론은 1960년대부터 강조되어 온 과학적 탐구 중심 과학 교수·학습의 본성과 그 방법에 관한 연구에 이론적 틀을 제공하였다. 또한 철학의 한 영역으로서 지각에 관한 관념론·실재론·실용론은 모두 일반교육 사상과 과학교육 사상의 이론적 배경이 되었으며, 그런 과정을 통해서 과학교육에는 여러 측면에서 간접적 영향을 미치고 있다. [그림 1-7]에서도 알 수 있듯이, 실재론·관념론·실용론은 각각 일치설·정합설·실용설의 바탕이 되었으며, 이 가운데 관념론과 상대론은 과학적 개념의 오인(misconception)에 관한 연구에 이론적 근거를 제공하였다.

2. 전통적 과학철학과 과학적 방법

과학철학에서는 경험주의·이성주의·실증주의를 전통적 과학철학으로, 그 이후에 대두된 현대의 과학철학을 새로운 과학철학(new philosophy of science), 또는 후실증주의로 부른다(Brown, 1977). 실증주의는 검증의 정도에 대한 관점에 따라 논리실증주의와 논리경험주의로 분파되며, 논리실증주의는 조작주의(operationalism)와 환원주의(reductionism)로 발달하였다. 반증주의는 이런 전통적 과학철학에서 후실증주의로 발달하는 과정의 과도기 단계에서 제시되었지만, 대부분의 과학철학자들은 반증주의를 전통적 과학철학 영역에 포함시킨다. 〈표 1-1〉에서 볼 수 있듯이, 전통적 과학철학에서는 서로 다른 학파로 발달하는 과정에서 각 학파에 고유한 과학적 방법*을 제시하였다.[1)]

---

* 일부의 과학철학자들(Gauch, 2003; Holyoak & Morrison, 2005)과 과학사학자들(Bynum et al., 1981; Mason, 1962)은 과학자가 과학적 연구에 적용하는 귀납적·연역적 추리 등 논리적 추리를 과학적 방법으로 다루며, 과학적 사고로 일컫기도 한다(Holyoak & Morrison, 2005). 그러나 일부의 과학교육학자들은 이러한 논리적 추리를 과학적 탐구 방법으로 부르거나(Bybee, Powell, & Trowbridge, 2008), 과학 실험·조사에서 적용되고 있는 과학적 탐구 과정을 과학적 방법으로 인식한다(Chiappetta & Koballa, 2015; Martin et al., 2009).

〈표 1-1〉 전통적 과학철학의 발달과 과학적 방법의 변화

과학철학 학파		과학적 방법
경험론		귀납법
이성론		연역법
실증주의	논리실증주의	입증법(verification)
	논리경험주의	확증법(confirmation) = 가설 - 연역법, 귀추법
반증주의		반증법 = 가설 - 연역법
실용주의		귀추법

〈표 1-1〉에 제시된 과학적 방법들 가운데에서, 귀납법은 베이컨이 주창한 논리적 추리이며, 연역법은 데카르트가 제언한 논리적 추리와 수학적 증명 방법이다. 가설의 설정과 그 검증 단계로 구성된 가설-연역법은 논리경험주의와 반증주의가, 그리고 귀납법 또는 가설-연역법의 한 유형으로 간주되는 귀추법은 실용주의가 제시했다. 귀납법・연역법・가설-연역법・귀추법은 기본적으로 논리적 추리 방법이지만, 〈표 1-2〉(Kitchener, 1999)에 제시되어 있는 바와 같이 논증의 일반적 형식은 각기 다르다. 즉 이 세 가지 추리 방법은 전제들에서 결론을 도출하는 방법에서 뚜렷하게 구분된다.

〈표 1-2〉 귀납법 · 가설-연역법 · 귀추법의 논증

귀납법	가설-연역법	귀추법
증거 E가 관찰된다. 증거 E이면, 가설 H이다. 그러므로 가설 H이다.	가설이 H이면, 증거 E이다. 증거 E이다. 그러므로 가설 H이다.	어떤 현상 E가 관찰된다. 가설 H가 참이면, E가 설명(관찰)될 것이다. 그러므로 가설 H가 참일 수 있다.

논리적 추리가 근간이 되는 앞의 네 가지 과학적 방법은 과학을 합리적 학문으로 인식하는 관점을 제공했다. 비판적 사고는 논증과 객관적이고 절대적인 증거에 바탕을 둔 논리적 사고를 가리키며(Vaughn, 2005), 이런 비판적 사고 가운데에서 그 논증의 전제로 자연 또는 생명의 현상을 진술하는 것은 과학적 사고로 불린다. 과학교육 현장에서는 논리적 추리를 따르는 과학적 방법이 안고 있는 문제와 한계를 극복할 수 있는 비논리적 과학적 방법으로 사회적 합의(social consensus)를 제시하여 토론 중심 교수・학습에 적용하고 있다.

1) 경험주의와 귀납적 방법

경험주의는 인식의 기원과 과학지식의 출처로 경험을 제시한다. 이때의 경험에는 오감을 통한 지각적 경험과 그 밖의 신체적 경험뿐만 아니라 정신적 사고 경험도 포함된다. 경험주의는 실증주의가 논리경험주의와 논리실증주의로 분파되어 독자적 학파로 발달하는 근원이 되었다. 경험주의는 이외에 반증주의가 형성되고 발달하는 바탕이 되었으며, 과학교육학의 발전에도 적지 않은 영향을 미쳤다.

(1) 경험주의의 형성과 발달

고전적 경험주의의 기원은 아리스토텔레스의 업적에 있다. 고전적 경험주의는 지식의 근원으로 형식(form)과 직관을 중요시한 플라톤(Plato, 427~347 BC)과 데카르트(René Descartes, 1596~1650)의 이성주의를 거부하고, 아리스토텔레스의 철학을 이어받아 영국에서 발달하였다. 고전적 경험주의(classical empiricism)가 베이컨(Francis Bacon, 1561~1626)에서 시작하여 홉스(Thomas Hobbes, 1588~1679) · 로크(John Locke, 1632~1704) · 버클리(George Berkeley, 1685~1753) · 흄(David Hume, 1711~1776) · 밀(John S. Mill, 1806~1873) · 러셀(Bertrand Russell, 1872~1970)을 거쳐 [그림 1-9]가 보여주는 바와 같이 몇몇 학파로 발달했다(Gredler, 2005).

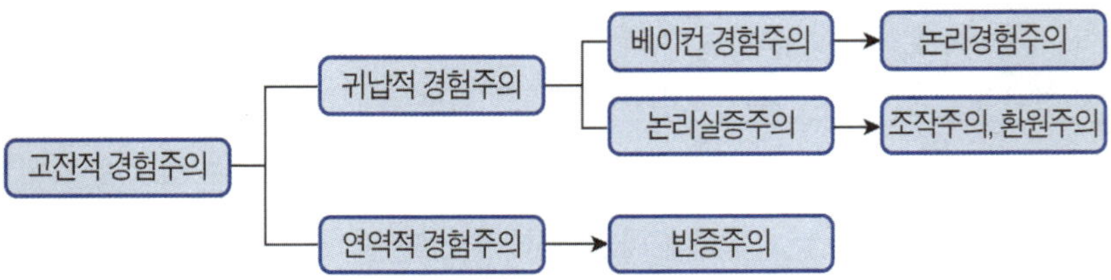

[그림 1-9] 경험주의의 종류와 발달 과정

고전적 경험주의는 인간이 감지할 수 있는 실재, 즉 절대적 진리와 사물이 자연에 객관적으로 존재한다고 가정한다. 로크는 갓 태어난 어린이의 머리가 백지상태(tabula rasa)이며, 그 머리에 마음의 구성단위인 관념이 감각과 반성(reflection) 또는 내성(introspection)의 두 가지 경험을 통해 개발된다고 주장하였다. 감각은 지각을 통해서 정보를 획득하는 수단을 말하고, 반성 또는 내성은 몇 개의 단순한 관념을 더욱 복잡한 관념으로 통합시키는 과정을 뜻한다. 로크와 달리, 흄은 마음의 구성단위로 인상(impression)을 제시하고,

지각을 통하여 얻어진 몇 개의 인상들을 바탕으로 관념이 마음에 형성된다고 주장한다.

[그림 1-9]에 제시된 귀납적 경험주의는 과학적 방법으로 구체적인 사실에서 일반적인 법칙을 도출해 내는 귀납적 추리 방법을 강조하여 영국에서 베이컨이 발달시킨 이른바 베이컨 경험주의의 모태가 되었고, 대륙 유럽에서 형성된 논리실증주의의 이론적 바탕이 되었다. 연역적 경험주의는 포퍼(Karl Popper, 1902~1994)에게 반증주의와 가설-연역적 방법의 기틀을 제공했다. 베이컨 경험주의가 20세기의 초반에는 논리경험주의로 발달했으며, 논리실증주의는 다시 조작주의와 환원주의에 이론적 기반을 제공하였다.

경험주의에 따르면, 오감을 이용하는 지각적 경험을 통해 과학적 사실이 발견되고, 그렇게 발견된 과학적 사실에 나타나는 규칙성을 바탕으로 더욱 포괄적인 과학적 법칙이 일반화되며, 과학적 사실과 일반화된 과학적 법칙의 진위가 다시 지각적 경험을 통해서 검증된다. 경험주의는 또한 과학지식이 관찰·측정·실험 등 신체적 경험과 정신적 사고 경험을 통해 자연에서 발견한 과학적 사실과 과학적 사실에 바탕을 두어 일반화된 과학적 법칙이 차곡차곡 쌓여서 발달한다고 주장함으로써 과학지식이 발달해 온 과정을 누가적 모형(cumulative model)으로 설명한다. 실증주의와 반증주의도 과학지식이 형성·검증되고 발달하는 과정에 관해서는 경험주의와 비슷한 견해를 표명한다.

(2) 귀납적 방법의 특성과 문제

자연현상에는 규칙성(regularities)이 나타나며, 과학지식은 그런 규칙성이 감각적 인식을 통해서 형성된다. 베이컨(F. Bacon, 1561~1626)은 규칙성의 인식에는 선험적 추리나 직관보다 관찰의 결과에 바탕을 둔 귀납적 추리가 더 적절하다고 생각하였다. '과학적 방법의 아버지'로 불리는 베이컨은 아리스토텔레스가 단지 몇 개의 사실에서 곧바로 일반화를 도출하는 우를 범했다고 믿고, 귀납적 추리를 자연의 진리에 이르는 이상적인 과학적 방법으로 간주하여, 귀납적 추리를 과학적 방법으로 이용할 것을 주창하였다. 귀납적 추리는 이렇게 하여 가장 먼저 제시된 과학적 방법이 되었다(Honer et al., 2006).

〈표 1-2〉에도 기술되어 있듯이, 과학적 방법으로 적용되는 귀납적 추리는 몇 개의 특수한 사례를 바탕으로 그 사례들을 모두 포함하는 진술로 일반화(generalization)하는 논증이다. 고전적 경험주의에서는 이런 논증의 원리, 즉 귀납의 원리를 과학적 법칙의 도출에 가장 실제적인 방법으로 받아들인다. 귀납의 원리는 '일반화의 바탕이 되는 관찰 진술의 수가 될수록 많아야 한다,' '가능한 한 다양한 상황에서 관찰해야 한다,' '관찰 진술이 일반화된 법칙과 모순되지 않아야 한다.'의 세 조건으로 이루어져 있다. 이 귀납의 원리는 '여러

조건에서 A를 수없이 관찰하고, 관찰된 A가 모두 B의 특성을 지닌다면, 모든 A는 B의 특성을 갖는다.'와 같은 한 문장으로 진술된다(Chalmers, 1999).

과학적 방법으로서의 귀납적 방법은 귀납의 원리를 충족시키지 못하는 문제, 흄(Hume)의 문제, 관찰과 관련된 문제를 안고 있다. 귀납법은 일반화에 필수적 조건인 관찰해야 할 횟수와 관찰 상황의 다양성을 결정할 수 없어서 귀납의 원리를 충분히 만족시킬 수 없다. 아무리 다양한 상황에서 아무리 여러 번(N) 관찰하였을지라도 관찰해야 할 상황과 수는 무한대(∞)이기 때문에, 관찰한 비율은 항상 0(N/∞)이다. 이런 이유 때문에, 귀납적 추리 방법에 따라 수집한 증거들을 일반화하여 도출한 결론의 진위는 결코 입증되지는 못하며, 통계적 용어로 진술할 수밖에 없다.

귀납적 방법, 곧 귀납법은 그 타당성을 정당화할 수 있는 합리적 방법이 없다는 문제도 안고 있다. 귀납적 방법의 타당성은 귀납법을 수차례 적용하여 일반화하는 과정, 즉 귀납적 일반화 과정을 통해서 정당화할 수밖에 없다. 이런 흄의 문제는 귀납법의 타당성을 귀납적으로 결정할 수밖에 없다는 논리적 문제로서 귀납의 문제로 불리기도 한다(Chalmers, 1999; Richards, 1987). 귀납의 문제에는 과거에 관한 자료를 현재의 실태에 적용할 수 없을 뿐만 아니라 과거나 현재 수집한 자료를 미래의 가설적 상황에 적용할 수 없고, 관찰로 수집한 사실을 이론적 속성에 일반화할 수 없는 문제와 같이 귀납적 추론의 본질적 특성과 관련이 있는 문제들이 포함된다.

과학적 방법으로서의 귀납적 추리 방법의 문제와 한계는 관찰의 이론의존성(theory-dependence), 즉 관찰이 관찰자가 가지고 있는 이론이나 선행지식, 그리고 그의 기대감에 의존하는 특성에서도 비롯한다. 과학적 법칙은 관찰을 통해 수집한 자료에 나타나는 규칙성을 일반화한 진술이지만, 양성자·소립자·DNA와 같은 추상적 과학지식은 관찰을 통해 수집된 자료를 바탕으로 한 일반화가 아니다. 또한 관찰로 얻어진 자료를 귀납적으로 일반화한 과학적 법칙의 정확도 또는 타당성을 다른 관찰·측정을 통해 수집한 자료를 근거로 정당화할 수도 없다. 이 문제는 관찰 자료를 이론적 속성에 일반화할 때 생기는 귀납의 문제의 원인이 되기도 한다.

(3) 귀납적 방법의 한 유형으로서의 유비추리

유비추리(analogical reasoning)는 서로 다른 몇 가지 대상의 유사성을 근거로 비슷한 속성을 비교하는 추리로서 줄인 말로 유추라 부르기도 한다. 유비추리는 잘 알고 있는 사물이나 현상의 특성이 잘 알지 못하는 것에도 존재할 것으로 추정하는 비유적 사고이다.

유비추리의 기본적 형태는 다음과 같이(김광수, 2007), 특수한 예에 관한 전제로부터 다른 특수한 예에 관한 결론을 이끌어내는 귀납적 추론이다(조성민, 2009; Kaye, 2009).

> X와 Y는 a, b, c라는 속성을 가진 점에서 유사하다.
> 그런데 X는 Q라는 속성을 가지고 있다.
> ―――――――――――――――――――――――――
> 그러므로 Y도 Q라는 속성을 가지고 있을 것이다.

이 형식에서 잘 알려진 대상을 나타내는 X는 준거대상(source) 또는 상사물(analogue)로, 잘 알지 못하는 대상을 대표하는 Y는 비교대상(target)으로, Q는 목표로 하는 속성을 일컫는다(박은진 · 김희정, 2008; Herr, 2008). 의약학 분야에서 사람(X)에게 신약의 효능(Q)이 있는지 알아보기 위해 원숭이(Y)를 대상으로 수행하는 임상적 실험이 유비추리를 적용하는 방법의 한 예이다. '화성에 물(Y)이 있는 것으로 보아 생물체(Q)가 있을지도 모른다(이 경우 물이 있는 지구가 X).'는 진술도 유추에 따른 표현이다.

유비추리는 귀납논증(박은진 · 김희정, 2008; 조성민, 2009)의 한 유형이다. 논리학에서는 직유와 은유(김광수, 2007), 모형의 사용(Harrison, 2008)을 모두 유비추리에 포함시킨다. 그러나 직유 · 은유 · 유비추리 · 모형이 적용되는 상황은 구분된다. 모형은 비교하는 두 대상의 관계를 가장 명시적으로(explicitly) 보여주며, 그 다음으로 분명하게 보여주는 것이 유비추리이고, 비유는 비교적 암묵적으로(implicitly) 보여준다(Herr, 2008).

(4) 경험주의의 한계와 과학교육에 미친 영향

경험주의는 과학적 방법으로 제시한 귀납적 방법에 내재된 문제와 관찰이 이론에 의존하는 특성(theory ladenness)에서 비롯되는 문제를 안고 있다. 전자는 귀납적 추리의 합리성과 관련된 문제이며, 후자는 경험적 자료의 객관성과 신뢰성에 관한 문제이다. 이 두 문제는 '귀납법은 합리적으로 정당화할 수 없으며, 신뢰할 수도 없다.'라고 진술할 수 있는데, 흄은 이런 문제를 귀납의 문제로 부른다. 경험주의는 이외에 귀납적 방법이 안고 있는 귀납의 원리를 충족시키지 못함으로써 드러나는 인식론적 · 방법론적 문제도 안고 있다.

경험주의는 이런 문제를 안고 있음에도 불구하고, 과학교육에 큰 영향을 미쳤다. 경험주의가 과학적 방법으로 제시한 귀납적 방법은 과학지식의 발견에 효과적으로 적용되고 있으며, 이런 특성 때문에 과학 교수 · 학습 현장에서는 귀납적 교수 · 학습 방법, 곧 발견학습 방법의 이론적 배경이 되고 있다. 또한 경험주의가 제시한 과학지식의 발달을 설명하는 누가적 모형은 과학 개념의 형성에 목적이 있는 교수・학습 방법의 이론적 토대가 되고 있다. 이 밖에 관찰・측정을 이용하는 귀납적 방법은 과학의 대중화에도 큰 영향을 미쳤다.

2) 이성주의와 연역적 방법

이성주의는 사물과 자연현상의 본성에 관하여 말할 때, 인식의 우연성과 비논리적 특성을 배제하고 이성과 논리를 숭상한다. 즉 이성주의는 이성적 사고나 논리적 타당성에 근거를 둔 사물과 자연현상의 인식이나 합리적 판단을 중요시한다. 이성주의는 이성론・합리론・합리주의로 불리기도 하며, 모두 사물이나 자연현상의 존재조차도 논리적 추리를 통해서 연역적으로 도출할 수 있다고 보고, 과학적 방법으로 연역적 방법을 제시한다.

(1) 이성주의의 형성과 신조

이성주의는 플라톤, 유클리드(Euclid, 330~275 BC), 아르키메데스(Archimedes, 287~212 BC)가 가졌던 최초의 철학사상이다. 플라톤에 따르면, 세계는 오감을 이용한 지각을 통해 알 수 있는 현상 및 사물로 이루어진 친숙한 세계와 지성을 통해서 접근할 수 있는 형식으로 구성된 추상적 세계로 나뉜다. 오감으로 지각할 수 있어서 친숙해진 세계는 항상 변하는 불완전한 세계로서 그 실체인 형식이 반영된 허상에 불과하다(Hung, 1997).

데카르트는 선험적 관념을 본유 관념(innate idea)으로 부른다. '모든 사건에는 반드시 원인이 있다.'가 본유 관념의 한 예이다. 이성주의는 과학지식이 형성되거나 검증되는 과정에서 이용되는 타고난 본유 관념과 더불어 수학적 계산, 논리적 추리, 일반화 또는 추상화 등 타고난 이성적 능력도 중요시한다. 이성주의는 마음에 관념을 알 수 있는 능력이 있으며, 그런 마음을 통해서만 이해할 수 있는 법칙과 원리가 자연에 실제로 존재한다고 주장한다. 이성주의에 따르면, 그렇게 알게 된 자연의 법칙과 원리는 이성적 방법을 적용하여 형성되는 진리이자 실체이며, 그렇게 형성된 지식은 절대성과 확실성을 지닌다.

이성주의는 지식이 생득적 이성을 통해 생겨나며, 이성에 의해 정당화된다고 본다. 이성은 경험주의의 감각・반성・내성, 종교적 계시나 윤리학의 감정・느낌과 대비된다. 이성주의에 따르면, 선험적 지식은 인간의 마음에 타고난 관념, 또는 선험적(a priori) 개념으로서 경험으로는 정당화될 수 없고, 오로지 이성을 통해서만 형성되고 검증된다. 이런 관점 때문에, 이성주의는 선험론으로 불리기도 한다(Bynum, Browne, & Porter, 1981).

(2) 연역적 방법의 특성과 한계

데카르트는 플라톤의 선험론과 관념론을 더욱 발달시킨 공리법(axiomatic method)과 연역적 추리를 과학적 방법으로 주창하였다. 데카르트에 따르면, 과학지식은 몇 가지 기본 관념을 바탕으로 이루어지는 연역적 추리를 통해 발달한다. 즉 과학지식은 직관을 통해 자명한 진리를 제시하고, 그 진리보다 더 구체적인 진리를 연역하는 과정을 거쳐 발달한다. 고대 그리스 시대 때부터 적용되어 온 연역적 추리는 스피노자・라이프니츠에 의해서 초경험적인 논리적 추리를 통해 지식을 형성하고 검증하는 과학적 방법으로 확립되었다.

과학적 방법으로 적용되는 연역적 방법은 명약관화한 전제에서 결론을 이끌어내는 논리적 추리이다. 연역적 논증에서는 전제들이 참이고 과정이 타당하면, 반드시 참의 결론이 도출된다. 연역적 논증에서 도출되는 결론은 전제들이 통합되어 있을 뿐, 전제 이외의 어떤 정보도 추가되지 않기 때문이다. 연역적 논증의 전형적인 형식은 아리스토텔레스가 처음으로 개발했다고 알려진 삼단논법(syllogism)이다. 삼단논법은 다음 예가 보여주는 바와 같이, 세 가지 판단, 곧 대전제・소전제・결론으로 이루어져 있다.

사람은 누구나 죽는다. .... 대전제
소크라테스는 사람이다. .... 소전제

그러므로 소크라테스는 죽는다. .... 결론

이 삼단논법의 예시에서도 알 수 있듯이, 연역적 논증에서는 결론이 부정되려면 전제도 부정되거나 추리 과정이 부당해야 한다. 이런 특성 때문에, 연역적 추리는 과학지식의 정당화에 효과적인 수단으로 이용되며, 과학의 목적인 설명과 기초 탐구 과정인 가설설정・추리・예상에도 필수적 도구가 된다. 연역적 논증 과정은 타당성, 논리적 결과, 증명이 관련되어 있다. 연역적 논증 과정에서 전제와 결론 사이의 관계가 합당하면 그 논증이 타당하다고 말하며, 논증하는 과정을 증명(proof)이라고 한다(Hung, 1997). 연역적 논증의 결론은 맞았다거나 틀렸다고 말할 수 있을 뿐이지 정확도로 나타낼 수 없다.

순수한 논리적 추리 과정으로서의 연역적 추론에서는 그것을 이루는 전제의 진위에는 관심이 없다. 그러므로 그릇된 전제로부터 옳지 않은 결론이 도출될 수 있는 문제를 안고 있다. 특히 형식논리적 상황에서 전개되는 연역적 논증에서는 추론 과정이 타당할 경우 참의 전제에서는 반드시 참의 결론이, 허위의 전제에서는 꼭 허위의 결론이 도출된다. 과학사에는 연역적 방법을 적용하여 엉뚱한 결론이 도출된 사례가 많이 나타난다. 귀금속이나 영약을 만들기 위해 적용한 연금술이 그 한 예이다.

연역법은 새로운 정보를 생성해 내지 못하는 문제와 한계도 지니고 있다(Salmon, 1995). 연역적 논증에서는 논증의 대전제인 일반화 명제는 물론이고 공리조차도 생성되지 않는다. 이런 특성 때문에, 연역법은 기하학과 유체역학 이외의 자연과학 영역에서는 그 가치가 충분히 실현되지 못했다(Hung, 1997). 경험주의는 이런 문제를 근거로 연역법으로는 자연의 진리를 밝힐 수 없다고 가정하고, 바로 그 점을 들어 이성주의를 반박하였다. 현재는 대전제가 되는 절대적 진리로서의 공리나 공준의 특성도 비판의 대상이 되고 있다.

(3) 이성주의의 한계와 과학교육에 미친 영향

이성주의는 기하학, 유체역학, 순수수학의 발달에 특히 큰 영향을 미쳤다. 그러나 다른 자연과학 분야에는 별다른 영향을 미치지 못했거나 엉뚱한 결론에 도달하는 빌미가 되기도 하였다. 이를테면 아리스토텔레스 · 프톨레마이오스(Klaudios Ptolemaeos, 85?~165?) · 코페르니쿠스(Nicolaus Copernicus, 1473~1543)는 완전한 원 궤도에 관한 가정을 바탕으로 결론을 도출했는데, 그 결론이 모두 틀릴 수밖에 없었다.

인식론적 사상으로서의 이성주의는 연역적 논리에 바탕을 두고 형성된 철학적 신조이다. 그러므로 이성주의는 과학적 방법으로서의 연역적 추리 방법에 내재된 문제를 그대로 안고 있으며, 과학에서 실험을 통한 입증이 필요한 이유와 과학의 변화를 설명할 때 한계를 드러낸다(Bynum et al., 1981). 갈릴레오는 그런 한계 때문에 연역적 방법에 실험을 통합함으로써 실험과학의 아버지가 되었다(Hung, 1997).

각급 학교의 과학교육 현장에서는 이성주의자들이 과학적 방법으로 적용할 것을 강조한 연역적 추리를 여러 가지 측면에서 효과적으로 활용한다. 과학 교수 · 학습에서는 연역적 추리를 무엇보다도 확인실험을 정당화하는 근거로 활용하고 있다. 연역적 추리는 그 밖에 과학적 개념의 분화에 목적을 둔 교수 · 학습과 연역적 교수 · 학습 방법으로 일컬어지기도 하는 설명식 교수 · 학습 방법의 이론적 배경이 되고 있다.

3) 실증주의와 조작주의 및 환원주의

과학교육 현장에는 실증주의의 인식론적 견해를 통해서 과학지식과 과학적 방법의 본성을 인식하고 설명하는 연구자들이 적지 않다. 중고등학교에서 문제와 가설을 제시하고 변인을 통제하여 가설을 검증하는 실험이 실증주의가 말하는 과학적 방법의 전형이다. 실증주의는 비엔나 학파(The Vienna Circle)가 경험주의의 엄격한 입장을 받아들여 발달시킨

논리실증주의와 베를린 학파(The Berlin Circle)가 경험주의의 느슨한 입장을 바탕으로 확립하여 영국과 미국에 소개한 논리경험주의로 분파되었다(Brown, 1977; Godfrey-Smith, 2003; Riggs, 1992). 이와 같은 실증주의의 발달 과정에서 한 걸음 더 나아가, 실증주의의 극단적인 입장을 취한 논리실증주의에서는 환원주의와 조작주의가 발달하였다. 한편 논리경험주의가 제시한 입증법은 가설-연역적 방법으로 발전하였다.

(1) 실증주의와 검증 방법

실증주의(positivism)는 콩트(Auguste Comte, 1788~1857)가 사물의 특성들 가운데에서 실제성・유용성・확실성・정확성・유기체성・상대성을 나타내기 위하여 사용한 실증적(positive)이라는 말에서 유래하였다. 실증주의는 인식론적 신념이자 형이상학적 신조로서 관찰이 가능한 사실과 그런 사실로 이루어진 지식만을 진짜 지식으로 보며, 그런 지식은 과학적 방법을 통해서 형성된다고 주장한다. 실증주의가 1920년대 이후에는 가설의 검증 방법과 검증의 정도에 관한 관점에 따라 논리실증주의와 논리경험주의로 발달했다. 슐리크(Moritz Schlick, 1882~1936)가 주도한 비엔나 학파의 경험주의는 논리실증주의를, 라이헨바흐(Hans Reichenbach, 1891~1953)가 이끈 베를린 학파의 경험주의는 논리경험주의를 발달시켰다(Audi, 1999; Brown, 1977; Hung, 1997).

논리실증주의는 감각적 경험으로 검증할 수 있는 사물이나 현상, 정의의 분석, 용어들 사이의 관계에 관한 지식만을 믿을 만한 것이라고 주장한다(Honer et al., 2006). 논리실증주의는 경험주의의 엄격한 입장을 택하여 흄과 콩트의 경험주의를 발달시키는 과정에서 형성되었으며(Brown, 1977), 경험을 지식의 유일한 출처로 본다(Godfrey-Smith, 2003). 논리실증주의는 확실한 지식을 생성하는 탐구의 방법과 이미 확립된 지식에만 관심을 가지고, 절대적 검증을 설명하는 입증설(verification theory)을 제시하였다. 일치법 또는 대응법으로 불리기도 하는 입증설을 적용한 과학 실험에서는 그 결과가 가설을 지지할 경우 '그 가설이 맞다.'는 결론을 내린다. '과산화수소는 카탈라아제와 반응하여 산소를 발생시킨다.'는 진술문의 진위는 적당한 온도에 그 두 물질을 섞어 산소가 발생되면, '과산화수소는 카탈라아제와 반응하여 산소를 발생시킨다.'는 결론을 내린다. 만일, 산소가 발생되지 않으면, 그 가설이 틀렸다고 판단하고 미련 없이 기각한다.

논리경험주의는 경험적 명제나 분석적 명제, 또는 사실적 의미나 형식적 의미만을 믿을 만한 지식이라고 강조한다. 경험적 명제와 사실적 의미는 감각적 지각과 지각을 이용하는 과학적 방법을 통해 검증되며, 분석적 명제와 형식적 의미는 논리적 추리 과정을 통해서 확립되어 기호로 기술되는데, 이 두 가지 방법으로 검증할 수 없는 형이상학적·윤리적·종교적 명제와 진술은 무의미하다는 주장이다. 논리경험주의는 경험주의의 온건한 입장인 귀납적 경험주의와 베이컨 경험주의를 차례대로 받아들여 과학적 법칙을 결정적으로 입증할 수 없다고 보고, 확률적 검증을 의미하는 확증설(confirmation theory)을 제시한다. 가설-연역적 과정으로 이루어진 입증설은 실험의 결과가 가설을 지지할 때, '가설이 맞을 확률이 그만큼 더 높아졌다.'는 결론을 내려 이론을 간접적으로 검증한다.

(2) 논리실증주의에서 발달한 조작주의

논리실증주의의 일부 학파는 조작주의(operationalism)로 발달했다. 브리지만(Percy W. Bridgman, 1882~1961)은 논리실증주의의 극단적인 신조를 수용해 조작주의를 주창하고, 의미의 단위로 명제보다 개념을 더 선호한다. 조작주의는 추상적 개념을 설명하거나 응용할 때는 그것을 적용하는 조작(operation)으로 정의할 것을 강조한다. 추상적 개념을 관찰 가능한 용어, 즉 조작으로 진술하는 원리를 대응률(correspondence rule)이라 한다(Klee, 1997). 대응률에 따라서 실험 상황에 적용된 방법으로 정의되는 조작적 정의(operational definition)는 사전적 정의와 다르다.

과학교육학 연구에서는 구인(construct)뿐만 아니라 조작변인을 포함하여 정의해야 할 필요가 있는 용어는 모두 대응률에 따라 조작적으로 정의한다. 과학교육학 분야의 논문에서는 조작적 정의를 관찰 방법이나 측정 방법과 가시적인 용어로 기술한다. 이를테면 생명과학 연구에서 제기되는 문제 또는 가설에 '식물의 생장'이 반응(종속)변인으로 포함되어 있다면, '식물의 생장은 식물에 마지막까지 달려있는 모든 잎의 수이다.'(Bentley, Ebert, & Ebert, 2000)와 같이 정의한다. 식물의 생장은 잎의 수, 키, 전체 무게, 개화 시기, 꽃의 수 등으로 나타낼 수 있기 때문이다.

(3) 논리실증주의에서 발달한 환원주의

환원주의는 모든 자연현상을 기본적인 하나의 원리나 요인으로 설명하려 노력하는 과학철학적 경향이자, 관찰이 불가능한 이론적 개념이나 법칙을 관찰이 가능한 경험적 명제의 집합으로 바꾸어 놓고자 애쓰는 실증주의의 한 신조이다. 환원주의는 논리실증주의의 극단적 입장에 이론적 배경을 두어 확립된 인식론적 학파이며, 심리학에서는 심리철학의 한 학파로 발달하였다(Margolis, 1984). 여기에서는 환원주의의 형성과 발달, 환원주의의 종류, 환원주의가 과학교육에 미친 영향을 알아본다.

① 환원주의의 형성과 발달

환원주의는 카르납(Rudolph Carnap, 1891~1970)이 표명한 논리실증주의 견해와 나겔(Ernest Nagel, 1901~1985)이 드러낸 극단적 실증주의 신조에서 유래되었다. 환원주의에 따르면, 추상적이고 가설적인 이론은 구체적이고 경험적인 개념으로 환원될 수 있다. '환원된다.'는 말은 추상적 이론을 구체적 개념으로 기술・설명할 수 있다는 것을 의미한다. 환원에는 관찰할 수 없는 과학적 이론이나 과학 명제를 관찰할 수 있는 구체적인 과학적 개념으로 치환할 수 있다는 의미(Gardner, 1966), 또는 궁극적으로 정신적 상태는 물리적 상태로 기술할 수 있다는 의미가(Hung, 1997) 내포되어 있다.

이에 따르면, 과학지식 체계는 그것을 이루는 가장 포괄적인 구성요소들로 나누고, 그 구성요소들을 한 단계 더 하위적인 구성요소로 분해하여 그 하위적 규성요소들을 통해서 이해할 수 있다. 심리학 현상은 생명과학 법칙과 이론을 통해서, 생명과학 현상 및 법칙과 이론은 물리・화학 법칙과 이론을 통해서 이해할 수 있다. 예를 들면, 유전현상은 유전자에 관한 지식을 이용해서, 유전자와 관련된 현상은 원자에 관한 이론을 통해서, 결국 유전현상은 원자에 관한 이론을 통해서 이해할 수 있다. 환원주의는 이를 근거로 생명과학의 속성을 물리・화학 속성의 총체로, 심리학을 생명과학의 총체로 규정한다.

② 환원주의의 종류

환원주의는 설명 방식에 따라 존재론적 환원주의(ontological reductionism), 인식론적 환원주의(epistemological reductionism), 방법론적 환원주의(methodological reductionism)로 분류된다(Ayala & Dobzhansky, 1974). 이 환원주의는 각각 구성 환원주의, 이론 환원주의, 설명환원주의로 불리기도 한다(Mayr, 1982). 또한 이 환원주의는 각각 실체론적 환원주의, 법칙적 환원주의, 서술적(predicative) 환원주의로 일컬어진다(Hung, 1997). 각 환원주의의 특성은 다음과 같다(Trout, 1991).

- **존재론적(구성, 실체론적), 환원주의:** 생물과 무생물은 모두 동일한 원자로 구성되어 있다.
- **인식론적(이론, 법칙적) 환원주의:** 생명과학 법칙은 물리・화학 법칙의 한 예이다.
- **방법론적(설명, 서술적) 환원주의:** DNA는 당・염기・인산을 분석하여 설명할 수 있다.

존재론적 환원주의는 생물체의 물질적 구성요소와 무생물계의 구성요소가 동일하다는 생각이다. 생물과 무생물은 탄소・수소・산소 등 동일한 원소로 이루어져 있다. 그러므로 원자와 분자 수준에서 기술되는 생명과학 현상은 물리·화학 현상으로 설명할 수 있다. 생명과학자들은 생물체와 무생물계를 이루는 물질의 본성이 동일하며, 다만 그 조성과 조직에 있어서 차이가 있을 뿐이라고 주장함으로써 실체론적 환원주의 견해를 지지한다.

극단적 입장을 밝히는 인식론적 환원주의는 사회학의 이론적 기초 가운데 하나로 심리학을 들고 심리학의 이론적 기초가 가운데 하나로 생명과학을 들지만, 엄격한 의미의 인식론적 환원주의는 생명과학 법칙과 이론을 물리·화학 법칙과 이론의 예로 본다. 생명과학 법칙과 이론을 물리·화학 법칙과 이론으로부터 연역적 추론을 통해서 도출할 수 있다는 생각이다. DNA·RNA·효소의 구조가 밝혀짐으로써 유전 현상을 물리학·화학 법칙이나 이론으로 설명할 수 있다는 기계론적 주장이 대두되기도 하였으나, 이와 같은 인식론적 환원주의의 타당성이 생명과학에서는 확실하게 정당화되지 않는다.

방법론적 환원주의자들은 한 체계를 이루는 전체의 구조는 그것을 구성하는 하위요소들에 대한 분석을 통해서 이해할 수 있다고 주장한다. 한 체계는 몇 개의 구성요소들로 나눌 수 있고, 각 구성요소는 한 단계 더 하위적인 구성요소들로 나눌 수 있으며, 한 체계는 결국 가장 기본적인 단위들로 구성되어 있다는 생각에서이다. 이런 방법론적 환원주의자들의 생각에 따르면, 생리학 현상은 그 현상과 관련이 있는 원자와 분자의 구조 및 기능에 대한 지식이 없이는 종합적으로 이해할 수 없다.

③ 환원주의의 한계와 과학교육에 미친 영향

대다수의 생명과학자들은 세 가지 환원주의 가운데 존재론적 환원주의의 타당성만 인정한다. 특히 생기론·생성주의·유기체론은 환원주의와 견해를 달리한다. 생기론은 생명과학 법칙을 반드시 물리학·화학 법칙으로 환원시킬 수는 없다고 보며, 생성주의는 생물물리학·생화학·분자생명과학 등 간학문 분야에서만 물리학·화학으로 환원되는 현상을 볼 수 있다고 주장한다. 유기체론은 기능이 구성요소와 그 조직에 의해 결정되기 때문에, 생물의 기능은 그 구성요소만으로 설명할 수 없다고 역설한다.

방법론적 환원주의가 안고 있는 문제는 체제적 접근법을 통해서도 드러낼 수 있다. 체제적 접근법은 전체론(holism)에 바탕을 두어, 과학지식을 그 구성요소들의 단순한 축적이 아니라 그 구성요소들이 통합된 전체적 체계로 다룬다. 방법론적 환원주의는 과학지식의 전체 구조가 나타내는 의미는 그 구성요소에 대한 분석을 통해서 이해할 수 있다고 본 것이다. 그러나 과학지식은 이와 상반되게 전체적 체계를 포괄적으로 이해한 다음, 그 구성요소의 의미를 알아야 전체적인 구조와 의미를 이해할 수 있다. DNA 또는 유전자의 특성과 구조만으로는 그것을 통제하여 나타날 수 있는 생명현상을 예측하거나 생물체의 특성과 구조를 잘 설명할 수 없다. 이러한 문제는 방법론적 환원주의의 설명이 과학의 통일성을 복원하기 위해 조직한 설명체계에 불과하다는 것을 보여주며(Mayr, 1982), 환원주의자들이 의미하는 통일과학의 구성이 불가능함을 반증하는 근거가 되기도 한다.

관찰이 이론에 의존하는 특성도 환원주의 주장의 타당성을 부정하는 근거로 제시할 수 있다. 추상적이고 가설적인 이론은 구체적이고 경험적인 과학적 개념으로 설명할 수 있다는 환원주의의 신조는 관찰이 객관적이며, 또한 관찰하여 얻어진 자료에 관한 진술과 그와 관련된 이론을 분명하게 구분할 수 있다고 가정할 때 타당성을 지닌다. 그러나 후실증주의를 비롯한 현대의 과학철학에 따르면, 관찰은 이론에 의존하며 그런 특성 때문에 관찰의 진술과 이론을 명백하게 구분할 수 없다.

환원주의에 내재된 문제는 과학의 과정과 과학적 개념을 혼동하거나, 과학적 개념의 특성을 특정 관점에서 해석하여 그 의미를 오해하는 인식론적 환원주의에서도 비롯한다. 감수분열·낭배형성·포식은 생명과학 과정이자 물리학·화학 과정이기도 하다. 그러나 그런 과정은 모두 생명과학 개념일 뿐이지 물리학·화학 개념은 아니다. 이는 모든 생명과학 개념을 물리학·화학 과정으로 환원시킬 수 없다는 것을 말해준다(Mayr, 1982).

자연과학 분야 가운데에서 통합 분야 사이의 관계는 환원주의 가정으로도 설명할 수 있다. 이를테면 화학은 물리학적 법칙과 이론으로, 열역학은 통계역학으로, 멘델의 유전학은 분자유전학으로 환원된다. 그러나 그와는 반대로 한 학문적 분야를 다른 분야로 환원시키려 시도했으나 성공하지 못한 사례도 없지 않다. 사회생명과학에서는 사회학과 윤리학을 진화생명과학으로 환원시키려 노력했으나 이제껏 성공하지 못했다.

이와 같은 문제와 한계를 지니고 있었음에도 불구하고, 환원주의는 과학교육학에 커다란 영향을 끼쳤다. 환원주의는 무엇보다도 모든 과학을 하나의 과학, 즉 통일과학(unified science)으로 통합해야 할 필요성과 정당성을 제공하였다. 환원주의의 주장에 따르면, 자연과학의 모든 분야는 물리학이라는 하나의 학문으로 묶어서 다룰 수 있다(Fodor, 2007). 중·고등학교의 과학을 통합과학 또는 융합과학으로 다루어야 한다는 주장의 근거와 논리도 그런 환원주의에 근원이 있다.

(4) 실증주의의 한계와 과학교육에 미친 영향

실증주의는 경험주의에서 생겨났기 때문에, 경험주의에 내재된 문제와 한계를 그대로 안고 있다. 실증주의는 무엇보다도 과학적 법칙을 절대적으로 입증하지 못하는 문제를 안고 있다. 아무리 다양한 상황에서 실시한 수많은 실험의 결과가 과학적 법칙을 지지한다고 할지라도 그 법칙이 확증된 정도는 0(n÷∞=0)이다(Martin, 1972). 실증주의는 이론적 용어가 의미를 갖게 되는 절차와 방법을 설명하는 과정에서도 문제를 드러낸다. 현미경으로 관찰하여 얻은 결과가 검증할 법칙을 부정할 때, 그 과학적 법칙이 틀렸는지, 아니면 현미경이 조잡해서 그런 결과가 나왔는지 판단할 방법이 없다. 후자의 문제는 전자·온도·엔트로피·유전자와 같이 특히 관찰할 수 없는 개념의 검증과 관련하여 드러나는 한계이다.

논리실증주의는 검증을 거쳐 진리로 입증된 사실이 계속 쌓여서, 논리경험주의는 어느 정도 타당한 것으로 입증된 사실들이 누적되어서 과학지식이 발달한다고 가정한다. 이러한 가정은 과학지식이 과학사적 과정을 통해 발달하는 과정을 설명하는 누가적 모형의 기반이 되며, 특히 논리경험주의의 가정은 가설-연역적 방법의 골격이 된다. 누가적 모형과 가설-연역적 방법은 함께 1960년대에 우리나라의 제3차 과학과 교육과정에 절대적인 영향을 미쳤던 학문중심 과학교육사상의 이론적 배경이 되었다. 제3차 과학과 교육과정에서는 비판적 사고력과 과학적 탐구 능력의 신장을 중요한 목표으로 설정하였으며, 각급 학교에서는 관찰·실험·조사를 위주로 한 탐구중심의 과학 교수·학습 방법을 중요시하였다.

4) 반증주의와 가설-연역적 방법 및 귀추법

반증주의는 경험주의 철학사상뿐만 아니라 이성주의 철학사상과 실증주의의 철학적 신조도 부정한다. 반증주의는 과학지식이 귀납적 추리나 연역적 추리를 통해서만 구성되지는 않으며, 확증법뿐만 아니라 입증법을 적용해서도 검증할 수 없다고 주장한다. 과학지식은 오로지 반증만이 가능하다고 보는 신념이다. 이와 같은 과학지식의 반증가능성(falsifiability)은 과학적 이론·가설·명제를 판단하는 준거로 이용되며, 가설-연역적 방법의 이론적 근거로 활용되기도 한다.

(1) 반증주의의 형성과 신념

포퍼(Karl Popper, 1902~1994)는 『The Logic of Scientific Discovery』(Popper, 1968)에서 반증주의의 의미와 특성을 자세하게 기술했다. 포퍼는 그 책에서 추측과 반증에 관한 인식론을 체계화하기 위하여 반증주의를 하나의 과학적 방법론으로 정리한 것이다. 과학적 방법론으로서의 반증주의는 합리주의와 연역법, 경험주의와 귀납법, 논리실증주의와 입증설, 논리경험주의와 확증설의 타당성과 적절성을 모두 부정하고, 과학의 목적이 객관적 진리의 추구에 있다고 가정하며, 과학은 오로지 추측과 그것을 반증하는 과정을 통해서 발달한다고 주장한다.

반증주의는 과학지식이 객관적이고 절대적인 근거를 바탕으로 형성된다고 주장하는 전통적 과학철학의 사상과 견해를 강하게 부정한다. 아인슈타인은 1916년 일반상대성 이론을 발표하면서 자신의 이론을 반박하는 단 하나의 반증 사례만이라도 제시되면 일반상대성 이론을 버리겠다고 공언하였다(실제로는 "신은 주사위 놀이를 하지 않는다."고 주장함으로써 불확정성 원리를 부정하였지만). 아인슈타인이 일반상대성 이론을 발표했을 때, 많은 과학자는 일반상대성 이론의 진위를 즉각적으로 수용하지 않고 의심부터 하였다. 그러나 포퍼는 아인슈타인의 이 주장을 받아들임으로써, 반증을 과학적 이론을 수용하거나 거부하는 기준으로 이용할 수 있다는 믿음을 더욱 굳게 가질 수 있었다.

이러한 포퍼의 반증주의에 따르면, 과학적 이론은 자연을 설명하기 위해, 또는 기존의 이론이 해결하지 못했던 문제를 해결하기 위해 구성한 사색적·잠정적 가설로서 그 참 가치를 절대적으로 입증하거나 개연적으로라도 확증할 수는 없고, 오직 반증만이 가능하다. 과학적 이론이나 가설은 반드시 반증되며, 관찰이나 실험의 결과에 의해서 지지되지 않으면 그 즉시 폐기되거나 다른 이론이나 새로운 가설로 교체된다.

반증주의는 실증주의에서 현대 과학철학, 곧 후실증주의로 변하는 과도기적 과정에 있었던 과학철학이다. 포퍼는 실증주의와 마찬가지로 형이상학적 명제를 무의미한 명제로 받아들이지만, 과학지식이 변화되거나 발달하는 과정에 대해서는 실증주의와 견해를 달리한다. 포퍼는 관찰을 통한 과학적 이론의 검증과 가설 검증의 부당성, 특히 이론의 반증가능성을 주장함으로써 경험주의와 실증주의의 입장을 일부 견지하면서, 과학적 이론의 가설적 특성과 과학지식의 잠정적 속성을 주장함으로써 현대 과학철학자들과 동일한 인식론적 입장을 밝히기도 한다.

(2) 반증주의와 과학 및 비과학

포퍼(Popper, 1968)는 반증의 가능성에 따라 과학과 유사과학(pseudoscience)을 구분한다. 포퍼에 따르면, '정사각형의 네 각은 모두 90°이다.'라는 진술은 반증이 불가능한 동의어반복어로서 과학적 이론이 아니다. 포퍼는 관찰 자료를 이용하여 반증할 수 없다는 이유로 점성술, 프로이트(Sigmund Freud, 1856~1939)의 정신분석학, 그리고 마르크스(Karl H. Marx, 1818~1883)의 역사학을 모두 비과학적 학문으로 분류한다.

포퍼는 반증될 가능성이 높을수록 과학적이고 좋은 이론이라고 주장한다(Chalmers, 1999). '모든 행성은 타원 모양의 궤도를 따라 태양 주위를 공전한다.'는 이론이 '금성은 타원 모양의 궤도를 따라 태양 주위를 공전한다.'는 이론보다 더 과학적이며, 그래서 더 좋은 이론이다. 앞의 이론이 뒤의 이론보다 더 일반적이고 반증될 가능성도 더 높다. 후자의 이론이 반증되면 전자의 이론은 당연히 반증되지만, 그 역은 반드시 성립되지 않는다. 화성·수성·목성을 관찰하여 얻어진 결과가 전자의 이론을 부정한다고 해서 금성의 공전설을 기각할 이유는 없다(Brown, 1977).

반증주의(Popper, 1972)는 과학이 추측(conjecture)과 반박(refutation)에 따른 반증을 통해 발달한다고 본다. 가설은 반드시 반증되고, 가설이 반증되면 본래의 문제와 관계가 먼 새로운 문제가 제기되고, 새로운 가설이 제시되는 과정이 반복됨으로써 과학지식이 발달한다는 주장이다. 반증주의는 가설을 기각하는 결과가 나오면 '그 가설이 틀렸다.'는 결론을 내리고, 지지하는 결과는 '그 가설의 반증에 실패하였다.'고 결론짓는다.

(3) 가설-연역적 방법의 특성과 한계

반귀납주의는 귀납적 논증이 가설을 제시하고, 그 가설에서 잠정적 결론을 도출하며, 관찰과 경험을 통해 그 결론의 진위를 검증하는 과정을 통해 이루어진다고 믿는다. 논리경험주의와 반증주의는 이런 반귀납주의의 주장을 고려해, 그리고 오스트리아의 물리학자 마하(E. Mach, 1838~1916)의 실증주의와 영국의 수학자이자 철학자인 러셀(B. Russel)의 기호논리학을 결합하여 가설-연역적(hypothetico-deductive) 방법을 제시했다(Brown, 1977; Kourany, 1987). 다음과 같은 절차가 보여주듯이, 논리적 추리의 한 유형으로서의 가설-연역적 방법은 귀납적 방법의 장점과 연역적 방법의 장점이 반영되어 있다.

- **귀납적 과정(일반화 진술)**: 관찰한 사실(또는 현상)을 일반화하여 진술한다. 예) 구리에는 전기가 통한다
- **초기조건(실험 상황)의 설정**: 실험을 수행할 조건을 제시한다. 예) 이 전선은 구리로 만들어져 있으며, 전기 회로에 적절하게 연결되어 있다.
- **연역적 과정(예상 진술 또는 검증 가설의 제시)**: 초기조건에 따라 검증할 가설을 일반화 진술에서 도출한다. 예) 이 (구리)전선에는 전기가 흐를 것이다.
- **가설 검증(가설의 수용 또는 기각)**: 실험을 통해 수집한 자료를 근거로 가설을 검증한다. 예) 실제로 전기가 흐르면, '이 구리 전선에는 전기가 흐를 것이다.'는 가설을 수용한다.

이 예시를 통해서도 알 수 있듯이, 가설-연역적 방법을 이용해서 직접 검증하는 것은 예상 진술이지만, 검증의 궁극적 대상은 일반화 진술이다. 또한 가설-연역적 방법은 귀납적 절차와 연역적 절차로 구성되어 있다(Richards, 1987). 관찰 결과에서 일반화 진술을

도출하는 단계는 귀납적 과정이며, 일반화 명제에서 검증할 가설을 도출하는 과정은 연역적 과정이다. 그러므로 가설-연역적 방법은 귀납적 방법은 물론 연역적 방법과도 다르다. 연역적 방법은 전제를 참으로 가정하지만, 가설-연역적 방법은 전제의 진위를 의심하는 데서 출발한다. 또한 귀납적 방법에서는 가설을 내세우지 않고 일반화를 도출하지만, 가설-연역적 방법은 가설을 설정하고 그 가설을 검증하는 절차에 따라 수행된다.

가설-연역적 방법은 자연현상을 잘 설명하는 가설을 도출하는 과정에는 효과적이지만, 귀납적 방법과 연역적 방법에 내재된 문제를 그대로 안고 있어서 과학적 연구와 과학적 탐구에서 언제나 효과적으로 적용하지는 못한다. 가설-연역적 방법을 과학적 연구와 과학적 탐구에 적용할 때 드러나는 문제와 한계는 그것의 논리적 특성에서 비롯한다. 가설-연역적 방법은 과학과 과학적 활동의 논리적·합리적 특성을 강조할 뿐이지 심리학적·사회학적 측면을 소홀히 다룬다. 이런 특성 때문에, 과학교육 현장에서 적용하는 가설-연역적 방법은 상상력과 호기심이 과학지식의 형성 및 발달에 미치는 영향을 경시하며, 최초에 가설이 어떻게 설정되었는지를 분명하게 보여주지 못하는 한계도 드러낸다.

가설-연역적 방법은 연역적 방법처럼 논리적 추리로서, 과학지식을 구성하는 단계보다 정당화 단계에서 더 큰 효과를 내는 한계가 있다. 또한 과학 교수·학습 과정에 적용되는 가설-연역적 방법은 귀납적 방법과 연역적 방법으로 구성되어 있어서 실제로 적용할 때는 귀납적 일반화와 연역적 추리 과정에서 드러나는 문제와 한계가 그대로 드러난다. 가설-연역적 방법은 무엇보다도 가설을 설정할 필요가 없는 실태조사에는 적용할 수 없다. 가설-연역적 방법은 이 밖에 검증할 수 없는 보조가설과 대안가설(alternative hypothesis)이 제기되는 상황(Salmon, 1995)에는 적용할 수 없는 문제와 한계도 지니고 있다.

(4) 가설-연역적 방법의 한 유형으로서의 귀추법

과학교육 연구와 과학 교수·학습에서 과학적 방법으로 이용하는 귀추법(abduction)은 실용주의자 퍼스(C. Peirce, 1839~1914)가 그 이름을 붙였다. 핸슨(Hanson, 1971)은 과학사를 분석하여 과학이 발달해 온 과정을 귀추적 추론으로 설명하였으며, 귀추법이 과학적 방법으로 적용된 사례를 제시하였다. 귀추법은 비상례적인 관찰 사실을 가장 잘 설명하는 가설을 도출하는 최선의 설명 추론(inference to the best explanation), 설명적 귀납, 이론적 귀납 등으로 일컬어진다(Godfrey-Smith, 2003). 귀추법은 과학적 발견이 일반적 명제의 형식으로 진술된 가설이 아니라 특정한 관찰 사실에서 출발한다고 가정하기 때문에, 역행추리(retroduction)로 불리기도 한다.

귀추법은 특이한 관찰 사실의 원인이 된 가설(또는 모형이나 원리)을 추론하는 가설적 추리로서 본질적으로 가설-연역적 방법과 같으며, 이런 의미에서 가설추리법 또는 가추법으로 불리기도 한다(김광수, 2007). 귀추법에서는 설명될 관찰 현상이 먼저 제시되고 그 현상을 설명하는 가설이 나중에 제시된다. 그러므로 귀추법은 〈표 1-2〉를 보아도 알 수 있듯이, 관찰을 통해 수집한 사실적 증거를 바탕으로 직접 일반화(가설 형식의)를 이끌어 내는 귀납적 추리 방법과 대조되며, 일반화로 진술된 가설에서 관찰할 현상을 예상하여 가설로 제시하는 연역적 방법과도 대비된다. 귀추법은 이 밖에 발견의 논리라는 점에서 정당화의 논리로 받아들여지는 가설-연역적 방법과도 구분된다(Audi, 1999).

뉴턴(I. Newton, 1642~1727)이 케플러(J. Kepler, 1571~1630)의 제3법칙($T^2 \propto r^3$)과 호이겐스(C. Huygens, 1629~1695)의 구심력($F \propto r/T^2$)을 설명하기 위해 만유인력($F \propto 1/r^2$) 가설을 제시한 것(Hanson, 1991), 케플러가 화성의 타원형 공전 궤도를 제시한 과정은 모두 다 귀추법을 적용한 좋은 예이다. 케플러는 화성의 공전 궤도가 타원이라는 가설을 설정하고, 그리고 브라헤(T. Brahe, 1546~1601)가 수집한 자료를 바탕으로 화성의 타원 궤도 가설을 법칙으로 확립했다. 한 마디로 요약하여 말하자면, 귀추법에서는 관찰 증거, 곧 특정한 관찰 사실이 먼저 제시되고, 그 관찰 증거(관찰 사실)를 가장 잘 설명하는 가설은 그 다음 단계에서 제시된다(Kitchener, 1999).

이와 같이, 실제의 과학적 업적으로 든 예시들에서도 알 수 있듯이, 귀추적 추리 과정에서 두 번째로 제시되는 가설은 관찰한 특정 현상의 원인을 설명하는 가설로서 그에 앞서 제시된 특정 현상을 반복적으로 관찰함에 따라 지각되는 규칙성, 즉 여러 번 관찰한 현상의 원인에 대한 '최선의 설명 추론'이며, 결론은 가설이 참일 가능성을 지지하는 수많은 증거 가운데 하나이다(Okasha, 2016). 귀추적 추리의 핵심은 결론이 아니라 관찰 현상에 대한 가설, 곧 '최선의 설명 추론'이다. 귀추법이 과학지식의 발달에 공헌하는 측면도 귀납법이나 연역법의 결론과 달리 '최선의 설명 추론'이다. 다음 실례를 통해서도 분명하게 알 수 있듯이, 귀추법의 결론은 최선의 추론을 지지하는 하나의 증거일 뿐으로서, 기존의 과학지식 체계에 더해질 지식은 못 된다.

> 철수가 기침을 한다.
> 만일 철수가 감기에 걸리면, 기침을 할 것이다.
> ―――――――――――――――――――
> 따라서 철수가 감기에 걸린 것 같다.

"만일 철수가 감기에 걸리면, 기침을 할 것이다."는 "철수가 기침을 한다."와 같은 현상을 여러 번 관찰하고, 그 원인에 대한 설명으로 제시한 가설이다. "따라서 철수가 감기에 걸린 것 같다."는 귀납법의 일반화나 연역법의 결론과 달리, "만일 철수가 감기에 걸리면, 기침을 할 것이다."는 가설인 '최선의 설명'을 지지하는 증거의 하나에 지나지 않는다. 그런데 이런 귀추법을 타당한 논증법으로 적용하기 위해서는, 위 구절의 케플러가 그랬던 것처럼, "만일 철수가 감기에 걸리면, 기침을 할 것이다."보다 "철수가 감기에 걸리면, 기침을 한다."와 같은 설명의 형식으로, 그리고 "따라서 철수가 감기에 걸린 것 같다."보다 "철수가 감기에 걸려 있다."와 같이 논증의 전제 형식으로 기술해야 더 실제적이다.

(5) 반증주의의 문제와 과학교육에 미친 영향

반증주의가 안고 있는 문제는 관찰이 이론에 의존하는 특성에서 비롯하기도 한다. 관찰의 결과가 관찰자의 기대감이나 이론적 지식에 따라 다르게 진술되기 때문에, 이론 또는 보조가설의 진위를 검증할 때 확증되었거나 입증된 것, 또는 반증된 것이 그 이론이나 보조가설인지 아니면 다른 어떤 매개변인인지 확인할 방법이 없다. 예를 들면, 어떤 유전자가 존재하는 염색체상의 위치를 확인하기 위해 전자현미경을 통해 관찰하였으나 그 유전자를 찾지 못했을 경우, 유전자에 대한 가설이 옳지 않은 것인지, 또는 전자현미경의 한계 때문인지 가늠할 방법이 없다.

반증주의는 가설-연역법이 안고 있는 문제, 즉 과학적 이론을 임시변통적 가설(ad hoc hypothesis) 때문에 검증할 수 없는 문제도 안고 있다. 임시변통적 가설은 반증할 수 없는 가설이다. 갈릴레오는 자신이 만든 망원경을 통해서 달에 산과 골짜기가 있다는 사실을 발견하고 그에 따라 천상계의 완전한 구와 원을 가정하는 아리스토텔레스의 우주관을 부정하였다. 그러나 아리스토텔레스의 세계관을 지지하는 자연철학자들은 달의 주위가 눈에 보이지 않고 확인할 수도 없는 에테르(ether)라는 물질로 채워져 있어서 달은 완전한 구를 이룬다는, 검증할 수 없는 가정으로 자신들의 주장을 정당화하였다.

포퍼가 제시한 반증주의는 과학교육의 목적, 교육과정, 교수·학습 방법, 그리고 과학교육 연구에 큰 영향을 미치고 있다. 반증주의는 과학이 가설을 제시하고, 그 가설을 반증하는 이른바 시행착오 과정을 거치면서 발달한다고 주장함으로써 과학교육의 목적으로 직관과 창의력을 제시하는 근거를 제공하였다. 한편 반증주의가 제시한 과학과 유사과학의 구분은 과학적 연구와 과학교육 연구에 여러 가지 시사점을 던져준다.

반증주의가 제시한 가설-연역적 방법은 과학적 탐구 중심의 교육과정 개발과 과학 교수·학습의 필요성을 강조하였으며, 과학교육의 목적으로 직관과 창의력을 중요시하는 계기를 제공하였다. 반증주의에 따르면, 과학은 한 이론이 제기되고 반증되면, 새로운 가설이 제기되고 반증되는 반복적인 과정을 통해 발달하며, 새로운 가설에는 기각되는 가설의 내용이 모두 포함된다. 과학교육학자들은 이와 같은 과학지식의 발달을 설명하는 진화적 모형을 근거로 과학 교수·학습의 개념분화 모형을 제시하고, 그 모형을 개념의 분화에 목적을 둔 교수·학습에 적용한다.

5) 과학적 방법에 따른 과학 교수·학습

전통적 과학철학에서는 논리적 추리 방법인 귀납적 방법, 연역적 방법, 가설-연역적 방법을 과학적 방법으로 제시하였다. 전통적 과학철학에서 제시한 이 과학적 방법들은 모두 논리적 추리에 따라서, 그리하여 객관적이고 합리적인 절차를 거쳐, 수행되는 과학적 연구와 과학적 탐구에는 효과적이다. 그러나 이런 논리적 추리 방법들이 주관적이고, 비논리적인 절차를 따르는 오늘날의 과학적 연구와 과학적 탐구에서는 문제와 한계를 드러낸다. 이 소절에서는 귀납적 방법, 연역적 방법, 가설-연역적 방법과 더불어, 귀납적 추리의 한 유형인 유비추리와 가설-연역적 방법의 한 유형인 귀추법에 관해서도 기술한다.

(1) 귀납적 방법에 따른 발견학습과 유비추리 학습

귀납적 추리에 바탕을 둔 귀납적 교수·학습 방법은 브루너(Bruner, 1960)가 말하는 발견학습의 원리이자 과정이다. 자연현상에 대한 관찰에서 시작되어 일반화로 완수되는 과정으로 이루어지는 귀납적 추리 방법, 곧 귀납법은 1970년대에 세계적으로 유행했던 개념형성 모형과 그에 따른 과학 교수·학습의 이론적 배경이 되었다(Ausubel, Novak, & Hanesian, 1978). 귀납법은 1980년대에는 탐색(exploration)-발견(invention)-응용(application)의 3단계를 반복적으로 거치면서 진행되는 순환학습 모형(learning cycle model)의 이론적 배경이 되었다(Chiappetta & Koballa, 2015).

귀납법에 따른 발견학습은 조사나 관찰을 통해 새로운 사실을 발견하는 학습이다. 발견학습은 관찰·측정·조사의 결과로 수집된 자료에 바탕을 둔 귀납적 일반화 과정을 통해 새로운 법칙이나 원리를 발견하는 학습을 가리키기도 한다. 그러나 과학 교수·학습 현장에서는 이런 방법을 과학자들이 연구나 귀납적 일반화를 통해서 이미 발견한 사실이나 법칙 또는 원리를 확인하려 할 때 적용한다. 다음은 보일의 법칙과 힘과 운동의 법칙의 발견에 목적을 둔 과학 교수·학습 방법과 그 과정의 실례이다.

〈보일의 법칙 확인에 목적을 둔 교수 · 학습 절차 예〉

- 다음 표는 기체의 압력을 변화시키면서 측정한 부피를 나타낸 것이다.

압력(kPa)	66.7	107.5	158.6	222.3
부피(cm^3)	50	31	21	15

- 위 표에서 어떤 규칙성이 나타나고 있는가?
- 공기의 부피와 압력 사이의 반비례 관계를 보일의 법칙이라고 한다.

〈힘과 운동의 법칙 발견에 목적을 둔 교수 · 학습 절차 예〉

- 합력이 0일 때의 운동에 관하여 학습한다.
- 합력이 0이 아닐 때의 운동을 학습한다.
- 힘의 작용에 관하여 학습한다.
- 힘과 운동의 관계 및 그와 관련된 법칙을 말하게 한다.

첫 번째의 교수 · 학습에서 학생들이 확인해야 할 내용은 '기체의 압력과 부피는 반비례한다.'는 보일의 법칙이다. 이와 같이, 학생들이 귀납적 추리 방법을 적용한 교수 · 학습 과정을 통해서 발견해야 할 내용은 대부분 과학자들이 이미 발견한 과학적 사실 · 법칙 · 원리이다. 보일의 법칙은 17세기에 보일(Robert Boyle, 1627~1691)이 발견한 것이다. 조사 · 관찰 · 실험을 통해서 새로운 현상 · 사실 · 정보를 확인하는 학습도 발견학습으로 볼 수 있지만, 그런 방법은 귀납적 추론에 따른 학습은 아니다.

유비추리도 귀납법의 한 가지 유형이다(김광수, 2007; 김희정 · 박은진, 2009). 선행지식을 통해서 주어진 정보에 담겨져 있는 의미를 구성하는 과학 교수 · 학습에서 학생들이 이미 잘 알고 있는 선행지식, 곧 친숙한 것은 상사물 또는 준거대상이라 하고, 그것과 비교하기 위해 주어지는 정보는 비교대상이라 한다. 이와 같은 유비추리를 이용한 교수(Teaching With Analogies: TWA)는 친숙한 것을 이용하여 생소한 내용을 발견하게 할 때 효과적이다. 그러나 유비추리도 실체를 다루지 않기 때문에, 과학 교수 · 학습에 적용할 경우 오개념을 유발하는 문제를 안고 있다(Herr, 2008).

(2) 연역적 방법에 따른 설명식 교수 · 학습

설명식 교수 · 학습의 중심적 과정은 연역적 추리이다. 그러므로 연역적 추리를 따르는 교수 · 학습은 설명식 교수 · 학습으로 일컬어진다. 연역적 추리에 따른 설명식 과학 교수 · 학습은 과학적 개념 · 법칙 · 원리 · 이론을 정의하거나 설명하고, 그 실례를 도출하여 상세하게 기술하거나 확인하는 과정을 거쳐 수행된다. 실례는 과학교사가 강의나 시범실험을 통해 직접 제시하여 설명하며, 학생들이 과학적 조사 · 실험을 통해 확인할 수 있다. 다음은 산과 염기에 관한 연역적 교수·학습 방법의 한 예이다.

〈정의 또는 설명〉
- 산과 염기의 성질을 세 가지 방법으로 정의한다.
  - 아레니우스 정의를 기술한다.
  - 브뢴스테드 정의를 기술한다.
  - 루이스 정의를 기술한다.
- 산과 염기가 리트머스 시험지의 색깔을 변화시키는 과정을 보여준다.
- 맛으로 산과 염기를 구분한다.
- pH 개념으로 산과 염기의 성질을 설명한다.

〈실례 확인〉
- 산과 염기의 성질에 관한 자료를 더 수집한다.
- 산과 염기의 실례를 제시하고, 그것들을 실생활에서 찾아본다.
- 사과에는 어떤 성질이 많은지 말하고, 그렇게 말한 이유를 설명한다.

교실에서 배운 과학적 이론으로 자연에서 일어난 현상, 과학적 사실, 과학적 법칙 또는 원리를 설명하는 교수·학습은 물론이고, 학생들이 교실에서 학습한 내용을 실험실이나 자연에서 확인하게 하는 교수·학습도 설명식 교수·학습이다. 중학생들을 대상으로 한 설명식 교수·학습의 일환으로 이루어지는 과학 실험으로는 탐색적 실험보다 확인실험이 더 실제적이다. 또한 중·고등학교의 복잡하고 어려운 과학지식의 교수·학습에는 귀납적 교수·학습보다 연역적 교수·학습이 더 효과적이다.

(3) 가설-연역적 방법과 귀추법

가설-연역적 방법은 논리경험주의와 반증주의가 중요시한 과학적 방법으로서 제3차 과학과 교육과정 이후의 모든 과학 교육과정에 절대적인 영향을 미쳤다. 가설-연역적 방법에 따른 교수·학습 과정은 귀납적 교수·학습 단계와 연역적 교수·학습 단계로 구성된다. 즉 가설-연역적 방법에 따른 과학 교수·학습은 관찰 사실에 나타난 규칙성을 귀납적으로 일반화한 명제를 가설의 형식으로 제시하고, 가설과 관련된 초기조건을 설정한 다음, 가설에서 검증할 예상언명을 도출하여 가설의 형태로 진술하고, 예상언명을 검증하는 과정을 통해 수행된다. 과학 교수·학습 현장에서는 이런 가설-연역적 방법을 귀추법과 자주 혼동한다. 그러나 다음 예가 보여주는 바와 같이, 가설-연역적 방법과 귀추법은 분명하게 다르다. 가설-연역적 방법은 귀추법을 통해 몇 번 확인한 설명을 바탕으로 시작된다.

〈가설-연역적 방법의 적용 예〉

「전해질과 이온」의 '전해질'을 예로 들면, 교수·학습은 다음과 같은 절차와 방법에 따라 진행될 수 있다.

- **귀납적 과정(일반화 진술)**: 다음 그림(왼쪽)과 같이 전해질 수용액에 전류가 흐르면, (+)전하를 띤 입자는 (−)극으로 이동하고, (−)전하를 띤 입자는 (+)극으로 이동한다.

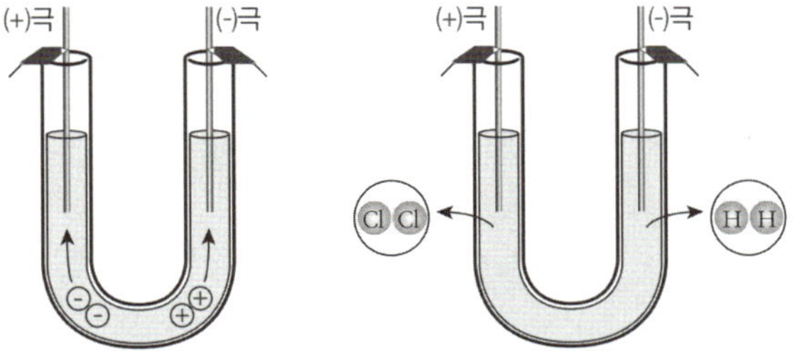

- **초기조건 설정**: U자 시험관에 10% 염산이 있고, 양쪽에 전극이 설치되어 있다(오른쪽 그림).
- **연역적 과정(예상언명의 제시)**: 염산에 전류가 흐르면, 염화이온은 (+)극으로 이동하여 염소기체(Cl_2)가 되고, 수소 이온은 (−)극으로 이동하여 수소기체(H_2)가 될 것이다.
- **가설검증**: 전류를 흐르게 한 다음, (+)극에 염소기체가, (−)극에 수소기체가 생겼는지 확인하고, 그 결과에 따라 이 가설(예상언명)을 검증한다.

〈귀추법의 적용 예〉

- **관찰 증거(설명될 현상)**: 바람이 살랑살랑 부는 날에 빨래가 잘 마른다.
- **가설 제시(관찰 증거의 원인에 관한 최선의 설명)**: 바람이 살랑살랑 불면 바람이 불지 않을 때보다 기화가 더 잘 되어, 빨래가 더 잘 마른다.
- **결론**: 바람이 살랑살랑 불면, 기화가 더 잘 된다.

이 교수·학습 과정 예시에서, 관찰한 자료에 바탕을 두어 도출한 규칙성에 관한 가설의 진술은 귀납적 일반화이며, 진술된 가설에 바탕을 둔 예상언명의 도출은 연역적 추리이다. 가설-연역적 방법은 관찰·측정이 가능한 주제에 대한 과학적 탐구와 과학 교수·학습에만 적용할 수 있고, 실험을 통한 변인들 사이의 인과관계, 또는 상관관계의 규명에 목적을 둔 과학적 탐구와 과학 교수·학습에 특히 효과적이다. 바꾸어 말하면, 가설-연역적 방법은 생물의 분류, 암석학을 비롯한 기술적 자연과학 분야나 구체적 개념에 관한 교수·학습에는 적절하지 않다. 한편 귀추법에서는 귀납적으로 일반화한 명제가 가설의 형태로 먼저 제시되고, 그것을 검증하는 관찰 증거가 나중에 제시되는 가설-연역법과 달리, 특정한 과학적 사실로서의 관찰 증거가 설명체계인 가설보다 먼저 제시된다.

3. 현대 과학철학과 구성주의

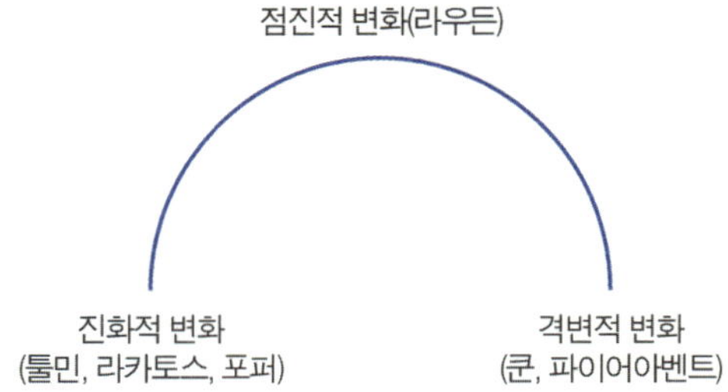

[그림 1-10] 과학지식의 변화에 대한 입장

현대 과학철학은 쿤(Thomas S. Kuhn, 1922~1996)·라카토스(Imre Lakatos, 1922~1974)·툴민(Stephen E. Toulmin, 1922~)·파이어아벤트(Paul Feyerabend, 1924~1994)·라우든(Larry Laudan, 1941~) 등이 표명한 과학철학을 일컫는다. 이들이 주장한 과학철학 사상과 신념은 실증주의나 반증주의가 안고 있는 문제를 해결하거나 그 한계를 극복하려는 과정에서 생겨났으며, 사회적 구성주의(social constructivism) 과학철학이 형성되는 기원이 되었다. 후실증주의, 곧 현대 과학철학은 [그림 1-10]과 같이 각각 고유한 모형을 빌어 과학지식이 발달하는 과정을 설명한다. 각 과학지식 변화 모형은 과학교육의 목적·방법·평가, 과학 교수·학습의 전략에도 영향을 미친다.

1) 쿤의 패러다임과 과학혁명

쿤(Kuhn, 1996)은 실증주의를 부정하고, 머턴(Robert K. Merton, 1910~2003)의 과학사회학(sociology of science)을 지지하였다. 쿤은 과학철학·지식사회학·과학교육학에도 큰 영향을 미쳤다. 쿤이 과학 교수·학습의 목표와 전략에는 특히 큰 영향을 미쳤다.

(1) 쿤 이론의 형성과 비판

쿤(Kuhn, 1996)은 과학사를 분석하여 과학적 이론이 과학적 연구의 한 가지 구성요소임을 확인하였다. 그는 또한 과학적 연구로 발견된 과학적 사실이 누적되어 과학지식이 변하고, 그에 따라 자연세계에 관한 진리가 밝혀진다고 주장하는 경험주의를 부정하였다. 그는 과학의 여러 가지 구성요소들이 서로 독립적으로 기능을 발휘하는 것이 아니라 총체적 조직체로 운영된다고 가정하고, 그 총체적 조직체를 패러다임(paradigm)으로 부른다(Riggs, 1992). 패러다임은 대체로 다음과 같은 특징을 지닌다(Klee, 1997).

- 과학사회에 전형적인 문제와 해답을 생성하는 과학적 연구의 성과를 중심으로 구성된다.
- 문제의 해결에 필요한 실험의 절차 · 기술 · 도구를 제안한다.
- 성공적인 과학적 성과와 그 실천의 기준을 설정한다.
- 이론, 도구, 방법의 관계를 명시한다.
- 형이상학적 세계관을 구성한다.
- 정확한 규칙이나 문장으로 특징지을 수 없다.
- 이론을 포함하지만, 이론은 아니다.

패러다임은 해당되는 분야의 연구와 관련이 있는 이론 · 가정 · 방법 · 도구로 이루어진 체계, 즉 당시의 과학사회가 받아들이는 실체론적 · 방법론적 · 개념적 체계로서 연구의 전통을 이룬다(Riggs, 1992). 패러다임은 또한 과학의 구조적 · 기능적 총체로서 과학적 연구의 지침이 되며, 과학적 문제를 해결하는 방법과 방향을 제시한다. 뉴턴의 역학, 아인슈타인의 상대론, 화학의 원자 개념, 전자기학, 지동설, 생명과학의 진화론, 지동설이 패러다임이다. 패러다임은 이론과 아울러 연구 방법과 기능도 포함되어 있기 때문에, 과학적 이론만으로는 취급되지 않는다(Klee, 1997). 패러다임 '뉴턴의 역학'은 뉴턴의 운동법칙, 이 운동법칙을 행성의 운동과 진자의 운동에 적용하는 방법, 자료를 수집하기 위해 사용할 망원경과 그것을 이용할 기술로 구성되어 있으며, 그 자체가 이론은 아니다.

쿤에 따르면, 과학은 논리적 추리 과정보다 토론과 합의 과정을 통해 수행된다. 과학은 기존의 패러다임에 따라 분화 · 발달되고, 그 패러다임이 한계에 다다르면 토론을 통해 새로운 패러다임으로 교체되는 단계를 거쳐 발달한다. 과학은 그렇게 패러다임의 격변적 변화를 통해 발달해 왔으며, 그리하여 사회적 특성을 띤다. 이와 같은 설명 때문에, 쿤은 과학의 사회성과 과학지식의 격변적 변화 모형을 주장한 과학철학자로 알려지게 되었다.

그러나 과학사는 모든 과학이 쿤이 주장한 대로만 발달하지 않았음을 보여준다. 특히 분류학이나 암석학과 같이 주로 개념들과 개념 체계로 이루어진 기술적(記述的) 과학 분야는 법칙이나 이론보다 그 개념들과 개념 체계가 변하여 발달하였다. 그런 기술적 과학 분야가 발달되어 온 과정은 패러다임의 교체로 설명되지 않는다.

쿤 자신이 그의 저서에서 수십 가지 의미로 기술하고 있듯이, 패러다임은 그 의미가 애매하고 다양하며, 그에 따라 패러다임이 변하는 과정에 대한 쿤의 설명도 분명하지 않다. 쿤은 이론의 선택과 그에 따른 패러다임의 변화를 비합리적 과정으로 설명하는데, 라카토스(Lakatos, 1970)는 그런 설명을 소탕심리학(mop psychology)으로 부른다. 쿤은 과학적 이론을 선택하는 기준으로 이론의 정확성 · 일관성 · 일반성 · 단순성 · 실효성을 제시하였지만, 대다수 과학철학자들은 그럼에도 불구하고 쿤을 비합리주의자로 부른다.

(2) 패러다임의 교체와 과학의 비합리성

패러다임은 과학자에게 개념적 안경(conceptual goggle)의 역할을 한다. 과학자는 자신이 가지고 있는 패러다임을 통해서 세계를 보고 그 의미를 파악하기 때문에, 다른 사람과 동일한 현상이나 사물을 볼지라도 각자 다른 세계를 인식한다. 갈릴레오는 절대론적 세계를 보았지만, 아인슈타인은 상대론적 세계를 보았다. 천동설 관점에서는 '해가 동쪽에서 떠서 서쪽으로 진다.'고 해석하지만, 지동설 관점에서는 '지구가 서쪽에서 동쪽으로 자전한다.'고 말해야 더 합당하다.

패러다임의 이런 기능 때문에, 경쟁패러다임을 비교할 때 적용할 공통적 기준을 설정하기란 결코 쉽지 않다. 또한 과학자들과 그들이 속해 있는 과학사회가 기존의 패러다임을 버리고 양립불가능한(incommensurable) 새로운 대안적 패러다임을 받아들이기 위해서는 그들에게 커다란 형태변화(gestalt switch)가 일어나야 한다. 그런 과정을 통해 이루어지는 패러다임의 교체는 일반사회에서 일어나는 종교적 개종이나 정치적 혁명과 같은 사상적 대전환을 가져오며, 그런 사실을 근거로 패러다임의 교체는 '과학혁명'으로 불린다.

지금까지 과학은 퇴보하거나 정체되지 않고 항상 변화되거나 진보해 왔다. 이는 과학이 패러다임의 정교화와 수수께끼 풀이, 과학혁명을 통해서 발달해 왔기 때문이다. 지난 2000여 년의 과학사를 분석해 보면 알 수 있듯이, 과학은 정상과학 단계에서 패러다임이 정교화되거나 과학 문제를 해결함으로써 진보할 뿐만 아니라 새로 교체된 패러다임이 새로운 의문과 관찰의 기술 또는 실험의 기술과 같은 문제의 해결을 위한 새로운 기술과 방법을 제시함으로써 발달해 왔다.

(3) 과학의 발달 단계와 과학교육에 미친 영향

쿤은 과학의 본성을 분석하기 위한 도구로 논리 대신에 과학사를 이용하였다. 과학사의 분석 자료를 바탕으로 확립한 쿤의 과학혁명 이론에 따르면, 과학은 과학사회의 구성원들 사이에 일어나는 토론과 합의를 통하여 변화·발달하며, 따라서 사회적 특성을 지닌다. 과학은 '전과학 → 패러다임의 등장 → 정상과학 → 과학의 위기 → 과학혁명 → 새로운 정상과학 → 새로운 과학의 위기……'와 같이 끝이 열린 과정에 따라서 변화·발달한다.

전과학(pre-science)은 학문으로 정립되기 전의, 즉 기본적인 영역과 주제가 과학자들 사이에 합의되지 않은 상태이다. 이 단계에서는 자연현상을 설명하거나 예상하지 않는다. 이 때문에, 전과학은 미성숙 과학(immature science) 또는 전패러다임 과학(pre-paradigm science)으로 일컬어진다(Riggs, 1992). 전과학 단계에서는 정상과학 단계의 패러다임으로 통합될 여러 경쟁가설들이 제기되어 비조직적이고 다양한 목적을 지닌 과학적 활동이 일어난다(Hung, 1997). 다윈(Charles Darwin, 1809~1882)의 진화론이 나오기 전에 창조설과 아울러 다양한 진화설이 주장되었는데, 그런 이론들이 다윈의 진화론으로 통합되기 직전까지는 전과학으로 볼 수 있는 것들이다. 여러 광학들이 뉴턴의 광학으로 통합되기 전까지 서로 경쟁했던 상태도 전과학 단계의 것이다.

여러 경쟁패러다임 가운데에서 과학적 문제를 가장 쉽게, 효과적으로 해결하거나 자연현상을 어느 것보다 명료하게 설명하는 가설이 패러다임으로 수용되면 정상과학(normal science) 단계에 이른다. 정상과학 단계에서는 패러다임이 제기한 문제를 해결하는 수수께끼 풀이(puzzle-solving)가 이루어진다. 수수께끼는 해답이 있는 문제를 말하며, 그 풀이의 목적에 따라 다음과 같이 네 가지 유형으로 나뉜다(Hung, 1997; Riggs, 1992).

- **사실 조사**: 파동설에 따라 적색광 파장을 찾아보거나, 더 정확하게 측정하여 중력 상수와 같은 물리적 상수의 유효 숫자를 더 늘리는 것과 같은 과학적 사실의 정확도를 더욱 높인다.
- **패러다임의 지지**: 지동설을 지지하는 금성의 삭망 현상과 같이, 패러다임에 따라 예측한 명제와 실제의 경험적 사실을 비교하여 패러다임을 지지하는 사실을 확인한다.
- **패러다임의 정교화**: 뉴턴 물리학을 생리학에 응용하는 것과 같이, 패러다임의 응용 범위를 더욱 넓히거나 그것을 구성하는 이론의 애매모호함을 해결하기 위한 활동을 수행한다.
- **이론적 문제의 해결**: 뉴턴의 역학을 행성에 적용하기 위하여 수학적 도구, 즉 미적분학을 개발하는 것과 같이, 패러다임을 구성하는 이론이 제기하는 문제를 해결한다.

저자(Chalmers, 1999)에 따라서는 수수께끼를 이론적 수수께끼와 실험적 수수께끼로 나누기도 한다. 뉴턴의 고전역학에서 이론적 수수께끼에는 여러 가지 인력의 영향을 받는 행성운동을 다룰 수학적 방법을 고안하는 일, 뉴턴의 운동법칙을 유체의 운동에 응용할 때 전제하는 적절한 기본가정을 설정하는 일이 포함된다. 실험적 수수께끼에는 망원경을 통한 관찰의 정확도를 개선하는 일, 타당한 중력상수를 측정할 실험의 방법과 과정을 설계하는 일, 그와 관련이 있는 기술을 개발하는 활동이 포함된다. 수수께끼 풀이의 결과는 과학지식이 정교화되고 누적적으로 발달하는 과정을 뚜렷하게 보여준다.

한 이론을 검증하는 과정에서 그 이론을 반증하는 변칙적 사례가 반복적으로 나타나거나 그 이론을 포함하고 있는 패러다임에 따라 설명할 수 없는 과학적 현상이 늘어나는 상태를 과학의 위기 단계라고 말한다. 과학의 위기 단계에서는 패러다임으로 해결할 수 없는 문제, 즉 수수께끼가 많이 드러나고, 패러다임을 근거로 한 예상도 자주 빗나간다. 이때는 기존의 패러다임이 위기 상태를 맞는다. 과학의 위기(scientific crisis) 상황에서는 과학자들이 기존의 패러다임에 의심을 품고 새로운 이론이나 패러다임을 탐색하기 시작한다.

위기단계는 여러 경쟁 이론들 가운데 하나에 의해 기존의 패러다임을 교체함으로써 과학혁명(scientific revolution) 단계로 이어진다. 새로 교체된 패러다임을 구성하는 이론은 기존의 패러다임으로는 해결하지 못한 문제를 해결할 뿐만 아니라, 새로운 문제(수수께끼)와 그것을 해결하기 위한 수단과 방법도 제안한다. 새로운 이론은 그것이 제안하는 문제, 그 문제를 해결하는 목적·방법·수단과 함께 새로운 패러다임의 구성요소가 된다.

기존의 패러다임이 새로운 패러다임으로 교체되는 과정은 과학지식이 격변적으로 발달하며, 과학지식과 과학이 사회적 과정을 통해 발달함을 보여준다. 과학교육 현장에서는 그런 과정을 근거로 과학적 방법으로 사회적 합의를 중요시하며, 과학의 교수·학습 과정을 사회적 과정으로 본다. 패러다임의 변화는 학생들의 오인을 과학자의 개념으로 교환하게 하는 개념교환 모형, 토론수업, 역할놀이에 의한 수업의 필요성도 암시해 준다.

쿤(Kuhn, 1996)의 과학발달 이론에 따르면, 아리스토텔레스의 물리학은 뉴턴의 고전역학과 다를 뿐 질이 더 낮은 것은 아니다. 쿤은 과학이 변칙의 누적, 과학의 위기, 새로운 패러다임 대두의 순환적 과정을 통해 발달한다고 설명한다. 쿤의 이런 설명은 과학 개념의 오개념에 관한 드라이버(Driver, 1983)의 대체적 개념틀(alternative framework) 모형과 포스너 등(Posner et al., 1982)의 개념변화 모형의 이론적 배경이 되었다.

2) 라카토스의 연구프로그램과 과학의 분화

라카토스(Lakatos, 1970)는 포퍼(Popper, 1968)가 제시한 반증론이 안고 있는 문제점을 극복하여 쿤(Kuhn, 1996)이 제시한 과학혁명 이론에 통합시키기 위해 쿤의 패러다임에 해당되는 연구프로그램(research programme) 이론을 개발하였다. 따라서 라카토스의 연구프로그램은 과학이 발달하는 방법과 과정을 포퍼의 반증법은 물론이고 쿤의 패러다임 모형과도 다른 의미로 설명한다. 또한 라카토스가 제시한 연구프로그램은 쿤 및 포퍼의 이론과 다른 측면에서 과학교육학의 여러 측면에 영향을 미쳤다. 이 소절에서는 라카토스의 연구프로그램 이론과 그것이 과학교육에 미친 영향에 관하여 기술한다.

(1) 라카토스 이론의 형성과 발달

라카토스(Lakatos, 1970)는 과학이 과학적 이론이 아니라 개념틀(conceptual framework)이 변하여 발달해 왔다고 가정하고, 그런 개념틀을 연구프로그램으로 불렀다. 연구프로그램 이론은 과학의 본성과 과학이 발달하는 과정을 포퍼의 반증법뿐만 아니라 쿤의 패러다임 변화와도 다른 의미로 설명한다. 라카토스는 연구프로그램의 구조와 기능 그리고 그 특성을 근거로 하여 과학적 이론이 몇 번의 실험을 통해서는 쉽게 반증되지 않는다고 주장함으로써 포퍼와 견해를 달리한다(Hess, 1997). 라카토스는 또한 과학의 본질과 과학의 발달 및 변화에 대한 분석 단위로 쿤이 활용한 패러다임 대신에 연구프로그램을 강조하여 쿤이 제안한 설명 체계의 구조와 방식에 관하여 다른 견해를 나타낸다.

포퍼는 아무리 여러 번 실험을 실시하여 부정적인 자료를 많이 수집하더라도 과학적 이론을 확증하거나 입증할 수는 없고, 단 한 번의 결정적 실험만으로도 반증할 수 있다고 주장한다. 그러나 라카토스는 몇 번의 실험을 통해서 이론의 보조가설을 수정·보완할 수는 있지만, 한 번의 실험으로 이론의 견고한 핵을 새로운 것으로 교체하거나 이론 그 자체를 반증할 수는 없다고 주장한다. 실험의 결과에 따라 견고한 핵을 부정하는 것은 연구프로그램을 버리는 것과 같다는 생각에서이다. 이와 같이, 포퍼가 이론의 반증가능성에 주된 관심을 가진 반면에, 라카토스는 그보다 이론의 검증 방법에 더 많은 흥미를 나타낸다.

라카토스는 연구프로그램이 쉽게 바뀌지 않고 그 본질이 비교적 오랫동안 유지되는 특성, 즉 계속성(continuity)을 쿤이 제시한 정상과학의 특성과 같다고 주장함으로써 쿤의 견해를 일부 수용한다. 그러나 라카토스는 합리주의적 견해를 표명함으로써 비합리적이고 사회적 입장을 견지하는 쿤과 다른 견해를 드러낸다. 라카토스는 연구프로그램이 진보성 또는 퇴행성에 따라 선택된다는 사실을 근거로 하여 과학이 합리적 과정을 통해 발달한다고 주장하지만, 쿤은 과학의 진보에 영향을 미치는 사회적 요인을 강조함으로써 상대주의적 입장을 나타낸다. 또한 라카토스가 진화적 변화 과정으로 이루어진 과학지식의 발달 모형을 제시함에 비해, 쿤은 격변적 단계로 구성된 변화 모형을 제시한다.

(2) 연구프로그램의 특성

라카토스(Lakatos, 1970)는 「반증과 과학적 연구프로그램의 방법론」(Falsification and the Methodology of Scientific Research Programmes)에서 부정적 발견법(negative heuristic)의 부제로 '연구프로그램의 견고한 핵(hard core)'을, 긍정적 발견법(positive heuristic)의 부제로 '보호대(protective belt)의 구성과 이론 과학의 상대적 자율성'을 붙였다. 과학교육학 연구에서는 이를 근거로 견고한 핵을 부정적 발견법으로, 보호대를 긍정적 발견법으로 다루는 경향이 있다(Laudan, 1977; Salmon et al., 1992). 또한 라카토스는 발견법을 문제 해결의 장치(machinery)라 하고, 부정적 발견법을 연구에서 피해야 할 길로, 그리고 긍정적 발견법을 연구에서 추구해야 할 길로 규정하기도 하였다.

연구프로그램의 견고한 핵은 그에 관한 기본적 가정 또는 기초적 원리들로 이루어져 있으며, 연구프로그램의 정의적 특성을 나타낸다(Chalmers, 1999). 코페르니쿠스(Nicolaus Copernicus, 1473~1543)의 천문학에서 '지구를 포함한 모든 행성들이 중심에 위치한 태양의 주위를 공전하며, 지구는 그 축을 중심으로 자전한다.'는 가정이 연구프로그램의 견고한 핵이다. 견고한 핵은 연구프로그램의 전통을 따르는 지지자들이 가지고 있는 인식론적 견해나 방법론적 판단으로는 반증되지 않는다. 견고한 핵은 또한 보조가설이 더해지거나 보호대가 수정되는 과정에 있는 한 부정되지도, 기각되지도 않는다.

보호대는 견고한 핵을 보조하는 보조가설(auxiliary hypothesis)과 이론의 특성을 구체화하는 초기조건 및 관찰의 대상에 대한 가정들로 구성되어 있다(Chalmers, 1999). 코페르니쿠스가 행성들의 원운동을 설명하기 위해 제안한 주전원(epicycle), 이심원(eccentrics), 행성과 지구 사이의 거리에 관한 가정들이 보호대를 이룬다. 지구와 행성의 자전 및 공전 속도, 행성과 행성 사이의 거리, 공전 속도와 자전 속도 등 지동설에서 전제하는 가정도 보호대이다. 보호대는 관찰의 결과에 따라 수정되거나 보완되어 견고한 핵이 반증될 가능성을 줄이거나 반증되지 않도록 보호하는 기능을 한다. 천문학자들은 관측으로 얻은 결과가 코페르니쿠스의 우주관이 예상한 사실과 일치하지 않는 경우 보호대를 이루는 주전원 및 이심원의 수, 크기, 태양과 지구 사이의 거리, 공전 및 자전 속도에 관한 가정들을 조절하거나 바꾸어 다시 관측할 사실을 예상할 뿐이며 태양을 중심으로 한 지구와 행성들의 공전과 자전 등 지동설을 이루는 핵심적 내용, 곧 견고한 핵은 그대로 유지한다.

부정적 발견법은 견고한 핵에 관한 후건부정(modus tollens)을 금한다(Lakatos, 1970). 부정적 발견법은 견고한 핵의 기초적 원리를 부정하거나 의심해서는 안 된다는 관례로서, 견고한 핵과 일치하지 않는 한두 가지 자료를 근거로 견고한 핵을 기각해서는 안 된다는 것을 명시하는 규정이다. '연구프로그램의 견고한 핵은 언제나 수정하지 말고 원래의 상태로 유지해야 한다.'는 규정이 부정적 발견법의 전형적인 진술이다(Chalmers, 1999). 예를 들자면, '일식의 시각과 장소에 관한 예상이 조금 빗나갔다고 해서 지동설을 부정해서는 안 된다.'가 부정적 발견법이다.

긍정적 발견법은 보조가설을 구성하는 방법, 연구의 지침, 견고한 핵이 자연현상을 설명·예측할 수 있도록 보조가설을 수정·보완하는 방법을 제시한다. 긍정적 발견법은 이외에 보호대를 변화시키고, 발달시키며, 수정하는 방법에 대한 제안과 암시로 구성되어 있다(Lakatos, 1970). 코페르니쿠스의 우주관이 처음 제시되었을 때 이심원의 운동을 계산하기 위한 수학적 기술과 우주의 관측을 위한 제반 기술에 대한 제안, 관찰하거나 측정하는 과정에서 사용되는 도구의 이론적 배경에 대한 규정이 긍정적 발견법의 예이다.

라카토스가 과학의 발달 과정을 설명하기 위하여 구안한 연구프로그램은 어느 것이나 전진적 상태가 아니면 퇴행적 상태에 있다. 전진적 연구프로그램은 기존의 연구프로그램에 포함되어 있는 내용뿐만 아니라 그 밖의 내용도 포함하며, 기존의 연구프로그램이 해결한 문제뿐만 아니라 해결하지 못했던 문제도 해결하고, 새로운 문제나 사실을 예상하는 연구프로그램이다. 퇴행적 연구프로그램은 기존의 연구프로그램에 포함된 내용과 문제해결 방법을 그대로 유지한 채 더 이상 진전되지 않고 정체되어 있는 연구프로그램을 지칭한다(Hess, 1997). 프라우트(William. Prout, 1785~1850)는 원자량이 수소 원자량의 정수배라고 주장하였으나 35.5배가 되는 Cl(염소)는 그의 주장이 퇴행적임을 보여주었다.

(3) 연구프로그램의 비판과 과학교육에 미친 영향

라카토스는 연구프로그램의 실용성을 전진성과 퇴행성에 따라 판단한다. 그런데 현재는 퇴행적인 연구프로그램이 영원히 퇴행적일 것인지의 여부는 결정할 수 없다. 과학사에는 퇴행적 이론이 전진적 이론으로 돌아온 예가 비일비재하다. 지동설이 발달되어 온 과정과 천동설이 퇴보한 과정이 좋은 예이다. 지동설은 고대로부터 여러 자연철학들이 여러 번 제시하였다. 기계론적 관점과 목적론적 관점도 반복적으로 제시되고 기각되었다.

그런 문제가 있었음에도 불구하고, 연구프로그램은 과학교육의 여러 측면에 영향을 미쳤다. 연구프로그램은 무엇보다도 과학지식의 발달에 관한 설명의 진화적 모형을 제시함으로써 새로운 과학 교수·학습 방법을 제공하였다. 과학교육 현장에서는 진화적 모형을 근거로 개념의 변화에 목적을 둔 과학 교수·학습의 개념분화 모형을 개발하여 적용하고 있다. 개념분화 모형에 따라 이루어지는 과학 교수·학습에서는 개념의 의미가 확장된다.

3) 라우든의 연구전통과 과학의 발달

라우든(Larry Laudan, 1941~)은 연구전통(research tradition)을 개발하여 과학이 과학사에 나타나 있는 그대로 발달되어 온 과정을 설명한다. 라우든은 자신의 연구 업적을 절충주의(eclectic doctrine)로 지칭할 정도로 여러 과학철학 사상을 통합하여 연구전통 모형을 개발하였다. 라우든은 또한 쿤과 라카토스의 계승자로 볼 수 있을 만큼 연구전통을 쿤의 패러다임과 라카토스의 연구프로그램이 안고 있는 문제와 한계를 극복하기 위하여, 그러나 이 두 이론을 기반으로 확립하였다.

(1) 라우든의 과학의 발달에 관한 설명

라우든(Laudan, 1977)은 쿤이 설명하는 패러다임과 라카토슈가 기술하는 연구프로그램을 개선하기 위해서 연구전통을 구성하였다. 라우든은 쿤이 설명하는 패러다임의 평가 기준이 모호하고, 패러다임의 의미와 특성이 뚜렷하지 않으며, 패러다임의 구성요소가 분명하지 않기 때문에 패러다임의 실례도 명확하지 않고, 패러다임이 발달하는 과정도 유연하지 않다고 생각하였다. 라우든은 또 라카토스의 연구프로그램이 그것을 구성하는 이론의 변화를 분명하게 설명하지 못하며, 결국에는 어떤 연구프로그램도 이미 변한 과학의 역사를 제대로 설명하지 못한다고 주장한다.

과학사는 과학이 진화적으로나 격변적으로 발달하지 않은 사례를 많이 보여 준다. 라우든은 과학사, 관찰의 이론의존성, 상대주의 인식론을 근거로 과학이 변화·발달되어 온 과정을 점진적 모형(gradual model)으로 설명한다. 라우든에 따르면, 과학은 그 이론·목적·방법이 서로 독립적으로 교체되어 발달한다. 경우에 따라서는, 과학의 이론·목적·방법 가운데 두세 개가 동시에 변하거나 새로운 것으로 교체되지만, 대개 개별적으로 바뀐다. 라우든은 천동설에서 지동설로 바뀐 과정이 격변적 변화인 것처럼 보이지만, 실제로는 그 세 요인이 서로 다른 시점에서 바뀐 결과일 뿐이라고 주장한다(Kourany, 1987).

라우든(Laudan, 1977)은 과학을 문제해결 체제, 즉 문제와 그 문제의 해답인 이론 사이의 의견교환(dialogue)으로 정의한다. 라우든의 모형에 따르면, 과학은 현재의 이론보다 더 많은 문제를 해결하는 이론이 생겨나는 과정이 반복됨으로써 발달한다. 라우든은 이런 특성을 활용하여 이론의 선택 준거로 문제해결력을 제시한다.

점진적 모형은 과학이, 격변적 모형에 따른 설명과 마찬가지로, 그러나 누가적 모형이나 진화적 모형에 의한 설명과는 다르게, 어떤 절대적인 진리에 접근하면서 발달해 오지는 않았다고 주장한다. 방법이 이론을 정당화하지 못하거나 목적의 달성에 적절하지 않다고 판단될 때, 과학사회는 세 가지 요소 가운데에서 몇 개를 더 효율적인 것으로 대체하여 이용한다는 주장이다. 그런데 라우든은 이론·방법·목적 가운데에서 몇 개가 더 좋은 것으로 바뀌었다고 해서, 새로운 연구전통을 그 전의 연구전통보다 더 효과적인 설명체계로 다룰 수는 없다고 주장한다(Kourany, 1987).

(2) 연구전통의 특성과 기능

라우든(Laudan, 1996)은 과학을 문제해결 체제, 또는 문제와 이론 사이의 상호작용으로 규정하고, 그 규정에 따라 연구전통을 확립하였다. 연구전통은 이론, 탐구의 영역에 대한 신념과 탐구의 방법론적 규준(norm), 이론의 검증 방법, 자료의 수집 방법에 관한 규준으로 이루어진다. 라우든은 연구전통의 실례로 다윈의 진화설, 양자설, 빛의 전자파 이론을 제시한다. 연구전통은 이론과 인식론적 · 형이상학적 · 방법론적 속성이 그 핵심적 골격을 이루기 때문에, 한두 가지 자료에 의해 쉽게 반증되지 않는다(Laudan, 1977).

연구전통은 쿤의 패러다임 및 라카토슈의 연구프로그램과 비슷한 특성을 지니고 있을 뿐만 아니라 그에 고유한 특성도 안고 있다. 연구전통은 패러다임과 마찬가지로 형이상학적 · 방법론적 요소로 구성되며, 연구프로그램과 마찬가지로 장기간에 걸쳐 발달한다. 그러나 연구전통은 패러다임이 과학적 연구에서 하는 사회적 · 교육적 역할을 경시하며, 연구프로그램과 달리 이론만으로 구성되지 않고, 연구프로그램에 비하여 더 느슨하게 조직되어 있다. 연구전통에 비해, 패러다임과 연구프로그램은 둘 다 과학의 발달을 설명하기에는 지나치게 전체론적(holistic) 특성도 지닌다(Hung, 1997). 패러다임의 교체는 급격하고 전체적이어서 전환 상태나 계속성을 드러내지 않는다. 연구프로그램도 견고한 핵을 부정함으로써 전체 연구프로그램을 부정해야 하는 전체적인 특성을 지닌다. 그러나 연구전통은 부분적으로만 바뀌며, 그 과정에서 다음과 같은 기능을 한다(Laudan, 1996).

- 연구전통에 따라 연구하는 모든 과학자에게 공통적인 배경 지식을 지적한다.
- 이론의 어렵고, 수정 · 보완해야 할 부분을 확인하는 데 이용한다.
- 자료를 수집하거나 이론을 검증하는 기준을 제시한다.
- 연구전통의 인식론적 · 방법론적 신조와 어긋나는 이론의 개념적 문제를 제기한다.

연구전통은 스스로 경험적 문제도 생성하는데, 그 문제는 이론을 수정하거나 대체함으로써 해결된다. 이때의 이론은 연구전통을 규정하는 형이상학과 방법론을 벗어나지 않는 범위에서 수정 · 보완된다. 코페르니쿠스는 완전한 원운동과 이심원에 따라서, 케플러는 타원을 이용하여, 뉴턴은 섭동(perturbation)을 가정하여 태양을 중심으로 움직이는 행성의 공전 운동을 설명했다. 이들의 설명은 모두 '모든 행성은 태양을 중심으로 공전한다.'는 지동설을 유지하였다. 이처럼, 연구전통의 내용과 방법은 서로 독립적으로 변한다.

(3) 연구전통의 비판과 과학교육에 미친 영향

연구전통에 내재되어 있는 문제와 그것을 적용할 때 드러나는 한계는 과학의 목적 및 합리성과 관련되어 있다(Hung, 1997). 라우든은 과학의 궁극적 목적이 과학과 관련된 문제의 해결에 있다고 본다. 그러나 이 주장은 단지 역사적 관점에서, 또는 과학의 영역 밖에서 보고 해석한 견해에 지나지 않는다. 과학자가 모든 문제를, 언제나 해결할 수 있는 것은 아니다. 과학은 라우든의 주장과 달리, 인류가 당면한 모든 문제를 해결할 수 있는 이상적 방법과 수단을 제공하지 못한다.

라우든은 과학교육에 관한 한 그 목적과 교수·학습 방법에 특히 큰 영향을 미쳤다. 라우든이 과학의 궁극적 목적으로 제시한 문제해결은 과학교육의 목적으로 그것을 제시해야 하는 이론적 배경이 되며, 문제해결 중심의 교수·학습을 강조해야 할 근거를 제공한다. 라우든이 제시한 연구전통은 과학지식이 발달하는 과정을 점진적 모형을 통해서 설명하는데, 그 모형은 과학 교수·학습의 개념분화 모형의 이론적 배경이 된다.

인식론·방법론으로서의 연구전통은 과학지식이 발달해 온 과정과 방법을 비교적 분명하게 설명하고 과학교육의 방법으로 널리 적용되고 있지만, 비판에 직면해 있기도 한다. 연구전통은 먼저 문제를 확인하고, 그 문제를 해결한 연구전통을 결정할 객관적 방법을 제공하지 못하는 한계를 지닌다. 연구전통도 패러다임과 마찬가지로 개념적 안경의 역할을 하기 때문이다. 또한 연구전통은 그 본성이 명확하게 정의되어 있지 않고, 확고한 설명체계가 되지 못하는 문제도 안고 있다.

4) 사회적 구성주의와 지식사회학 및 과학사회학

현대 과학철학에 기원을 두고, 1970년대에 확립된 구성주의는 사회적 구성주의로 불리기도 한다. 사회적 구성주의는 과학기술학(science and technology studies)으로서 후실증주의를 총칭하기도 한다(Fuller, 2007). 사회적 구성주의는 지식사회학(sociology of knowledge) 및 과학사회학의 인식론적 신조와도 일치한다.

(1) 사회적 구성주의의 대두 배경과 특성

쿤(Kuhn, 1996)·툴민(Toulmin, 1972)·라카토스(Lakatos, 1970)의 과학철학을 포괄하는 사회적 구성주의는 심리철학의 한 학파인 인지론(cognitivism)에 바탕을 두어 확립된 급진적(radical) 구성주의가 과학지식이 구성될 때 하는 사회적 역할을 고려하지 않는다는 비판에서 비롯하였다(von Glasersfeld, 1993). 이 점에서, 비고츠키(Lev S. Vygotsky, 1896~1934)의 사회-문화적 이론에 기원을 둔 구성주의도 사회적 구성주의로 볼 수 있다(Fleury, 1998). 구성주의는 기원 및 종류와 관계없이 모두 과학지식이 사회적 협상(social negotiation)을 통해서 구성된다고 본다(Bentley, Ebert, & Ebert, 2000).

사회적 구성주의는 과학지식뿐만 아니라 과학지식이 형성되는 과정에서도 사회적 특성이 나타난다고 주장한다. 사회적 구성주의는 과학지식을 자연에서 발견되는 사실이나, 그 사실을 바탕으로 일반화된 법칙이 아니라 자연과의 상호작용을 통해서, 또는 사회적 협상을 거쳐 확립되는 설명체계로 간주한다(Klee, 1997). 사회적 구성주의는 과학적 이론과 사실이 지니는 이런 사회의존적(sociologically laden) 특성을 강조하며, 과학지식이 발달하는 과정을 인식론적 입장에 따라 진화적 모형과 격변적 모형으로 설명한다. 한편 이 모형들은 개념변화 과정을 설명할 수 있는 과학 교수·학습 모형의 이론적 바탕이 된다.

(2) 지식사회학과 과학사회학

사회적 구성주의는 지식사회학 및 과학사회학과도 일치한다(Riggs, 1992). 지식사회학은 사유와 지식을 사회적 맥락에서 연구하는 사회학의 한 영역으로서 지식을 사유의 한 형태로 가정한다. 지식사회학은 영국의 에든버러 학파(Edinburgh School)(strong program)의 블러(David Bloor)가 1976년에 주창했으며(Hung, 1997), 만하임(Karl Mannheim, 1893~1947)·쿤·라카토스·라우든·파이어아벤트의 이론도 이런 (과학)지식사회학으로 분류된다. 만하임은 지식의 출처로서의 추리를 버리고 신념의 사회적 원인을 추구함으로써 사회적 과정을 통해 형성되는 과학지식의 객관성을 부정하였다. 만하임의 주장을 수용한 지식사회학은 지식을 전통적 과학철학에서 정의한 '정당화된 참된 신념' 대신 '사회가 진리로 믿고 수용하는 것(정당화 가능성과 관계없이)'으로 규정한다.

과학사회학의 시조로 불리는 머턴(Robert K. Merton, 1910~2003)은 과학 규준(scientific norm)으로 공유성(communism), 보편성(universalism), 무사심(disinterestedness), 독창성(originality), 회의(skepticism)를 제시한다(Merton, 1973). 이 다섯 가지 규준은 두문자어 CUDOS로, 또는 "머턴의 과학 규준"으로 일컬어진다. 이 규준은 과학적 양심(scientific conscience) 또는 과학적 태도로 볼 수 있는 과학의 기풍(ethos of science)으로 통합된다(Ziman, 2000). 과학학(science of science)으로 불리기도 하는 과학사회학은 과학지식이 사회적 협상을 통해 생긴다고 주장하며, 과학지식의 생성에 영향을 미치는 사회적 제도, 가치, 문화에 주된 관심을 가진다. 과학학에서는 과학적 법칙·이론·실험·관찰·논증·검증을 과학논리(logic of science)의 대상으로 간주하기도 한다.

(3) 사회적 구성주의의 비판과 과학교육에 미친 영향

구성주의는 1980년대 이후 20여 년 동안 과학 교수·학습과 과학교육학 연구의 중요한 개념적 틀로 이용되었지만, 비판의 대상이 되기도 하였다(Hodson, 1998). 사회적 구성주의의 반실재론적 신념(antirealism)은 특히 심각한 비판의 대상이 되고 있다(Klee, 1997). 실재론은 인간과 자연 및 우주가 구조적으로 통일되어 있는데, 사회적 구성주의는 인간을 그 구조에서 떼어내어 상대주의적 신조를 주장한다고 본다. 인간도 자연 및 우주의 한 통합적 구성요소로 다루어야 한다는 견해이다. 구성주의는 무엇보다도 과학지식이 형성되는 실제의 과정을 구체적으로 제시하지 못한다는 비판도 받고 있다(Millar, 1989).

이러한 문제와 비판에도 불구하고, 구성주의는 과학학습의 의미, 과학개념의 오개념, 교수·학습의 목표와 방법, 평가에 커다란 영향을 미쳤다. 구성주의는 학습을 학생들의 적극적 참여를 통한 능동적인 의미의 구성으로 정의함으로써 과학 교수·학습 방법의 기본적 틀로 활용되었다. 과학교육 현장에서는 구성주의를 수용하여 개념의 변화에 목적을 둔 교수·학습에 토론과 역할놀이를 적극 활용하였다. 특히 상대론과 관념론을 수용한 구성주의는 과학 개념의 오개념을 과학자의 개념으로 바꾸어주기 위한 교수·학습과 그에 관한 연구의 이론적 배경이 되었으며, 수행평가의 필요성과 방법도 제기한다.

5) 구성주의에 따른 과학 교수·학습

현대 과학철학과 구성주의에서는 과학적 방법으로 귀납적 방법, 연역적 방법, 가설-연역적 방법, 귀추법 등 논리적 추리 과정과 방법 이외에 토론과 협력과 같은 비논리적 절차와 과정을 통해 이루어지는 사회적 합의를 중요시한다. 과학지식을 사회적 합의의 산물로 보고 과학적 연구와 과학적 탐구를 사회적 활동으로 인식하는 사회적 구성주의에 따르면, 각급 학교의 과학 교수·학습에는 사회적 합의·토론·협동·역할놀이를 통한 교수·학습 전략이 효과적이다. 이 소절에서는 서로 유기적인 관계가 있는 이 네 가지 교수·학습 전략에 따른 과학 교수·학습의 방법과 과정을 예시한다.

(1) 사회적 합의 과정을 통한 과학 교수·학습

사회적 구성주의의 견해를 인식시키는 데 목적이 있는 과학 교수·학습에는 과학지식이 합의를 통해 구성되는 사례가 실제적이다. 국제천문연맹(International Astronomical Union; IAU)의 행정정의위원회(Planet Definition Committee; PDC)에서는 2006년 8월 24일 체코의 프라하에서 명왕성을 행성에서 제외하고 나머지 행성의 이름과 순서를 '수-금-지-화-목-토-천-해'로 규정하였다. 다음은 이것을 소재로 이용한 교수·학습 과정의 한 예이다.

- 행성과 소행성이 무엇인지 조사해 오게 한다.
- 4~6명을 한 조로 하는 모둠을 구성한다.
- 다음의 신문기사를 배포하고 읽어보게 한다.

> 최근 행성 지위를 박탈당한 명왕성이 국제 소행성 센터로부터 '소행성 134340'이라는 새로운 공식 명칭을 부여받았다고 우주 과학 웹사이트 스페이스 닷컴이 12일(2006년 9월) 보도했다. 이와 함께 명왕성의 세 위성 카론과 닉스, 히드라를 각각 134340 I, II, III으로 재명명했다. 한편 명왕성의 행성 지위 논란을 불러일으킨 소행성 2003 UB313(일명 제나)은 136199로, 최근 발견된 카이퍼 벨트 천체 2003 EL61과 2005 FY9는 각각 136108과 136472로 명명됐다.

- 모둠별로 행성과 소행성이 어떻게 정의되는지 알아보고, 행성과 소행성을 전체 학급에 발표하여 각 모둠에서 행성과 소행성의 정의를 기술하게 한다.
- 이 자료가 보여주는 바와 같은 과정을 통해서 형성된 과학지식을 물리 · 화학 · 생명과학 분야에서 한 주제씩 말하고, 그 주제를 정의하게 한다.

고등학교 지구과학 시간에 적절한 이 교수 · 학습의 핵심적 목표는 과학지식이 과학자들 사이의 상호작용과 합의를 통해 구성된다는 것을 이해시키는 데 있다. 학생들은 이 교수 · 학습 과정을 통해서 학생들 사이의 토의 · 상호작용 · 협력의 과정과 활동을 직접 체험함으로써 교수 · 학습도 사회적 활동 과정임을 인식할 수 있다. 이 교수 · 학습 과정은 학생 중심으로 이루어지며, 학생들 수준에서 과학지식이 획득되기 전에, 교사가 교수 · 학습 내용을 요약 · 정리해 주는 것이 필수적이다.

(2) 토론에 의한 과학 교수 · 학습

토론은 학생들이 적극적으로 참여하는, 가장 활동적인 과학 교수 · 학습 전략 가운데 하나이다. 토론을 통한 과학 교수 · 학습에서는 학생들이 교수 · 학습의 주제 또는 소재에 관하여 자유롭게 발표할 수 있어야 한다. 토론 중심의 과학 교수 · 학습의 주제나 소재로는 사회적 합의가 어려운 것일수록 이상적이다(Chiappetta & Koballa, 2015). 다음은 그런 주제들 가운데 하나인 생명공학 문제를 다루는 교수 · 학습의 한 예시이다.

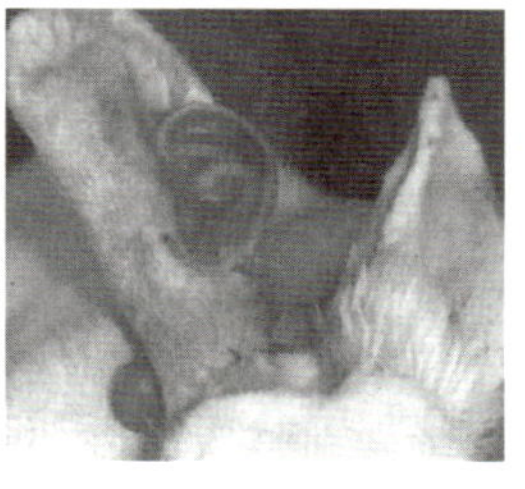

- 토끼의 귀에 사람의 귀가 나 있는 토끼의 사진을 보여준다.
- 사람의 심장을 가진 돼지에 관한 자료를 제공한다.
- 생물의 복제로 인하여 얻을 수 있는 이익과 손해를 분석하게 한다.
- 우리나라에서 생물의 복제에 관한 연구가 이루어지도록 지원해야 하는지에 관하여 토의하게 한다.
- 확실한 근거를 들어 생물의 복제에 관한 입장을 발표하게 한다.
- 이를 예로 들어 과학의 다면적 · 다기능적 특성을 설명해 준다.

이 예에서도 알 수 있듯이, 토론에 의한 교수·학습의 주제로는 과학기술공학 분야의 사회적 논쟁거리가 가장 적절하다. 이 교수·학습에 적용된 전략은 의사결정법으로 보아도 무방하다. 의사결정법은 사회적 논쟁거리와 같은, 가치관이 상충되거나 이익집단이 관련된 주제에 관한 토론에 특히 효과적이다. 과학과 관련된 사회적 논쟁거리의 교수·학습에서는 그 주제에 관한 다양한 가치관과 관점을 강조하는 것이 바람직하다.

(3) 협동에 의한 과학 교수·학습

협동학습(cooperative learning) 모형은 학생들 자신은 물론이고 다른 학생들의 학습을 극대화하는 데 목적이 있는, 작은 모둠에 의한 교수·학습 도구이다(Johnson & Johnson, 1999). 오늘날 과학적 연구와 기술공학 개발 과정에는 대부분 여러 명의 과학자들이 참여하여, 동일한 주제에 관하여 각자 한두 세부 과제를 맡아서 연구·개발한다. 각급 학교 과학교육 현장에서는 이런 과학기술의 연구개발 현실에 맞추어, 교육학에서 이미 개발되어 있는 여러 가지 협동학습 모형들 가운데에서 학생들의 학년과 교수·학습 주제에 적절한 모형을 선택하여 적용한다. 여기에서는 작은모둠조사(Small-Group Investigation; SGI) 모형을 적용한 협동학습 과정과 방법을 예시한다(Eggen & Kauchak, 2001).

단계 1: 모둠 조직 및 조사 주제 결정

- 칠판에 조사 주제를 적고, 그 아래에 학생들이 조사할 7~10개의 소주제를 나열한 다음, 학생들 각자 조사하고 싶은 소주제를 선택하게 한다.
- 동일한 주제를 선택한 학생들 4~6명이 모여 모둠을 구성하게 한다. 만일 특정한 소주제를 선택한 학생들이 3명 미만이거나 6명 이상일 경우, 교사가 전체 학급 학생의 수에 따라 4~6명의 모둠을 구성하고 각 모둠이 조사할 소주제를 선택하게 한다.

단계 2: 모둠별 조사 계획 수립

- 모둠원들이 토론을 통해 조사의 범위, 자료 수집 방법과 절차 및 일시를 결정하게 한다.
- 모둠별로 모둠을 이끌면서 다른 모둠원들의 활동을 도와주고 모든 모둠의 발표를 요약·정리할 학생, 관찰·측정·실험을 통해 자료를 수집할 학생, 자료를 정리하고 분석하고 해석할 학생, 보고서를 작성하고 모둠과 전체 학급에 발표할 학생을 결정하게 한다.

단계 3: 조사 수행

- 자료 수집 방법과 절차를 설계하고, 그에 따라 자료를 수집하게 한다.
- 수집한 자료를 정리하고, 조직하며, 분석하게 한다.

단계 4: 발표 계획

- 분석한 자료를 조사 과제, 곧 모둠의 소주제를 중심으로 정리하게 한다.
- 조사를 통해 발견한 내용을 발표할 방법에 관하여 토의하고 결정하게 한다.

단계 5: 조사 결과 발표

- 모둠별 조사 결과를 적절한 방법으로 전체 학급에 발표하게 한다.
- 학생들은 다음 모둠의 조사 결과와 발표를 평가하게 한다.

단계 6: 조사 과제 및 결과 평가

- 학생들이 모둠원 사이, 다른 모둠의 학생들과 의견을 나누게 한다.
- 교사가 학생 개인별, 모둠별, 학급 전체의 결과를 평가하게 한다.

이 교수·학습 과정도 암시하고 있듯이, 협동학습 모형은 경쟁학습(competitive learning)과 개별학습(individualistic learning)의 단점을 극복하고, 학생들의 사이의 적극적 협력에 의존하는 학습을 조장하기 위한 교수·학습에 적용할 수 있는 형태로 개발되었다(Johnson & Johnson, 1999). 그러므로 협동학습 모형은 학생들 사이의 사회적 상호의존성에 있어서 개별학습 모형보다는 물론이고 경쟁학습 모형보다도 더 높다. 과학 교수·학습 현장에서는 이미 개발되어 있는 다양한 협동학습 모형들 가운데에서 작은모둠조사 모형 이외에 주제에 따라 과제분담(Jigsaw) 모형, 학생모둠성취분담(Student Teams-Achievement Division; STAD) 모형, 그리고 Co-Op Co-Op 모형도 적용되고 있다.

(4) 역할놀이에 의한 과학 교수·학습

역할놀이(role playing)의 이론적 배경은 교육의 개인적·사회적 측면의 특성에 있다(Joyce, Weil, & Calhoun, 2009). 특별히 과학 교수·학습 모형으로서의 역할놀이의 이론적 배경은 사회적 구성주의에 두기도 한다(Bybee, Powell, & Trowbridge, 2008). 학생들은 역할놀이에 의한 교수·학습에 참여함으로써 개인적 딜레마(dilemma)를 해결할 수 있으며, 다른 참여자들을 통해서 개인적 의미를 이해할 수도 있다. 역할놀이 교수·학습 과정에서는 기본적으로 행동을 통해서 문제를 다룬다. 역할놀이에서는 교수·학습의 주제로 이용되는 문제가 구체적으로 표현되며, 그것을 행동으로 나타내면서, 다른 참여자들과 토의할 수도 있다. 다음은 이런 역할놀이에 따른 교수·학습 과정과 방법을 예시한다.

- 상황 제시

정부에서는 청정 지역인 우리 고장에 원자력 발전소에서 나오는 핵폐기물 처리장을 설치하려 한다. 이에 우리 군청에서는 몇 가지 조건을 제시하며 유치하려 하고, 동네 주민들은 쾌적한 생활권을 위해 적극 반대한다. 환경 단체에서도 이 고장의 자연이 보존되어야 한다는 입장에서 정부의 설치안을 반대한다. 역할놀이를 통해 이 문제를 이해하고, 어떻게 해결할 수 있는지 알아보자.

- 학생들에게 군청 직원, 동네 주민, 환경운동가, 핵물리학자의 역할을 맡긴다.
- 이 문제와 관련된 자료를 학생들에게 제시한다.
  - 역할을 맡은 학생들은 자기 역할의 입장에서 자료를 더 준비하여 공부한다.
  - 다른 입장에서도 자료를 검토하여 역할을 바꾸어 토론할 준비를 한다.
- 토론이 끝나면, 역할을 바꾸어 다시 한번 토론한다.
- 토론의 주제가 된 교과서 및 교육과정 내용을 교사가 요약하여 설명한다.
- 그 문제를 어떻게 해결하는 것이 바람직한지 결론을 내린다.

역할놀이는 교수・학습 주제와 학생의 학년 및 지적 발달 수준에 따라 '역할 바꾸기' 모형이나 '다른 입장에서 보기' 모형을 적용할 수 있다. 가치관이나 집단이익이 관련되어 있는 주제에는 '역할 바꾸기' 모형이, 자연현상을 설명하는 주제에는 '다른 입장에서 보기' 모형에 따른 역할놀이가 적절하다. 식물의 입장에서 잎이 떨어질 때의 느낌을 말하게 하는 것과 같은 '다른 입장에서 보기' 모형은 초등학교 이하의 아동에게, 위의 예와 같은 '역할 바꾸기' 모형은 중학생이나 고등학생에게 적절하다. 그리고 또 다른 역할놀이 모형으로 분류되는 드라마나 게임 형식으로 실연하는 역할놀이는 중학교 2학년 이하의 과학 교수・학습에, 토론 중심의 역할놀이는 중학교 3학년 이상의 과학 교수・학습에 효과적이다.

4. 과학철학과 과학지식의 발달 모형

과학사는 과학지식이 계속 발달되어 왔음을 보여준다. 한편, 과학지식이 부단히 발달되어 온 과정은 과학교육의 여러 측면에 많은 시사점을 던져준다. 과학사를 통해서 알게 된 과학지식이 발달되어 온 과정은 현대 과학철학의 쟁점이 되기도 한다. 과학지식이 변해 온 과정에 관한 설명과 해석이 인식론적 견해에 따라 다르기 때문이다. 과학지식이 발달되어 온 과정을 설명하고 해석할 때 적용하는 이론과 모형은 인식론적 배경에 따라 누가적 모형, 진화적 모형, 격변적 모형, 점진적 모형으로 나뉜다.

1) 누가적 모형

과학지식이 과학사적으로 발달되어 온 과정을 표현하는 누가적 모형(cumulative model)은 경험주의와 실증주의의 인식론에 근거를 둔다(Kourany, 1987). 경험주의와 실증주의는 과학지식이 관찰·측정·실험에 의한 일련의 단계로 이루어진 보편적 과정에 따라서, 즉 과학적 방법을 적용하여 발견되거나 확립된 새로운 사실·개념·법칙·이론이 이미 형성되어 있는 과학지식 체계에 차곡차곡 쌓여 발달해 왔다고 주장한다. 그러나 경험주의와 실증주의가 과학지식이 발달해 온 구체적인 과정과 방법에 관해서는 서로 다르게 설명한다. 경험주의가 기존의 과학지식 체계 위에 새로운 사실과 법칙이 관찰·측정·실험을 통해 자연에서 발견된 그대로 누적되어 발달한다고 보고 있음에 비해, 실증주의는 자연에서 발견된 사실과 법칙이 모두 그대로 기존의 과학지식에 쌓이는 것이 아니라 검증 과정을 거쳐서 확증되거나 입증된 것만이 더해져서 과학지식이 발달한다고 본다.

각급 학교의 과학 교과서에서도 과학사가 과학적 발견과 과학기술 발명의 결과들이 계속 축적되어 온 과정을 통해 진행되어 왔으며, 과학지식은 기존의 과학지식에 새로운 과학적 사실·개념·법칙·이론이 차곡차곡 더해져서 발달해 온 것처럼 서술되어 있는 경우가 흔하다. 이를테면 대학교의 일반물리학 교재에서는 지구상에서 물체가 자유낙하하는 현상을 설명하는 갈릴레오의 법칙에 태양의 주위를 공전하는 행성의 운동에 관한 케플러의 법칙이 더해진 다음, 뉴턴의 만유인력 법칙에 이어서 아인슈타인의 상대성 이론이 누적되어 현대적 의미의 역학 개념이 형성된 것처럼 서술되어 있다. 이와 같이, 과학지식이 부단히 쌓여서 변화되거나 발달되어 왔다는 주장을 근거로 하여, 그리고 새로운 과학지식이 더해지는 기존의 과학지식은 버려지지 않고 계속 보존된다는 가정을 전제로 하여, 누가적 모형은 보존적 모형(conservative model)으로 일컬어지기도 한다.

2) 진화적 모형

진화적 모형(evolutionary model)은 툴민(Toulmin, 1972)·라카토스·포퍼가 표명한 인식론과 방법론을 바탕으로 하여 과학지식이 변화되어 온 과정과 방법을 설명하기 위해 구성한 이론적 체제이다. 진화적 모형은 과학사회에 존재하고 있는 여러 경쟁 이론들 가운데에서, 검증을 가장 잘 견디어낸 이론이 선택되어 다른 모든 경쟁 이론을 물리침으로써 과학과 과학지식이 발달해 온 과정을 설명한다. 이렇게 진화적으로 발달하는 과정에서, 다른 경쟁 이론을 물리치고 선택되는 새로운 이론은 선택되지 않은 어느 이론보다도 더욱 분화·발달되어 있다. 새로 선택된 이론은 다른 경쟁이론들이 안고 있는 내용과 방법을 대부분 포괄한다. 그리하여 선택된 새로운 이론은 선택되지 못한 이론이 설명한 자연현상은 물론이고 설명하지 못한 자연현상도 설명할 수 있으며, 경쟁이론이 해결한 문제뿐만 아니라 해결하지 못했던 문제까지도 해결할 수 있다(Kourany, 1987).

진화적 모형에 따르면, 과학과 과학지식은 새로운 관찰·측정·실험을 통해서 얻어진 과학적 사실과 과학적 법칙이 기존의 과학지식 체계와 관련을 맺음으로써 통합되거나 분화되어 발달한다. 역학이 발달되어 온 과정이 이를 구체적으로 잘 보여준다. 아리스토텔레스의 운동 법칙은 속력이 힘에 비례한다고 설명하지만, 뉴턴의 운동 법칙은 물체의 가속도가 가해진 힘에 비례한다고 설명한다. 또한 뉴턴의 고전역학은 물체의 질량이 어떤 상황에서도 일정하다고 설명하지만, 아인슈타인의 상대성 이론은 물체의 질량이 속도에 따라 달라진다고 설명한다. 이와 같이, 역학이 발달되어 온 과정은 나중에 제시된 역학적 이론에 먼저 제시된 이론의 내용이 대부분 포함되기 때문에, 먼저 제시된 이론이 설명할 수 없었던 역학적 현상도 나중의 이론이 설명할 수 있으며, 먼저 제시된 이론이 해결할 수 없었던 역학과 관련된 문제도 나중에 제시된 이론이 해결할 수 있다.

3) 격변적 모형

쿤과 파이어아벤트가 기술한 과학의 사회적 특성 이론에 바탕을 두어 구성된 격변적 모형(revolutionary model)은 과학이 기존의 과학 이론에 의한 새 이론의 교체로 발달하는 과정을 설명한다(Kourany, 1987). 쿤과 파이어아벤트에 따르면, 새 이론은 기존 이론과 비교하기 불가능하며, 새롭게 생각하는 방법과 기술하는 내용은 물론이고 자연세계를 바라보는 새로운 관점을 제시함으로써 자연세계에 대한 새로운 탐구 방법을 알려준다. 격변적 모형은 과학자들이 새로운 이론을 받아들여 새로운 과학적 방법을 이용하고, 새로운 목적에 따라 자연을 탐구하는 순환적 과정을 반복함으로써 과학이 발달한다고 설명한다.

현대 과학철학의 관점에서 보면, 과학자는 그의 과학지식 체계를 통해서 세계를 보고 해석한다. 과학자가 가지고 있는 과학지식은 쿤의 패러다임 또는 라카토스의 연구프로그램으로서 과학자마다 다르며, 동일한 현상을 과학자마다 다른 의미로 해석하여 각자 다른 세계를 보게 한다. 동일한 주제에 대한 연구의 결과에 대한 해석과 새로 제기되는 문제도 다를 수 있다. 또한 과학자는 자신의 지식으로는 이해되지 않는 현상에 직면하면, 그 현상을 잘 설명할 뿐만 아니라 자신이 해결하지 못했던 문제도 쉽게 해결할 수 있는 다른 과학자의 이론과 지식을 수용한다. 현대의 과학철학에서는 과학지식이 이와 같은 대체 과정을 통해 발달한다고 주장한다. 한편 과학교육학에서는 학습자가 현재 파지하고 있지만 과학자의 과학지식으로 대체될 선행지식을 오개념, 대체적 개념틀, 아동과학 등으로 부른다.

격변적 모형은 한 이론이 교체되면, 교체되는 이론과 관련된 세계관, 과학적 방법, 과학의 목적, 과학적 탐구의 결과와 해석이 모두 한꺼번에 새로운 것으로 바뀐다고 가정하고, 그것들이 동시에 격변적으로 바뀌는 과정을 제시한다. 격변적 모형은 과학이 자연세계에 대한 일련의 절대적 진리나 완전한 설명체계를 향하여 점진적으로 발달하지는 않는다는 점도 주장한다. 이 모형은 패러다임의 정의와 기능을 근거로 새로운 이론이 원래의 이론보다 더 참에 가깝거나 완전하지 않다고 설명한다. 이 설명은 곧 과학이 질적으로 상이한 자연에 대한 설명체계가 교체되는 과정을 반복함으로써 발달한다는 의미를 암시해 준다.

4) 점진적 모형

라우든(Laudan, 1977)은 과학이 발달해 온 과정에 관한 쿤의 패러다임 이론과 라카토스의 연구프로그램 이론을 통합하여 연구전통 이론을 구성하였다(Salmon et al., 1992). 점진적 모형(gradual model)은 연구전통에 이론적 배경이 있는 과학지식의 발달에 관한 설명 모형이다. 점진적 모형은 누가적 모형, 격변적 모형, 진화적 모형이 통합된 모형으로 볼 수도 있다. 점진적 모형은 연구전통이 바뀔 때 새로운 이론, 목적, 방법이 한꺼번에 바뀌지 않고, 각자 독립적으로 변한다고 설명한다.

라우든은 기본적으로 누가적 모형을 부정한다. 그는 과학지식이 발달하는 과정에 이론만이 누적되는 것이 아니라 목적과 방법도 변한다고 주장한다. 라우든은 쿤의 견해도 온전히 수긍하지는 않는다. 그는 한 이론이 다른 이론으로 바뀔 때 대체되는 이론의 논리적·경험적 내용이 모두 새로운 이론에 전달되지는 않는다고 본다. 라우든은 과학의 발달 과정과 방법에 관한 라카토슈의 설명도 전적으로는 받아들이지 않는다. 그는 연구프로그램을 이루는 이론은 증거에 따라 언제라도 버려질 수 있다고 본다.

점진적 모형은 과학이 문제를 해결하는 과정을 통해서 발달한다는 가정을 전제한다. 라우든은 문제를 경험적 문제와 개념적 문제로 나누고, 많은 경험적 문제를 해결하지만 개념적 문제가 적은 이론을 좋은 이론으로 규정한다. 라우든의 점진적 모형에 따르면, 경험적 문제를 많이 해결하지만 개념적 문제가 많거나 개념적 문제는 거의 없으나 경험적 문제를 풀지 못하면 좋은 문제가 아니다. 라우든은 더 좋은 이론이 그보다 좋지 않은 이론을 교체하여 과학이 발달한다고 주장한다.

제 2 장 과학의 본성

목차

1. 과학의 구성과 발달
2. 과학지식
3. 과학적 탐구
4. STS와 과학 윤리

목표

- 과학의 정의 · 구성요소 · 목적 · 발달 · 종류를 기술할 수 있다.
- 과학지식의 속성을 말할 수 있다.
- 과학적 탐구와 그 특성을 말할 수 있다.
- 과학자 · 과학사회 · 과학윤리의 특성을 말할 수 있다.

1. 과학의 구성과 발달

삶에 필수적인 능력들 가운데 과학교육을 통해 획득되는 것은 과학지식, 과학적 탐구 기능, 태도, 과학의 본성(Nature of Science; NOS)에 관한 지식이다(AAAS, 1989). 이 가운데에서 과학의 본성은 지난 100여 년 동안 과학교육의 목표로 강조되었다(Abd-El-Khalick & Lederman, 2000). 그러나 과학교육 연구와 과학 교수·학습의 현장에서는 과학의 본성이 본래의 의미대로 이해되지 않고 있다(Schwartz, Lederman, & Crawford, 2004). 과학의 본성은 철학·사회학·과학사의 측면(McComas, Almazroa, & Clough, 1998), 또는 인식론, 과학사회학, 아는 방법으로서의 과학, 과학지식과 과학지식의 발달 과정에 내재된 가치와 신념(Lederman, 1992)으로 구성된 다면적 개념(Wenning, 2006)이다. 과학의 본성은 과학교육의 통합적 구성요소이며(Duit, Niedderer, & Schecker, 2007), 과학자의 과학과 학교의 과학을 연결시키는 다리 역할을 하기도 한다(Sorsby, 2000).

1) 과학의 정의와 목적

과학의 본성은 과학의 영향과 한계, 과학지식의 가치와 가정을 말한다(Schwartz et al., 2004). 과학의 본성에 대한 인식과 표현은 마치 장님들이 코끼리를 만져보고 각자 지각한 대로 그 모습을 말하는 것과 같다. 과학의 본성은 과학을 보고 생각하는 관점에 고유한 특성으로 기술되며, 인식론적 견해에 따라 다양한 의미로 해석된다.

(1) 과학의 정의

과학교육의 본질과 과학교육의 목적, 과학 교육과정, 과학 교수·학습, 과학교육 평가 등 과학교육의 구성요소는 모두 과학의 본성에 대한 관점에 따라 다른 의미로 인식된다(Chiappetta & Koballa, 2015). '과학'을 뜻하는 'science'는 '안다(to know)'를 나타내는 라틴어 'scientia'에 어원이 있다(Godfrey-Smith, 2003). '과학'은 고대 그리스 시대 이래 줄곧 철학 또는 자연철학에 통합되었으나, 그것들과 구분하기 위해 19세기에 처음 지어진 말이다. 그렇게 만들어진 과학이 지금은 그 목적·방법·대상에 대한 관점, 인식론적·존재론적 입장, 그리고 각자의 전공 영역에 따라 다음과 같이 서로 다른 의미로 정의된다.

- 사물의 본성 및 운동에 관한 연구와 관찰·실험을 통해 수집한 지식(Sinclair, 1997)
- 사실적 증거에 바탕을 둔 논리적 추리를 통한 지식의 체계적 누적; 문제해결 방법과 사실의 조직적 체계(Kaplan, 1976)
- 보편적 진리나 법칙을 발견할 목적으로 한 체계적 지식; 또는 자연과학(이희승, 1994)
- 관찰을 통한 정보의 체계적 수집과 실험을 통한 정보의 검증(NSTA, 2000a), 이론적·경험적 요소를 통합한 조직화된 설명(NAGB, 2007)

전통적으로는 과학은 과학지식과 과학적 방법만으로, 그리고 궁극적 진리의 규명에 일차적인 목적을 둔 합리적 학문으로 인식되어 왔다(Harlen, 2006). 그러나 각급 학교 과학교육의 대상이 되는 과학이 지금은 과학지식 및 과학적 방법과 더불어 과학적 탐구, 과학자, 과학사회(Bybee, Powell, & Trowbridge, 2008), 또는 과학적·공학적 실행(practice), 공통 개념, 핵심 관념(NRC, 2013)으로 기술된다. 과학은 자연의 발견, 발견법, 과학적 사실을 바탕으로 한 이론의 구성, 조직화된 과학지식, 문제해결, 논리적 탐구, 진리의 추구, 관찰 및 기술, 실행으로 받아들여지기도 한다(Chiappetta & Koballa, 2015).

(2) 과학의 본성 개념과 인식

과학을 의미 있게 말하기 위해서는 과학의 본성을 충분히 알아야 한다(Hassard & Dias, 2009). 과학의 본성은 100여 년 전부터 빠지지 않고 과학교육의 목적으로 제시되어 왔으며(Lederman, 2007), 현재는 과학기술 소양 또는 과학적 소양의 구성요소(NSTA, 1982; 2000a)로 강조된다. 일반인들이 과학적 소양으로 지녀야 할 과학의 본성은 과학지식, 즉 과학 내용의 본성과 상태, 과학적 연구 방법 및 과학적 탐구의 방법과 목적, 일상생활의 과학적 사고, 사회적 활동과 업무 등을 가리킨다(Driver et al., 1996).

중·고등학생들이 가지고 있는 과학의 본성에 관한 지식과 개념은 과학적 탐구와 과학 교수·학습을 통해 획득되며, 과학철학적 사상이 함양됨에 따라 그 내용과 체제가 갖추어진다. 그런데 그런 경험 및 인식론적·실체론적 사고를 통해서 획득된 과학의 본성에 대하여 인식하고 있는 내용과 개념이 중·고등학교에서 교수·학습되는 실제의 과학의 본성에 대한 관념과 구별되는 오개념인 경우가 많다. 〈표 2-1〉에는 중·고등학생들이 인식하고 있는 과학의 본성 및 과학자에 대한 오개념과 각급 학교에서 교수·학습되고 있는 개념이 기술되어 있다(Alsop & Hicks, 2001; McComas, 2000; Ratcliffe & Grace, 2003). 〈표 2-1〉에도 암시되어 있듯이, 학생들은 전통적 과학철학에서 말하는 과학의 본성에 대한 개념, 즉 현대의 과학철학에서 말하는 과학의 본성 개념을 많이 가지고 있다.

〈표 2-1〉 과학의 본성 및 과학자에 대한 중 · 고등학생들의 오개념과 실제 개념

학생의 오개념	현대적 의미의 실제 개념
과학적 이론은 검증되지 않고, 변하지 않는 진리이다.	대부분의 과학지식, 특히 과학적 이론은 과학과 과학지식이 발달함에 따라 바뀐다.
모든 과학지식은 과학 실험과 자료를 수집하는 과정만을 통해서 생성된다.	진화설 · 대륙이동설과 같은 과학적 관념은 관찰한 현상에 대해 새롭고 창의적으로 구성한 설명체계이다.
과학자는 혼자서 객관적으로 판단한다.	생물의 복제, 핵무기의 개발 등에 관한 의사결정에는 윤리적 · 사회적 · 경제적 요인이 영향을 미친다.
과학은 모든 문제에 정답을 제공한다.	과학이 어떤 문제에 해답을 주면, 그 해답은 다른 문제를 야기한다.
가설은 검증을 거쳐 이론이 되고, 이론은 다시 법칙으로 된다.	법칙은 양상 또는 일반화이며, 이론은 그런 일반화의 설명체계이다.
과학적 법칙은 절대적 진리이다.	과학적 법칙은 한계를 지니며, 새로운 증거가 나타나면 언제라도 바뀐다.
가설은 학습한 지식과 기능에 의한 추측이다.	가설은 검증을 거쳐 법칙이(일반화 가설) 되거나 이론이(설명 가설) 된다.
과학적 법칙은 일반적이고 보편적인 진술이다.	어떤 과학적 법칙도 예외 없이 적용되지는 않는다.
과학지식은 누적된 증거와 자료를 바탕으로 구성된다.	가능한 한 모든 현상과 상황을 관찰할 수 없고, 그래서 확실한 사실을 수집할 수도 없다.
과학과 과학적 방법으로 절대적인 증명을 할 수 있다.	누적되는 증거로 법칙과 이론의 타당성을 지지할 수는 있으나 절대적 진리임을 검증할 수는 없다.
과학은 창의적인 특성보다 절차적인 특성을 지닌다.	과학자는 창의성을 통해 증거를 초월하고 그에 관한 법칙과 이론을 개발할 수 있다.
과학과 과학적 방법은 모든 질문에 답할 수 있는 수단이다.	과학은 특히 도덕적 · 윤리적 · 사회적 · 수사학적 질문에 모두 답할 수는 없다.
과학적 실험은 과학지식에 이르는 핵심적 길이다.	과학지식은 실험 이외에 관찰 · 분석 · 상상 · 사고 · 조사 등을 통해서 획득된다.
과학적 연구의 결론은 정확하다.	과학적 연구의 결론은 아주 적은 수나 양의 증거에 바탕을 두어 도출한 것으로서 정확하지 않을 수 있다.
과학의 모형은 실체를 나타낸다.	과학의 모형은 친숙한 비유를 이용하여 자연현상을 설명하기 위해 만든 도구 및 수단일 뿐이다.
과학과 과학기술은 동일하다.	과학기술은 과학의 응용, 또는 그 이용이다. 과학기술은 과학에 새로운 통찰력을 제공한다.
과학은 과학자가 외롭게, 독자적으로 추구하는 학문이다.	현대의 과학자는 흔히 모둠으로 연구한다.

과학지식의 본성에 관한 개념과 마찬가지로, 과학의 본성에 대한 개념도 보편적이거나 절대적으로 안정적인 상태에 있지는 않다. 과학의 본성에 관한 개념은 학교 과학교육의 목적으로 다루어지기 시작한 1907년도 이래 계속 변해 왔다. 과학의 본성 영역은 문헌마다 다른 기준에 따라 다양한 소영역으로 나뉘어 있으며, 그 의미도 각 소영역의 범위 안에서만 어느 정도나마 합의되어 있다. 과학의 본성의 영역, 과학의 본성에 대한 학문 분야별 해석, 과학의 본성의 측면으로서 과학의 본성을 기술할 때 자주 쓰이는 용어, 국제적으로 공통적인 생각을 요약하면 다음과 같다.

〈과학의 본성 영역(AAAS, 1989; 1993)〉

- **과학적 세계관**: 세계는 이해될 만하다. 과학 개념은 변한다. 과학지식은 비교적 오랫동안 지지된다. 과학은 모든 질문에 완벽하게 답하지 못한다.
- **과학적 탐구**: 과학은 증거를 요구한다. 과학은 논리와 상상력의 혼합이다. 과학은 설명하고 예상한다. 과학자는 편견을 확인하고 회피한다. 과학은 비권위적이다.
- **인간 기획**: 과학은 복잡한 사회적 활동이다. 과학은 교육기관에서 다루는 학문적 과목으로 조직화되어 있다. 과학은 윤리적 원리의 통제를 받아 수행된다. 과학자는 일반 시민으로서, 또는 전문가로서 공공의 일에 참여한다.

〈과학의 본성에 대한 분야별 해석(McComas & Olson, 2000)〉

- **과학철학**: 과학지식의 변화 가능성과 그 양상, 과학적 방법과 적용되는 과정
- **사회학**: 과학자의 정의, 과학자가 연구하는 대상과 방법, 연구의 결과와 논문의 발표
- **심리학**: 과학자의 특성과 자질
- **과학사**: 사회적 전통으로서의 과학, 과학과 기술 및 사회와 관계

〈과학의 본성의 특성과 측면(Schwartz et al., 2004)〉

- **잠정성**: 과학지식은 새로운 관찰, 또는 기존 관찰을 통하여 수집된 자료에 대한 재해석으로서 언제라도 변한다.
- **경험적 근거**: 과학지식은 자연세계에 대한 관찰의 결과로 얻어진 자료에 바탕을 둔 일반화에 의해 도출된다.
- **창의성**: 과학지식은 상상력과 논리적 추리를 통해 창의된 것이다.
- **사회문화적 의존성**: 과학지식은 사회와 문화의 영향을 받는다.
- **관찰과 추론**: 과학은 관찰과 그 관찰의 해석인 추론에 바탕을 둔다.
- **법칙과 이론**: 법칙과 이론은 서로 다른 형태의 과학지식이다. 법칙은 현상들 사이의 관계를 진술하며, 이론은 자연현상에 대하여 추론한 설명이다.
- **여러 측면의 상호의존성**: 이 여러 측면은 서로 영향을 미친다. 이를테면 과학지식의 잠정성은 경험적 관찰과 추론을 통해 형성되는 과정에서 비롯한다.

〈과학의 본성에 대한 공통 견해(McComas & Olson, 2000; Reeves, Chessin, & Chambless, 2007)〉

- 과학은 자연현상을 설명하기 위한 노력이다: 과학은 실험적 증거를 요구하고, 그런 실험에 의존한다.
- 과학에는 보편적 과정으로 이루어진 과학적 방법, 즉 과학에 유일한 방법이 없다: 과학지식은 반드시 실험을 통해서만 형성·검증되지 않으며, 귀납법·가설-연역법도 적용된다.
- 인간이면 누구나 과학에 공헌할 수 있다.
- 과학과 기술은 상호 간에 영향을 미친다(서로 통합되어 있다).
- 과학지식은 비교적 오래 지속되지만, 잠정적 특성을 지니며, 진리로 결코 증명되지 않는다.
- 과학지식은 도덕과 관계없다: 기술에 적용되지 않는 한 선도 악도 아니다.
- 과학지식은 인간의 상상력과 지능의 산물이다.
- 과학지식은 통합되는 특성, 즉 단순하고 경제적인 특성이 있다.
- 과학지식은 검증이 가능하다.
- 과학지식은 관찰, 실험적 증거, 합리적 논증, 의심성에 크게(절대적으로는 아님) 의존한다.
- 과학적 법칙과 이론은 과학에서 서로 다른 역할을 한다.
- 새로운 과학지식은 명확하고 개방적으로 발표되어야 한다.
- 관찰은 이론의존적(theory-laden) 특성을 지닌다.
- 과학사는 과학지식이 진화적으로, 또는 격변적으로 변해 온 과정을 보인다.
- 과학적 관념은 사회적·역사적 상황, 또는 문화적 전통의 영향을 받는다.
- (뛰어난) 과학자는 창의적이다.
- 과학자는 자료를 정확하게 기록하고, 동료 평가와 반복 실험을 개방적으로 받아들인다.

과학의 본성은 철학적 맥락의 분석, 사회학적 연구, 사회-문화적(socio-cultural) 사례 연구, 과학의 의미와 특성에 대한 개방적 조사를 통해서 인식된다(Sorsby, 2000). 철학적 접근법에서는 과학적 방법과 과학적 탐구에 관한 과학적 방법론(scientific methodology)을 중심으로 분석하며, 사회학적 연구는 과학과 학생 또는 학생과 사회의 관계를 중심으로 수행된다. 한편 사회--문화적 사례 연구는 뛰어난 과학자와 위대한 과학적 업적에 관한 조사를 이용하며, 개방적 조사는 실제의 과학적 탐구를 뜻한다.

(3) 과학의 구조와 차원

과학의 본성은 앞에서 기술한 과학의 정의나 그 영역 이외에 과학의 주제(theme), 또는 차원(dimension)으로 기술되기도 한다. 과학은 몇 가지의 측면으로 이루어져 있기 때문에, 보는 관점에 따라 다른 모습으로 인식되며, 그에 따라 다양한 의미로 해석될 수 있다. 자이먼(Ziman, 1984)은 과학의 구조를, [그림 2-1]에 기술되어 있는 바와 같이, 사회학·심리학·철학의 세 가지 측면으로 모형화하여 기술한다.

[그림 2-1]에 기술되어 있는 세 가지의 학문적 측면은 각각 과학사회·과학자·과학지식으로 나타낸다. 사회학적 관점에서는 과학의 본성을 과학적 연구와 활동을 중심으로, 그리고 사회·제도·규준·흥미의 사회학과 관련되어 있는 용어로 기술한다. 심리학적 관점에서는 동기·지각·지능 등 과학자의 개인적 특성과 관련이 있는 용어로 기술한다. 철학적 관점에서는 과학의 정의를 말할 뿐만 아니라 과학과 비과학을 구분하며, 과학의 본성을 과학적 방법, 이론·원인·법칙을 포함한 인식론적 용어로 기술한다. 과학자는 정직성과 같은 과학자의 태도와 속성으로 기술된다. [그림 2-1]에서 보는 과학의 세 가지 측면은 서로 독립적이지 않고, 밀접한 관련을 맺고 있다. 과학철학자들(McComas & Olson, 2000)에 따라서는 [그림 2-1]에 제시된 측면 이외에 과학적 관념이 거부된 과정을 보여주는 과학사를 더하고, 그 네 영역이 만나는 '발표' 영역을 '과학의 본성' 영역으로 규정함으로써 과학의 본성이 과학철학만으로 설명될 수 없음을 강조한다.

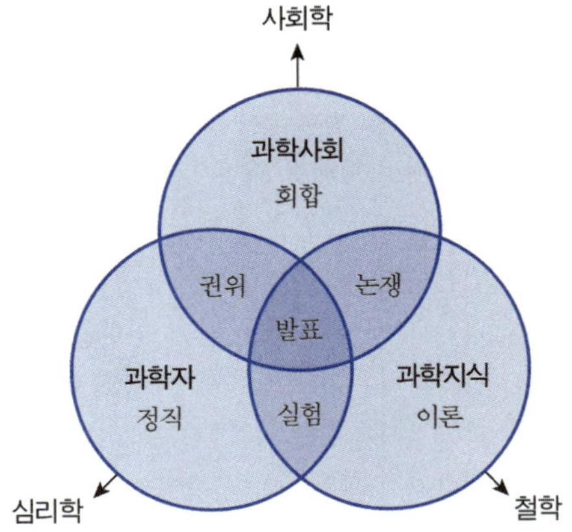

[그림 2-1] 과학의 구조

과학의 차원은 과학의 개념적 지식, 과학의 과정, 과학의 응용, 과학의 본성으로 나뉘어 기술되기도 한다(Gallagher, 2007). 과학교육학자들(Chiappetta & Koballa, 2015)은 과학철학자들과 달리, 과학의 측면을 과학의 주제 또는 과학적 소양의 주제로 부르면서 〈표 2-2〉와 같이 주제와 각 주제를 세분한 소주제로 나누어 제시하기도 한다. 〈표 2-2〉에 제시된 과학의 주제와 소주제는 과학의 구성요소로 일컬어지기도 한다.

〈표 2-2〉 과학의 주제

주제	소주제
사고 방식	신념, 호기심, 상상, 추리, 인과관계, 자기검사와 의심, 객관성과 개방적 마음
조사 방식	과학의 방법, 가설, 관찰과 측정, 실험하기, 수학
과학지식 체계	사실, 개념, 원리와 법칙, 이론, 모형
과학-기술-사회의 관계	사회적 상호작용으로서의 과학, 과학과 사회
공학과 기술	공학, 기술

과학의 측면은 몇 가지 구성요소에 의해서 그 형태가 유지된다. 특별히 중·고등학교 학생들에게 가르쳐야 할 대상으로서의 과학을 구성하는 요소는 다음과 같이 분류되고, 각

구성요소는 몇몇의 하위요소를 소분화된다. 각급 학교 과학과 교육과정에서는 다음의 네 가지 구성요소가 과학교육의 목적으로 설정되어 있다.

- **과학지식**: 사실 · 개념 · 원리 · 법칙 · 이론 · 모형 · 가설 등
- **과학자**: 과학자의 의미 · 상 · 역할 · 의무 · 책임 등
- **과학의 과정**: 과학의 방법, 과학적 사고, 기본 · 통합 탐구 과정, 탐구 활동 등
- **과학적 태도**: 과학에 대한 관심, 흥미, 가치, 과학적 태도 등

1900년대 초부터 1960년대까지는 과학의 본성으로 과학적 방법과 과학의 과정보다 과학지식이 더 강조되었다(McComas, Clough, & Almazroa, 2000). 1960년대 이후에는 과학지식과 아울러 과학적 방법과 과학의 과정 그리고 과학에 대한 태도도 중요시되었다. 오늘날의 중 · 고등학교 과학 교육과정 내용에는 과학자들의 과학적 활동과 과학의 결과가 적용되는 사회도 주요한 구성요소로 포함된다.

(4) 과학의 목적

과학자가 과학적 연구를 통해 달성하려는 목적으로, 자연에서 일어나는 현상이나 사물에 관한 기술 · 설명 · 이해 · 예상 · 통제가 제시된다(Kitchener, 1999). 〈표 2-3〉에 기술되어 있듯이, 과학자가 과학적 활동에 적용하는 과학적 탐구의 방법과 그 과정 및 활동은 추구하는 목적마다 다르다. 그 이유는 과학적 탐구의 방법과 과정과 활동이 각각의 고유한 목적에 따라 수행되기 때문이다. 과학자는 목적에 따라 서로 다른 유형의 과학적 연구 방법을 적용하는데, 이 또한 과학적 연구의 유형마다 고유한 목적을 추구하기 때문이다.

〈표 2-3〉 과학의 목적 달성에 효과적인 과학적 탐구와 과학적 연구

과학의 목적	과학적 탐구 과정과 활동	과학적 연구의 유형
기술	관찰, 측정, 조사, 실험	실태조사, 상관관계 연구
설명	추리, 실험	사후연구, 진실험연구, 준실험연구
이해	자료변환, 자료해석, 조사	상관관계 연구
예상	예상	실태조사, 상관관계 연구
통제	변인통제, 실험	기술적 연구(개발)

① 기술

과학의 목적으로서의 기술(記述: description)은 관찰하거나 측정하여 수집한 자료를 이용해서 자연의 사건 · 현상 · 사물에 대한 경험적 사실들을 단일 진술(simple statement)의

형태로 기록하거나 직설적으로 묘사하는 방법과 과정이다. 자연현상을 관찰·측정하여 수집한 결과는 일차적 정보(primary source)로서 과학지식의 형성에 기초 자료가 된다. 암석학과 분류학과 같은 기술적 학문 영역에서도 일차적 정보는 이론의 확립에 필수적인 바탕이 되는데, 일차적 자료를 바탕으로 형성된 기술적 과학지식은 직관이나 형식적 사고를 거쳐 얻어진 이론적 과학지식과 구분된다.

자연현상을 기술할 때 이용되는 자료는 과학적 탐구 활동으로서의 조사와 과학실험을 통해서도 수집된다. 비의도적이고, 비조직적인 기본적 과학 탐구 과정으로서의 관찰이나 측정과 달리, 과학적 조사와 과학실험은 문제를 설정하고 그 해답에 필요한 정보를 수집하는 합목적적이고 체계적인 활동이다. 과학적 조사와 과학실험에는 각종 도구가 필요하다. 도구를 사용하는 측정을 통해 수집한 자료는 양적 자료로서 오감을 이용한 관찰로 얻은 질적 정보보다 통계적 처리가 더 쉽다. 도구를 사용하여 수집한 양적 자료와 정보는 현상의 사실적 기술에도 효과적으로 이용된다.

② 설명

사물·개념·현상에 이름을 붙이기, 정의나 실례의 제시, 감정의 이입, 권위에의 호소, 경험적 원리에의 호소는 모두 설명(explanation) 행위이다. 과학철학에서는 사건이나 현상에 대한 해명도 설명으로 규정한다(박은진·김희정, 2008). 설명이 일상생활과 실제의 과학 및 과학교육학에서는 이외에도 다음과 같은 의미로 해석된다(Martin, 1972).

- 단어나 문구가 과학적 상황에서 나타내는 뜻의 명료화: '파도는 바다에서 발생하는 파동이다.'와 같이 파도에 대한 정의를 제시하여 그것이 무엇인지 말하는 경우로서, 이 문장은 파도의 '현상'보다는 '파도'라는 용어의 의미를 설명한다.
- 신념이나 행동이 왜 합당한지 진술: 다윈의 진화론에 대한 신념을 정당화하는 경우와 같이, 신념과 행동을 인과율적으로 설명하거나 그 뜻을 명백하게 밝히는 것보다는 그것을 믿는 이유를 말하거나 그 근거를 제시한다.
- 상태·사건·과정의 인과적 설명: '공룡은 기후 변동으로 온도가 매우 낮아서 멸종했다.'는 진술과 같이, 원인을 제공하는 설명이다.
- 이론에서 법칙의 도출: 뉴턴의 이론을 이용하여 케플러의 법칙을 설명하는 경우처럼, 뉴턴의 이론으로부터 케플러의 제1법칙을 연역적으로 도출함으로써 뉴턴의 이론에 따라 케플러의 법칙을 설명한다.
- 기관의 기능적 설명: '혈액순환은 생물의 항상성 유지에 필요하다.'와 같이, 기관의 기능을 설명하여 심장의 작용을 설명한다.

과학적 연구와 중·고등학교 과학 교수·학습에서는 과학의 목적으로서의 설명의 여러 기능 가운데에서도 원인의 제시가 가장 중요하다. 한편 변인들 사이의 인과관계, 즉 특정 한 현상이 일어난 원인은 실험을 통해 밝혀진다. 현상에 따라서는 조사를 통해서도 그 원인이 밝혀질 수 있으나, 조사의 근본 목적은 실태의 파악이나 상관관계의 확인에 있다.

③ 이해

이해(understanding)는 주어진 정보와 자료에 함축되어 있는 의미를 파악하여 적용하고 분석하거나 다른 의미와 관련짓는 과정이다. 과학지식을 기억하지만 않고 기존의 과학지식과 통합하여 체계화하는 것, 정보・자료・과학지식의 의미를 바꾸지 않고 다른 말이나 자신의 말로 표현하는 것, 내・외삽을 통해 새로운 의미를 추리해 내는 것은 모두 이해이다. 이 예들에 비추어 볼 때, 표를 도표로 나타내는 자료변환도 이해로 볼 수 있다. 이해에는 논리적 추리를 통해서 대상을 아는 경우도 포함되는데, 바로 이 점에서 이해는 지각적 수단인 관찰뿐만 아니라 직접적 경험을 통해 대상을 아는 인지(cognition)와도 구분된다. 이해 목적의 달성에는 기초 탐구 과정, 곧 예상・추리・자료변환・자료해석이 효과적이다.

과학의 목적으로서의 이해의 대상은 개념, 교과 내용(subject matter), 과학지식의 단일 요소(simple element), 광범위한 의사소통, 상황, 사람을 가리킨다(White & Gunstone, 1992). 이 가운데에서 개념에는 명제(proposition), 영상(image), 에피소드, 지적 기능, 일련(string), 운동 기능이 포함된다. 교과 내용은 '아인슈타인이 물리학을 충분히 이해하였는가?'에서와 같은 물리학・화학 등 교과로 불리는 과학 분야를, 단일 요소는 암기될 수도 있는 기본적 정보를, 의사소통은 그런 요소들 사이의 관계를 말한다. 이해는 이 밖에도 설명, 해석, 응용, 조망(perspective), 감정이입(empathy), 자각(self-knowledge)의 측면으로 구분되기도 한다(Gallagher, 2007).

과학의 목적으로서의 이해는 과학적 탐구와 과학적 연구에도 필수적 수단이다. 이해는 일반화・법칙・이론으로 설명하거나 예상하기 어려운 분야에서 추구하는 과학적 탐구와 과학적 연구의 목적이다. 케플러의 법칙과 아인슈타인의 상대성 이론 사이에는 인과관계가 없다. 케플러의 법칙을 바탕으로 아인슈타인의 법칙이 형성되거나 아인슈타인의 법칙에서 케플러 법칙이 생겨난 것은 아니다. 그러나 그 두 관계를 이해하면 케플러의 법칙을 뉴턴의 이론으로부터 도출할 수 있고, 그 두 법칙과 관련된 개념들을 분석할 수도 있다. 이해는 인과율적으로 설명할 수 없는 학문 분야, 특히 상관관계에 관심이 있는 분야의 목적이기도 하다. 변인들의 상관관계는 과학적 탐구 활동으로서의 조사를 통해서 확인할 수 있다.

④ 예상

과학적 연구는 어떤 원인을 근거로 하여, 관측이 가능한 자연현상을 예상(prediction)할 목적으로 수행되기도 한다. 예상은 미래에 일어날 현상을 다루며, 이때에는 다루려는 현상이 일어나기 전에 제시된다. 과학적 연구에서는 자연현상의 원인으로 작용하는 변인을 바탕으로 아직 관찰되지 않은 결과를 예상하는데, 이때의 예상 결과는 종속변인이고 예상의 바탕인 원인은 독립변인이다. 예상은 기초 탐구 과정들 가운데 하나이다.

설명과 예상은 결론에 시간적 차이가 있을 뿐이지, 비슷한 모형과 논증 형식에 따라 이루어진다(Hempel, 1966). 설명의 결론이 이미 일어난 사건을 진술하지만, 예상의 결론은 미래에 일어날 예정이거나 이미 일어났지만 아직 알려져 있지 않은 사건을 기술한다. 예상은 보편 법칙에 바탕을 두지 않고서도 가능하다. 이론 과학에서 흔히 볼 수 있듯이, 예상은 이론으로부터 발견해야 할 사실이나 법칙을 추론하여 수행할 수도 있다.

⑤ 통제

과학의 목적으로서의 통제(control)는 사건, 일, 현상이 일어나거나 일어나지 않게 하기 위한 억제와 조절을 말한다. 통제는 예상에 필수적인 수단이기도 하다. 예상은 통제할 수는 없지만, 정확한 인과율적 설명이 필요한 영역의 연구에 유용하다. 천체 현상은 원인을 정확하게 예상할 수 있으나 통제할 수는 없다. 그러므로 천문학 연구는 사실을 예상하고 관찰을 통해서 예상된 사실의 진위를 검증할 목적으로 수행된다. 일식, 유성의 출현, 태풍의 진로도 정확하게 예상할 수는 있지만 통제하기는 거의 불가능하다.

통제는 실천적 활동으로서 기초과학보다 응용과학과 기술에서 더 중요시하는 과학의 목적이다. 사건을 통제한다는 말은 통제가 되도록, 또는 통제가 되지 못하도록 억제하거나 어떤 목적에 맞게 조절할 수 있다는 것을 뜻한다. 예상은 관련이 있는 지식과 방법을 이용하여 자연을 통제하기 위한 사고 활동으로서 통제의 가장 초보적인 수단이다. 따라서 통제는 예상과 아울러 자연과학에서 가장 낮은 수준의 과학적 활동으로 인정된다. 통합 탐구 과정의 하나인 변인통제는 과학의 목적으로서의 통제와 같은 목적에서 수행된다.

(5) 과학의 본성의 교수 · 학습

과학의 본성에 관한 교육에서는 그 내용으로 과학이 무엇인지, 과학이 어떻게 작용하는지, 과학의 인식론적 바탕과 실체론적 기초가 무엇인지, 사회구성원으로서의 과학자가 하는 기능과 역할이 무엇인지, 사회가 과학에 무슨 영향을 미치는지, 또는 과학이 사회에 어떤 영향을 미치는지에 관한 문제를 다룬다(Clough & Olson, 2008). 과학의 본성에 대한 인식은 과학자가 수행하는 과학적 활동과 학생들이 수행하는 과학 교수·학습의 과정을 연결시키는 다리의 역할도 한다. 그러므로 오늘날의 국내·외의 예비과학교사 양성 교육과정 또는 연수 프로그램(McComas et al., 1998)뿐만 아니라, 중·고등학교의 과학 교육과정 내용, 또는 과학 교수·학습의 주제에는(Sorsby, 2000) 과학의 본성이 반드시 포함된다. 지금은 과학의 본성이 국내·외의 중·고등학교 과학 교수·학습의 목표(Lederman, 1999)로 설정되어 있기도 하다. 여기에서는 과학의 본성을 구성하는 여러 가지 요소들 가운데에서, 과학적 방법 또는 과학적 탐구와 관련된 내용만을 다룬다.

① 과학의 본성 교수·학습의 실태

『2015 개정 과학과 교육과정』(교육부, 2015)의 내용 체계에는 과학의 영역이 15개 분야로 분류되어 있고, 각 영역은 몇몇의 핵심 개념과 일반화된 지식으로 소분화되어 있으며, 몇 개의 내용 요소가 학년군별로 나뉘어 있다. 성취기준에는 24개의 단원이 설정되어 있는데, 단원마다 2~4개의 탐구 활동과 몇 개의 학습 요소가 제시되어 있다. 이전의 과학과 교육과정과는 달리, 『2015 개정 과학과 교육과정』에는 '과학탐구실험' 과목이 처음으로 설정되어 있다. '과학탐구실험' 과목은 역사 속의 과학 탐구, 생활 속의 과학 탐구, 첨단과학 탐구의 세 영역으로 대별되어 있으며, 각 영역은 1~2개의 핵심 개념과 2~3개의 일반화된 지식, 2~4개의 내용 요소/과학탐구실험, 그리고 8개의 기능으로 소분화되어 있다. 한편 성취기준에는 세 영역이 각각 한 단원으로 설정되어 있으며, 각 단원마다 4~5개의 탐구 활동과 몇몇의 학습 요소가 제시되어 있다.

영국의 '국가교육과정-잉글랜드: 학습프로그램(National Curriculum in England: Science Programmes of Study)'(DFE, 2015)에는 '과학적으로 작업하기(working scientifically)'가 생명과학·화학·물리학의 세 교과 내용(subject content)을 포함한 네 가지 중핵 영역 가운데 하나로 설정되어 있다. 주단계(key stage) 1~4에는 모두 '과학적으로 작업하기'가 설정되어 있으며, 한 예를 들면 주단계 4의 '과학적으로 공부하기'는 과학적 사고의 발달, 실험 기능과 전략, 그리고 어휘·단위·기호·명명법의 세 소영역으로 나누어 제시되어 있다. '과학적으로 공부하기'의 소영역은 생명과학·화학·물리학의 교과 내용이나 상황에 맞추어 가르치도록 명시되어 있다.

『국가과학교육기준』(National Science Education Standard; NSES)(NRC, 1996)에는 과학의 본성과 관련이 있는 내용으로 탐구로서 과학, 과학과 기술, 개인적·사회적 관점으로서의 과학, 과학의 역사와 본성이 제시되어 있다. 탐구로서의 과학은 과학적 탐구에 필요한 능력과 과학적 탐구에 대한 이해로, 과학과 기술은 과학기술 설계의 능력과 과학과 기술의 이해로, 과학의 역사와 본성은 과학지식의 본성, 인간에 의한 노력으로서의 과학, 과학의 역사적 관점으로 나뉘어 있다. 한편 차세대과학기준(Next Generation Science Standards; NGSS)(Achieve, Inc., 2013)에서는 과학교육 경험을 과학적·공학적 실행, 과학과 공학의 연구를 통합하는 관통(crosscutting) 개념, 네 학문 분야의 핵심 관념으로 나눈다. NGSS에는 '과학적 탐구'나 '과학적 방법' 대신에, '과학적·공학적 실행(scientific and engineering practices)'을 써서 이 용어 안에 과학과 공학을 통합한다.

② 과학의 본성 교수·학습의 필요성

과학의 본성(NOS)이 각급 학교 과학교육의 중요한 목적과 내용으로 설정되기 시작한 지 100여 년이 지났다(Lederman, 2007). 그동안 과학의 본성은 과학적 소양인의 필수 교양으로 받아들여졌으며, 지금은 그런 이유로 국내·외에서 중·고등학교 과학 교육과정의 내용으로서뿐만 아니라 과학교육의 목적으로도 설정되어 있다(Abd-El-Khalick & Lederman, 2000; Akerson & Abd-El-Khalick, 2003). 다음의 기능적 특성(McComas et al., 1998)과 필요성(Driver et al., 1996)도 과학의 본성을 과학 교수·학습의 내용에 포함시켜야 한다는 주장을 정당화하는 근거가 된다.

〈과학의 본성의 기능적 특성〉

- NOS는 과학 내용의 학습을 함양한다.
- NOS 지식은 과학의 이해를 앙양한다.
- NOS는 과학에 대한 흥미를 고양한다.
- NOS 지식은 의사결정을 증진한다.
- NOS 지식은 수업의 전달을 촉진한다.

〈과학의 본성에 대한 교수·학습의 필요성〉

- **공리적(utilitarian) 필요성**: 과학을 이해하고, 일상생활에서 만나는 과학기술의 대상과 과정을 관리할 때 필요하다.
- **민주적(democratic) 필요성**: 사회과학논쟁거리(socioscientific issues: SSI)를 이해하고 그런 문제에 관한 의사결정에 참여할 때 필요하다.
- **문화적(cultural) 필요성**: 과학을 현행 문화의 주요 구성요소로 인식할 때 필요하다.
- **도덕적(moral) 필요성**: 과학의 본성에 대한 이해, 사회에 일반적인 가치인 도덕적 책임과 과학사회의 규준에 관한 이해에 필요하다.
- **과학 학습 필요성**: 과학 내용의 성공적인 학습에 필수적이다.

과학의 본성을 대상으로 한 과학 교수·학습의 효과는 과학교사의 목적·의도·신념에 달려 있다(Akerson & Abd-El-Khalick, 2003). 과학교육학자들은 이러한 관계를 근거로 과학의 본성을 NOS PCK(Pedagogical Content Knowledge)(Abd-El-Khalick & Lederman, 2000)로 일컬음과 동시에 과학교사의 지식기반의 하나로, 또는 전문성 발달(Lederman, 1999) 프로그램 내용의 일환으로 제안한다. 더욱이, 현대적인 의미의 과학의 본성에 비추어, 학생들뿐만 아니라 과학교사들도 과학의 본성을 제대로 이해하여야 한다(McComas et al., 1998)는 주장도 제기되고 있다.

③ 과학의 본성 교수·학습의 목표·내용·방법

앞에서 기술한 바와 같이, 과학의 본성에 대한 정의와 개념은 계속 변해 왔다. 그렇지만, 중·고등학생들이 지금까지 제시되어 온 과학의 본성에 대한 정의와 개념을 모두 공부해야 할 필요는 없다. 최신의 정의와 의미를 공부하는 것으로 충분하다. 중·고등학생들이 과학의 본성에 대한 교수·학습을 통해서 달성해야 할 목표(Abd-El-Khalick & Lederman, 2000; Lederman, 1999)와 획득해야 할 내용으로서 사범대학 과학교육론 과목에도 포함시켜야 할 내용을 요약하면 다음과 같다(Wenning, 2006).

〈과학의 본성(주로 과학지식에 관한) 교수·학습 목표〉

- 과학지식의 잠정성
- 경험적 기반
- 이론의존성, 즉 주관적 특성
- 인간의 추론, 상상력, 창의성
- 사회적·문화적 영향(embedded)
- 관찰과 추론의 구분
- 이론과 법칙의 기능 및 이론과 법칙의 관계

〈과학의 본성 교수·학습 내용〉

- **과학의 본성과 관련된 용어**: 가정, 가설, 증명, 신념, 귀납, 사이비과학, 통제, 지식, 체계, 연역, 법칙, 과학, 경험적, 모형, 과학적, 증거, 이론, 설명, 예상, 진리, 사실, 원리, 변인 등
- **인지적 과정 기능**: 귀납적 과정을 통한 원리의 생성, 설명과 예상, 관찰과 기록, 변인의 확인과 통제, 그래프를 통한 관계 확인, 조사의 설계와 수행 및 기술과 수학의 이용, 증거로부터 결론 도출
- **과학적 증거의 규칙**
  - 과학적 주장은 검증(반증)이 가능해야 한다.
  - 과학의 궁극적 권위는 관찰과 실험에 바탕을 둔 경험적 증거에서 생긴다.
  - 결론은 공공적 증거에 바탕을 두어야 한다.

- 상관관계를 원인과 결과로 해석해서는 안 된다.
- 과학적 주장은 확실하게 입증된 것과 모순되지 않아야 한다.
- 과학자는 회의적인 입장에 서 있어야 한다.
- 과학자는 모든 주장을 검증하고 확증해야 한다.
- 모든 주장은 증거의 뒷받침이 있어야 한다.
- 과학자는 편향된 증거를 이용하지 않아야 한다.
- 단 한 번의 사례로 주장을 부정할 수 있다.
- 아무리 다양한 사례가 있을지라도 주장을 입증하지 못 한다.
- 지지하는 사례라고 해서 절대적 결론을 도출해서는 안 된다.
- 한 현상은 여러 가지로 설명될 수 있다.

• **과학의 가정(postulates)**
- 모든 과학 법칙은 보편적이며, 국부적이지 않다.
- 자연에서 작용하는 방식에는 일관성이 있다; 하나의 자연에서 일어나는 과정으로 과거, 현재, 미래의 사건을 설명할 수 있다.
- 자연적 원인이 없는 관찰되는 현상이 없다.
- 검증할 수 없는 설명을 수용해서는 안 된다.
- 과학에서는 관찰되지 않지만, 이론적으로 추리되는 것의 존재를 인정한다.
- 과학지식은 지속적이지만, 잠정적이다.
- 과학은 절대적 확실성을 보장하지 않는다.
- 과학은 개인적 활동이 아니라 사회적 활동이며, 과학지식은 사회적 합의의 산물이다.

• **과학의 특성(바람직한 과학자의 특성)**
- 호기심과 의문이 많다.
- 고압적이지 않고 객관적이다.
- 창의적이고 논리적이다.
- 지적으로 정직하고 신뢰할 만하다.

과학의 본성은 철학적 상황, 사회적 연구, 사회-역사적 사례 연구, 개방적 조사의 네 가지 방법으로 교수·학습할 수 있다(Sorsby, 2000). 과학철학적 탐구의 궁극적 대상은 과학지식과 과학적 방법에 있다. 1960년대의 과학자와 과학교육학자들은 이를 근거로 해서 과학철학, 특히 과학적 방법론을 과학의 본성에 관한 교수·학습 내용으로 강조하였다(Hodson, 1991). 한편 과학적 방법론에 따른 과학의 본성에 관한 교수·학습은 중·고등학교의 저학년 학생보다 고학년 학생을 대상으로 할 때 더 효과적이다. 저학년 학생에게는 과학적 방법론보다 과학사적 접근법이 더 효과적이다.

사회적 연구는 과학과 학생 및 교사의 관련성을 중요시한다. 이 방법은 과학을 인간과 사회적 상황에 관련시켜 적용한다. 사회-역사적 사례 연구는 위대한 과학기술 성과를 전기(傳記)나 주제를 중심으로 조직하는, 가장 오래전부터 적용되어 온 방법이다. 마지막의 개방적 조사는 각종 과학적 탐구나 과학적 연구를 직접 수행하게 하는 방법이다.

④ 과학의 본성 교수 · 학습의 실례

과학 교수·학습의 목적과 내용 또는 그 대상으로서의 과학의 본성은 과학의 내재적 가치들 가운데의 하나이다. 그러나 과학의 본성의 의미와 과학의 가치는 계속 변해 왔으며, 그런 변화에 맞추어 과학의 본성에 대한 교수·학습의 목적과 내용과 대상도 함께 변해 왔다. 과학의 본성에 관한 최근의 관점에 따라서 중·고등학교 과학 교수·학습의 내용에 포함시켜야 할 주제만을 골라서 제시하면 다음과 같다(Lederman & Lederman, 2004; McComas, 2004; NRC, 1996; NSTA, 2000a).

- 과학은 관찰·측정·실험 등 경험으로 수집한 증거가 필요하며, 그에 달려 있다.
- 과학지식이 형성되는 과정은 보편적이지 않으며, 일양하지도 않고, 다양한 속성을 지니는 마음의 산물이다.
- 과학지식은 잠정적이며, 언제라도 변할 수 있지만, 비교적 지속적이다.
- 법칙과 이론은 서로 관련되어 있지만, 뚜렷하게 구분되는 과학지식이자 구성요소이다.
- 과학에는 주관적 요소가 내포되어 있다.
- 과학은 역사적·문화적·사회적 영향을 받아 발달한다.
- 과학과 기술은 서로 영향을 미치는 관계를 맺고 있으며, 동일한 의미를 지니지 않는다.
- 과학적 방법은 다양하며, 어느 방법도 모든 질문에 정답을 제시하지 못 한다.
- 과학사는 과학이 개념에 따라 진화적으로, 또는 격변적으로 발달해 온 과정을 보여 준다.

이와 같은 주제는 모두 초·중·고등학생이 알아야 할 과학의 본성이다. 다만 학년이나 과학철학적·심리학적 관점에 따라 강조하는 내용은 달라질 수 있다. 과학의 본성은 과학지식이 형성·검증된 과정이나 과학사를 활용하면 더욱 효과적인데, 다음은 진화론을 주제로 한 과학의 본성에 관한 교수·학습의 예시이다(Narguizian, 2004).

- **법칙과 이론의 의미와 특성 설명**
  - 법칙: 시간이 지남에 따라 생물이 변하는 현상에 대한 진술 또는 일반화
  - 이론: 자연선택에 의한 진화의 원인 설명
- **경험적 증거의 제시**
  - 역사적 증거: 화석상의 증거
  - 관찰 증거: 지역에 따른 생물의 유사성과 차이 관찰
  - 실험적 증거: 자연선택에 관한 실험
- **역사적 · 문화적 · 사회적 영향 설명**: 과학적 연구 및 그 결과를 발표하는 과정과 상황의 분석에 이어 그 결과의 제시

- **교수·학습 전략 선택 및 적용:** 주제에 따라 읽기 숙제, 실험실 실험, 토론의 적용

이 예에서도 알 수 있듯이, 과학의 본성에 관한 교수·학습에는 과학사적 접근법이 실용적이지만, 고학년 학생에게는 과학철학적 접근법도 효과적으로 적용할 수 있다. 과학철학적 접근법을 적용할 경우, 과학지식과 과학적 방법을 둘 다 다룰 수 있기 때문에 그만큼 더 실제적이다. 과학의 본성은 그 정의를 주제로 하여 교수·학습할 수도 있는데, 미국과학교사협회(NSTA, 2000a)에서는 과학을 체계적 관찰을 통한 정보의 수집과 실험을 통한 정보의 검증 과정으로 특징짓는다.

2) 과학의 발달

자연관(view of nature)은 과학의 본성과 아울러 과학이 발달해 온 방법과 과정에 관한 인식의 개념적 틀이 된다. 즉 자연관은 자연세계를 보고 감각하거나 지각하는 과정에서 사용하는 개념적 렌즈의 역할을 하며, 과학적 연구에 기초적인 가정과 관점이 되기도 한다. 과학사는 여러 가지 유형의 자연관이 나타나고 소멸해 온 과정을 드러내며, 과학이 그런 자연관과 함께 변천되어 온 과정도 잘 보여 준다(Hurd, 1997).

(1) 자연관의 종류와 특성

자연관은 자연에 대한 신념·태도·관념이며, 세계관(world view)으로 일컬어지기도 한다. 세계관은 세상을 보는 것과 본 것에 의미를 부여하는 인지적 틀로서, 자연·사회·인간에 대한 철학적 견해, 또는 세계와 만물의 기원 및 본성에 관한 관점을 가리킨다. 과학사에는 목적론(teleology), 물활론(animism), 생기론(vitalism), 신비론(mysticism), 형식론(formism), 상황론(contextualism), 유기체론(organicism), 기계론(mechanism)(Kaplan, 1976; Mayr, 1982; Sattler, 1986)의 자연관/세계관이 기술되어 있다.

목적론은 사물과 현상이 자연의 특정한 목적을 달성하기 위해 존재한다고 설명한다. 과학적 연구에서는 목적론적 세계관 때문에 원인과 결과를 자주 혼동한다. '왜?'의 질문은 원인을 묻는다. 그러나 목적론적 세계관을 지닌 학생들은 객관적 증거나 원인이 아니라 효과로 질문에 대답하는 경우가 드물지 않다(Kaplan, 1976). 예를 들면 '왜 세포가 분화하는가?'의 답으로 '세포가 분열하지 않으면 조직이 만들어지지 않기 때문이다.'와 같이 대답한다. 근대의 과학은 분야별로 목적론적 자연관이 기계론적 자연관으로 대체되어, 이를테

면 아리스토텔레스(Aristoteles, 384~322 BC)의 자연관과 업적이 부정되거나 다른 세계관으로 교체되어, 새로운 구조와 내용으로 형성되거나 발달하였다(Hurd, 1997).

물활론은 모든 자연물에 생명 · 영혼 · 마음이 있다고 주장하는 범심론(panpsychism)의 한 형태이며, 생기론은 생물에는 무생물과 달리 목적을 실현하는 생명력이 있다고 설명하는 생명관이다. 물활론은 생기론의 일반적 생명관으로 인식되기도 한다. 신비론은 내면적 직관과 직접적 체험으로 신을 인식하는 종교적 · 관념론적 신념이다. 형식론은 플라톤의 형식과 실재론에 바탕을 둔 형이상학적 신조이며, 상황론은 형식론과 대비되는 철학적 신조로서 절대적 영원성을 부정하며 변화를 본질로 간주하고 사건을 상황과 관련시켜 이해한다.

유기체론은 생물체를 구성하는 물질의 조직 및 조화에 의해 생명현상의 평형 상태가 유지된다고 가정한다. 기계론은 우주를 자연법칙이 통제하는 커다란 기계로 기술하며, 극단적인 입장에서는 조작주의와 환원주의의 철학적 신조를 나타내기도 한다. 기계론은 통합적 특성을 띠는 상황론이나 유기체론과 달리, 분석적 특성을 지닌다. 상황론과 유기체론이 요소보다 요소로 이루어진 통합과 그에 따른 전체적 특성을 더 중요시함에 비해, 기계론은 과학지식 체계를 기본적 요소에 대한 분석을 통해서 설명할 수 있다고 주장한다.

(2) 고대의 자연관과 자연철학

소크라테스(Socrates, 470~399 BC)를 포함한 고대 그리스의 자연철학자들은 관찰이 가능한 물질, 자연의 힘, 자연법칙으로 자연현상들 사이의 인과관계를 설명했다. 자연철학자에 따라서는 당시에도 자연현상에 대한 설명에서 신과 신비주의를 배제하였다. 레우키푸스(Leucippus)와 데모크리투스(Democritus)의 원자론에도 표명되어 있듯이, 고대의 자연철학자들은 자연세계가 영원히 불변하는 기본물질과 그 물질들 사이의 상호작용 및 결합에 의해 변화무쌍한 현상이 일어나게 하는 본질로 구성되어 있다고 보았다. 이런 자연관은 기계론적 세계관으로서 근대 이후의 경험론과 실재론의 철학사상적 바탕이 되었다.

그러나 대다수의 고대 그리스 자연철학자들은 물활론적 세계관에 따라 자연현상을 해석하였으며, 물활론적 관점을 통해 자연세계를 계속 운동하는 물질의 세계로 간주하였다. 그들은 운동이 물질에 내재하는 생명력(life force)과 혼(soul)에 의해서 일어나며, 그 운동에 나타나는 규칙성은 정신(mind)에 의해서 지배된다고 설명하였다(Kaplan, 1976). 한마디로, 그리스의 자연철학자들은 대부분 자연과 우주, 그리고 생명력과 혼, 또는 정신을 가진 거대한 이성적(rational) 동물로 보았다.

동·서양을 막론하고 고대의 주된 자연관은 목적론이었다. 오늘날의 인간중심적 신조와 유의적인 종교적 관점도 자연관의 한 유형이다. 목적론적 자연관 때문에, 고대 그리스의 과학이 기계론에 기초를 둔 현대 과학으로 직접 발달할 수 없었다. 고대 그리스 시대 이후 2000여 년 동안, 자연과학은 아리스토텔레스의 목적론적 자연관과 스콜라철학(scholasticism)의 종교적 세계관을 완전히 벗어날 수도 없었던 것이었다. 특히 아리스토텔레스의 목적론적 자연관은 인간이 자연을 보고 해석하는 기본적 관점을 이루어, 근대의 자연과학이 확립되거나 자연과학 분야가 형성되어 발달하는 과정에서 저해요인으로 작용하기도 하였다.

(3) 기계론과 과학혁명

고대의 물활론과 목적론이 르네상스 이후에는 기계론으로 대체되었다. 기계론은 자연세계를 하나의 커다란 기계로 보고, 그 안에서 일어나는 현상은 신이 아닌 자연법칙의 통제를 받는다고 보는 세계관이다. 데카르트(René Descartes, 1596~1650)는 물리적 현상을 자연법칙으로 설명하는 기계론을 확립하여(Sattler, 1986) 기계론의 아버지로 불린다. 기계론은 자연현상과 생명현상을 자연적 인과관계, 역학적 법칙(기계적 운동 법칙), 물질이 입자로 구성되어 있다고 보는 입자설로 설명한다(Godfrey-Smith, 2003).

기계론은 갈릴레오·뉴턴·데카르트·라이프니츠(Gottfried Wilhelm von Leibniz, 1646~1716)가 일으키고 완수한 과학혁명을 통해 발달하였다. 이 때문에, 현대과학의 기원을 과학혁명기에 두기도 한다(Hurd, 1997). 기계론은 환원론과 같은 극단적인 철학으로 변한 면도 없지 않았으나, 현대의 목적론이나 상대주의로 대체되었다. 따라서 현대의 과학은 순수한 의미의 기계론 관점을 통해서는 완전하게 해석되지 않는다. 특히 현대의 생명과학과 심리학은 기계론 이외에 현대의 목적론과 유기체론으로 설명해야 이해된다.

(4) 유기체론과 현대과학의 특성

오늘날에는 생명과학이 물활론의 한 형태인 생기론(Sober, 2000)과 유기체론(Sheldrake, 1995)으로 특징지어진다. 생기론에 따르면, 생명체에는 무생물에서는 볼 수 없고 생명체에서만 볼 수 있는 힘과 인과율이 작용하고 있어서 물리적·화학적 법칙과 이론만으로는 생명현상을 설명할 수 없다. 생기론은 생물체의 세포·조직·기관의 형태와 기능이 그 힘과 원리에 의해 결정된다고 주장함으로써 기계론과 상이한 입장을 나타낸다.

유기체론은 현대의 과학철학·물리학·심리학·생기설이 통합된 종합 이론이다. 유기체론에 따르면, 생물체의 제반 기능은 그 조직과 구조에 의해서 결정되며, 그 조직과 구조는 기능에 의해 결정되는 관계를 맺고 있다. 이를테면 한 세포의 특성은 그 자체로, 조직을 이룰 때, 기관을 이룰 때 모두 다르다. 유기체론은 생명체의 특성으로 기능과 구조의 복잡성과 유전프로그램 및 그에 따라 일어나는 진화도 중요시한다(Mayr, 1997).

(5) 자연과학 분야의 확립과 특성

국내외의 과학교육학 교재에서 논의되고 있는 과학의 본성에는 대부분의 경우 과학의 기원과 과학이 변화되고 발달되어 온 과학사적 과정도 포함된다. 물리학·화학·생명과학·지구과학 그리고 현대의 융합과학 영역은 각 영역에 고유한 기본적 가정에 기초하고, 그 영역에 독특한 방법 및 과정과 개념체계로 이루어져 있다. 또한 각 영역이 발달되어 온 과학사적 과정은 과학의 본성을 구체적으로, 그리고 비교적 정확하게 드러낸다.

① 물리학의 발달과 특성

물리학은 물질과 에너지로 우주의 구조를 결정하는 법칙에 관한 학문으로서, 물체 사이에 존재하는 힘, 물질과 에너지 사이의 상호작용이 그 대상이다(Isaacs, Daintith, & Martin, 1996). 그러나 이런 물리학의 대상은 고대로부터 지금까지 변해 온 결과이다. 아리스토텔레스에서 중세까지의 물리학에서는 자연을 질적으로 탐구하였으며, 우주론·물상·화학·기상학·생명과학·심리학으로 이루어져 있었다. 물리학의 대상이 18세기 이후부터는 고전역학·유체역학·정역학·광학·전자기학·기상학처럼 쉽게 관찰·측정·실험할 수 있는, 또는 현행 과학과 교육과정의 물리학 영역에 제시되어 있는 것과 같은, 운동과 에너지 영역에 한정되었다.

18세기 이후에는 물리학적 탐구에 수학을 적용하여 자연현상을 양적으로 기술하기 시작하였다. 19세기 중엽에는 고급수학을 요구하는 문제를 다루는 이론물리학이 형성되었으며, 그 결과 기상학이 물리학의 대상에서 떨어져 나갔고, 물·공기·불의 성질은 물리학에서 분리된 화학에서 다루게 되었다. 20세기에는 방사성과 미시세계에 대한 연구로 양자역학·원자물리학·핵물리학이 형성되었으며, 오늘날의 물리학에는 천체물리학·지구물리학·생물물리학이 통합된 간학문 분야도 포함된다(Bynum, Browne, & Porter, 1981).

물리학 내용은 대부분 이론과 보편법칙(universal law), 원리로 구성되어 있다. 그러나 물리학 법칙은 특히 생명과학 법칙과 다르다(Sober, 2000). 생명과학 법칙은 관찰 자료에 바탕을 두어 일반화한 진술로서 생명현상의 규칙성을 언급하는 기술적 특성과 기능을 지닌 법칙으로서 지구의 생물에 한정된다. 그러나 물리학 법칙은 중력의 법칙이나 열역학 법칙과 같이, 시·공간을 초월하는 보편적 명제로서 하나의 예외도 인정하지 않는 일반법칙이다. 그러므로 물리학의 법칙은 간혹 사실로 불리기도 하며(Mayr, 1997), 아르키메데스의 원리와 같이 관찰 자료에 직접적인 관계가 없는 원리가 법칙으로 인식되기도 한다.

현대의 물리학은 추상화와 이상화, 수학의 역할에 따라 다른 자연과학 분야와 구분된다. 자연과 기술의 복잡성은 환원되면 양적 예상이 가능해진다. 이런 목적을 위하여, 물리학은 실험실 상황에서 "효과"로 불리는 자체의 고유한 모형 현상을 생성한다. 물리학에서 전제하는 기본적 가정은 자연이 본질적으로 조직화되어 있다는 것과 자연의 질서가 근본적으로 인간에 의한 접근이 가능하다는 것이다. 물리학적 사고는 세심한 관찰이 아니라, 이론적 관점에 따른 자연의 특정 측면의 재구성에서 시작된다. 수학은 물리학에서 모형과 예상의 개발에 절대적인 역할을 한다(Duit, Schecker, Hottecke, & Niedderer, 2014).

② 화학의 발달과 특성

화학은 야금·양조·염색·무두질의 기술, 비금속을 금속으로 만들려는 연금술, 화학적 성질과 질병을 다룬 의화학에 기원이 있다. 그러나 화학이 화학적 현상의 복잡성, 순수물질을 판단할 준거의 결핍, 원소의 확인과 정의의 불확실성, 기체 개념의 부재로 인하여 18세기까지는 자연과학의 학문으로 성립될 수 없었다. 화학자들은 1730년대에 확립된 기체화학을 이용하여 비로소 원자와 분자의 반응을 설명할 수 있었다(Bynum et al., 1981). 즉 현대의 화학은 기계론적 세계관에 바탕을 둔 기체화학을 기틀로 하여 확립되었다.

19세기의 화학자들은 무기화학을 패러다임으로 이용하여 유기화학을 탄생시켰다. 19세기 이후에는 원자가, 원자의 구조, 주기율표가 개발되어 원소 개념이 확립되었다. 1880년대에는 화학과 물리학이 통합되었으며, 전자를 발견함으로써 화학적 친화도와 관련된 문제를 해결할 수 있었다. 현대의 화학에서는 생화학·지구화학·물리화학과 같은 통합 영역이 새로운 영역으로 발달하기도 하였다(Bynum et al., 1981).

화학에는 물질의 속성·반응·조성·구조가 포함된다(Herr & Cunningham, 1999). 현대 화학은 원소와 화합물에 관한 학문, 즉 궁극적으로는 원자의 바깥 궤도에 있는 전자의 효과에 관한 학문으로 규정할 수도 있다(Isaacs et al., 1996). 화학 교재의 앞부분에서 대부분 원자와 전자가 논의되고 있듯이, 또는 물리화학이 보여주듯이, 화학과 물리학의 주제가 자주 겹치는데, 그런 것도 바로 화학의 이러한 특성 때문이다.

③ 생명과학의 발달과 특성

생명과학(biology)은 브루다흐(Karl. F. Burdach, 1776~1847)가 1800년 인간에 관한 연구를 지칭하기 위해 처음 사용한 용어이다. 브루다흐 이후에는 트레비라누스(Gottfried Treviranus, 1776~1837)가 생명과학을 생명의 과학(science of life)으로 불렀으며, 라마르크(Jean-Batiste Lamarck, 1744~1829)는 육상물리학의 한 분야로 규정하여 생명과학의 의미를 더욱 확장시켰다(Bynum et al., 1981). 대학교의 일반생명과학 교재에서는 생물의 특성뿐만 아니라 생명현상의 물리적·화학적 측면을 모두 다룬다.

근대의 생명과학은 아리스토텔레스가 이룬 생명과학적 업적과 그가 표명했던 생명관의 부정, 갈레노스(Claudios Galenos, 129~199)의 의학에 대한 비판, 현미경의 발명을 바탕으로 형성되었다. 하비(William Harvey, 1578~1657)는 기계론적 혈액순환설을 제시하여 아리스토텔레스의 목적론적 생명관을 부정하였으며, 베살리우스(Andreas Vesalius, 1514~1564)는 인체의 해부를 통해서 갈레노스가 이룬 생물학적 업적을 비판하였다. 또한 레벤후크(Anton van Leeuwenhoek, 1632~1723)가 제작한 현미경을 계기로 세포학이 생명과학의 한 분야로 형성되었다.

고전생명과학은 생물의 구조와 기능, 생물의 기원과 진화, 생물의 분류, 생물 사이의 상호작용, 생물의 분포를 대상으로 삼았으나(Isaacs et al., 1996), 오늘날의 생명과학 대상에는 생물의 발달과 분화, 세포학, 유전학, 분자생명과학, 생태학 등도 포함된다(Magner, 1994). 생명과학은 지금도 자연철학이나 박물학의 일부로, 즉 이론보다 개념들로 조직된 지식체계로 인식되기도 한다. 분류학과 형태학 그리고 대다수의 생태학 분야는 이론보다 개념 위주로 구성되어 있어서 생명과학을 기술적 학문으로 간주하는 근거가 된다.

대부분 이론과 법칙의 발달 과정으로 구성되어 있는 물리학사나 화학사와 달리, 생명과학사는 주로 개념의 발달 과정으로 이루어져 있다. 이는 생명과학이 이론적 학문보다 개념적·기술적 학문으로 인식되는 이유가 되기도 한다. 현대의 생명과학은 기본적으로 근인(近因)(proximate cause)을 다루는 이론적 분야와 원인(遠因)(ultimate or final cause)을 대상으로 하는 원리 분야로 구성되어 있다. 세포학·유전학·생리학은 주로 이론으로 구성되어 있어서 근인의 규명에 목적이 있다. 진화론은 생명과학의 궁극적 설명체계, 즉 최종적 원리이다. 그러므로 다른 생명과학의 개념과 이론은 모두 진화론의 설명 수단으로 이용된다. 바꾸어 말하자면, 생명과학의 궁극적 목적은 진화의 설명에 있다(Mayr, 1982).

생명과학은 과학의 핵심 분야로서 여러 과학이 통합된 종합과학, 즉 물리학적·화학적 원리와 이론이 포함된 통일과학(unified science)으로 볼 수도 있다(Mayr, 1982). 전통적 생물학이 과학적·개인적·경제적·사회적·문화적·정치적 특성을 띰으로써 생명과학으로 일컬어지게 되었다. 생명과학은 STS와도 일치하며, 도덕·윤리·가치·위험에 관한 문제를 야기하기도 한다(Hurd, 1997). 이런 특성 때문에, 『2007년 과학과 교육과정』(교육과학기술부, 2007) 이후에는 기존의 『생물』 과목의 이름도 『생명 과학』으로 바뀌었다.

④ 지구과학의 발달과 특성

지구과학의 기원도 고대의 신비주의에 있다. 지구과학은 고대 그리스 시대 이후 계속 발달하였으며, 20세기에는 컴퓨터와 같은 첨단기술이 개발되고 판구조론과 같은 혁신적 이론이 제기됨에 따라 획기적으로 발달하였다. 첨단기술은 방사능 분석에 의한 연대측정, 결정학, 암석의 화학적 분석, 고생명과학 등 새로운 연구 방법의 개발과 새로운 분야의 형성에 영향을 미쳤으며, 판구조론은 20세기 지구과학의 핵심적 패러다임이 되었다.

지구과학에는 물리·화학·생물 등 다른 분야와 겹치는 부분이 많다. 그러나 지구과학의 개념적 구조와 방법론적 전략은 다른 분야의 구조 및 연구 방법과 다르며, 당연히 서로 다른 과정을 통해 발달해 왔다. 지구과학은 지구를 통합적으로 다루는 학문으로서 개념적으로는 지구와 이를 둘러싸고 있는 대기, 우주의 공간에서 일어나고 있는 자연현상과 우주의 구조 및 물질, 지구와 우주의 역사를 다룬다. 현행 지구과학이 시간적으로는 우주의 기원에서 미래까지, 공간적으로는 지구의 중심부에서 우주의 끝까지를 그 대상으로 삼는다.

지구과학은 지구를 대상으로 하는 여러 분야의 과학을 총칭한다. 따라서 지구과학은 그것을 구성하는 여러 과학 분야의 연구 방법을 적용하는 복합 학문으로 규정되기도 한다. 우리나라의 과학과 교육과정에서 과목으로 설정되어 온 지구과학의 목적은 지구의 특성과 진화의 기술·설명·이해에 있다. 지구과학은 원래 지질학·수문학·대기학의 세 영역으로 구성되었지만, 오늘날의 지구과학은 해양학·지질학·대기과학·지구물리학·천문학으로 세분화된다.

⑤ 융합학문 분야 과학의 확립

현대의 과학에는 융합학문적(interdisciplinary) 특성을 띠는 영역이 있다. 중·고등학교의 과학교육에는 물리학·화학·생명과학·지구과학을 독립적으로 다루는 전통적인 과학 교육과정보다 융합학문 교육과정이 더 효과적일 수도 있다(Hurd, 2000). 융합학문 과학은 물리학·화학·생명과학의 전통적 자연과학 분야가 종합된 조정과학(coordinated science)을 지칭하기도 한다(Carin, 1997). 물리화학·생화학·생물물리학이 융합학문 과학의 좋은 예이다. 중·고등학교에서 중요시하는 환경교육과 STS 접근법도 융합학문적 속성을 지닌다.

물리화학(physical chemistry)은 화학적 구조가 물리적 성질에 미치는 영향을 대상으로 삼는 분야로서 화학열역학과 전기화학을 다룬다. 생화학(biochemistry)은 크로마토그래피, X선-회절, 전자현미경의 발달로 20세기 중반에 형성되었으며, 생물화학 주제인 단백질·탄수화물·지방·핵산의 화학적 구조와 기능으로 구성되어 있다. 생물물리학(biophysics)은 생명과학의 물리학적 측면을 다루는(Isaacs et al., 1996), 물리학 원리와 기술을 응용하여 생명현상을 탐구하는 분야이다. 융합과학은 이처럼 몇 개의 전통적 자연과학 분야가 통합되어 형성될 수 있을 뿐만 아니라 STEAM(Science-Technology-Engineering-Art-Mathematics), 또는 STEM과 같이 다른 분야가 섞이어 형성될 수도 있다.

(6) 과학사 이용 교수·학습

과학사는 과학이 발달되어 온 과정을 보여주는 기록이자 자료이다. 과학사를 조사하고 분석하는 것은 과학의 본성에 대한 간접적 접근법의 한 유형이다. 과학사는 과학적 방법의 교수·학습에 특히 효과적인 자료이다(Herr, 2008). 그러므로 국가과학교육기준(NRC, 1996)을 포함한 외국의 과학과 교육과정 내용에는 대부분 과학사가 포함되어 있다.

① 과학사 교수·학습의 필요성

과학사는 과학자가 연구하는 분야와 일반인이 생각하는 과학의 영역을 연결해주며, 과학지식이 부단히 변해온 사실을 잘 보여 준다(Matthews, 1991). 과학사는 또한 과학지식이 변화되어 온 과정과 상황을 기술하고, 자연현상에는 단 한 가지의 절대적인 설명이 있다는 실증주의의 인식론적 신조를 부정하며, 과학과 관련이 있는 문제에는 여러 가지 해결 방법이 있다는 근거를 잘 보여 준다(Ekstig, 1991). 과학사는 과학이 과학적 활동의 산물임을 보여주기도 한다(Herr, 2008). 중등학교의 과학 교수·학습에 과학사가 필요한 이유는 이 외에도 다음과 같다(Matthews, 1994).

- 과학사는 과학적 개념과 방법을 더욱 잘 이해하게 한다.
- 과학사는 개인적 사고의 발달과 과학적 관념의 발달 사이의 관계를 보여 준다.
- 과학사는 본질적으로 가치가 있다: 과학혁명, 진화설, 페니실린의 발견 등 위대한 과학적 업적은 누구에게도 친숙하다.
- 과학사는 과학의 본성에 대한 이해에 필요하다.
- 과학사는 교과서와 교실에 팽배한 과학주의와 독단주의를 중화시킨다.

- 과학사는 특히 과학자의 생애와 시대를 분석함으로써, 과학의 교과 내용을 인문학화하고, 그렇게 함으로써 그것의 추상성을 낮추며 학생들을 더욱 가깝게 끌어들인다.
- 과학사는 과학의 주요 주제들 사이, 또는 과학과 다른 학문 분야 사이의 관계를 맺어주며, 인간에 의한 성취의 통합적·상호의존적 특성을 보여 준다.

과학사는 관련이 없어 보이는 과학 교수·학습 주제들을 연관시켜주는 기능도 한다. 브라운이 브라운 운동으로 생명과학의 생기론을 증명하려 한 활동이 이를 잘 보여 준다. 과학사는 다른 과학 분야의 주제들 사이의 관계도 잘 드러낸다. 이를테면 DNA의 구조는 지질학·결정학·화학·분자생명과학이 통합되어 있음을 보여 준다. 과학사는 또한 학문적 분야들 사이의 관계를 보여 준다. 예컨대 다윈의 진화론은 종교적·정치적·교육적 관점이 통합되어 있는데, 과학사는 이와 같이 여러 학문적 분야를 관련시키는 기능 때문에, 과학의 인문과학화 성취에 유용한 수단이 된다(Matthews, 1994).

② 과학사 교수·학습의 방법

과학사 교수·학습에는 두 가지 접근법을 적용할 수 있다(Matthews, 1994). 첫째 접근법은 순수한 과학 내용을 교수·학습한 다음, 별도의 단원이나 장으로 설정된 관련이 있는 과학사를 교수·학습하는 첨가(add-on) 방법이다. 둘째 접근법은, 예컨대 역학 공식을 가르칠 때, 그 공식이 구성된 과정을 함께 교수·학습하는 통합(integration) 방법이다.

물질관이나 상대성 이론과 같이, 추상적이고 복잡한 주제에 관한 과학지식은 관련이 있는 과학자와 그의 역할, 그 지식이 응용된 학문적·사회적 상황이나 일상생활을 중심으로 구성함으로써 학생들에게 더욱 친숙하고 쉬운 내용으로 표현할 수 있다. 과학사는 과학 교과서의 모든 주제에 포함시키거나 핵심적 주제에만 통합시킬 수도 있다. 과학사는 전기(傳記)나 일화를 중심으로 기술하거나, 과학자가 이룬 업적 또는 그가 수행한 획기적인 실험을 중심으로 기술하는 두 가지 방법으로 교수·학습의 주제에 통합시킬 수 있다(Matthews, 1991). 한편 과학사 교수·학습 내용에는 과학지식뿐만 아니라 과학지식이 생성·변화된 과정도 포함시켜야 한다(Herr, 2008).

추상적인 과학 개념과 복잡한 이론일수록 과학사적 접근법에 따른 교수·학습이 효과적이다. 과학사는 과학과 과학기술이 학문적 필요성과 사회적 맥락에서 발달해 온 과정을 보여줌으로써 STS 접근법으로 이용할 수도 있다. 그러나 과학사적 접근법은 과학을 단순하게 모형화하거나 지나치게 추상화시키는 단점도 지니고 있다(Matthews, 1991).

③ 과학사 교수 · 학습의 실례

과학사 교수 · 학습의 내용으로는 주로 과학자가 이룬 과학적 업적, 특정 과학지식이 변화 · 발달되어 온 과정, 과학기술이 개발된 방법이 이용된다. 과학자의 업적을 중심으로 한 과학사 교수 · 학습은 과학자의 역할과 과학이 발달되어 온 과정을 보여주기에 효과적이며, 과학지식과 과학기술이 발달되어 온 과정을 중심으로 한 과학사 교수 · 학습은 추상적인 과학 개념과 복잡한 과학 이론을 이해시키는 데 특히 유용하다. 다음의 물질관에 관한 과학사 교수 · 학습의 예가 보여주듯이, 과학지식이 절대적 진리가 아니라 부단히 변한다는 사실의 실증에는 과학사의 교수 · 학습이 필수적이다.

- 고대 그리스 시대의 물질관을 설명한다.
  - 엠페도클레스의 4원소설을 설명한다.
  - 아리스토텔레스의 4원소설을 설명한다.
- 헬몬트의 원소설 및 버드나무 실험의 타당성을 설명한다.
- 멘델레예프 주기율표의 구성 과정과 그 특성을 설명한다.
- 러더퍼드 원자 모형이 구성된 과정과 그 특성을 설명한다.
- 보어 원자 모형이 구성된 과정과 그 특성을 설명한다.
- 원자의 구성요소를 설명한다.
- 궁극적 원소로서의 소립자에 관하여 설명한다.

과학사 교수 · 학습에서는 과학과 과학기술이 계속 발전해 왔으며, 다양한 계층의 사람들이 그 과정에 관련되어 있다는 사실도 보여 준다. 과학사 교수 · 학습에서는 또한 내용과 관련이 있는 과학지식의 체계를 일목요연하게 보여주며, 앞으로 연구하거나 개발해야 할 방법과 발달되어 갈 방향도 제시한다. 과학사는 과학과 과학기술이 사회적 상황에서 발전해 온 과정을 보여주며, 바로 이러한 특성 때문에 STS로서의 과학의 교수 · 학습의 소재 또는 내용으로도 선정 · 조직된다. 과학사는 과학지식, 과학적 방법, 과학자의 역할과 기능에 대한 교수 · 학습에도 필수적인 내용과 소재가 된다.

3) 과학의 분류와 자연과학

과학은 지식의 형태 · 구조 · 대상 · 목적에 따라 여러 종류로 나뉜다. 콩트(I. Comte)는 과학을 지식의 형태에 따라 형식과학, 무기과학, 생물과학, 인간사회과학, 이념과학으로 나누었으며, 허스트(Hirst, 1974)는 지식의 구조에 따라 수학, 물상과학, 인간학, 종교, 문학과 예술, 도덕, 철학의 일곱 영역으로 구분하였다(Phillips, 1987). 과학철학에서는 과학을 대상과 목적에 따라 [그림 2-2]와 같이 분류하기도 한다(Carnap, 1991).

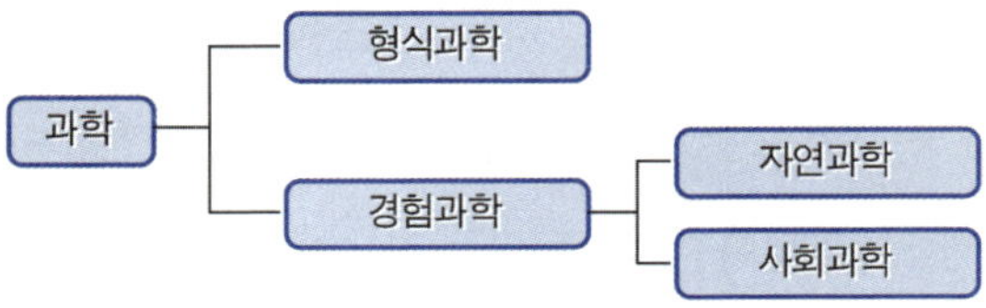

[그림 2-2] 과학의 분류

[그림 2-2]에 제시된 형식과학의 탐구는 논리적 추리나 수학적 사고와 같은 순수한 사고 과정을 통해 이루어진다. 형식과학은 분석적 명제로 이루어져 있으며, 형식논리학과 순수수학이 이 범주에 속한다. 형식논리학과 순수수학의 명제는 자연이나 경험적 사실에 지시체(referent)를 갖고 있지 않기 때문에, 논리학적 명제나 수학적 명제는 사물·현상·자연에 관하여 직접 경험할 수 있는 정보를 제공하지 못한다. 이를테면 'A가 B보다 크고, B가 C보다 크다면 A가 가장 크다.'나 '2 더하기 3은 5이다.'는 각각 논리학적 명제와 수학적 명제로서, 자연현상을 기술하지 않을 뿐만 아니라 자연현상에 관하여 어떠한 정보도 제공하지 않는다.

경험과학은 직접 경험할 수 있는 사물, 현상, 사실을 연구의 대상으로 하기 때문에, 실질과학 또는 실증과학으로 불리기도 한다. 경험과학은 자연현상과 생명현상을 다루는 자연과학과 사회적·문화적 현상을 취급하는 사회과학으로 대별된다. 자연과학은 대상에 따라 물리학·화학·생명과학·천문학·지질학 등으로, 목적에 따라 순수과학(pure science) 또는 기초과학(basic science)·응용과학(applied science)·과학기술(technology)로 나뉜다.

사회과학은 대상에 따라 사회학·경제학·정치학·인류학 등으로 세분화되며, 분야에 관계없이 대부분 인간 및 인간의 집단과 그들 사이의 사회적 관계를 다룬다. 이와 같은 사회과학의 연구 방법과 자연과학의 연구 방법은 대부분 그 절차에서 비슷하다. 다만 사회과학에서 다루는 변인의 수가 자연과학에서 다루는 변인의 수보다 대개 더 많으며, 사회과학이 자연과학에서보다 변인을 통제하기 더 어려운 속성도 지니고 있다.

(1) 기초과학

기초과학은 자연에서 일어나는 현상을 기술하고, 설명하며, 그 과정에 필요한 기술적 지식을 생성하는 데 목적이 있다(Kitchener, 1999; Richards, 1987). 기초과학은 목적에 따라 순수기초과학과 목적기초과학으로 분류된다. 순수기초과학은 과학자가 자신의 순수한 호기심을 만족시키거나 지적 욕구를 충족시킬 목적에서, 그리고 연구 그 자체를 위하여 자발적으로 연구하는 과학 분야이다. 이에 비하여, 목적기초과학은 국가나 사회가 특별히 발전시킬 분야를 지정하여 연구비를 지원하는 과제를 수행하는 기초과학을 뜻한다.

자연과학대학의 물리학·화학·생명과학·지질학, 그리고 인문대학의 심리학이 기초과학 분야의 예이다. 기초과학 분야에서는 과학지식을 형성하고, 그것으로 생명과 자연에서 일어나는 제반 현상을 기술하며, 그런 현상이 일어나는 원인을 설명하고, 그럼으로써 생명과 자연에 대한 이해와 같은 목적을 추구한다. 기초과학 연구자는 과학지식의 용도 또는 그것으로부터 얻을 수 있는 경제적 이득이나 사회적 지위에는 관심이 없다. 여러 가지 항체를 구성하는 분자의 아미노산 서열에 관한 연구는 기초과학 분야에서 이루어진다.

(2) 응용과학

응용과학은 자연현상을 예상하고 통제하며, 그에 필요한 절차적 지식을 생성하는 데 일차적인 목적이 있다(Kitchener, 1999; Richards, 1987). 응용과학의 목적은 기초과학에서 얻은 지식을 이용하여 인간의 조건을 개선하고 인류의 복지를 향상시키는 데에도 있다. 세포에 관한 지식을 갖고 있기 때문에 다른 동물들의 세포를 비교할 수 있으며, 전기를 알기 때문에 사용 분야에 관한 의문을 가질 수 있다. 응용과학은 자연을 간섭하고 통제하며, 그에 따른 변화에 적용할 수 있는 수단과 지식을 제공하는 분야이다.

공학(engineering)·의학·약학·농학과 같이, 응용과학 분야의 연구도 새로운 과학지식의 생성에 기본적인 목적이 있다. 그러나 응용과학 연구로 얻어진 과학지식은 자연현상이나 생명현상을 설명하기 위해서라기보다 사회와 일상생활의 문제를 해결하는 과정에서 직접 적용하거나, 사회와 일상생활에 필요한 도구·제품·물질·방법·절차를 연구·개발하기 위해 이용된다. 응용과학자는 기초과학 분야 연구에서 밝혀진 항체 분자의 아미노산 서열을 이용하여 여러 가지 질병에 대한 항체를 추출하여 분류할 수 있다.

(3) 기술

기술(技術)은 기예 또는 기교로서 자연을 개발하고 정복하는 수단이다. 이런 의미의 기술은 과학보다 먼저, 즉 인류가 출현할 때 생겨났다(Chiappetta & Koballa, 2015). 수도 펌프가 보여주듯이, 기술은 중세기까지 과학과 관련이 없이 독자적으로 발전해 왔으며, 중세 이후부터는 과학과 상보적 관계를 맺음으로써 더욱 상승적으로 발전해 왔다(Kitchener, 1999; Richards, 1987). 전자 제품, 화학 약품은 모두 기술의 산물이다.

과학기술은 전문적인 기능(skill) 또는 기량(technique)에 응용과학 지식과 절차적 지식을 이용하여 새로운 물질·기계·도구·방법을 창출해내는 분야이다. 과학기술의 예로 특정 질병과 항체의 관계에 관한 지식을 미생물에 적용하여 그 질병에 대한 항체를 다량으로 합성하는 기능과 기량을 들 수 있다. 과학기술 분야에서는 이외에 응용과학 지식, 전문적 기술 또는 기량을 이용하여 인공적인 물질이나 도구를 만들어내기도 한다.

'technology'를 우리말로 해석한 과학기술은 순수과학과 응용과학에 전문적 기량/기술이 통합된 복합적인 학문 분야이다. 그러므로 오늘날의 첨단 분야 과학 및 과학기술과 관련이 있는 산물은 순수과학, 응용과학, 과학기술 가운데 어떤 분야의 산물인지 말하기 어렵다. 고속전철의 경우, 전기학·역학·공학 및 그와 관련된 전문적 기술이 통합되어 있다. 복제 생물도 유전학·발생학·유전공학이 통합된 과학기술의 산물이다.

2. 과학지식

과학지식은 인식론자에 따라 여러 가지 의미로 정의된다. 과학지식은 또 연구자나 저자에 따라 다양하게 분류된다. 이 절에서는 과학지식의 정의, 출처와 기원, 구성요소와 그에 관한 교수·학습 방법을 알아본다.

1) 과학지식의 의미와 출처

과학지식은 과학의 본성의 핵심적 구성요소이다. 한 국어사전(이희승, 1994)에서는 자연과학을 체계적인 과학지식으로 규정한다. 한편 국내외의 과학교육학에서는 과학지식이 〈표 2-4〉에 제시된 것과 같은 주제를 중심으로 논의되고 있다.

〈표 2-4〉 과학지식에 대한 논의의 주제

과학지식의 정의	사전적 정의: 인식에 의하여 얻어지고 객관적으로 확증된 성과 실증주의 정의: 정당화된 참된 신념 구성주의: 사회적 합의 과정을 통해 구성된 설명 체계
과학지식의 출처 또는 형성되는 방법	전통적 인식론: 관찰, 측정, 실험, 지각, 내성, 자각, 느낌, 기억, 연구, 추리, 권위, 계시, 직관 현대의 인식론: 전통적 인식론에서 말하는 출처 및 방법 이외에, 자연·문화·사회·인간 사이의 상호작용; 사회적 협의와 토론을 통한 합의
과학지식의 구성요소	사실, 개념, 법칙, 원리, 이론, 가설
과학지식의 변화 모형	누가적 모형, 진화적 모형, 격변적 모형, 점진적 모형

제1장에서는 〈표 2-4〉에 제시된 내용의 과학철학적 배경을 기술하였다. 바로 앞 절에서는 과학의 발달과 종류에 관해 기술하였다. 이런 과학지식의 교수・학습 방법과 전략은 과학지식의 의미와 본성에 대한 견해에 따라 달라진다.

(1) 과학지식의 정의

지식을 나타내는 'knowledge'는 '알다.'를 나타내는 'to know'의 명사형이다. '알다.'는 모르는 것을 깨닫는 행위이며, 지식은 그렇게 알게 된 내용이다. 지식은 인식에 의하여 얻어지는, 그리고 객관적으로 검증된 성과로서 넓은 뜻으로는 사물에 관한 개개의 단편적인 사실적・경험적 인식을 나타내고, 좁고 엄격한 뜻으로는 원리적이고 통일적으로 조직되어 있어서 객관적 타당성을 요구하는 판단의 체계를 지칭한다(이희승, 1994). 지식은 이외에 정보와 기술로 이루어진 복잡한 체계로 정의되기도 한다.

명제적 지식의 필요충분조건은 신념・진리・증거이다. 신념의 조건에 따르면, 어떤 것을 알기 위해서는 그것을 믿어야 한다(Hospers, 1997; Moser & Nat, 1987). 진리가 아닌 것을 믿을 수도 있기 때문에, 믿음이 앎에 충분하지는 않지만 믿지 않고서는 안다고 말할 수 없다. 믿는다는 것은 정도의 문제이다. 누구나 믿되, 강하게 또는 약하게 믿을 수도 있다. 따라서, 신념의 조건은 앎의 주관적 조건으로 받아들여지기도 한다.

진리의 조건은 객관적 조건이다. '안다.'라고 말하는 것은 진리이어야 한다. 진술에 담겨진 명제(proposition)의 의미를 '안다.'라고 하는 말은 그 명제가 진리임을 안다는 뜻을 나타낸다. 진리가 아닌 명제는 믿을 수는 있으나, 그것을 안다고 말할 수는 없다. 진리가 아닌 명제는 기껏해야 아는지에 관해 생각할 수 있을 뿐이다. 진리의 준거(truth criteria) 또는 그 정의의 접근법으로 일치・정합・실용・확증・입증・반증, 그리고 사회적 합의가 제시되었다(Honer et al., 2006; Hospers, 1997; Moser & Nat, 1987).

증거의 조건은 앎에는 증거가 있어야 한다는 규정이며, 이런 규정 때문에 정당화 조건으로 일컬어지기도 한다. 정당화 조건으로 불리는 이유는 진리로 입증된 명제만을 안다고 말할 수 있기 때문이기도 하다. 아무리 확고하게 입증된 명제라도 허위임을 보여주는 증거가 제시되면, 그 명제를 더 이상 안다고 말할 수 없다.

지식의 조건으로서의 신념・진리・증거는 이처럼 긴밀한 관계를 맺고 있다. 신념은 참이거나 허위일 수 있지만, 지식은 그 정의에 의해 반드시 진리이어야 한다. 만약 어떤 명제가 반증될 수 있다면, 그것을 지식이라고 말할 수 없다. 허위의 명제를 '안다.'고 말하는 것은 논리적으로 옳지 않기 때문이다. 예를 들면, '태양과 모든 행성들이 지구를 중심으로 공전한다는 사실을 알았다.'는 논리적으로 옳지 않은 명제이다.

전통적 인식론에서는 지식의 세 가지 조건들을 모두 만족시키는 명제를 '정당화된 참된 신념(justified true belief)'으로 정의한다(Moser & Nat, 1987). 이 정의에 따르면, 과학지식은 그것을 구성하는 명제를 진리로 믿고, 확실한 근거를 바탕으로, 그리고 다양한 방법을 통해 정당화된 것이다. 그러나 과학적으로 정당화되지 않은 명제가 과학지식으로 믿어지기도 한다. 특히 어린 아동들이 일상적 생활 경험을 통해서 직관적으로 획득한 오인은 과학적 증거에 바탕을 두지 않은 것이기 때문에, 과학지식으로 볼 수 없다.

전통적 인식론에서는 과학지식을 신념·진리·증거로 정의하지만, 구성주의 심리학에서는 과학지식을 이와 다른 의미로 정의한다. 구성주의에 따르면, 과학지식은 감각적 지각이나 의사소통을 통해 수용된 자료가 아니라 능동적으로 구성된 의미로서, 자연을 그대로 나타내지는 않는다(Steffe & Gale, 1995). 과학지식은 사회적 합의 또는 협상(negotiation) 과정을 통해 구성한 설명체계로서(Riggs, 1992), 불변의 진리가 아니며, 새로운 증거가 제시되면 즉시로 바뀌거나 교환될 수 있는 임시적 특성을 지닌다.

(2) 관찰의 이론의존성과 과학지식의 가변성

관찰은 관찰자가 갖고 있는 이론에 의존하는 특성(theory-ladenness)이 있다(Chalmers, 1999; Hanson, 1971; Riggs, 1992). 관찰자는 동일한 현상이나 사물을 볼지라도 그가 가지고 있는 이론에 따라, 또는 각자의 지식·신념·기대감·가치관에 따라 결과를 다른 말로 진술한다. 관찰이 지니는 이런 이론의존적 특성에 비추어 보면, 과학적 사실은 물론이고 그것을 바탕으로 이루어진 과학지식을 절대적인 진리로 보기는 어렵다. [그림 2-3]을 관찰해 보면, 객관적이고 절대적인 자료를 얻을 수 없는 이유를 잘 알 수 있다.

(가) (나)

[그림 2-3] 동일한 것이지만 다르게 보이는 사진

[그림 2-3]의 (가) 사진과 (나) 사진이 어떻게 다른가? 두 사진은 같은 것이며, (가) 사진은 (나) 사진을 거꾸로 놓은 것이다. 우리는 태양에 의한 그림자가 아래에 생긴다는 상식을 통해서 사진을 보기 때문에, (가) 사진에서는 시멘트가 들어가고 벽돌이 나온 것처럼 보인다. 학생들에게 현미경으로 양파 세포를 관찰하게 하고 본 그대로 그리라고 했을 때, 그들이 본 그대로 그리는 것이 아니라 교과서에 있는 것과 비슷하게 그리거나, 또는 공부한 대로 도형화하는 것도 이와 유사한 이유에서이다.

과학 개념과 이론의 잠정적·가설적 특성(Wellington & Ireson, 2008)은 과학적 사실과 관찰이 관찰자의 기대감, 이론, 선행개념, 문화적 가치, 사회적 관례에 의존하는 특성에서 비롯한다. '소'라는 개념은 모든 소에 공통적으로 나타나는 특성, 즉 준거속성을 나타내는 기호일 뿐이지 소의 실체는 아니다. 또한 보어가 제시한 원자 모형은 원자의 구조와 특성을 설명하기 위해 구성한 모형일 뿐이지 원자의 본체가 아니다. 아인슈타인(Albert Einstein, 1879~1955)의 상대성 이론도 과학적 이론이 관찰 사실을 설명하기 위해 구성한 추상적이고 정신적인 속성일 뿐임을 잘 보여 준다.

관찰 자료에 바탕을 둔 과학지식은 새로운 증거가 나타나는 즉시 새로운 내용과 체제로 바뀐다. 궁극적 물질 개념은 고대 그리스 시대의 4원소설, 톰슨·돌턴·러더퍼드·보어의 원자설, 소립자론을 통하여 발달해 왔다. 역학 개념도 아리스토텔레스의 운동관, 필로포누스(Philoponus, c. 490~570) 등의 기동력설(theory of impetus), 갈릴레오의 관성의 법칙, 뉴턴의 고전 역학, 아인슈타인의 상대성 이론을 거쳐 발달해 왔다. 그러나 원리와 같이, 관찰에 직접 바탕을 두지 않은 지식은 이와 같은 절차에 따라 발달하지 않는다.

(3) 과학지식의 출처

과학지식이 생겨나는 출처, 또는 그 기원(origin)도 다양하게 제시되었다. 경험론은 과학지식의 출처로 관찰·측정·실험·지각·내성·자각의 경험과 느낌·기억·증언·신념·직관·권위·추리·전통·실천·계시·성경을(Chisholm, 1977; Hospers, 1997; Kitchener, 1999), 합리론은 논리적 추리와 이성을, 반증주의는 상상력과 직관적 추리를, 그리고 사회학자 및 현대의 과학철학자들은 토론과 협상을 통한 사회적 합의 과정을 제시한다. 한편 이런 과학지식과 구분되는 종교적 지식은 계시를 매개로 갖게 되는 신념 그 자체이다.

인식론에서는 경험을 통해 형성된 지식을 경험지식으로 부른다. 경험지식은 보기·듣기·느끼기·맛보기·냄새맡기의 오감을 통해 형성된 주변의 세계에 대한 관념으로서 구체적 개념으로 구성된다. 경험지식은 관찰·측정·실험을 통해서 발견된 사실적 진술들로 구성된 사실적 지식이 대부분이다. 경험지식은 이와 같은 갖가지 경험을 통해 얻어지기 때문에, 그 타당성도 적절한 경험을 통한 검증의 결과에 따라 판단할 수 있다.

추리에 근원이 있는 과학지식의 예로 관찰·측정·실험을 통해 얻어진 자료에서 도출한 일반화, 연역적 추리를 통한 예상과 검증으로 진리가 확인된 새로운 사실, 가설-연역적 방법을 통해 검증된 가설, 수학적으로 증명된 명제를 들 수 있다. 논리적·수학적 사고를 통해 형성된 지식은 이성적 지식으로 일컬어지기도 하며, 보편성과 타당성을 지닌다. 이성적 지식은 논리적·수학적 관계와 의미를 다룸으로써 실제 상황과의 관계가 느슨하기 때문에, 논리적·수학적 사고 능력 수준이 낮은 저학년 학생들에게는 한정된 가치를 지닌다. 형식논리적 추리와 순수수학적 사고, 또는 이성적 사유 과정을 통해서 얻어지는(Kneller, 1971) 과학지식은 논증, 또는 그와 아울러 경험적 증명을 통해서 검증된다.

직관(intuition)은 무의식적 상황에서 갑작스럽게 떠오르는 통찰이다(Lacey, 1996). 직관은 지각과 대상 사이의 관계에 대한 직접적 인식이라고 말할 수도 있다. 직관은 케쿨레(Ausgust Kekule, 1829~1896)가 벽난로 앞에서 조는 동안 뱀들이 서로 꼬리를 물고 춤추며 공중으로 올라가는 꿈속에서 고리모양의 벤젠구조를 착상한 것과 같이([그림 2-4]), 일정한 절차를 따르지 않고 논리적 추리와 확고한 증거에 의거하지 않는 직접적인 이해나 선험적 인지를 의미하며, 창의성의 원천이 된다.

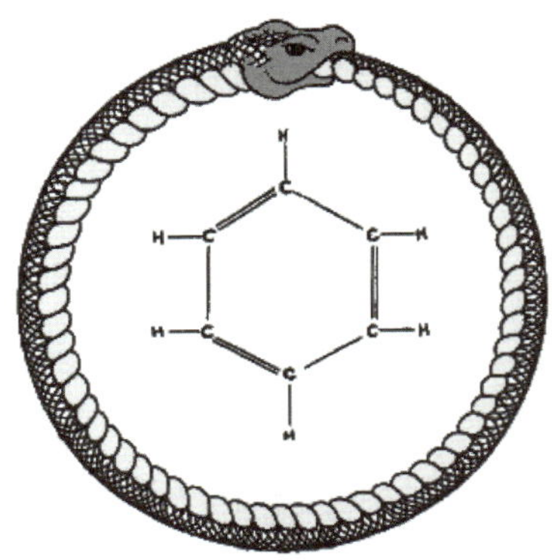

[그림 2-4] 벤젠고리

계시(revelation)는 절대자가 인간에게 주는 교시인데, 그런 절대자의 교시를 계시지식이라 한다. 성경에 쓰여 있는 말이 계시지식이다. 계시지식은 그것을 받아들인 자에게는 절대적 가치를 지니고 있어서 영원히 변하지 않는 절대적 진리로 인정된다(Kneller, 1971). 한편 성경의 말 자체는 초자연적이고 절대적이지만, 그것을 표현하는 말은 그렇지 않다. 그러므로 계시지식은 그대로 받아들여지거나 그것을 표현하는 말의 진위만이 따져진다.

학생들에게 가장 현실적이고 실제적인 과학지식의 기원은 권위(authority)에 있다. 학생들은 교과서·교사·과학자의 권위를 믿고, 그에 따라 과학의 개념·법칙·이론을 이해하며 응용한다. 그들은 추리나 경험에 의거하지 않고, 단지 책을 읽거나 교사의 강의를 들어 그런 과학지식을 수용한다. 학생들은 그렇게 받아들인 과학지식의 타당성이나 진위를 검증할 필요성을 느끼지 않으며, 당연히 옳고 타당한 것으로 믿을 뿐이다.

현대의 과학철학에서는 과학지식의 출처를 자연이나 이성에만 두지 않고 자연과 인간 사이의 상호작용, 또는 인간과 인간 사이의 상호작용에도 둔다. 현대의 인식론에 따르면, 과학지식은 자연현상을 보고 그것을 기술하고 설명하거나 이해하기 위해서, 그리고 과학자들이 토론과 비판을 통해 구성한 인식의 체계이다. 그런 과정을 통해 구성된 과학지식의 가치는 자연에 대한 관찰이나 실험 또는 논리적 추리에 의해 검증되는 것이 아니라, 대개 자연현상을 설명하고 생활과 사회의 문제를 해결하는 정도에 따라 결정된다.

2) 과학지식의 종류

지식은 인식론자마다 고유한 준거를 적용하여, 다양하게 분류한다(Audi, 1999; Lacey, 1996). 〈표 2-5〉에 제시된 것과 같이, 칸트는 지식을 생성되는 기원에 따라 구분하고, 라일과 러셀은 생성되는 과정을 준거로 분류한다. 인지심리학에서는 지식을 생성되는 주체에 따라 나누기도 한다(Kitchener, 1999).

〈표 2-5〉 인식론자에 따른 과학지식의 분류

인식론자	분류 기준	지식의 종류
칸트(I. Kant, 1724~1804)	생성 기원	경험적 지식, 선험적 지식
라일(G. Ryle, 1900~1976)	생성 과정	명제적 지식, 절차적 지식
러셀(B. Russel, 1872~1970)	생성 과정	모든 지식: 진리에 관한 지식, 사물에 관한 지식 사물에 관한 지식: 감각적 지식, 서술적 지식

인식론자들은 선험적 지식의 존재를 부정하거나, 절차적 지식을 명제적 지식에 포함시키기도 한다(Moser & Nat, 1987). 경험론, 이성론, 실용론은 각각 비명제적 지식, 명제적 지식, 절차적 지식을 중요시한다(Kitchener, 1999). 과학교육학에서는 과학지식을 비명제적 지식, 명제적 지식, 절차적 지식으로 분류한다.

(1) 생성과정에 따른 과학지식의 종류

〈표 2-5〉에서 볼 수 있듯이, 러셀은 지식을 진리(truth) 또는 참명제(true proposition)에 관한 지식과 사물에 관한 지식으로 나누고, 사물에 관한 지식을 감각적 지식(knowledge by acquaintance)과 서술적 지식(knowledge by description)으로 다시 나눈다(Audi, 1999; Moser & Nat, 1987). 진리에 관한 지식은 논리나 수학 지식과 같은 비물질적 대상에 관한

지식을, 사물에 관한 지식(knowledge of things)은 물질적 대상에 관한 지식을 말한다(서울대학교 교육연구소, 1994). 감각적 지식은 비명제적(non-propositional) 지식이며, 서술적 지식은 명제적(propositional) 지식이다(Moser & Nat, 1987).

비명제적 지식(knowing-what)은 감각기관을 이용한 직접적 인지(direct awareness), 즉 사물 · 현상 · 변화에 대한 직접적 경험을 통해 획득되며, 그래서 직접 지식으로 불리기도 한다. 이렇게 획득된 비명제적 지식은 비명제적 인식 또는 그런 자각으로서, 과학지식의 기초가 된다(Kitchener, 1999). 그러나 비명제적 지식은 대상에 관한 사실의 인식(Hospers, 1997) 또는 그에 관한 지식(knowledge about)과 다르며(Honer et al., 2006), 진리의 지식과도 무관하다(Moser & Nat, 1987). 태양을 관찰하여 기술한 자료 가운데 하나인 '태양의 오른쪽 위에 플레어가 있다.'를 비명제적 지식의 예로 볼 수 있는데, 플레어의 존재는 태양을 직접 관찰하지 않고 인터넷이나 백과사전을 통해서도 알 수 있으며 이 진술의 본질적 특성으로 진위가 중요하지 않다.

서술적 지식으로 불리기도 하는 명제적 지식(knowing-that/knowing-why)의 기본 단위는 서술된 명제이며(Hospers, 1997), 진리에 관한 지식이다(Wenham, 1995; Moser & Nat, 1987). 명제를 이용하여 자연현상을 기술하는 법칙이나 원리, 자연현상의 원인을 설명하는 과학적 이론은 모두 명제적 지식이다. 그래서 이론적 과학지식은 주로 명제적 지식으로 구성되어 있다. 명제적 지식의 예로 태양의 사진을 보고 진술한 '플레어는 태양의 표면에서 고온의 가스물질이 분출되는 것이다.'를 들 수 있다. 이 예와 같이, 개념이나 원리를 분명하게 진술하는 서술적 지식은 선언적 지식(declarative knowledge)으로 불리기도 한다(Carin, 1997). 이런 의미에서, '저 실험대 위 비커에 끓고 있는 물의 온도는 99℃이다.'는 사실적 진술로서 명제적 지식에 포함시킬 수 있다(Kitchener, 1999).

〈표 2-5〉에는 제시되어 있지 않지만, 지식은 개념적 지식과 절차적 지식으로 구분되기도 한다. 개념적 지식은 선언적 지식으로 일컬어지기도 하는 단편적 정보와 그 정보들 사이의 관계를 말한다. 개념적 지식의 학습에는 정보들 사이의 관계에 관한 이해와 관련되어 있기 때문에, 절차적 지식보다 더 고차원적인 사고가 요구된다. 구성주의에 따르면, 개념적 과학지식은 사회적 활동이 활발하게 일어나는 과학 교수 · 학습 상황에서 가장 효과적으로 학습된다(Callahan, Clark, & Kellough, 2002).

절차적 지식(procedural knowledge/knowing-how)은 특정 행동의 방법과 과정, 기능과 능력에 관한 지식이다(Hospers, 1997). 태양의 관찰 방법과 절차에 관한 진술, '태양의 표면을 관찰하는 방법과 절차를 잘 알고, 그렇게 할 수 있다.'는 절차적 지식이다. 절차적 지식은 '컴퓨터를 이용해 논문을 작성할 줄 안다.'와 같이 흔히 '안다.'라는 능력을 나타내는 말과 용어를 사용하지만, '할 수 있다.' 또는 '할 줄 안다.'로 표현해도 그 의미가 크게 변하지는 않는다. 절차적 지식은 조사나 실험의 능력에 관한 지식이며, 기술에는 감각적 지식이나 서술적 지식보다 절차적 지식이 더 필요하다(Wenham, 1995).

(2) 출처에 따른 과학지식의 종류

〈표 2-5〉에서 보는 경험적 지식은 지각적 경험을 통해서 획득되기 때문에, 후험적 지식(a posteriori knowledge)으로 불리기도 한다. 물리적 사물에 관한 지식은 대부분 경험적 지식이며, 그런 지식을 이루는 진술의 참가치는 그 진술을 구성하는 용어들의 의미에 대한 분석을 통해서는 정당화할 수 없고, 경험을 통해서만 정당화할 수 있다. '달은 지구의 주위를 공전한다.'는 진술의 진위는 달・지구・공전의 의미에 대한 분석을 통해서는 결정할 수 없고, 관찰・측정・실험 등 지각적 경험을 통해서만 결정할 수 있다.

선험적 지식(a priori knowledge)은 순수이성, 또는 순수오성에 바탕을 두어 지각적 경험과는 독립적으로 형성되며, 그에 따라서 초월적 지식으로 일컬어지기도 한다. 논리적 참이나 수학적 진리에 관한 진술은 선험적 지식이다. 선험적 지식은 순수이성이나 순수오성을 통하여 형성되기 때문에, 그 진위도 그 순수이성이나 순수오성을 통해서만 정당화할 수 있다. 선험적 지식은 상・하・좌・우, 원인과 결과의 관계와 같이, 분석적 지식과 관련되어 있기 때문에 자연과는 관계 없는 순수한 사고과정을 통해 이해된다.

(3) 생성 주체에 따른 과학지식의 종류

인지심리학(cognitive psychology)에서는 지식을 정보와 기능으로 이루어진 복잡한 망(network)으로 보고, 그런 의미의 지식을 학습자의 마음에서 구성되지 않는 지식과 마음에서 구성되는 지식으로 나눈다(Carin, 1997). 학습자의 마음에서 구성되지 않는 지식은 사회독단적 지식(social arbitrary knowledge)으로서 사실・개념・원리를 선언하기 때문에, 선언적 지식으로 불리기도 한다. 사회독단적 지식은 교사 및 강의・시범실험・시청각기자재・교과서를 비롯한 외부의 권위와 수동적 수단을 통해서 학습자에게 전달된다.

마음에서 구성되는 지식은 다시 물리적 지식과 논리-수학적 지식으로 나뉜다. 물리적 지식은 관찰이나 경험을 통해서 구성되며, 논리-수학적 지식은 사물의 서열과 비교하는 과정을 통해서 구성된다. 물리적 지식과 논리-수학적 지식은 선언적 지식을 이용하여, 그리고 가설설정・결론도출・일반화와 같은 일정한 과정을 수행하여 획득되기 때문에, 절차적 지식으로 분류되기도 한다. 과학에서는 절차적 지식이 대부분 측정, 분류, 추리의 정신적 과정을 통해서 획득되며, 문제해결 · 추리 · 비판적 사고를 수행하는 과정에 이용된다.

3) 과학지식의 구성요소

과학의 핵심적 구성요소의 하나인 과학지식은 창의적 조사의 산물로서 과학교육의 목적과 내용, 과학 교수 · 학습의 주제와 방법을 결정하는 기준으로 이용된다. 과학 교육과정과 과학 교수 · 학습의 내용은 사실 · 개념 · 법칙 · 원리 · 이론 · 모형 · 가설로 선정 · 조직되어 있다. 학생들은 학습을 통해 정보를 처리하거나 축적하여, 또는 자연현상에 관한 개념을 형성하여 과학지식을 획득하는데, 학생들이 그렇게 획득하는 과학지식도 그러한 구성요소로 이루어져 있다(Chiappetta & Koballa, 2015; Martin et al., 2009; Wenham, 1995).

(1) 사실과 진리

과학적 사실(scientific fact)은 맹목적 사실과 제도적 사실로 구분된다. 맹목적 사실은 다시 진리(truth)에 관한 진술과 유일 사건(singular occurrence), 또는 특정 사물에 관한 단일 진술(simple statement)로 나뉜다. '흡연은 건강에 해롭다.'는 제도적 사실이고, '아인슈타인은 1905년에 상대성 이론을 발표했다.'는 진리에 관한 진술이며, '책상 위에 책이 한 권 있다.'는 유일 사건에 관한 단일 진술이고, '그 책은 90쪽짜리이다.'는 사물에 관한 단일 진술이다. 사실은 오관과 도구를 사용하여 지각한 것(Chiappetta & Koballa, 2015), 즉 관찰이나 측정 경험을 통해 수집된 정보(Martin et al., 2009)이다.

과학적 사실은 법칙과 달리 예상 기능이 없으며, 이론과 달리 현상의 원인을 설명하지도 못한다(Chiappetta & Koballa, 2015). 사실은 또한 관찰의 오류, 측정 도구의 한계, 관찰자가 이해하고 있는 이론에 의존하는 특성 때문에, 모두 절대적 진리로, 또는 실체를 나타내는 진술로 보기 어렵다. 사실에 바탕을 두어 확립된 개념 · 법칙 · 이론이 절대적 진리가 아니라 잠정적 · 가변적 특성을 지니는 이유도 사실이 지니는 이러한 특성 때문이다.

과학지식의 구성요소로서의 사실은 대부분 직접 관찰될 수 있고 관찰을 통해 언제라도 검증될 수 있는 특성을 지닌다(Chiappetta & Koballa, 2015). 그러므로 특히 단일 진술로서의 과학적 사실은 일치설 또는 대응설(correspondence theory)로 설명되는 논리실증주의의 확증법을 적용하면 그 진위를 쉽게 검증할 수 있다. 한편 진리에 관한 진술은 진실(reality)의 여부를 확인하면 된다. 그런데 논리적으로는 과학적 사실을 절대적으로 검증하기는 어렵다. 사건이나 사물에 관한 사실은 이론에 따라 진술되며, 두 번 다시 일어나지 않기 때문이다. 이를테면 아인슈타인은 두 번 다시, 그것도 같은 날 같은 시간에 태어나지 않으며, 화산도 동일한 시간에 두 번 다시 폭발하지 않는다.

과학적 사실은 사물의 상태(state)로 인식되거나(Chiappetta & Koballa, 2015), 진리 또는 사건(event)과 혼용되는 경우가 드물지 않다. 과학적 사실은 관찰과 측정뿐만 아니라 실험과 조사를 통해서도 얻어지는 자료와 정보에 대한 진술이지만(Hanson, 1971), 언제나 사물의 상태만을 진술하지는 않으며, 진실은 물론이고 절대적 진리도 아니다(Bunzl, 1997). 과학적 사실은 사건도 아니다. '소크라테스(Socrates)는 ○○월 ○○일에 죽었다.'는 사실이며, '크산티페(Xanthippe)가 과부가 되었다.'는 사건이다. 특히 단일 진술로서의 사실은 보통 여러 문장으로 표현되는 사건과 달리, 단지 한 문장으로 진술된다.

(2) 개념과 오인

개념(concept)은 물체, 성질, 현상, 사건에 관하여 여러 사람이 공통적으로 가지고 있는 생각이다(Trusted, 1987). 개념은 물체, 성질, 현상, 사건에 관한 추상적인 관념일 뿐이지 그것들 자체가 아니다(Carin, 1997). 개념은 반드시 명사형으로 표현되며, 적어도 세 가지 기능을 한다: 첫째, 물체, 성질, 현상, 사건을 표현하고, 경험한 내용을 이상화한다; 둘째, 관찰을 통해 수집한 과학적 사실과 그에 나타난 일련의 관계와 양상의 진술에 이용됨으로써 자연을 탐구하고 이해하는 수단이 된다; 셋째, 정보를 조직화하고 체계화함으로써 과학 지식이 형성되는 바탕이 된다.

과학적 개념은 추상적 개념과 구체적 개념으로, 또는 분류 개념, 비교 개념, 수량 개념으로 분류된다. 개념은 한 개 이상의 원소(member)로 구성되며, 몇 가지 실례를 제시할 수 있다. 여러 가지 개념이나 사실로 이루어져 있을지라도 요소나 실례가 하나인 개념은 개념이라기보다 정체 또는 본체(identity)라고 말한다. 세상에 하나밖에 없는 서울(Seoul), 실례가 없는 아인슈타인(Albert Einstein, 1879~1955)의 상대성 이론, 길이를 나타내는 인치(inch), ?·!와 같은 기호는 모두 본체이다(Markle & Tiemann, 1970).

개념은 명사로 표현되며 이름, 정의, 준거속성(criterial attribute), 가치, 실례와 비실례(non-example) 또는 반례(counter example)로 그 본성을 나타낸다(Chiappetta & Koballa, 2015). 준거속성은 한 범주로 분류된 모든 사물과 현상이 나타내는 공통적 특성으로서 한 실례로 제시된 개념에 준거속성이 하나라도 나타나지 않으면 비실례로 간주된다(Markle & Tiemann, 1970). 과학적 개념의 이름은 준거속성을 총칭하는 말로 붙여 나타낸다. 다음은 '원소' 개념의 본성을 나타내는 한 예시이다.

- **이름**: 원소
- **정의**: 모든 물질을 구성하는, 그리고 언제나 변하지 않는 기본 요소로, 화학적으로 성립과 구조가 가장 간단한 성분
- **준거속성**: 동일한 원소로 구성되어 있다, 화학적 방법으로 더 이상 분해되지 않는다, 기체·액체·고체에 있는 동일한 원자는 모두 중성을 나타낸다, ……
- **실례**: 수은, 염소, 유황, ……
- **비실례**: 설탕, 소금, ……

과학적 개념은 이와 같은 다섯 가지 구성요소들이 통합되어 체계화되고, 그에 관한 종합적인 의미가 형성되는 과정을 통해 획득된다. 과학적 개념은 또한 과학적 사실을 일반화하여 형성한 추상적 단일 관념(single idea)으로서 사실 몇 개가 연결되어 더욱 복잡한 관념이 되거나(Martin et al., 2009) 특정한 범주(category)를 이룬다(Chiappetta & Koballa, 2015). 그러므로 과학적 개념의 형성과 획득에는 개념을 구성하는 관념들 사이의 관계 및 그에 나타나는 규칙성에 관한 이해, 새로운 개념의 준거속성을 형성하거나 획득하는 방법 및 과정의 이해, 미성숙한 개념의 분화, 과학적 개념과 상충되는 오개념 또는 선행개념의 교환에 목적을 둔 교수·학습 방법이 효과적이다. 개념의 교수·학습은 또한 실례나 사례 및 비실례를 많이 제시할수록 효과적이다.

과학교육 현장에서는 개념을 관념(idea), 개인개념(conception), 구인(construct)과 자주 혼동한다. 관념은 개념, 개인개념, 구인을 총칭하는 단어이다. 공공적 의미를 지닌 개념과 달리, 개인개념은 개인에 고유한 주관적 의미가 내포된 개인적 생각(notion)으로서 오개념 또는 오인(misconception), 대체적 개념틀, 아동의 생각, 직관적 관념, 선행개념 등으로 일컬어지기도 한다. 구인은 관찰할 수 없고, 논리적 추리나 수학적 계산으로 알아내며, 논문에서 조작적으로 정의하는 개념이다. 속도는 관찰할 수 있는 개념이지만, 순간속도는 미적분을 통해 알아낼 수 있는 구인이다.

(3) 법칙과 원리

과학적 법칙은 개념들 사이의 관계를 진술한 복합 진술(complex statement)로서 일반적 개념으로 분류되기도 한다. '온도가 올라가면 풍선의 부피가 늘어난다.'는 온도·풍선·부피의 세 개념이 연결된 법칙이다. 과학적 법칙은 자연현상의 규칙성(regularity)을 기술하는 일반화된 진술을 말한다. 과학적 법칙은 과학적 개념과 사실들로 이루어져 있어서 과학

적 개념이나 사실보다 더 포괄적이고, 그것들을 초월하는 특성이 있다. 법칙은 또한 법칙 구성의 바탕이 된 사실과 더 하위적인 법칙을 설명하고, 새로운 사실을 예상하는 배경이 되며, 과학적 이론의 구성에 필요한 자료가 된다(Chiappetta & Koballa, 2015).

법칙은 귀납적 일반화, 또는 귀추법(abduction)을 통해서 형성되며(McComas, 2000), 관찰된 현상들 사이의 관계를 표현한다(Lederman, 2007). 법칙은 어떤 가정이나 가설에 바탕을 두지 않고 관찰 자료에서 도출한 일반화 또는 양상(pattern)(Colburn, 2003)을 진술하는데, 그런 법칙은 보편법칙(universal law)이다. 또한 어떤 법칙은 자연현상들 사이의 관계를 개연적으로 나타내는데, 그런 과학적 법칙은 통계법칙(statistical law)이다. 보편법칙이 장소와 시간적으로 예외가 없는 규칙성과 양상을 기술함에 비해, 통계법칙은 규칙성과 양상이 나타나는 비율을 나타낸다. 예컨대 '무게가 다른 두 물체를 떨어뜨리면 두 물체는 무게에 상관없이 동시에 떨어진다.'는 보편법칙이며, '이 음식을 먹은 사람 가운데 5% 정도는 식중독에 걸린다.'는 통계법칙이다. 자연법칙은 흔히 일반성(generality)·보편성(universality)·정합성(coherence)의 세 조건을 모두 만족시키는, 그리고 결정법칙으로 일컬어지기도 하는 보편법칙만을 가리킨다. 과학적 법칙의 진위는 관찰과 측정을 통해서, 그리고 그렇게 얻어진 과학적 사실을 근거로 검증된다(Chiappetta & Koballa, 2015).

법칙은 원리(principle)와 자주 혼용되지만, 그것들은 서로 분명하게 구분된다. 법칙은 사실에 나타난 규칙성을 일반화 한 진술이지만, 원리는 사실과 직접적 관련이 없는, 그러나 관찰된 현상과 법칙을 지배하는 절대적 진리이다. 원리는 이러한 특성 때문에, 자연에 존재하는 자연법칙으로 잘못 인식되기도 한다. 법칙은 경험적이지만, 원리는 분석적이다. 법칙은 새로운 증거에 의해 기각될 수 있으나 원리는 어느 경우에도 기각되거나 부정되지 않는다. '물체의 무게를 물에서 재면 덜 나간다.'는 법칙이지만, '물에 잠긴 물체는 잠긴 부피와 같은 부피의 물의 무게만큼 가벼워진다.'는 '아르키메데스의 원리'는 원리이다.

(4) 이론과 모형

과학적 이론은 과학적 사실·개념·법칙을 이용하여 자연현상의 원인과 사물의 본성을 설명한다. 과학적 이론은 자연현상과 자연에 존재하는 사물에 관한 가정적이고 추상적인 속성에 관한 표현으로서 사실·개념·법칙도 설명하며, 새로운 자연현상이나 사실과 법칙을 예측하는 준거가 된다(Chiappetta & Koballa, 2015). 과학적 이론으로서의 코페르니쿠스의 지동설은 태양을 비롯한 행성들의 상대적 위치와 운동속도에 대한 가정을 제시하여 태양과 행성들의 운동과 상대적 위치를 설명하며 예상하는 근거를 제공하였다. 다음은 과학적 법칙의 원인을 제시하여 그 법칙을 설명하는 이론의 기능을 보여 준다.

- **과학적 이론이 설명할 법칙**: 일정한 온도에서 일정량의 기체가 차지하는 부피가 작아질수록 압력은 커진다.
- **과학적 법칙을 설명할 이론**: 기체는 자유롭게 운동하는 입자로 구성되어 있다. 일정량의 기체 입자가 들어 있는 용기의 부피가 작아질수록 기체 입자가 용기의 표면에 충돌하는 횟수가 많아지고 그리하여 압력이 커진다.

이론은 형성된 순간부터 계속 수정·보완되거나 기각되지만, 사실이나 법칙으로 구체화되지는 않는다(Chiappetta & Koballa, 2015). 이론은 그 적절성을 말할 수 있을 뿐, 그 진위를 따질 수는 없는 속성이다. 이론을 표현한 보어의 원자 모형을 원자가 아니니 '틀렸다.'고 말할 수는 없고, 원자의 본성을 설명하는 데 '적절하다.' 또는 '적절하지 않다.'와 같이 말할 수 있을 뿐이다. 좋은 과학적 이론은 정확성·일관성·범위·단순성·유용성의 다섯 가지 특성을 지닌다. 이 특성은 과학적 이론의 적절성을 판단하거나 경쟁 이론들을 비교하는 기준으로 이용되기도 한다(Kuhn, 1996).

- **정확성**: 이론에서 연역한 진술의 가치는 현재의 실험 및 관찰의 결과와 일치한다.
- **일관성**: 내적으로는 물론이고 다른 영역의 이론과도 일치한다.
- **범위**: 이론은 본래 설명하려는 관찰의 결과와 법칙을 초월하여 더 깊고 넓은 영역에 걸쳐 관찰된 결과와 법칙도 설명할 수 있다.
- **단순성**: 간단한 이론일수록 좋은 이론이다.
- **유용성**: 새로운 결과를 많이 이끌어낸다; 좋은 이론은 새로운 현상은 물론이고, 그 현상들 사이의 새로운 관계도 제시할 수 있는 바탕이 된다.

과학적 이론은 감각적으로는 지각할 수 없는 추상적인 속성이기 때문에, 구체적인 사물이나 현상으로는 보여줄 수 없고 직접적 관계가 있는 가시적 용어로도 나타낼 수 없다. 과학적 이론은 단지 모형(model)과 비유(analogy)를 이용해 표현할 수밖에 없다(Chiappetta & Koballa, 2015). 그러나 학생들은 그런 모형이나 비유를 쉽게 실체로 이해한다.

모형은 잘 알려져 있고 친숙한 사물·기제(機制)·과정에 관한 표현을 가리켜 말한다. 〈표 2-6〉에 나타나 있듯이, 모형을 이용하면 새롭고 아직 알려져 있지 않으며 복잡한 이론의 속성을 비교적 친밀하고, 단순하게 기술할 수 있다(Giere, 1997). 그러나 모형은, 현상이 일어난 원인을 설명하는 이론과 달리, 현상이 일어나는 과정과 방법만을 기술하는 한계가 내재되어 있다(Bentley, Ebert, & Ebert, 2000).

〈표 2-6〉 모형의 종류와 실례

모형의 종류	특징	실례
척도(scale) 모형	모양과 구조는 같고 크기만 다르다.	비행기, 자동차 모형
상사(analog) 모형	서로 비슷한 모양을 나타낸다.	DNA 구조, 원자 모형
이론(theoretical) 모형	과학자의 머리에 있는 구조나 추상적 진술이다.	DNA나 원자의 서술

〈표 2-6〉을 보아도 알 수 있듯이, 모형은 모두 자연현상과 사물의 실체가 아니기 때문에(Hanson, 1971), 모형으로 표현한 이론과 개념의 본성 및 그 의미를 오도(誤導)할 수 있으며, 그 이론과 개념에 관한 오개념의 출처가 되기도 한다. 학생들은 러더퍼드가 제시한 원자의 모형을 실제의 원자로 생각할 수 있으며, 수도관을 통해 아래로 흐르는 물을 빌어 표현한 전류·저항·전압의 개념을 각각의 실체로 잘못 받아들일 수도 있다. 그러므로 과학적 개념과 이론을 교수·학습할 때는 과학적 이론을 표현하는 모형이 실제로 지칭하는 본체를 분명하게 설명하고, 모형의 한계와 문제도 구체적으로 지적해 줄 필요가 있다.

(5) 가설과 검증

가설은 검증되지 않은 예상, 즉 잠정적 추측으로 정의된다. 가설은 진술의 진리를 검증하기 위해 도출한 가정적 진술(Salmon, 1995), 또는 연구문제에 대한 잠정적 답으로 규정되기도 한다(Chiappetta & Koballa, 2015). 연구문제 “물질의 농도가 높아질수록 어는점은 낮아질까?”에 대한 가설을 “물질의 농도가 높아질수록 어는점은 낮아질 것이다.”와 같이 진술할 수 있다. “왜 물질의 농도가 높으면 어는점이 낮을까?”는 검증 방법을 구체적으로 말해주지 않기 때문에 좋은 연구문제가 아니며, “물질의 농도가 높으면 물 분자들의 격자 배열이 방해를 받아 어는점이 그만큼 더 낮아질 것이다.”는 좋은 가설이 아니다.

과학지식의 구성요소로서의 가설은 이론과 법칙을 형성하는 바탕이 되며, 이론과 법칙을 검증하는 수단이 되기도 한다. [그림 2-5]에서도 볼 수 있듯이, 가설은 실험이나 조사를 통해 검증되면 설정된 목적에 따라 법칙이나 이론이 된다. 이때 법칙이 되는 가설은 일반화 가설로, 그리고 이론이 되는 가설은 설명 가설로 일컬어진다(McComas, 2000). 가설은 이외에 법칙이나 이론을 바탕으로 새로운 사실이나 앞으로 일어날 수 있는 현상을 예상하는 기능도 한다.

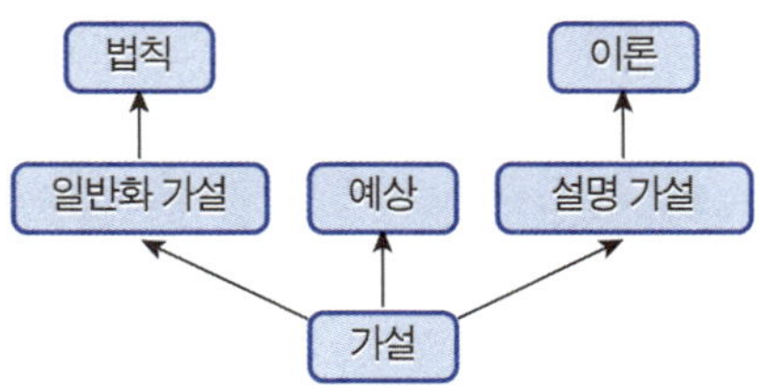

[그림 2-5] 가설의 종류

가설은 귀납적 가설과 연역적 가설(Carin, 1997), 대담한 가설(bold hypothesis)과 소심한 가설(cautious hypothesis), 또는 보조가설(auxiliary hypothesis)과 임시변통적 가설(ad hoc hypothesis)로 나뉜다(Popper, 1968). 귀납적 가설은 관찰 · 측정 · 실험의 자료에 바탕을 둔 진술이며, 연역적 가설은 검증하려는 법칙과 이론에서 도출한 진술이다. 귀납적 가설은 여러 번의 검증을 거쳐 지지되면 그 출처에 따라 법칙이나 이론이 되고, 연역적 가설은 검증의 결과에 따라 그것이 도출된 법칙과 이론을 지지하거나 기각하는 증거로 활용된다.

대담한 가설은 많은 내용이 포함되어 있어서 그만큼 일반성이 넓고 반증될 가능성이 높은 가설을, 세심한 가설은 상대적으로 적은 내용이 담겨져 있어서 일반성이 좁고 반증될 가능성도 낮은 가설을 지칭한다. '기체의 압력과 부피는 반비례한다.'는 가설이 '공기의 압력과 부피는 반비례한다.'는 가설보다 일반성이 더 넓고, 그만큼 반증될 가능성도 더 높다. 전자를 대담한 가설이라 하면, 후자는 소심한 가설이라 할 수 있다. 포퍼(Popper, 1968)는 대담한 가설일수록 과학적이고 좋은 가설이라고 말한다.

보조가설은 과학적 이론과 법칙의 검증 과정에 필요한 부가적 가정으로서 라카토스(Imre Lakatos, 1922~1974)가 제시한 연구프로그램의 보호대와 동일한 기능을 한다. 보조가설은 현미경을 이용한 세포의 관찰에서 '렌즈의 배율,' '렌즈의 해상도,' '염색약의 기능'과 같이, 가정된 이론적 배경이나 실험 · 관찰의 전제조건을 말한다. 갈릴레오가 금성의 위상 변화를 관찰하고 설명할 때 제시한 '금성이 지구와 태양 사이에 있다.'나 '금성을 관찰한 망원경은 믿을 만하다.'는 진술도 보조가설이다.

'아, 그 유전자는 현미경으로 관찰할 수 없을 정도로 작다.'와 같이, 임시변통적 가설은 관찰이나 실험을 통해서는 검증할 수 없는 가설이다. 임시변통적 가설이 더해진 이론이나 법칙은 그 반증이 불가능하다. 갈릴레오가 망원경을 이용해 발견한 울퉁불퉁한 달의 모습을 근거로 아리스토텔레스의 우주관을 부정했을 때, 아리스토텔레스의 우주관을 지지했던 자연철학자들은 눈에 보이지 않는 에테르(ether)가 달을 둘러싸고 있기 때문에 달이 완전한 구를 이룬다고 강변하였다. 이와 같이, 임시변통적 가설은 검증하려는 이론이나 법칙에 덧씌워짐으로써 그 이론과 법칙의 반증을 불가능하게 하는 역할을 한다.

(6) 사실 · 개념 · 법칙 · 이론 · 가설의 관계

실증주의가 규정한 과학지식은 사실 · 개념 · 법칙 · 원리 · 이론 · 가설로 조직된 논리적 체계이다. 과학지식의 이 구성요소들은 그 출처와 특성이 다르지만, 서로 긴밀한 관계를 맺고 있다. 그러나 과학지식과 그 구성요소들의 특성과 관계는 제1장에서 기술한 바와 같이, 과학철학적 신조에 따라 서로 다른 의미로 해석된다. [그림 2-6]에는 실증주의 관점에 따라 말할 수 있는 멘델의 법칙에 관한 과학지식의 구성요소들이 예시되어 있다.

사실: 완두의 둥근 씨가 5474개이고, 주름진 씨가 1850개이다.
개념: 완두, 둥근 씨, 주름진 씨, 우성, 열성, 유전인자 등 명사
법칙: 매년 추수할 때마다 둥근 씨와 주름진 씨가 대략 3 : 1의 비로 나타났다.

꽃가루알세포	R	r
R	1830	1820
r	1824	1850

원리: 열성 형질은 대립인자 둘 다 열성일 때, 우성은 두 대립인자 가운데 최소한 한 개일 때 표현된다.
이론: 한 형질에 대하여 한 쌍의 유전자가 있으며, 생식 과정에서 복제된 다음 분리되어 각 배우자에 한 개씩 들어가고, 자손에서 다시 쌍을 이룬다.
가설: F_1을 자가수분시키면, F_2에서 황색 씨와 녹색 씨가 3 : 1의 비로 나타날 것이다.

[그림 2-6] 실증주의 견해에 따른 과학지식의 구성요소와 실례

[그림 2-6]에서 알 수 있듯이, 과학적 사실은 과학적 개념·법칙·이론이 형성되는 바탕이 된다. 과학적 사실은 몇 개의 개념들로 기술되며, 그렇게 진술된 과학적 사실이 가리키는 대상은 과학적 개념일 수 있다. [그림 2-6]의 과학적 사실은 완두·씨·주름 등 두 개 이상의 개념으로 표현되어 있으며, 우성 대 열성의 비라는 개념이 함의되어 있다.

과학적 사실은 일반화 과정을 통하여 과학적 법칙을 도출하는 바탕이 되지만, 법칙은 사실을 기술하거나 설명한다. 이런 관계 때문에, 과학적 법칙은 때때로 과학적 사실로 잘못 받아들여지기도 한다. 법칙은 관찰 사실을 연역하는 바탕이 되거나 관찰하고 있는 현상에 나타나는 규칙성 또는 양상을 기술하기도 한다. 또한 법칙은 이미 나타났지만 아직까지 관찰되지 않았거나 미래에 관찰될 사실들을 예상하는 근거 자료를 제공한다.

과학적 사실은 과학적 이론의 구성요소가 되며, 이론은 관찰 사실이 관찰한 그대로 나타나는 원인을 설명한다. 사실과 이론은 그 대상을 관찰할 수 있는 가능성에 따라서도 구분된다. 사실이 관찰될 수 있는 사물과 현상을 그대로 서술하는 단일 진술임에 비하여, 이론은 전자·쿼크·힘·에너지·유전자와 같은 추상적인 속성으로서 모형이나 은유 또는 직유와 같은 비유를 이용하여 기술된다.

과학적 이론은 법칙의 원인을 제시하여 그 법칙을 설명한다. 법칙은 관찰한 현상에 나타나는 규칙성과 현상들 사이의 관계를 일반화하여 진술함에 비해, 이론은 관찰할 수 없는 속성을 설명한다. 보일의 법칙, 샤를의 법칙, 게이뤼삭의 법칙, 이상기체의 법칙은 모두 일반화로서 법칙이며, 이 네 가지 일반화를 설명하는 분자운동론은 이론이다(Colburn, 2003). 여러 번 관찰하여 얻은 자료를 일반화한, '주사기 안의 기체의 압력은 같은 온도에

서 부피에 반비례한다.'는 법칙이며, '주사기 안의 기체를 구성하는 입자는 스스로 운동하며, 부피가 작아질수록 그 입자들이 주사기의 벽에 부딪히는 확률이 높아진다.'는 이론이다. 법칙과 이론은 다음과 같이 검증 방법, 진술 내용, 설명의 범위(Bentley et al., 2000)와 변화의 가능성(Wellington & Ireson, 2008)에 따라서도 구분된다.

- 관찰·측정할 수 있을 만큼 구체적으로 진술된 법칙은 관찰을 통해서 직접 검증될 수 있지만, 이론은 이론에서 도출한 가설의 검증을 통한 간접적 방법으로 검증된다.
- 법칙은 예외가 없는 규칙성에 관한 진술이지만, 이론은 여러 사실과 법칙을 설명하는 진술을 포괄하는 복합 진술이다.
- 법칙은 현상을 기술하지만, 이론은 현상의 원인을 설명한다.
- 법칙과 그 법칙의 바탕이 된 사실은 변하지 않지만, 그 법칙을 구성하는 개념과 그 법칙을 설명하는 이론은 시간이 지남에 따라 변한다.

이론은 가설을 설정하는 준거가 되며, 가설은 이론을 검증하는 수단이다. 가설은 반드시 관찰이 가능한 명제로 진술되기 때문에 관찰에 의한 직접적인 검증이 가능하지만, 이론은 관찰할 수 없는 속성을 나타내기 때문에 가설의 검증을 통해 간접적으로 검증할 수밖에 없다. 가설과 이론은 둘 다 법칙을 설명하는 기능을 한다.

과학적 사실·개념·법칙·원리·이론·가설은 그 출처와 기능에 의해서도 서로 구분된다. 사실·법칙·원리는 자연에서 발견되는 반면에, 개념과 이론은 과학자에 의해 구성된다. 사실과 개념은 법칙의 구성요소이며, 법칙은 과학적 사실과 개념들 사이의 관계를 기술한다. 또한 과학적 사실·개념·법칙은 이론을 이루지만, 이론은 이런 요소들을 설명한다. 사실과 법칙은 자연현상·개념·이론을 기술하지만, 개념과 이론은 자연현상·법칙·사실을 설명한다.

4) 과학지식의 교수·학습

과학지식은 과학적 연구와 과학적 탐구의 대상이며, 과학교육의 목적일 뿐만 아니라, 각급 학교 과학 교수·학습의 주된 내용이기도 하다. 과학지식은 과학과 동일시할 정도로 과학의 본성을 이루는 요소들 가운데에서 가장 핵심적인 것이며, 가장 오랫동안 설정되어 온 과학교육의 목적이다. 중·고등학교 과학 교수·학습의 목표로 설정되거나 그 내용으로 선정·조직되는 과학지식은 과학적 사실·개념·법칙·이론·가설로 구분되며, 각 요소마다 고유한 교수·학습 방법이 적용된다.

(1) 사실 교수 · 학습

과학적 사실은 분류기준에 따라 다양한 유형으로 분류되며, 유형마다 적용할 교수 · 학습 방법이 다르다. 절대적 진리로서의 사실의 교수 · 학습에는 사실의 뜻을 이해시키거나 기계적으로 암기하게 하는 방법이 유용하며, 유일 사건 또는 단일 진술로서의 사실의 교수 · 학습에는 관찰 · 측정 · 실험으로 얻은 자료를 객관적으로 기술하게 하는 방법이 실용적이다. 다음은 두 가지 유형의 과학적 사실에 관한 교수 · 학습 방법의 예시이다.

〈절대적 진리로서의 사실의 교수 · 학습〉

- 다음과 같은 내용을 기억하게 한다.
  - 브라운은 1827년 물에 떠 있는 꽃가루가 움직이는 현상, 곧 브라운 운동을 관찰했다.
  - 빛의 삼원색은 빨강 · 파랑 · 초록이다.
- 평가할 때에는, "브라운은 몇 년도에 소위 브라운 운동을 관찰했는가"와 같이, 기억 내용을 정확하게 회상하도록 한다.

〈단일 진술로서의 사실의 교수 · 학습〉

- 책상 위에 놓여 있는 종이에 흑설탕을 뿌려놓은 것을 가리키며,
  - 앞 책상에 놓여 있는 물질을 5분 동안 관찰해 보아라.
  - 관찰한 결과를 5가지 정도 적어라.
  - 어떤 냄새가 나는가?
- 수돗물이 몇 ℃에서 끓는지 관찰해 보아라: 99.5℃에서 끓었다.

단일 진술로서의 사실의 교수 · 학습에서는 객관적으로 서술하게 하며, 추론이나 지식에 따른 기술이 아닌지 확인시켜 줄 필요가 있다. 책상 위에 올려져 있는 필통을 보고 진술한 '네모이다.'는 과학적 사실이고, 필통을 흔들어보고 진술한 '연필이 세 개 들어 있다.'는 추론이며, '알루미늄으로 되어 있다.'는 지식의 표현이다. 관찰과 측정에는 오차가 있기 때문에, 단일 진술로서의 과학적 사실은 절대적 진리가 아니라는 점도 강조한다. 한편 멘델이 태어난 해, 원소 기호와 같은 진리로서의 사실은 관찰과 관련되어 있지 않기 때문에, 정확히 외우게 하는 교수 · 학습 방법이 적절하다.

제도적 사실에는 가치 판단이 관련되어 있다. 학생들은 제도적 사실 그 자체보다는 제도적 사실의 배경과 원인에 더 많은 관심을 갖고 있으며, 그것을 이해해야 할 필요도 있다. 학생들에게는 '상한 음식을 먹으면 안 된다.'는 사실보다 음식을 상하게 하는 미생물과 음식물이 상하는 과정이 더 중요하다. 음식물이 상하는 과정을 이해한 학생들은 상한 음식을 먹지 않을 뿐만 아니라 상하지 않게 보관하는 방법도 강구하려 한다. 그러므로 제도적 사실에 관한 교수 · 학습은 그와 관련된 지식을 중심으로 이루어져야 한다.

(2) 개념 교수·학습

과학적 개념은 이름, 정의, 준거속성, 가치, 실례 및 비실례를 모두 나타내어 교수해야 효과적이다(Chiappetta & Koballa, 2015). 개념의 이름은 그것을 지칭하는 기호이며, 정의는 개념의 본질에 대한 진술이고, 준거속성은 그 개념에 속하는 여러 사건·사물·현상에 공통적으로 나타나는 특성이다. 실례는 개념의 정의와 준거속성에 부합되는 사례이며, 비실례는 개념의 모든 준거속성을 갖지 않는 사례이다.

과학적 개념은 개념형성·개념분화·개념교환의 세 가지 과정을 통해 학습된다. 학습자에게 새로운 개념은 몇몇 실례들에 공통적으로 나타나는 특성을 총칭하게 되는 귀납적 일반화 과정을 통해 형성된다(Ausubel, 2000). 다음은 귀납적 일반화 과정을 통해 새로운 개념이 형성되는 교수·학습 방법의 예시이다.

- 붕어·메기·피라미 등 학생들에게 친숙한 몇몇 물고기가 지니는 특징을 말하라. (학생들이 물고기의 특징을 나열한다.)
- 비둘기·참새·닭 등 주변에서 쉽게 볼 수 있는 몇몇 새에 나타나는 특성을 기술하라. (학생들이 새의 특성을 나열한다.)
- 개·고양이·소 등 몇몇 포유동물이 지니는 특성을 제시하라. (학생들이 포유동물의 특성을 나열한다.)
- 물고기·새·포유동물에 공통적으로 나타나는 특성이 있는지 확인해 보아라. 있다면, 그것이 무엇인가? (학생들이 조사한 동물에 등뼈가 있다고 발표하는 학생이 있으면)
- 등뼈를 가지고 있는 동물을 '등뼈동물' 또는 '척추동물'로 부른다는 것을 말해 준다.

개념형성 과정은 학생들에게 전혀 새로운 과학적 개념의 학습에는 필수적 수단이다. 개념형성 과정은 가네(Gagné, 1985)의 위계적 학습 이론, 특히 그가 제시한 개념 학습 방법과도 일치한다. 위계적 학습 이론은 '석회암·사암·역암의 특성에 비추어 각각 석회질·모래·자갈이 쌓여 형성된 퇴적암임을 알게 한다.'와 같이 단순하고 구체적인 개념을 학습하고 그에 바탕을 두어 더욱 복잡하고 포괄적인 개념을 나중에 학습하는 과정을 기술한다. 개념형성 과정에는 귀납적 교수·학습과 그에 바탕을 둔 발견학습이 효과적이다.

학생들이 지니고 있는 과학 개념은 대부분 과학교사나 과학자가 가지고 있는 개념에 비해 유치하고 단순하기 때문에, 개념분화 과정을 통해서 더욱 고차원적이고 복잡한 수준으로 발달할 여지가 있다. 개념분화 과정은 새로운 실례에 의해 그것에 포함되는 사례의 수가 늘어나거나 설명할 수 있는 범위가 넓어질 뿐 그 준거속성이 바뀌지 않는 파생적 포섭과 새로운 실례가 제시됨으로써 그 준거속성 또는 정의가 바뀌는 상관적 포섭으로 나뉜다. 다음은 이 두 가지 개념분화 과정에 따른 교수·학습의 예시이다.

가. 파생적 개념 발달 과정

〈원래의 개념〉

- 이름: 포유동물
- 정의: 새끼를 낳아서 젖을 먹여 기르는 가장 고등한 동물류
- 준거속성: 새끼를 낳아 번식한다, 새끼에게 젖을 먹여 기른다, 허파로 호흡한다, 척추가 있다, ……
- 실례: 개, 고양이, 다람쥐, ……
- 비실례: 개구리, 악어, 닭, ……

〈새로운 개념에 의해 더욱 분화된 개념〉

- 이름: 포유동물
- 정의: 새끼를 낳아서 젖을 먹여 기르는 가장 고등한 동물류
- 준거속성: 새끼를 낳아 번식한다, 새끼에게 젖을 먹여 기른다, 허파로 호흡한다, 척추가 있다, ……
- 실례: 개, 고양이, 다람쥐, **고래**, **물개**, ……
- 비실례: 개구리, 악어, 닭, ……

나. 상관적 개념발달과정

〈원래의 개념〉

- 명칭: 채소
- 정의: 밭에 가꾸어 뿌리 · 줄기 · 잎 · 꽃을 먹는 온갖 푸성귀
- 준거속성: 뿌리를 먹을 수 있다, 줄기를 먹을 수 있다, 잎을 먹을 수 있다, ……
- 실례: 무, 파, 배추, ……
- 비실례: 사과, 감, 취나물, ……

〈새로운 실례로 준거속성이 바뀐 개념〉

- 명칭: 채소
- 정의: 밭에 가꾸어 뿌리 · 줄기 · 잎 · 꽃 · **열매**를 먹는 온갖 푸성귀
- 준거속성: 뿌리를 먹을 수 있다, 줄기를 먹을 수 있다, 잎을 먹을 수 있다, **열매를 먹을 수 있다**, ……
- 실례: 무, 파, 배추, **토마토**, **오이**, ……
- 비실례: 사과, 감, 취나물, 잣, ……

이 예에서, '포유동물'의 새 실례로 고래와 물개가 제시되었지만, 준거속성은 바뀌지 않았다. 고래와 물개가 새로운 실례로 제시되어, 포유동물의 범위가 '뭍에서 사는 동물'에서 '뭍뿐만 아니라 바다에서도 사는 동물'로 확장되었을 뿐이다. 반면, '채소'의 의미는 더욱 넓어졌을 뿐만 아니라 '채소'의 정의와 그 준거속성도 바뀌었다. 이 예는 개념분화 과정에서는 비실례의 역할이 그다지 중요하지 않으며, 개념분화가 연역적 과정임을 보여주기도 한다.

학생들이 파지하고 있는 과학적 개념의 오인과 그것으로 이루어진 과학지식은 과학사회가 인정하는 과학적 개념, 또는 과학자가 가지고 있는 과학지식과 크게 다를 수 있다. 오개념으로 일컬어지기도 하는 오인을 과학자의 개념으로 대체시키기 위한 교수 · 학습에는 개념교환 과정이 적절하다. 다음 예가 보여주듯이, 개념교환 과정은 학생들에게 인지적 갈등

을 유발시킴으로써 시작된다.

교사: 여기 비커에 물이 있다. 이 물 안에 공간이 있을까?
학생: 당연히 공간이 없다고 생각합니다.
교사: 왜 그렇게 생각할 수 있지?
학생: 그 안에는 물로 가득 찼으니까요. 물에 들어가면 숨도 못 쉬잖아요.
교사: (비커 물에 잉크 몇 방울을 떨어뜨리며) 지금 잉크가 어떻게 되고 있지?
학생: 잉크가 아래로 번지고 있지요.
교사: 잉크가 물에 있는 공간을 헤집고 다닌다고 말할 수 있지 않을까?
학생: 아니요. 잉크가 물을 밀어내면서 앞으로 나아가고 있다고 생각하는데……
교사: (탁구공이 들어있는 상자를 보여주면서) 이 공들 사이에 빈 공간이 있을까?
학생: 네.
교사: (콩이 들어있는 비커를 보여주면서) 공 사이에 빈 공간이 있을까?
학생: 그럼요.
교사: (모래가 들어있는 비커를 보여주면서) 모래 알갱이 사이에 빈 공간이 있을까?
학생: 당연히 있지요.
교사: 물은 무엇으로 되어 있다고 공부했지?
학생: 분자요.
교사: 그러면, ……
학생: 아, 맞다! 물 분자 사이에도 빈 공간이 있겠다. 잉크 분자가 물 분자 사이를 지난다?!
교사: 그래. 잉크 분자가 물 분자 사이를 스스로 움직여 나가는 현상을 확산이라고 한단다.

개념형성은 발견학습이고, 개념분화는 하위적 학습이다. 학생들은 자신들의 개념이 틀렸거나 그것으로 문제가 잘 풀리지 않고, 교사의 개념이 옳거나 그것으로 문제가 잘 풀린다는 것을 인식해야 오개념을 버리고 교사의 개념을 받아들인다. 그러기 위해서는 교사의 개념으로는 자연현상이 잘 설명되고 이해되는 경험도 여러 번 겪어야 한다. 이런 과정이 필요하기 때문에, 오개념은 한두 시간의 수업을 통해 과학적 개념으로 교체되지 않는다.

(3) 법칙과 원리 교수 · 학습

과학적 법칙과 원리는 관찰 및 측정의 결과와 관련성에 따라 구분되며, 교수 · 학습 방법도 다르다. 다음 예가 보여주는 바와 같이, 법칙은 동일한 자연현상을 몇 번 관찰하고 관찰한 현상에 나타나는 규칙성을 기술하게 하는 절차에 따라 교수 · 학습하지만, 원리의 교수 · 학습은 그런 규칙성이 나타나는 원인을 말하게 하는 과정을 거친다. 다음 교수 · 학습 과정의 마지막 단계는, '부력의 원리'와 함께 과학적 이론도 교수 · 학습하는 단계이다.

- 여기에 있는 크기가 다른 몇 개의 마른 나무토막, 스티로폼(styrofoam), 돌(부석 제외), 쇠막대를 물의 위에 가만히 놓아보아라.
- 어떤 것이 뜨고, 어떤 것이 가라앉는가?
- 이와 같은 과정을 몇 번 되풀이한다.
- 이와 같이 수행하여 얻은 결과를 정리하고, 그에 바탕을 둔 결론을 진술하라.
- 어떤 물건은 물에 뜨고 어떤 것은 가라앉는데, 그 이유를 말하라.

과학적 법칙과 원리를 교수할 때는 법칙과 원리, 법칙과 사실, 원리와 이론 사이의 차이를 실례를 들어 비교할 필요가 있다. '나무토막은 물에 뜨고 돌은 가라앉는다.'는 법칙이며, '같은 부피의 물보다 가벼운 나무토막은 물에서 뜨고, 같은 부피의 물보다 더 무거운 돌은 가라앉는다.'는 원리이다. '세 번째 나무토막은 반쯤 물에 잠겼다.'는 사실이며, '물 분자 사이의 간격이 나무토막을 구성하는 분자들 사이의 간격보다 더 좁다.'는 이론이다.

(4) 이론 교수 · 학습

과학적 이론은 모형이나 비유를 사용하여 자연현상과 사물뿐만 아니라 과학적 사실과 법칙도 설명한다. 그러므로 과학적 이론의 교수 · 학습은 특정 현상에 대한 관찰 · 측정을 통하여 사실과 법칙을 진술한 다음, 그 현상 · 사실 · 법칙이 나타나게 된 원인을 모형과 비유로 설명하거나 기술하게 하는 절차에 따라 수행하면 효과적이다. 다음은 『2022 개정 과학과 교육과정』의 "중학교 1~3학년군"에 포함된 「물질의 상태 변화」 단원의 '입자의 운동'에 관한 교수 · 학습 과정의 한 예이다.

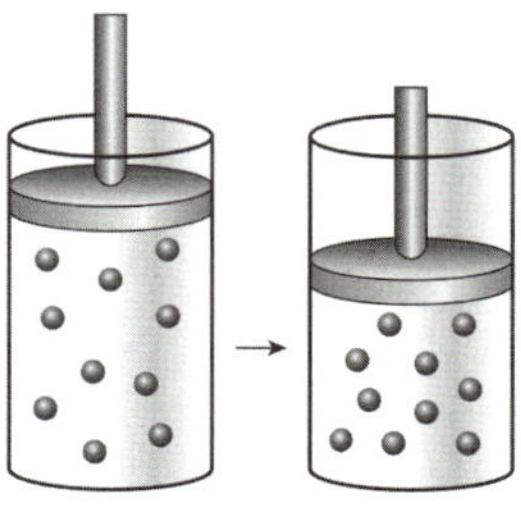

공기 입자의 배열을 모형으로 나타낸 옆의 그림을 참고하여, 다음과 같은 교수 · 학습 절차를 진행한다.

- 오른쪽 그림을 보고, 공기의 압력과 부피 사이의 관계를 말로 표현하라.
- '공기 분자는 온도가 일정하면 일정한 속도로 운동하며, 그 때문에 분자가 실린더의 벽에 부딪혀 압력을 가하게 된다. 부피가 줄면 공기 분자가 운동할 수 있는 거리가 짧아져 그만큼 더 자주 실린더 벽에 부딪히고, 그에 따라 압력이 증가한다.'는 이론을 진술하고 그 의미가 이해되는지, 그리고 그 의미가 이해된다면 이 이론이 앞 단계에서 말한 공기의 압력과 부피 사이의 관계를 잘 설명하는지 확인한다.

과학적 이론을 교수 · 학습할 때에는 과학적 이론과 과학적 사실 및 과학적 법칙의 차이를 보여주는 것이 좋다. 이론은 모형이나 비유로 표현한 과학지식의 구성요소로서 절대적 진리가 아니지만, 원리는 자연에 존재하는 절대적 진리로서 모형이나 비유가 아니라 직접 관련된 용어로 진술된다는 점도 강조할 필요가 있다. 또한 과학적 이론은 모형이나 비유를 통해 교수·학습하기 때문에, 학생들이 오인을 갖기 쉬운 점을 예시해주어야 한다.

(5) 가설 교수·학습

가설은 과학지식 구성요소로서의 가설과 과학적 연구 및 과학적 탐구 단계로서의 가설을 구분하여 교수·학습하는 것이 바람직하다. 과학지식 구성요소로서의 가설의 교수·학습 내용에는 가설의 의미와 기능, 과학적 가설과 임시변통적 가설, 대담한(일반성이 큰, 검증이 쉬운) 가설과 소심한(일반성이 작은, 검증하기 어려운) 가설을 예시하고, 각각의 실례를 들게 한다. 또한 검증을 거쳐 법칙이 되는 일반화 가설과 이론이 되는 설명 가설을 말해 준 다음, 상황을 제시하고 그 상황에 맞는 가설을 진술하게 한다. 한편 과학적 연구 및 과학적 탐구 단계로서의 가설은 좋거나 나쁜 가설을 예시하고 설명한다. 다음은 이 두 가지 유형의 가설에 관한 교수·학습 방법의 예시이다.

〈과학지식의 구성요소로서의 가설의 교수·학습 예〉

- 가설의 의미와 기능을 말하라.
- 가설을 분류하는 기준과 종류를 제시하고, '입자의 운동'과 관련된 유형별 가설을 예시하고, 각각의 가설을 비교하라.

〈과학적 연구 및 과학적 탐구의 단계로서의 가설의 교수·학습 예〉

- 가설의 의미와 기능을 말하라.
- '입자의 운동'에 대한 실험을 통해서 검증할 가설을 진술하라.

과학지식의 구성요소로서의 가설을 교수·학습하는 절차의 첫 번째 단계에서 가설은 관찰된 사실과 그 가설에 바탕을 두어 일반화한 법칙의 원인을 설명하기 위한 가정으로 정의하며, 그런 가설은 검증을 거쳐 과학적 법칙과 이론이 되는 과정을 보여 준다. 두 번째 단계에서는 가설을 검증 가능성에 따라 과학적 가설과 임시변통적 가설로, 일반성에 따라 대담한 가설과 소심한 가설로, 기원에 따라 일반화 가설과 설명 가설로 나누어 예시한다. 이를테면 '액체의 농도가 높아지면, 끓는점이 높아질 것이다.'와 '물의 농도가 높아지면 끓는점이 높아질 것이다.'를 각각 대담한 가설과 소심한 가설로 제시할 수 있다. 또한 이 가설은 물 이외의 다른 액체를 대상으로 실시한 실험에서도 비슷한 결과가 나왔을 때, '액체의 농도와 끓는점은 비례한다.'와 같이 법칙이 되는 일반화 가설을 설명한다.

과학적 연구 및 과학적 탐구 단계로서의 가설의 교수·학습 절차의 첫 번째 단계에서는 가설을 과학적 연구 또는 과학적 탐구 문제의 잠정적 답으로 정의한다. 두 번째 단계에서는 가설을 진술하기 전에 문제를 제시하고, 그 문제를 근거로 가설의 타당성을 판단한다. 가설이 타당하다고 판단되면, 실험의 목적, 방법, 그리고 내용을 암시하는 정도에 따라 좋은 가설을 결정한다. 좋은 가설을 이해시키기 위한 교수·학습 방법으로는 좋지 않은 가설을 수정하는 과정이 효과적이다. '기체의 부피와 압력은 밀접한 관계가 있을 것이다.'보다, '기체의 부피를 줄이면, 압력이 늘어날 것이다.'가, 그리고 이 가설보다는 '공기의 부피를 줄이면, 압력이 늘어날 것이다.'가 더 좋은 가설인 이유를 설명한다.

3. 과학적 탐구

과학교육 현장에서는 과학적 방법(scientific method)과 관련이 있는 주제로 과학적 탐구와 함께 과학의 방법(method of science) 및 과학공학 실행(scientific and engineering practice)을 중요시한다. 과학적 탐구와 과학공학 실행은 과제에 따라 적용되는 사고의 유형이 다르다. [그림 2-7]에서는 과학적 방법, 과학의 방법, 과학공학 실행의 골격을 이루는 일곱 가지 사고 유형들 사이의 관계를 설명한다(김영정·서원주, 2004).

<table>
<tr><td colspan="7">←수리성 … 예술성→</td></tr>
<tr><td rowspan="3">기호적
(formal symbolic)</td><td colspan="4">비판적</td><td rowspan="3">발산적
(divergent)</td><td rowspan="3">상징적
(material symbolic)</td></tr>
<tr><td rowspan="2">분석적
(analytical)</td><td rowspan="2">추론적
(inferential)</td><td colspan="2">변증적(dialectical)</td></tr>
<tr><td>종합적
(synthetical)</td><td>대안적
(alternative)</td></tr>
<tr><td></td><td>개념적 분석
text 분석</td><td>분석적 추론:
연역
종합적 추론:
귀납</td><td>가설 추리
의사결정
상황 추리
민감성</td><td>관점/발상전환
대안창안
시야/시계확장
시각/지평전환
재정의</td><td>유창성
융통성
독창성
정교성</td><td></td></tr>
<tr><td colspan="4">표준적 의미의 논리적 사고</td><td colspan="3">표준적 의미의 창의적 사고</td></tr>
<tr><td colspan="5">넓은 의미의 논리적 사고
(수렴적 창의성)</td><td colspan="2">좁은 의미의 창의적 사고
(발산적 창의성)</td></tr>
<tr><td colspan="3">좁은 의미의 논리적 사고</td><td colspan="4">넓은 의미의 창의적 사고</td></tr>
</table>

[그림 2-7] 사고의 7범주와 비판적 사고 및 창의적 사고의 관계

[그림 2-7]에서도 볼 수 있듯이, 전통적 방법과 전략에 따른 과학교육을 통해서는 기호적 사고와 상징적 사고를 길러주기 쉽지 않다. 기호적 사고는 형식논리학과 순수수학 분야에서 주로 적용되는 사고이며, 상징적 사고는 예술가들이 예술 작품을 창작할 때 이용하는 사고이다. 과학 교수·학습을 통해서 기호적 사고와 예술적 사고 능력을 키워주기 위해서는 과학에 수학과 예술이 통합된 STEM 또는 STEAM 접근법이 필요하다.

1) 과학적 사고와 사고실험

『2015 개정 과학과 교육과정』(교육부, 2015)에서는 과학교육의 목표로 과학적 사고와 비판적 사고를 강조한다. [그림 2-7]에서도 볼 수 있듯이, 비판적 사고는 창의적 사고와 대비된다. 한편 과학적 사고는 그런 비판적 사고의 한 유형이다.

(1) 논리적 사고와 수학적 사고

논리적 사고는 귀납적·연역적·귀추적·비유적 추리와 같은 형식과학적 사고이다. 논리적 사고는 논증 과정의 타당성과 결론의 진위에만 관심을 갖는 탈내용적 사고(content-free thinking)이다. "A=B이고, B=C이면, A=C이다."와 같은 논증에서, 전제의 진위는 논리적 사고의 대상이 아니다. A, B, C는 어느 상황이나 어떤 내용일 수도 있다. 형식논리적 추리에서는 A=B, B=C와 같은 전제에서 결론 A=C를 도출하는 과정의 타당성에만 관심을 둘 뿐, 이와 같은 추론 과정의 바탕이 된 전제의 진위는 따지지 않는다.

논리적 추리를 따르는 과학적 논증은 관념과 근거 사이의 관계를 알아내기 위할 목적으로 적용한다. 과학적 논증은 어떤 주장을 정당화하거나 반박할 때, 과학적 탐구 과정과 토의 중심의 과학 교수·학습을 수행할 때에 적용하면 특히 효과적이다. 과학적 논증은 다음과 같이 주장, 증거, 추리의 단계를 거쳐 수행된다(Chiappetta & Koballa, 2015).

- 주장(claims): 질문 또는 문제의 결론에 대한 답을 표현하는 진술
- 증거(evidence): 주장을 지지하는 과학적 자료
- 추리(reasoning): 증거와 주장을 연결하는 정당화

수학적 사고도 형식과학적 사고이며, 지각적 경험을 통해 수집한 자료나 사실을 이용하지 않는 순수한 사고 과정을 통해 이루어진다. 특히 순수수학적 사고는 수와 공간의 수학적 공리·공준·개념으로 기술된 분석적 명제에 바탕을 둔 논리적 추리를 지칭한다. 수학

적 사고는 "삼각형의 내각의 합은 180°이다. 두 꼭짓점의 각이 각각 60°이면, 나머지 꼭짓점의 각은 60°이다."와 같이 공간 또는 시간에 관한 명제로 구성된다. 수학적 사고에서는 논증 과정의 타당성뿐만 아니라 논증을 구성하는 명제의 진위도 따진다.

(2) 비판적 사고와 과학적 사고

비판적 사고의 중요성은 논리적 추리의 특성과 그것을 적용할 때 드러나는 한계에 대한 부정적 입장에서 부각되기 시작하였다(Chambliss, 1996). 우리나라에서는 비판적 사고가 『2007년 개정 과학과 교육과정』에서(교육인적자원부, 2007) 제시한 과학 글쓰기(science writing) 지도의 핵심적 골격이 되었다. 그에 이어, 『2015 개정 과학과 교육과정』에서는(교육부, 2015) 비판적 사고와 과학적 사고(scientific thinking)의 관계를 보여주며, 「과학탐구실험」도 교수·학습에 비판적 사고가 필수적 사고임을 암시한다.

과학적 사고와 비판적 사고는 공통적 특성을 많이 공유한다(Butterworth & Thwaites, 2005). 비판적 사고는 증거와 추리를 바탕으로 정보를 분석하여 정보의 진위 또는 진실성을 결정하는 과정으로서, 논증의 양식뿐만 아니라 논증의 절차를 이루는 명제의 진위도 따진다. 이 점에서, 비판적 사고는 논증의 양식만 따지는 논리적 사고보다 더 포괄적인 사고로 볼 수 있다(Salmon, 1995). 비판적 사고에는 논리적 사고 이외에 명제의 진위 판단, 논증의 타당성과 증거의 진위에 대한 평가, 분석 결과의 이용, 믿고 행동할 것의 결정에 이용되는 사고도 포함된다(Vaughn, 2005). 비판적 사고는 주제에 따라 다양한 과정을 통해 이루어지지만, 흔히 다음과 같은 과정으로 특징지어진다(Herr, 2008).

- **전제와 결론의 확인**: 논증을 기본 진술로 나누고, 논리적 결과(implication)를 도출한다.
- **논증의 해명**: 논증과 명제의 애매함과 모호함을 알아낸다.
- **사실의 확인**: 전제가 합리적인지 결정하고, 수집되지 않았거나 빠진 정보를 확인한다; 결과가 논리적인지 결정하고, 잠재적으로 모순되는 자료를 찾는다.
- **논리의 평가**: 전제가 결론을 지지하는지 결정한다.
- **최종 평가**: 증거의 확실성과 논증의 타당성을 증진시킨다; 지지하는 자료·증거·논리를 더 고려하여 논증의 타당성을 높인다.

비판적 사고는 과학에 관한 논술(argumentative essay)의 골격을 이루기도 한다. 중·고등학교 학생들이 입학시험에서, 또는 과학 과목의 시험문제에 대한 답으로 작성하는 논술은 과학 관련 제시문을 읽은 다음, 머리말, 주제(thesis), 주제를 지지하는 논증, 반대 주장의 평가, 결론의 순서로 기술한다. 논술의 머리말에서는 한두 문장으로 지지하려는 주장의 이론적 배경을 제시하여 독자의 관심을 끌어들이며, 주제는 머리말이 포함된 첫 번째 문단에서 지지하거나 증명하려는 진술로서 제시하려는 논증의 결론의 핵심적 진술이기도 하다. 논술의 본체는 주제를 설득시키거나 이해시키기 위한 논증에 있으며, 반대 의견도 기술한다. 결론은 첫 번째 문단에서 기술한 주제를 반복하여 진술한다.

과학적 사고는 비판적 사고의 한 유형이다. 비판적 사고 과정의 전제는 자연현상 및 생명현상뿐만 아니라 사회적·역사적·문화적 현상을 포함한 다양한 소재로 진술된다. 전제가 자연현상, 또는 생명현상으로 기술된 비판적 사고를 과학적 사고라 한다. 과학적 방법과 과정을 따르는 사고, 또는 과학적 연구와 그 과정에서 이루어지는 사고, 과학적 탐구를 수행하는 과정에서 적용하는 논리적 사고와 비판적 사고는 모두 과학적 사고이다. 이와 같은 특성을 지닌 과학적 사고는 합리적 사고 또는 객관적 사고로 일컬어진다.

(3) 창의적 사고와 과학적 사고

창의적 사고는 고대 그리스 시대 때부터 연구되었다(Kaufman & Sternberg, 2010). 그러나 창의적 사고의 본성은 지금도 다양한 의미로 해석되고 있으며, 창의적 사고의 함양에 목적을 둔 과학 교수·학습에서 적용할 방법에 관한 자료가 미흡한 실정이다. 과학적 연구와 관련된 창의적 사고에 관한 교재도 개발되어 있지 않다.

① 창의적 사고의 특성

『2015 개정 과학과 교육과정』(교육부, 2015)에서는 '개인과 사회의 문제를 과학적이고 창의적으로 해결할 수 있는 과학적 소양'을 강조한다. 창의적 사고력은 새롭고 적절한 업적, 또는 사회적으로 가치 있는 산물을 산출할 수 있는 능력이다(Nickerson, 1999). 새로운 업적은 독창적인 산물을, 적절한 업적은 생활과 사회에 유용하고 적응성이 있는 산물을 일컫는다(Sternberg & Lubart, 1999). 창의적 사고는 유창성·융통성·정교성·독창성과 같은 발산적 사고(divergent thinking)만을 지칭하기도 한다.

창의적 사고력에는 통찰력, 발명 능력, 상상력, 혁신적 사고, 독창성, 주도적 역할, 자료의 출처로서의 기능이 관련되어 있다(Herr, 2008). 독창적이며 가치가 있는 결과를 생성하는 상상력이 풍부한 사고로 정의되는(Feasey, 2005) 창의적 사고는 기존의 이론·증거, 선행지식, 대상과 내용의 영향을 받는다는 점에서 형식논리적 사고나 순수수학적 사고와 구분된다. 독특하고 새로운 문제의 해결책 제시, 예술적 창조, 과학적 법칙·이론의 창출을 포함한 정신적 과정이 모두 창의적 사고의 대표적인 예이다.

② 창의적 사고와 비판적 사고

비판적 사고와 창의적 사고는 [그림 2-8]에 제시되어 있는 바와 같은 관계를 맺고 있다. 비판적 사고와 창의적 사고는 전체적 특성을 띠는 사고 체계의 독립적인 구성요소로서 여러 면에서 서로 다르지만, 상호보완적인 관계를 맺고 있다. 비판적 사고가 믿고 있거나 지금 하고 있는 것을 객관적이고 논리적으로 판단하는 이성적 · 반성적 사고임에 비해, 창의적 사고는 관념과 지식을 새롭게 조합하여 문제를 해결하려는 사고이다(Hassard, 2005). 즉 비판적 사고는 합리적 사고이며, 창의적 사고는 비합리적 사고이다. 이런 구조적 · 기능적 특성을 준거로 적용하면, 창의적 사고와 분석적 사고도 구분할 수 있다.

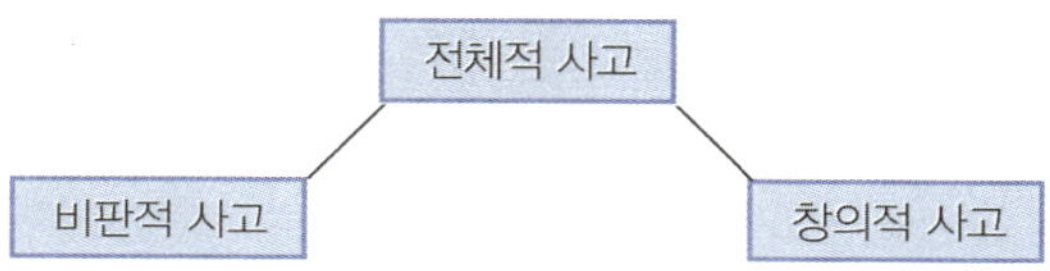

[그림 2-8] 전체적 사고와 비판적 사고 및 창의적 사고의 관계

창의적 사고는 개방적 · 혁신적 · 독창적 · 무제한적 사고로서 개방적 탐색 또는 관념의 생성과 관련되어 있으며, 비판적 사고는 집중적 · 학문지향적 · 논리적 · 제한적 사고로서 실제적인 문제를 대상으로 한다(Nickerson, 1999). 비판적 사고가 문제해결책의 장단점에 대한 분석에 관심을 가지고 있다면, 창의적 사고는 새로운 통찰력을 얻게 할 뿐만 아니라 새롭고 다양한 문제해결책을 제시하게 하기도 한다(Reber, 1995). 또한 비판적 사고가 과학적 탐구의 과정으로 구성되어 있음에 비하여, 창의적 사고는 직관적 사고, 대안의 탐색 및 생성, 시각화, 영상화, 이상화가 포함된 상상적 · 창발적 사고이다(Hassard, 2005).

③ 창의적 사고의 교수 · 학습

과학교육 현장에서는 유창성 · 융통성 · 독창성 · 정교성으로 구성된 발산적 사고뿐만 아니라 비유적 사고와 비판적 사고도 창의적 사고의 범주에 포함시킨다. 영국의 교육과정 개발 단체 QCA(Qualification and Curriculum Authority)에서는 과학국가교육과정을 통해 함양시킬 창의성을 상상력 · 목적 · 독창성 · 가치로 구분하고, 그런 자질을 함양시킬 방법으로 범위 · 깊이 · 속진 · 자율성 · 반성의 다섯 가지 측면을 고려한 과학 활동을 제안한다. 창의성 함양 모형으로 문제의 정의, 상황 설정, 배역 결정, 시연, 실연, 결과 토의, 새로운 계획 수립의 단계에 따라 수행되는 역할놀이도 제시되어 있다(Torrance & Sisk, 1997).

ㄱ. 발산적 사고 기능의 교수 · 학습

발산적 사고의 교수 · 학습에서는 수렴적 사고(convergent thinking)의 한 유형인 논리적 사고와 대비시킬 필요가 있다. 또한 주어진 문제에 대하여 하나의 정답을 찾는 것보다 여러 가지의 가능한 대안을 모색하게 하는 교수 · 학습이 바람직하다. 우리말로는 확산적 사고로 일컬어지기도 하는 발산적 사고 교수 · 학습의 일차적 목표는 유창성 · 융통성 · 독창성 · 정교성의 신장에 있다. 다음은 이 네 가지 사고 기능의 신장에 목적을 둔 발산적 사고 교수 · 학습 과정의 예이다.

- **다음과 같은 교수 · 학습 상황을 제시한다.**

  한 생명과학자가 빛이 식물의 성장에 어떤 영향을 미치는지 알아보고자 한다. 그 문제를 해결할 수 있는 방법을 제시하라. 가능한 한 많이 그리고 다양하게 제시하되, 관찰 · 측정 · 실험 · 조사를 통해 검증할 수 있는 형태로 진술하라.

- **한 학생의 응답을 나열한다. (그가 다음과 같이 제시했다고 가정한다.)**

  ㉠ 산의 북쪽 사면에 자라는 식물과 남쪽 사면에 자라는 식물의 크기를 비교한다.

  ㉡ 산의 음지와 양지에 자라는 참나무 각각 5그루의 평균키를 계산하여 비교한다.

  ㉢ 동일한 크기의 화분 2개에 동일한 종의 식물을 심어 하나는 음지에 다른 하나는 양지에 둔 지 15일에 각 식물의 크기를 비교한다.

  ㉣ 동일한 크기의 화분 3개에 동일한 크기의 식물을 심어 각각 매일 6시간, 9시간, 12시간 햇빛을 비추고 15일 후에 각 식물의 무게를 비교한다.

  ㉤ 동일한 크기의 화분 3개에 동일한 크기의 식물을 심어 각각 매일 6시간, 9시간, 12시간 햇빛을 차단하고 15일 후에 각 식물의 크기를 비교한다.

  ㉥ 부피가 동일한 비커 3개에 각각 200mL의 논물을 붓고, 식물성 플랑크톤인 클로렐라가 자라고 있는 물 세 방울씩 떨어뜨린 다음, 각각 매일 6시간, 9시간, 12시간 햇빛을 비추고, 일주일 후에 각 비커 안의 클로렐라의 수를 비교한다.

- **학생들에게 발산적 사고의 구성요소인 유창성 · 융통성 · 독창성 · 정교성을 다음과 같이 정의하고, 위 질문을 예로 들어 각 구성요소의 의미를 다시 설명한다.**

  - **유창성(fluency):** 짧은 시간에 많은 수의 관념, 생각, 문제의 해결책을 제시할 수 있는 능력; 의미 있는 응답의 개수로 평가
  - **융통성(flexibility):** 주어진 문제에 대한 다양한 시각이나 관점, 다양한 문제해결의 접근법을 제안할 수 있는 능력; 유연한 사고 및 생각; 의미 있는 답이 미치는 범위와 그 주제 및 소재가 다양한 정도를 준거로 평가한다.
  - **독창성(originality):** 의미 있는 답이 비상례적이고, 특수하며, 참신하고, 독특한 정도; 과학적으로 타당한 응답으로서 전체 반응에 대한 응답의 수로 평가한다.
  - **정교성(elaboration):** 큰 틀의 관념의 하위적 관념으로 조직화 · 체계화할 수 있는 능력; 답이 과학적이며, 정확하고, 상세하며, 구체적인 정도에 따라 평가한다.

유창성은 다양한 관념을 생성할 수 있는 능력으로서 상대적으로 판단한다. 즉 한 개인이 제시한 답의 수 가운데에서 과학적으로 타당한 답의 수가 많을수록 유창성이 높다고 말한다. 융통성은 여러 관점에서 볼 수 있는 능력으로서 학생들이 제시한 답의 상황에 있어서 다양성으로 판단한다. 위 예에서 답 ㉠과 ㉡의 상황이 비슷하기 때문에 답 ㉠에 대한 답 ㉡의 융통성은 낮으며, 같은 이유로 답 ㉢에 대한 답 ㉣의 융통성도 낮다. 이와 대조적으로, 답 ㉠이나 답 ㉢에 대한 답 ㉥의 융통성은 높다. 답 ㉢ 또는 답 ㉣에 대한 답 ㉤의 융통성도 같은 이유로 높다. 독창성도 전체의 답에 대한 상대적인 답의 수로 판단한다. 답 ㉤과 ㉥을 제시한 학생이 한 명뿐이면, 그 답의 독창성은 매우 높다. 실제로 답 ㉠~㉣보다 답 ㉤과 ㉥이 더 독특하다. 특히 답 ㉤은 문제의 의도와 상식에 어긋나는 방법으로서 매우 독창적이다. 정교성은 구체성, 합리성, 과학성에 따라 판단한다. 답 ㉠보다는 답 ㉡이, 답 ㉢보다는 답 ㉣이 더 정교하다.

발산적 사고의 유창성·융통성·독창성·정교성은 탐구의 과정에서 뚜렷하게 드러난다. 현미경을 능숙하게 사용할 수 있는 능력은 유창성이며, 현미경으로 생물의 종류뿐만 아니라 그 크기를 알아보려는 의도는 융통성과 관련되어 있다. 시야에 보이는 원의 크기를 숙지하여 마이크로메타를 사용하지 않고서도 생물의 크기를 어림하는 과정은 독창성과 관련되어 있으며, 세세한 관찰과 정확한 크기·양의 측정은 정교성과 관련되어 있다.

ㄴ. 유비추리를 이용한 교수·학습

과학적 이론의 설명과 기술에는 유비추리가 필수적이다. 유비추리 교수·학습은 은유·직유와 같은 비유와 모형을 이용하여 과학적 이론을 표현하는 것이 필요하다. 다음과 같은 교수·학습 과정에서 알 수 있듯이, 유비추리에는 창의적 사고가 요구된다. 교수·학습 과정 다음에는 유비추리를 적용할 수 있는 주제가 예시되어 있다.

〈유비추리에 따른 교수·학습 과정 예시〉

- **비교대상(target) 개념의 소개:** 직류(폐쇄)회로의 전압(V), 전류(I), 저항(R)의 소개
- **상사물(analogue) 개념의 검토:** 수도관 시설의 수압차, 유량, 수도관의 지름
- **두 개념에 관련된 특성 확인:**

DC 회로	전지	전압	전류계	전류	스위치	도선	폐쇄회로	저항	전자 속도
수도 시설	펌프	수압	계량기	수량	밸브	도관	폐쇄관	저항	물의 속도

- **두 개념이 가지고 있는 유사성 나열(mapping):** 위 표를 참조하여 기술
- **비유추리의 한계 명시:** 수도관을 자르면 물이 밖으로 흘러나오지만, 도선을 끊을 때 전자가 도선 밖으로 흐르지 않는다. 물의 분자는 도선을 따라 움직이지만, 원자나 전자는 도선을 따라 빠르게 흐르지 않는다(전하는 흐른다).

- **결론의 도출**: 학생들은 폐쇄회로를 수도관에 비유하여 전자의 개념뿐만 아니라 전압 · 저항 · 전류 등의 개념을 이해할 수 있다.

〈유비추리를 적용할 수 있는 주제 예시〉

영역	주제
물리학	각속도 대 선속도, 쿨롱의 법칙 대 뉴턴의 법칙, 전자기파 대 수면파, 빛의 반사 대 공의 튀기, 빛의 굴절 대 스케이트 운동
화학	엔트로피 대 방의 상태, 확산구배 대 공놀이 터, 결합 대 농구의 1대1 방어, 물의 표면 장력 대 북가죽의 장력, 핵의 연쇄반응 대 도미노 현상, 활성화 복합체 대 창턱
생명과학	반투과성막 대 파도 모양 철사 울타리, 효소 대 야구 미트, 항상성 대 온도조절 장치, 겔전 기이동 대 군중 속의 이동, 유전물질의 전사와 번역 대 책의 전사와 번역, 생화학적 반응 대 공정 과정
지구과학	가열된 암석 대 가열된 치즈, 지각의 대류 대 가열된 물의 흐름, 화산폭발 대 소다수 병 열기, 행성의 역행 대 차에서 같은 방향으로 지나가는 행인 보기

이 예시와 같이, 중 · 고등학교의 과학과 교육과정 내용에는 은유 · 직유 · 모형의 유비추리를 적용하여 교수 · 학습할 것들이 많다. 그러나 유비추리를 이용하여 과학을 교수 · 학습할 때는 특별히 오개념과 관련된 몇 가지 문제에 유념해야 한다. 모형과 같은 유추는 비유하고 있을 뿐이지 교수 · 학습 대상의 실체가 아니기 때문이다.

ㄷ. 비판적 사고 기능의 교수 · 학습

비판적 사고에는 논리적 사고가 포함되지만, 비판적 사고와 창의적 사고는 배타적으로 구분될 수 있을 정도로 서로 다른 영역이다. 논리적 사고는 수렴적 사고로서 발산적 사고로 특징지어지는 창의적 사고와 상반된다. 비판적 사고는 다음 예시에서도 알 수 있듯이, 논리적 사고나 창의적 사고와 대비시켜 교수하면 그 특성을 더욱 뚜렷하게 인식시킬 수 있다. 교수 · 학습 방법으로는 비교법, 또는 대조법이나 의사결정행렬(decision-making matrix)이 효과적이다(Herr, 2008).

〈논리적 · 비판적 · 과학적 · 창의적 사고의 비교〉

- 다음의 논리적 사고와 비판적 사고의 예를 읽고 그 차이를 말하라.
  - **논리적 사고:** A이면 B이고, B이면 C이다. 그러므로 A이면 C이다.
  - **비판적 사고:** 철수가 손끝이 가시에 찔린 지 10분이 지났으나 피가 멈추지 않고 흐른다. 혈우병에 걸리면 상처의 피가 잘 멈추지 않는다. 철수가 틀림없이 혈우병에 걸려 있다.
- **창의적 사고**: 혈우병 환자에게 상처가 났을 때 피를 잘 멈추게 할 수 있는 방법을 제안하라.
- **비판적(과학적) 사고**: 생물의 복제에 대한 연구를 국가에서 지원해야 하는지 자신의 입장을 밝히고, 근거를 제시하여 그 이유를 설명하라.

〈외떡잎 · 쌍떡잎 식물의 비교/대조표〉

비교/대조 준거		외떡잎 식물	쌍떡잎 식물
같은 점		꽃이 핀다: 피자식물 생식기관으로서의 꽃 참열매와 종자 씨방 밑씨	
다른 점	배		
	꽃		
	줄기		
	잎		
	뿌리		
결론			

〈대체 에너지원의 의사결정 행렬〉

	서술	매장량	이용가능성	생산비	안전성	이용도
석유						
천연 가스						
석탄						
핵연료						
지열						
바람						
수력발전						
태양열						

비판적 사고의 본성을 명확하게 이해시키고 효과적으로 획득하게 할 수 있는 교수·학습 내용에는 비판적 사고의 본성뿐만 아니라 비판적 사고와 과학적·논리적·창의적 사고의 차이를 포함시키는 것이 바람직하다. 그렇게 하면, 비판적 사고를 적용한 교수·학습 과정을 통해 과학적·논리적·창의적 사고 능력 이외에 의사결정 능력도 함양시킬 수 있다. 한편 과학적 사고로서의 비판적 사고 능력 및 의사결정 능력은 과학을 주제로 한 글쓰기를 통해서도 길러질 수 있다.

ㄹ. 창발적 사고 기능의 교수・학습

과학적 탐구에는 비논리적 사고도 긴요하다. 창발적 사고(emergent thinking)는 새롭고 기발한 착상을 얻는 비논리적 사고로서 새로운 관점의 기반이 된다. 또한 창발적 사고는 다음 교수・학습 예시에서도 볼 수 있듯이, 전통적 권위・제도・문화・관습・가치관을 초월하는 비상식적・비상례적 사고로서 과학의 천재들이 가지는 사고 유형의 하나이다.

- **유독수스(Eudoxus), 톨레미, 코페르니쿠스의 우주관을 알아보자.**
  - 유독수스의 우주관에 주전원과 이심원이 필요한 이유를 알아보자.
  - 톨레미의 우주관과 코페르니쿠스의 우주관의 차이를 비교해보자.
- **갈릴레오가 종교 재판을 받게 된 이유를 조사해 보자.**
- **물질과 에너지의 개념 및 그것들 사의의 관계를 알아보자.**
  - '10kg+50Kcal'은 무엇인가?
  - 물질과 에너지의 가변적 특성이 무엇인가?

아인슈타인이 말한 시간의 상대성, 케플러가 제시한 타원 궤도 모형, 반입자 운동에 관한 이론, 궁극적 물질관, 다윈의 진화설, 멘델의 유전 법칙은 모두 창발적 사고의 산물이다. 이런 예들이 보여주듯이, 창발적 사고는 직관적 사고의 일종으로 볼 수도 있다. 그런데 위의 예는 대부분 과학영재 교육에나 적절한 방법이며, 보편 교육에는 비실용적이다.

(4) 사고실험

사고실험(thought experiment)은 과학적 연구와 과학적 탐구뿐 아니라 과학 교수・학습에도 필요하다. 과학적 방법으로서의 사고실험의 주창자는 마흐(Ernst Mach, 1838~1916)이다(Matthews, 1994). 사고 실험은 [그림 2-9]가 보여주듯이, 사고만으로 실험의 방법과 상황을 설정하고, 사고에 의한 실험을 통해 결과를 얻는 과학적 연구 또는 과학적 탐구 과정이다(Brown, 1991; Sorensen, 1992). 사고실험은 구인을 이해하기 위한 과학적 탐구 과정에 특히 효과적이다. 사고실험은 또한 물리학과 같이 이론적 학문 분야에는 긴요한 탐구 수단이다. 사고실험은 실험 재료의 제한이나 오차의 한계 때문에, 의도하는 실험이 불가능할 경우에 큰 효과를 낸다. 사고실험에는 논리적으로 추리할 수 있는 능력과 수학적

[그림 2-9] 갈릴레오의 사고 실험

사고 능력이 필수적이다. 그러므로 사고실험은 고차원적인 지적 발달 수준에 도달한 고학년 학생들에게 적용해야 더 큰 효과를 낼 수 있다(Brown, 1991; Sorensen, 1992).

갈릴레오는 사고실험으로 아리스토텔레스의 역학을 부정했다. 그는 무게가 다른 두 물체를 하나로 묶었을 때 낙하하는 속도에 대한 가설을 제시하고 논리적 추리를 통해 아리스토텔레스의 주장이 틀렸다는 것을 증명하였다. 그는 또한 빗면에 공을 굴리는 사고실험을 통해 관성의 개념을 확립하였다. 하이젠베르크(Werner K. Heisenberg, 1901~1976)는 사고실험을 통해 불확정성원리를 확립하였다. 하이젠베르크는 파장을 무한히 짧게 할 수 있는 γ선 현미경을 사용해 전자의 위치를 정확하게 측정하려고 할 때, 그 전자의 운동량은 불확정하다는 불확정성원리를 이끌어냈다. 순간속도나 자기단극 개념도 수학적 추리 또는 사고실험을 통해 구성한 것이다. 에테르의 존재를 증명하기 위해 수행한 마이켈슨-몰리(Michelson-Morley)가 활용한 실험장치도 사고실험의 산물이며, 뉴턴·라이프니츠·카르노(Nicolas L. S. Carnot, 1796~1832)·아인슈타인·슈뢰딩거(Erwin Schrodinger, 1887~1961)도 사고실험을 수행하여 위대한 과학적 업적을 남겼다(Matthews, 1994).

2) 과학적 탐구 과정과 활동

과학적 탐구 중심의 과학교육을 강조한 교육사상은 1960년대의 과학과 과학교육학에 큰 영향을 미친 실증주의 철학사상을 바탕으로 시작된 학문중심 교육사상의 주도로 일어난 교육개혁 운동의 산물이다. 미국에서는 학문중심 교육사상에 따라 BSCS, Chem Study, ESCP, HPP 등 탐구 중심의 고등학교 과학 교과서를 발행하였으며, 과학적 탐구 과정에 관한 다양한 교수·학습 자료도 개발하였다. 우리나라에서는 제3차 과학과 교육과정을 탐구중심 교육과정으로 개정하였다.

학문중심 교육사상에 따라서 각급 학교 과학교육의 목적으로 설정되어 온 과학적 탐구 과정은 과학자가 과학적 연구를 수행할 때 적용하는 과정으로서(Bentley et al., 2000), 지금도 국내외의 과학 교육과정의 핵심적 영역으로 설정되어 있다. 제6~7차 과학과 교육과정에는 탐구가 과정과 활동으로 나뉘어 있으며, 『2015 개정 과학과 교육과정』(교육부, 2015)에는 탐구 활동이 내용의 요소마다 1~5개씩 제시되어 있다. 과학 교육과정과 과학 교수·학습 및 과학교육학과 관련이 있는 각종 교재에 제시된 과학적 탐구 과정의 종류를 요약하면 〈표 2-7〉과 같다.

〈표 2-7〉 과학적 탐구 과정의 영역과 종류

탐구 과정과 활동		탐구 기능의 요소
탐구 과정	기초 과정	관찰, 측정, 어림(estimation), 시/공간 관계 이용, 의사소통, 분류, 예상, 수의 이용, 추리, 비교
	통합 과정	조작적 정의, 모형 형성(모형화하기), 문제인식, 가설설정, 변인의 확인 · 통제 · 조절, 자료변환, 자료해석, 결론도출, 일반화
탐구 활동		토의, 실험, 조사, 견학, 과제연구
조작적 탐구 기술		도구 사용, 도구 수선, 도구 관리, 시범
의사소통 기술		설명 및 기술, 논문 · 보고서 작성, 논문 · 보고서 발표, 비판과 심사

과학적 탐구 과정(inquiry process)은 사고하고, 측정하고, 사고를 이용하는 방법이며, 과학적 탐구 기능(inquiry skill)은 사고 및 추리의 유형이다(Martin, Sexton, & Franklin, 2009). SAPA II(AAAS, 1990)에서는 이런 의미의 과학적 탐구 과정을 기초 탐구 과정과 통합 탐구 과정으로 나누지만, 각 과정별 세부 내용은 저자에 따라 다르다. 과학적 탐구에 기반한 수업은 수준에 따라 다음과 같이 분류되기도 한다(Colburn, 2003).

- **구조화된(structured) 탐구 수업**: 문제, 방법과 절차, 재료가 주어지며, 결과는 학생이 찾고, 확인실험으로 일컬어지기도 한다.
- **안내된(guided) 탐구 수업**: 문제와 재료만 주어지고, 문제의 해결 방법은 학생이 구안한다.
- **개방적(open) 탐구 수업**: 학생이 조사할 문제조차도 찾아 진술한다.

과학적 탐구는 자연세계에 대한 질문을 던지고, 주어진 질문의 해답을 구하기 위해 조사하는 과정, 즉 과학적 연구의 방법이자 과학 교수 · 학습의 전략이다(NRC, 1996; 2000). 과학적 탐구는 또한 과학지식을 이용하여 자연을 이해하기 위해 과학자가 수행하는 전문적 활동으로 정의된다(Chiappetta & Koballa, 2015; NRC, 1996). 학생들은 과학적 탐구 교수 · 학습을 통해 다음과 같은 목적을 달성할 수 있다(NRC, 1996; 2000).

- 과학적 개념의 이해
- 과학에 있어서 알고 있는 것의 "아는 방법"의 인식
- 과학의 본성의 이해
- 자연세계에 대한 자율적 탐구에 필요한 기능의 습득
- 과학과 관련된 기능 · 능력 · 태도의 함양

과학적 탐구는 학생들이 직접 수행하는 과학적 탐구과정 및 활동의 방법으로써뿐만 아니라 과학 학습 전략 및 수단으로도 이용된다. 과학적 탐구는 과제연구(project), 동아리

활동, 과학전 출품에 기본적인 수단으로 이용되며, 탐구기반(inquiry-based) 수업으로서 개방적 수업, 학생 중심 수업, 수공적 수업, 조사나 실험 방법의 일환으로 적용된다(Colburn, 2003). 학생들은 과학적 탐구를 통해 과학지식을 획득하거나 이해하며, 과학적 탐구 기능을 습득할 수 있다.

(1) 기초 탐구 과정

기초 탐구 기능은 과학자의 과학적 연구와 학습자의 탐구에 필요한 수공적(hands-on)·정신적(minds-on) 조작 기능을 말한다. [그림 2-10]은 기초 탐구 과정을 적용할 수 있는 『2022 개정 과학과 교육과정』(교육부, 2022)의 「(14) 전기와 자기」 단원 탐구 과제의 한 예이다. 이 항에서는 이 과제를 소재로 이용하여 기초 탐구 과정에 관해 논의한다.

준비물

건전지 6개, 꼬마전구 2개, 니크롬선 저항판, 전류계, 전압계 2개, 스위치, 전선

과정

1. 전기 회로를 장치하고, 전구와 니크롬선에 걸리는 전압을 각각 측정하여 기록한다.
2. 직렬로 연결하는 전지의 개수를 2개에서 4개, 6개로 늘리면서, 전구와 니크롬선에 걸리는 전류와 전압을 측정하여 표에 기록한다.

전지(개)		2	4	6
전류(A)				
전압(V)	전구(2개)			
	니크롬선			

3. 실험의 결과를 이용하여 전구와 니크롬선에 걸리는 전압과 전류의 관계를 그래프로 그린다.

[그림 2-10] (14) 「전기와 자기」 단원 교수·학습에서 수행할 수 있는 탐구 과제

SAPA II에서는 기초 탐구 과정을 관찰, 측정, 시/공간 관계 이용, 의사소통, 분류, 예상, 수의 이용, 추리, 비교로 구분한다. 이와 달리, 『제7차 과학과 교육과정』(교육부, 1997)에서는 기초 탐구 과정을 관찰, 측정, 분류, 예상, 추리로 나눈다. 이 항에서는 『제7차 과학과 교육과정』에 제시된 다섯 가지 기초 탐구 과정의 특성에 관하여 논의한다.

① 관찰

과학적 탐구 과정으로서의 관찰(observation)은 보기·듣기·만지기·냄새맡기·맛보기의 오감을 이용하여 사물·현상·사건에 관한 정보를 수집하는 방법이자 기능이다(Bailer, Ramig, & Ramsey, 2006; Watson, 1991). 관찰은 과학적 연구·탐구·조사의 수단이기도 하다. 관찰은 그뿐만 아니라 과학 교수·학습의 핵심적 절차이며, 그 목적 가운데 하나이다. 관찰은 이외에 평가의 수단과 방법이자 그 대상이다.

관찰은 '이 사과는 아직 녹색이다.'와 같은 질적 관찰과 '이 사과에는 여섯 개의 씨가 있다.'와 같은 양적 관찰로 대별된다. 질적 관찰은 사물·현상의 질적 특성을 기술하며, 양적 관찰은 수와 표준단위로 기술한다(Bentley et al., 2000). 관찰은 또한 일차 관찰(primary observation)과 이차 관찰(secondary observation)로 나뉜다. 일차 관찰은 자연이나 실험실에서 오감을 이용하여 또는 현미경·망원경을 사용해 자료를 수집하는 방법이며, 이차 관찰은 전류계·지진계 등 실험 도구에 나타난 자료를 읽는 방법을 말한다. 일차 관찰을 통해 수집한 자료는 직접 자료(firsthand data)로 일컬어진다(Hammerman, 2006).

관찰은 주로 오관을 통해 사물이나 현상을 자연 상태 그대로 두고 세심하게 살피는 활동이지만, 상황에 따라서는 망원경·현미경과 같은 여러 가지 도구를 사용하기도 한다. [그림 2-10]의 탐구 과제에서 관찰의 결과는 '세 가지 측정 장치가 있다,' '(전압계를 보니) 바늘이 3.0V를 가리키고 있다.'와 같이 진술한다. '전압계로 재보니 3.0V이다.'는 관찰이 아니라 측정의 결과이다. 관찰의 결과는 대부분 질적 자료이며, 예상·추리·문제인식·가설설정·자료해석과 같은 다른 탐구 과정의 기초 자료가 된다(Martin et al., 1997).

현대의 과학철학자들에 따르면, 관찰은 관찰자의 지식·경험·기대감·관점의 영향을 받는다(NAGB, 2007). 관찰의 결과는 객관적으로 기술하기 쉽지 않고, 동일한 현상을 관찰자마다 서로 다른 의미로 해석하고, 상이한 결론을 도출할 수 있다. 학습자는 교수·학습 내용을 그의 선행지식과 선행경험에 따라 다른 의미로 해석할 수도 있다. 이는 관찰의 결과가 과학지식의 확고한 바탕이 될 수 없음을 암시한다.

② 측정

측정(measurement)은 과학 교수·학습과 평가의 수단이자, 과학적 연구에 필수적인 방법이다(AAAS, 1990). 측정은 도구를 사용하여 양적 자료를 수집하거나 사물과 현상을 수로 기술하기 때문에, 정확한 관찰(Watson, 1991), 양적 관찰(Bentley et al., 2000), 또는 정량화의 수단(Abruscato, 2000)으로 불리기도 한다. 측정에는 적절한 도구를 선택하여 능숙하게 사용할 수 있는 기능, 자료를 수학적으로 계산하거나 통계적으로 분석할 수 있는 기술, 자료에 적절한 단위를 붙이는 기능도 필요하다.

[그림 2-10]에 제시되어 있는 탐구 과제의 첫째와 둘째 단계는 측정에 목적이 있다. '전지의 개수에 따른 전류의 세기를 잰다.'나 '전압을 여러 번 측정하여 평균을 계산한다.'는 진술은 측정 과정과 방법에 관한 기술이다. '전류·전압·저항에 적절한 단위를 붙일 수 있다.'도 측정 기능이다. 측정은 정확한 관측으로 정의되기도 하며, 수집되는 자료의 성질을 기준으로 관찰과 구분되기도 한다. 측정에서는 기본적으로 양적 자료가, 관찰에서는 흔히 질적 자료가 수집된다. 그러나 측정으로 수집된 자료는 관찰을 통해서 얻어진 자료와 마찬가지로 객관적으로 표현된다.

과학적 탐구 과정으로서의 측정은 관찰의 특수한 형태(Bentley et al., 2000)이며, 도구를 사용하지 않는 측정은 어림(estimate)으로 불린다. 어림은 참조도구를 사용하며, 학습된 지식에 바탕을 둔다(Globe Fearon, 2003). 어림은 직관과 함께 과학자가 궁극적으로 의존하는 과학적 연구 방법이다. 거시세계나 미시세계의 측정 결과는 아무리 정교한 도구를 사용할지라도 사사오입할 수밖에 없다. 영국의 APU와 미국의 NAEP에서는 어림 능력을 평가의 대상에 포함시키며, 과학 교수·학습의 목표로도 중요시한다.

③ 분류

과학적 탐구 과정으로서의 분류(classification)는 유사점 또는 준거속성에 따라 사물과 현상을 함께 묶거나 관계를 짓는 과정이다. 분류가 이보다 더 구체적으로는 사물과 현상을 공통적 기준에 따라 나누고, 나눈 것을 더욱 세분하여 개체를 확인할 수 있을 때까지 나누어 사물과 현상들 사이의 위계적 단계를 체계화하는 과정으로 규정된다. 교수·학습 현장에서는 분류를 사물과 현상의 실례와 비실례를 보여주는 과정으로 간주하기도 한다.

분류는 변별(differentiation)과 구분된다. [그림 2-10]의 탐구 과제와 관련된 진술 '니크롬선과 전선을 구분한다.'는 변별이고, '니크롬선 또는 전선의 특성을 말한다.'는 분류이다. 분류는 관찰의 결과를 개념으로 조직화해 단순화시키는 기능을 하기 때문에(Chiappetta & Koballa, 2015), 과학 교수·학습과 평가에서는 각각 개념학습의 전략과 평가 방법으로 이용된다. 분류에 의한 개념학습과 그 평가에는 개념도가 주로 이용된다.

과학적 연구에 적용되는 분류는 이원분류와 다단계분류로 나뉜다(Carin, 1997). 이원분류는 사람을 남과 여로 분류하는 것처럼 사물을 정해진 특성에 따라 두 범주로 나누는 방식이며, 다단계 분류는 분류학에서 생물을 분류할 때와 같이 사물을 준거속성에 따라 여러 단계를 거쳐 분류하는 방식이다. 이원분류는 단순하기 때문에 저학년이나 어린 학생들에게 적절하고, 다단계 분류는 복잡하기 때문에 고학년 학생들에게 효과적이다.

④ 예상

예상(prediction)은 현상이나 사건에 대한 구체적인 추측이다. 예상은 수집된 정보와 자료에 바탕을 둔 최선의 추측을 요구하는 사고로서 추론의 결과에 바탕을 두어 미래에 일어날, 또는 아직 알려져 있지 않은 현상 및 사건과 그 조건에 관한 예언을 의미한다(AAAS, 1990; Globe Fearon, 2003; Martin et al., 1997). 예상은 체계적인 관찰, 정확한 측정, 타당한 추리, 적절한 분류에 바탕을 둘수록 정확해지며, 그런 관찰・측정・추리・분류에 바탕을 두지 않은 예상은 단순한 추측(guess)에 지나지 않는다.

예상은 내삽이나 외삽과 같이 변인 사이의 관계를 정확한 값으로 말하는 과정이다. 즉 실험에서 조절한 독립변인과 측정한 종속변인의 범위를 벗어나는 값을 말하는 과정이다. 예상은 '이것이 일어나면 어떤 현상이 나타날까?'와 같이 수행된다. [그림 2-10]의 탐구 과제와 관련된 진술 '전지가 1개일 때 전류의 세기는 얼마일까?' '전지가 5개일 때 전류의 세기는 얼마일까?' '전지가 4개이고 전구가 4개일 때 전구의 밝기는 얼마일까?'는 각각 외삽, 내삽, 외삽이다. 이 예와 같이, 예상은 한 변인의 정확한 값을 근거로 다른 변인의 정확한 값을 말하는 과정을 말한다. 또한 예상은 정량적 자료를 바탕으로 하기 때문에, 정성적 자료를 다루는 추리와 달리, 정확하게 검증할 수 있다(Bentley et al., 2000).

과학적 탐구 과정으로서의 예상은 모형에 바탕을 두며(Bentley et al., 2000) 과학의 목적으로 설정되는 예상과 동일한 의미를 지닌다. 그러나 예상은 관찰・자료해석・추리 등 다른 과학적 탐구 과정과 구분된다(Rezba, Sprague, & Fiel, 2003). 예상은 관찰을 통해서 수집한 자료를 바탕으로 앞으로 관찰할 수 있는 사실이나 현상을 말한다. 예상은 또한 의미를 바꾸지 않고 다른 말・기호・도표로 표현하는 자료해석과 구분되며, 법칙・현상・사실의 원인 또는 규칙성・일반성・양상을 기술하는 추리와도 다르다.

⑤ 추리

추리(reasoning)는 논리적 추론으로 볼 수도 있다. 추리는 관찰・측정・분류를 통해서 얻은 자료를 바탕으로 결론을 도출하는 과정(Globe Fearon, 2003), 현상에 나타난 규칙성을 기술하거나 규칙성의 원인을 설명하는 과정(Bentley et al., 2000; Martin et al., 1997)을 뜻한다. 추리에서는 귀납적 일반화, 연역적 추론, 가설-연역적 검증과 같이 전제와 그에 바탕을 둔 결론 사이에 시간적 간격이 문제되지 않는다. 이론과 원리에 의한 법칙의 설명,

현상이 일어난 원인의 제시, 모형 또는 유추에 의한 현상의 설명, 사물에 대한 기술도 추리이다. [그림 2-10]의 탐구 과제와 관련된 추리는 '전지의 수가 많아지면, 전류의 세기가 커진다,' '전지의 수가 많아지면, 니크롬선에 걸리는 전압이 커진다.'와 같다.

과학적 연구에서는 관찰, 선행지식, 선행경험을 근거로 추리한다(Globe Fearon, 2003). 추리는 관찰·예상·결론도출과 다르다(Rezba et al., 2003). 추리는 관찰 자료의 일반화 진술, 관찰 결과를 설명하거나 기술하는 진술이다. 추리는 일반적 진술에서 하나의 구체적 사실을 도출하여 그 일반적 진술을 설명하거나 여러 자료에서 하나의 일반적 결론을 이끌어낸다는 점에서, 한 변인의 값에 대한 다른 변인의 값을 말하는 예상과 구분된다. 결론은 가설과 관련된 진술로서 한 실험에 한정된 의미를 지닌다. 추리는 과학적 이론과도 구분된다. '병렬로 연결된 전구에는 그 수만큼 전기가 적게 흐른다. 그러므로 병렬로 연결된 전구의 수가 많아지면 각 전구의 밝기가 어두워진다.'는 추리가 아니라 이론이다.

⑥ 기초 탐구 과정의 교수 · 학습

과학적 탐구에는 기초 탐구 과정(basic inquiry process)도 필수적인 요소들 가운데 하나이다. 그런데 기초 탐구 과정이 연구자에 따라 여러 가지 의미로 해석되고, 다양한 유형으로 나뉜다. 여기에서는 기초 탐구 과정의 요소와 더불어 수공적 탐구 기능의 교수·학습 방법과 과정을 예시한다.

ㄱ. 수공적 탐구 기능의 교수·학습

수공적 기능은 탐구에 사용되는 도구의 모든 것을 잘 알고, 도구를 능숙하게 다루고, 관련이 있는 시설과 장치를 제대로 유지·수리·보수할 수 있는 손재주를 일컫는다. 실제 조작 기능으로 인식되기도 하는 수공적 기능에는 간단한 실험의 도구를 제작하거나 그 장치를 설치하는 기능과 아울러 SEM의 시료 제작 기술도 포함된다. 다음은 이 가운데 현미경을 다룰 수 있는 기능의 습득에 목적을 둔 교수·학습 방법의 한 예이다.

- 보관실에서 현미경을 가져와 관찰하기 적당한 위치에 놓게 한다.
- 프레파라트를 가져다 관찰하게 한다.
- 관찰하고 있는 것을 그리게 한다.
- 다음과 같은 항목을 평가한다.
  - 한 손으로 손잡이를 잡고, 다른 한 손으로 받침대 아래를 받쳐서 옮긴다.
  - 직사광선이 비치지 않는 곳, 또는 전구가 있는, 수평한 곳에 놓는다.
  - 프레파라트를 놓기 전에 조동나사를 돌려 재물대를 내린다.

- 조리개와 반사경으로 빛의 양을 조절한다.
- 조동나사를 사용하여 저배율렌즈가 프레파라트 바로 위까지 오도록 조절한다.
- 접안렌즈를 통해 관찰하면서 조동나사로 초점을 맞춘다.
- 미동나사로 초점을 정밀하게 맞춘다.
- 한 쪽 눈은 접안렌즈에, 다른 한 쪽 눈은 종이를 보면서 관찰하고 있는 것을 그린다.

• 프레파라트를 직접 만들어 이와 같은 과정을 반복하게 한다.

면적 · 부피 · 질량 · 길이를 측정하는 기능은 대부분의 과학적 활동과 탐구 과정에 기본적이지만, 어떤 기능은 특정 활동과 탐구 과정에만 소용된다. 생물의 해부는 생명과학 탐구에, 물질의 농도 조절은 화학 탐구에, 전선의 연결은 물리학 탐구에, 나침반 사용은 지구과학 탐구에서 주로 소용되는 기능이다. 수공적 기능은 대부분 학생들에게 도구를 직접 다루고, 수선하며, 유지하는 경험을 하게 함으로써 효과적으로 습득된다.

ㄴ. 관찰 기능의 교수 · 학습

관찰 교수 · 학습의 목표는 자세하게 관찰하기, 비슷한 점이나 다른 점 찾아내고 비교하기, 중요한 점 찾아내기, 관련이 있는 정보와 무관한 정보를 비교하여 구분하기 능력의 신장에 있다. 관찰 교수 · 학습 활동에는 눈으로 보는 것뿐만 아니라 맛보기 · 냄새맡기 · 듣기 · 만지기도 기능도 수행하게 해야 한다. 관찰 기능을 함양시키기 위한 교수 · 학습 내용에는 현미경과 망원경을 사용하는 기능도 포함시켜야 한다. 이런 관찰 기능의 신장에 목표를 둔 교수 · 학습 방법과 과정을 예시하면 다음과 같다.

〈활동 1. 오감을 이용하여 관찰하고 표현하기〉

준비물: 설탕물, 소금물, 식초를 탄 물이 든 비커를 준비해 둔다.

※ 독극물과 같은 위험한 물질에 특별히 주의한다.

• **문제 1.** 맛을 보고 그 느낌을 기술하라.
• **문제 2.** 세 가지 물질을 본 그대로 기술하라.
• **문제 3.** 냄새를 맡아보고 그대로 기술하라.
• **문제 4.** 손에 조금 묻혀 문질러 보고 느낌을 기술하라.
• **문제 5.** 젓가락으로 저으면서 나는 소리를 듣고 비교하라.

〈활동 2. 자세히 객관적으로 관찰하고 비교하기〉

준비물: 현미경, 양파세포 프레파라트, 구강세포 프레파라트, 백지, 연필

• **문제 1(자세히 객관적으로 관찰하기).** 아래 양파 표피세포와 구강 상피세포의 사진을 보고, 본대로 그려라.

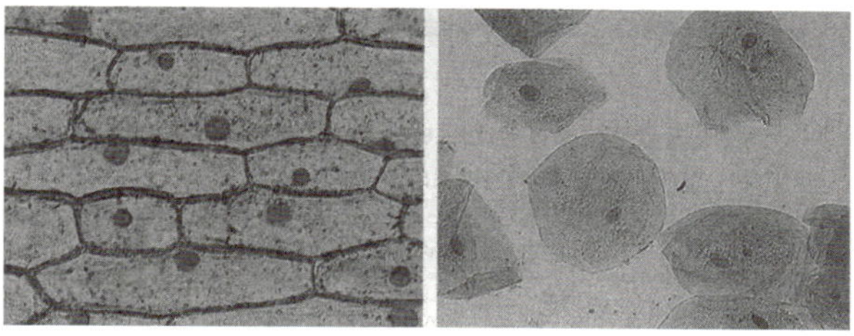

[양파 표피세포 구강 상피세포]

• **문제 2(비교하기).** 양파 표피세포와 구강 상피세포의 사진을 보고, 두 세포의 같은 점과 다른 점을 기술하라.

〈활동 3. 중요한 점 찾아내기〉

준비물: 실험과 관련된 상황

> **식물의 광일성**
>
> 베란다 창 옆에 엄마가 화분에 심어 둔 고추가 밖을 향해 자라고 있는 것을 관찰한 철수가 엄마에게 그 이유를 물었다. 엄마가 화분을 180℃ 돌려놓아보라고 말씀하시어 그렇게 하였다. 그런데 다음 날 다시 고추가 밖을 향해 자라는 것을 보았다. 철수는 식물이 자라는 데 햇빛이 필요하다는 것을 공부한 것이 생각나서, 그것을 실험을 통해서 확인하고자 한다.

• **문제 1:** 실험의 목적이 무엇인가?
• **문제 2:** 실험을 통해 해결하려는 문제가 무엇인가?
• **문제 3:** 독립변인과 종속변인을 말하라.

과학 교수·학습 현장에서는 시각을 통한 관찰이 주로 적용되고 있다. 관찰 교수·학습 과정에서는 학생들이 관찰하여 표현한 진술이 지식에 바탕을 두고 해석한 것이거나 사적인 견해를 표현한 것이 아닌지, 또는 추론한 것이 아닌지 지적해 줄 필요도 있다. 현미경을 통해 세포를 관찰하게 한 다음에, '세포마다 붉은 색을 띤 부분이 있다.'는 관찰진술이며, '염색체는 모두 붉게 염색되었다.'는 지식의 표현이다. 추론은 객관적 증거에 바탕을 두어, 그리고 관찰 자료를 바탕으로 추리를 통해 도출한 결론을 말한다(Herr, 2008).

ㄷ. 측정 기능의 교수·학습

과학적 탐구의 한 과정으로서의 측정은 과학자가 수행하는 과학적 연구와 교실에서 이루어지는 탐구중심 과학 교수·학습에 필수적 수단이다. 측정 기능 교수·학습은 양의 측정, 양의 측정과 자료 수집에 적절한 도구의 사용, 자료의 수학적 계산이나 통계적 분석, 어림짐작 활동을 중심으로 수행된다. 측정 능력에는, 다음 예에서도 알 수 있듯이, 측정과 어림으로 수집한 양적 자료에 적절한 단위를 붙일 수 있는 능력도 포함된다.

〈활동 1. 여러 가지 양의 측정〉

준비물: 저울, 눈금실린더, 물, 초시계, 쇳덩어리

- **문제 1.** 교과서의 무게를 달아보라.
- **문제 2.** 옆 학생이 하나에서 스물까지 세는 시간을 재보아라.
- **문제 3.** 선생님이 제시한 도형의 면적과 부피를 계산하라.
- **문제 4.** 지구에서 목성까지의 거리와 수소의 원자핵과 전자 간의 거리를 비교하라.
- **문제 5.** 춘분·하지·추분·동지 때의 태양의 남중 고도를 측정하라.

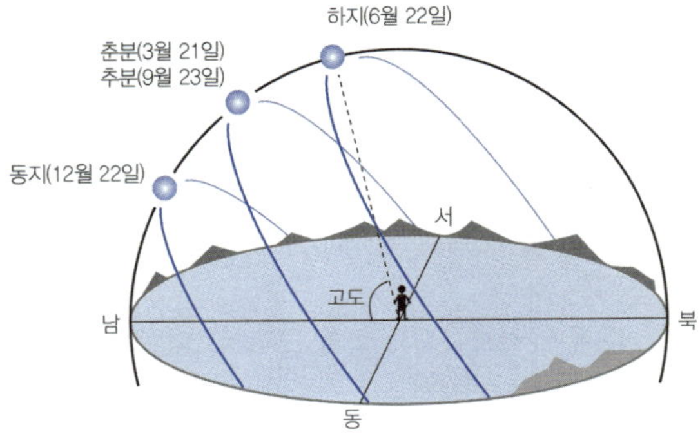

- **문제 6.** 책상 위에 있는 쇳덩어리의 밀도를 구하라.
- **문제 7.** 물 10mL에 소금 2g을 넣은 소금물의 농도를 구하라.

〈활동 2. 양의 어림〉

준비물: 과학 교과서

- **문제 1.** 교과서의 대각선 길이를 어림하고, 자로 잰 값과 비교하라.
- **문제 2.** 교과서 표지의 넓이와 전체의 부피를 어림하고, 실제로 재서 계산한 값과 비교하라.
- **문제 3.** 교과서의 무게를 어림하고, 저울에 단 값과 비교하라.
- **문제 4.** 어느 값을 가장 정확하게 어림하였는가?

〈활동 3. 측정단위와 변환〉

준비물: 측정 단위 표, 측정 단위의 변환에 관한 문제지

- **문제 1.** 무게·부피·길이·면적·전류·전압·농도의 기본 단위를 적어라.
- **문제 2.** 다음 (　) 속을 채워라.

  0.7 kg=(　) g 8km=(　) mm 800m^2=(　) km^2

측정 기능은 도구를 사용하여 각종 양을 재거나 계산하고, 실제의 값과 비교하는 과정을 통해서 길러진다. 특히 통계적 처리와 같은 고차원적 측정 기능은 평균·변량·표준편차의 통계치를 계산함으로써 획득될 수 있다. 어림 기능도 도구를 사용하지 않고 측정한 양에 단위를 붙이는 과정을 통해서 신장시킬 수 있다. 측정 기능 교수·학습에서는 측정과 관찰을 구분하고 비교할 수 있는 기회가 주어져야 한다.

ㄹ. 분류 기능의 교수·학습

분류 기능 교수·학습의 일차적 목표는 사물이나 현상에 공통적으로 나타나는 특성, 곧 준거속성(criterial attributes)에 따라 범주화하게 하는 데 있다. 중학교 저학년 학생들에게

는 사물이나 현상들 사이의 유사성·차이·관계를 인식할 수 있는 능력이나, 특정 준거에 따라 사물과 생물을 분류할 수 있는 능력을 신장시키기 위한 교수·학습 방법이 적절하다. 중학교 상급 학생들 및 고등학생들한테는 분류의 준거를 제시할 수 있는 능력과 검색표(checklist)를 만들 수 있는 능력의 습득에 목적을 둔 교수·학습이 실용적이다.

〈활동 1. 주어진 기준에 따라 무리로 나누기〉

준비물: 석영, 흑운모, 방해석, 자철석, 활석, 조흔판, 보안경, 망치

- **문제 1.** 겉모양을 관찰하고 나름의 기준에 따라 분류한다.
- **문제 2.** 굳기를 비교하고 그에 따라 분류하게 한다.
- **문제 3.** 조흔색에 따라 분류하게 한다.
- **문제 4.** 결정형에 따라 분류하게 한다.
- **문제 5.** 기타 학생들이 생각한 특성이나 기준에 따라 분류하게 한다.

〈활동 2. 한 무리로 분류하고 그 이유 말하기〉

준비물: 닭, 오리, 토끼, 개, 고양이, 소 등 친숙한 가축의 사진이나 그림

- **문제 1.** 비슷한 것끼리 한 무리로 나누어라.
- **문제 2.** 각 무리를 나눈 기준, 또는 그렇게 나눈 이유가 무엇인가?
- **문제 3.** 각 무리의 공통적인 특징을 세 가지씩 기술하라.

〈활동 3. 같은 점과 다른 점 말하기〉

- 설탕과 소금의 같은 점과 다른 점을 말하라.

〈활동 4. 생활 과학〉

- 슈퍼마켓이나 약국을 방문하여 각각 물건과 약을 어떤 체계에 따라 분류하고 있는지 조사한다.

〈활동 5. 분류기준 작성〉

- 다음은 부엌에서 볼 수 있는 다섯 가지 물질들이다. 분류기준에 따라 분류체계를 만들어라.

물질명	결정체인가?	타는가?	물에 녹는가?	산과 결합하여 기체를 발생하는가?	푸른 리트머스 시험지를 붉게 하는가?
설탕	O	O	O	X	X
소다	X	X	O	O	X
소금	O	X	O	X	X
석영	X	X	O	X	O
녹말	X	O	X	X	X

분류 기능은 귀납적 추리 과정을 통해서도 습득된다. 분류 기능은 사물과 현상에 공통적으로 나타나는 준거를 설정하고, 그 준거에 따라 사물과 현상을 분류하며, 과학적 분류 체계를 설명하게 하는 활동을 실행함으로써 효과적으로 습득된다. 주변에서 식물을 채집하

여 분류한 다음, 분류학자들이 분류한 체계와 비교하게 하면 더욱 효과적이다. 분류 기능을 한층 더 효과적으로 신장시키기 위해서는 사물이나 현상의 같은 점과 다른 점을 말하게 하여 분류와 관찰 · 추리 · 예상의 차이를 이해시켜 줄 필요가 있다.

ㅁ. 예상 기능의 교수 · 학습

예상은 변인의 값이 변하는 양상, 변인들 사이의 상관관계 또는 인과관계에 관하여 진술하는 활동이다. 예상 기능을 신장시키기 위한 교수 · 학습의 목적과 대상은 변인의 값이 변하는 양상을 인식하는 능력, 현상들 사이의 상관관계를 발견하는 기능, 통제변인 · 조절변인 · 종속변인을 확인하고 그러한 변인들 사이의 인과관계를 진술하게 하는 데 있다. 내 · 외삽하는 기술도 그런 예상 기능이다.

〈활동 1. 변인의 값이 변하는 양상의 관찰〉

준비: 케이크의 촛불을 매 3분마다 15분 동안 그 길이를 측정하여 표로 나타낸다.

- **문제 1.** 초의 길이가 어떻게 변하는가?
- **문제 2.** 몇 분 후에 초가 다 탈 것으로 예상하는가?

〈활동 2. 변인 사이의 관계 말하기〉

준비물: 위 활동 1의 표의 자료를 그래프로 나타내게 한다.

- **문제 1.** x-축의 단위와 y-축의 단위를 말하라.
- **문제 2.** 그래프를 보고 시간과 타다 남은 초 길이의 관계를 말하라. 시간과 타나 남은 초의 길이 사이의 관계는 상관관계인가? 아니면, 인과관계인가?

〈활동 3. 내 · 외삽하기〉

- **문제 1.** 위 활동 1의 그래프를 보고, 불을 붙인 지 10분 후의 초의 길이를 말해보라.
- **문제 2.** 위 활동 1의 그래프를 보고, 30분 이후의 초의 길이를 예상해보라.

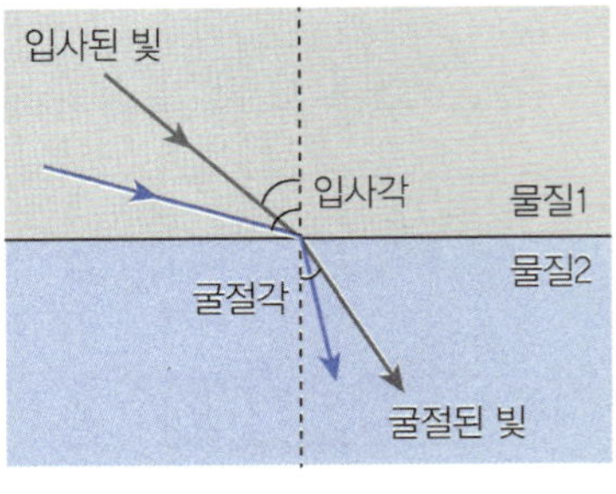

활동 1과 2는 답에 따라 예상이나 추리로 판단할 수 있다. 활동 1의 문제 1에 대한 '초의 길이가 매 3분마다 1cm씩 줄어들 것이다.'는 정확한 값으로 변인들의 관계를 말하기 때문에 예상이고, '시간이 지남에 따라 초의 길이가 짧아진다.'는 일반적 경향을 진술하기 때문에 추리이다. 예상 기능 교수 · 학습에서는 예상과 자료해석의 차이도 설명해 줄 필요가 있다. 오른쪽 그림에서 '입사각을 80°로 하면, 굴절각이 얼마나 될까?'는 예상의 질문이지만, '입사각과 굴적각의 비는 얼마인가?'는 자료해석에 관한 질문이다.

예상 교수·학습에는 관찰·측정·실험으로 얻은 자료에서 특정 의미나 사실을 추측하는 경험이 필요하다. 그러나 수집한 자료를 아무 때나, 어느 상황에서나 내삽 또는 외삽을 해서는 안 된다. 효소는 적절한 온도 범위에서 작용하기 때문에, 그 범위를 벗어난 외삽은 의미가 없다. 그러므로 자연과학 논문에서는 외삽하거나 내삽하는 활동을 제한한다.

ㅂ. 추리 기능의 교수·학습

추리 기능 교수·학습의 핵심적 내용 가운데 하나는 논리적 추론이다. 논리적 추론 기능은 귀납적 추론, 연역적 추론, 가설-연역적 추론 또는 귀추적 추론을 실제로 경험해야 획득된다. 과학적 추리 능력의 신장에는 다음 예와 같이 학생들이 직접 자료를 수집하고 그 자료를 바탕으로 귀납적 일반화를 도출하거나, 이미 학습한 법칙과 이론에서 새로운 가설이나 사실을 연역하고 실험·관찰을 통해 검증하는 교수·학습 과정이 효과적이다.

〈활동 1. 관찰의 결과와 추리 및 예상의 결과 비교하기〉
준비물: 몇 개의 잎에 구멍이 났거나 몇몇 잎의 일부가 잘린 봉숭아 화분
- 다음 진술은 관찰, 추리, 예상 가운데 어떤 활동의 결과인가?"
  - '한 잎에 세 개의 구멍이 나 있다.'
  - '저 구멍은 벌레가 먹어서 났을 것이다.'
  - '이틀 사이에 16개의 잎에 구멍이 나 있다. 내일은 몇 개의 잎에 구멍이 나 있을까?'

〈활동 2. 한 가지의 관찰 자료를 바탕으로 다양한 진술 추리하기〉
- 학생들에게 교실 뒤의 습한 응달에는 이끼가 많이 자라고 있으나 양지의 시멘트 길 주변에서는 이끼를 거의 찾아볼 수 없는 현상을 확인하게 하고 그 이유를 설명하게 한다. 그들은 다음과 같은 설명을 제시할 것이다.
  - 길에는 햇빛이 많이 쪼인다.
  - 시멘트 길 주변의 이끼는 학생들의 발길에 채이거나 밟혀 없어졌다.
  - 이끼가 시멘트 길 주변에서는 살지 않는다.
  - 길 주변의 풀을 모두 뽑아버렸다.

〈활동 3. 논리적으로 추리하기〉
명제: 물과의 혼합물은 거름, 증발, 간단한 도구 사용 등으로 분리할 수 있다.
- **문제 1.** 위 명제에 비추어 가는 소금을 만들 수 있는 방법을 말하라.
- **문제 2.** 추수한 콩에 섞여진 돌을 어떻게 골라낼 수 있는가?
- **문제 3.** 샬레의 용액에서 물이 증발하면 어떤 것이 어떤 형태로 남는가?

추리는 '흙에 떨어진 콩을 주어 담을 때 모래도 함께 섞였을 것이다.'와 같이, 관찰하지 않은 현상을 근거로 말하는 탐구 과정이다. 사실·분류·예상은 각각 '샬레에 하얀 결정체

가 남아 있다.' '이 노란 콩은 메주콩이다.' '용액의 농도와 부피에 비추어 볼 때, 접시에 남아 있는 소금은 100g 정도일 것이다.'와 같다. 한편 결론은 '빨리 증발시킨 용액의 소금이 가늘다.'와 같이, '용액을 빨리 증발시킨 소금의 결정체가 천천히 증발시킨 용액의 소금 입자보다 더 작을 것이다.'와 같이 표현되는 가설에 관한 진술이다.

(2) 통합 탐구 과정

통합 탐구 과정은 기초 탐구 과정보다 더 복잡하고 세련된 탐구 과정이다(Bentley et al., 2000). 통합 탐구 과정은 기초 탐구 과정을 실행함으로써, 또는 다양한 상황 및 주제에 관한 실제의 과학적 탐구 경험을 통해서 획득된다. 그러나 통합 탐구 과정은 과학교육학자에 따라 다양한 의미로 정의되고 있다(Crawford, 2014). [그림 2-11]은 통합 탐구 과정을 적용할 수 있는 과학적 탐구 과제로서 『2022 개정 과학과 교육과정』의 「역동적인 화학 반응」 단원의 과학적 탐구 활동에서 다룰 수 있는 실험 과제이다.

준비물

0.36% 묽은 염산, 0.40% 수산화나트륨 수용액, BTB 용액, 스티로폼 컵 5개, 온도계 5개, 눈금스포이트, 모눈종이

과정

1. 5개의 스티로폼 컵 (가)~(마)에 묽은 염산을 표와 같이 18, 14, 10, 6, 2mL씩 넣는다.

용액	(가)	(나)	(다)	(라)	(마)
염산(mL)	18	14	10	6	2
수산화나트륨 수용액(mL)	2	6	10	14	18
섞은 후 최고 온도(℃)	28.0	30.5	34.1	30.0	27.6

2. 컵 (가)에 수산화나트륨 수용액 2mL를 넣고 잘 흔든 후, 온도 변화가 멈추면 온도를 읽는다.
3. 용액 (나)~(마)에 수산화나트륨 수용액을 표와 같이 정해진 부피로 넣고 잘 흔든 후, 온도 변화가 멈추면 온도를 읽는다.
4. 위에서 얻은 결과를 이용하여 각 용액의 부피 비에 대한 온도의 그래프를 모눈종이에 그린다.
5. 실험에서 얻은 결과를 정리하고, 그 결과를 바탕으로 결론을 도출한다.

[그림 2-11] '중화 반응' 실험 활동

SAPA II(AAAS, 1990)에서는 통합 탐구 과정을 변인통제, 자료해석, 조작적 정의, 가설설정, 실험하기로 구분한다. 『제7차 과학과 교육과정』(교육부, 1997)에서는 통합 탐구 과정을 문제인식, 가설설정, 변인통제, 자료변환, 자료해석, 결론도출, 일반화로 나눈다.

① 문제인식

과학적 연구나 탐구를 시작하려면 가장 먼저 연구영역, 또는 연구주제를 결정한다. 연구의 영역이나 주제를 결정한 다음에는 해결할 연구문제를 확인하여 진술해야 하는데, 연구의 영역과 주제로 연구의 제목을 정한 다음 연구문제를 확인하여 진술하는 과정을 문제인식이라고 한다. 문제인식은 조사·실험 과정의 첫 번째 단계로서 심리학과 관련된 과학교육학 연구에서는 문제를 조작적 용어로 진술하는 과정이 포함된다.

과학적 탐구의 문제는 기술 문제, 상관관계 문제, 인과관계 문제로 나뉜다. 기술 문제는 조사할 변인으로, 상관관계 문제는 변인들 사이의 상관관계로, 인과관계 문제는 변인들 사이의 인과관계로 진술한다(Krajcik & Czerniak, 2007). 다음 예와 같이, 기술 문제, 상관관계 문제, 인과관계 문제는 각각 실태조사, 상관관계 연구, 인과관계 연구에서 제시된다.

- **기술문제:** 어떤 물질이 물에 녹는가?
- **상관관계 문제:** 소금과 설탕이 물에 녹는 시간 사이에는 어떤 관계가 있는가?
- **인과관계 문제:** 물의 온도는 소금이 물이 녹는 양에 어떤 영향을 미치는가?

과학적 연구의 유형에 따라 연구문제가 다르지만, 좋은 연구문제일수록 연구의 방향·방법·내용을 분명하게 말해준다(Wiersman & Jurs, 2009). 이 기준에 따르면, 이 세 문제들을 모두 좋은 문제로 볼 수 있다. 한편 [그림 2-11]의 실험 과제에 관한 좋은 문제와 좋지 않은 문제를 예시하면 다음과 같다. 좋지 않은 문제 가운데 첫째 문제는 어떤 산과 염기를 이용해야 할 것인지 구체적으로 말하지 않으며, 둘째 문제는 무수히 많은 실험을 하게 하거나 변인통제를 하지 않고 확인만 하는 탐구 활동을 요구한다.

- **좋은 문제:** 몰농도가 같은 염산과 수산화나트륨 수용액의 농도 비율과 발생되는 열 사이에는 어떤 관계가 있을까?
- **좋지 않은 문제:** 산과 염기를 얼마의 비율로 섞으면 열이 가장 많이 발생할까?
  산과 염기를 섞으면 열이 발생할까?

과학교육학 연구에서는 연구문제를 기존의 과학지식으로 이해하기 어려운 자연·생명현상이나 전통적 방법으로는 해결하지 못하는 상황으로 기술한다. 연구문제는 연구와 관련이 있는 이론의 분석, 문헌조사, 일상생활의 경험을 통해서 설정하여 진술한다. 과학적 연구에서 해결할 문제의 결정에는 문헌조사가 가장 보편적으로 적용된다. 연구문제는 평서문으로 기술해도 되지만, 대부분의 경우 의문문의 형태로 진술한다.

② 가설설정

과학적 연구에서 설정하는 가설은 예상되는 연구의 결과에 관한 진술, 즉 연구문제에 대한 잠정적 해답이다. 상관관계 연구와 인과관계의 확인에 목적이 있는 실험·준실험·사후 연구에서는 모두 가설을 연구문제와 관련된 조절변인/독립변인과 반응변인/종속변인 사이의 예상되는 관계로 진술한다(Bentley et al., 2000). [그림 2-11]에 제시된 실험 과제에 대한 좋은 가설과 좋지 않은 가설을 예시하면 다음과 같다.

- **좋은 가설:** 몰농도가 같은 염산과 수산화나트륨 수용액을 섞는 부피의 비율이 1에 가까워질수록 열이 많이 발생할 것이다.
- **좋지 않은 가설:** 산과 염기를 같은 부피로 섞으면, 가장 많은 열이 발생할 것이다.

이와 같이, 쉽고 간편하게 검증되는 가설일수록 좋은 가설이다. 또한 좋은 가설은 제멋대로 한 추측(wild guess)이 아니라 적어도 '유식한 추측(educated guess)'을 가리킨다(Bentley et al., 2000). 과학철학자들은 가설의 이런 특성 때문에, 좋은 가설일수록 과학적이라고 말한다. 좋은 가설은 그 진위 또는 타당성을 검증할 목적으로, 그리고 반드시 관련이 있는 정보나 지식에 바탕을 두어(Globe Fearon, 2003) 설정된 것이다. 그런데 연구문제의 잠정적인 답의 형식으로 진술한 가설일지라도, '염산과 수산화나트륨 수용액을 같은 부피로 섞으면 남는 산이나 염기가 없이 모두 중화되어 온도가 가장 높아질 것이다.'와 같이 독립변인과 종속변인 이외에 원인을 제시하거나 그것을 설명하는 것과 같은 군더더기의 말이 들어가는 가설은 좋지 않다. 또한 위의 좋지 않은 가설과 같이, 연구가설은 검증할 방법을 구체적으로 제시하지 못할 만큼 일반적인 의미로 진술해서도 안 된다.

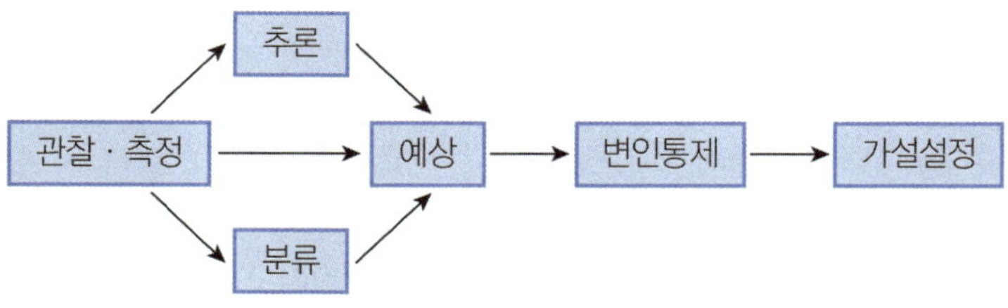

[그림 2-12] 가설설정 단계

과학실험에서는 가설을 [그림 2-12]와 같이, 관찰과 측정, 분류, 추론, 예상, 변인통제를 통해 얻어진 자료를 바탕으로 설정한다. 그러므로 과학자들이 수행하는 과학적 연구 현장에서뿐만 아니라 각급 학교 과학 교수·학습 과정에서 검증하기 위하여 설정하는 가설은 관찰 · 측정 · 추론 · 분류 · 예상 · 변인통제와 다르다. [그림 2-12]에 나타나 있듯이, 가설의 설정에 가장 기본적인 자료는 관찰과 측정을 통해 얻어진다(WPS, 1986).

인과관계의 규명에 목적을 둔 실험과 상관관계의 확인에 목적을 둔 조사의 연구가설은 각각 실험과 조사의 지침이 될 뿐만 아니라 방향을 제시하며, 그런 과정에 유용한 도구가 된다. 좋은 연구가설은 연구문제와 관련된 변인을 확인하고, 독립변인과 종속변인을 포함시켜 진술한다. 연구가설은 독립변인을 앞에, 종속 변인을 뒤에 두어 진술한다.

③ 변인통제

실험설계는 종속변인과 독립변인을 확인하는 데에서 시작된다. 종속변인은 조작변인이 변함에 따라 함께 변하는 변인이다. 독립변인은 크게 조작변인과 통제변인으로 나뉜다(Parkinson, 1994). 조작변인은 계획적으로 변화시키는 독립변인이며, 통제변인은 결과에 서로 다른 영향을 미치지 않도록, 즉 동일한 영향을 미치도록 일정하게 유지시키는 변인이다. [그림 2-11]의 실험 과제와 관련된 변인은 다음과 같다.

- **조작변인**: 몰농도가 같은 염산과 수산화나트륨 수용액의 부피
- **통제변인**: 섞기 전의 온도, 온도를 재는 시간, 두 용액을 섞는 비커의 크기 등
- **종속변인**: 섞은 후에 발생되는 열(온도)

실험설계는 실험 또는 조사의 결과에 영향을 미치는 모든 변인을 확인한 다음, 통제변인을 통제하며, 조절변인을 조작하고, 관찰 · 측정 계획을 수립하는 과정이다. 변인통제는 실험설계의 한 구성요소로서 조사와 실험이 이루어질 수 있도록 변인을 철저하게 통제하고, 정확하게 조절하는 과정이다. 과학적 연구를 수행할 때에는 관련이 있는 변인을 모두 확인하여 완벽하게 통제하고, 정확하게 조절해야 타당한 자료를 수집할 수 있다.

④ 자료해석

자료해석은 자료에 담겨진 의미를 이해하고(Wray, 1987), 그 의미를 자신의 말로 나타내며, 지식과 관점에 따라 다른 용어로 표현하는 과정이다. 더 구체적으로 말하면, 자료해석은 문장 · 표 · 그래프 · 그림 · 사진을 읽고 그 의미를 파악하는 과정이다(Watson, 1991). 자료해석의 결과는 문장과 아울러 평균 · 최빈값 · 중앙값 · 빈도 · 표준편차 · 표준오차 · t-값 등 통계학적 용어로 기술한다. 자료를 변환하는 과정도 자료해석에 해당된다.

과학적 연구와 과학 실험에는 자료를 수집하고, 그것을 분석 · 해석하는 절차를 반드시 통과한다. [그림 2-11]의 실험 과제에서 '컵 (다)의 섞은 후의 온도가 34.1℃로서 가장 높

다.'가 자료해석의 한 예이다. 자료를 정확하게 해석하기 위해서는 관찰·분류·측정의 능력이나 최소한 그런 경험이 있어야 한다. 자료해석 기능은 이런 특성 때문에, 고차원적 기능으로 인정되며(Martin et al., 1997), 관찰·예상·추리·결론과 구분된다.

⑤ 결론도출

논리적 추론 과정에서는 전제들을 바탕으로, 그리고 타당한 논증 과정을 거쳐서 결론을 이끌어낸다. 이와 달리, 과학적 연구나 과학실험에서는 수집한 자료를 근거로 가설을 수용할지, 또는 기각할지 그 여부를 판단하여 결론으로 진술한다. 결론은 과학적 연구 및 과학실험의 결과에 대한 요약이 아니라 주제·문제·가설에 대한 최종적 해답이며, 확정적 진술이다(Globe Fearon, 2003). 그러므로 결론은 연구문제나 연구가설마다 진술하며, 길이에는 제한이 없으나, 가능한 한 간단명료하게 진술한다. [그림 2-11]에 제시된 실험의 과제에 대한 결론을 좋은 것과 그렇지 않은 것으로 구분하여 예시하면 다음과 같다.

- **좋은 결론:** 염산과 수산화나트륨 수용액을 같은 부피로 섞을 때 열이 가장 많이 발생한다.
- **좋지 않은 결론:** 산과 염기를 같은 부피로 섞으면 열이 가장 많이 발생한다.
  산과 염기는 같은 당량끼리 섞으면 가장 많은 열이 발생한다.

이 예의 좋은 결론은 '염산과 수산화나트륨 수용액을 섞는 부피의 비가 1에 가까워질수록 열이 많이 발생할 것이다.'는 가설에 잘 호응된다. 좋은 결론의 조건은 과학적 연구나 과학실험에서 수집한 자료에서 논리적으로 도출해야 하며, 연구문제나 연구가설과 일치해야 한다는 점이다. 위의 좋지 않은 결론은 둘 다 직접 관련이 있는 실험에서 얻을 수 있는 자료 이외의 자료에도 적용된다. 첫째의 좋지 않은 결론은 다른 산과 염기를 이용한 실험과 이 실험의 결과에 바탕을 둔 일반화이거나 경향성을 나타내는 추리이다. 둘째의 좋지 않는 결론은 관련이 있는 여러 실험의 결과를 바탕으로 추리한 일반화의 진술로서 위 실험을 통해서 얻은 결과뿐만 아니라 산과 염기의 반응을 모두 설명하는 이론이다.

결론도출은 예상·추리·가설설정·자료해석과도 자주 혼용되거나 혼동된다. 예상과 추리는 연구가설 및 연구에서 직접 관찰한 자료와 꼭 관계가 있는 것은 아니지만, 결론은 반드시 연구의 가설 및 해당 실험 주제에 한정된 진술이다(Globe Fearon, 2003). 한편 논문에 진술된 결론은 연구의 주제·질문·가설에 대한 확정적 언급이지만, 가설은 가정적 언급이다. 또한 자료해석은 주어진 자료의 의미를 나타난 그대로 기술한 것이지만, 결론도출은 의미를 결정짓는 진술이다. 특히 연구보고서에 제시되는 결론은 결과의 반복적 진술이 아니라, 그 결과에 바탕을 두어 논리적으로 추론하여 진술의 형태로 기술한다.

⑥ 일반화

일반화는 논리적 추리와 과학적 연구에 필수적인 과정이다. 논리적 추리에서는 특정한 사실에서 포괄적인 진술에 이르는 논증 과정을 일반화, 또는 귀납적 일반화로 일컫는다. 귀납적 일반화는 표본에 바탕을 둔 논증으로서, 절대적 용어로 기술되어 예외를 인정하지 않는 보편적 일반화와 통계적 용어로 진술되어 확률적 의미를 갖는 통계적 일반화로 구분된다. 여러 조사나 실험의 결론들을 포함하는 일반화는 포괄적인 결론으로서, 변인들 사이의 관계에 대한 일반화는 법칙으로 일컬어진다(Carin, 1997).

일반화는 한 번의 실험만으로 이끌어낼 수 없다. 염산과 수산화나트륨 수용액뿐만 아니라 같은 부피로 반응하는 다른 산과 염기를 섞어 같은 결과를 얻었을 때는 위 과제에서 수집한 자료도 포함할 수 있는 '산과 염기는 같은 부피로 섞으면 열이 가장 많이 난다.'와 같은 일반화를 진술할 수 있다. 한편 '산과 염기는 같은 당량끼리 반응할 때 가장 많은 열을 낸다.'는 이 일반화를 설명하는 이론으로서 일반화보다 더 포괄적이다.

일반화는 추리나 자료해석과 공통적 특성뿐만 아니라 다른 점도 지닌다. 귀납적 일반화와 귀납적 추리는 용어만 다를 뿐 동일한 과정이다. 그러나 귀납적 일반화 과정을 통해 진술한 일반화는 과학적 법칙으로 불리지만, 귀납적 추리의 결과는 그냥 결론으로 불린다. 한 연구에서는 결론이 도출되지만, 여러 연구에서 수집된 동일한 결과를 종합하면 일반화가 도출된다. 자료해석에서는 하나의 자료가 담고 있는 의미를 다른 말이나 기호로 표현하지만, 일반화에서는 여러 자료를 바탕으로 포괄적인 의미를 도출한다.

⑦ 통합 탐구 과정의 교수 · 학습

통합 탐구 과정은 두 가지 이상의 기초 탐구 과정이 통합되어 있어서 기초 탐구 과정보다 더 고차원적이다. 통합 탐구 과정을 효과적으로 수행하기 위해서는 그것을 구성하는 기초 탐구 과정 기능을 모두 획득해야 한다(Martin et al., 2009).

ㄱ. 문제인식 기능의 교수 · 학습

과학 시간에 실험을 통해 해결할 문제는 과학 교육과정의 내용과 관련되어 있으면서 주변의 자연, 일상생활, 사회적 상황에 관한 것이 실용적이다. 학교 주변이나 야외에서 자연을 관찰하고, 탐색하며, 해결할 문제가 무엇인지 말하게 하는 과정도 문제인식 기능 교수 · 학습에 효과적이다. '예'나 '아니오'로 답할 수 있는 형태의 질문은 연구문제가 되지 못한다. 다음은 문제인식 기능의 교수 · 학습 예이다.

개나리 · 상추 · 진달래는 봄에 꽃이 피지만, 국화 · 코스모스는 가을에 꽃이 핀다. 봄에 꽃이 피는 식물을 장일식물, 가을에 꽃이 피는 식물을 단일식물이라 한다. 민들레는 계절에 관계없이 꽃이 피는데, 이를 중일식물이라 한다. 이와 같은 분류체계는 원래 식물의 개화가 낮의 길이에 의해서 결정된다는 가정에 따라 구성한 것이다. 그러나 식물학자들은 최근에 식물의 개화가 낮의 길이가 아니라, 밤의 길이에 의해서 결정된다는 사실을 밝혀냈다. 다음 문제에 답하라.

- **문제 1.** 식물의 개화가 낮의 길이에 의해 촉진된다는 가정이 정설이었으나 밤의 길이에 의해 이루어진다는 새로운 사실이 입증되었는데, 그런 사실을 밝혀내기 위한 연구를 수행하게 된 이유가 무엇이라고 생각하는가?
- **문제 2.** 꽃피는 시기가 낮의 길이보다 밤의 길이에 의해 결정된다는 사실을 규명하기 위하여 수행할 연구의 제목을 진술하라.
- **문제 3.** 이 연구주제에 관한 연구문제를 진술하라.
- **문제 4.** 이 연구문제를 해결하기 위한 연구에서 검증할 연구가설을 진술하라.
- **문제 5.** 연구문제와 연구제목 및 연구가설의 차이를 말하라.

이 교수·학습의 예에서 연구제목은 '밤의 길이가 식물의 개화에 미치는 영향'과 같이 진술할 수 있다. 한편 '밤의 길이가 식물의 개화에 어떤 영향을 미칠까?'보다 '밤의 길이가 개나리의 개화에 어떤 영향을 미칠까?'가 더 구체적으로 진술되어 있어서 더 좋은 연구문제이다. 연구문제는 목적에 따라 변인들 사이의 인과관계나 상관관계를 포함한 문장으로 진술하거나, 또는 단지 하나의 조사할 변인만으로 진술한다.

ㄴ. 가설설정 기능의 교수·학습

가설설정 기능의 습득에 목적을 둔 교수·학습에서 다루는 내용은 가설의 의미와 특성, 가설의 출처와 종류, 가설을 진술하는 방법이다. 가설설정 기능의 교수·학습 내용에는 관찰·추론·예상·법칙·이론과 구분할 수 있는 능력도 포함시킬 필요가 있다. 다음 예시에서 알 수 있듯이, 연구가설은 기초 탐구 과정인 예상과 비슷한 형태로 진술된다.

어떤 학생이 자기 집에서 기르는 닭이 낳는 알의 수가 계절에 따라 다른 것을 발견하였다. 그는 닭이 가을이나 겨울보다 봄과 여름에 알을 더 많이 낳는 사실을 관찰하였다. 그는 아마도 낮이 가을이나 겨울보다 봄과 여름에 더 길기 때문이라고 생각하였다. 다음 문제에 대답하라.

- **문제 1.** 이 상황에서 실험을 통해 해결하고자 하는 연구문제를 진술하라.
- **문제 2.** 이 연구문제를 해결하기 위한 실험의 설계에 필요한 독립변인과 종속변인을 말하라.
- **문제 3.** 이 연구문제에 대한 가능한 해답을 연구가설로 진술하라.
- **문제 4.** 이 상황과 관련된 과학적 사실·법칙·이론을 말하라.

- **문제 5.** 이 상황과 관련된 사실을 예상하고, 추리해 보아라.
- **문제 6.** 연구가설과 과학적 사실 · 법칙 · 이론 · 예상 · 추리의 차이를 말하라.

연구문제는 '낮의 길이가 산란에 어떤 영향을 미칠까?'와 같이, 그리고 연구가설은 '닭장에 빛을 더 오래 비추어주면, 닭이 알을 더 많이 낳을 것이다.'와 같이 둘 다 조절변인과 종속변인으로 진술한다. '온도를 일정하게 유지하면서 닭장에 빛을 더 오래 비추어주면, 닭이 알을 더 많이 낳을 것이다.'와 같이 연구가설에 통제변인을 꼭 포함시킬 필요는 없다. 종속변인은 알의 개수, 조절변인은 햇빛, 통제변인은 온도, 닭의 나이, 모이의 양 등이다. 과학적 사실은 알의 개수이고, 과학적 법칙은 빛을 주는 시간과 알의 개수 사이의 관계이며, 과학적 이론은 햇빛 때문에 알을 더 많이 낳는 이유에 관한 설명이다.

가설설정 기능의 신장에 목적을 둔 교수 · 학습은 해결할 문제를 진술하고, 진술된 문제에 대한 잠정적인 답으로 보기에 합당한 가설을 설정하며, 가설과 다른 탐구의 과정을 비교하는 절차를 통해서 수행하면 효과적이다. 가설은 가능한 한 광범위한 영역을 포함하도록 포괄적이고, 연구나 실험의 내용 및 방법을 잘 알려줄 수 있도록 구체적으로 제시하게 한다. 또한 가설과 가정의 다른 점도 보여 준다. 위의 예와 같이, 가설은 관찰 · 측정 · 실험 · 조사를 통해 검증하는 대상이지만, 가정은 '실험의 표본으로 이용된 닭은 모두 알을 낳는다.'와 같이 변인 또는 변인에 관한 진술이 아니다.

가설설정 기능 교수 · 학습에서는 가설을 결론의 근거로 이용하는데, 이는 결론의 수와 가설의 수가 같음을 시사한다. 그러나 연구가설은 실태의 파악에 목적을 둔 조사에서는 설정하지 않는다는 점을 특별히 강조할 필요도 있다. 상관관계나 인과관계의 규명에 목적을 둔 연구에서만 연구가설을 연구문제에 관한 잠정적 답의 형식으로 진술하게 한다.

ㄷ. 변인통제 기능의 교수 · 학습

변인통제 기능의 교수 · 학습 목표는 변인의 의미와 종류에 관한 이해, 통제변인을 통제하고, 조절변인을 조절할 계획의 수립 기능, 또는 실험설계 방법의 습득에 있다. 변인통제 기능의 습득에 목적을 둔 교수 · 학습에서는 다음 예와 같이 각종 변인과 변인들 사이의 관계를 말하는 기회가 주어져야 한다. 또한 변인통제가 변인들 사이의 인과관계 확인에 목적을 둔 과학실험에는 반드시 거쳐야 하는 단계임을 강조한다.

> 한 학생이 짓다 만 건물의 골재들이 녹슨 것을 관찰하였다. 그는 녹슨 이유를 알아보기 위해, 우선 공기 · 습도 · 온도 · 액체 가운데 어떤 요인이 철의 부식에 가장 큰 영향을 미치는지 확인하고자 결심하였다. 그의 입장에서 다음 과제를 수행하라.

- **문제 1.** 해결할 문제를 말하라.
- **문제 2.** 실험을 통해 검증할 가설을 말하라.
- **문제 3.** 문제 2에서 제시한 여러 가설들 가운데에서 '습도가 철의 부식에 영향을 미칠 것이다.'는 연구가설을 검증하기 위한 실험을 수행하기로 결정하였다고 가정하고, 그 가설과 관련된 조절변인 · 반응변인 · 통제변인을 말하라.
- **문제 4.** 이 연구에서 중개변인을 말하라.
- **문제 5.** 위의 연구가설을 검증할 실험을 설계하라.

이 예에서, '어떤 요인이 철의 부식에 영향을 미칠까?'와 같은 연구문제는 연구의 목적과 내용을 구체적으로 말해주지 않기 때문에 좋은 것이 아니다. 이 연구문제보다는 '액체(또는 공기, 습도, 온도)가 철의 부식에 어떤 영향을 미칠까?'가 더 좋다. 만일, 철에 바른 용액의 성분이 동일하지 않았다면, 그 성분은 중개변인이 된다.

변인통제 기능은 통제변인을 일정하게 유지시키면서 조절변인을 조절하고, 종속변인이 변화된 정도를 관찰하거나 측정하는 과정을 통해 효과적으로 길러진다. 종속변인에 영향을 미쳤지만 실험하기 전에 확인하지 못한 철의 순도는 중개(매개)변인이다. 변인통제 기능의 교수 · 학습에서는 이런 변인의 통제, 조절, 확인을 포함시켜야 하며, 변인통제가 실태조사 연구에서는 이루어지지 않는다는 점도 보여줄 필요가 있다.

ㄹ. 자료해석 기능의 교수 · 학습

자료해석 기능의 신장에 목적을 둔 교수 · 학습에서는 표 · 그래프 · 사진 · 글을 보고 각자 자신의 말로 표현하게 하는 것이 바람직하다. 자료해석 기능 교수 · 학습에서는 제공된 자료를 읽고 분석하여 인과관계 또는 상관관계, 그 밖의 사실을 확인하여 새로운 정보로 조직화하는 활동도 수행하게 해야 한다. 자료해석 기능의 수업에는, 다음 예에서와 같이, 자료를 통계적으로 분석하는 고차원적 자료해석 활동도 포함시키는 것이 좋다.

준비물: 원자핵, 전자 수, 원자번호, 질량을 나타내는 수소 · 탄소 · 산소 · 질소 · 유황 원자의 그림

- **문제 1.** 다음 표를 완성하라.

원자 이름	원자 번호	전자 수	질량
수소			
탄소			
산소			
질소			
유황			

- **문제 2.** 전자와 원자번호 사이에 어떤 관계가 있는가?
- **문제 3.** 이 표의 자료에서 원자 번호와 질량의 관계를 그래프로 나타내고, 그 의미를 말하라.
- **문제 4.** 이 표의 자료와 관련된 추리, 예상, 결론도출을 진술하라.
- **문제 5.** 문제 3의 의미와 문제 4에서 진술한 추리, 예상, 결론도출과 어떻게 다른지 말하라.

자료해석은 '수소・산소・탄소의 전자 수는 각각 1, 16, 12개이다.'와 같다. 자료해석 기능의 신장에 목적이 있는 교수・학습은 일기도, TV 기사, 신문・잡지의 사진 등 일상적인 자료를 읽고 자신의 말로 해석하게 하는 방법이 효과적이다. 자료해석 기능의 함양을 위한 교수・학습에서는 자료해석과 관찰・추리・예상・결론도출 사이의 차이를 말하는 기회를 제공하며, 논문의 결과 또는 토의나 결론이 아님을 강조할 필요도 있다.

ㅁ. 결론도출 기능의 교수・학습

변인통제 단계를 거쳐 수행된 과학적 연구의 논문이나 보고서는 반드시 결론도출로 끝을 맺는다. 결론도출 기능을 신장시키기 위한 교수・학습의 근본적 목표는 결론의 특성과 결론을 도출하는 방법을 이해시키는 데에 있다. 결론도출 기능의 교수・학습에는, 다음 예가 보여주는 바와 같이, 과학적 연구나 과학실험을 통해 수집한 자료를 제시하고, 그 결과에 관한 결론을 도출하는 경험을 갖게 하는 방법이 효과적이다.

한 학생이 다음과 같은 가설을 검증하기 위해 실험을 실시하여 그 결과를 얻었다. 다음의 가설과 결과를 보고 물음에 답하라.

- 가설: 산의 농도가 높을수록 마그네슘 금속이 더 쉽게 녹을 것이다.

- 결과:

시험관	산의 부피(mL)	물의 부피(mL)	마그네슘	금속이 녹는 시간(초)
1	10	0	47	
2	8	2	63	
3	6	4	99	
4	4	6	121	
5	2	8	155	

- **문제 1.** 이 표의 자료가 가설과 관련이 있는가?
- **문제 2.** 이 표를 보고 결론을 진술하라.
- **문제 3.** 산의 부피가 0mL이고 물의 부피가 10mL일 때, 마그네슘 금속이 녹는 시간은?
- **문제 4.** 이 자료를 보면 어떤 규칙성을 말할 수 있는가?
- **문제 5.** 위의 문제 2, 3, 4의 진술 및 그에 관한 대답은 어떤 탐구 과정을 나타내는가?

결론도출 기능 교수·학습에서는 결론을 객관적으로 진술하도록 강조한다. 문제 2에서 내릴 결론은 '마그네슘 조각은 낮은 농도의 산보다 높은 농도의 산에서 더 잘 녹는다.'와 같다. '산의 농도가 높을수록 마그네슘 금속이 더 쉽게 녹을 것이라는 가설이 맞다.'와 같은 진술도 결론으로 타당하다. 그러나 '마그네슘 조각은 낮은 농도의 산보다 높은 농도의 산에서 더 잘 녹을 것으로 생각한다.'는 주관적인 진술로서 결론으로 적절하지 않다.

결론도출 기능의 습득에 목적을 둔 교수·학습에서는 결론과 추리·예상·자료해석·일반화를 구분할 기회를 제공할 필요도 있다. '산의 농도와 마그네슘 금속이 녹는 시간은 반비례한다.'는 추리이며, '산이 없으면 마그네슘 금속이 녹는 데 190초 정도 걸릴 것이다.'는 예상이고, '순수한 산성에서 마그네슘 금속이 녹는 데 47초가 걸렸다.'는 자료해석이다. 다른 몇 가지 금속을 대상으로 실시한 실험의 결과를 바탕으로 도출하여 진술한 '금속 조각은 낮은 농도의 산성보다 높은 농도의 산성에서 더 잘 녹는다.'는 일반화이다.

결론의 본성과 그 기능에 관한 교수·학습에서는 결론, 결과, 요약의 차이를 이해시키는 것이 바람직하다. 결론은 귀납적 추리의 결과가 아니며, 의미의 해석도 아니라는 것을 알게 해야 한다. 결론 표제 안에서는 결과에 관한 것만 진술하지만, 요약은 결론뿐만 아니라 연구의 필요성, 목적, 방법, 결과를 함께 기술한다는 것을 일러주어야 한다. 실태조사 논문에는 이런 결론이 진술되지 않는다는 것도 알게 해야 한다.

(3) 탐구 활동

과학적 탐구는 과학지식을 생성하고 자연세계를 이해하기 위하여 수행하는 조사와 연구이다(Gallagher, 2007). 과학적 탐구가 이와 같이 정의되기 때문에, 과학적 탐구 방법이 과학적 방법과 혼용되지만, 이 둘은 엄격한 의미에서 서로 구분된다. 과학적 방법과 과학적 탐구 방법은 각기 고유한 기능과 활동을 통해 적용된다. 이 절에서는 탐구 활동으로 토의, 실험, 조사, 견학, 과제연구에 대해 알아본다.

① 토의

일반적인 뜻의 토의(discussion)는 집단적 상호작용이며(Brookfield & Preskill, 1999), 여러 사람들 사이의 의사소통 또는 상호 간에 의견을 교환하는 과정이다(Dillon, 1994). 토의는 과학적 탐구의 한 가지 활동이지만, 과학 교수·학습에 필수적인 전략이기도 하다. 과학적 탐구 활동으로서의 토의는 현대의 과학철학과 사회학에서 중요시하는 과학지식을 형성·검증하는 활동을 지칭하며, 과학 교수·학습의 전략으로서의 토의는 현대의 심리학 및 심리철학에서 강조하는 교수·학습의 과정과 방법을 일컫는다.

토의는 민주사회를 살아가는 과정에도 긴요한 수단으로서, 현대의 사회학적 관점과도 부합한다. 과학적 탐구의 한 가지 활동으로서의 토의는 참여자로 하여금 주제를 비판적으로 이해하게 해주며, 자기인식과 자기비판 능력을 증진시켜 준다. 토의는 또한 피아제의 지능발달 이론이 제시하는 바와도 같이, 동일한 주제에 관하여 다양한 견해가 있을 수 있음을 인식시키며, 사회적 문제에 관하여 건전한 행동을 취하게 한다.

심리학적 이론으로서의 구성주의, 즉 급진적 구성주의도 학습이 사회적 과정을 통해 이루어진다고 주장한다. 과학 교수·학습의 한 과정으로 이루어지는 토의는 교사와 학생이 갖고 있는 공동 관심사에 관한 의문을 확인하고, 그에 관한 다양한 해답을 교환하거나 점검하며, 그 문제 및 해답과 관련이 있는 지식과 이해를 증진할 목적으로 이루어진다(Levinson, 1994). 토의 교수·학습의 주제로는 가치관이 개재된 과학과 관련된 문제에 관한 인식과 판단, 쟁점에 관한 의사결정, 여러 가지의 대안적 해결책이 적합하다.

② 실험

실험(experiment)은 같은 조건에서 같은 결과를 끌어내기 위한 원칙과 절차이다. 실험은 원칙적으로 문제진술, 가설설정, 변인의 통제와 조절, 자료의 수집·분석·해석, 결론도출의 절차를 통해 현상들 사이, 또는 변인들 사이의 인과관계를 확인하기 위해 수행한다. 실험은 과학지식을 형성·검증하는 방법이자 수단이기도 하다(NAGB, 2007). 과학적 연구의 수단으로서, 또는 과학 교수·학습의 전략으로서의 실험을 효과적으로 수행하기 위해서는 통합 탐구 기능은 물론이고 기초 탐구 기능과 수공적 조작 기능도 습득해야 한다.

각급 학교에서 과학 교수·학습의 전략으로 이용되는 과학실험은 통제된 실험, 또는 실험실 작업을 가리키며, 영국과 호주에서는 실기작업(practical work)의 한 유형으로 받아들인다. 실기작업의 다른 유형으로 시범실험, 과학실험실 실험, 모의실험(simulation), 역할놀이, 야외조사, 문제해결 활동이 있다((Wellington & Ireson, 2008). 실기작업은 일반적으로 인식되고 있는 야외조사나 과학실험보다 더 포괄적인 의미를 지니지만, 야외조사 또는 과학실험과 비슷한 과정을 통해 수행된다.

과학실험은 조사의 가장 핵심적 형태이며, 역사적으로 볼 때, 과학적 탐구 과정에 대한 최초의 연구에서는 과학실험의 단계 또는 그 과정을 중심으로 분석하였다. 과학실험의 기능에는 통계적 분석과 보고서를 작성하는 기술도 포함되며, 이런 특성 때문에, 때때로 과학적 연구와 동일시되기도 한다. 특히 과학교육학 연구에서는 과학실험이 대체로 다음과 같은 절차에 따라 수행된다(Bentley et al., 2000).

〈실험설계〉

- **주제와 관련된 연구문제의 구성**
- **관련된 모든 변인의 확인**
  - 조작변인(manipulated variable)의 확인
  - 반응변인(responding variable)의 확인
  - 통제변인(controlled variable)의 통제(일정하게 유지)
- **가설의 설정과 진술**
- **조작적 정의**
- **실험절차 기술**
- **자료수집 도구, 방법 등 준비(선택)**

〈실험수행〉

- 자료수집
- 자료분석
- 결론도출
- 결론에 의한 가설검증(결론과 가설의 비교)

'이산화탄소 농도와 광합성 량은 어떤 관계를 맺고 있을까?'는 야외에서는 해결하기 어렵고, 실험실 실험을 통해서 효과적으로 해결할 수 있는 문제이다. 실험실에서 수행되는 과학실험은 엄격한 의미에서 야외에서 수행되는 조사와 다르다. 과학실험의 목적은 인과관계의 규명에만 있지만, 조사의 목적은 인과관계 이외에 상관관계의 파악과 실태의 확인에도 있다. 또한 조사는 야외나 실험실에서도 이루어지지만, 과학실험은 변인을 정확하게 조작하고 통제변인을 완벽하게 통제할 수 있는 과학실험실에서 수행된다.

③ 조사

과학적 연구와 과학적 탐구가 과학실험실에서만 이루어지지 않으며, 조사(investigation)도 과학실험에 전적으로 의존하지는 않는다. 과학적 연구와 과학적 탐구도 자연이나 지역사회에서 수행할 수 있다. 이런 특성 때문에, 과학은 조사로서의 과학으로 특징지어지기도 한다(Chiappetta & Koballa, 2015). 특히 과학실험실에서 제대로 통제하거나 조절할 수 없는 변인에 관한 연구는 야외조사나 실태조사에 의존할 수밖에 없다.

조사는 정보의 탐색(search) 또는 문제해결로서 정교성과 세련된 수준에 따라 시행착오, 자료정리(documenting), 예상검증, 산물검증, 실험, 반성(reflecting), 모형생성, 발견의 여덟 가지 방법으로 대별된다. 이 가운데에서 앞의 여섯 가지 방법을 통해 자료와 정보를 수집할 수 있으며, 뒤의 두 가지 방법 곧 모형생성과 발견을 통해서 다른 결과를 얻을 수

있다. 한편 과학적 연구도 이런 조사의 한 구성요소이다. 조사에 의한 과학적 탐구 수업은 조사와 과학적 연구를 통합하면 더욱 효과적이다(Bentley et al., 2000).

과학적 연구로서의 조사에서는 자료나 정보뿐만 아니라 생물 또는 무생물도 수집한다(Hammerman, 2006). 자료를 수집하는 조사의 주된 목적은 실태 · 상관관계 · 인과관계의 확인에 있다. '한강 수계의 오염도 조사'와 같은 실태의 확인에 목적을 둔 조사에서는 조사할 항목을 결정하고, 그에 관한 사실적 정보를 수집한다. 학생들의 가정 방문 조사, 과학의 과목별 성취도 조사, 지능지수 조사도 이런 형태의 조사이다. 실태조사는 가설을 설정하지 않고, 조사할 현상이나 변인 또는 항목을 나열함으로써 시작한다.

과학적 탐구 과정으로서의 조사의 목적은 상관관계의 확인에도 있다. '산의 높이와 습도의 관계에 관한 조사'가 그런 조사의 한 예이다. 이 과제는 산의 높이가 습도의 원인이 될 수 없기 때문에, 실험으로 수행할 이유가 없다. 상관관계는 실태를 조사한 다음 조사 항목을 변인으로 삼아 구해볼 수도 있다. 즉 인구의 실태조사 자료를 바탕으로 성과 지능지수 사이, 가정의 월수입과 성취도 사이의 상관관계를 확인해 볼 수 있다.

상관관계나 실태를 조사할 때는 대부분의 경우 전수 조사가 불가능하다. 실태조사는 모집단(population)을 대표하는 표본(sample)을 선정하고, 그 표본을 대상으로 이루어진다. 이런 과정에는 고도로 전문적인 표집(sampling), 곧 표집설계 기술이 필요하다. 또한 표본에서 수집한 자료는 표준편차와 표준오차의 계산과 같은 통계학 지식이 필요하다.

조사는 과학실험과 마찬가지로 기초 탐구 과정은 물론이고 통합 탐구 과정을 통해서 이루어지는 복합적 탐구 활동이다(Ebenezer & Haggerty, 1999). 이런 의미의 조사는 실험과 과제연구에 의해서도 수행된다. 특히 중 · 고등학교의 과학 교수 · 학습 및 평가의 수단으로 이용되는 조사는 개방적 탐구의 특성도 띤다. 그러므로 조사를 원만히 수행하기 위해서는 실험뿐만 아니라 야외조사나 실태조사 기술도 습득해야 한다.

④ 견학

과학 교수 · 학습의 한 가지 수단으로 실행되는 견학(field trip)은 현장실습(field work) · 야외실습 · 야외학습(field study) · 야외실험(field experiment)뿐만 아니라 현장연구 및 현장견학과도 혼용되고 있다. 조직적이고 체계적으로 계획된 과학 교수 · 학습으로 이루어지는 견학은 현장학습(study trip)과 동일시되기도 한다. 현장학습은 환경(Parkinson, 1994), 생태학(Brown, 1995)에 관한 학습에서도 알 수 있듯이, 학습의 장(場)을 자료가 있는 자연 · 현장으로 옮겨서 학습 목표를 달성하려는 탐구적 학습이다.

현장실습은 학생들에게 직접 학습할 기회를 제공하며, 과학 교수 · 학습에 관한 학생들의 흥미를 유발하는 데에도 이용된다(Chiappetta & Koballa, 2015). 학생들은 방문을 통하여 특정한 사물·과정·사건을 직접 보게 되고, 주변 자연환경을 과학적으로 해결하는 방법을 배우고, 지역사회에 대한 이해를 높일 수 있다. 특별히 이런 기능을 하는 현장견학은 중등학생보다 유치원생들에게 더 효과적이다(서울대학교 교육연구소, 1994).

견학 또는 현장학습을 위한 장소는 여러 과목의 학습을 위해 갈 수 있는 곳이 있는가 하면, 과목별로 특성화된 듯이 독특한 특징을 지닌 곳도 있다(Abruscato, 2000). 지구과학과 천문학 분야의 견학 장소로는 기상대·보석상·도예지·취수장이, 물리학 분야의 장소로는 발전소·변전소·통신소가, 생명과학 분야의 장소로는 동물사육장·온실이 적절하다. 동일한 견학 장소일지라도 시골과 도시 학생에 따라 그 가치와 효용도가 달라진다. 농장은 도시 학생에게, 관공서는 농촌 학생에게 더 실용적인 가치가 있다.

⑤ 과제연구

원래의 과제연구기반 과학(project-based science; PBS)(Krajcik & Czerniak, 2007) 또는 과제연구기반 수업(project-based instruction; PBI)(Hassard & Dias, 2009)의 이론적 배경은 듀이(Dewey, 1859~1952)의 진보주의 교육사상에 있다. 듀이의 진보주의 교육사상은 학생 중심의 학습과 실행에 의한 학습(learning by doing)을 강조함으로써 PBS 또는 PBI의 이론적 배경이 되었다. 1990년대 이후에 개발된 PBI(Polman, 2000)에는 브루너(Bruner, 1960)의 학문 중심 교육사상도 반영되어 있다.

구안법으로 일컬어지기도 하는 과제연구는 실제 세계를 대상으로 하며, 학생이 직접 학습활동을 계획하고 수행하며, 비교적 장기간에 걸쳐 수행된다. 이와 같은 과제연구 중심의 학습은 어떤 것을 짓거나 구성하는 만들기(construction) 또는 공학(engineering), 실험이나 연구, 사회적 행동(social action)의 세 가지 유형으로 나뉜다(Hassard & Dias, 2009). 한편 PBI 또는 PBS는 그 유형에 관계없이 모두 학생에게 수업의 관련성을 보여주고 의미가 있다고 느끼게 하는 동인질문(driving question)에서 시작된다.

⑥ 탐구 활동의 교수·학습

과학적 탐구 활동은 기초 탐구 과정과 통합 탐구 과정이 혼합된 종합적 활동이다. 다만 적용되는 기초 탐구 과정과 통합 탐구 과정의 요소는 과학적 탐구 활동의 목표에 따라 달라진다. 그러나 과학적 탐구 활동이 정확하게 정의되지 않았으며, 과학적 탐구 과정과의 관계도 분명하게 규정되어 있지 않다. 이러한 상황에서 과학적 탐구 활동은 다양하게 제시되어 왔으며, 그에 적절한 교수·학습 방법이 모두 다르다.

ㄱ. 토의 기능의 교수·학습

토의 기능 교수·학습은 교사 대 학급 전체, 모둠별 토의, 모둠들 사이의 토의로 분류된다. 절대적 진리로서의 과학적 사실은 어떤 토의 중심 교수·학습의 주제나 내용으로도 적절하지 않다. 토의 수업은 다음의 흡연문제에 관한 예시에서도 알 수 있는 바와 같이, 가치 판단이 요구되는 주제에 실용적이다. 과학기술과 관련이 있는 사회적 논쟁거리에 관한 토의는 적절한 논점이나 비상례적 상황에 관한 논의로 시작된다.

- 토의 방법의 선정과 역할 지정
  - 모둠학습을 적용할 경우, 모둠의 크기를 결정하고, 모둠원을 지정한다.
  - 모둠토의의 사회자, 기록자, 발표자 등을 결정한다.
- 상황제시

  보건복지부 발표에 의하면, 금년도에 처음으로 흡연자 수가 줄어들기 시작했다고 한다. 여러분들 가운데에도 지금 담배를 피우고 있거나 나중에 피울 학생이 있을 것이다. 그러나 흡연이 건강에 해롭다는 것을 잘 알고 있을 것이다. 또한 담뱃갑에 '흡연은 건강에 해롭습니다.'는 문구가 쓰인 것을 알고 있을 것이다. 이와 같이, 흡연을 반대하는 주장의 이면에 어떤 배경이 깔려있는지 알아보자.
- 토의 진행
  - 토의가 학생들 주도로 이루어지도록 교사의 간섭을 배제한다.
  - 토의가 진행되는 동안, 교사는 토의의 진행과 관련된 학생들의 질문에만 대답한다.
- 전체 발표와 정리
  - 모둠의 발표자가 전체 학생들에게 발표하고 질문을 받게 한다.
  - 모둠의 발표가 모두 끝나면, 교사는 전체의 발표 내용을 정리·요약한다.
- 평가
  - 토의가 끝나는 즉시 모둠별로 평가한다.
  - 학생들에게 평가하게 할 수도 있다.

상호작용과 의견교환이 활발하게 일어나는 집단일수록 토의에 의한 과학 교수·학습의 효과는 커진다. 개인적으로 보자면, 토의의 집단이 크면 상호작용과 의견교환의 기회가 줄어들며, 작을수록 커진다. 그러나 집단의 크기가 너무 작아도, 토론에 필요한 정보의 양도 그만큼 적어져 효과적인 토론을 기대하기 어렵다. 토의 수업은 또한 주제나 목적에 따라 STAD, Jigsaw, GI, Co-op Co-op의 협동학습 모형을 적용할 수 있다.

ㄴ. 실험 기능의 교수·학습

과학적 탐구 활동으로서의 과학실험은 변인을 완벽하게 통제할 수 있는 과학실험실에서 수행된다. 과학실험은 해결할 문제진술, 가설설정, 변인확인, 실험설계, 자료의 수집·분석·

해석, 연구가설의 기각 또는 수용, 결론도출의 절차에 따라 수행된다. 다음 예시에서 알 수 있듯이, 실험 기능 교수·학습은 이런 기능의 습득에 목적이 있다.

〈상황 및 문제 제시〉

시계의 추는 일종의 진자이다. 어떻게 추시계의 시간을 맞추는가? 무거운 쇳덩이를 매단 줄이 왜 그렇게 길어야 하는가? 이런 질문은 진자의 주기와 관련이 있다.

〈준비물과 절차〉

- **준비물**: 실, 스탠드, 무게가 다른 돌 5개, 초시계
- **이 준비물로 다음 절차에 따라 오른쪽 그림과 같이 설치하고, 다음 문제에 답하라.**
  - 과정 1. 스탠드를 오른쪽 그림과 같이 설치한다.
  - 과정 2. 실의 길이를 80cm 정도로 한다.
  - 과정 3. 돌 한 개를 실 끝에 매단다.
  - 과정 4. 돌을 매단 다음 일정한 높이에서 떨어뜨리고, 10번 왕복 운동하는 시간을 잰다.
  - 과정 5. 돌의 무게를 달리하여 아래의 문제에 답한다.
  - 과정 6. 실의 길이를 달리하여 아래의 문제에 답한다.

〈문제〉

- **문제 1.** 위의 상황에 비추어 실험을 통해서 해결하고 싶은 문제를 진술하라.
- **문제 2.** 문제 1의 연구문제와 관련된 조작변인, 반응변인, 통제변인을 예시하라.
- **문제 3.** 실험을 통해 검증하려는 가설을 진술하라.
- **문제 4.** 문제 3의 가설을 검증하기 위한 실험을 설계하라.
- **문제 5.** 문제 4의 설계에 따라 실험을 실시하고 그 결과를 표로 정리하라.
- **문제 6.** 그 결과를 바탕으로 가설을 검증하라.
- **문제 7.** 실험 자료를 바탕으로 결론을 도출하라.
- **문제 8.** 가능한 한 모든 변인에 관해서 문제 4~7을 반복하라.
- **문제 9.** 실험을 몇 번 실시했는가? 추의 주기에 영향을 미치는 변인은 무엇인가?
- **문제 10.** 실험보고서를 작성하라.

이 예에서 가능한 연구문제는 '돌의 무게(실의 길이)가 진자의 주기에 어떤 영향을 미칠까?'와 같이 진술할 수 있으며, 연구가설은 '돌의 무게가 무거울수록(또는 실의 길이가 길수록) 진자의 주기가 길어질 것이다.'와 같이 진술할 수 있다. 돌의 무게를 조작(독립)변인으로 하여 연구가설을 설정할 경우, 반응(종속)변인은 주기이며, 일정한 상태로 유지시키는 통제변인은 실의 길이, 떨어뜨리는 높이, 돌의 종류 등이다.

과학실험에서는 인지적 기능도 습득된다. 그런 과학실험이 되도록 하기 위해서는 실험의 본성에 맞게 보고서를 작성하게 하면 더욱 효과적이다. 과학실험 보고서는 실험 제목,

실험 목적, 가설, 도구 및 재료, 실험 방법, 실험 결과, 분석 및 토의, 결론과 제언의 순서로 작성하게 한다. 과학실험과 조사·관찰·측정을 구분할 필요도 있다.

ㄷ. 조사 기능의 교수·학습

인과관계를 규명하기 위한 조사는 과학실험으로 불린다. 실험을 기반으로 한 조사는 과학실험실에서도 실시할 수 있다. 수업으로서의 과학실험실 조사를 성공적으로 수행하기 위해서는 계획의 수립, 예상, 가설설정, 설계, 결과의 해석, 증거의 평가, 추론, 계획·과제·절차·결과에 대한 의사교환의 기술이 필요하다. 다음은 각각 실태조사와 상관관계를 확인할 목적으로 수행할 수 있는 조사 기능 교수·학습 방법과 자료의 예시이다.

〈준비〉
비커, 스포이트, 현미경, 시험관대

〈활동 1. 가까운 강이나 하천의 물 오염도 관찰〉
- **문제 1.** 강에서 몇 군데의 물을 관찰했는가?
- **문제 2.** 물을 관찰한 지점 또는 장소를 어떻게 결정하였는가?
- **문제 3.** 각 지점 또는 장소의 물이 왜, 또는 어떻게 오염되었다고 생각하는가?
- **문제 4.** 실태조사 결과 보고서를 작성하라.

〈활동 2. 오염도 조사〉
- **문제 1.** 장소별 생물의 종류를 관찰하고, 오염도와 미생물의 종류, 그리고 오염도와 미생물의 종류별 수 사이의 관계를 말하라.
- **문제 2.** 각 장소의 물의 색깔·냄새·투명도·침전물·미생물을 비교하라.
- **문제 3.** 오염도 조사보고서를 작성하라.

조사 기능의 신장을 위한 교수·학습은 조사의 결과를 발표하거나 보고서로 작성하게 하면 효과적이다. 조사 보고서는 제목, 문제, 가설, 조사 방법과 절차, 결과 및 분석, 토의 및 제언의 순서로 작성한다. 실태조사 보고서에서는 관찰·측정·탐색한 방법을 기술하고, 자료를 제시하며, 결과를 표, 그래프, 평균·표준편차 등 통계적 분석의 결과에 따라 객관적으로 진술한다. 실태조사나 상관관계 조사는 보고서에 목적을 진술하여 구분한다.

ㄹ. 현장실습 기능의 교수·학습

견학은 현장학습으로서 고학년보다 저학년 학생에게 더 실용적이다. 또한 견학에 의한 교수·학습은 학생들에게 정보와 지식을 미리 주고 그것을 확인하게 하는 것보다 학생들이 직접 조사·탐구하고 그 과정에서 스스로 지식을 찾을 수 있도록 수행하는 것이 더 바람직하다. 한편 복잡한 지식과 고차원적 탐구 기능에는 견학보다 현장실습이 더 효과적이다. 다음은 BSCS가 제시한 현장실습 기능 교수·학습의 예시이다.

〈재료 및 도구〉

용존산소 측정 도구, 물의 인산·질산염·이산화탄소·알칼리성·경성도 측정 기구, pH 페이퍼/pH 미터, 온도계, 미생물 조사 기구, 커피 통, 체, 플라스틱 접시, 플랑크톤 망, 유리표시용 연필

〈절차〉

- 현장실습 대상의 연못·호수·시내·웅덩이·개천을 선정한다. 가능하면 도달하기 쉬운 곳을 결정한다. 도시에서 살고 있으면, 공원, 호수, 학교 운동장 곁에 있는 반영구적인 웅덩이를 선정할 수도 있다.
- 측정하고 싶은 요인을 결정한다. 선정한 장소와 사용할 수 있는 도구 및 재료에 따라, 용존산소, 인산, 질산염, 이산화탄소, 알칼리성, 경성도, pH, 미생물 집단, 온도, 생물의 종류 및 다양성을 모두 조사한다. 도구나 기술이 허용하는 한 다른 요인을 측정할 수도 있다. 상황에 상관없이 최소한 온도, 용존산소, 종의 다양성 혹은 대장균의 수는 반드시 측정한다.
- 측정할 요인을 결정하였으면, 절차를 읽고, 시험·측정 도구를 사용하는 절차를 수행한다.
- 설정한 요인을 정규적으로 측정·관찰한다. 측정할 횟수를 먼저 결정한다. 2~3개월 동안 측정할 과제라면 일주일에 한 번 측정한다. 또한 측정할 날짜와 시간, 기록할 기술적 자료를 결정한다.
- 실제의 수업을 진행하도록 학급을 조직한다. 매주 요인을 바꾸어 한 개인이나 그룹이 한 요인을 책임지고 측정하게 한다. 학생들이 모두 현장견학을 통해 달성하려는 것이 무엇인지 인식하게 한다.
- 수집한 자료를 기록할 형식을 다음과 같이 구성한다.

날짜____________	기후 조건__________
시간____________	공기 온도__________
조사자(그룹)____________________	
용존산소________	대장균 수__________
질산염 농도______	이산화탄소__________
물의 깊이_______와 온도_________	
참고 사항:	

- 계획에 따라 자료를 계속 수집하고, 모두 한 공책에 기록한다. 자료를 총합하여 분석한다.

〈질문과 토의사항〉

각 요인의 측정치를 한 축으로, 다른 축은 시간으로 하여 그래프를 그린다. 그래프에서 각 요인이 계절에 따라 변화하는 양상을 알아본다. 다음과 같은 문제에 관한 토의를 통해 자료의 의미를 찾아보게 한다.

가. 관찰·측정하는 동안 내내 거의 변하지 않는 요인이 있다면, 그것은 어떤 것인가?
나. 어떤 요인으로 인한 변화의 폭이 가장 큰가?
다. 어떤 요인이 계절적으로 변하는가? 계절 이외의 영향을 받아 변하는 요인은 무엇인가? 그런 변화의 원인은 무엇인가?
라. 조사한 수중생태계에 생물이 많이 살고 있는가? 그렇게 말한 증거는 무엇인가?
마. 물의 안전에 관하여 무슨 말을 할 수 있는가? 안심하고 수영하거나 마실 수 있다고 생각하는가? 그렇지 않은가? 왜 그런가?
바. 측정하지 못한 계절에 물의 상태는 어떠할 것이라고 생각하는가?
사. 기타 관심거리나 문제를 토의한다.

현장실습은 지역의 여건, 학생의 수, 계절에 따라 이와 다르게 적용할 수 있다. 주제·영역·장소도 바꿀 수 있다. 교수·학습 전략으로서의 현장실습은 조사와 비슷하다. 그러나 조사가 과학적 연구 또는 과학적 탐구의 일환으로서 변인들 사이의 관계를 확인하는 데 목적을 둔다면, 현장실습은 학습의 한 형태로서 교실에서 배운 내용의 확인에 주된 목적이 있다. 고학년 학생들에게 효과적인 현장실습도 조사를 통해서 이루어진다.

(4) 과학의 방법과 보고서 작성 방법

실증주의가 제시한 과학적 탐구는 과학 관념을 진술하는 규칙과 절차로 이루어져 있으며, 각급 학교 과학 교수·학습 현장에서는 그런 규칙과 절차를 '과학적 방법'으로 부른다(Bybee et al., 2008). 일부 과학교육학자들은(Chiappetta & Koballa, 2015) '과학적 방법'을 '과학의 방법'으로 부르며, 과학자들이 작성하는 보고서는 '과학의 방법'을 적용하는 단계와 절차에 따라 작성된다고 주장한다. 한편 여기서 말하는 '과학적 방법' 또는 '과학의 방법'은 제1장에서 과학철학자들이 논리적 추리를 근간으로 하여 기술한 과학적 방법과 그 의미, 과정, 그리고 절차에 있어서 크게 다르다.

① 과학의 방법

'과학적 방법' 또는 '과학의 방법'의 단계는 과학교육학자에 따라 5~7 단계로 다르게 제시된다. '과학적 방법'은 "문제진술-가설형성-실험설계-관찰하기-실험 자료 수집-가설검증-결론형성"의 일곱 단계, 또는 "문제진술-가설형성-자료수집-결론형성"의 다섯 단계로 제시되어 있다(Bybee et al., 2008). 이에 비하여, '과학의 방법'은 "문제제시-가설진술-실험수행-자료수집-결론형성"의 다섯 단계로 제시되어 있다. 이런 '과학적 방법'과 '과학의 방법'의 단계는 과학자들이 작성하는 논문과 보고서의 표준 형식, 곧 표제로 적용되고 있다(Chiappetta & Koballa, 2015).

바이비와 드보어(Bybee & DeBoer, 1994)는 '과학적 방법'과 '과학의 방법'을 이와 다른 의미, 곧 각급 학교에서는 '과학지식을 획득하는 수단'으로 정의되는 과학적 방법이 교수・학습된다고 이해한다. 그들은 '문제 정의하기, 관찰하기, 가설 형성하기, 실험 수행하기, 결론 제시하기'와 같이 과학 교과서에도 제시되어 있는 과학적 방법을 '과학의 방법'으로 부른다. 이런 의미의 '과학적 방법' 또는 '과학의 방법'은 어느 것이나, 과학의 본성을 오도하는 문제를 안고 있다. 과학자들이 언제나 이와 같은 방법으로 연구하지는 않고(Chiappetta & Koballa, 2015), 그것들이 과학적 탐구로 이해되기 때문이다.

② 실험 보고서 작성

실험은 과학실험(scientific experiment)으로서, 과학적 이론을 검증하거나 과학적 법칙을 발견하기 위해 수행되는 과학 교수・학습 전략이다(Herr, 2008). 이보다 더 엄격한 의미로, 과학실험은 통제변인(controlled variable)을 일정하게 유지시키면서 독립변인(independent variable)을 정밀하게 조절한 다음, 그에 따라 종속변인(dependent variable)이 예상한 대로 변하는지의 여부를 확인하는 데 목적이 있는 과학적 탐구 방법으로 규정할 수 있다(Cothron, Giese, & Rezba, 2006).

중・고등학교에서 이루어지는 과학실험의 직접적인 목적은 변인들 사이의 인과관계 또는 상관관계에 관한 가설의 검증에 있다. 변인들 사이의 인과관계와 상관관계는 '과학적 방법' 또는 '과학의 방법'을 통해서 검증할 수 있다. 특히 인과관계의 확인에 목적이 있는 과학실험은 대부분 문제인식-가설설정-실험설계-자료수집 및 분석-결론도출의 단계에 따라 수행된다. 이 과정은 다음에 기술할 조사의 과정과도 비교된다.

과학실험 보고서도 이런 단계에 따라 작성한다. 즉 과학실험 보고서는 다음과 같은 단계와 방법으로 작성하는 것이 바람직하다. 그런데 실험이 수행되는 단계와 보고서의 구성요소는 용어상에 차이가 있을 수 있다. 이를테면 과학실험이 수행되는 단계 '실험설계-자료수집 및 분석'은 보고서에서 각각 '실험방법-실험결과'로 쓰는 것이 실제적이다.

- **제목:** 실험의 방법과 과정을 요약하고, 조작변인, 종속변인, 실험대상을 포함해 진술한다.
  예) 온도(조작변인)가 이스트(실험대상)의 호흡(종속변인)에 미치는 영향

- **가설:** 조작변인과 종속변인 사이의 관계에 관한 예상이다.
  예) 실내의 온도를 0℃에서 40℃로 높이면, 이스트의 호흡이 증가할 것이다.
- **실험설계:** 변인들을 확인하여 실험을 수행할 계획을 세운다.
  조작변인: 수준을 조작하고 측정하는 변인; 원인-결과에서 원인이 되는 변인
  예) 온도
  종속변인(반응변인); 조작변인의 결과로 변하는 변인 또는 조건
  예) 호흡(소비되는 산소, 또는 방출되는 이산화탄소)
  통제변인: 일정하게 유지시키는 모든 변인
  예) 이스트의 양, 습도, 광도 등
  실험처치(실험집단): 실험대상 또는 검사집단을 대상으로 한 독립변인을 조절
  예) 온도를 0℃에서 40℃로 높이는 실험조건
  통제처치(통제집단): 실험처치와 비교할 표준(비교집단); 어떤 처치도 하지 않음
- **결과:** 자료를 수집한다.
  원자료의 정리 및 분석
  예) 표 작성 및 표 내용을 그래프나 도표로 변환하여 재해석
- **결론도출:** 자료를 바탕으로 가설을 기각하거나 지지한다.
  가설과 관련된 진술
  예) 온도를 0℃에서 40℃로 높이자, 이스트의 호흡이 증가하였다.

실험 보고서에서는 제목 다음에 실험을 통해서 대답해야 할 실험문제를 쓴다. 실험문제는 "온도가 이스트의 호흡에 어떤 영향을 미칠까?"와 같이, 제목을 바탕으로 하여 독립변인·종속변인·실험대상을 포함한 질문으로 작성한다. 한편 가설은 "이스트의 호흡은 온도가 높을 때 더 잘 될 것이다."와 같이, 질문으로 제시된 실험문제에 대한 잠정적인 답의 형식으로 진술한다. 결과의 내용은 모두 객관적으로 진술하며, 자료가 그렇게 나타나게 된 원인을 말하는 것과 같이 추측하거나 짐작하는 말은 쓰지 않는다. 결과 부분에서는 수집한 자료를 표로 정리한 그대로, 또는 표로 나타낸 자료를 평균을 구하거나 그래프로 나타내어 재해석한 것을 쓴다. 결론은 가설과 관련이 있는 말만 객관적으로 진술한다.

③ 조사 보고서 작성

조사(survey)는 과학실험이나 표본조사를 통하여 자료를 수집하는 과학적 탐구 활동의 한 유형으로서(Bailer, Ramig, & Ramsey, 20060, 변인의 빈도·분포·관계를 확인할 목적으로 수행되는 과학적 연구의 한 가지 방법이기도 하다(Wiersma & Jurs, 2009).

조사는 실태의 파악에 주된 목적이 있으며, 실태 자료를 바탕으로 현상 또는 변인들 사이의 상관관계를 확인하기도 한다. 과학적 연구 방법으로서의 조사는 현장조사, 실태조사,

실험을 통해서 이루어지지만, 과학교육 연구 현장에서는 현장조사와 실태조사만을 조사 연구로 인정한다. 조사 연구의 보고서는 다음과 같은 단계와 방법으로 작성한다.

- **조사 제목:** 조사할 항목, 곧 변인을 중심으로 진술한다.
  예) 오봉산의 소나무 분포
- **조사 문제:** 조사 제목을 질문 형식으로 진술한다.
  예) 오봉산에는 소나무가 어떻게 분포되어 있을까?
- **조사 설계:** 조사 계획을 세운다.
  조사 지역 결정
  모집단 정의
  표집 방법 결정: 표본 조사, 전수 조사
- **결과:** 수집한 자료를 실험에서보다 더 빈번하게 해석한다.
  수집한 자료 정리
  자료 분석 및 해석

조사 보고서의 특징은 조사계획을 설계하고, 조사설계에 따라 수집된 자료를 분석하는 방법과 과정에서 뚜렷하게 나타난다. 조사계획의 설계에는 통계학 지식이 필요하다. 즉 조사자는 모집단과 표본의 의미를 잘 알고, 표집 방법과 그에 따른 자료 수집 방법도 익숙하게 적용할 수 있고, 수집한 자료를 통계학적으로 분석할 줄도 잘 알아야 한다. 또한 조사는 가설의 설정이 필수적으로 요구되지 않으며, 그에 따라 변인을 통제할 필요도 거의 없고, 조사자료에서 결론을 도출할 필요도 없다.

3) 과학공학 실행

일련의 실행(practices)으로서의 과학에 대한 관념은 역사학자 · 철학자 · 심리학자 · 사회학자의 공동 연구의 결과로 생겨났다. 과학공학 실행의 개념은 이와 더불어 과학과 공학의 산물은 창의적 활동의 결과라는 가정을 바탕으로 형성된 것이다(NRC, 2012). 그러므로 앞 소절에서 다룬 바와 같은 논리적 추리를 근간으로 하는 과학적 탐구와 이와 같은 의미와 특성이 있는 과학공학 실행은 근본적으로 다르다.

(1) 과학공학 실행의 대두 배경

미국의 K-12 Framework의 과학공학 실행은 과학적 탐구에 대한 듀이(Dewey)의 견해와 스와브(Schwab)의 주장을 통합하여 정의하고 특징지은 것이다. 듀이는 과학적 탐구와 관련이 있는 반성적 사고 단계로 문제의 정의, 문제와 연관된 조건의 명시, 문제를 해결하기 위한 가설의 형성, 해결책 가치의 정교화, 최선의 해결책을 제공하는 관념의 검증을 제시하였다. 한편 스와브는 '탐구를 통한 교수·학습(teaching/learning through inquiry)'을 강조하고, 탐구기반 과학 교수·학습 방법을 개발하였다(Crawford, 2014).

미국의 국가과학교육기준(NSES)(NRC, 1996)에서는 과학적 탐구를 과학자가 자연세계를 연구하고, 연구를 통해서 끌어낸 증거를 바탕으로 설명을 제안하는 방법으로 규정한다. 이와 같은 과학적 탐구의 정의는 1950년대 말~60년대에 일어난 교육과정 개혁 운동에서 태동하여, 1990년대의 교육과정 개혁 운동의 결과로 정립되었다.

『A Framework for K-12 Science Education: Practices, Crosscutting Concepts, and Core Ideas; K-12 Framework』(NRC, 2012)에서는 NSES에서 말하는 '과학적 탐구'에 해당되는 말로 '과학공학 실행'을 쓴다.

(2) 과학공학 실행의 본성

K-12 Framework에서는 기능 대신에 실행이라는 용어를 써서, 그리고 과학적 조사에는 기능뿐만 아니라 각 실행에 독특한 지식도 필요하다고 강조하면서, 과학적 탐구에 요구되는 실행의 인지적·사회적·신체적 실행을 더욱 명료하게 표현한다. 또한 K-12 Framework에 제시된 실행은 교수로서의 탐구와 과학자가 수행하는 탐구에 관한 교수·학습을 NSES에서 말하는 과학적 탐구보다 더 강조한다. 이는 NGSS(NGSS Lead States, 2013)에 다음과 같이 제시된 과학공학 실행 목록에서도 알 수 있다.

- 질문하기(과학)와 문제를 설계하기(공학)
- 모형을 개발하고 이용하기
- 조사를 계획하고 수행하기
- 자료를 분석하고 해석하기
- 수학과 전산적 사고 이용하기
- 설명을 구성하고(과학) 해결을 설계하기(공학)
- 증거에 기반한 논증에 관여하기
- 정보를 수집하고, 평가하고, 그리고 의사소통하기

이 실행들 가운데에서, '질문하기와 문제를 설계하기'와 '설명을 구성하고 해결을 설계하기' 실행은 과학과 공학 분야에서 다른 방법으로 수행된다. 또한 '모형을 개발하고 이용하기', '수학과 전산적 사고 이용하기', 그리고 '증거에 기반한 논증에 관여하기'의 세 가지 실행은 NSES의 과학적 탐구에서보다 K-12 Framework에서 더욱 두드러지게 강조된다. 과학공학 실행은 과학적 탐구, 과학공학 실행과 관련이 있는 지식, 그리고 공학 분야의 설계 활동이 통합되어 있다(NRC, 2012).

이와 같은 과학공학 실행은 [그림 2-13]에 기술되어 있는 바와 같은 세 가지 영역에서 유기적인 관계를 통해 수행되는 활동들이다(NRC, 2012). 왼쪽 영역에서 일어나는 지배적인 활동은 조사와 경험적 활동이며, 오른쪽 영역의 주된 활동은 설명 또는 설계의 구성이다. 그리고 가운데 영역에서는 논증·비판·분석을 통한 평가가 이루어진다.

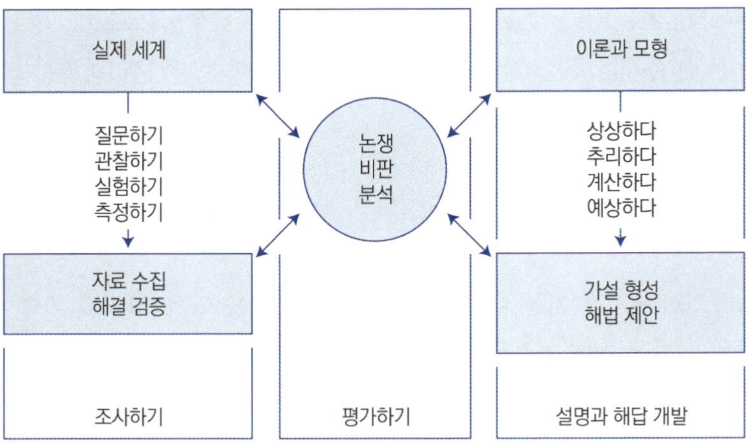

[그림 2-13] 과학과 공학의 활동 영역

(3) 과학공학 실행의 교수·학습

여기에서는 K-12 Framework에 기술되어 있는 과학공학 실행 교수·학습의 목적과 방법을 기술한다.

① 질문하기와 문제 정의하기

과학자는 무엇이 존재하고, 무엇이 일어나는가? 그것이 왜 일어나는가? 사람은 어떻게 아는가?와 같이 물을 수 있다. 공학자는 인간의 특정한 필요를 충족하거나 결핍을 처리하기 위해 무엇을 할 수 있는가? 어떻게 그 필요를 더 구체적으로 말할 수 있는가? 그 결핍을 처리하기 위해 어떤 도구와 기술을 이용하거나 개발해야 하는가?와 같은 질문을 던질 수 있다. 그리고 현상·증거·설명 그리고 설계 문제에 관하여 어떻게 의사소통을 하는가?는 과학자와 공학자 누구나 물을 수 있는 질문이다. 한편 질문하기와 문제 정의하기 교수·학습은 다음과 같은 질문과 관련된 능력을 습득할 수 있도록 이루어져야 한다.

- 자연세계와 인간에 관하여 질문한다: 전력은 어떻게 생산되는가?
- 과학적 질문과 비과학적 질문을 구분한다: 헬륨 풍선은 왜 뜨는가?(과학적 질문); 빨간색 풍선이 왜 더 아름다운가?(비과학적 질문)
- 과학 시간에 경험적으로 대답하고, 그것을 이용하여 탐구를 설계하거나, 또는 실용적으로 해결할 질문을 구성하고 구체적으로 진술한다.
- 논증의 전제를 확인하고, 더 상세한 설명을 요구하며, 연구 질문이나 공학 문제를 정교화하고, 또는 자료 해석에 도전하는 탐침 질문(probing question)을 한다: 이 논증을 어떤 증거가 지지하는가?
- 관찰의 특성, 양상, 그리고 반박에 주목하고, 그것들에 관한 질문을 한다.
- 공학과 관련하여, 해결책의 한계와 명세적 기준을 정의하기 위해서는 충족시켜야 할 필요와 요구에 관하여 질문한다.

과학적 질문은 자연세계에 대한 호기심에 따라서, 그리고 모형과 이론을 통한 예상에 의해서, 또는 모형과 이론을 확장하거나 정교화하기 위한 시도로 던질 수 있다. 이를테면 '물질의 입자 모형은 어떻게 액체의 비압축성을 설명하는가?'와 같이 물을 수 있다. 이와 대조적으로, 공학자들은 성공적 해결을 판단할 수 있는 기준은 무엇인가? 문제의 기저가 되는 필요와 요구는 무엇인가?와 같이 물을 수 있다. 질문의 이와 같은 특성에 비추어 볼 때, 과학과 공학의 교수·학습은 경험적으로 조사할 수 있는 질문을 할 수 있는 능력을 신장시킬 수 있도록, 그리고 그런 질문을 하도록 격려할 수 있게 이루어져야 한다.

② 모형의 개발과 이용

과학자가 연구하고 있는 현상을 나타내는 모형은 정신 모형(mental model)과 개념 모형(conceptual model)으로 대별된다. 정신 모형은 내적, 개인적, 특이적, 불완전한, 불안정한, 그리고 기본적으로 기능적인 것이며, 경험을 사고하고 예상하며 이해하는 데 사용하는 도구이다. 이와 대조적으로, 개념 모형은 묘사하려는 현상을 비유한 명시적 표현으로서, 과학자와 공학자는 개념 모형을 이용하여 조사하고 있는 현상을 시각화하고 이해하거나, 설계 문제에 대한 가능한 해답을 개발한다. 과학과 공학에서 구조적, 기능적, 행동적 비유로 이용되는 개념 모형은 도표, 물리적 복제, 수학적 표현, 비유, 컴퓨터 모의실험으로 표현된다. 학생들은 이러한 모형을 개발하고 이용하는 교수·학습을 통해서 다음과 같은 목적을 달성할 수 있다.

- 사건 또는 체제의 표현으로서 그림이나 도해를 구성한다. 예) 실제 세계와 사물의 물리적

모형을 나타내고, 그 모형을 이용하여 특정한 상황에서 모형이 나타내는 세계와 사물이 어떻게 변할 것인지 설명하고 예상한다.
- 다양한 모형을 이용하여 현상을 나타내고 설명한다. 예) 화학결합 모형(bond diagram), 또는 3-D 모형으로 분자의 구조를 나타낸다.
- 체제·과정·설계를 표현하는 모형의 한계와 정확성에 관하여 논의하며, 증거에 더욱 합당하게 개선하고, 설계의 세부 사항을 더욱 자세하게 반영하는 방법을 제안한다.
- 모의실험 도구를 이용하여 컴퓨터 모의실험을 이용한다.
- 모형을 만들고 그것을 이용하여 설계, 또는 설계의 몇 가지 측면을 검증하고, 서로 다른 설계문제 해결의 효과성을 비교한다.

개념 모형은 과학자가 가지고 있는 정신 모형의 외적 표명이다. 그래서 학교 과학 교수·학습 현장에서 말하고 이용하는 모형은 대부분 개념 모형을 가리킨다. (개념) 모형은 저학년의 과학 교수·학습에도 효과적으로 이용할 수 있다. 저학년의 과학 교수·학습에는 사진처럼 구체적인 그림을 이용하는 것이 바람직하며, 학년이 올라감에 따라 물리적 척도에 맞는 모형을 이용할 수 있고, 고학년에는 계에 존재하는 특정 물체에 작용하는 힘을 나타내는 표시들과 같이 추상적인 모형으로 표현할 수 있다. 과학 교수·학습에서는 학생들에게 자신들이 수행한 실험·조사를 통해 발견한 것, 또는 자신의 지식을 도표, 지도, 추상적 모형을 도구로 이용하여 정교화하거나 다른 학생들에게 제시하게 한다.

③ 조사의 계획과 수행

과학자와 공학자는 최소한 두 가지 목적에서, 곧 자연세계를 체계적으로 기술하기 위하여, 그리고 자연세계가 어떻게 작용하는지에 관하여 설명하는 이론을 개발하고 검증하기 위해서, 조사하고 관찰한다. 이론의 검증을 위한 조사의 설계에 변인의 통제는 필수적이다. 조사 방법과 절차를 설계할 때, 측정 도구와 방법 그리고 범위도 결정해야 한다. 학생들은 조사 계획과 수행 교수·학습을 통해 다음과 같은 능력을 획득할 수 있다.

- 교실, 학교 실험실, 자원을 이용할 수 있는 야외에서 주사하여 해결할 수 있는 질문을 구성하고, 적절한 상황에서는 모형 또는 이론을 바탕으로(특정한 결과를 예상하는 설명으로 볼 수 있는) 가설을 설정한다.
- 무슨 자료를 수집해야 하는지, 자료를 수집하기 위하여 어떤 도구를 사용해야 하는지, 측정 자료를 어떻게 정리해야 하는지 결정한다.
- 측정치를 신뢰할 만한 자료의 양을 결정하고, 정확성과 관련된 자료의 한계를 고려한다.
- 종속변인, 독립변인, 통제변인을 확인하여, 실험/현장연구의 절차 계획을 수립한다.
- 중개변인 또는 효과를 고려하고, 그것들을 참고하여 통제할 계획을 설계한다.

학생들은 조사 계획 설계를 직접 경험함으로써 측정해야 할 것, 일정하게 유지시켜야 할 것, 그리고 자료의 수집 또는 생성에 이용할 도구의 중요성을 학습한다. 학생들의 이런 경험은 실험실만이 과학적 탐구가 이루어지는 유일한 장소가 아니라는 것과 아울러 실험실은 과학자들에게는 실험을 수행하고 자료를 수집하는 자연세계라는 것을 깨닫게 하는 데에도 필요하다. 학생들은 자신의 수행 능력에 맞는 조사 계획을 세우고 실행해야 한다.

④ 자료의 분석과 해석

연구나 탐구를 통하여 수집한 자료는 일정한 양상과 관계를 드러내며, 다른 사람과 의사소통할 수 있는 형식으로 제시되어야 한다. 과학자들은 과학적 연구 과정에서 수집한 원자료를 조직하고, 표나 도표, 통계적 분석을 통하여 해석한다. 과학자들은 원자료에서 의미를 찾아 증거로 이용하기 위하여 이처럼 분석하고 해석한다. 공학자들은 대개 설계한 것을 극단적인 상황에서 수행하여 자료를 수집한다. 학생들도 수집한 자료를 분석하고 해석하여 상관관계를 발견하는 경험을 갖게 해야 한다. 이를테면 자료 분석과 해석 교수·학습을 통해 다음과 같은 능력을 습득하게 하여야 한다.

- 자료를 체계적으로 분석하여 두드러진 양상을 찾거나, 또는 자료가 초기에 제시된 가설과 합치하는지 검증한다.
- 자료가 기대와 모순되는 때를 인정하고, 모형의 어떤 부분을 수정해야 하는지 생각한다.
- 스프레드시트·데이터베이스·표·차트·그래프·통계·수학과 컴퓨터 공학기술을 이용하여 자료를 정리하고 요약하며, 입력된 것과 출력된 것을 나타내는 변인들 사이의 관계를 탐색한다.
- 학년에 적절한 수학과 통계 기술을 이용하여 자료로부터 도출한 결론의 강도를 평가한다.
- 차후 연구를 수행할 가치가 있는 관계를 제안하는 자료에 나타나는 양상을 인식한다. 인과관계와 상관관계를 구분한다.
- 물리적 모형에서 자료를 수집하고, 조건의 범위 안에서 설계의 실행을 분석한다.

자료의 분석과 해석을 위한 교수·학습에서는 초등학생들이 관찰의 결과를 기록할 필요성을 인식하게 하고, 그것을 다른 학생들과 공유하게 할 필요가 있다. 그들은 학년이 올라감에 따라 범주적·수적 자료를 수집하게 할 수 있다. 중학교 수준에서는 자료를 제시하고 분석하고 해석하는 표준적 기술, 곧 그래프의 유형, 자료에 나타난 국외자(outliers), 측정 오차를 줄이기 위한 평균을 구하는 기술을 학습할 기회가 주어져야 한다. 고등학생들에게는 공변인과 같은 수학적·통계학적 분석을 경험하도록 지도해야 한다. 이와 같은 자료의 정리·분석·해석은 과학과 공학에 공히 필요하다.

⑤ 수학과 전산적 사고 이용

수학적 사고와 전산적 사고는 과학과 공학에 필수적이다. 수학은 원자 구조, 중력, 양자역학 현상을 기술하고 예상할 때 이용하는 강력한 모형을 제공한다. 20세기 중반 이후, 전산 이론, 정보와 컴퓨터 기술, 알고리듬의 개발이 공학과 과학의 모든 영역을 혁명적으로 변화시켰다. 이런 도구와 전략을 이용하여, 이전의 수학적·통계학적 기술로서는 불가능했던 과제들을 수행할 수 있게 되었다. 이러한 혁신적인 도구와 전략을 이용하면, 거대자료(large data)를 수집하여 (big data 포함)분석하고, 특출한 양상을 확인하며, 여러 관계와 유의미한 속성을 확인할 수 있다. 이런 도구와 전략은 대기와 해양 사이의 이산화탄소 순환과 같은 복잡한 현상의 모형에 수학을 적용하는 기술을 제공하기도 한다.

수학은 과학의 한 가지 언어로서의 기능과 논리적 연역을 가능하게 하는 구조적 기능을 한다. 수학은 아인슈타인(Albert Einstein, 1879~1955)의 수학적 분석을 바탕으로 표현된 질량과 에너지의 등가성이 말해주듯이, 관념을 정확한 형식으로 표현하는 수단도 된다. 전자파 이론도 맥스웰(James Clerk Maxwell, 1831~1879)의 수학적 분석으로 가능했다. 전산적 도구는 대개 분석적으로 수행할 수 없는 수학의 계산 능력 증진에 이용된다. 과학뿐만 아니라 공학도 이런 수학과 전산적 사고가 필수적인데, 학생들은 수학과 전산적 사고 교수·학습을 통해 다음과 같은 능력을 기를 수 있게 하여야 한다.

- 수학 공식과 그래프를 과학에 적용할 때 양을 인식하고 적절한 단위를 이용한다.
- 과학적 모형만들기와 조사에 적절한 수학적·알고리듬적 형식에서 관계와 양을 표현한다.
- 컴퓨터 모의실험은 연구되고 있는 현상 또는 체제에 관한 기초적 가정들을 통합하는 수학적 모형 위에 구축된다는 것을 인식한다.
- 수학적 표현, 컴퓨터 프로그램, 또는 모의실험의 사례 검증을 이용하여, 곧 그 결과를 자연세계에 관하여 이미 알려진 것과 비교하여, 이해가 되는지 안다.
- 중등학생 수준에 적절한 관련 수학과 통계의 이해를 이용하여 자료를 분석한다.

학생들은 수를 세는 것을 학습하자마자, 자연에 나타나는 양상을 찾거나 발견할 때 수를 이용하기 시작한다. 학년이 올라감에 따라 자·각도기·온도계를 사용하고, 수학적 계산으로 외삽 값을 구하고, 최고값·최저값·범위·평균·중위수와 같은 속성을 확인하는 기능을 획득한다. 학습 수준이 높아지면, 학생들은 말로 표현한 것을 대수 기호로 표현한다. 이를테면 '이동 거리는 속도에 시간을 곱한 것과 같다.'를 's = vt'로 표현한다. 그러므로 학생들은 기호적 표현법을 적용하여 자료를 나타내고, 결과를 예상하고, 마침내 수학을 이용하여 관계를 도출하는 방법을 학습해야 한다. 학생들에게는 또한 컴퓨터를 이용하여 자료를 정리하고 분석하고 변환하는 과정을 경험하는 기회도 제공해야 한다.

⑥ 설명 구성하기와 해법 설계하기

과학적 설명은 과학적 이론과 특정한 관찰, 또는 현상 사이의 연결에 대한 일종의 평가이다. 관찰한 변인들 사이의 관계를 해명하고, 원인이 되는 기구를 기술하며, 그 효과를 추론하는 것이 그것이다. 과학은 이와 더불어 세계에 대한 이해의 함양에도 목적이 있기 때문에, 질병의 원인을 설명하는 매균설, 우주의 기원을 설명하는 빅뱅설, 종의 기원을 설명하는 진화설과 같은 이론과 모형을 개발하였다. 과학적 이론은 특정 현상의 본성을 해명하고, 미래의 사건을 예상하고, 과거의 사건에 관하여 추론하는 데 목적이 있는 설명을 제공한다. 과학적 가설도 관찰된 현상에 대한 가능성이 있는 설명을 제공한다.

공학은 설명보다 설계에 목적이 있다. 설계는 설명과 이론의 구성과 마찬가지로, 반복적이고 체계적이다. 아인슈타인의 활동과 과학자들의 활동의 구성요소들은 다르다. 아인슈타인의 활동 요소에는 해결의 바람직한 질의 한계와 준거의 상세화, 설계 계획, 모형 또는 기본형의 생성과 검사가 포함되어 있다. 설명 구성과 해법 설계를 위한 교수·학습의 목표, 학생들에게 주어져야 할 공학과 관련된 경험은 다음과 같다.

〈교수 · 학습 목표〉

- 수용된 과학적 이론에 관한 자신의 지식을 이용하여, 그리고 그 지식을 모형과 증거에 연결하여 각자 자신의 설명을 구성한다.
- 일차/이차 과학적 증거와 모형을 이용해 현상의 설명적 근거를 지지하거나 반박한다.
- 과학지식의 수준에 맞는 인과적 설명을 제공한다.
- 설명적 근거의 간극과 약점을 확인한다.

〈공학 경험〉

- 과학지식을 적절하게 응용하여 설계 문제를 해결한다.
- 설계를 착수하면, 설계의 모든 순환 단계에 몰두하고, 설계 준거를 만족할 계획을 세운다.
- 책략을 구성하고, 설계 문제를 실시한다.
- 함께 개발하고 동의한 설계 준거에 바탕을 두어 경쟁 설계 해결을 평가하고 비판한다.

학생들은 과학교육을 처음 받을 때부터 설명을 구성하고 비판하는 경험을 갖게 해야 한다. 그들은 자신들이 조사할 때 관찰한 것을 설명하고, 자신의 설명 및 다른 학생들의 설명이 증거와 일치하는지 평가하는 기회도 가져야 한다. 그들은 고학년이 되면서 변인을 확인하여 분리하고, 관찰 결과와 통합하여 현상을 설명하게 된다. 그들이 고학년이 되면, 관찰하기 너무 크거나 작은 실체는 모형 또는 표현을 이용해서 설명할 수 있도록 해 주어야 한다. 이를테면 물은 아무리 끓이더라도 100℃ 이상 올라가지 않는다는 것을 에너지와 입자 운동의 관계를 모형을 이용해 설명할 수 있도록 교수·학습해야 한다.

⑦ 증거에 기반한 논증에 참여하기

과학자와 공학자들은 새로운 이론 및 자연현상에 대한 설명, 과학기술과 관련된 참신한 해결, 또는 기존 자료에 대한 신선한 해석에 추리와 논증을 적용한다. 과학자들의 자연세계에 대한 정당한 주장도 대부분 논리적 추리에 의존한다. 과학은 논리적 추리 곧 논증으로 충만해 있다. 논리적 추리는 문제에 대한 최선의 해결책 탐색에도 필수적 수단이다. 초기의 설계 단계에서 경쟁 관념들을 비교하고 선택할 때에도 논증이 필요하다. 학생들은 증거 기반 논증 교수·학습을 통해 이와 관련된 다음과 같은 능력을 가질 수 있다.

- 자료를 이용하여 주장을 지지하는 방법을 보여주는 과학적 논증을 구성한다.
- 지식 수준에 적절한 과학적 논증이 안고 있는 약점을 확인하고, 논리적 추리와 증거를 이용하여 그에 관하여 토의한다.
- 자신의 논증이 지니는 단점을 확인하고, 비판을 받아들여 그 논증을 수정·개선한다.
- 과학적 논증의 주요 속성은 주장·자료·추리임을 인식하고, 이들을 예를 들어 구분한다.
- 주어진 과학적 관념이 개발되는 과정에서 생긴 논점의 본성을 설명하고, 초기 생성에 관한 논쟁을 기술하고, 왜 특정한 이론이 성공했는지 지적한다.
- 오늘날 지식의 주장이 과학사회에 의해 어떻게 판단되는지 설명하고, 동료 평가의 장점과 한계와 비판적 조사를 통한 독자적인 반복의 필요성을 분명하게 표명한다.
- 과학, 또는 과학기술에 대한 대중매체 보고를 비판적으로 읽고 장점과 단점을 확인한다.

학생들은 과학적 논증에 관한 학습을 통해서 자신의 설명과 다른 학생들이 제시한 논증이 안고 있는 강점과 약점을 확인할 수 있을 뿐만 아니라 자신의 지식과 이해를 구축할 수도 있다. 논증과 논리적 추리는 과학과 공학에 핵심적인 과정이며, 다른 학생들과의 상호작용은 인지적으로 가장 효과적인 학습 방법이다. 학생들은 그들이 관찰한 현상과 수집한 자료를 해석하기 위한 논증을 스스로 개발하게 할 필요가 있다. 학생들이 이런 경험을 반복적으로 하면, 더욱 다양한 논리적 추리와 증거를 얻게 된다.

⑧ 정보의 수집·평가·의사소통하기

교양이 있는 과학자와 공학자라면 누구나 전공 영역의 문헌을 읽고 이해할 능력이 있다. 과학과 공학은 말·도표·차트·그래프·이미지·기호·수학으로 나타내고, 그에 관하여 의사소통하는 것을 아는 방법이다. 읽기, 해석하기, 글의 생성은 과학의 기본적 실행이며,

그런 일은 적어도 과학자와 공학자가 하는 일의 반 이상을 차지한다. 글을 통한, 또는 말로 하는 의사소통도 과학의 기본적 소통이다. 과학자들의 의사소통은 관찰한 것을 정확하게 기술하고, 사고를 명료하게 하고, 논증을 정당화하는 기능이다. 공학자들에게도 관념을 나누고 정보를 교환하는 의사소통, 곧 새로운 기능과 새로운 도구 및 물질에 관한 의사소통이 필요하다. 학생들은 정보의 수집과 의사소통을 위한 교수·학습을 통해 다음과 같은 능력을 습득하게 해야 한다.

- 단어·표·도표·그래프뿐 아니라 수학적 표현을 이용하여 각자 이해한 것에 관하여 의사소통하고, 또는 공부하고 있는 체제에 관하여 질문한다.
- 과학지식에 부합하는 표·도표·그래프를 포함한 과학과 공학 글을 읽고, 의사소통하고 있는 핵심 관념을 설명한다.
- 과학과 공학의 쓰기와 말하기의 주요 특성을 인식하고, 자신의 관념과 성과에 관하여 의사소통하는 글, 삽화가 들어있는, 구두의 표현을 생성한다.
- (교실에서 이용할 수 있도록 편집한) 일차 과학문헌 또는 대중매체 보고서를 비판적으로 읽고 자료·가설·결론의 타당성과 신뢰도에 관하여 토의한다.

과학교육과 공학교육의 중요한 공통 목표 가운데 하나는 학생들의 영역에 특수한 글을 읽고 쓸 수 있는 능력의 신장이다. 과학교육과 공학교육은 각각 과학과 공학에 내재된 영역의 글을 읽고 생성하는 언어 학습이기 때문이다. 학생들은 책, 대중매체 보고, 기타 다른 형태의 의사소통에 함축되어 있는 의미를 추출할 수 있는 능력의 개발을 지속적으로 실행하고 지지해야 한다. 이런 형태의 글은 이야기라기보다 해설적이고 언어축약적이며 정확한 논리적 흐름에 달려 있어서 처음에는 생소하기 때문이다. 고등학생들은 더욱 복잡한 글과 더욱 다양한 자료를 이용하여 이와 같은 실행을 연습해야 한다. 특히 공학과 관련된 내용의 교수·학습에서는 스케치·모형·언어의 적절한 조합을 이용하여 관념을 의사소통할 기회를 갖게 해 주어야 한다.

4. STS와 과학 윤리

과학, 과학기술, 그리고 공학은 모두 사회적 산물이다. 과학·과학기술·공학에서는 각각 과학자·기술자·공학자들이 연구·개발 주제에 관하여 토론하고, 연구 논문을 발표하고, 개발 성과를 공개하여 비판을 받는 의사소통을 통해서, 그리고 그들이 속한 사회와 문화의 영향을 받아 연구·개발이 이루어진다. 그렇게 해서 나온 연구·개발 산물은 사회적 논쟁거리의 출처가 되거나 윤리적 문제의 근원이 되기도 하는데, 그런 논쟁거리와 윤리적 문제는 전통적인 것과 다른 새로운 교수·학습 방법과 전략에 따라 이루어져야 한다.

1) 과학-기술-사회(STS)

과학은 과학·기술(science-technology; ST), 과학·기술·사회(science-technology-society; STS), 과학·기술·공학·수학(science-technology-engineering-mathematics; STEM), 과학·기술·공학·예술·수학(science-technology-engineering-art-mathematics; STEAM)의 통합과학적 관점에서 이해되어 왔다. 과학이 1970년대 이전에는 과학기술로 인식되었으며, 그 이후에는 과학·기술·사회의 과학관이 형성되었다. 지금은 과학·기술·공학·수학, 또는 과학·기술·공학·예술·수학의 통합과학관이 주목을 받고 있다. 현행 국·내외의 과학교육학에서는 과학·기술·공학·수학의 관계(STEM)(Chiappetta & Koballa, 2015), 또는 과학·기술·공학·예술·수학의 관계(STEAM)(교육부, 2015)를 중요시한다.

(1) STS의 정의와 비판

STS는 1970년대 이후 핵발전소·컴퓨터·유전공학의 발달로, 과학자들은 물론이고 일반인들조차도 관심을 갖는 대상이 되었으며(Bridgstock et al., 1998), 1980년대 초부터는 과학교육학자들에 의해 과학에 대한 새로운 관점으로 받아들여졌다(Aikenhead, 2003). 새로운 과학관으로서의 STS는 자이먼(Ziman, 1980)이 과학·기술·사회의 영어단어 첫 번째 문자를 따서 만든 두문자 용어이다. 이렇게 새로운 과학관으로 확립된 STS는 과학윤리 또는 생명윤리의 특성(Cheek, 1992)을 나타내기도 한다. 그러나 과학교육학자들(Hassard & Dias, 2009)에 따라서는, STS를 과학의 본성을 이루는 한 가지 구성요소로 기술할 뿐만 아니라 과학 교수·학습의 새로운 소재 또는 전략으로 인식한다.

이런 STS가 근래에는 그 의미, 본성, 교수·학습의 자료 및 소재에 관한 비판의 대상이 되고 있다. STS는 먼저 명확한 의미로 정의되어 있지 않다는 비판을 받고 있다. STS는 과학을 어떻게, 그리고 누구한테 가르쳐야 할지 분명하게 제시하지 못하며, 학생들에게 충분한 자극적 요인도 되지 않는다는 것이다(Shamos, 1993). STS에 관한 비판은 이와 같은 그 의미와 본성보다 과학 교수·학습 내용과 소재를 포함한 과학교육과 관련된 측면에 더 집중되어 있다. STS는 교사들이 STS에 의한 교수·학습에 요구되는 방법과 전략에 익숙하지 않으며, 현행 교육과정 개발 및 운용 절차에 적절하지 않고, 교수・학습 자료가 부족하다는 것이다(Hofstein, Aikenhead, & Riquarts, 1988; Yager, 2001).

(2) 과학과 기술

전통적으로 과학은 자연현상을 이해하고 설명하기 위해 체계적으로 조직된 과학지식으로 규정되어 왔으며, 기술은 인간에게 필요한 산물・과정・도구・방법의 창안에 이용하는 수단으로 정의되어 왔다(Hungerford, Volk, & Ramsey, 1997). 또한 과학은 사고 과정과 그 결과로 받아들여지고, 기술은 기예와 그 산물로 인식되어 왔다. 이렇게 규정된 과학은 고대의 인류문명이 발생된 시점에서 시작되었으며, 이처럼 인식되어 온 기술은 인류의 출현과 동시에 이용되었다. 전통적 의미의 과학과 기술은 [그림 2-14]와 같이 서로 다르지만, 일련의 관계도 맺고 있다(Carin, 1997; Ebenezer & Haggerty, 1999).

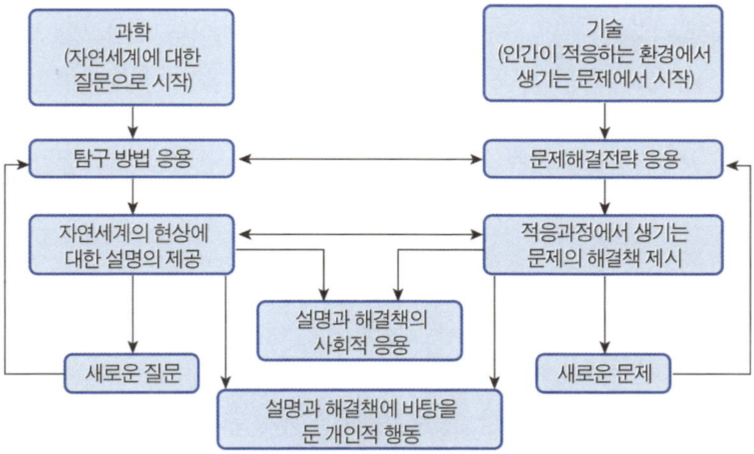

[그림 2-14] 과학과 기술의 관계 및 그 목적

[그림 2-14]에서도 알 수 있듯이, 과학은 자연현상을 설명하며, 기술은 과학을 적용하여 자연에서 제기된 문제를 해결한다(Carin, 1997). 과학은 자연에 대한 객관적 이해이며, 기술은 인간의 문제를 해결하기 위한 과학지식의 응용이다(Cheek, 1992). 이런 관계를 종합하면, 기술은 자연을 통제・변화시키기 위해 이용하는 과학지식과 기능의 체계로 정의할 수 있다(Bridgstock et al., 1998). 기술은 또한 이 점에서 응용과학과 동일시되기도 하는데, 이는 좁은 의미의 기술에 한정된다. 기술은 인류의 출현과 동시에 생겨났으나 과학지식을 응용하여 제품・도구・기계가 만들어진 것은 19세기 중엽 이후부터이다.

전통적 의미의 과학과 기술 사이에는 상보적 관계가 있다. 과학의 진보는 기술의 발달을 가져왔고, 기술의 발달은 과학에 새로운 통찰력을 제시하여 과학의 또 다른 단계의 진보를 촉진했다. 미생물학의 발전이 인슐린을 다량으로 생산하는 기술을 발달시켰으며, 미생물을 이용하는 기술의 개발은 유전자의 본질에 대한 새로운 시각과 지식을 제공하여 미생물학은 물론 분자유전학의 발달도 가져왔다(Hurd, 1997; NAS, NAE, & IOM, 1995). 기술은 과학의 영역을 응용과학으로 열어주는 기능도 한다. 예컨대 패러데이(M. Faraday, 1791~1867)의 전기공학 때문에, 러더퍼드(E. Rutherford, 1871~1937)와 페르미(E. Fermi, 1901~1954)의 순수물리학적 업적이 응용된 핵공학 분야가 성립되었다.

과학의 주된 활동은 연구(research)이며, 기술의 핵심적 활동은 개발(development)이다. 그러나 최근의 고속전철 · 우주정거장 · 생명공학의 발전이 보여주듯이, 오늘날에는 과학과 기술의 산물을 구분하기 어렵다. 이런 상황 때문에, 과학과 기술은 통합되어 과학기술로 일컬어지게 되었으며, 각각의 기본적 활동은 연구개발(R & D)로 통칭된다. 이때의 연구개발은 새로운 과학지식을 연구하는 과정과 새로운 도구 · 방법 · 수단을 개발하는 활동을 통틀어 지칭한다(Bridgstock et al., 1998). 이런 의미의 과학기술은 학문적 특성을 지니고 있어서 기술과학(technoscience)으로 일컬어지기도 한다(Hurd, 1997).

(3) 과학 · 기술 · 사회의 상호작용

STS는 [그림 2-15]에서 볼 수 있듯이, 과학과 기술, 과학과 사회, 기술과 사회 사이의 관계와 상호작용을 나타낸다. 과학은 기술에 응용할 과학적 법칙을 발견하거나 이론을 구성하여 기술의 개발을 촉진함과 동시에 새로운 개발 방법과 방향을 제시하며, 사회에 새로운 통찰력을 제공하여 사회적 문제와 해결책에 관하여 과학적으로 사고할 수 있는 능력을 제공한다. 기술은 과학이 나아갈 방향을 제시함(Hungerford et al., 1997)과 아울러 그 범위와 깊이를 넓혀주며, 과학지식을 응용하여 사회에 필요한 여러 가지 도구 · 방법 · 물질을 발명하고 그에 따라서 사회를 풍요롭고 편리하게 해 준다. 사회는 과학에 과학적 연구의 중요성과 목적을 제안하며, 기술에는 기술 개발의 필요성과 방향을 제시한다(NAS, NAE, & IOM,

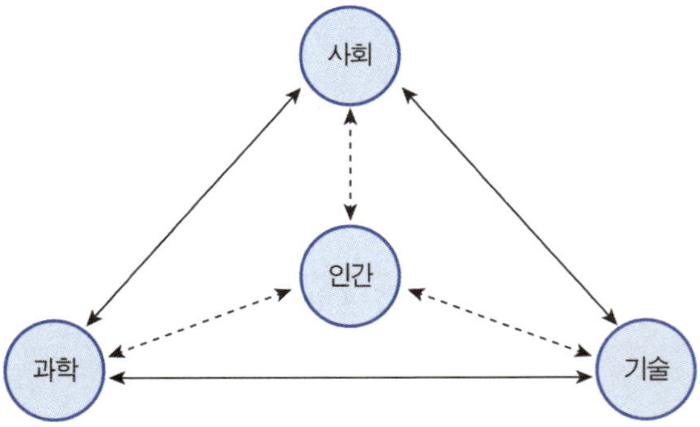

[그림 2-15] 인간-과학-기술-사회의 관계

1995). 사회는 또한 과학적 연구와 기술 개발의 동기를 부여하며, 행정적·재정적·정책적 지원을 통해 그 원동력을 제공한다.

[그림 2-16]에서 볼 수 있듯이, 과학이 기술을 통해 사회에 미치는 영향을 과학의 내적 영향으로, 사회가 기술을 통해 과학에 미치는 영향을 과학의 외적 영향으로 부른다. 자이먼(Ziman, 1984)은 과학·기술·사회 사이의 이와 같은 관계와 특성을 근거로 기술이 과학과 사회를 연결하는 다리의 역할을 한다고 주장한다. 과학의 내적 영향과 외적 영향은 각각 과학의 내적 사회성과 외적 사회성으로 나타난다. 과학의 내적 사회성은 물리·화학·생명과학 등 과학 내의 여러 분야들 사이의 관계, 과학자와 자연 사이의 상호작용, 동일한 분야의 전공 교수나 여러 전공 분야의 과학자들 사이에 일어나는 의사소통에 의해 드러난다. 한편 과학의 외적 사회성은 과학자와 대학·연구소의 관계, 과학자와 사회인 사이의 상호작용, 과학과 종교·수학·경제학 등 다른 학문 분야 사이의 관계, 과학과 기술에 대한 국가나 사회의 행정적·재정적·법률적 지원 방법·절차·체제를 통해 나타난다.

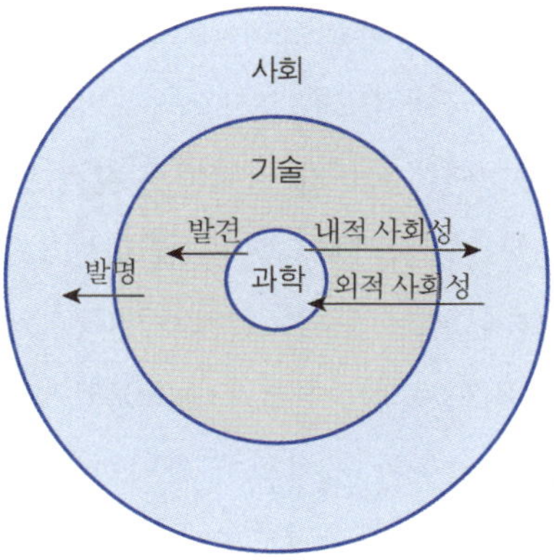

[그림 2-16] 과학-기술-사회의 상호작용

(4) STS 교수·학습

사회적 상황과 사회에 새겨져 있는 과학적 논쟁거리(scientific controversies)와 윤리적 딜레마(ethical dilemmas)는 STS 교수·학습 과정에서 이용하는 중요한 도구이다. STS 운동의 정신에 따른 교수·학습은 물과 공기의 오염, 부적절한 땅의 이용, 자연 자원의 고갈 같은 주제를 중심으로 이루어진다. STS 교수·학습이 학생들에게 과학의 사회적 측면을 인식하게 하고, 과학에 대한 그들의 태도를 함양시키는 데에는 효과적으로 이용되었지만, STS 교수·학습의 핵심인 사회과학적 쟁점(SSI)과 연관된 과학의 교수·학습 기회는 잘 활용하지 못한다는 비판을 받고 있다.

① STS 교육의 대두

하나의 새로운 과학관으로서, 또는 교수·학습의 방법, 내용, 소재로서의 STS는 교육개혁 운동의 산물이다. 영국에서는 1970년대에 '사회 속의 과학(science-in-society)'과 '사회적 상황의 과학(Science in a Social Context; SISCON)'을 위한 교육과정 개혁 운동이 일어났다. '사회 속의 과학'은 A-level의 선택 과목이며, SISCON은 최초로 개발된 중등학교의 STS 교재이다(Solomon, 1993).

미국에서도 STS 교육개혁 운동은 1970년대 초에 시작되었다(Aikenhead, 2003). STS가 1978년에 NSF가 지원한 종합적 연구의 한 보고서인 'Project Synthesis'에 처음으로 소개되었으며, 국가사회연구위원회는 1979년에 과학사회자문위원회에 사회 속에서의 과학과 기술에 관한 연구를 위임하였다(Harms, 1977). 한편 NSTA는 1980년 STS를 과학교육의 핵심 목적으로 설정하였으며, 1988년에는 STS를 정의하고, 1990년에 STS에 관한 입장표명에서 과학교육의 목적으로 과학기술 소양인의 양성에 둘 것을 발표하였다.

새로운 과학관으로서의 STS 접근법에 따른 교수·학습의 필요성은 STS의 본성과 STS 교수·학습 방법을 적용하여 나타난 효과에서도 찾아볼 수 있다. STS는 교수·학습의 상황 의존적(context-based) 접근법이며(Bennett, 2003), 문제지향적(problem-oriented)(Hassard & Dias, 2009) 방법이다. STS는 과학의 본성을 드러내며, 과학과 관련이 있는 직업을 긍정적으로 받아들이게 하는 특성도 지닌다.

② STS 교육의 목적

STS 교육의 목적은 과학과 기술의 본성에 대한 교수·학습과 과학-기술-사회의 관계와 관련된 논쟁거리(controversial issue)의 소개에 있다(Bentley et al., 2000). STS 교수·학습 목표는 과학기술과 관련된 문제에 책임감이 있는 행동을 할 수 있는 지식과 기능을 획득하게 하는 데에 있다. 그러나 1980년대 이전에는 어느 나라에서도 이것을 과학교육의 목적으로 설정하지 않았다. 미국의 NSTA에서는 1981년의 종합연구의 한 보고서(Harms & Yager, 1981)에서 STS 프로그램의 목표를 다음과 같이 제시하였다.

- 자신의 생활을 개선하고 과학기술 세계를 잘 살아갈 수 있는 능력을 기른다.
- 과학을 이용하여 과학 및 기술로 야기된 문제를 해결할 수 있는 능력을 신장시킨다.
- STS 문제의 해결에 이용할 과학과 기술의 기본적 지식을 획득하게 한다.
- 과학 및 기술과 관련이 있는 직업에 적절한 전문성과 경험을 제공한다.

NSTA(1990)가 종합연구 보고서를 제출한 지 10여 년 만에 발표한 입장표명에서는 STS 교육의 목적으로 일상생활 문제의 해결과 일과 여가와 일상적 삶에 관한 결정에 과학과 기술 및 윤리적 가치를 적용하는 능력을 제시한다. NSTA는 STS에 새로운 교육과정, 교과서, 시청각 매체 및 기자재가 요구된다고 가정하고, 이 목적을 제시하였다. 이 목적의 달성에는 사회적 논쟁거리를 소재로 이용한, 그리고 주제 결정, 수업 자료 준비, 논쟁거리 구조화, 논쟁의 단계로 구성된 논증법이 효과적이다(Johnson & Johnson, 1988).

③ STS 접근법과 전통적 교수 · 학습 방법의 비교

당시 새로운 과학 교수·학습 방법으로서의 STS 접근법은 구성주의의 심리학적 신조와도 잘 부합한다(Cheek, 1992). 그러므로 STS 교수·학습 방법은 전통적 심리학 및 과학교육 사상에 따른 교수·학습의 방법과 다르다. STS 교수·학습 방법과 전통적 과학 교수·학습 방법의 차이가 요약된 〈표 2-8〉(Yager & Tamir, 1993)에서도 볼 수 있듯이, STS 교수·학습에서는 과학의 응용, 또는 과학과 생활의 관계를 중요시한다.

〈표 2-8〉 STS 교수 · 학습 방법과 전통적 교수 · 학습 방법의 차이

STS 교수 · 학습	전통적 교수 · 학습
학생 중심	교사 중심
학생들의 다양성에 따른 개별화·개인화	보통·중간 학생을 위한 단체 학습
다양한 자료를 이용	주로 교과서 이용
문제와 논쟁점에 관한 협동학습	실험실에서는 단체수업
학생을 능동적 참여자로 취급	학생을 소극적 수용자로 취급
학생들의 직접적 경험 중심	체계적인 정보 중심
문제 및 논쟁거리 중심의 교수계획	교육과정과 교과서 중심 교수계획

STS 교수·학습 방법은 상황의존적 접근법이자 문제지향적 방법으로서 사회와 일상생활에서 선정한 주제, 그리고 학생들에게 친숙한 소재를 이용하여 학생 위주로 수행될수록 효과적이다. [그림 2-17]에는 교사 주도의 전통적 교수·학습 방법과 학생 중심 STS 교수·학습 방법이 비교되어 있다(Yager, Tamir, & Mackinnu, 1994). STS 교수·학습의 주제는 교과서의 내용과 교육과정의 내용 및 목적보다 훨씬 더 포괄적이다.

STS 접근법은 구성주의와 잘 부합되기 때문에, 구성주의 교수·학습 모형을 적용하면 효과적이다. STS 접근법은 대개 학생들의 질문 또는 선행지식을 확인함으로써 시작된다. STS 교수·학습에서는 일상생활 또는 사회생활에 영향을 미치는 지식의 획득과 관련된 기능의 신장에 목적을 두고 이루어진다. 바꾸어 말하면, STS 교육의 목적은 건전하고 합리적인 의사결정을 내릴 수 있는 STS 소양인의 양성에 있다(Zoller, 1993).

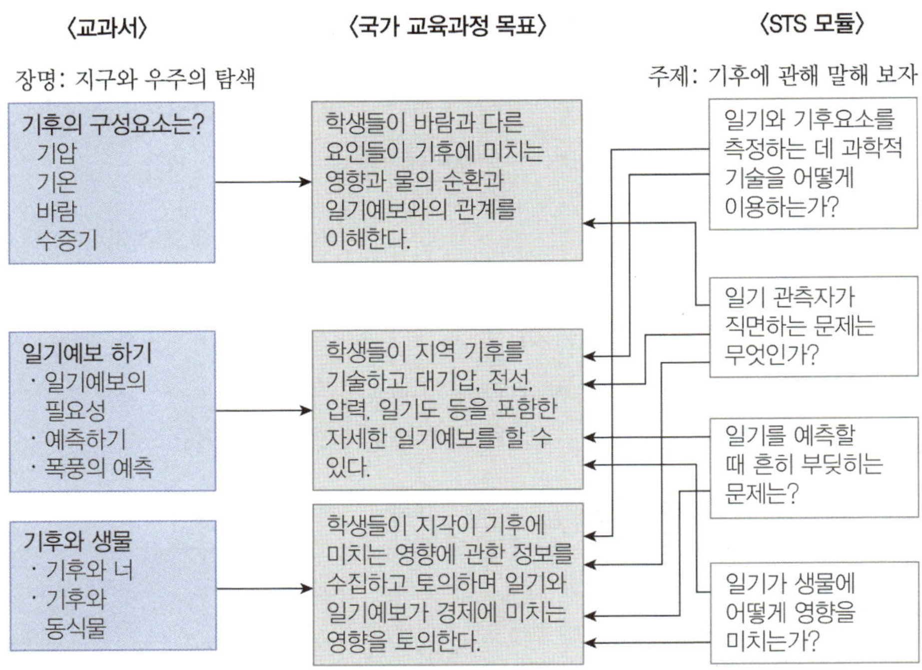

[그림 2-17] 교과서와 STS 접근법의 비교

④ STS 교수 · 학습 예시

STS 교수·학습 방법과 전략은 삽입(bolt-on)과 쟁점기반(issue-based) 통합의 두 가지 방법으로 대별된다. 삽입 전략은 교수·학습이 진행되는 과정에서 그 내용과 관련이 있는 STS 주제와 소재를 삽입하는 전략을 말한다. 이와 달리, 쟁점기반 통합 전략을 적용한 교수·학습은 사회적 쟁점을 중심으로 수행되며, 사건중심(event-centered) 통합으로 불리기도 한다(Alsop & Hicks, 2001). STS 교수·학습 자료는 적용되는 방법과 전략에 상관없이 과학지식 응용, 과학기술, 사회적 문제점을 위주로 개발된다(Fensham, 1988).

ㄱ. 과학지식 응용 교수 · 학습

STS 접근법에 따른 과학지식 응용 교수·학습은 과학지식을 설명하고, 설명한 과학지식이 일상생활과 사회에 응용된 사례를 제시하는 순서로 진행된다. 과학지식 응용 STS 교수·학습 방법은 과학교사들이 STS와 그 교육에 관한 연수 과정을 거치지 않더라도 쉽게 적용할 수 있는 장점이 있다. 다음 예가 보여주듯이, 과학교사들은 보통 수업이 끝나는 마지막 단계에서 이 방법을 적용한다.

〈전시에 학습한 내용의 확인〉

- 저번 시간에 무엇을 공부했지?
- 물질의 세 가지 상태에 관하여 공부한 그대로 말해보아라.

〈사전 지식의 확인〉

- 얼음이 무엇일까?
- 젖은 빨래가 햇볕에서 잘 마르는 이유는 무엇일까?

〈수업 절차〉

- 모든 물질은 온도에 따라 기체・액체・고체로 변한다.
- 물은 끓이면 수증기가 되고, 얼면 얼음이 된다.

⋮

- 냉장고의 냉동실에 물을 넣어 두면 얼음이 되고, 주전자의 물이 끓으면 수증기가 나온다.
- 「어는점과 끓는점」을 교수하고, 압력솥의 원리, 부탄가스를 이용하는 방법을 말하게 한다.
- 옷장에 넣어 둔 나프탈렌이 점차 작아지는 이유를 설명해 보아라.

이와 같이, 과학지식의 응용 사례를 이용하는 STS 교수・학습은 교수・학습 시간에 가르치고 공부한 내용을 다른 학문적 상황에 응용하거나 과학기술에 적용한 사례를 보이는 전통적 방법과 다르다. 과학지식 응용 접근법에 따른 STS 교수・학습에서는 반드시 일상생활과 사회에서 이용되고 있는 사례를 제시한다. 이때 교수・학습의 내용과 관련된 과학지식이 인간에 미친 부정적인 영향도 함께 다루면 효과적이다.

ㄴ. 과학기술 사례 교수・학습

과학기술은 일상생활의 개선과 사회의 변화에 영향을 미친다. 과학기술은 과학의 발전과 과학기술의 개발, 일상생활에 쓰이는 도구의 생산, 국가적・사회적 공공시설의 건축에 응용된다. 그러므로 과학기술은 이와 같은 사례에 관한 과학 교수・학습 및 과학적 연구와 과학적 탐구를 통해서도 이해할 수 있다. 다음은 STS 접근법에 따른 과학기술 사례 교수・학습 방법과 내용의 몇 가지 실례이다.

〈과학의 발전과 과학기술의 개발〉

- 과학기술 사례: 생명과학 → 광학현미경 → 미생물학 → 전자현미경 → 분자생물학 …
- 관련된 과학지식: 빛, 전자, 미생물학, 분자생물학 …

〈생활에서 쓰이는 도구〉

- 과학기술 사례: 전자레인지
- 관련된 과학지식: 전자, 전기, 파동, 온도, 열, 에너지 …

〈공공시설〉
- 과학기술 사례: 지하철
- 관련된 과학지식: 전기, 에너지, 힘, 공기, 미생물 …

STS 접근법에 따른 교수·학습 내용으로서의 과학기술 사례는 교육과정에 포함된 과학지식을 중심으로 교수·학습한다. 실제의 교수·학습에서 지나치게 전문적인 과학기술은 언급하지 않는다. 또한 진보주의 교육사상 및 제2차 교육과정에서 생겨난 부정적 영향을 고려해, 생활과 사회에 적용되는 과학기술 사례는 STS 교수·학습의 소재로만 이용하며, 그 주제 또는 대상으로는 이용하지 않는다.

ㄷ. 사회적 논쟁거리 교수·학습

과학 및 과학기술과 관련된 사회적 논쟁거리는 견해와 가치관이 관련되어 있어서 전통적 교수·학습 방법이 적절하지 않고, STS 접근법에 따른 교수·학습 방법이 효과적이다. STS 접근법에 따른 교수·학습에서 사회적 논쟁거리를 다루면, 교수·학습의 내용이 학생들한테 더욱 의미 있고 관련성이 있게 전달된다. 사회적 논쟁거리는 또한 과학과 과학기술의 진짜 본성을 나타내며, 과학기술과 관련된 문제의 해결에 필요한 태도와 기능의 습득에 목적을 둔 교수·학습 과정에서 특히 큰 효과를 낸다(Wellington & Ireson, 2008). 과학 및 과학기술과 관련된 사회적 논쟁거리의 교수·학습에 가치설득법, 가치명료화법, 도덕성 발달법, 문제점 분석법을 전략으로 적용하는 방법과 과정을 예시하면 다음과 같다.

〈가치 설득법〉
- 다음 글을 읽고 자신의 입장을 정리해 보아라.

> ○○ 시에서는 고용을 창출하고 시의 재정을 확보하기 위하여 외곽에 공업단지를 조성해서 많은 공장을 유치하였다. 그러나 인근 지역 주민들은 아파트에 먼지와 공해 물질이 많이 날아든다는 민원을 제기한다. 또한 환경보호론자들은 지역과 자연이 오염되어 가고 있다고 주장한다. ○○ 시에서는 공단에 공해 물질을 줄여달라는 공문을 보내는 것 이외에는 아무런 조치도 취하지 못하고 있다.

- 우리가 살고 있는 시의 인근에 공장을 계속 유치해야 하는가? 각자 나름의 확실한 근거와 이유를 들어 자신의 입장을 발표해 보자.
- 교사는 각자의 입장을 정리하여 공통적인 의견을 도출한다.

〈가치 명료화법〉
- 담배를 피우는 가족이 있습니까?
- 사람들이 담배를 피우고 있는 방에 들어가기를 꺼리지는 않습니까?

- 비행기 · 버스 · 식당과 공공시설 안에서 담배를 못 피우게 하는 최근의 조처에 대해서 어떻게 생각합니까?
- 흡연이 건강에 어떤 영향을 미친다고 생각합니까?
- 정부가 흡연을 조장하지는 않습니까?
- 공공장소에서는 절대로 금연해야 한다는 것을 법으로 정해야 한다고 생각합니까?

〈도덕성 발달법〉

- '한 학생이 AIDS를 일으키는 HIV에 양성 반응을 나타냈다고 하자. 그 사실을 학교에 알려야 할까?'와 같은 도덕적 딜레마를 제시한다.
- AIDS에 관한 자료, 그에 관한 잘못된 정보를 자세하게 알려 준다.
- 자료를 읽고, 토의를 통해서 모둠별, 또는 개인별 입장을 말하게 한다.

〈문제점 분석법〉

- 자기 고장에 핵폐기물 저장소를 유치할 수 있다고 생각하는지 묻는다.
- 핵, 핵발전, 핵폐기물에 관한 정보와 사실을 제공한다.
- 자기 고장에 핵폐기물 저장소를 유치함으로써 생길 수 있는 이점과 단점을 분석한다.
- 위와 같은 분석 결과를 바탕으로 유치 여부를 결정한다.

일반적인 의미의 논쟁거리는 원인 · 이론 · 증거, 응용 효과, 환경에 미치는 영향에 관하여 다양한 견해가 제기되는 주제를 일컫는다(Wellington & Ireson, 2008). 학생들은 자신의 가치관과 상충되는 다른 사람의 가치관을 잘 받아들이려 하지 않기 때문에, STS 접근법에 따른 교수 · 학습 과정에서 가치 설득법을 적용할 때는 하나의 편향된 가치만을 이해시키려 해서는 안 된다. 또한 도덕성은 일정한 단계를 거쳐 발달하기 때문에, 사회적 논쟁거리의 수준을 학생들의 발달 단계에 맞추어야 한다. 한편 도덕성 발달법은 개인적 수준의 도덕적 가치를 다루는 교수 · 학습에, 문제점 분석법은 사회적 차원의 도덕적 가치와 윤리적 문제를 다루는 교수 · 학습에 적절하다.

ㄹ. 문제해결/의사결정 모형에 따른 교수 · 학습

문제해결/의사결정 모형에 따른 STS 교수 · 학습을 통해 해결할 질문은 학생들이 직접 선정하여 진술하게 한다. 교사는 학생들이 진술한 질문이 어렵지 않게 해결할 수 있는지 검토하고, 해결이 매우 어렵거나 불가능한 형태일 경우 수정 · 보완하게 도와준다. 문제해결 모형에 따른 교수 · 학습 절차를 예시하면 다음과 같다.

- **탐색**: 탐색할 STS 문제나 주제에 관한 질문을 확인하여 진술한다;
  예) 우리 학교의 급식에서 얼마나 많은 음식물 쓰레기가 나올까?
- **해결**: 선행경험을 통해 획득한 지식, 기능, 절차를 이용하여, 탐색 단계에서 진술한 질문에

답할 방도를 찾는다;

예) 학생들이 직접 음식물 쓰레기를 수거하여 조사한다.

- **창의**: 문제의 해결에 필요한 자료를 수집하여 분석한다;

예) 음식물 쓰레기의 양을 종류별로 조사하여 적절한 표나 그림으로 나타낸다.

- **공유**: 몇몇 학생들이 문제를 해결한 방법과 결과를 발표하고, 방법과 결과에 관하여 급우들과 의견을 나눈다;

예) 조사한 과정을 찍은 비디오를 보여 준다.

- **행동**: 결과로 드러난 문제를 해결할 행동을 취한다;

예) 영양사, 조리사, 담당 교사와 음식물 쓰레기가 발생되는 원인과 그 양을 줄이기 위한 방안에 관하여 논의한다.

이 과정은 문제해결/의사결정 과정과 잘 일치한다. 또한 질문이 주변에서 흔히 제기되는 통합적 문제를 다루기 때문에, 누구나 참여하여 해결할 수 있다. 학생들은 이 문제해결/의사결정 교수·학습 과정을 통해서 문제를 해결할 수 있을 뿐만 아니라 문제해결에 필요한 이와 같은 기능을 습득하며, 올바른 의사결정에 필요한 능력도 기를 수 있다.

⑤ STS 교수 · 학습 방법의 한계

STS는 자연현상이나 사물 자체를 설명·기술하는 주제에는 적용할 수 없는 문제와 한계를 안고 있다. 하나의 과학관으로서의 STS는 조작적으로 정의되어 있지 않으며, 이론적 구조도 확고하지 않다. 교수·학습 접근법으로서의 STS는 '원자의 구조', '○○ 지역의 생태'와 같이 자연현상과 생명현상 또는 사물을 설명·기술하는 순수과학에는 적용할 수 없다. 순수과학 주제는 과학적 연구나 탐구의 궁극적 목적으로서 사회나 생활에 직접적 관련이 없기 때문이다. STS는 이 밖에 과학을 어떻게, 누구한테 가르쳐야 할지를 제시하지 못하는 한계도 드러낸다(Shamos, 1993).

교수·학습의 내용과 전략으로서의 STS가 드러내는 이런 적용상의 문제와 한계 때문에, 미국 과학재단(National Science Foundation; NSF)에서는 STS에 관한 연구를 행정적·재정적으로 더 이상 지원하지 않는다. Project 2061에 관계되어 있는 과학자들도 STS에 관한 연구에는 더 이상 적극적으로 참여하지 않고 있다. 또한 미국화학협회(American Chemical Society; ACS)에서는 ChemCom을 더 이상 STS의 교재로 분류하지 않고, 국가과학교육기준(NRC, 1996)에서는 STS를 직접 언급하지 않는다.

2) 사회과학 쟁점(SSI)

사회과학 쟁점(socioscientific issues; SSI)은 1980년대의 과학교육학 분야 문헌에서 언급되기 시작하였다. SSI는 후실증주의에서 정의하는 과학의 주제에 실행 가능한 교육의 틀(educational framework)로 인정된다. 1970년대의 STS 주창자들이 그러했듯이, SSI 지지자들도 과학과 사회적 문제의 관계를 중요시하며, 교수・학습에서 증거기반 추리, 도덕적 관심/윤리적 쟁점, 과학적 탐구, 논쟁점을 강조한다(Zeidler, 2014).

(1) SSI 대두 배경

SSI는 STS 전통에 깊이 새겨져 있는 철학적 이념(ideology)의 영향을 받아서, 그리고 철학적 전통, 발달심리학적 전통, 사회학적 전통의 이론과 이런 분야의 학자들한테서 나온 정보를 바탕으로 하여 교육적 구인(educational construct)으로 출현하였다. 자이들러와 그의 동료들(Ziedler, Sadler, Simmons, & Howes, 2005; Zeidler, 2014)은 STS를 이론을 추구하는 철학적 관념에 비유하면서 STS의 본성과 그 교육에 매우 비판적인 입장을 취하였다. STS에 대한 이런 부정적 입장과는 대조적으로, 그들은 더욱 유연한 틀을 제안하였는데, 그 틀은 인지심리학과 도덕성 발달, 정의적 추리, 인성 교육(character education), 사회도덕적 담화, 그리고 SSI를 사회문화적 관점으로 보게 하는 과학의 본성 분야의 학자들의 관심을 집단적으로 끌어들였다(Zeidler, 2014).

이와 같이, SSI는 STS의 대안적 틀(alternative framework)로 제시되었지만, 기본적으로는 SSI와 관련이 있는 여러 영역에서 수행된 연구의 결과에 바탕을 두어 과학 교육과정에 진입하는 시작점(entry point)으로 개발된 새로운 틀이다. 이런 기능을 하는 SSI는 과학적 소양의 기능적 관점 개발의 수단으로서의 과학의 본성 쟁점, 문화적 쟁점, 담화 쟁점, 사례-기반 쟁점에 집중하는 과학교육 사회의 연구자와 실행자들에게 교육학적으로 매우 중요하다. 또한 SSI 교육과정에서 하는 시작점 역할로 인하여, 학생들은 비록 엉성하게 구조화되어 있지만 상황에 의존하는 특성 때문에, 사회적 삶의 질과 자연계에 중요하며 복잡한 쟁점에 관한 다양한 관점을 분석하고, 평가하며, 토의하고, 논의하는 비공식적 추리를 함양하여 과학적 소양을 계발하게 된다(Zeidler, 2014).

(2) SSI의 특성

사회과학 쟁점(SSI)은 근원적으로 앞 소절에서 기술한 STS와 구분된다. SSI는 STS 접근법과 관련이 있는 교육학적 패러다임, 곧 교육학적 틀이다. 교육학적 틀로서의 SSI는 STS의 내용과 방법 그리고 그 주제와 소재뿐만 아니라, STS 접근법으로 다루기 어려운 주제와 소재도 포괄한다(Hassard & Dias, 2009). 다음은 STS 접근법보다 SSI 중심의 교수·학습에서 더 효과적으로 다룰 수 있는 영역의 예이다(Chiappetta & Koballa, 2005).

- **과학의 본성:** 과학의 본성에 대한 학생들의 이해는 과학의 본질에 관하여 그들이 표명하는 견해의 형성에 영향을 미친다.
- **교실 담화의 쟁점:** 학생들의 과학에 관한 말과 논증에 대한 관념은 그들의 SSI에 관한 견해와 결정에 영향을 미친다.
- **문화적 쟁점:** 학생들은 다양한 사회의 구성원으로서, 다른 학생들의 견해를 관대하게 받아들이고, SSI에 대한 그들의 결정은 자신들이 속한 문화의 영향을 받는다는 것을 인식한다.
- **사례 기반 쟁점:** 사례 기반 교수를 통한 쟁점의 조사는 학생들로 하여금 쟁점을 해소하고, 어떻게 권력이 사회적 결정과 과학사회의 결정에 영향을 미치는지 검토하게 한다.

과학 교수·학습에서 STS 대신에 SSI를 이용하면, 학생들의 도덕과 윤리에 관한 지적 발달은 물론이고 과학과 사회의 관계에 대한 그들의 이해도도 높아진다. 한편 SSI 교수·학습을 통한 도덕과 윤리에 관한 지적 발달은 SSI에 관한 학생들의 의사결정 능력의 함양에 매우 중요하다. 이런 기능을 하는 SSI는 본래 과학에 근원이 있으며, 신념에 의존하는 선택이 관련되고, 위험과 가치를 포함하여 불완전한 정보에 즉시적으로 연결되는 특성을 지니고 있다. 지구 온난화, 유전공학, 유전자 치료와 검사, 어류의 바다 양식이 이런 SSI 주제의 좋은 예이다(Ratcliffe & Grace, 2003).

SSI는 과학과 사회를 연결시키며(Sadler et al., 2006), 도덕적 원리와 가치가 함축되어 있고(Zeidler et al., 2005), 과학적 주장, 논증, 개인적 문제와도 관련되어 있다(Kolsto et al., 2004). SSI는 과학기술과 개념적·서술적·절차적 관계를 맺고 있는 사회적 딜레마(social dilemma)로 규정되기도 한다(Sadler, 2004; Sadler & Zeidler, 2005). 사회과학 쟁점은 과학윤리에 관한 교육의 주제나 소재로도 유용하다(Sadler et al., 2006).

(3) SSI 교수·학습 방법

SSI 주제를 조사·분석하는 과정과 방법은 SSI 교수·학습에 시사점을 던져 준다. SSI 주제의 조사·분석은 사회과학 쟁점 그 자체와 그 기초가 되는 과학을 더 깊게 이해하는

데 유용하다. SSI를 조사 · 분석하면, 논증과 증거가 드러날 뿐만 아니라 사실적 정보를 조직하는 기회도 갖게 된다. SSI를 조사 · 분석하는 과정에서는 또한 사실과 의견을 구분하고 견해를 달리하는 많은 사람들이 가지고 있는 다양한 가치를 인식할 수 있다. SSI의 조사 · 분석 과정은 SSI의 주제에 대한 의사결정에서 절정을 이룬다.

SSI에 관하여 조사하고 분석하는 과정을 예시하는 SSI 중심의 교수 · 학습 모형은 분석적 의사결정 모형(analytical decision-making model)과 구조화된 논쟁 모형(structured controversy model)으로 대별된다. 이 두 수업 모형은 SSI 주제와 소재를 조사하고 검토하는 학생들을 안내하는 과정에서 매우 유용하게 활용할 수 있다. 이외에, SSI의 탐색에 일차적 목적이 있는 학습은 크게 행동 학습(action learning)과 봉사 학습(service learning)으로 나뉘어 적용되고 있다(Chiappetta & Koballa, 2014).

① 분석적 의사결정 모형

분석적 의사결정 모형을 적용한 교수 · 학습은 학생들이 사는 지역에 방사성 폐기물 저장소를 건설해야 할 것인지 여부를 결정하고, 논쟁의 여러 측면에 대한 조사로 시작한다. 이어 방사성과 반감기를 학습하고, 다른 시군과 다른 나라의 비슷한 시설의 안전 문제를 알아보고, 원자력과 다른 산업 시설이 안고 있는 잠재적 위험을 비교한다. 이런 과정을 통해서, 학생들은 폴리염화비닐, 납, 비소와 같은 화학물질과 매립하는 다른 산업 폐기물 문제뿐만 아니라 전력 생산에 이용하는 석탄과 천연가스의 위험도 공부하게 된다.

학생들은 지역 사회에 건설될 방사성 폐기물 저장 시설에서 얻을 수 있는 유익한 효과도 조사한다. 방사성 폐기물 저장소를 건설하면, 그 시설이 지역의 경제에 어떤 영향을 미칠 수 있겠는가? 지역의 경제는, 최소한 방사성 폐기물 저장 시설을 건설하는 동안에는, 건설에 참여하는 작업 인부와 기술자와 공학자들에게 음식과 숙소를 제공함으로써, 크게 성장할 것이다. 도로와 철로도 개선될 수 있을 것이다. 방사성 폐기물 저장소가 건설되면, 그 시설을 이용하고 유지하는 비용도 지역의 경제 발전에 공헌하게 될 것이다.

② 구조화된 논쟁 모형

구조화된 논쟁 모형에 따른 교수 · 학습은 관점바꾸기(perspective reversal) 전략이 적용되기 때문에, 지역에 방사성 폐기물 저장소의 건설로 생길 이익과 아울러 위험에도 집중하게 한다. 학생들은 짝을 지어 찬성과 반대의 입장을 임의로 정하고, 자신이 맡은 관점에서 공부하고 논증한 다음, 관점을 바꾸어 그 과정을 반복한다. 양쪽 관점을 충분히 이해하면,

승패가 아니라 최선의 해결에 초점을 맞춘 협력적 의사결정이 가능해진다.

구조화된 논쟁 모형에 따른 교수·학습은 사실적 내용의 학습 단계에서 추리를 통한 결정 단계로 전환되는데, 하위 단계에서 상위 단계로 원활하게 이동하게 하기 위해서는 방사성 폐기물의 장기 저장에 관한 지역시민들의 태도와 가치관도 조사해야 한다. 이때 조사 준거는 기존의 조사·연구의 결과를 이용할 수 있다. 만일 자신이 속한 사회에 영향을 미칠 쟁점을 조사해야 한다면, 주민들에게 설문지를 배포하고 완성하도록 요청하여, 쟁점에 관한 그들의 지식과 문제의식 그리고 태도에 관한 자료를 수집해야 한다.

쟁점에 관한 조사와 분석 모형에 따른 교수·학습을 통해서 얻을 수 있는 가장 중요한 결과는, 교수·학습 모형에 관계없이, 다음 질문에 대한 답, 곧 의사결정의 산물일 수 있다. 학생들은 수집한 자료로 쟁점에 관하여 무엇을 할 것인가? 학생들이 자기 지역에 핵폐기물 시설이 들어올 것으로 알았다면, 그들은 어떻게 했을 것으로 예상할까? 그들은 핵폐기물 저장 시설이 필요하지만, 다른 지역에 건설해야 한다고 생각하지는 않았을까?

③ 행동 학습과 봉사 학습

행동 학습은 추리와 의사결정 이상의 활동이 연관된다. 수업을 확장하고 교실을 초월하는 협력, 질문하기, 사회 활동이 강조된다. 행동 학습 경험에는, 예를 들면 지역의 SSI를 해소하기 위한 여러 가지 행동을 취하고, 그 행동의 효율성을 평가하는 기회로 구성된다. 행동 학습 경험을 실행하는 교수·학습에는 작은 모둠이 필요하며, 다음과 같은 요소로 이루어져 있다. 그러나 행동 학습에서 다음과 같은 요소들보다 더 중요한 것은 질문하기, 경청하기, 그리고 행동에 옮기기의 결과로 이루어진 과학 학습이다.

- **중요한 쟁점**: 쟁점은 학생들에게 중요하며, 그들에게 과학을 학습할 기회를 제공한다. 이 기준을 만족하는 쟁점은 학교의 조경과 잔디밭 유지에 물의 과용, 학생들의 일일 탄산음료 소비량, 쓰레기가 버려진 보기 흉한 학교 근처의 개천이다.
- **질의와 응답 과정**: 학생들은 쟁점을 구조화하고, 각 구성요소를 잘 이해하기 위하여 많은 질문을 한다. 그들은 각자의 문의를 경청하고 다양한 전략을 제안하여 쟁점을 기술한다. 이 과정에서는, 말하게 하고 응답에 관한 논증에 이르게 하는 질문이 강조된다.
- **행동하기**: 학생들이 선정한 SSI는 그들에게 중요할 뿐만 아니라, 그들이 행동으로 수행할 수 있는 것이어야 한다. 학생들은 자신들이 가지고 있는 관념을 실행함으로써 학습한다. 자신의 활동을 보고 반성함으로써, 학생들은 쟁점을 다시 구조화하고, 미처 생각하지 못했던 것이 있음을 인식하고, 새로운 전략과 해결을 제안한다.
- **학습의 보장**: 쟁점의 해소는 학교나 지역에 즉각적인 이익을 가져온다. 예컨대 내건성 잔디로 조경을 하면, 해마다 수백 갤런의 물을 절약할 수 있다는 것을 확신시켜 준다.

봉사 학습은 이와 같은 행동 학습과 공통적인 특성을 많이 공유하는데, 가장 중요한 것은 학생의 행동과 학습이다. 과학교사들은 수 세기에 걸쳐 봉사 학습과제에 학생들을 참여시켜 왔다. 과학교사들은 학생들을 개천과 해변으로 데려가 청소를 시켰고, 학교에서 학습하기 위해 생물들을 채집하게도 하였다. 봉사 학습의 한 가지 예로, 들불로 타버린 땅의 개간에 참여하는 것을 들 수 있다. 학생들은 재녹화 활동에 참여하여, 식물의 본성과 생리, 환경에서 하는 식물의 역할, 그리고 천이, 생태적 지위, 극상 군락을 학습한다.

봉사 학습은 학생들이 일상적 삶 및 사회와 연관된 학습에 참여하는 확실한 방법이다. 학생들은 사회에 능동적으로 참여하고, 사회를 위해 봉사하는 과정에서 과학을 학습한다. 일부의 봉사 학습 경험은 방과 후, 또는 학교 밖에서 실행한다. 어떤 봉사 학습 경험은 위험에 처하게 할 수 있는데, 이때 과학교사는 학생들의 참여로 생길 수 있는 이익과 위험을 재보아야 한다. 봉사 학습은 과학이 학생들에게 관련이 있고 흥미롭게 하며, 과학에 대한 그들의 이해도를 함양시키는 기회를 과학교사들에게 제공한다.

3) 과학의 윤리

과학과 관련이 있는 윤리적 문제는 인식론적 측면, 형이상학적 측면, 윤리적 측면, 도덕적 측면, 사회적 측면으로 이루어진 과학의 본성에서 비롯한다(Van Rooy, 2000). 윤리적 문제의 직접적인 원천이 되는 사회적 논쟁거리는 잠정성 및 다의성과 같은 과학지식의 특성과 과학지식에 대한 신념의 다양성에서 생겨나기도 한다(BSCS, 2009). 윤리적 문제는 과학 · 기술 · 공학의 발달로 인한 환경파괴와 자원고갈에 의한 위기의식, 특히 1997년도에 공개된 복제양 돌리의 탄생으로 학문적 문제를 벗어나 국제적 논쟁거리로 부각되었으며, 그 이후 생물의 복제와 그에 관한 논문의 조작발표로 더욱 심각한 주제가 되었다.

(1) 과학의 윤리적 측면과 생명윤리

전통적 과학철학에서는 과학의 구성요소로 과학지식, 과학적 방법, 과학자, 과학 및 사회를 제시하였다(Ziman, 1980). 현대의 과학철학에서는 이외에 인식론적 · 기술적 · 경제적 · 윤리적 · 정치적 · 실용적 측면도 제시하며(Reiss & Straughan, 1996; Resnik, 1998), 사회학에서는 이런 측면에다 가치와 법률적 판단을 더한다(Longino, 1990). 이처럼 다양한 과학의 측면은 과학의 의미와 특성이 그것을 보는 관점이나 그에 대한 가치관에 따라서 다르게 인식되는 원인, 곧 과학윤리 문제가 생기는 출처가 된다. 생물교육 현장에서는 윤리적 문제가 1908년에 이미 언급되었다(Bybee, Harms, Ward, & Yager, 1980).

윤리학(ethics)은 철학의 한 분야로서 도덕철학으로 불리기도 하며, 다루는 대상에 따라 각각 다른 의미로 해석된다. 윤리학이 학문적으로는 도덕 및 개인이나 집단이 선택한 도덕적 선택의 본성을, 일상적으로는 행위의 옳고 그름과 개인의 선과 악을 뜻한다. 한편 과학윤리(scientific ethics)는 행동과 행위의 도덕적 질을 다루는 윤리학의 한 분야(Bybee et al., 2008), 또는 법학 · 의학 · 공학의 전문성을 추구하는 직업윤리(professional ethics)의 한 영역으로서 도덕적 이상을 다룬다(Kovac, 1999).

과학윤리 문제의 가장 중요한 출처는 과학의 윤리적 측면과 그 특성이다. 과학의 윤리적 측면은 과학이 가치가 개재된 학문이고, 사회적 상황과 여건에 적절한 형태로 적응해 왔음을 보여 준다(Bulger, Heitman, & Reiser, 1993). 각급 학교 과학교육 현장에서는 사회과학 쟁점(SSI)을 과학윤리 교육의 주제 또는 소재로 활용한다(Ratcliffe & Grace, 2003; Sadler et al., 2006). SSI와 같이 가치가 개재된 주제는 문화적 · 사회적 전통과 가치에 위배될 경우 윤리적 문제를 수반한다(Maienschein & Ruse, 1999).

윤리학 또는 과학윤리학의 한 분야로서의 생명윤리학(bioethics)은 비교적 최근에 확립되었다(Baron, 2006). 생명윤리학은 1971년대에 미국의 의학자 포터(Potter, 1971)가 생명과학과 생명공학의 발달로 생겨나는 도덕적 · 사회적 문제에 관한 학문을 뜻하는 말로 처음 사용하였다. 오늘날에는 생명윤리학이 생명과학 지식과 가치 체계를 연결하는 새로운 학문(Mepham, 2008), 또는 생물체를 이용하는 연구와 관련이 있는 윤리적 문제 및 의사결정에 관한 학문으로 정의된다(Macer, 2006). 이와 같은 현대적 의미의 생명윤리학은 실천적 학문으로서 생명윤리강령의 기준이 된다.

(2) 과학의 윤리적 문제의 출처

과학의 윤리적 문제는 현대적인 의미의 과학의 본성에서 비롯한다. 오늘날 과학자 · 과학철학자들이 말하는 과학의 본성은 과학지식, 과학적 연구 및 탐구, 과학자, 사회로 구성되어 있다. 여기에서는 과학 및 과학지식을 적용할 때, 과학기술의 연구개발 과정에서, 그리고 과학기술 연구개발의 산물을 발표할 때 생기는 윤리적 문제에 관하여 기술한다.

① 과학지식을 응용하거나 과학기술을 적용할 때 생기는 문제

과학 및 과학기술과 관련된 윤리적 문제는 국가나 사회에서 R & D의 연구비 지원을 결정할 때에도 생긴다. 연구개발비를 받을 대상자와 액수를 결정할 때에는 주관적인 기준이 적용될 수 있다. 그때 주관적으로 판단하는 상황은 윤리적 · 도덕적 문제가 생기는 원천이 될 뿐만 아니라 기존의 윤리학의 범위를 더욱 확장 · 분화시키거나 새로운 윤리학을 확립할 수 있는 계기가 되기도 한다(Fullick & Ratcliffe, 1996).

과학과 과학기술의 윤리적 문제가 생기는 출처 가운데의 또 하나는 과학지식을 응용하거나(Hurd, 2000; Rose, 1986) 과학기술을 적용하는 과정이다(Resnik, 1998). 1997년 2월 「네이처(Nature)」지에 발표된 복제양 돌리(Dolly)는 유전공학의 개가였던 반면에, 과학기술의 발달로 생겨난 윤리적인 문제의 극치였다. 배아줄기 세포를 이용한 생명의 복제도 생명의 존엄성과 관련된 윤리적 문제를 제기한다.

과학기술이 사회와 환경에 미친 영향을 평가할 때, 과학적 연구의 결과를 특정 정치적 이념을 지지하거나 부정하기 위해 이용하려 할 때에도 윤리적 문제가 생긴다. 과학적 기술이나 과학지식을 응용할 때에는 의례 지역과 이익집단에 따라 서로 다른 긍정적 영향을 끼치거나 부정적 효과를 내기 마련이다. 사회에서는 이 가운데에서 과학적 연구가 사회에 미치는 부정적 효과만을 윤리적 문제로 본다(Kimmel, 1996).

② 과학적 연구를 수행하는 과정에서 나타나는 윤리적 문제

사람을 대상으로 하는 의학적 · 약학적 · 심리학적 · 교육학적 연구는 여러 가지 위험이 따르기 마련인데, 그것이 곧 윤리적 논쟁거리가 될 수 있다. 특히 상처받기 쉬운 모집단을 참여시키는 연구에서는 그들을 보호해야 할 조치를 계획 단계에서부터 강구해야 한다. 연구의 대상자는 지적 성취도, 생활양식, 가치관에 있어서 다른데, 그 차이가 참여자에게 정신적으로나 신체적으로 상처를 입힐 수 있다(Gall, Gall, & Borg, 2003).

사람뿐만 아니라 동물을 대상으로 하는 생명과학 연구에서도 윤리적 문제가 생겨난다. 동물에게 고통을 줌으로써 윤리적 원리에 위배되는 실험은 윤리적 문제의 근원이 된다. 이 문제는 상해를 입은 동물에 대해 연구자가 책임을 져야 한다고 주장하는 벤담(J. Bentham)의 공리주의(Jardins, 1997)와 생태학적 세계관과 관련되어 있다. 생명과학 연구에서는 동물의 권리, 고통, 복지를 고려해야 한다는 주장도 제기된다(Dolan, 1999).

대학교의 실험실이나 연구실에서는 교수에 의한 모욕, 언어적 · 신체적 협박, 야만적 행위, 도둑질, 신체적 폭행, 성적 희롱으로 학생들을 괴롭힐 수 있다(Gay, 1996). 그런 장소에서 일어나는 비윤리적 · 비도덕적인 불법 행위를 알고도 묵인하거나 상부기관에 보고하지 않는 것도 비윤리적이다. 비윤리적인 불법 행위를 고발하는 사람을 내부고발자(whistle blower)라고 하는데, 그의 역할도 윤리적인 문제를 유발할 수 있다.

③ 과학적 연구의 결과를 발표하는 과정에서 드러나는 윤리적 문제

윤리적인 문제는 연구의 결과에 대한 보고서를 작성하거나 그것을 발표하는 과정에서도 생겨난다(Gall et al., 2003). 연구의 결과는 종합적으로 그러나 간단하게 발표해야 하며, 중요한 변인 또는 주제에 따라 여러 편의 논문으로 나누어 발표하는 것은 연구의 원칙에 어긋난다. 한 연구의 결과를 몇 편의 논문으로 나누어 하는 발표를 부분발표라 한다.

과학과 관련된 윤리적 문제는 과학적 연구의 결과를 여러 번 발표할 때에도 생겨난다. 한 연구의 결과는 단 한 번에, 그리고 한 편의 논문으로 작성하여 발표하는 것이 정상이며, 여러 번 발표할 경우 중복발표라 한다. 논문의 발표와 관련된 윤리적 문제들 가운데에서 중복발표보다 더 심각한 문제는 동일한 논문을 동시에 여러 학술지에 보냄으로써 생기는 자기복제 문제이다. 한 가지 논문을 동시에 여러 학술지에 보내면, 두 가지 이상의 학술지에, 또는 논문을 보낸 모든 학술지에 발표될 수도 있다.

표절(剽竊), 흉내내기, 쪽매붙이기도 윤리적 문제를 제기한다. 표절은 다른 과학자가 수행하여 얻은 연구의 결과를 자기 것인 양 발표하는 경우를 가리키며, 흉내내기는 다른 보고서의 글을 출처도 밝히지 않고 옮겨 쓰는 경우를 말한다. 쪽매붙이기(mosaic)는 여러 책이나 자료에서 서로 다른 내용을 부분적으로 베껴 하나의 체계적인 내용으로 조직하는 방법으로서 이런 행위 또한 비윤리적이다.

연구비를 받고 수행하는 연구나 대학원생으로서 대학교의 시설과 지원으로 학위논문을 썼을 때에는 그 과정에서 얻은 특허와 판권이 문제가 될 수도 있다. 국가나 소속 기관에서 연구비를 지원할 때에는 판권과 특허권을 연구자에게 일임하지만, 학위논문의 판권과 그 과정에서 획득한 특허권은 대학교에 귀속되는 경우가 보통이다. 대학교의 교수가 획득한 특허권과 그가 쓴 책의 판권은 연구비를 받은 기관, 또는 대학교에 따라 다르다.

공동연구의 선임연구자와 공동저자 가운데에서 앞에 내세울 저자를 정할 때에도 윤리적 문제가 생긴다(Rothwell, 2002). 실험과 조사에는 참여했으나 논문을 쓰거나 발표할 때에는 참여하지 않은 연구자를 공동연구자로 포함시킬 것인가? 공동연구자나 공동저자의 이름을 어떤 순서로 나열할 것인가? 이런 질문에 대한 답이 윤리적 문제가 된다.

(3) 과학윤리 교수·학습

과학의 본성을 충분히 이해하기 위해서는 과학의 중요한 구성요소 가운데 하나인 윤리적 측면도 잘 알아야 한다. 또한 과학의 본성을 제대로 이해시키기 위해서는 과학 교수·학습의 내용에 과학의 윤리적 특성을 포함시켜야 하며, 과학의 윤리적 특성에 대한 교수·

학습 방법도 충분히 숙지하고 있어야 한다. 과학윤리 교수·학습에는 주로 옳고 그름을 판단하는 전통적 교수·학습 방법보다 과학윤리와 관련이 있는 문제를 직접 경험하고 해결하게 하는 방법이 더 효과적이다(Damon, 1999).

① 과학윤리 교수·학습의 이론적 배경

과학이 지니는 윤리적 특성에 관한 교수·학습의 이론적 배경과 원리는 도덕적 원리, 윤리적 분석, 도덕교육과 과학교육의 통합 가능성, 가치교육론 등에 있다. 특정한 가치에 따라 서로 상충되는 도덕적 원리는 과학윤리 교수·학습에 효과적인 소재이다(Minkoff & Baker, 1999). 학생들은 상충되는 도덕적 원리를 다루는 과정에서 의사결정 방법과 절차를 깨닫고, 원리를 수정하고 보완하며, 개방적인 마음을 가지며, 자신이 자율적인 도덕적 주체임을 인식하게 된다. 학생들은 정직성 또는 성실성과 같은 특수한 덕목과 고결성, 도덕적 경계심과 같은 일반적이고 추상적인 제2차 덕목도 습득한다(Martin, 1991).

윤리적 분석은 과학적 탐구 과정과 마찬가지로 합리적이고 비판적인 과정을 통해 이루어진다. 그러므로 과학윤리 교수·학습도 비판적 과정에 따라 수행할 수 있다. 특별히 의무와 정당화에 목적을 둔 윤리적 분석은 다음과 같은 과정에 따라 수행하면 효과적이다. 중·고등학생들은 다음과 같은 윤리적 분석 방법을 적용한 교수·학습 과정을 통해 비판적 사고 능력과 증거기반 논증 능력도 신장시킬 수 있다(Bybee et al., 2008).

- **해석**: 각자 말하고 싶은 것을 명확하고 주의 깊게 의사소통하는 것을 돕는다.
- **분석**: 어떤 사람이 그 자신의 견해를 정당화하는 이유를 분석한다.
- **논증**: 견해를 지지하거나 동의하는 이유를 대거나 검증한다.
- **정당화 비평**: 앞의 세 요소에 관해 묻는다.
  - 발의자의 핵심 용어 사용이 명확하고 일관성이 있는가?
  - 발의자는 모든 관련 도덕적 고려사항에 집중하는가? 발의자는 과학과 기술이 던져주는 윤리적 시사점을 확인했는가?
  - 발의자의 논증이 얼마나 구조화되었는가?: 완전한가? 전제가 빠지지는 않았는가?; 전제의 보증이 합리적 근거에 바탕을 두고 확립되었는가? 제시된 보증을 어떻게 부정하는가?; 결론을 전제에 바탕을 두고 있는가? 전제에서 다른 결론을 도출하지 않았는가?

과학교육과 도덕교육은 적어도 세 가지 방법으로 통합시킬 수 있다: 과학교육과 도덕교육은 첫째로 과학교육 과정에 도덕교육 과정을 접목시킨다. 둘째로, 도덕교육 과정에 과학교육 과정을 적용시킨다. 셋째로, 과학교육 시간에 도덕교육을 실시한다(Martin, 1991). 첫째의 통합 방법은 다시 과학적 탐구 과정에서 도덕적 문제를 다루기, 교육과정의 내용에 도덕적 문제에 관한 단원을 설정하거나 최소한 각 단원마다 도덕적 문제나 소재를 포함시키기, 과학 교수·학습 시간의 적절한 시점에서 도덕적 문제를 다루기의 세 가지 방법으로 나뉜다. 둘째의 통합적 방법은 가치명료화와 대체 행동 추구의 두 가지 전략을 이용하여 적용할 수 있다. 가치명료화는 학생들에게 자신의 가치 체계를 구성하게 하거나 가치를 판단하게 하는 방법이며, 대체 행동 추구는 학생들에게 일상적 생활에서 선정한 비네트(vignette)를 보여주고 그에 관하여 말하게 하는 방법이다. 셋째의 통합법은 도덕적 문제에 관하여 질문하게 하는 철학적 접근법으로서 학생들에게 스스로 생각하고 그들이 살고 있는 사회를 변화시키게 할 목적으로 이용한다.

과학의 윤리적인 특성에 관한 교수·학습의 원리는 가치교육론에서도 찾아 볼 수 있다(Layton, 1986). 윤리적 문제의 해결 및 과학적 탐구 과정에서 적용하는 의사결정과 과학의 윤리적 특성 교수·학습의 이론적 배경이 되는 윤리적 분석은 둘 다 도덕성-인지 발달, 도덕적 동기와 정의적 발달, 도덕적 내면화, 도덕적 사회화 등의 가치교육 원리를 근간으로 수행된다. 현행 과학의 윤리적 특성에 관한 교수·학습 전략으로 이런 원리에 이론적 배경을 둔 설득 또는 깨우침(inculcation), 가치명료화(value clarification), 윤리적 추리, 도덕성 발달과정, 현장학습이 효과적으로 활용되고 있다(Ratcliffe & Grace, 2003).

② 과학윤리 교수·학습의 방법

과학윤리 교수·학습 전략으로 결과도법과 '목적·권리·의무 모형'의 절차를 따르는 윤리적 분석(ethical analysis), 비용편익(cost-benefit)의 분석 절차를 따르는 의사결정(decision making), 초점질문, 과제연구(Fullick & Ratcliffe, 1996; Ratcliffe & Grace, 2003)가 주로 적용된다. 그러나 주제에 따라서는 역할놀이, 논쟁 또는 토론, 협동학습을 비롯한 전통적 교수·학습 전략도 효과적이다. 논쟁점에 대한 과학윤리 교수·학습에는 다음과 같은 방법이 유용하다(Bybee et al., 2008; Levinson, 2003).

- **딜레마(dilemma)**: 갈등 상황을 해소한다.
- **논쟁(debate) 또는 토의(discussion)**: 의견을 피력하는 장점이 있다.
- **논증(argument)**: 주장·결론·증거를 제시한다.
- **역할놀이**: 다른 사람의 입장을 이해하게 한다.
- **형태적 분석(morphological analysis)**: 여러 가지 독립변인과 요소를 확인하고 관련시킨다.
- **창의적 문제해법(creativity-synectics)**: 직접 비유, 개인적 비유, 압축 갈등(compressed conflict)의 세 가지 비유를 이용하여 창의적 사고를 촉진한다.

윤리적 분석은 윤리적 추리를 통한 분석 결과를 근거로 특정 행동의 옳고 그름, 좋고 나쁨의 판단에 목적이 있으며, 정보에 기반을 둔 추리와 가치에 바탕을 둔 추리로 대별된다. 윤리적 추리를 이용하는 교수·학습 전략에는 '목적·권리·의무 모형'을 이용하는 '행동의 구조화된 분석(structured analysis of people's actions using a 'goals, rights and responsibilities model')'과 '결과도 그리기(consequence mapping)'가 포함된다(Ratcliffe & Grace, 2003). 윤리적 분석은 윤리적·도덕적 딜레마를 해소하기 위한 교수·학습에도 특히 실용적인데, 그런 윤리적·도덕적 딜레마는 다음과 같은 절차와 방법을 적용하면 더욱 효과적으로 해결할 수 있다(Bybee et al., 2008).

- 삶·자유·진리 등 갈등과 논쟁거리 주제를 확인한다.
- 과학적·기술적 문제를 소개한다.
- 갈등을 명료화한다.
- 논쟁거리가 세 가지 이상의 대안을 갖고 있는지 확인한다.
- 상황과 논쟁거리를 학생들이 이해할 수 있는 용어로 기술한다.
- 딜레마의 결정 과정을 가능한 한 자세히 기술한다.
- 윤리적 입장, 즉 지지하거나 반대하는 입장을 검토한다.
- 확고한 입장을 묻는다.
- 단순하고, 직설적이며, 학생에게 관계가 있는 논쟁거리인지 확인한다.
- 반응을 정당화하게 한다.

의사결정은 STS와 SSI는 물론 과학윤리 교수·학습에도 필수적인 전략이다(Ebenezer & Haggerty, 1999; Piel, 1993). 과학윤리 교수·학습 전략으로서의 의사결정은 가치나 태도를 추구할 목적으로 정보를 수집하고, 수집된 정보를 근거로 의사나 견해를 판단하는 절차에 따라 진행된다. 비용편익 분석이 의사결정의 대표적 과정이다. 비용편익 분석을 이용한 의사결정은 문제해결을 지향한 선택행위이며, 과학과 기술의 습득·이해·연구·응용에 기본적인 기능으로서(Yager, 1995) 미국과학진흥회(AAAS, 1993)와 전국과학교사협회(NSTA, 1990)에서도 중요시하는 과학 교수·학습 전략이자 그 기술이다.

직업윤리의 교수·학습에는 전문가의 초청 강연이, 가치가 개재된 STS 주제나 SSI를 소재로 이용하는 교수·학습에는 역할놀이와 교육사회심리학에 이론적 배경이 있는 협동학습 방법이 유용하다(Cheek, 1992; Bybee et al., 2008). 협동학습은 과학에 대하여 긍정적인 태도를 갖게 하고, 과학과 과학 학습을 좋아하게 한다(Johnson & Johnson, 1999; Slavin, 1995). 작은 모둠에 의한 협동학습은 모든 모둠원에게 자료담당자·기록자·발표자·관리자 등의 역할을 주어 시행하면 더욱 효과적이다(Martin et al., 2009).

③ 과학윤리 교수 · 학습의 실례

과학의 윤리적 특성 교수 · 학습 전략은 대부분 새로운 과학관으로서의 STS나 SSI의 교수 · 학습 전략과 비슷하다. 여러 STS 또는 SSI 교수 · 학습 전략 가운데에서 사회적 논쟁거리를 그 내용 또는 소재로 이용하는 전략은 윤리적 특성 교수 · 학습에 그대로 적용할 수 있다. 지금까지 제시된 여러 가지 과학의 윤리적 특성 교수 · 학습 방법 가운데에서 의사결정법에 따라 사회적 논쟁거리를 이용하는 교수 · 학습 방법을 예시하면 다음과 같다.

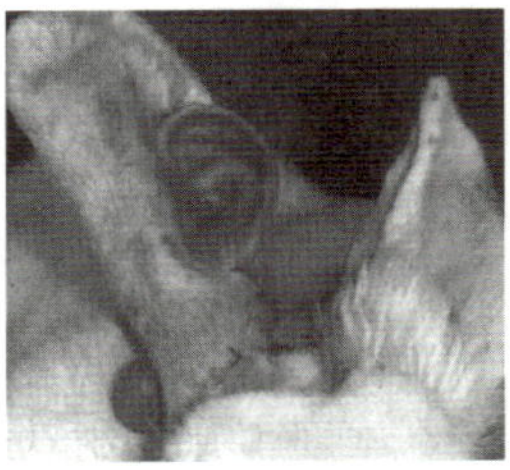

- 토끼의 귀에 사람의 귀가 나 있는 토끼의 사진을 보여 준다.
- 사람의 심장을 가진 돼지에 관한 자료를 제공한다.
- 생물의 복제로 인하여 얻을 수 있는 이익과 손해를 분석하게 한다.
- 우리나라에서 생물의 복제에 관한 연구가 이루어지도록 지원해야 하는지에 관하여 토의하게 한다.
- 확실한 근거를 들어 생물의 복제에 관한 입장을 발표하게 한다.
- 이를 예로 들어 과학의 다면적 · 다기능적 특성을 설명해 준다.

과학의 윤리적 특성에 관한 교육과정의 내용과 과학윤리 교수 · 학습 과정에서는 과학과 과학기술과 공학의 본성에 관한 다양한 가치관과 관점을 강조하는 것이 바람직하다. 이를테면 생물의 복제에 대한 생명과학과 의학의 긍정적 견해와 아울러 기독교와 유교계의 부정적 입장을 함께 제시할 필요가 있다. 상충되는 가치를 제시할 경우에는, 특정 사람이나 집단의 가치관, 또는 주장의 옳고 그름이나 선호를 밝히지 않는 것이 중요하다.

제 3 장 과학학습 심리학

목차

1. 급진적 구성주의와 교수 · 학습
2. 피아제의 지능발달 이론과 교수 · 학습
3. 오수벨의 유의미수용학습 이론과 교수 · 학습
4. 비고츠키의 사회-문화적 이론과 교수 · 학습
5. 브루너의 수업 이론과 교수 · 학습
6. 대체적 개념틀 이론과 교수 · 학습

목표

- 급진적 구성주의의 핵심적 신조와 과학교육에 던져주는 의미를 말할 수 있다.
- 피아제 · 오수벨 · 비고츠키가 제시한 학습 이론의 특성과 과학교육에 던져주는 시사점을 안다.
- 브루너가 제시한 수업 이론의 특성을 안다.
- 대체적 개념틀 이론의 대두 배경과 특성, 오인의 출처와 확인 방법, 대체적 개념틀 이론의 적용 방법을 말할 수 있다.

1. 급진적 구성주의와 교수 · 학습

과학 교수 · 학습의 목적 · 방법 · 내용은 과학학습의 본성에 관한 관점에 따라서 다르게 결정된다(BSCS, 2009). 현대의 과학학습에 대한 주요 관점은 구성주의(constructivism)이다. 구성주의는 기원과 이론적 배경에 따라 사회적 구성주의(social constructivism)와 급진적 구성주의(radical constructivism)로 대별된다. 사회적 구성주의는 에든버러 학파(Edinburgh School)의 과학지식사회학(sociology of scientific knowledge: SSK)(Phillips, 2000)과 후실증주의(post positivism) 과학철학(McCarty & Schwandt, 2000)에 그 기원이 있으며, 급진적 구성주의는 피아제의 지능발달 이론을 포함한 인지심리학(cognitivism)에서 생겨났다. 일부의 저자들(Fleury, 1998; Noddings, 1995)은 사회적 구성주의의 기원을 비고츠키(Lev S. Vygotsky, 1896~1947)의 문화-역사적(cultural-historical) 이론에 두기도 한다. 사회적 구성주의는 과학지식이 구성되는 방법에, 급진적 구성주의는 과학지식이 학습되는 과정에 주된 관심을 가진다. 또한 사회적 구성주의는 과학을 과학사회에서 협상을 통하여 합의한 의미로(Bentley, Ebert, & Ebert, 2000) 정의하며, 급진적 구성주의는 학습을 학생과 다른 학생, 자연, 과학 교수 · 학습, 과학 교과서, 과학교사 사이의 상호작용을 통한 선행지식의 수정과 재조직(Bybee, Powell, & Trowbridge, 2008), 또는 선행지식과 경험에 바탕을 둔 정보의 해석과 새로운 의미의 구성(Herr, 2008)으로 규정한다.

1) 급진적 구성주의의 대두 배경

급진적 구성주의는 과학지식이 구성되는 과정에서 사회가 하는 본질적 역할(intrinsic role)을 부정하고 대안을 모색하는 과정에서 비롯하였다(McCarty & Schwandt, 2000). 이렇게 형성된 급진적 구성주의는 발달심리학 및 행동주의 학습 이론과 달리, 실체를 사적으로 구성된 것만 이해할 수 있다고 주장한다(Howe & Berv, 2000). 급진적 구성주의는, 나이가 학습에 미치는 영향을 중요시한 발달심리학뿐만 아니라 학습이 효과적으로 일어날 수 있는 조건에 주된 관심을 가진 행동주의 학습 이론과 달리, 새로운 상황에 적극적으로 이용하는 개념적 틀(conceptual schemes)의 존재를 밝혀냈다(Driver, 1982).

사회적 구성주의와 급진적 구성주의에서 다루는 과학 교수 · 학습의 핵심 주제는 과학지식의 구성요소이다(Chiappetta & Koballa, 2015). 그러나 급진적 구성주의는 〈표 3-1〉에서 볼 수 있는 바와 같이, 형성된 기원에 따라 특성과 구성요소에 있어서 뚜렷한 차이를 드러낸다(Baker & Piburn, 1997). 또한 비고츠키는 보통 사회적 구성주의자로 불리지만, 인지적 활동과 사회적 활동을 구분하지 않는다는 이유로 급진적 구성주의자에 포함시킨다(Linn & Burbules, 1993), 급진적 구성주의는 이외에 학습의 의미와 방법 및 과정, 교수·학습의 목적과 방법에 관해서도 서로 다른 견해를 나타낸다.

〈표 3-1〉 피아제 · 쿤 · 비고츠키 이론에 바탕을 구성주의의 구성요소

	피아제	쿤	비고츠키
대상	개인	과학자	문화
관점	도식 또는 인지구조	패러다임	규준과 가치
의미구성 요인	비평형화	변칙적 사례	대화
구성 결과	대체적 틀	과학적 이론	세계관

폰 글라서스펠트(von Glasersfeld, 1917~)는 피아제의 지능발달 이론에 바탕을 두고 형성된 심리적 구성주의(psychological constructivism)를 받아들이고, 자신이 수용하여 해석한 심리적 구성주의의 신조를 급진적 구성주의로 부른다(Phillips, 2000). 과학교육학에서는 급진적 구성주의가 피아제의 지능발달 이론과 오수벨의 유의미학습 이론으로는 설명할 수 없는 오개념(misconception)의 형성 원인을 설명하고, 그 특성을 기술하기 위한 이론으로 제시되기도 하였다. 피아제의 이론은 인지구조의 수학적·논리적 구성과 발달 과정은 잘 기술하지만 개념적 내용을 잘 설명하지 못하며, 오수벨의 유의미학습 이론은 선행지식이 교체되는 과정을 명료하게 설명하지 못한다(Driver & Easley, 1978).

2) 급진적 구성주의의 특성과 종류

급진적 구성주의는 행동주의와 마찬가지로, 나이에 따른 신체적 성숙을 학습에 영향을 미치는 요인으로 인정하지 않고, 행동주의와 달리 학습에 결정적인 영향을 미치는 요인으로 학습의 경험과 학습자가 가지고 있는 개념적 틀의 수준을 제시한다(Driver, 1982). 급진적 구성주의는 학습의 개인적 특성을 강조하는(Phillips, 2000) 교수·학습 이론이다. 급진적 구성주의에서는 학습을 물리적·사회적 세계와의 상호작용을 통해 주제의 개인적 의미를 구성하는 능동적 과정으로 정의한다(Chiappetta & Koballa, 2010).

과학지식이 구성되는 방법과 과정의 사회적·공공적·공개적·인식론적·객관적·기계적 특성을 강조하는 사회적 구성주의와 다르게, 급진적 구성주의는 학습이 일어나는 방

법과 과정의 개인적 · 개별적 · 사적 · 인지적 · 주관적 · 정신적 특성을 강조한다(McCarty & Schwandt, 2000). 더 일반적인 차원에서 보자면, 사회적 구성주의와 급진적 구성주의는 과학지식이 형성되는 방법과 과정 또는 그 배경이나 과학의 교수 · 학습에 참여하는 개인과 집단 가운데에서 어느 것을 더 강조하느냐에 따라 구분된다고 말할 수도 있다. 사회적 구성주의는 과학지식의 사회적 구성과 과학 교수 · 학습의 사회적 과정을 중요시하며, 급진적 구성주의는 과학지식의 구성에 관한 개인의 심리적 · 인식론적 신념을 강조한다. 이러한 기준을 따르면, 사회적 구성주의와 급진적 구성주의는 〈표 3-2〉와 같이 더욱 다양한 유형으로 구분할 수 있다(Ernest, 1995).

〈표 3-2〉 구성주의의 종류와 인식론적 · 사회적 배경

구성주의	인식론적 배경	사회적 배경
전통적 경험주의	절대론	개인
정보처리설	절대론	개인
사소한 구성주의	절대론	개인
사회문화적 인지론	절대론	개인과 사회
급진적 구성주의	반증론	개인
사회적 구성주의	반증론	개인과 사회
사회적 구조주의	반증론	사회

현대의 심리학에서는 구성주의를 내생적 구성주의, 외생적 구성주의, 변증법적 구성주의로 대별하기도 한다(McInerney & McInerney, 1994). 내생적 구성주의는 피아제의 지능발달 이론에 바탕을 두고 학습자의 개인적 특성과 자발적 탐색을 중요시하며, 외생적 구성주의는 사회적 이론으로서 학습에 영향을 미치는 외적 요인을 강조한다. 변증법적 구성주의는 비고츠키의 사회-역사적 또는 문화-역사적 이론을 수용하여 개인들 사이의 관계와 호혜적 교수 · 학습(reciprocal teaching/learning)을 중요시한다.

교육적 상황에서 생겨나 교수 · 학습 측면만 강조하는 급진적 구성주의는 교육적 구성주의로 일컬어지기도 한다. 교육적 구성주의는 정보처리설에 대한 불만, 비코츠키의 사회문화적 이론에 대한 흥미, 탈상황적 기능(decontextualized function)에 대한 관심에서 생겨났으며, 개인적 구성주의, 사회적 구성주의, 비철학적 구성주의로(Gredler, 2005), 또는 개인적 구성주의와 사회적 구성주의(Matthews, 2000)로 대별된다. 과학교육학에서는 이 가운데에서 개인적 구성주의만을 급진적 구성주의로 부르는 경향이다.

3) 급진적 구성주의가 과학교육에 미친 영향과 비판

사회적 구성주의(Radder, 1996)는 누가적 모형, 진화적 모형, 격변적 모형의 세 가지 과학지식 발달모형의 구성 가능성을 암시하며, 급진적 구성주의(Cromer, 1997)는 이 세 가지의 잠재적 모형에 맞추어 각각 개념형성, 개념분화, 개념교환 교수·학습 모형을 제시한다. 급진적 구성주의는 학습자를 능동적 주체로 보고, 학습을 인지구조의 변화와 의미의 구성으로 정의함으로써 과학적 개념의 오개념에 관한 연구의 이론적 배경이 되었다. 과학교육 현장에서는 이런 학습의 모형과 정의에 따라서 개념변화 모형(conceptual change model)과 순환학습 모형(learning cycle model)을 개발하여 적용한다.

일반적으로 개념변화 모형은 개념형성 모형, 개념분화 모형, 개념교환 모형의 세 가지 교수·학습 모형을 통틀어 일컫는다. 개념교환 모형에 따른 교수·학습은 선행지식에 어긋나는 사건(discrepant event)이나 현상을 제시하여 인지적 갈등(cognitive conflict), 또는 비평형(disequilibrium) 상황을 유발함으로써 시작된다. 학습자의 인지적 갈등은 교사가 학습자의 선행지식에 어긋나는 사건 아니면 현상을 제시하거나 교사가 학습자의 생각과 다른 내용을 질문함으로써, 또는 학습자 스스로 자신의 생각에 모순되는 사건을 찾아 다룸으로써 유발시킬 수 있다.

급진적 구성주의자들이 제시한 교수·학습 모형은 선행지식에 따라서 새로운 경험과 정보가 해석되고, 그 결과로 새로운 정보가 더해지거나 그 선행지식이 재조정되어 학습이 일어나는 방법과 과정을 설명한다(Appleton, 1997). 급진적 구성주의의 학습이론은 또한 과학의 교수·학습 과정에 학습자의 능동적 참여와 학습자가 얻은 교수·학습의 결과에 대한 책임을 강조하고, 그 과정에 적절한 교수·학습 전략으로 협동학습, 토의, 역할놀이를 제시한다. 급진적 구성주의가 제시하는 학습의 특성(Gunstone, 2000)과, 교수·학습의 일반적인 전략(Brooks, 1990)을 기술하고, 교수·학습으로서의 토론의 구체적인 절차를 예시하면 다음과 같다(Bybee et al., 2008).

〈급진적 구성주의가 강조하는 학습의 특성〉

- 학습의 결과는 학습환경뿐만 아니라 학습자가 가지고 있는 지식에 달려 있다.
- 학습은 선행지식의 영향을 크게 받는 의미의 구성이다.
- 의미의 구성은 계속적이고 능동적 과정이다.
- 구성된 의미는 평가되어 수용되거나 기각된다.
- 학습에 대한 최종적 책임은 학습자한테 있다.
- 학생들이 구성한 의미의 유형에는 공통된 경험 때문에 생긴 일정한 형태가 나타난다.

〈급진적 구성주의가 제시하는 교수의 일반적 방법〉

- 학생의 자율성, 주도, 지도력을 수용하고 독려한다.
- 조작적이고, 상호작용적이고, 물리적 자료와 함께 가능한 한 일차 자료를 이용한다.
- 분류·분석·예상 등 인지적 용어를 이용하여 학습과제를 구성한다.
- 학생에게 생각할 시간을 주고, 학생의 반응에 따라 수업 전략과 내용을 바꾼다.
- 개념을 이해하기 전에 그 개념에 대한 학생의 생각을 묻는다.
- 학생과 교사 및 다른 학생과의 대화를 독려한다.
- 학생이 제시한 가설과 모순되는 상황을 말해 준다.
- 사려 깊고, 개방적이며, 다른 학생에게 질문하게 하여 탐구를 독려한다.
- 관계를 발견하거나 은유를 사용할 수 있도록 시간을 준다.
- 경험을 반성하고 결과를 예상하게 독려한다.
- 교육과정 내용은 정보와 개념체계로 구성한다.
- 교육과정을 수업에 맞추어 조정한다.
- 대체적 개념틀을 확인하고, 그것을 과학적 개념으로 수정하기 위한 수업을 한다.
- 모둠으로 학습하게 한다.

〈급진적 구성주의가 제시하는 토론 교수·학습의 절차〉

- 사물·사건·현상에 관한 학생의 개념을 인식한다.
- 학생의 개념적 이해 수준을 약간 초월하는 상황이나 문제를 제시한다.
- 도전적이지만 해결하거나 도달할 수 있는 상황 또는 문제를 선정한다.
- 설명 또는 개념을 다른 학생이나 교사에게 발표하도록 한다.
- 적절하지 않은 설명이나 개념을 제시할 때 다음과 같이 도와준다:
  - 설명을 그대로 받아들인다.
  - 다른 설명을 제안하여 새로운 통찰력을 갖게 한다.
  - 다시 설명하도록 시간을 준다.

이와 같이, 급진적 구성주의는 학습의 개인적 고유성과 학습자의 능동적 관여, 그리고 학습자의 학습에 대한 책임을 중요시한다. 또한 교사는 학생들이 수업에 능동적으로 참여하도록 독려하며, 그런 학습 환경을 조성할 것을 강조한다. 이와 더불어 급진적 구성주의 학습이론에 따른 교수·학습에 가장 적절하고 효과적인 전략은 교사와 학생 사이에 상호작용이 활발하게 일어나는 토론임을 말해 주기도 한다.

심리철학으로서의 구성주의는 과학 교수·학습 모형과 전략 이외에 과학 교육과정, 과학 교수·학습에 있어서 학생과 교사의 역할, 평가에도 영향을 미친다. 구성주의 심리철학이 이와 같은 과학교육의 영역에 미치는 영향을 전통적 심리철학이 미친 영향과 비교하면 〈표 3-3〉과 같다(Martin et al., 2009). 여기에서 전통적 심리철학은 환원주의, 행동주의, 기능주의, 인지론을 말한다(Margolis, 1984).

〈표 3-3〉 전통적 심리철학과 구성주의 심리철학의 비교

심리철학 영역	전통적 심리철학	구성주의 심리철학
교육과정	• 세부적인 내용을 전체적인 내용보다 먼저 제시; 기본적 기능 강조 • 고정된 교육과정 • 교과서와 학습장(workbook) 의존	• 전체적인 내용을 세부적인 내용보다 먼저 제시; 큰 개념과 사고 기능 강조 • 학생의 질문과 흥미에 맞추어 조절 • 일차 출처와 조작적 자료에 의존
학생의 역할	• 내용이 백지상태의 머리에 투입 • 독자적 학습 경향	• 세계에 대한 이론적 사고자 • 집단 학습 경향
교사의 역할	• 훈육적 지도; 정보의 전달 • 정답을 이용한 학습의 타당화	• 상호작용; 학생을 위한 환경 매개 • 후속 학습에 학생의 현행 관점 이용
평가	• 교수와 분리 인식; 검사 기간 설정	• 교수와 평가 통합; 수업 중 평가

과학교육 현장에서는 구성주의가 과학철학자 및 과학교육학자들에 의한 비판의 대상이 되기도 한다(Hodson, 1998). 사회적 구성주의는 과학지식과 그것이 형성되는 과정을 사회적 용어로만 기술할 수 없다(Slezak, 2000)는 점에서, 급진적 구성주의는 학습의 개인적 과정을 강조하는 대신에 절대적으로 객관적인 실체의 존재를 부정함으로써 비판에 직면해 있다(Matthews, 2000; Wellington, 2000). 구성주의는 물리적 세계의 존재를 부정하고, 개인에게 지나치게 초점을 맞춤으로써 교수·학습과 연구에 있어서 사회적 문제를 경시한다는 점에서도 비판을 받고 있다(Treagust, Duit, & Fraser, 1996).

2. 피아제의 지능발달 이론과 교수·학습

피아제(Jean Piaget, 1896~1980)가 제안한 지능발달 이론은 칸트(Immanuel Kant, 1724~1804)의 영향을 받아 구성되었으며(Modgil & Modgil, 1982), 급진적 구성주의의 이론적 배경이 되었다. 피아제는 칸트의 이성주의 철학 사상을 바탕으로 발생론적 인식론(genetic epistemology)을 주창하였으며, 지능이 네 단계를 거쳐 발달한다고 설명하는 지능발달 이론을 제시하고, 지능발달 이론에 따라 상호작용을 통한 인지구조의 발달을 강조하였다. 피아제의 지능발달 이론이 과학교육학에서는 급진적 구성주의 학습이론과도 부합하는 순환 학습 모형에 따른 교수·학습 전략의 이론적 배경이 되기도 한다.

1) 지능발달 이론의 개념과 한계

피아제는 자신의 세 아이들이 태어나는 순간부터 성년이 될 때까지 수행한 임상적 면담(clinical interview)을 적용하여 수집한 자료를 근거로 인지발달(cognitive development) 이론, 즉 지능발달(intellectual development) 이론을 구성하였다. 발생론적 인식론으로 일컬어지기도 하는 피아제의 지능발달 이론을 구성하는 핵심적 용어는 지능 · 인지구조 · 도식 · 인지내용 · 인지기능 · 조직화 · 적응 · 동화 · 조절 · 평형화 · 조작이다. 이 용어들은 [그림 3-1]과 같은 관계를 맺어 피아제의 지능발달 이론을 구성한다.

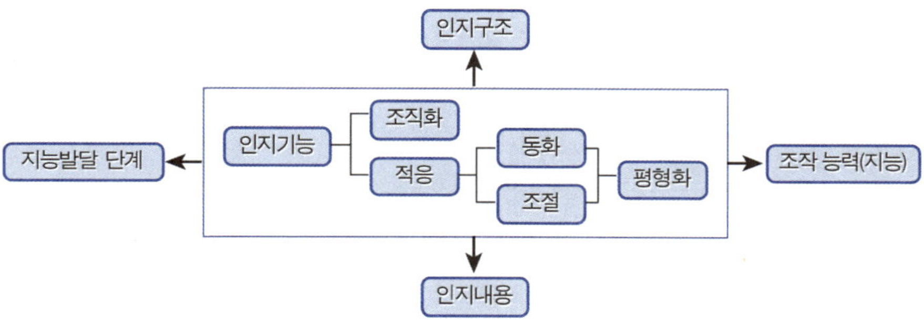

[그림 3-1] 피아제의 지능발달 이론의 구성요소

[그림 3-1]에서 지능(intelligence)은 생물학적으로 적응한 결과의 한 예이며, 평형화의 한 형태로서 조작 체계이자 수행 능력이다(Ginsburg & Opper, 1979). 지능은 인간이 환경을 조직하거나 환경에 적응하여 나타난 결과이며(Bybee & Sund, 1982; Hassard & Dias, 2009), 환경과의 상호작용을 통해 성장하고 발달하는 논리적 사고 과정이자 인지구조의 한 구성요소이다(Gredler, 2005). 지능은 양적으로 측정할 수 있고 부단히 변하는 역동적 과정으로서 특정한 시점에서 특정 환경과 상호작용하는 기구이다.

인지구조(cognitive structure)는 확인 가능한 신체적 행동과 정신적 사고 양식(Bybee & Sund, 1982), 인식의 형식 또는 양상(Brainerd, 1978), 행동의 내외적 측면을 포괄하는 체계적 속성(Phillips, 1969)이며, 지능발달 단계의 조작과 인지적 사고를 통제하는 추상적 구조이다. 인지구조가 아동한테는 자연관의 역할을 한다. 아동은 물활론적(animistic)이고, 인간중심적이며, 목적론적(teleological)인 자연관, 즉 주관적 자연관을 바탕으로 피상적인 현상만을 표현할 수 있으며, 고학년에 도달하면 기계론적(mechanistic)이고, 유기체론적이며, 객관적인 자연관과 그에 기초한 이론적 지식을 이용하여 추상적 속성을 표현할 수 있다. 어린 아동은 차가 움직이며, 구름이 떠다니고, 물이 흐르는 원인을 자체의 힘 때문이라는 물활론적 관점을 통해서 해석함에 비하여, 고학년 학생들은 각각의 현상을 에너지・기상학・역학 등 자신들이 가지고 있는 과학지식을 이용하여 기계론적으로 설명한다. 이런 인지구조의 변화를 발달이라 하는데(Phillips, 1969), 피아제는 학습보다 성장에 의한 인지구조의 발달, 즉 내용 무관한(content-independent) 논리적이고, 수학적인 속성의 인지구조와 그 변화에 관심을 가졌다(Scott, Asoko, & Leach, 2007).

유아기의 인지발달 개념들 가운데 하나가 도식(scheme)이다. 도식은 인지구조의 기본적 단위로서(Brainerd, 1978), 또는 감각 자료가 통합되는 구조적 단위(Phillips, 1969)로서 조직화된 행동 양식(Ginsburg & Opper, 1979), 즉 특정한 방법으로 행동할 수 있는 잠재력으로서 환경에 적응하는 과정과 관련이 있는 지식 및 기술의 형식이다. 유아가 우유를 마시기 위해 우유병을 잡거나 눈에 보이는 장난감을 잡고 입에 가져가는 행동을 '잡기' 도식이라 한다. 도식들(schemta)은 발달하여 인지구조를 구성하며, 인지구조와 마찬가지로 동일한 행동을 반복적으로 수행하게 한다(Hergenhahn & Olson, 2005).

인지기능(cognitive function)은 자연환경과 상호작용하는 선천적 양식(mode)(Phillips, 1969)으로서 추상적이며, 인지발달 과정에서 항상성을 나타내는 기능적 불변체(functional invariant)이다. 자연관은 물활론적 관점, 또는 목적론적 관점에서 기계론적 관점으로 변하는데, 피아제는 자연관과 인식의 체계적이고 조직적인 변화를 인지기능으로 부른다. 인지기능은 조직화(organization)와 적응(adaptation)으로 나뉜다. 조직화와 적응은 반사와 같은 신체적 구조가 아니라 타고난 정신적 경향성이며, 지능의 발달에 직접적 영향을 미친다. 인지발달은 조직화에 따라 유지되는 계속성과 적응에 의한 불연속성(discontinuity)을 동시에 지닌다. 인지발달은 조직화와 적응 사이의 상보적 관계 속에서 진행된다.

조직화는 신체적 행동과 인지적 과정을 통합하거나 조직화하여 더욱 상위적 수준의 정합적 체제를 구성하는 경향을 말한다(Bybee & Sund, 1982). 개인이 비교적 오랫동안 인지발달의 계속성(continuity)을 유지하는 것은 조직화의 원리에 기인한다. 나이에 관계 없이 인간의 인지구조가 조직적 체계를 이루는 원인도 조직화의 원리로 설명할 수 있다. 사물과 자연현상에 대한 아동의 설명체계는 일정한 과정에 따라 점차적으로 복잡하고 추상적인 수준의 구조로 계속 발달하는데, 그 과정도 조직화의 기능에서 말미암는다.

적응은 생물학적 적응과 비슷한 의미를 지닌다. 피아제 이론의 구성요소로서의 적응은 아동이 인지구조를 통해 주변 환경에서 일어나는 현상이나 사건을 다루고 그럼으로써 외부세계의 현상과 사건을 내적 인지구조에 통합하여 조화된 평형상태를 이루는 과정 또는 그 원리로서 동화(assimilation)와 조절(accommodation)의 두 가지 상보적 과정으로 나뉜다. 동화와 조절은 신체적 경험 또는 논리적・수학적 경험으로서 지능발달의 원동력을 제공하며, 학습의 과정이자 그에 필요한 자료의 출처가 되기도 한다. [그림 3-2]는 동화와 조절의 관계 및 인지구조의 발달에 영향을 미치는 과정을 보여준다(Driver, 1983).

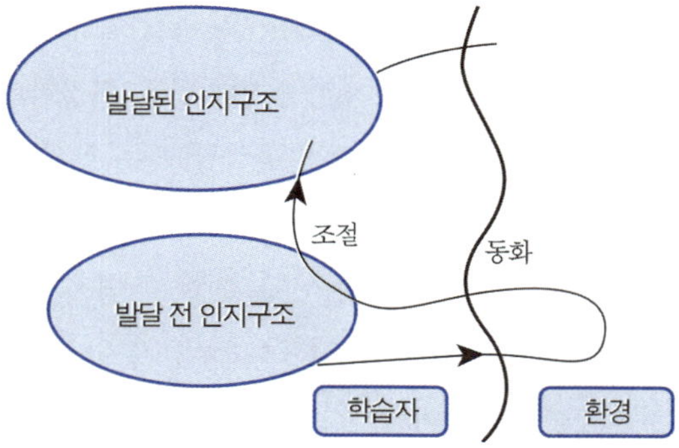

[그림 3-2] 인지구조의 변화

동화는 인지구조를 통해 환경에 반응하거나(Hergenhahn & Olson, 2005), 새로운 정보를 기존의 인지구조에 통합하거나(Hassard & Dias, 2009), 외부의 실체에 관한 정보를 기존의 설명체계에 맞추어 변형하는(Bybee & Sund, 1982) 과정이다. 학습자는 이미 가지고 있는 인지구조에 따라 주어진 정보의 의미를 해석하거나 그 인지구조의 수준에 맞게 정보를 조정한다. 표로 제시된 자료를 그래프로 나타내는 것, 표나 그래프가 보여주는 경향성을 말하는 것, 문장에 담겨진 의미를 찾아서 자신의 말로 표현하는 것은 모두 자료변환, 또는 자료해석으로서 동화의 예이다.

조절은 정보를 통합하기 위해 정보에 맞추어 기존의 인지구조를 구조적으로 변화시키는 과정이다. 인지구조는 주어진 정보가 인지구조의 수준을 넘거나 범위를 벗어나면, 그 정보를 해석하거나 이해할 수 있도록 변한다. 인지구조가 주어진 정보를 수용할 수 있도록 정보가 요구하는 수준과 범위에 맞게 변하는 과정을 조절이라 한다. 직관적 사고나 일상적 경험을 통해 획득된 오개념이 과학적 개념으로 바뀌는 과정은 조절의 예이다.

지능은 평형화(equilibration) 과정을 통해서 계속 발달한다. 평형화는 동화와 조절을 통제하는 역동적 과정, 즉 동화와 조절 사이의 연속적인 재조정 과정으로서 인지구조가 항상성과 안정성을 유지하면서 끊임없이 상위 단계로 변화·발달하는 원동력이다(Gredler, 2005; Hassard & Dias, 2009). 평형화는 생물과 인간이 주변 환경과 조화를 이루려는 내적 욕구, 또는 인지적 갈등을 해소하려는 타고난 성향이며, 지능발달 단계, 주요 개념 및 이론이 형성되는 지적 발달 과정, 구체적인 학습 과정을 통해서 일어난다. 평형화는 또한 자기 통제적 과정으로서 다음과 같이 네 단계로 구성되어 있다(Brainerd, 1978).

- 지능이 발달된 수준과 그 수준을 통제하는 인지구조가 설정된다.
- 인지구조의 수준과 범위를 벗어나 통제할 수 없는 지적 행동을 요구하는 정보를 접한다.
- 새로운 정보에 직면하면 인지적 갈등을 겪고, 그에 따라서 인지구조에 비평형 상태가 유발된다.
- 인지구조가 동화·조절된다.

인지내용(cognitive content)은 관찰 가능한 자극과 반응(Phillips, 1969), 즉 특정 단계의 아동이 인지구조를 통해서 자연현상을 설명하기 위해 수행하는 활동, 말하는 내용과 양식, 적용하는 지식과 같이, 표현에 이용되는 온갖 도구와 수단과 방법을 말한다. 인지내용에는 사고활동을 표현하는 내용으로서 개인이 생각하고 있거나 흥미를 갖고 있는 것을 개념과 용어를 빌어 진술하는 언어적 행동, 주어진 문제를 해결하는 과정에서 드러나는 감각적·개념적 사고 활동도 포함된다. 차가 움직이는 이유를 설명하는 경우, 기체의 폭발, 피스톤의 움직임, 힘의 전달과 같이, 그 설명에 이용한 말들은 성인들의 인지내용이며, '말이 들어 있기 때문에 차가 움직인다.'는 아동들이 표현하는 인지내용의 예이다.

인지내용은 인지구조의 통제에 따라 가시적으로 표현되고 인지기능을 통해 발달하며, 인지내용을 바탕으로 인지구조와 인지기능의 실체 및 본성이 추론된다. 인지구조와 인지기능이 추상적 속성임에 비해, 인지내용은 시각적 영상, 청각적 영상, 수학적 개념, 추상적 부호와 같은 구체적 특성이다. 피아제의 지능발달 이론을 구성하는 개념들 가운데에서 직접 관찰할 수 있고 측정할 수 있는 것은 인지내용뿐이며, 인지구조와 인지기능은 인지내용을 바탕으로 추론된 구인, 곧 추상적 개념이다. 피아제는 임상적 면담을 통해 수집한 인지내용을 분석하여 지능발달 이론을 확립했다.

경험이 내면화됨에 따라 인지구조가 발달하고, 그럴수록 환경의 적응에는 더욱 고차원적인 사고가 요구된다. 피아제는 사고를 통한 환경에 대한 적응을 조작(operation)으로 부른다. 조작은 인지적·논리적 규칙을 따르는 내적으로 표상화된 활동, 즉 논리적 사고의 기본단위로서 논리적 추리를 통제하는 인지적 활동이다(Gredler, 2005). 가장 고차원적인 조작은 가설을 검증하는 것과 같은 형식적 조작이다. 조작은 행동과 사고를 통제·조절하는 내적 활동으로서, 다음과 같은 특징을 지닌다(Bybee & Sund, 1982).

- **조작은 부호적 표상화이다**: 조작은 부호로 내면화된, 마음에서 일어나는 정신적 능력이다.
- **최초의 조작은 신체적 활동에서 생겨난다**: 아동들이 수의 본성에 대해서 가지는 최초의 기수(基數) 개념은 사물을 세어보는 활동을 통해 획득된다.
- **조작은 논리적 규칙에 순응한다**: 조작이 가능한 단계에 있는 아동들은 전도·교환·보상과 같은 가역적 추론을 할 수 있다.
- **조작은 몇 가지의 하위적 조작이 모여서 통합적 체계를 이룬다**: 전도·교환·보상의 논리에 의해서 그보다 더 포괄적인 가역논리 체계가 구성된다.

피아제의 지능발달 이론은 과학교육 현장에 적용할 때, 문제와 한계를 드러내기도 한다. 피아제의 지능발달 단계와 실제의 발달 상태가 잘 일치하지 않는 사례가 흔하게 나타난다. 이를테면 전조작 단계의 아동이 수를 보존하며, 성인이 형식적 사고를 못하는 경우가 자주 발견된다. 피아제의 이론이 과학교육 현장에서는 학습자 지능의 특성과 지능이 발달하는 과정을 기술할 뿐 과학지식의 본성을 설명하지 못하는 문제도 안고 있다. 더욱이 내용에 무관한 추상적 개념을 강조하여 학생들이 가지고 있는 개념 가운데에서도, 특히 오개념의 특성을 설명하지 못한다(Driver, 1983; Driver & Easley, 1978). 피아제의 이론은 학습을 정의하지 않으며, 구체적 개념의 교수·학습 과정도 제대로 설명하지 못한다. 피아제의 이론은 기술적(記述的) 특성을 지니고 있어서, 처방적 근거를 요구하는 과학 교육과정 및 교수·학습에 직접 적용할 수 없는 문제와 한계도 안고 있다.

피아제의 지능발달 이론이 안고 있는 문제와 한계는 그 이론의 본성과 피아제가 자료를 수집할 때 이용한 임상적 면담 방법에서 비롯한다. 피아제의 이론에서는 지능·지식·학습의 관계를 명확하게 밝히지 않으며, 논리적 사고와 읽기·쓰기·산술 등 기본적 기능도 구분하지 않는다. 임상적 면담 방법은 통제하지 않은 상태에서 이루어지기 때문에, 심리적 현상들 사이의 인과관계를 도출할 수 있는 방법이 못 되며, 당연히 그것을 통해 형성된 피아제의 이론은 현상의 피상적 특성만 기술하거나 설명한다.

2) 지능발달 단계

피아제는 지능발달을 인지구조가 계속적으로 조직화되고 재조직화되는 과정으로 규정한다. 피아제는 또한 인지적 발달 과정을 질적으로 구분되는 네 단계로 구분하여 규정한다. 피아제에 의하면, 각 인지적 발달 단계에서 일어나는 사고의 수준과 양식은 질적으로 다르다고 한다(Ginsburg & Opper, 1979).

지능발달 단계는 특정 행동이 나타나는 발달상의 기간으로서 몇 가지의 독특한 인지구조로 이루어져 있다. 그러나 몇 개의 인지구조가 통합되었다고 해서 그것을 발달 단계로 부르지는 않는다. 인지구조의 발달 단계가 지능발달 단계로 불리려면 최소한 다음과 같은 조건을 만족시켜야 한다(Brainerd, 1978).

- 각 단계는 질적으로 다른 인지구조로 구성되어 있다.
- 아동은 누구나 문화·사회·국가를 초월하여 반드시 감각운동 단계, 전조작 단계, 구체적 조작 단계, 형식적 조작 단계와 그 순서로 발달한다.
- 상위 단계의 인지구조는 하위 단계의 인지구조를 바탕으로 형성된다.
- 특정 발달 단계를 이루는 여러 개의 도식과 다양한 인지구조가 하나의 총화적 구조를 이룬다.

피아제는 그가 제시한 지능발달 이론을 통해서 인지구조가 질적으로 다른 네 단계를 통해서 발달한다고 주장한다. 피아제의 이론은 또한 지능이 보편적인 과정에 따라 순차적으로 발달한다고 설명하는데, 이 설명에는 하위 단계 아동들이 상위 단계 아동들의 사고를 이해할 수 없다는 의미가 함축되어 있다. 이와 같은 특성 때문에, 각 단계에 있는 아동들은 질적으로 다른 양식에 따라 사고하고 생각한다.

(1) 감각운동 단계

감각운동 단계(sensorimotor stage)는 0~2세 아동에게 해당된다. 이 단계의 아동은 전기호적(presymbolic) · 전언어적(preverbal)인 감각적 · 심체적 활동만 할 수 있다. 이 단계는 반사적 행동, 놀이, 흉내내기, 사물의 영원성 인식(Hassard & Dias, 2009)으로 특징지어진다. 이 단계의 아동은 사물에 대한 언어가 없고 내면화된 인지구조를 통한 사고도 할 수 없기 때문에, 정신적 활동을 수행하지 못하고 가시적 행동으로 나타나는 신체적 운동만 한다. 유아에게 딸랑이를 보여주는 동안에는 좋아하는 반응을 나타내지만, 감추면 아무런 반응도 나타내지 않는다. 유아의 머리에는 딸랑이가 표상화되어 있지 않아서, 그것이 눈에 보이지 않을 때는 세상에 존재하는 것으로 인식되지 않는다.

이 단계에서는 아동의 지능과 인지구조가 외부에서 오는 물리적 자극에 대한 감각적 반응과 신체적 운동을 통해서 발달하며, 반사적 행동과 같이 타고난 행동이 지적 활동으로 변한다. 이 단계에서는 도식의 통제에 따라 인지내용이 드러나며, 지각적 운동도식이 종합적이고 융통성이 있는 인지도식으로 발달한다. 감각운동기의 아동은 스스로 지능과 인지구조의 발달 과정에 매개체 기능도 한다. 이 단계의 아동은 눈을 두리번거리며, 사물을 가지고 놀고, 머리를 돌리며 주변을 탐색한다. 그는 손을 뻗치거나 밀며 무엇을 쥐거나 던지는 행동으로 자연을 탐색하며, 그런 신체적 경험을 도식으로 조직한다. 한편 이와 같은 도식은 동화와 조절을 통해 인지구조로 발달한다.

(2) 전조작 단계

아동이 2~7세가 되면, 전조작 단계(preoperational stage)에 도달하고 언어를 획득하며 기호적 사고를 수행하고 문제를 해결한다. 전조작 단계 아동의 신체적 활동은 정신적 표상화로 내면화되어 있어서, 부호에 의한 놀이, 그리기, 정신적 상상 등 경험을 초월한 행동도 할 수 있다. 그러나 이 단계의 아동은 가역적 사고를 하지 못하기 때문에, 모순되는 진술을 잘 깨닫지 못한다. 그는 뜨는 나무와 가라앉는 철판에 관하여 묻는 질문에 나무는 작아서 뜨고, 철판은 얇아서 가라앉는다고 대답한다. 전조작 단계의 아동은 또한 [그림 3-3]과 같이 지각적 단서나 측면에 바탕을 두어 사고하는 경우가 일반적이다. [그림 3-3]은 병 안에 든 물의 일부를 쏟아낸 다음 남아 있는 물의 상태를 나타낸 그림이다.

[그림 3-3] 전조작 단계 아동의 사고 유형

[그림 3-3]에서 (가)는 초기 전조작 단계 아동이 그린 그림이며, (나)는 후기 전조작 단계 아동의 그림이다. 이와 같이, 전조작 단계 아동의 사고는 진정한 의미의 조작, 또는 그에 따른 활동으로 볼 수 없다. 전조작 단계 아동의 사고는 대부분 인간중심적 · 주관적 · 자기중심적 사고이며, 전개념적 사고 단계와 직관적 사고 단계로 나뉜다(Hassard & Dias, 2009). 아동이 2~4세가 되면 전개념적 사고 단계에 이르러 표상화를 통한 사고를 할 수 있으나, 논리적 사고는 하지 못한다. 그들이 4~7세가 되면 직관적 사고 단계에 도달하여 전논리적 방법으로 주어진 문제를 해석하고 설명하지만, 한두 가지의 가시적 특성을 기준으로 사물을 구분하거나 동일한 부류에 포함시키는 분류 추리를 할 수도 있다.

(3) 구체적 조작 단계

초등학교 2~6학년의 지능발달 수준은 대체로 구체적 조작 단계(concrete-operational stage)의 수준에 해당된다. 구체적 조작 단계는 아동의 지능이 조작적 특성을 나타내는 첫 번째 단계이다. 구체적 조작 단계에 도달하지 않은 아동들은 대부분 확고한 근거나 타당한 논증 과정에 바탕을 둔 사고를 하지 못하는데, 7~11세의 초등학생은 그런 직관적 사고를 벗어나 논리적 추리 형태인 가역적 사고와 같은 조작적 지능을 보이기 시작한다. 이 단계의 아동은 다음과 같은 사고나 정신적 활동을 할 수 있다.

- 구체적 문제에 관한 한 논리적으로 추론할 수 있다.
- 사건의 원인을 결정할 수 있다.
- 부분-전체의 관계를 이해하며, 그에 따라 분류할 수 있다.
- 가감승제가 가능하다.
- 수의 본질을 이해한다.

- 시간과 공간의 관계를 이해하며, 사건 · 사물 · 상황을 공간과 시간에 따라 조직할 수 있다.
- 여러 가지 가역적 사고를 할 수 있다.
- 서로 같지는 않으나 공통적인 속성에 따라 사물 · 사건 · 상황을 서열화할 수 있다.

구체적 조작 단계의 사고는 구체적 대상에 한정되지만, 논리적 추리가 가능한 단계이다. 이 단계에 이른 아동은 가역적 사고를 할 수 있기 때문에, 구체적 사물을 분류할 수 있을 뿐만 아니라 가감승제도 할 수 있다. 또한 이 단계의 아동은 수 · 길이 · 면적 · 부피 · 무게의 개념도 보존(conservation)한다. 물질이 담겨진 그릇의 모양을 바꾸더라도 양이 변하지 않는다는 사실을 이해할 때 부피를 보존했다고 말한다. [그림 3-4]는 각각 부피와 수 개념의 보존 여부를 검증할 때 적용할 수 있는 도구의 예이다.

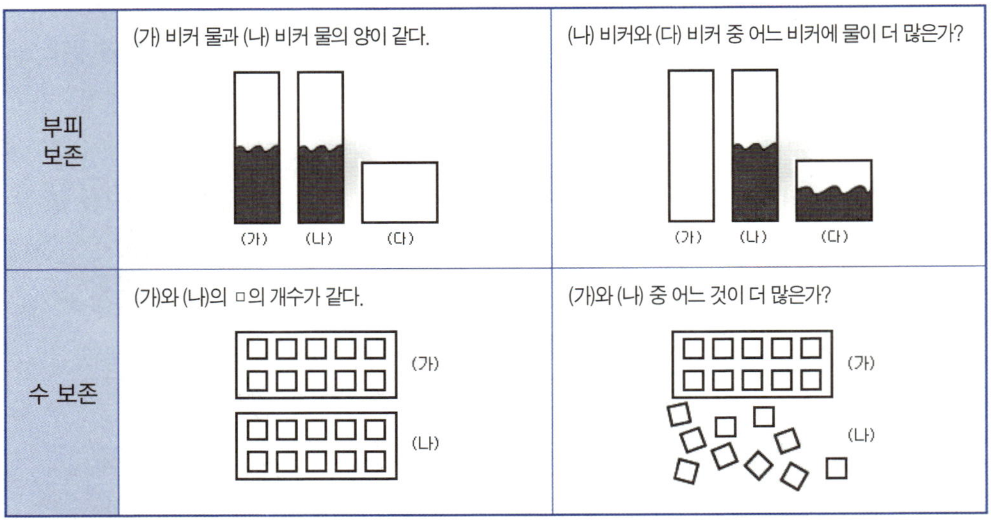

[그림 3-4] 부피와 수 개념의 보존 검사 도구

[그림 3-4]에서 아동에게 (가) 비커 물의 양과 (나) 비커 물의 양이 같다는 것을 확인시킨 다음, (나) 비커와 (다) 비커 안 물의 양을 비교하게 한다. 아동이 그 두 비커에 들어있는 물의 양이 같다고 대답하면, 그가 부피 개념을 보존했다고 말한다. 아동에게 같은 방법으로 묻고, 그가 양쪽 '□'의 개수가 같다고 말하면 수 개념을 보존했다고 말한다. 구체적 조작 단계의 아동은 이처럼 논리적 사고가 가능하고 여러 특성을 보존할 수 있지만, 과학적 이론과 비유의 관계는 잘 이해하지 못한다.

(4) 형식적 조작 단계

대략 12~15세의 중·고등학생들은 형식적 조작 단계(formal-operational stage)에 도달한다. 형식적 조작 단계에 있는 학생들은 자신의 사고 내용과 과정을 생각할 수 있으며, 논리적으로 추리할 수 있는 정신적 사고를 할 수 있다. 형식적 조작 단계에 도달한 중·고등학생들은 가설-연역적 사고, 명제적 사고, 비율과 비례에 관한 사고, 변인통제 및 인과관계 유추, 반성적 추상화, 조합적 사고, 논리적 추리, 확률적 사고, 상관관계 유추를 포함한 어떠한 추상적 사고도 할 수 있다.

나이만으로는 대부분이 중학생인 형식적 사고 단계의 학습자들은 조합적 사고 능력을 가지고 있어서 다양한 변인들 사이의 모든 조합을 만들어 낼 수 있다. 이들은 변인을 통제할 수 있는 능력도 갖고 있어서 과학실험을 통한 과학적 연구를 수행할 수 있다. 또한 형식적 사고 단계의 학생들은 가상적 상황을 대상으로 하는 사고 실험(thought experiment)도 할 수 있으며, 그에 따라 과학적 이론도 구성할 수 있다.

형식적 조작 단계의 학생은 내용과 무관하여 모든 내용에 보편적인 사고를 할 수 있고, 가설적으로 설정된 상황을 대상으로 한 추상적인 사고도 할 수 있다. 그러므로 그는 문제인식, 가설설정, 변인통제 및 실험설계, 자료의 분석·해석, 결론도출 등의 단계로 이루어진 과학적 탐구도 수행할 수 있다. 그는 추상적인 과학적 이론을 구성하여 그것을 비유나 모형으로 표현할 수 있을 뿐만 아니라, 철학자나 과학자처럼 과학적 사실과 법칙 및 자연의 규칙성을 설명하며 추리하고 예상할 수도 있다.

3) 지능발달에 영향을 미치는 요인

지능발달에는 성숙(maturation), 경험, 사회적 전달, 평형화의 네 가지 요인이 영향을 미친다. 물론 이 요인들이 지능발달에 꼭 필요하지만, 충분조건은 아니다(Gredler, 2005). 그러나 이 요인들은 학습을 정의하거나 교수·학습 전략과 방법, 교수·학습 자료, 교육과정을 개발할 때마다 필수적 준거로 이용된다(Ginsburg & Opper, 1979).

지능은 신체적 구조가 성숙되는 과정에 따라 발달한다. 신체의 구조는 입술을 자극하면 빨고, 손을 만지면 쥐는 것과 같은 자율적 행동이나 타고난 반응을 유발한다. 이런 행동과 반응은 반사기구가 갖추어져 있어야 가능하다. 반사기구를 포함한 손·발·신경계 등 신체구조는 성장하며, 성숙되지 않은 신체구조는 지능 발달을 정지시키거나 지연시킨다. 성숙되지 않은 어린 아동의 뇌는 그의 인지기능을 그 수준에 한정시키며, 학습의 범위도 그 수준에 한정시킨다. 그리하여 이 요소는 지능발달에 간접적 영향을 미친다.

물리적 환경 및 정신적 사고와 상호작용하는 경험은 신체적 경험과 논리적-수학적 경험으로 나뉜다. 신체적 경험은 단순한 추상화로서 물리적 환경, 즉 자연현상과 사물을 직접 관찰하여 그것들의 실체에 대한 지식을 얻는 활동이며, 논리적-수학적 경험은 행동에 대한 반성을 통해 획득되는 지식과 관련되어 있어서 반성적 추상화로 일컬어지기도 한다. 자연현상과 사물의 실체에 관한 지식은 신체적 경험을 통해 지각된 것이며, 구인・서열・인과관계는 논리적-수학적 사유를 통해서 획득된 지식이다.

사회적 전달 과정은 인간중심적 사고, 물활론적 사고, 자기중심적 사고를 객관적 사고로 변화시키는 과정에 영향을 미친다. 아이에게 어떤 문제를 제시하고 설명하는 부모와 자식 사이의 대화, 아동이 책을 읽고 스스로 정보와 지식을 획득하는 행위, 학생이 다른 학생들과 토의하는 학습활동은 모두 사회적 전달 활동이다. 사회적 과정인 학교 교육이 지능의 발달에는 결정적인 영향을 미치지 못하지만, 지능의 성장에는 큰 영향을 미친다.

평형화 요인은 앞에서 말한 지능발달에 영향을 미치는 세 가지 요인들과 통합적으로 작용하여 인지발달에 영향을 미친다. 아동은 평형화 과정을 통해 신체적으로 성장하고, 정신적으로 발달하지만, 계속 안정적 상태를 유지할 수 있다. 이런 특성 때문에, 평형화는 행동을 변화시키고 통제하는 역동적 과정으로 인식된다(Hassard & Dias, 2009).

4) 지능발달 이론의 적용

피아제의 지능발달 이론은 과학 학습의 정의, 과학적 탐구 중심의 과학 교수・학습, 교육과정, 교수・학습, 평가, 그리고 과학교육학 및 과학 교수・학습 연구에 적용된다. 그의 이론에 따르면, 학습은 학습자와 환경 사이의 능동적 상호작용(Hassard & Dias, 2009)을 통한 인지구조의 변화이며, 좁은 의미와 넓은 의미로 구분된다. 좁은 의미의 학습은 어떤 지역에 분포된 식물의 이름과 특정 식물이 자생하는 지역을 아는 것과 같은 특수한 상황에 관한 정보를 획득하여 생기는 인지구조의 변화를 뜻한다. 넓은 의미의 학습은 신체적 발달과 성장의 한 형태로서 한 지역에 자생하는 식물 서식지의 조건, 다른 식물과의 생태적 관계, 분류학상의 중요성처럼 추상적인 주제에 대한 종합적인 인식, 곧 여러 상황에 적용되는 일반성이 큰 사고방식의 획득과 그에 따른 인지구조의 변화를 말한다.

피아제의 지능발달 이론은 구체적 개념보다 일반적 능력의 학습과 더 관련이 있다. 과학교육 현장에서는 피아제의 이론에 따라 지난 50여 년 동안 과학적 탐구의 교수・학습을 중요시하였다(Chiappetta & Koballa, 2010). 피아제의 이론에 바탕을 둔 과학 교수·학습 현장에서는 과학적 탐구의 내용과 과정을 분리하여 여러 분야의 내용 또는 다양한 과정에 보편적으로 적용되는 과학적 탐구의 교수·학습을 중요시하기도 하였다.

피아제 이론에 의한 교육과정의 설명은 지난 수십 년 동안 과학교육에 큰 영향을 미쳤던 행동주의의 설명과 여러 면에서 차이를 드러낸다. 행동주의 심리학은 학습에 있어서 주로 환경의 역할을 강조함으로써 특정 나이의 아동에게 교수·학습하기 적절한 내용을 결정할 때 적용하는 기준을 제시하지 않지만, 피아제의 이론은 과학 교육과정의 내용을 선정·조직하는 준거(Shayer & Adey, 1981)를 제시한다. 런던대학 킹스칼리지의 CASE(Cognitive Acceleration through Science Education)도 이런 피아제의 이론과 아울러 비고츠키의 이론에 바탕을 둔 교육과정 및 교수·학습 개발 전략이다(Shayer & Adey, 2002). 한편 피아제의 지능발달 이론은 교육과정 내용의 계열성도 구체적으로 제시한다. 계열성은 어떤 주제와 학습 과제를 언제 또는 어느 학년에 제시해야 할 것인지에 관한 문제로서 학습준비도의 한 요소이다. 피아제의 이론은 학습준비도에 합당한 교육과정의 개발에 관한 다음과 같이 네 가지의 처방적 기준을 제시한다(Brainerd, 1978).

- 교수·학습 자료는 현재의 지능발달 수준을 넘지 않아야 한다; 교수·학습 자료는 (상호작용이 가능하도록) 학습자의 인지구조와 관련된 내용으로 개발한다.
- 어떤 특정한 주제를 통해 인지구조의 변화를 촉진하기 위한 시도를 하지 말아야 한다; 학습의 준거로 특정 영역의 주제에 대한 학습의 속도보다 여러 상황을 동시에 포괄하는 주제나 분야의 완전한 숙달이 더 실제적이다.
- 교육과정 내용의 주제와 개념이 인지발달 과정에 나타나는 주제와 개념의 순서에 일치해야 한다; 인지발달 순서와 과정에 바탕을 두어 개발된 교육과정을 '발달에 기초한 교육과정(developmentally based curriculum)'이라 한다.
- 교육과정은 인지발달 과정을 진단하고, 그에 맞추어 수업이 진행되도록 구성한다; 이상적으로는 개별화 수업이 이루어지도록 한다.

피아제의 지능발달 이론은 과학학습 이론이나 과학 교육과정보다 교수·학습의 모형과 방법에 관해 더 엄격하고 분명한 준거를 제시한다. 카플러스(R. Karplus, 1927~1990)가 처음으로 제시한 '탐색(exploration)-창안(invention)-발견(discovery)'으로 구성된 세 단계 순환학습(learning cycle)(SCIS, 1974) 모형의 이론적 배경은 적응을 구성하는 동화-조절-평형화(Hassard & Dias, 2009), 또는 동화-조절-조직화(Abraham, 1992)의 순환적 관계에 있다. 피아제의 지능발달 이론은 이밖에 다음과 같은 네 단계로 구성된 4E 순환학습 모형에 따른 과학 교수·학습 과정과 방법도 잘 설명한다(Bybee & Sund, 1982).

- **탐색(exploration)**: 각자 자신의 개념을 표명하고 다른 학생과 의견을 나누어 인지적 갈등 상황, 즉 비평형상태에 이르게 하는 데 근본 목적이 있다.
- **설명(explanation)**: 탐색 단계에서 주어진 교수·학습 상황 및 주제와 관련된 개념·법칙·원리·이론을 설명한다.
- **확장(extention)**: 설명을 통해 이해한 개념과 지식을 다른 상황에 적용한다.
- **평가(evaluation)**: 학습을 평가한다; 앞의 세 단계에서 적용된다.

피아제의 지능발달 이론은 ㉮ 활동중심의 교수·학습 방법, ㉯ 갈등유발 교수·학습 전략, ㉰ 아동중심 교수·학습 방법 및 자료, ㉱ 개별화 교수·학습 전략, ㉲ 사회적 경험중심 교수·학습 전략을 제시한다. 이 가운데에서, 활동중심 교수·학습과 아동중심 교수·학습은 각각 자기발견 교수·학습과 동료 학습으로 불리기도 한다(Brainerd, 1978). 각 교수·학습 전략의 가정과 방법을 요약하면 다음과 같다(Ginsburg & Opper, 1979).

- **활동중심(능동적 자기 발견) 교수·학습**: 아동의 지능은 행동에서 발달한다는 가정을 전제로 하며, 학습자로 하여금 학습의 주체로서 학습의 경험을 능동적으로 조작하게 한다; 과학적 탐구 중심 과학 교수·학습의 이론적 배경이기도 하다.
- **갈등유발 교수·학습**: 지능은 동화와 조절의 두 과정을 통해 발달한다는 가정을 전제로 하며, 인지적 갈등이나 모순을 유발하는 자료를 제시함으로써 시작된다.
- **아동중심(동료) 교수·학습**: 같은 또래의 아동은 비슷한 발달 수준에 있다는 가정을 전제로 하며, 그들의 발달 수준에 맞는 주제·소재·자료를 이용할 것을 권고한다.
- **개별화 교수·학습**: 개인마다 사전 경험이 다르고 인지내용도 다르다는 가정을 전제로 하며, 개인의 지능발달 수준 및 인지내용에 맞는 주제·소재·자료의 이용을 장려한다.
- **사회적 경험 중심 교수·학습**: 인간중심적·자기중심적·물활론적 사고방식은 다른 사람들과의 의사소통을 통해서 객관적 사고로 발달한다는 가정을 전제로 하며, 토의중심의 과학 교수·학습의 중요성을 강조한다.

피아제는 그가 수행한 발달심리학적 연구에서 수집한 결과뿐만 아니라 직접 연구할 때 적용한 방법을 통해서도 과학교육의 여러 면에 적지 않은 영향을 미친다. 피아제가 개발하여 적용한 임상적 면담은 과학 교수·학습, 과학교육 연구, 과학교육 평가에도 효과적인 수단이다. 임상적 면담은 과학 교수·학습에서 유용한 질문법으로 이용되기도 한다. 피아제의 임상적 면담 방법이 인지구조의 속성과 그 변화·발달에 관한 연구, 즉 과학적 개념의 오인 또는 선행개념에 대한 심층적 연구에서는 특히 효과적으로 적용된다. 임상적 면담법은 과학개념을 이해하고 획득한 것을 확인하는 과정에서는 물론이고 과학 교수·학습의 평가에도 효과적인 수단이다(Ginsburg & Opper, 1979). 임상적 면담 방법은 과학교육 현장에서 수행평가의 한 가지 효과적인 방법으로 활용되기도 한다.

3. 오수벨의 유의미수용학습 이론과 교수 · 학습

오수벨(David P. Ausubel, 1918~2008)은 미국에서 행동주의 심리학자들에 비해 드문 인지심리학자들 가운데 한 학자이다. 오수벨은 한편으로 행동주의 심리학과 행동주의 이론에 바탕을 둔 학습 이론을 부정하고, 다른 한편으로는 피아제의 지능발달 이론에 도전하면서 유의미수용학습과 파지(meaningful reception learning and retention) 이론을 확립하였다. 오수벨 등(Ausubel, Novak, & Hanesian, 1978)의 이 이론에 따르면, 수용학습이 유의미학습일 수 있으며, 발견학습도 기계적 암기학습일 수 있다.

1) 학습 형태의 종류

오수벨(Ausubel, 2000)은 동화설(assimilation theory)에 따라 유의미수용학습 과정을 구체적으로 설명한다. 오수벨은 또한 학습의 유형을 수용학습(reception learning) 대(對) 발견학습(discovery learning)과 암기학습(rote learning) 대 유의미학습으로 대별한다. 오수벨은 학습의 종류를 이와 같이 구분함으로써 발견학습과 유의미학습의 관계와 아울러 암기학습과 수용학습의 관계도 구분할 수 있었다. 오수벨 등(Ausubel et al., 1978)에 따르면, 네 가지 학습 형태는 [그림 3-5]와 같이 이차원적 관계를 맺고 있다.

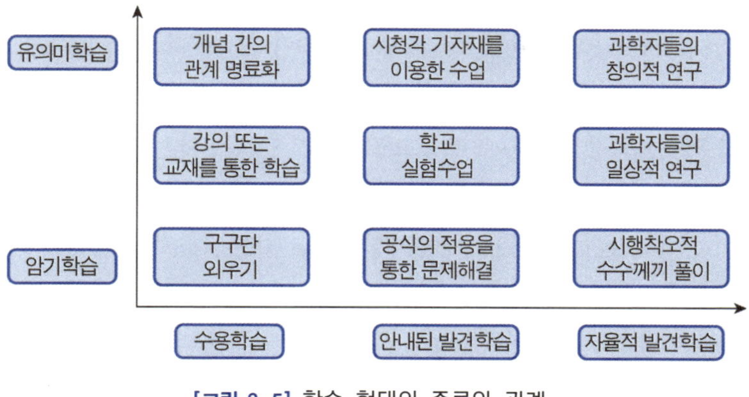

[그림 3-5] 학습 형태의 종류와 관계

[그림 3-5]의 수용학습과 발견학습은 학습할 내용과 그 제시 방법에 따라 구분된다. 학습할 내용이 제시되면 수용학습, 학습자 스스로 발견하면 자율적 발견학습이다. 수용학습

에서는 교사가 학습할 내용을 학습자가 이해하고 기억할 필요밖에 없는 본질적 명제의 형태로 제시하거나 설명하면, 학습자는 제시・설명된 내용을 받아들여 내면화한다. 발견학습에서는 학습자가 교사에 의해 제시된 문제의 해답 또는 해결하는 절차를 기술하는 명제를 생성하며, 주어진 자료를 조정하거나 인지구조에 맞추어 변환시키는 과정을 통해 학습할 내용을 내면화하기 전에 스스로 발견한다. 학습자가 교사의 도움을 받아 학습할 내용과 문제의 답을 발견하는 학습은 안내된 발견학습으로 불리기도 한다.

흔히 수용학습을 기계적 암기학습으로, 발견학습을 유의미학습으로 잘못 인식한다. 그러나 오수벨은 암기학습과 수용학습을 차별하고, 유의미학습과 발견학습을 구분한다. 암기학습도 기계적 암기나 기억에 의한 학습으로 오해되고 있으나, 오수벨(Ausubel, 2000)은 암기학습을 학습내용이 인지구조에 그대로 연결되는 학습으로 정의한다. 유의미학습에서는 잠재적 유의미가를 지닌 학습 자료가 학습자의 인지구조에 있는 관련 관념에 연결된다. 표상학습은 유의미학습보다 암기학습에, 개념학습과 명제학습은 유의미학습에 더 가깝다. 암기학습보다 유의미학습의 결과가 더 오랫동안 파지된다.

2) 유의미수용학습의 종류

유의미학습은 오수벨 등(Ausubel et al., 1978)이 주창한 학습 이론의 핵심적 개념으로서 학습할 내용이 학습자가 파지하고 있는 인지구조와 관련이 있는 내용, 즉 선행개념에 의미 있게 연결됨으로써 일어난다. 유의미학습의 결과로 학습한 내용과 인지구조의 내용이 함께 변하고, 그 결과에 따라 인지구조에 새로운 의미가 형성된다. 유의미학습 과정을 통해 획득된 지식은 종합적인 지식체계를 이루어, 그와 관련이 있는 후속학습의 내용을 더욱 의미 있게 연결하는 고정개념(anchoring ideas)의 역할을 한다. 유의미학습은 포괄적이고 이론적인 지식체계를 얻기 위한 학습에도 효과적이다. 유의미수용학습은 대상에 따라 표상학습・개념학습(concept learning)・명제학습으로 대별된다.

표상학습(repesentative learning)은 사물의 이름을 말하는 경우와 같이, 기계적 암기학습으로 보기 쉬운 학습이다. 그러나 표상학습은 암기학습과 달리, 임의적 부호와 부호가 지시하는 사물・사건・개념의 의미가 동일시되어 일어난다. 표상학습은 부호가 가리키는 대상의 피상적 속성에 대한 지각을 말한다. '소'를 가리키며 '소'라고 말하는 과정이 표상학습의 한 예이다. 표상학습은 인지구조의 포괄적 개념과 더 구체적인 지시대상이 명제의 형식으로 연결되어, 이를테면 소의 의미와 인지구조에 표상화된 소의 상이 연결되어 일어나기 때문에 유의미학습으로 볼 수 있다.

오수벨(Ausubel, 2000)은 개념(concept)을 동일한 기호(sign)나 부호(symbol)로 나타낼 수 있는 공통적 준거속성(criterial attributes)을 가지는 사물·사건·상황·현상의 추상적 속성으로 정의한다. 개념은 상위적 학습과 하위적 학습에서 개념에 대한 이해와 문제의 해결에 영향을 미치기 때문에, 동화설의 핵심적 단위가 된다. 학습자는 인지구조에 있는 선행개념(preconception)을 통해서 지각 경험을 해석하며, 선언적 명제에 대한 유의미수용학습의 기본적 단위로 활용한다.

개념학습은 개념형성(concept formation)과 개념동화(concept assimilation)를 통해 이루어지는 두 가지 유형의 학습으로 나뉜다(Ausubel, 2000). 저학년 학생들이 가설설정, 가설검증 및 일반화와 같은 직접 경험에 바탕을 둔 귀납적 추리 과정을 통해 개념의 준거속성을 인식하면 새로운 개념이 형성된다. 현무암·안산암·유문암을 특정한 준거에 따라 모두 화산암으로 분류하는 과정이 개념형성에 의한 개념학습의 실례이다. 이와 달리, 고학년 학생들이 가지고 있는 기존의 개념에 새로운 실례가 더해지거나 새로운 정보나 실례로 기존 개념의 준거속성 또는 정의가 수정·보완되는 과정은 개념동화이다. 한편 조류·어류·포유류에 '척추동물'이라는 이름을 붙이는 경우와 같이, 개념형성과 개념동화를 통해 개념의 의미를 안 다음에 그 개념에 이름만 붙이는 과정은 표상학습이다.

오수벨 등(Ausubel et al., 1978)은 명제로 진술된 학습내용에 내포된 의미나 외연적 의미가 관련된 인지구조에 정합적으로 연결되어 새로운 통합적 의미를 구성하는 학습을 명제학습(propositional learning)이라 한다. 명제학습은 두 개 이상의 개념을 결합하여 하나의 통합적 개념을 구성하고, 그렇게 형성된 통합적 개념을 문장으로 진술한 명제로부터 파생되는 새로운 의미를 구성하여 일어난다. 보일의 법칙의 의미, 즉 기체의 압력과 부피의 특성을 바탕으로 압력과 부피 사이 관계에 대한 인식이 명제학습의 한 예이다. 명제학습도 하위적 학습(subordinate learning) 또는 포섭(subsumption), 상위적 학습(superordinate learning), 병위적 학습(combinatorial learning)으로 구분된다.

3) 유의미학습의 조건

오수벨 등은 [그림 3-5]에 제시된 바와 같은 여러 가지 학습 형태 가운데에서 유의미수용학습을 가장 중요시하고, 유의미수용학습 이론을 제시하였다. 유의미수용학습은 사실·원리·개념의 명제적 학습 내용에서 새로운 의미가 구성되어 일어나며, 몇 가지 조건을 충분히 만족시킬수록 효과가 극대화된다. 오수벨 등은 유의미수용학습이 일어날 수 있는 조건으로 학습과제(learning task) · 인지구조(cognitive structure) · 학습의향(learning set)을 제시한다. 이 세 가지 조건은 유의미수용학습에 영향을 미치는 변인으로 작용하기도 하는데, 그런 조건과 변인들 사이의 관계를 요약하면 [그림 3-6]과 같다.

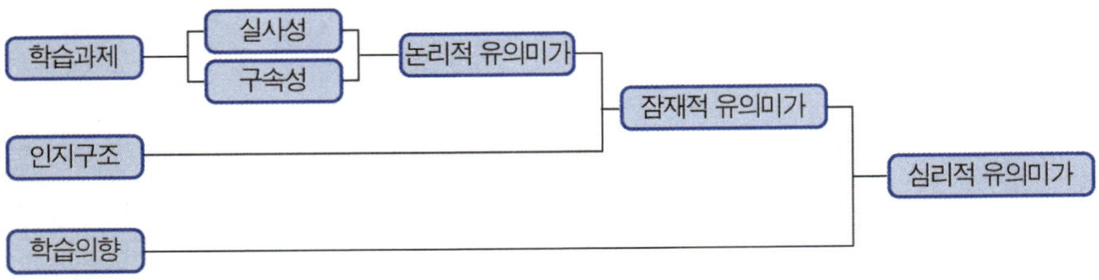

[그림 3-6] 유의미수용학습의 조건

[그림 3-6]의 학습과제는 실사성(substantiveness)과 구속성(nonarbitrariness)이 내재되어 있어야 유의미학습의 조건으로 성립된다. 실사성은 어떻게 표현하더라도 변하지 않는 본질적 속성을, 구속성은 학습자의 인지구조와 관련시킬 가능성을 높여주는 특성을 의미한다. 어떤 지역의 생물의 분포와 멸종 위기는 그 자체로 실사성이 있으며, 최근의 생태계 파괴 문제와 관련하여 의미 있는 정보로서 구속성이 높다. 오수벨은 실사성과 구속성이 동시에 내재되어 있는 학습과제의 특성을 논리적 유의미가(logical meaningfulness)로 부른다. 학교 과학 교수 · 학습의 주제는 그 속성상 논리적 유의미가를 지니고 있다.

학습과제가 논리적 유의미가가 있을지라도 학습자가 그와 관련된 인지구조를 갖고 있지 않으면, 유의미학습은 일어나지 않는다. 유의미학습은 학습과제에 논리적 유의미가가 내재되어 있어야 하고, 학습자가 학습과제와 연결시킬 수 있는 인지구조를 가지고 있어야 가능하다. 오수벨은 논리적 유의미가가 내재되어 있는 학습과제가 연결될 수 있는 개념적 내용이 학습자의 인지구조에 존재하고 있을 때, 학습과제에 내재된 가치를 그 학습자에 대한 잠재적 유의미가(potential meaningfulness)로 부른다.

학습과제에 잠재적 유의미가가 내재되어 있을지라도 학습자가 학습하려는 마음가짐이나 자세가 없으면 유의미학습이 일어나지 않는다. 오수벨은 새로운 개념 · 명제 · 정보 · 상황의 비언어적 측면을 기존의 관련이 있는 인지구조에 연결하려는 학습자의 성향, 또는 그렇게 하려는 열의를 학습의향으로 규정한다. 학습과제에 잠재적 유의미가가 내재되어 있고, 학습자가 학습과제를 학습할 의향을 갖고 있을 때, 그 학습과제는 그 학습자에 대해서 심리적 유의미가(psychological meaningfulness)가 있다고 말한다. 심리적 유의미가는 학습자가 유의미학습을 통해 구성한 실제의 의미로서 실제적 유의미가(actual meaningfulness)로 일컬어지기도 한다(Ausubel, 2000).

논리적 유의미가가 학습과제의 본질적 가치라면, 심리적 유의미가는 학습과제의 본성과 인지구조의 관계로부터 형성된 의미, 곧 학습하려는 의향과 열의가 있는 학습자가 인식하고 있는 그대로의 의미이다. 학습과제에 고유한 논리적 유의미가 및 그와 동일한 학습과제에 내재되어 있는 심리적 유의미가는 각각 교과서·과학교사·과학사회의 지식, 학생의 지식에 반영되어 있다. 과학 교과서에 기술되어 있는 과학지식이나 과학교사가 지닌 과학지식의 개념적 구조는 논리적 구조 또는 철학적 구조로, 학습자가 파지하고 있는 과학지식의 구조는 심리적 구조로 일컬어지기도 한다. 과학지식의 심리적 구조는 교수·학습에서 선행지식(prior knowledge), 또는 오인(오개념)의 기능도 한다.

4) 동화설과 명제학습의 종류

잠재적 유의미가를 지닌 학습과제가 인지구조에 있는 관련 관념에 연결되는 과정, 인지구조에 이미 고정되어 있는 개념에 새로운 의미가 구성되거나 저장되는 과정, 인지구조의 관념이 소멸되거나 망각되는 과정은 모두 동화이다(Ausubel et al., 1978). 동화설은 오수벨이 구성한 유의미학습 이론으로서, 상위적 학습, 하위적 학습, 병위적 학습 이론으로 나뉜다. 여기에서 하위적 학습 과정은 전진적 분화로, 그리고 상위적 학습 과정과 병위적 학습 과정은 통합적 조정(integrative reconciliation)으로 설명한다. 동화설에 따르면, 학습 내용으로 제시되는 새로운 개념이 인지구조에 있는 관련된 개념에 연결되어 유의미학습이 일어나면, 새로운 개념뿐만 아니라 기존의 선행개념도 변한다. 이런 동화설은 개념학습뿐만 아니라 명제학습의 설명에도 동일하게 적용된다(Ausubel, 2000).

유의미수용학습에서는 교수·학습 내용이 인지구조에 이미 자리잡고 있는, 그와 관련된 선행지식에 의미 있게 연결됨으로써 학습되는 내용뿐만 아니라 기존의 선행지식도 변한다. 오수벨(Ausubel, 2000)은 이러한 유의미수용학습 과정에서 학습되는 내용이 학습자의 인지구조에 있는 관련된 선행지식에 연결되는 과정을 고정(anchor)으로 정의하고, 그런 고정을 통해서 일어나는 유의미학습의 형태를 하위적 학습 또는 포섭, 상위적 학습, 병위적 학습의 세 유형으로 나누어 설명한다. 유의미수용학습 이론에 따라 동화설로 설명하는 유의미학습의 각 유형별 내적 인지과정과 결과를 요약하면 [그림 3-7]과 같다.

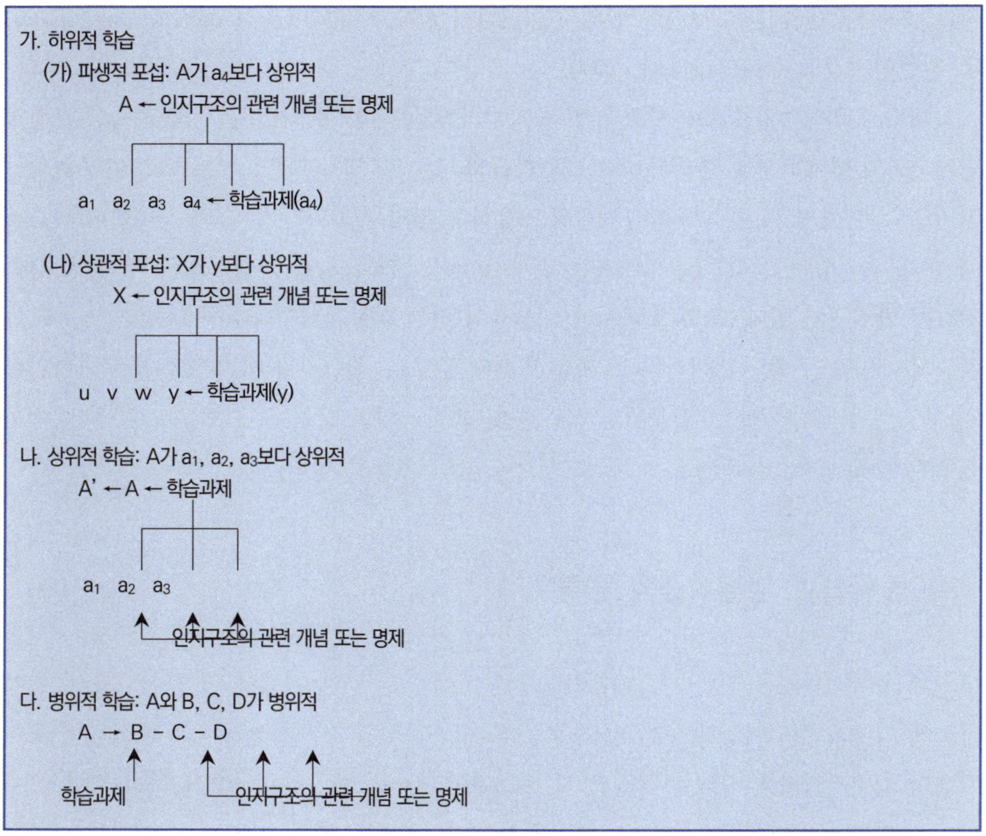

[그림 3-7] 동화설에 따른 유의미학습의 형태와 과정

[그림 3-7]에서, 잠재적 유의미가가 있는 학습과제가 그보다 더 포괄적인 선행개념에 고정되는 과정을 하위적 학습이라 한다. 하위적 학습은 학습의 결과로 선행개념의 준거속성이 변화되는 여부에 따라서 파생적 포섭(derivative subsumption)과 상관적 포섭(correlative subsumption)으로 나뉜다. 파생적 포섭은 학습과제가 그와 관련된 선행개념의 한 실례가 되거나 그 선행개념을 예증하는 하위적 학습을 말한다. 파생적 포섭에서는 선행개념의 정의와 준거속성이 변하지 않는다. 무·파·배추 등 뿌리·줄기·잎을 채소로 알았던 학생이 줄기를 먹는 감자도 채소라는 것을 아는 과정이 파생적 포섭의 한 예이다.

상관적 포섭은 학습되는 개념이 더 포괄적인 선행개념에 통합되어 포섭자(subsumer)로 불리기도 하는 선행개념의 정의, 또는 준거속성이 확장되고 정교화되거나 수정되는 유의미학습을 가리킨다(Ausubel, 2000). 일상적으로 먹는 식물의 뿌리·줄기·잎을 채소로 알고 있었던 학생이 열매를 먹는 오이와 토마토도 채소의 한 종류로 인식하는 과정이 상관적 포섭의 한 예이다. 이때 그 학생이 이미 알고 있었던 채소의 준거속성 뿌리·줄기·잎이 뿌리 · 줄기 · 잎 · 열매로 확장되었다. 오수벨 등은 이와 같은 포섭을 통해 선행지식이 변하는 과정을 전진적 분화(progressive differentiation)로 부른다.

상위적 학습은 학습과제가 인지구조에 있는 몇 개의 하위적 선행관념들과 연결될 때 일어난다. 상위적 학습은 인지구조의 하위적 관념들이 학습내용으로 제시되는 더 포괄적인 개념에 통합되어 더욱 상위적 개념으로 추상화되는 귀납적 추리를 통해 이루어진다. 상위적 학습과정을 통해서 기존의 선행관념들보다 상위적 개념이 학습되면, 이미 파지하고 있었던 인지구조의 여러 하위적 개념들은 학습되는 상위적 개념의 실례로 인식된다. 학습되는 상위적 개념은 [그림 3-7]에서 볼 수 있듯이, 인지구조의 기존 하위적 개념들을 포괄하는 준거속성에 의해서 새로운 의미(A')로 정의된다. 토끼 · 개 · 소 · 고양이를 잘 아는 학생들에게 포유동물이라는 새로운 개념을 제시할 경우 상위적 학습이 일어난다.

병위적 학습은 포괄적 수준이 동일한 학습내용이 그와 관련된 배경 지식에 연관되어 일어난다. 전기의 저항과 전류를 제시한 다음 전압을 제시할 때, 또는 퇴적암 · 화성암 · 변성암을 순서대로 학습할 때 병위적 학습이 일어난다. 병위적 학습에서는 학습내용과 선행관념이 준거속성을 일부 공유하며, 둘 다 인지구조에 있는 더 상위적인 관념의 구성요소일 때 일어난다. 오수벨은 상위적 학습 과정과 병위적 학습 과정을 통해 일어나는 인지구조의 변화를 통합적 조정(integrative reconciliation)으로 일컫는다. 학생들은 의미가 연결되지 않아 이해되지 않는 개념을 만나면 인지적 부조화(cognitive dissonance)를 느끼는데, 그런 갈등은 두 개념들 사이의 관계가 분명하게 밝혀지는 통합적 조정을 통해 해소된다.

5) 유의미학습 이론의 적용

오수벨 등(Ausubel et al., 1978)은 유의미학습 이론에 따른 교수 · 학습에 효과적인 도구로 선행조직자(advance organizer)를 제시하였다. 그 이후에, 오수벨의 유의미학습 이론을 지지하는 연구자들은 개념도(concept map)(Novak, 1977; Novak & Gowin, 1984)와 인식론적 브이(epistemological V)(Gowin, 1981)도 제시하였다. 이 세 가지 교수 · 학습 도구는 과학적 개념뿐만 아니라 명제의 교수 · 학습에도 효과적이다.

(1) 선행조직자

과학 교수 · 학습은 내용과 관련이 있는 선행조직자, 개괄(overview), 개설(preview) 등으로 시작되고, 교수 · 학습의 결과에 관한 요약(summary)으로 끝난다. 선행조직자는 요약

뿐 아니라 개괄, 또는 개설과도 다르다. 교수·학습의 개괄·개설·요약은 교수·학습과제와 비슷한 수준의 추상성·일반성·포괄성을 가지는 개념들을 개략적으로 기술한 교수·학습 자료로서 교수·학습과제의 사소하고 구체적인 내용은 생략하고 중요한 내용만 강조한다(Ausubel, 2000; Ausubel et al., 1978). 한편 선행조직자는 다음과 같이 상황과 저서에 따라 다른 의미와 특성으로 기술된다.

- 학습과제보다 더 추상적(abstract)이고, 일반적(general)이며, 포괄적(inclusive)인 소개 자료이다. 선행조직자는 인지구조에서 새로운 정보가 연결되는 부착지(anchorage)와 인지적 다리(cognitive bridge)의 역할을 한다(Novak, 1977).
- 선행조직자는 이미 알고 있는 내용과 학습을 통해 파지할 내용 사이를 연결함으로써 전진적 분화와 통합적 조정의 원리 수행에 효과적인 교수 장치(pedagogic device)이다; 선행조직자는 이보다 더 조작적인 말로, 나중에 제시될 교수·학습 자료보다 더 추상적이고, 포괄적이며, 일반적이며, 그와 동시에 인지구조에 정착된 선행관념과 관련시킬 수 있다는 점에서 개략 및 개설과 구분되는 간단한 소개문으로 정의할 수 있다; 선행조직자는 그 자체가 학습이 가능하며, 친숙한 용어로 진술된다(Ausubel, 2000).
- 선행조직자는 학습과제(learning task)보다 먼저 제시되며, 인지구조에 이미 정착되어 있는 관념뿐만 아니라 학습과제와도 관련을 맺을 수 있는 도입 자료(introductory material)이다 (Ausubel et al., 1978).

선행조직자는 학습과제의 특정한 내용과의 관련성뿐만 아니라 인지구조에 있는 잠재적 부착관념(anchoring ideas)의 더 일반적인 내용과의 관련성을 증가시키는 매개체 기능도 한다. 선행조직자는 선행지식이 너무 일반적이거나 관련성 및 내용의 구체성이 부족하여 학습내용을 연결시키기 어려울 때 특히 필요하다. 선행조직자의 효과는 학습과제가 논리적 유의미가를 가지고 있으며, 학습자가 학습과제와 관련이 있는 인지구조와 아울러 학습할 의향도 지니고 있으며, 또한 학습과제가 학습이 가능하고 학생들에게 친숙하면서 이해될 만한 용어로 진술할수록 크게 나타난다.

주기율표의 수업에는 멘델레예프의 사진과 전기(傳記)가, 지진파의 수업에는 지진으로 파괴된 건물과 다리의 사진이, 진화의 수업에는 생명의 기원과 생물의 다양성에 관한 이야기나 그와 관련된 연구의 결과가, 열에너지의 수업에는 여러 가지 에너지를 보여주는 포스터도 좋은 선행조직자이다. 선행조직자는 교수·학습의 주제 및 내용에 따라 산문체 문장, 사진·그림·지도·도표·삽화·모형의 시각적 자료, 개념도·인지도·마인드맵, 질문서, 실물, 시범 실험 등 적절한 수단으로 제시할 수 있다(Hassard & Dias, 2009). 과학교육 현장에서는 이외에 KWL 표(〈표 3-4〉)와 SQ3R 틀도 이용된다(Herr, 2008).

〈표 3-4〉 선행조직자로 이용되는 KWL 표

K (what do you Know?)	W (what do you want to Know?)	L (what have you Learned?)
• 지진은 일본, 멕시코, 인도네시아 등지에 자주 일어난다. • 지진의 중심은 진앙으로 일컬어진다. • 지진의 크기는 리히터로 나타낸다. ⋮	• 우리나라에서는 어디에서 지진이 일어날 수 있을까? • 진앙의 위치가 어디인지 어떻게 말할 수 있는가? ⋮	

〈표 3-4〉에서 K칸은 학생들이 이미 잘 알고 있는 내용을, W칸은 앞으로 학습하고 싶은 내용을 기록한다. 교사는 K칸과 W칸의 내용을 분석하여 교수·학습 계획을 작성하고, 교수·학습이 끝나면 학생들한테 L칸을 채우게 한다. 과학교사는 L칸의 내용을 분석하여 학습한 정도를 확인한다. 한편 Survey-Question-Read-Recite-Review로 구성된 SQ3R 모형은 역동적인 선행조직자의 형식으로서 학생들이 학습에 정신을 집중하도록 자극하며, 개념의 이해에도 적극적으로 참여하게 한다. Q3R 모형은 학습하기 전에 학습내용의 전체 구조를 미리 파악할 수 있도록 작성된다(Herr, 2008).

〈표 3-5〉에서 볼 수 있듯이, 선행조직자는 비교조직자(comparative organizer)와 설명조직자(expository organizer)로 대별된다(Ausubel et al., 1978). [그림 3-8]에서도 알 수 있듯이, 비교조직자는 선행지식과 학습과제 사이의 관계, 비슷한 특성, 차이를 드러내어, 실제로는 다르지만 비슷하게 보이는 두 과제 사이의 변별도(discriminability)를 증가시켜 그것들을 의미있게 연결시킨다. 그렇게 연결시킨 다음에는 선행지식들 사이를 연결하는 인지적 다리(cognitive bridge)가 된다(Novak, 1977). 이런 과정은 포괄적 지식에 하위적 지식이 통합되는 통합적 조정 과정이다. 비교조직자의 효과는 그것이 적용되는 학습과제가 학생들에게 친숙한 것일수록 커진다. 과학 교수·학습 현장에서는 비교조직자 대신에, 교수·학습의 주제를 예고하는 질문으로 구성된 수사적 선행조직자(rhetorical advance organizers)도 적용되고 있다(Cronin Jones, 2003).

〈표 3-5〉 선행조직자의 종류 및 기능 원리

선행조직자의 종류	주요 기능	적용 범위와 원리
비교조직자	인지적 다리 또는 변별	비교적 친숙한 내용; 통합적 조정의 원리
설명조직자	관념적 발판 또는 포섭	비교적 생소한 내용; 전진적 분화의 원리

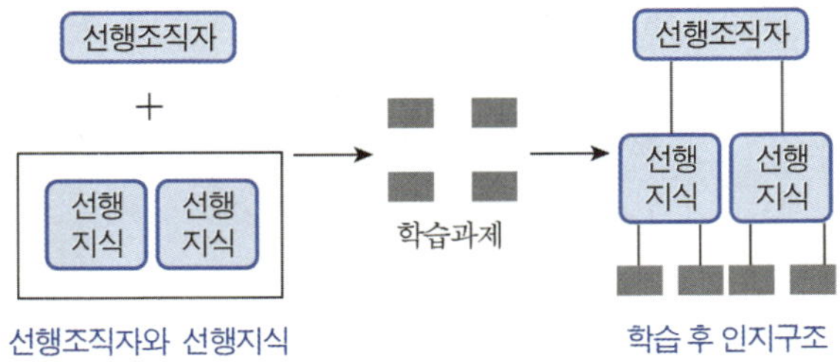

[그림 3-8] 선행조직자의 인지적 다리 역할

설명조직자는 하위적 학습과제를 연결하는 근거지가 되는 포섭자(subsumer)의 역할을 한다. 학생들에게 생소하며 선행개념이 없는 내용의 교수·학습에는 설명조직자가 효과적이다. 즉 설명조직자는 그것보다 더 하위적인 학습과제의 내용이 통합되는 관념적 발판(ideational scaffolding)이 된다(Ausubel et al., 1978). 학습자의 인지구조에 학습과제와 관련이 있는 선행지식이 없을 때에는 학습과제보다 먼저 제시된 설명조직자는 포섭자가 되어 그보다 더 하위적인 개념들로 선정·조직된 학습과제가 연결되는 고정개념, 즉 관념적 발판이 된다. 인지구조의 포섭자의 역할을 하는 설명조직자는 기존의 관련이 있는 인지구조와 결합하여 더욱 세부적으로 분화됨으로써 전진적 분화 과정을 보여준다.

(2) 개념도

개념도는 서로 다른 개념들, 또는 명제들 사이의 관계를 시각화하는 방법이다. 정보는 말로 나타낼 수도 있는데, 동일한 정보를 표현하는 데에는 말보다 개념도가 더 경제적이고 효과적이다. 정보에 함축된 의미와 그 구조 및 체계를 이해하는 데에도 말보다는 개념도가 더 효율적이다. 과학교사가 작성한 개념도를 표준개념도라고 한다면, 학생들이 작성한 개념도는 사고 과정을 종이에 그린 도형으로 정의되는 인지도(cognitive map)(Diekhoff & Diekhoff, 1982; Herr, 2008) 또는 도식이라 할 수 있다.

유의미학습 과정에서 적용되는 개념도는 [그림 3-9]에 나타낸 바와 같이 개념체계 또는 지식의 구성요소를 관련성에 따라 위계적으로, 그리고 수평적으로 나타낸다(Novak, 1977; Novak & Gowin, 1984). 개념도는 과학지식을 구성하는 개념·법칙·이론 사이의 관계, 과학지식이 발달해 온 과정 또는 분화된 정도, 과학지식의 전체적 구조와 체계를 일목요연하게 보여준다. 개념도는 가장 포괄적인 구성요소를 맨 위에 두고, 하위적인 개념일수록 아래 단계에 두어 작성하며, 맨 아래에는 예시를 단다.

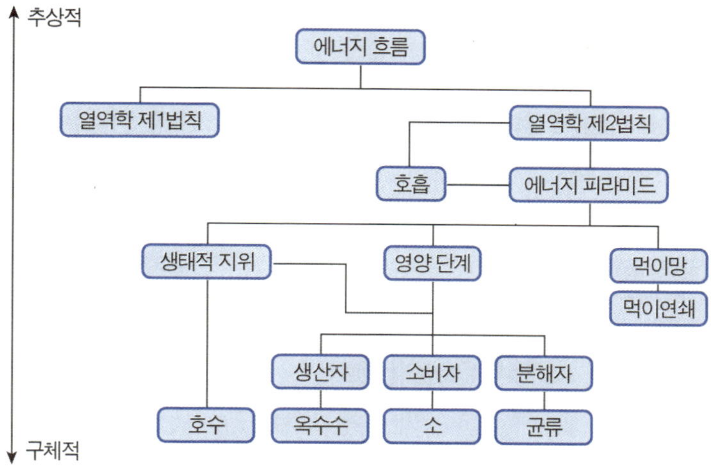

[그림 3-9] 생태계 내 에너지 흐름의 개념도

개념도는 과학적 개념의 교수·학습 주제로 제시되는 자료의 전체적인 구조와 의미의 파악에 효과적인 교수·학습 도구로서(Novak & Gowin, 1984) 교육과정, 교수·학습, 평가를 비롯한 과학교육의 여러 측면에 이용된다. 국가 교육과정에 따라 저술한 과학 교과서와 과학교사용 지도서의 단원 맨 앞과 뒤 부분에서는 장 또는 단원의 내용을 개념도로 정리하여 제시하는 경우를 흔히 볼 수 있다. 그런 개념도는 학생들이 학습을 통해 파지하게 된 과학지식을 나타내는 인지도를 평가하는 준거로 이용할 수도 있다.

학생들이 수업을 시작하기 전에 작성한 개념도는 선행학습의 특성과 학습할 내용 그리고 과제에 관하여 알고 있는 정도를 보여주기 때문에, 과학 교수·학습 현장에서는 선행지식 또는 오인을 확인할 때에도 이용된다. 또한 학생들이 수업을 마친 다음에 작성한 개념도는 수업 전에 작성한 개념도와 비교하여 학습된 정도와 개념의 종류를 확인할 때에 이용할 수도 있다. 개념도는 이러한 특성을 띠고 있기 때문에, 수행평가에서도 필수적 도구이자 수단으로 이용되고 있다(한국교육과정평가원, 1999).

(3) 인식론적 브이

인식론적 브이는 고윈(Gowin, 1981)의 인식론과 오수벨 등(Ausubel, 2000; Ausubel et al., 1978)이 개발하여 제시한 유의미학습 이론을 적용하기 위해 구성한 교수·학습 도구이다. 현행 과학지식의 구조와 의미의 파악에 효과적인 교수·학습 도구로서의 인식론적 브이는 과학지식의 과학사적 변화·발달 과정과 학생들의 과학적 탐구 과정 사이의 병행 관계도 잘 보여준다. 인식론적 브이가 지금은 고윈의 비(Gowin's Vee), 브이발견법(V heuristic), 또는 V도(圖)로 불린다. [그림 3-10]에 기술되어 있듯이, 인식론적 브이(V)는 각각 하기(doing)와 알기(knowing)로 불리는(Bowen & Bartley, 2014) 방법론적-심리학적 측면과 이론적-인식론적 측면(Novak & Gowin, 1984)으로 구성된다.

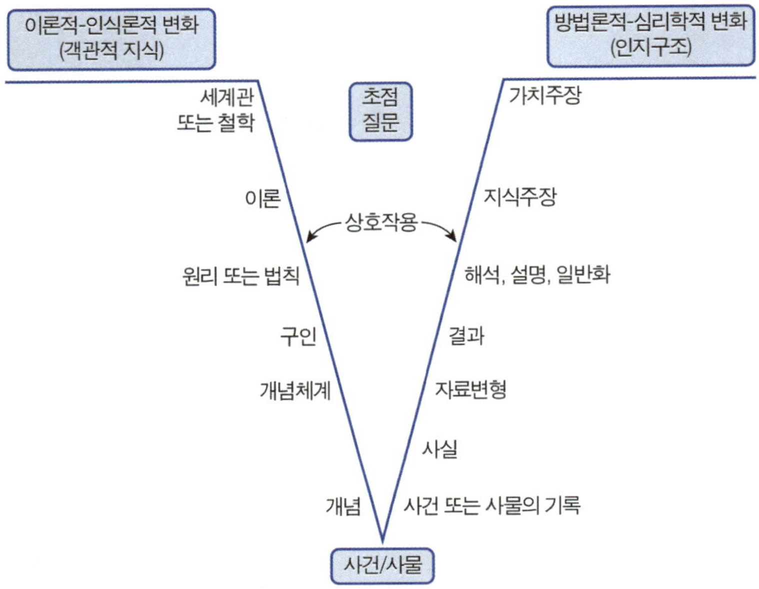

[그림 3-10] 인식론적 브이의 구성

[그림 3-10]에 볼 수 있듯이, 인식론적 브이는 과학지식이 발달하는 인식론적 과정과 그에 대응되는 심리적 변화 과정을 나타낸다. 방법론적-심리학적 측면은 사실적 영역(factual domain)으로서 학생들이 자연현상에 관한 자료를 수집하고 해석하여 개인적 지식을 획득하는 과정이며, 이론적-인식론적 측면은 개념적 영역(conceptual domain)으로서 공공적 과학지식이 발달되어 온 과학사적 과정이다(Gowin, 1981). 또한 오른쪽 측면은 자연의 관찰에서 시작되는 학생들의 과학적 탐구 과정이며, 왼쪽 과정은 학생들이 오른쪽 과정에서 수집한 자료를 바탕으로 법칙이나 원리를 일반화하거나 개념과 이론을 형성하는 과정이다. 이 밖에, 오른쪽은 과학자가 연구하는 과정이며, 왼쪽은 과학자가 오른쪽에서 수집한 자료를 바탕으로 개념 · 법칙 · 원리 · 이론을 추론하여 과학지식을 구성하는 과정이다.

인식론적 브이의 오른쪽은 과학적 탐구, 과학 교수 · 학습, 과학적 연구의 과정이며, 왼쪽은 과학지식의 과학사적 발달, 과학지식의 획득, 과학지식의 발견 및 구성 과정이다. 인식론적 브이의 초점질문(focus question)은 연구의 목적 및 교수 · 학습의 내용과 관련이 있는 이론에서 도출한 진술로서 교수·학습의 내용과 관련된 사건/사물에 관심을 끌어들이고 두 영역 사이에 일어나는 활동을 개시하는 기능을 한다(Novak & Gowin, 1984). 사건/사물은 인식론적 V의 맨 아래에 있는 개념과 기록된 자료를 통해 인식된, 그리고 탐구할 흥미가 있는 현상·사건·대상을 말한다. 한편 상호작용은 과학지식이 생성되는 과정과 과학지식을 해석하는 과정이 상호 의존하는 과정과 방법을 가리킨다.

4. 비고츠키의 사회-문화적 이론과 교수·학습

비고츠키(L. Vygotsky, 1896~1934)의 사회문화적 이론(sociocultural theory)은 행동주의 학습 이론, 피아제의 지능발달 이론, 오수벨의 유의미학습 이론과 구분된다. 비고츠키는 학생들의 행동 발달과 학습을 동일시하는 행동주의 학습 이론을 부정하며, 학습을 인지적 발달에 독립적인 외적 과정으로 가정하는 피아제의 지능발달 이론을 그대로 수용하지도 않는다. 비고츠키(Vygotsky, 1978)는 행동의 발달을 무시하고 학습만 강조하는 오수벨의 유의미학습 이론과도 일치하지 않는다. 사회문화적 이론은 발달심리학과 사회심리학이 융합된 이론으로서 인간의 발달을 언어와 행동의 통합적 체계로 설명한다.

1) 사회문화적 이론의 대두와 특성

비고츠키(Vygotsky, 1978)는 쾰러(Wolfgang Kohler, 1887~1967)가 심리학 연구에 적용한 실험 방법을 수정하여, 아동에게 과제와 도구를 주어 스스로 해결할 방안을 찾게 하는 실험-생성적 방법을 고안하였다. 비고츠키는 그 실험을 통해 수집한 자료를 바탕으로 과학지식을 환경에서 발견되는 것이 아니라 언어를 매개로 한 사고를 통해 형성된 결과로 규정한다. 비고츠키는 과학지식의 형성 과정을 교수·학습, 사회적 상호작용, 문화, 언어의 역할이 섞인 복합적 용어로 설명하며, 인간의 발달을 학습의 결과로 받아들인다.

사회역사적/문화-역사적 이론(sociohistorical/cultural-historical theory) 이론으로도 불리는 비고츠키(Vygotsky, 1978)의 사회문화적 이론은 학습을 사회적 중개 과정으로 본다. 또한 과학지식은 자연적·생명과학적 요인뿐 아니라 사회적·문화적 요인의 영향도 받아 발달한다고 본다. 자연적·생명과학적 요인은 기억, 주의집중, 인식, 자극-반응 학습 등 기본적 정신 기능의 습득에 영향을 미치며, 사회적·문화적 요인은 개념의 발달, 논리적 추리, 판단과 같은 고차원적 정신 기능의 획득에 영향을 미친다(Howe, 2002).

비고츠키의 사회문화적 이론은 막스(Karl Marx, 1818~1883)의 변증법적 사상을 심리학에 적용한 인지론으로서 피아제의 지능발달 이론과 더불어 급진적 구성주의의 근원이 되었다(Bybee et al., 2008). 비고츠키는 과학지식이 문화와 사회 사이, 인간과 인간 사이의 상호작용을 통해 발달한다고 주장한다. 과학교육학자들(Hassard & Dias, 2009)에 따라서는 이를 근거로 비고츠키의 이론을 사회적 구성주의로 부르기도 한다.

비고츠키의 사회문화적 이론과 피아제의 지능발달 이론은 유사성과 차이를 동시에 드러낸다. 비고츠키의 이론과 피아제의 이론은 둘 다 과학 개념이 발달하는 과정에서 이루어지는 사회적 상호작용을 강조한다(Panofsky, John-Steiner, & Blackwell, 1992). 한편 과학적 개념이 발달하는 과정에 관한 설명에서, 비고츠키의 이론이 사회생활에서 생긴 고차원적 정신 기능과 사회적 과정 및 심리적 과정의 언어적 매개를 강조함에 비해, 피아제의 이론은 유전적·발달적 기능을 강조한다(Wertsch, 1992).

사회문화적 이론의 핵심 요소는 소리를 내어 말하거나 마음속으로 중얼거리는 사적 담화(private speech)이다(Chiappetta & Koballa, 2010). 사적 담화의 예를 들면, '3L의 0.2몰 농도 용액을 만들어야 하는데, 1몰의 $CuSO_4$는 몇 그램일까?'와 같다. 사적 담화는 문제해결 방법을 찾거나 새로운 대안의 모색에 효과적이다. 사회문화적 이론은 다음과 같은 사회문화적 맥락, 도구와 언어, 근접발달영역(Zone of Proximal Development: ZPD), 사회문화적 구성주의, 학습과 발달로 그 구성요소와 특성이 기술된다.

- 정신기능은 사회문화적 맥락에서 발달한다.
- 정신기능은 자연이나 다른 사람들과의 상호작용을 통해 발달한다.
- 근접발달영역 안에 드는 과제는 정신기능의 발달을 촉진한다.
- 정신기능은 기호나 부호, 특히 언어를 매개로 발달된다.
- 학습은 정신기능의 발달을 유도한다.

비고츠키(Vygotsky, 1978)는 자발적 개념(spontaneous concept)과 과학적 개념을 구분한다. 일상적 개념으로 불리기도 하는 자발적 개념은 일상적 경험에 대한 반성을 통해서 구성되며, 특정 사례와 관련되어 있다. 과학적 개념은 체계적이고 전문적인 교수·학습을 통해 위계적이면서 일반적인 이론의 일부로 얻어지며, 학생들의 일상적 경험과는 거리가 멀다. 개념변화는 일상적 개념이 과학적 개념에 연결되어 계속 진행된다. 학생들은 가축·애완동물, 동물원에서 본 동물을 이용하여 공부하고 있는 동물의 분류체계를 이해한다.

2) 근접발달영역

비고츠키(Vygotsky, 1978)는 근접발달영역(ZPD)을 "독자적 문제해결로 결정되는 실제 발달 수준(actual developmental level)과 성인의 지도를 받아, 또는 더 유능한 학생과 협력하여 문제를 해결할 수 있는 잠재적(potential) 발달 수준 사이의 거리(p.86)"로 규정한다. ZPD는 [그림 3-11]에서와 같이, 초보자와 전문가 수준 사이의 영역으로 해석할 수도 있다(Colburn, 2003). ZPD에서 일어나는 교수·학습에는 교사와 학생 사이, 또는 학생들 사이의 협동과 토론이 효과적이다(Hassard & Dias, 2009). 비고츠키(Vygotsky, 1986)는 성취도가 높은 학생의 ZPD가 성취도가 낮은 학생의 ZPD보다 더 넓다고 본다.

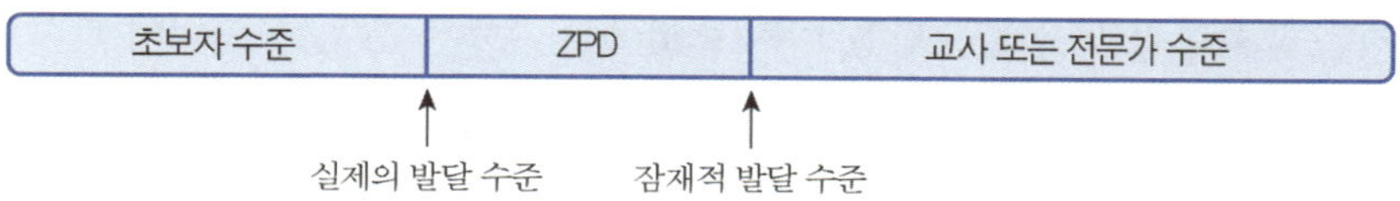

[그림 3-11] 비고츠키의 근접발달영역

오수벨의 유의미학습, 즉 학생과 교사 사이의 상호작용을 통한 학습(Hassard & Dias, 2009)과 피아제가 제시한 동화와 조절의 두 과정 다 ZPD에서 일어난다. 'zo-ped'로 불리기도 하는 ZPD에서는 자율적 학습이 아니라 교사·전문가·학부모의 도움에 의존하는 학습이 일어나며, 그런 의존적 학습 과정이 어느 정도 지나면 자신의 통제에 의한 독자적 학습이 일어나는 수준에 도달한다. 잠재적 발달 영역은 내면화·자율화·화석화의 과정을 통해 새로운 ZPD의 바탕이 되는 실제적 수준으로 변화된다. 개인의 지적 능력은 ZPD와 잠재적 발달 수준이 이와 같은 변화 과정을 통해서 발달한다(Gallimore & Tharp, 1992).

3) 사회문화적 이론과 과학교육

사회문화적 이론이 과학교육에서는 주로 평가와 학습에 적용된다. 사회문화적 이론이 평가에서는 역동적 평가의 필요성과 방법을 제시한다. 역동적 평가는 근접발달영역 개념을 바탕으로 구성된 학습잠재력의 평가로서 학습의 과정에 주안점을 두며, 중재된 평가 또는 상호작용 평가로도 불린다. 역동적 검사는 종류에 따라 사전검사-훈련-사후검사, 사전검사-학습-유지-전이, 사전검사-집중적인 중재-사후검사의 절차에 따라 실시된다.

비고츠키는 학습을 사회문화적 관점에서 정의한다. 비고츠키는 과학적 관념의 발달과 같은 정신적 발달에 언어가 절대적 영향을 미친다고 보고, 말하기·읽기·쓰기를 통한 과학 교수·학습을 강조한다(Hassard & Dias, 2009). 비고츠키의 사회문화적 이론에 따르면, 과학교육의 목적은 과학지식과 과학적 탐구 과정 기능의 획득, 자제심(self-control), 자발성(self-direction), 그리고 독자적 사고의 신장에 있다(Howe, 2002).

ZPD는 아동발달에 관한 심리학적 관점과 수업에 관한 교육학적 관점을 연결하는 기능을 한다(Hedegaard, 1992). 이런 ZPD에서는 학생들의 선행개념(pre-existing conception)과 그와 관련이 있는 과학적 개념에 내재된 논리 사이에 상호작용이 일어난다. 즉 zo-ped에서는 학생들의 경험적 지식과 전문가 세계의 체계적이고 논리적인 사고 사이에 상호작용이 일어난다. 그러므로 ZPD에서 이루어지는 교수·학습은 기본적으로 대화적(dialogical) 특성을 지니는데(Hassard & Dias, 2009), 브루너(Bruner, 1986)는 ZPD에서 대화를 기본으로 주어지는 교육학적 도움과 수단을 비계(scaffolding)로 부른다. 브루너에 따르면, 학생들이 선행경험을 통해 획득한 경험적 지식, 즉 선행지식은 비계의 도움으로 더욱 추상적 과학지식 체계로 변하며, 점차 구체적 형태의 과학지식으로 분화·발달한다.

문화-역사적 이론은 학생들이 자연에서 과학적 사실을 발견하여 학습하는 것이 아니라, 언어를 매개로 한 사고와 반성을 통해 지식을 구성하여 학습한다는 가정에 바탕을 둔 이론이다. 이 가정에 따르면, 과학 교수·학습에는 개념도 또는 의미도(semantic map)(Hassard & Dias, 2009), 마인드맵(mind map)을 그 전략으로 이용할 수 있다. 과학 교수·학습은 듣기와 말하기, 읽기와 쓰기, 토의하기와 논증하기, 이야기하기와 기술하기, 활동·영상·기호·부호 이용하기를 적용하면 더욱 효과적이다. 한편 사회문화적 이론은 학습을 〈표 3-6〉과 같이 서로 다른 이론과 뜻으로 해석한다(Hassard & Dias, 2009).

〈표 3-6〉 학습의 관점과 이론의 비교

학습자와 학습 / 학습 이론	학습의 핵심적 개념	학습자의 특징적 활동	주된 학습 상황
구성주의	개인과 사회적 영향을 받은 과학지식의 구성; 인지구조의 변화	의미와 이해의 구성; 과학지식의 구성과 의미의 추구	활동중심 수업과 협력학습; 물리적 세계 및 환경과의 상호작용
사회문화적 이론	교실·문화 등 사회적 조직을 통한 개인의 변화	문화적 상황의 사회적 활동을 통한 지식의 개발	사회의 언어와 문화를 통한 관념과 지식의 개발
행동주의	경험을 통한 행동의 변화	백지상태의 머리; 환경과 행동 사이의 상호작용	강화의 결과에 따른 조작적 조건화를 통한 학습

비고츠키의 사회문화적 이론에 따르면, 수업에서는 언제나 사전경험·사전지식·일상생활의 과정에서 생겨난 개인차를 고려해야 한다. 바꾸어 말하면, 과학 교수·학습에는 학생들의 현재 수준을 약간 상회하는, 그러나 교사나 다른 학생의 도움으로 해결할 수 있는 과제가 효과적이다. 복잡한 과제일수록 개인차가 크기 때문에, 그런 과제는 학습자의 지식이나 인지적 발달 수준을 확인하고, 그에 적절한 형식으로 제시해야 효과적이다.

5. 브루너의 수업 이론과 교수·학습

브루너(J. S. Bruner, 1915~2016)가 1960년대에는 피아제의 이론과 인지론에 이론적 배경을 두고, 학습에 영향을 미치는 외적 요인, 곧 자연과 환경에 대한 경험에 관심을 가졌다(Bruner, 1960; 1968). 브루너는 논리적이고 체계적으로 조직된 과학지식일수록 효과적으로 학습된다고 가정하고, 그런 과학지식의 수업에 적절한 이론으로 호기심과 불확실성 곧 학습의욕, 지식의 구조, 계열, 동기유발로 구성된 수업 이론을 제시하였다. 이 네 가지 요소는 특별히 발견학습(discovery learning)과 탐구 중심 과학교육(inquiry-based science education)을 강조하는 근거로 제시된 것이다(Hassard & Dias, 2009). 브루너가 1980년대부터는 비고츠키가 제안한 사회문화적 이론을 수용하고, 학습에 미치는 요인으로 사회문화적 상황과 언어를 매개로 한 사회적 과정을 중요시하면서, 역시 비고츠키가 제안한 ZPD 안에서 일어나는 교수·학습의 사회적 특성을 강조하였다. 브루너는 이어 이런 특성을 지닌 교수·학습에 효과적인 도구로 비계를 제시하였다(Bruner, 1986).

1) 학습의욕

학습의욕(predisposition)은 학습하려 하거나 문제를 해결하려는 학습자의 의향과 그럴 능력으로서 대안을 탐색하려는 문제에 의해 활성화된다. 학습과 문제해결은 대안의 탐색에 달려 있기 때문에, 과학 수업의 목적도 학습자의 대안 탐색을 조절하고 촉진하는 것이 바람직하다. 한편 대안 탐색에는 활성화(activation), 지속(maintenance), 방향(direction)의 세 측면이 있다. 즉 대안을 탐색하는 과정에는 시작하게 하고, 계속 진행시키고, 일정한 방향을 제시하는 절차가 요구된다(Bruner, 1968).

대안 탐색의 한 조건은 적절한 수준의 불확실성(optimal level of uncertainty)이다. 적절한 수준의 불확실성은 애매함을 해소하려는 학습자의 호기심과 관련되어 있다. 호기심의 유발에는 모순 사건이 효과적이며, 호기심을 계속 유지시키기 위해서는 실패에 대한 불안감이 없어야 한다. 호기심은 대안 탐색의 결과로 얻을 이익이 실패에서 올 위험부담보다 크는 한 지속된다. 적절한 대안 탐색의 방향은 과제의 목적이 알려져 있고, 대안의 검증이 대안의 특성과 위치에 관한 정보를 생성하는 한 유지된다(Bruner, 1968).

학습자의 흥미를 유발하고 지속시키기 위해서는 학습자의 지식에 어긋나는 현상을 교수·학습에 적용하는 방법이 유용하다. 학생들에게 물이 가득 찬 유리컵에 동전을 몇 개 넣어야 물이 넘칠 것인지 물으면, 대부분의 학습자들은 동전을 2~3개 이상 넣지 못할 것이라고 생각한다. 그러므로 25~50개 정도 넣어야 물이 넘치는 현상으로 학생들의 흥미를 유발시킬 수 있다. 학생들은 표면장력, 유리컵의 재질과 크기, 물의 양 등 물이 넘칠 때까지 넣어야 할 동전의 수에 미치는 요인을 분석하고 검증함으로써 흥미를 지속적으로 보이게 되며, 여러 가지 대안적 가설을 설정하고 그것을 합리적으로 검증할 수 있을 때까지는 문제해결 과제가 계속 수행된다(Hassard & Dias, 2009).

대안 탐색의 셋째 측면인 방향은 과제의 목적에 대한 의식과 그 목적의 달성에 적용되는 검증된 대안의 관련성에 대한 지식의 두 가지 상호작용하는 요인에 달려 있다. 대안을 탐색할 방향을 결정하기 위해서는 과제의 목적이 구체적으로 알려져 있으며, 대안의 검증을 통해 입장을 밝힐 수 있는 정보가 수집돼 있어야 한다. 대안 탐색 방향은 검증의 결과에 대한 지식에 달려 있으며, 그러므로 수업은 그런 지식을 무의식적 학습(spontaneous learning)보다 더 많이 제공할 수 있어야 한다(Bruner, 1968).

2) 지식의 구조

브루너(Bruner, 1968)가 말하는 지식의 구조(structure of knowledge)는 표현 양식(mode of representation)·경제성(economy)·유효력(effective power)의 세 가지 형식으로 기술된다. 과학지식의 표현 양식은 작동적 표현, 영상적 표현, 상징적 표현으로 나뉘는데, 인지적 성장 단계로 해석되기도 한다. 작동적 표현(enactive representation)은 결과에 도달하는 과정을 행동으로 보이는 방식이다. [그림 3-12]에서 볼 수 있듯이, 시소놀이를 하던 중에 자기 쪽이 내려가게 더 뒤로 물러앉거나, [그림 3-13]과 같은 저울대의 양쪽에 여러 가지 무게의 추를 다른 위치에 놓아 균형을 잡는 행동이 작동적 표현이다([그림 3-12]와 [그림 3-13]은 그것을 이용하여 평형 관계를 설명하면 영상적 표현의 예가 된다).

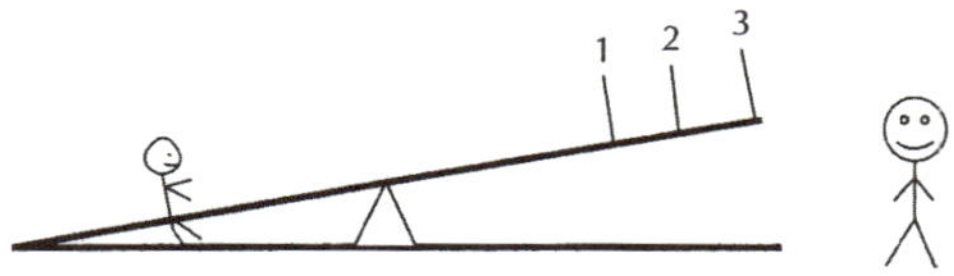

[그림 3-12] 평형의 작동적 표현

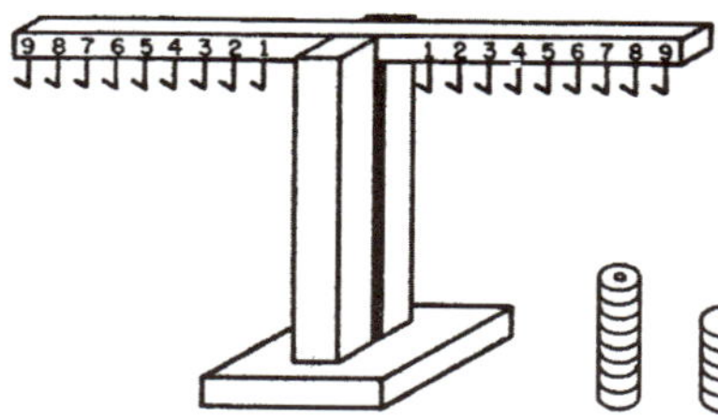

[그림 3-13] 평형의 영상적 표현

영상적 표현(iconic representation)은 개념의 의미를 정의하지 않고 영상이나 그림으로 나타내는 방식(Bruner, 1968)으로서 과학개념을 행동보다 그림·도표·사진·이미지·삽화로 나타낸 각급 학교 과학 교과서에서 쉽게 찾아볼 수 있다. 과학지식을 영상적으로 표현한 실례로 불필요한 세부적 요소들을 제거하고 거리와 무게의 관계만으로 표현한 시소([그림 3-12])와 저울의 모형([그림 3-13])을 들 수 있다. 그 밖에 브루너가 제시한 영상적 표현 양식과 방법은 〈표 3-7〉과 같다.

〈표 3-7〉 브루너의 세 가지 표현 양식

표현 양식	과학의 교수·학습과 관련된 표현 방법
작동적 표현	자연 및 교수·학습 자료에 관한 경험, 시범 및 실험실 실험, 현장조사, 과제연구, 현장견학 또는 현장실습, 경시대회, 관찰 또는 측정, 역할놀이 등
영상적 표현	라디오, 비디오, TV, 동영상, 사진, 그림 등
상징적 표현	문장, 공식, 논리적 명제 등

상징적 표현(symbolic representation)은 과학지식을 언어나 형식적·논리적·수학적 명제로 진술하거나 정의하는 양식이다. 평형의 경우 $M_1L_1 = M_2L_2$의 공식과 '무게와 받침점으로부터의 거리는 반비례한다.'는 명제는 둘 다 상징적 표현이다. 개념의 정의와 부호로 표현된 과학지식은 개념 및 부호와 그것들이 가리키는 대상과의 대응률이 정확하게 적용되지 않는데, 이런 상징적 표현 방법은 고등학교 이상의 상급학교 과학 교과서에 포함된 추상적 지식에 적용된다. 상급 학교의 과학 교과서에서는 과학지식을 명제와 수학적 공식을 사용하여 기술하거나 설명하는 경우가 많다. 이를테면 평형이나 평형의 상태를 몇 개의 문장으로 기술하거나 수학적 공식으로 표현한다.

지식의 구조 및 표현의 경제성(economy)은 지식의 구성과 그 지식의 이해에 필요한 정보의 양을 가리킨다. 물체를 여러 높이와 중력장에서 떨어뜨린 실험을 실시하여 얻은 자료를 나타낸 표보다는 그래프가, 그래프보다는 $S=1/2gt^2$의 공식이 더 경제적이다. 이런 특성에 비추어 볼 때, 수학이나 과학지식이 사회과학 지식보다 더 간단히 표현할 수 있기 때문에, 자연과학 지식의 경제성이 더 높으며, 작동적으로 표현한 자료보다 상징적으로 표현한 자료의 경제성이 더 높다고 말할 수 있다(Bruner, 1968).

특정 학생에게 적합하게, 그리고 특정 과학지식의 영역을 구조화하는 특정한 방법의 유효력(effective power)은 그 학생이 학습한 명제나 지식의 생성가치(generative value)를 말한다. '갑돌이가 병식이보다 더 크고, 을동이는 병식이보다 더 작다.'는 명제의 유효력이 '갑돌이가 병식이보다 더 크고, 병식이는 을동이보다 더 크다.'는 명제의 유효력보다 더 작다. 이 예가 말해주듯이, 새로운 지식과 정보를 많이 도출되도록 기술된 명제나 지식의 유효력이 그렇지 않은 지식이나 명제의 유효력보다 더 크다. 보통 상징적으로 표현된 명제나 지식의 유효력이 영상적으로 표현된 명제나 지식의 유효력보다 더 크고, 작동적으로 표현된 명제나 지식의 유효력이 가장 낮다.

3) 계열

교수·학습 내용을 선정·조직할 때 순서를 말하는 계열의 원리는, 학습자가 학습내용을 이해하고, 해석하며, 전이하는 과정에 유용한 과제를 적절한 순서에 맞추어 제시하는 원칙이다(Hassard & Dias, 2009). 계열(sequence)은 교육과정 내용을 학년이 올라감에 따라 단절되지 않고 계속적으로 연결시켜야 한다는 원칙적 특성인 계속성과, 그것을 종적 관계가 유지되도록 구성해야 한다는 조직의 원리로 나뉜다. 계열은 논리적 조직과 심리적 조직에 의해 보장된다. 논리적 조직은 지식체계의 논리적 순서와 구조에 따른 조직이며, 심리적 조직은 학습자의 인지적 발달 수준과 심리적 상태에 따른 조직이다.

과학지식의 학습 난이도(difficulty)도 그것이 제시되는 계열에 따라 결정된다. 그러나 모든 학습자에게 적절한 보편적인 계열은 없다. 어느 특정 학습자한테 최적의 계열은 그 학습자가 겪은 과거의 학습경험, 그의 지적 발달 단계, 교수·학습 자료의 본성, 개인차에 의해서 결정된다. 브루너(Bruner, 1968)에 따르면, 대부분의 경우 일반적이고 기본적인 내용을 제일 먼저 가르치는 것이 효과적이다. 또한 학습과제는 작동적(해보기, 구체적) 표현, 영상적(시각적) 표현, 상징적(언어나 공식) 표현 양식의 순서로, 그리고 적절한 수준의 불확실성이 계속 유지될 수 있도록 제시하는 것이 바람직하다.

4) 수업 이론의 특성과 과학교육 적용

브루너(Bruner, 1968)의 주장에 따르면, 수업 이론은 처방적 특성과 규범적 특성을 지닌다. 수업 이론은 가장 효과적인 지식 및 기능을 획득하는 방법과 교수・학습 방법을 비판하고 평가하는 척도를 제공한다는 점에서 처방적(prescriptive)이며, 기준을 설정하고 그 기준을 만족시킬 조건을 진술하거나 목표를 기술하고 그 목표를 달성할 방법을 진술하기 때문에 규범적(normative)이다. 수업 이론은 그 본성상 학습보다 교수에 더 주된 관심을 가지며, 다음과 같은 네 가지의 기능적 특성을 지닌다.

- 수업 이론은 학습의욕을 가장 효과적으로 자극할 경험을 명세화한다.
- 수업 이론은 지식체계를 학습자가 쉽게 이해할 수 있도록 구조화하는 방법을 명세화한다.
- 수업 이론은 가장 효과적으로 학습자료를 제시하는 순서를 명세화한다.
- 수업 이론은 교수・학습 과정에서 주어지는 강화와 벌의 본성 및 간격을 명세화한다.

이 네 가지 특성은 각각 학습의욕, 지식의 구조, 지식의 계열, 강화와 벌의 네 가지 수업 이론의 조건을 나타내기도 한다. 이 네 가지 요소로 구성된 브루너의 수업 이론은 수업의 방향・지침・순서・방법・전략을 제시하고, 그 과정과 기능을 평가하는 도구의 개발에 적용되는 준거가 되며, 바람직한 수업의 준거와 수업을 통해 달성할 목적을 제시한다. 즉 브루너의 수업 이론은 기술적 특성보다 진단적・처방적 특성을 지닌다.

처방적 특성을 지닌 브루너의 수업 이론과 기술적(descriptive) 특성을 지닌 학습 이론은 과학 교수・학습의 과정과 방법 및 전략에 던져주는 시사점이 다르다. 수업 이론은 과학교육의 목적, 모순사건(discrepant event) 중심 교수・학습 방법 및 교사의 역할, 발견학습, 나선형 교육과정, 직관적 사고와 분석적 사고에 많은 시사점을 던져준다. 브루너가 제안한 수업 이론은 과학교육의 목적으로 지적 발달, 즉 과학적 탐구와 발견을 통한 문제해결 능력의 신장도 비교적 잘 설명한다(Ebenezer & Haggerty, 1999).

(1) 발견법

브루너(Bruner, 1960)에 따르면, 학생들은 관념들 사이의 관계와 공통점을 발견함으로써 지적 희열을 느끼며, 그에 따라 과학적 탐구와 과학 학습에 자신감을 가질 수도 있다. 그러므로 과학 교육과정에서는 그런 발견을 맛볼 수 있는 서열에 따라 과학지식을 선정하여 조직하는 것이 바람직하다. 학생들이 학교의 과학 학습을 통해서 발견하는 것, 또는 과학 교육과정과 교과서에 제시된 것은 대부분 과학자들이 이미 발견한 규칙성 또는 일반화로서 과학적 법칙이다. 학생들은 각급 학교 과학 교수・학습을 통해서 그런 과학적 법칙을 스스로 발견하게 하는 것이 바람직하다(Bruner, 1968). 과학 교수・학습 현장에서는 이렇게 학생들이 학습할 내용을 찾도록 하는 수업을 발견학습으로 받아들인다.

브루너가 제시한 발견학습은 문제해결 수단을 일컫기도 한다. 학생들은 때때로 실험・관찰・조사 등 자연과 상호작용하는 과정에서 문제의 발견, 가설의 검증, 결과의 일반화를 통해서 문제를 해결한다. 학생들은 이러한 발견 과정, 또는 과학적 탐구 과정을 통해 문제해결 기능을 가장 효과적으로 습득할 수 있다(Hassard & Dias, 2009). 브루너는 이와 같은 발견학습과 탐구와 문제해결의 특성을 근거로 과학 교육과정의 목적으로 과학적 탐구와 발견학습을 통한 문제해결 기능의 함양을 강조한다. 이때의 발견학습은 개념・법칙・원리・이론과 그 실례가 제시되는 설명식 수용학습과(Ausubel et al., 1978) 대비된다. 또한 발견학습에 적용되는 과학적 방법은 경험주의가 제시한 귀납적 일반화 방법이다.

(2) 나선형 교육과정

나선형 교육과정(spiral curriculum)은 과학지식의 기본 구조를 학년에 따라 반복적으로 제시하는 교육과정을 말한다(Bruner, 1960). 1960년대의 과학 교육과정 내용은 브루너가 제시한 지식의 구조론을 근거로, 그리고 피아제의 이론에 따라, 과학의 큰 관념・문제・원리・가치를 중심으로(Bruner, 1968) 선정・조직되었다. 두 과학적 개념을 내용으로 조직한 나선형 교육과정의 내용을 예시하면 〈표 3-8〉과 같다(Howe, 2002).

〈표 3-8〉 나선형 교육과정의 예

초등학교	중학교	고등학교
뜨거나 가라앉는 물체의 경험	질량과 부피 측정 질량/부피 계산	밀도 계산, 아르키메데스 원리
산과 염기에서의 지시약의 색 변화 관찰	산과 염기의 중화	중화 적정을 이용한 미지 농도의 결정

브루너(Bruner, 1960)가 제시한 나선형 교육과정은 계열성과 계속성을 특별한 방식으로 해석하는 관점을 나타낸다(서울대학교 교육연구소, 1994). 브루너는 나선형 교육과정에 직관적 사고 계발의 방법과 내용도 포함시킬 것을 강조하기도 한다. 직관적 사고는 일정한 단계를 따르는 논리적・분석적 사고와 달리, 특정 분야에 대한 느낌에 바탕을 둘 뿐 어떤 확정적인 단계도 따르지 않는 전체적인 인식을 말한다.

(3) 비계의 이용

브루너(Bruner, 1986)는 1962년에 출판된 비고츠키의 영어판 저서의 서문을 작성하기 위해서 비고츠키의 저서를 읽은 다음부터는 수업의 과정을 주로 비고츠키의 사회문화적 이론을 적용하여 설명한다. 브루너는 학습을 학생과 교사 사이의 언어를 기반으로 한 협상을 통해 이루어지는 계약으로 설명하는 비고츠키의 이론을 수용하여 학습에 있어서 사회적 상호작용을 중요시한다. 브루너는 또한 비고츠키(Vygotsky, 1978)가 제시한 ZPD에서 일상적인 언어를 매개로 일어나는 각종 상호작용과 교수·학습의 특성 및 그 과정을 높은 건물을 건축할 때 설치되는 비계에 비유하여 설명한다.

ZPD에서 일어나는 교수·학습에서 교사나 전문가가 가르칠 때 이용하는 수단과 방법을 비계라 한다. ZPD에서는 학생이 교사나 전문가의 도움으로 학습이 진행됨에 따라 그들의 도움은 점차 줄어든다(Bruner, 1986). 비계에는 그런 도움을 점진적으로 철회하기 위하여(Diaz, Neal, & Amaya-Williams, 1992), 또는 학생이 독자적으로 문제를 해결하고 학습하는 영역에 교사나 전문가의 도움을 받아서 학습할 수 있는 영역을 연결시킬 목적으로 적용되는 그들의 도움, 또는 그 과정에 적용되는 교수 전략도 포함된다(Colburn, 2003).

비계는 교사·학부모·전문가가 학습과제를 학생들이 수행할 수 있도록 단계별로 조정하는 과정을 뜻하기도 한다(Howe, 2002). 이런 비계의 실례로 학습과제의 핵심적 내용의 부각, 선행지식과 관련성 확인 및 강조, 학습과제에 친숙한 교수·학습 상황의 조성, 복잡한 과제를 학생이 다룰 수 있는 단순한 과제로 세분화, 수학적·언어적 어려움의 제거(Alsop & Hicks, 2001) 등을 들 수 있다. 이 밖에 과학 교수·학습에서 제시되는 단서·실례·실마리 제공, 질문하기(Hartman & Glasgow, 2002), 모범(modeling), 지도(coaching), 자료의 서열화도 비계이다(Krajcik & Czerniak, 2007).

6. 대체적 개념틀 이론과 교수·학습

학생들은 학교에서 과학을 학습하기 전부터 과학지식과 일치하지 않는 직관적 관념을 많이 가지고 있다. 드라이버(Rosalind Driver, 1941~1997)는 그런 직관적 관념을 대체적 개념틀(alternative framework)이라 부른다(Driver & Easley, 1978). 대체적 개념틀은 선행 관념으로서 오인(misconception)으로 불리기도 하며, 과학 교수·학습 과정과 과학 교육 과정 개발 과정에서 지침으로 이용되고 있다.

1) 대체적 개념틀 이론의 대두

드라이버는 피아제의 지능발달 이론이나 오수벨의 유의미학습 이론으로는 설명할 수 없는 직관적 관념(intuitive idea)의 존재를 확인하고, 그 직관적 관념의 특성과 구성, 그와 관련된 내용의 교수·학습에 미치는 영향을 설명하기 위해서 대체적 개념틀 이론을 제시하였다(Driver & Easley, 1978). 대체적 개념틀 이론은 관념론과 상대론, 구성주의 과학철학 및 심리학(Driver, 1983)에 이론적 배경을 두고 있다. 드라이버는 이와 같은 이론적 배경을 바탕으로 하여 그리고 아동들이 학교에서 과학을 공부하기 전부터 가진 물리적 세계에 대한 경험을 개념화하여, 즉 논리적 추리 또는 과학적 탐구에 의거하지 않고, 형성된 직관적 관념을 대체적 개념틀로 정의한다.

대체적 개념틀은 피아제가 제시한 지능발달 이론의 핵심 요소인 인지구조와는 물론이고 오수벨이 제시한 유의미학습 이론의 골격인 선행개념(preconception)과도 다르다. 피아제의 인지구조는 상호작용을 통해 획득되는 경험적 내용과 아울러 학습과 관계없이 선험적으로 획득되어 성숙함에 따라 발달하며 내용에 무관한(content-free) 논리적 추론, 인과관계 인식, 조합적 사고 등으로 구성되어 있다. 이와 대조적으로, 오수벨의 선행개념은 내용과 관련이 있는 선행지식(prior knowledge)으로서 유치한 수준의 개인개념(conception)의 한 형태이다. 한편 드라이버의 대체적 개념틀은 피아제의 인지구조가 나타내는 논리적·수학적 특성, 오수벨의 선행개념, 구성주의 심리학에서 말하는 인지구조 및 개념체계가 통합적으로 구성되어 있다. 그러므로 피아제의 인지구조나 오수벨의 선행개념으로는 드라이버의 대체적 개념틀의 특성과 발달을 충분히 설명할 수 없다.

'표준모형(standard model)'(Scott et al., 2007)으로 설명하는 개념의 변화는 현상적 어근(phenomenological primitive: p-prim)(diSessa, 1993)과 조정군(coordination class)(diSessa & Sherin, 1998)으로 설명되기도 한다. 'p-prim'은 경험에서 추상화된 개념으로서, 그리고 더 이상의 설명이 필요하지 않은 공리나 공준과 같은 도식으로서, 대체적 개념의 기본적 바탕이 된다. 조정군은 정보를 선정하거나 통합하는 방법, 자연에서 정보를 체계적으로 수집하는 방법과 같은 인지적 전략을 가리킨다. 그러나 이와 같이 설명되는 개념변화 모형은 학습 모형으로서 과학 교수·학습 현장에서는 직접 적용되지 않는다.

과학적 개념의 변화에 관한 연구는 인지-발달(cognitive-developmental) 심리학자들에 의해서도 수행되어 왔다. 발달심리학자 케어리(Carey, 1985)는 개념변화를 초심자-전문가 변화(novice-expert shift)로 규정하고, 변하거나 재구성되는 개념의 표상화(representation)를 핵심적 인식과 명시적 지식에 새겨진 인식으로 구분한다(Carey, 2009). 대체적 개념 또는 오개념이 인지-발달 심리학에서는 틀 이론(framework theory)과 특정 이론(specific theory)으로 구성된 정신 모형(mental model)(Vosniadou, 1994)으로 기술되기도 한다. 그러나 케어리의 이론과 정신 모형은 이론적 배경을 행동주의와 정보처리설에도 두고 있어서 과학교육학 연구에서는 대상으로 잘 삼지 않으며, 또한 교수 모형이 아니기 때문에 과학 교수·학습 현장에서는 직접 적용되지 않고 있다.

이들의 개념변화 모형과 달리, 생성과정 모형(generative process model)(Wittrock, 1974) 또는 생성학습 모형(generative learning model)(Osborne & Wittrock, 1985)은 교수 모형으로서(Osborne & Freyberg, 1985; Wittrock, 1985), 과학교육학 연구와 과학 교수·학습 현장에서 널리 적용된다. 이들에 따르면, 학습자는 선행지식을 통해서 감각된 자료와 교수·학습의 내용을 해석하며, 학습은 선행학습과 일치하는 지각 및 의미의 생성이다(Osborne & Wittrock, 1985). 생성학습 모형은 또한 자극과 이미 저장된 정보 사이의 연결이 생성되는 과정을 기술함으로써 지각과 의미가 생성되는 과정을 과학교육학에서 흔쾌히 받아들여지지 않는 행동주의 심리학 및 정보처리설에 따라 설명한다.

이와 같이, 대체적 개념틀은 여러 분야에서 연구되었으며, 순진한 과학(naive science), 대체개념(alternative conception)을 비롯하여 다양한 이름으로 일컬어지고 있다. 일부의 과학교육학자들(Wandersee, Mintzes, & Novak, 1994)은 문헌조사를 통하여, 그 결과를 다음과 같은 대체적 개념에 관한 여덟 개의 지식 주장(knowledge claims)으로 정리하였다. 대체적 개념틀에 대한 다음 지식 주장은 과학 교육과정의 목적과 내용, 과학 교수·학습의 방법 및 자료, 그리고 과학교육 평가의 준거로 이용된다.

- **주장 1**: 학습자들은 자연의 사물과 사건에 관한 다양한 대체적 개념을 학교 과학 교수·학습 시간에 가지고 들어온다.
- **주장 2**: 학습자가 학교 과학 교수·학습 시간에 가지고 들어오는 대체적 개념은 나이, 능력, 성, 그리고 문화적 배경에 관계가 없이 비슷하다.
- **주장 3**: 대체적 개념은 전통적 교수 전략으로는 없어지게 하기 어렵다.
- **주장 4**: 대체적 개념은 흔히 전 세대의 과학자와 철학자들이 제시한 자연현상에 대한 설명과 병행하여 성장·발달한다.
- **주장 5**: 대체적 개념은 동료 문화와 언어뿐만 아니라 직접 관찰과 지각을 포함한 개인적 경험, 그리고 교사의 설명과 수업 자료에서 기원한다.
- **주장 6**: 교사도 학생과 동일한 대체적 개념을 가지고 있는 경우가 많다.
- **주장 7**: 학습자의 선행지식은 학교 과학 교수·학습 시간에 제시된 지식과 상호작용하여 기대하지 않았던 다양한 학습의 결과를 초래한다.
- **주장 8**: 개념변화를 촉진하는 교수·학습 접근법은 효과적인 교수·학습 전략일 수 있다.

과학지식에 관한 대체적 개념틀은 인식론적 관점과 그것을 부르는 이름에 관계없이 모두 과학자의 생각이나 과학 교과서에 기술된 과학지식에 어긋나지만, 그것을 가지고 있는 학생이 겪은 경험의 범위 안에서는 틀렸다고 말하기 어렵고, 오히려 그의 지식체계에 체계적으로 연결되어 있다. 학생들은 이와 같이 대체적 개념틀이 그의 인지구조에 정합적으로 연결되어 있어서, 과학지식과 어떻게 다른지 스스로 인식하지 못한다. 대체적 개념틀은 또한 반드시 선행지식을 바탕으로 형성되지도 않으며, 자연과의 상호작용이나 사회적 과정을 통해 변화·발달한다. 대체적 개념틀은 단기간의 학습으로는 쉽게 바뀌지 않고, 오히려 과학의 교수·학습에 장애요인으로 작용하기도 한다.

2) 대체적 개념틀의 기원과 분석 방법

드라이버가(Driver & Easley, 1978) 제시한 대체적 개념틀 이론은 학생들이 가지고 있는 오인에 관한 연구가 본격적으로 수행되는 계기가 되었다. 과학적 개념의 오인에 관한 연구가 전 세계적으로 활발하게 진행되었던 1980년대 이후 지금까지 초·중·고등학교 과학 모든 분야의 오인들이 대부분 밝혀졌다. 각급 학교 학생들은 이론적 관념과 추상적 개념에 대해서 특히 많은 오인을 갖는다. 직관적 관념은 학생들이 자연을 보고 해석할 때뿐만 아니라 학습 내용을 받아들여 인식하는 과정에서도 그 관점이 된다. 그러나 모든 직관적 관념을 대체적 개념틀/오개념이라 하지 않으며, 다음과 같은 조건을 모두 만족시키는 직관적 관념만을 대체적 관념/오개념으로 부를 수 있다.

- 학습자의 일상적 경험 및 그 결과와 잘 일치한다.
- 선행지식 또는 인지구조와 정합적이고 논리적인 관계를 맺고 있다.
- 반드시 그에 대응되는 과학적 개념이 있다.
- 사실적 지식이 아니다.

이와 같은 오인의 조건에 비추어 볼 때, 특정 과학적 개념에 대한 직관적 관념은 학습이나 경험의 유무, 즉 학년에 따라 다르게 판단된다. 학생들의 직관적 관념이 지각 경험, 일상 언어, 모형·유추·비유를 통해서 생기기 때문이다(Driver & Erickson, 1983). 직관적 관념의 출처는 동료 문화와 생득적 관념(Head, 1986)으로 구분되기도 한다. 오인의 근원은 이외에 과학 교수·학습 상황에서 과학교사들이 사용하는 언어들의 연합, 학생들이 사용하는 과학 교과서, 중·고등학교 과학교사들이 이용하는 교수·학습 지도 자료와 그 내용으로 구분되기도 한다(Cho, Kahle, & Nordland, 1985; Fisher, 1985).

자연현상에 대한 지각 경험이 처음에는 언어로는 분명하게 설명할 수 없는 인식 체계를 이루었다가 경험과 과학지식이 늘어남에 따라 차츰 기대감이나 인지구조로 형성된다. 어린 학생들은 투수가 던진 공을 떨어지는 위치에 서서 잡을 수 있다. 그들은 공이 날고 떨어지는 현상과 관련된 운동 법칙이나 역학 이론에 관해서는 말할 수 없으나 과거에 비슷한 상황에서 여러 번 겪은 경험을 바탕으로 그런 행동을 할 수 있다. 학생들이 되풀이 겪는 그러한 경험들은 그들의 관념으로 형성되어 기존의 과학지식 체계에 논리적으로 통합되어 대체적 개념틀로 구성된다(Driver, 1983).

학교에서 다루는 과학지식 가운데에서 어떤 과학적 개념은 그것이 형성되기 전에 언어를 통해서 오개념으로 형성된다. 이를테면 먹이는 동물의 사료와 사람의 음식과 같이 입으로 먹는 먹을거리를 의미한다. 학생들은 동물의 먹이에 대한 의미를 식물의 먹이에까지 일반화하여 "식물은 비료・이산화탄소・물・햇빛을 먹고 산다."와 같이 말하기도 한다. 그러나 식물의 먹이에 대한 학생들의 이와 같은 생각은 생물체가 살아가는 과정에 필요한 에너지를 공급하는 물질로 규정하는 생명과학자들의 정의와 다르다. 이런 생명과학자들의 정의에 따르면, 식물의 먹이는 식물이 외부에서 흡수한 물질이 아니라 세포에서 광합성을 통해 합성한 탄수화물이다.

과학적 이론과 추상적 개념의 의미는 반드시 은유・직유・유비추리・모형, 곧 비유를 통해서 획득된다. 그러나 과학지식이 형성되는 과정에 적용되는 비유는 어느 방법이나 심각한 문제점을 안고 있다. 비유로 표현된 과학적 이론과 추상적 개념은 어떤 것도 실체가 아니다. 예를 들면, 과학 교과서에 기술된 보어의 원자 모형은 원자의 본성을 비유적으로 설명하기 위해서 구성한 수단일 뿐 원자 그 자체가 아니다. 그러나 학생들은 그렇게 비유로 표현된 것을 과학적 이론과 개념의 실체로 인식하는 경우가 많다.

과학 교수・학습 과정에서 생기는 오인의 출처는 교사의 개념, 언어연합, 교재로 구분된다. 과학교사가 가지고 있는 오인은 그 교사의 권위 때문에 학생들에게 그대로 전달된다. mRNA의 번역에 의해서 생성되는 산물에 관한 질문에 다수의 학생들은 활성화 효소보다는 아미노산을 답으로 제시하는데, 이는 언어연합으로 형성된 오인이다(Fisher, 1985). 생명과학 교과서에서는 대립인자・유전자・DNA를 명확하게 구분하지 않는데, 이 때문에 적지 않은 수의 학생들은 한 유전자에 두 개의 대립인자가 있다는 오인을 갖는다.

오개념은 출처나 특성에 따라 임상적 면담, 개념도, 언어연상, 그리기, 마인드맵, 지필검사로 확인할 수 있다. 드라이버는 피아제가 자신의 아이들한테 적용했던 임상적 면담을 이용하여 물리 분야의 대체적 개념틀(오개념)을 확인하였다(Driver & Easley, 1978). 대다수의 과학교육학자들도 임상적 면담 방법으로 각 분야의 오개념을 확인한다. 지필검사에는 객관식 검사 문항도 이용되는데, 두 단계(two-tier)의 객관식 문항(Treagust, 1988)은 빠른 시간에 많은 오개념을 확인하는 과정에 효과적이다. 그러나 이 두 가지 방법으로 확인하였을지라도, 앞에서 말한 네 가지 조건을 만족시키지 못하는 직관적 관념은 오개념으로 받아들일 수 없다.

3) 분야별 중요한 대체적 개념

드라이버(Driver & Easley, 1978)가 대체적 개념틀 이론을 제시한 이후 오개념에 관한 연구가 본격적으로 수행되었다. 1988년에 발행된 오개념에 관한 한 보고서(Pfundt & Duit, 1991)에만 1,500여 편의 논문이 나열되어 있다. 1990년대 초반까지 물리학 분야에만 700여 편의 논문이 발표되었으며(Wandersee, Mintzes, & Novak, 1994), 지금은 대체적 개념의 본성뿐만 아니라 그에 대한 교수·학습에 내재된 문제점도 많이 지적되고 있다.

(1) 물리학 분야 대체적 개념

물리학은 추상적 개념과 이론으로 구성되어 있어서 오인이 어느 분야보다도 많이 확인되어 있다. 물리학 영역 안에서도 힘과 운동의 오인이 가장 종합적으로 연구되어 있다. 운동에 관한 오개념은 대부분 아리스토텔레스의 역학, 또는 뷔리당(Jean Buridan, 1300~1385)의 기동력설(impetus theory)과 관련되어 있다(Wandersee et al., 1994). 운동에 관한 오인은 [그림 3-14]가 보여주는 바와 같이, 한 학생이 공을 들고 일정한 속도로 걸어가다가 어느 지점에서 그 공을 놓았을 때 그 공이 어떻게 떨어질 것인지 말하게 하는 문제를 해결하는 과정에서 두드러지게 드러난다.

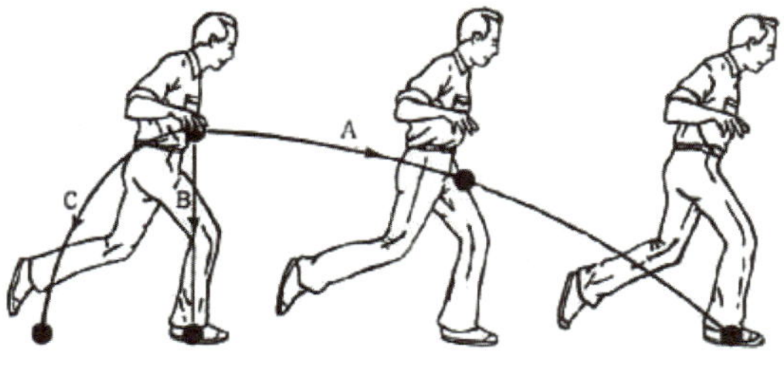

[그림 3-14] 움직이면서 물체를 떨어뜨리는 실험

[그림 3-14]에서 볼 수 있듯이, 학생이 걸어가면서 떨어뜨린 공은 손에서 떨어진 순간부

터 일정한 속도로 앞으로 나아가면서, 그와 동시에 일정한 수직성분의 가속도로 땅으로 떨어지면서, A와 같은 포물선 궤적을 그린다. 그러나 이 그림을 보여주기 전에 이공계 대학생들에게 공의 운동에 관해 물었을 때, 45% 정도의 학생만 옳은 답을 제시했고, 약 49%는 B와 같이 공을 떨어뜨리는 순간 똑바로 아래로 떨어진다고 대답했다. 약 6%의 학생은 C와 같이 공이 뒤로 떨어진다고 대답했다(McCloskey, 1983). 일부의 학생들은 손에서 떨어진 공이 어느 정도까지는 직선으로 나아가다 아래로 떨어지기 시작하며, 땅에 닿기 직전에는 수직 아래로 떨어진다고 설명하였다. 〈표 3-9〉에서도 볼 수 있는 바와 같이, 물리학 분야에는 이외에도 오인이 많다.

〈표 3-9〉 물리학 개념에 대한 학생들의 직관적 관념

개념	오인	과학적 개념
전기와 자기	전지에는 전기가 들어 있다.	전기는 물질이 아니며, 전지에는 전자가 있다.
	전기는 전자로 되어 있다.	전기는 양성자의 양전하, 또는 전자의 음전하이다.
	전기는 힘이다.	전기는 전하들에 의해 나타나는 현상이다.
	전류는 전기의 흐름이다.	전류는 전하, 또는 대전 입자의 흐름이다.
	전자는 전기 회로에서 거의 빛의 속력으로 흐른다.	전기회로의 전자가 움직이면, 전기장은 거의 빛의 속력으로 전파된다.
	전기는 에너지로 전환된다.	전하가 전기장 안에 있으면 전기 에너지의 형태로 에너지가 저장된다.
	전기는 쓰면 소모된다.	전하는 생성되거나 없어지지 않고 보존된다.
	전기는 탄다.	전기에너지는 열에너지로 전환될 수 있지만, 전하나 전류는 타지 않고 보존된다.
	전기는 수도관을 통해 물이 흐르듯이, 전선을 따라 흐른다.	전선을 따라 흐르는 전류는 수도관을 통해 흐르는 물과 다르다.
	정전기는 전기의 한 유형이다.	전기는 여러 가지 종류로 나뉘지 않는다.
	정전기는 중력보다 더 약하다.	중력은 전기력에 비해 매우 약한 힘이다.
	자기력선은 한 쪽 극에서 시작되어 다른 쪽 극에서 끝난다.	자기력선은 새로 생성되거나 끊어지지 않는다.
	자기력선은 실제로 존재한다.	자기력선은 자기력의 크기와 방향을 나타내는 가상의 선이다.
열에너지	열은 에너지가 아니다.	열은 물체에 더해지거나 제거되는 물질이 아니다.
	열은 온도이다.	열은 온도가 다른 물체 사이에 이동하는 에너지이며, 온도는 분자의 평균 운동에너지의 수치이다.
	액체의 물질을 얼리면 온도가 낮아진다.	물체를 얼리면 평균 운동에너지가 낮아진다.
에너지	에너지는 힘이다.	에너지는 일할 수 있는 능력이며, 힘은 물체의 운동 상태나 모양을 변화시키는 벡터양이다.
	에너지는 쓰면 소모된다.	에너지는 보존되며, 다른 형태로 변한다.
	에너지는 물질이다.	에너지와 물질은 가변적이지만 에너지가 물질은 아니다.

개념	오인	과학적 개념
	정지한 물체는 에너지가 없다.	정지한 물체는 운동에너지는 없지만, 중력 포텐셜 에너지를 가질 수 있다.
빛	그늘지거나 어두운 곳에는 빛이 없다.	응달에는 물론이고 어두운 곳일지라도 조금이라도 보인다면 반사되는 빛은 있다.
	적색광이 청색광보다 세다.	적색광 에너지가 청색광 에너지보다 더 적다.
	햇빛과 촛불의 빛은 다르다.	빛은 광원에 따라 구분할 수 없다.
	파랑 물체는 파랑 빛을 흡수하기 때문에, 그렇게 보인다.	파랑 물체는 파랑 빛을 반사하기 때문에, 파랗게 보인다.
	백색광은 무지개에서 보는 것처럼 색 스펙트럼으로 구성되어 있다.	같은 백색광이라도 무지개와 같은 연속 스펙트럼일 수도 있고 선 스펙트럼으로 구성될 수도 있다.
	어떤 물체를 보는 것은 빛이 그 물체를 밝게 하기 때문이다.	물체에서 빛이 반사되어 눈에 들어오기 때문에, 물체를 볼 수 있다.
	빛을 파동으로 본다.	빛은 입자의 성질과 파동의 성질을 가진다.
파동	파동이 전해지기 위해서는 반드시 매질이 있어야 한다.	광파는 매질이 없어도 전달된다.
	파동은 움직일 때 물질을 운반한다.	파동은 매질인 물질은 그대로 두고 에너지만 전달된다.
힘과 운동	움직이는 물체에는 힘이 있고, 그 힘이 모두 소모되면 정지한다.	작용하는 힘(외력)이 0이면 물체는 운동 상태를 그대로 유지한다.
	정지한 물체에는 힘이 없다.	물체에 힘이 작용하고 있어도 합력이 0이면 움직이지 않는다.
	무거운 물체가 가벼운 물체보다 더 빨리 떨어진다.	마찰이 없으면 물체는 무게에 관계없이 동시에 떨어진다.
	일정한 속도로 움직이기 위해서는 일정한 힘이 작용해야 한다.	일정한 힘이 가해지면, 일정한 비율로 가속되거나 감속된다.
	물체의 속도와 주어진 힘은 비례한다.	주어진 힘이 커질수록 가속도가 늘어난다.
	중력은 아래로 작용한다.	중력은 지구 중심 방향으로 작용한다.
	우주에는 중력이 없다.	질량을 가진 물체 사이에는 중력이 항상 작용한다.
	마찰력은 반작용(reaction)과 같다.	마찰력과 운동의 방향은 같을 수도 있고, 반대 방향일 수도 있다.
	속도(velocity)와 속력(speed)은 같다.	속력은 단위 시간에 이동한 거리를 나타내는 스칼라 양이고, 속도는 속력과 운동 방향을 함께 나타내는 벡터양이다.
	관성은 움직이고 있는 물체를 계속 움직이게 하는 힘이다.	관성은 물체가 현재의 운동 상태를 계속 유지하려는 경향이다.

『2015 개정 과학과 교육과정』(교육부, 2015)의 중학교 1~3학년군 내용은 힘과 운동, 전기와 자기, 열과 에너지, 파동의 네 영역으로 나뉘어 있다. 중학교 과학 교과서에는 여러

가지 힘과 빛과 파동이 1학년, 전기와 자기는 2학년, 운동과 에너지와 에너지 전환과 보존은 3학년 내용으로 제시되어 있다. 중·고등학생들의 오개념도 힘과 운동, 전기 단원에 비교적 많다. 중·고등학생들은 빛 단원에 대한 대체적 개념도 많이 가지고 있다. 어떤 대체적 개념은 한두 시간에 과학적 개념으로 바꾸어줄 수 있지만, 어떤 개념은 상급 학년에서 다시 다루어주어야 할 정도로 고차원적이고 복잡하다.

(2) 화학 분야 대체적 개념

화학은 물질의 성질·조성·구조·변화, 그리고 그런 속성에 따른 에너지의 변화를 다루는 자연과학 분야이다. 화학에서 다루는 지식은 대부분 추상적이기 때문에, 학생들은 화학 분야에 관한 대체적 개념도 비교적 많이 가지고 있다. 〈표 3-10〉에 기술되어 있듯이, 화학에서도 직관적 관념이 비교적 여러 분야에 걸쳐 나타난다.

〈표 3-10〉 화학 개념에 대한 학생들의 직관적 관념

개념	오인	과학적 개념
화학 반응	공기는 여러 기체의 혼합물이다.	기체의 구성 물질은 여러 가지 종류의 원자와 분자의 화합물이다.
	화합물은 원자로 구성되어 있다.	화합물은 분자나 이온으로 구성되어 있다.
	화합물의 구성원소도 모두 함께 혼합되거나 화합되어 있다.	화합물의 구성원소나 분자는 함께 결합되어 있을 뿐이다.
	화학변화는 반응물이 쌓이는 과정이다.	화학반응은 반응물 사이에 상호작용이 일어나는 과정이다.
	생성물은 반응물의 형태가 변한 것이다.	생성물은 반응물들 사이의 상호작용을 통해 형성된 화학적 성질이 다른 물질이다.
	H가 포함된 물질은 산이고, OH가 포함된 물질은 염기이다.	물에 녹아 H^+을 내놓는 물질은 산, OH^-을 내놓는 물질은 염기이다.
	순수 산과 묽은 산의 구성입자는 같다.	염화수소를 제외한 모든 순수 산의 구성입자는 분자이고, 묽은 산의 입자는 이온이다.
	산화는 산소가 더해져서 일어나는 화학 반응이다.	산화는 산소가 증가하거나 수소가 감소하는 반응, 또는 전자를 잃는 반응이다.
물질	물질의 부피는 그것을 이루는 입자의 크기가 늘어나 커진다.	물질의 부피는 입자들 사이의 간격이 넓어져서 커진다.
	공기는 질량이 없다.	공기는 무게가 있는 산소·질소·이산화탄소 등으로 구성되어 있다.
	물이 끓어오를 때 생기는 기포는 공기·산소·수소 등이다.	물이 끓어오를 때 생기는 기포는 수증기이다.
	물질은 연속적이어서, 기본 구성단위가 없다.	물질은 입자로 구성되어 있다.

개념	오인	과학적 개념
	물질을 이루는 입자들 사이에 간격이 없다; 물 안에는 공간이 없다.	물질을 이루는 입자들 사이에 공간이 있다; 물은 물 입자로 구성되어 있고, 그 입자들 사이에는 공간이 있다.
입자	원소는 모두 고체이다.	원소는 고체만이 아니다.
	물질의 성질을 구성하는 가장 작은 입자는 원자이다.	물질의 성질을 나타내는 가장 작은 입자는 이온 또는 분자이다.
	원자의 핵과 전자 사이 공간은 공기로 가득 차 있다.	원자의 핵과 전자 사이, 원자들 사이, 분자들 사이 공간에는 아무것도 없다.
	원자는 시간이 지나면 사라지는 것이다.	원자는 붕괴되어 다른 물질로 변하지만, 없어지는 것은 아니다.
	원자는 일반 물질처럼 녹고, 끓고, 확장한다; 비커로 촛불을 덮어 그 안의 산소가 다 타면 촛불이 꺼진다.	원자 수준에서는 물질은 보존된다(방사선이 나올 때 제외).
	입자는 스스로 움직이지 못한다; 입자는 공기가 있어야만 움직일 수 있다.	입자는 스스로 움직인다; 에너지를 주지 않아도 확산된다.
	기체의 입자가 액체나 고체의 입자보다 에너지를 더 많이 가지고 있기 때문에, 더 빨리 움직인다.	물질의 상태 변화는 분자들의 운동이 활발해진 것이며, 물질의 특성이 변한 것은 아니다. 온도가 같으면 물질의 상태가 다르더라도 물질의 내부에너지는 같다.
	기체는 가열하면 뜨거워진다.	기체는 가열하면 입자의 운동이 활발해져 일정한 압력에서는 부피가 늘어난다.
	빨대나 피펫에 있는 물은 빨면 흡입으로 올라온다.	더 높은 대기압이 그보다 더 낮은 압력이 미치는 곳으로 물을 밀어내 올라온다.
전해질과 이온	양이온은 중성 원자에 양성자가 몇 개 더해져서 양성을 띤다.	양이온은 반드시 중성 원자에서 음성으로 대전된 전자가 떨어져 나가 양성을 띤다.
	전류는 전해질을 양이온과 음이온으로 분리시킨다.	전해질은 물에 녹아 양이온과 음이온으로 나뉘어져 전류가 흐르게 된다.
	전자가 전해질을 통해 이동한다.	전해질에서 생긴 이온에 의해 전류가 흐른다.
	전자는 음극에서 나와 용액을 거쳐 양극으로 들어간다.	전자가 움직여 금속에 전류가 발생하지만, 이온의 이동은 용액에 전류를 발생한다.
열과 온도	온도는 물질의 양, 또는 물체의 크기에 달려 있는 성질이다.	온도는 물질의 양, 또는 크기에 상관없는 세기 성질(세기 변수)이다.
	열은 따뜻한 공기이다.	열은 물질이 아니며, 에너지의 한 가지 형태이다.
	얼음은 분자가 물 분자보다 더 차다.	얼음 분자가 물 분자보다 더 적은 운동에너지를 갖고 있다.
	큰 얼음은 작은 얼음보다 찬 온도를 더 많이 가지고 있다; 큰 얼음은 작은 얼음보다 더 차갑다; 큰 돌멩이가 작은 돌멩이보다 뜨거운 열을 더 많이 가지고 있다; 큰 돌멩이가 작은 돌멩이보다 더 뜨겁다.	열용량은 물질의 고유한 특성이다.

개념	오인	과학적 개념
	열과 냉기(coldness)는 한 물체에서 다른 물체로 이동할 수 있는 물질이다; 물질은 열을 보존하며, 방출한다; 물체는 열을 흡수하거나 방출한다.	열은 온도 차이에 의해 한 물체에서 다른 물체로 이동하는 에너지이지 입자와 같이 보존되거나 방출되지 않는다.
	쇠막대는 열을 받아들여 뜨거워진다; 쇠막대의 한 한쪽 끝에 열을 가하면, 그 열이 골고루 퍼져(확산되어) 쇠막대 전체가 골고루 뜨거워진다.	열은 항상 뜨거운 물체에서 찬 물체로 전달된다; 열은 온도가 높은 곳에서 낮은 곳으로 전달된다.
	한방에 있는 물질의 온도는 모두 다르다.	한방에 있는 물질의 온도는 모두 같다.

학생들은 진공이 무엇인지 잘 모르고, 아리스토텔레스와 같이 진공(vacuum)이란 있을 수 없다는 관념과 물질이 연속적이라는 생각에 바탕을 두어 공기조차도 연속적인 물질이라 생각한다. [그림 3-15]는 진공펌프를 이용해 플라스크 내의 공기를 조금 빼낸 다음의 상태에 관하여 묻는 질문에 공기의 연속적 특성을 믿는 학생들이 나타낸 관념이며, [그림 3-16]은 공기의 입자성 개념을 가진 학생이 표현한 관념이다(Nussbaum, 1979).

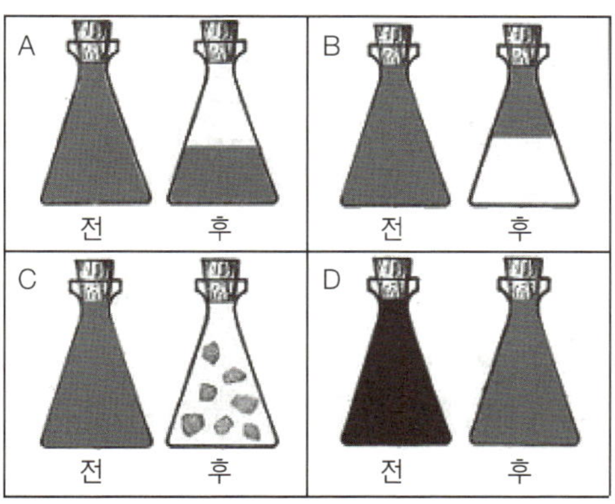

[그림 3-15] 공기의 연속성에 따른 관념

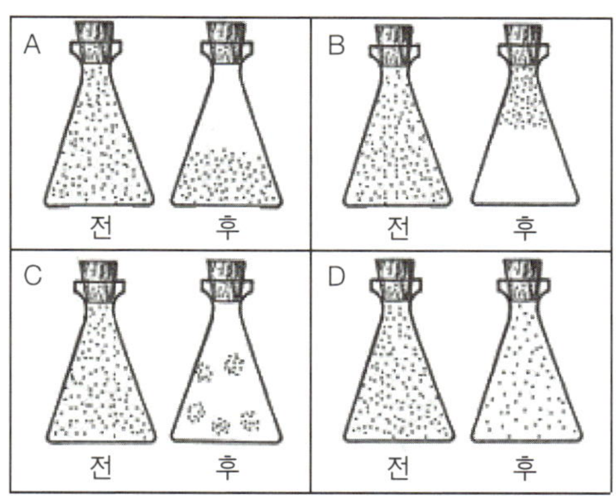

[그림 3-16] 공기의 입자성에 따른 관념

[그림 3-15] 및 [그림 3-16]이 보여주듯이, 대다수의 저학년 학생들은 공간과 공기를 뚜렷하게 구분하지 못한다. 이는 그들이 물질과 공간의 관계, 또는 진공의 개념을 올바로 알지 못하기 때문이다. 공기의 입자성을 믿는 학생일지라도 공기의 연속성을 믿는 학생과 마찬가지로, 기체로서의 공기의 특성에 대해 그릇된 관념을 많이 가진다.

(3) 생명과학 분야 대체적 개념

학생들이 생명과학에서는 유전학 영역의 개념에 가장 많은 직관적 관념을 가지고 있다. 생물이 생식 · 번식 · 성장 · 발달하는 현상은 주변에서 쉽게 관찰할 수 있으나, 그런 현상을 통제하고 조절하는 유전자는 추상적 개념으로서 지각적 · 감각적 경험이 불가능하며, 모형 · 유추 · 비유를 이용하여 표현하기 때문이다. 생명과학 분야에서 확인된 오개념을 예시하면 〈표 3-11〉과 같다(Driver et al., 1996; Hackling & Treagust, 1984).

〈표 3-11〉 생명과학 개념에 대한 학생들의 직관적 관념

개념	오인	과학적 개념
세포	생물을 구성하는 단백질 · 탄수화물 · 물도 세포로 구성되어 있다. 생물에는 세포가 포함되어 있다.	단백질 · 탄수화물은 거대 분자이며, 세포가 아니다. 생물은 세포로 구성되어 있다.
생물	식물을 구성하는 물질은 모두 물과 토양에서 흡수한 무기물이다. 생물의 분류는 위계적 단계보다 배타적 범주로 나누는 방식이다. 토마토는 채소가 아니라 과일이다.	식물을 구성하는 물질은 광합성 과정에서 흡수된 탄소가 포함된 유기물이다. 생물의 분류 기준은 위계적 관계뿐만 아니라 배타적 관계도 맺고 있다. 토마토는 과일로서의 채소이다.
유전	유전되는 형질은 혼합된다. 돌연변이는 드물고, 뜻밖에 나타나며, 보통 열성이다. 한 형질에는 두 개의 유전자가 있다. 검은 개와 흰 개 사이에서는 바둑이나 회색 강아지가 나온다. 신체의 다른 부위에 있는 세포는 서로 다른 유전자를 갖는다. 체세포 분열의 간기는 휴지기이다. DNA는 세포분열의 전기에서 복제된다. 배수염색체는 감수분열의 결과로 생긴다.	유전되는 형질은 돌연변이가 일어나지 않는한 혼합되지 않는다. 돌연변이는 결코 드물지 않으며, 우성과 열성이 비슷하다. 한 형질에 대한 대립인자는 무수하다. 색의 우성 또는 열성에 따라 흰 강아지나 검은 강아지가 나온다. 체세포 분열의 결과 신체부위는 모두 같은 유전자를 가진다. 체세포 분열의 간기에는 DNA가 복제된다. DNA는 간기에 복제된다. 배수염색체는 DNA가 복제되어 생긴다.
광합성과 호흡	식물은 밤에만 호흡하고, 낮에는 광합성만이 일어난다. 식물은 낮에는 이산화탄소를 흡수하고, 산소를 내보낸다. 광합성은 호흡의 반대 과정이다. 클로로필(chlorophyll)은 빛 에너지를 화학에너지로 바꾸는 변환기(converter)이다. 태양빛은 광합성에서 소모된다.	호흡은 밤뿐만 아니라 낮에도 일어나며, 광합성은 빛이 있어야 일어난다. 낮에도 호흡이 일어나기 때문에, 이산화탄소는 낮에도 방출된다. 두 과정은 서로 독립적으로 일어난다. 클로로필은 빛 에너지의 흡수체이다. 태양빛은 광합성을 통한 유기물의 생성에 이용된다.

개념	오인	과학적 개념
	식물의 무게는 광합성을 위해 섭취한 양분 때문에 늘어난다.	식물의 무게는 대부분 광합성을 위해 흡수한 이산화탄소 때문에 늘어난다.
피와 심장	혈액은 단순한 빨간 액체이다. 혈액의 산소는 사용되고, 이산화탄소로 대체된다. 심장은 몸의 왼쪽에 있다.	혈액은 적혈구 때문에 붉게 보인다. 산소가 이산화탄소로 대체되는 것이 아니고, 이산화탄소는 탄수화물에서 온 것이다. 심장은 가슴의 가운데 있으며, 왼쪽 부분이 오른쪽 것보다 더 클 뿐이다.
진화	진화는 생물의 필요에 따라 일어나는 변화의 결과이다. 생물은 환경이 변하면 필요에 따라 환경에 적응한다.	진화는 생물의 필요성이 아니라 자연에 대한 적응의 결과로 나타난다. 생물의 적응은 진화의 결과이지, 적응하기 위해 변하지 않는다.
먹이(음식)	식물은 먹이를 뿌리로 흡수한다; 식물의 먹이는 공기, 물, 비료, 햇빛 등이다.	식물의 먹이는 스스로 광합성을 통해 만든 탄수화물이다.
소화	단백질은 에너지원보다 성장에 필요한 물질이다. 소화는 음식으로부터 에너지를 방출하는 과정이다. 소화 효소는 세포로 구성되어 있다. 세포에는 물질이 확산을 통해 들어간다.	단백질은 에너지원이기도 하지만, 몸에 필요한 모든 에너지원은 아니다. 에너지는 음식에서 나오고, 소화는 음식의 분쇄이다. 소화 효소는 단백질로 이루어져 있다. 세포에는 작은 분자만 확산으로 들어가고 설탕과 같은 큰 분자는 능동적 수송을 통해 세포막을 통과한다.
감각	귀가 주변의 소리를 모으기 때문에 듣는다. 운동은 근육의 수축과 확장으로 일어난다.	파동이 귀에 전달되기 때문에 듣는다. 모든 운동은 근육의 수축으로 일어난다.
생태	빛은 물질과 같이 한 생물에서 다른 생물로 전달된다. 섭취하여 에너지로 사용되는 음식을 먹이연쇄의 일환으로 본다. 물질은 썩어서 흙이 되며, 그래서 지구는 계속 커진다. 무연연료는 지구온난화를 감소시킬 것이다.	생태계에서는 에너지가 순환되지 않고 흐르지만, 생태계 안에서는 보존된다. 먹이연쇄는 포식자와 피식자의 관계이다. 부패에는 미생물이 관련되며, 이산화탄소·물, 무기물 등이 방출되어 다른 생물체에 의해 흡수된다. 무연연료가 지구온난화 감소의 직접적인 요소가 아니다.

생명과학에서는 추상적 개념과 이론으로 구성된 유전학 분야, 특히 대립인자에 관한 오개념의 기원과 특성이 자세하게 밝혀져 있다. 학생들은 멘델의 세 가지 유전법칙을 공부할 때, 형질은 우성 대립인자와 열성 대립인자의 수에 따라 다르게 표현된다는 설명을 통해서 한 형질에 대한 대립인자의 수를 두 개로 생각하게 된다. 이와 같은 오개념은 [그림 3-17]

과 같은 자료를 이용하면 쉽게 수정할 수 있다.

〈표 3-11〉에 나타나 있듯이, 생명과학과 관련된 오인은 대부분 일상생활과 학교 교육을 통해서 획득된 것이다. 어린 학생들은 움직이는 것은 모두 살아 있다고 생각하며, 초등학생들은 동물만 생물로 생각한다. 그들은 빛이나 소리에 대한 직관적인 관념에 따라 보고, 듣는 것 등 환경에 반응하는 과정을 잘못 해석한다. 그들은 또한 물질·에너지·공간에 관한 오개념 때문에, 물질의 순환, 에너지의 흐름, 환경의 오염에 관해서도 잘 이해하지 못한다.

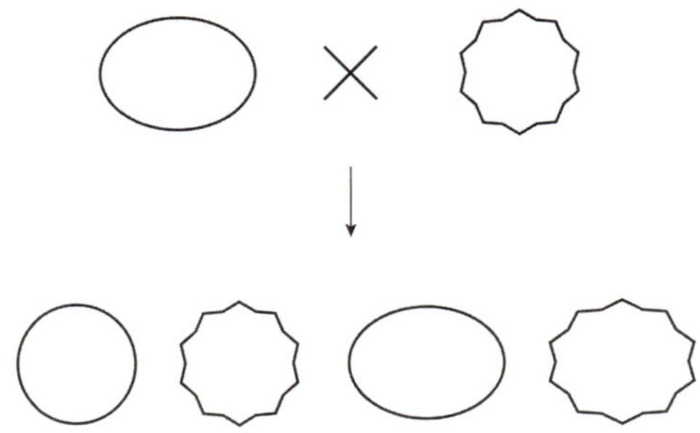

[그림 3-17] 형질의 표현 유형

(4) 지구과학 분야 대체적 개념

지구과학에서는 학생들의 직관적 관념이 비교적 드물게 발견된다. 지구과학 개념들 가운데에서는 지구와 우주의 관계에 대한 학생들의 직관적 관념이 자세하고 철저하게 밝혀졌다. 이는 지구관이 직접 경험할 수 있는 구체적인 개념체계이며, 추상적 속성을 지닌 이론이기 때문이다. 누스밤(Nussbaum, 1979)은 학생들의 지구에 관한 개인적 관념은 [그림 3-18]과 같이 다섯 단계를 거치면서 발달한다고 본다.

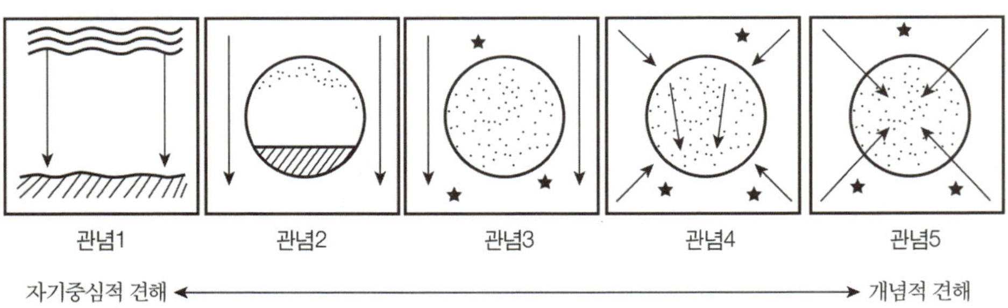

[그림 3-18] 아동들의 지구에 대한 기본관념

지구관은 학교 밖에서 겪는 일상적 경험이나 자연에 대한 직접적인 경험을 통해서 나이가 들어감에 따라 자연스럽게 발달되는 개념들 가운데 하나이다. [그림 3-18]에 나타낸 바와 같이, 지구관은 천동설로부터 지동설로 변해 왔다. 이 과정은 인간의 기본적 관점이 자기중심적 기준계에 따라 피상적인 특징만을 지각하는 단계에서 본질적 실체를 개념화하는 단계로 변하여 발달하는 과학사적 과정과 잘 일치한다. 적지 않은 수의 학생들은 이외에 〈표 3-12〉와 같은 지구과학 분야의 오개념을 가지고 있다.

〈표 3-12〉 지구과학 개념에 대한 학생들의 오개념

개념	오인	과학적 개념
태양계	태양은 타고(연소되고) 있는 것이다.	태양은 기체(수소 73% 정도, 헬륨 25% 정도) 덩어리이며, 계속 수소가 헬륨으로 융합되고 있으며, 그 과정에서 질량이 줄어드는 만큼 에너지가 방출된다.
	북반구에서는 배수구의 물이 시계바늘과 같은 방향으로 빠져나간다.	물이 흘러 나가게 할 때의 조건에 따라 도는 방향이 달라진다.
	유성의 꼬리는 항상 유성의 뒤를 따라온다.	유성의 꼬리는 태양풍과 태양복사의 영향으로 태양의 반대쪽에 나타난다.
	달은 지구 질량의 중심의 주위를 돈다.	달은 지구의 표면에서 약 1,000km 아래에 있는 지구와 달의 공통질량 중심의 주위를 공전한다.
지구	지구는 평평하다.	지구는 둥글다.
	지구는 무엇엔가 얹혀 있다.	지구는 우주 공간의 일부를 차지하고 있다.
	지구는 태양보다 더 크다.	태양이 지구보다 훨씬 더 크다(태양의 지름은 약 1,392,000km이고, 지구의 평균 지름은 약 12,742km이다).
	지구의 위로 높이 올라갈수록 대기의 온도가 낮아진다.	대류권에서 높이 올라갈수록 온도가 낮아지지만, 성층권과 열권에서는 온도가 높다.
지각	지각은 몇 개의 판으로 나뉘어 있다.	지구 내부의 바깥 부분은 암석권과 연약권으로 이루어져 있고, 암석권은 지각과 맨틀의 최상부를 포함하며 연약권 위를 움직인다.
	대륙은 움직이지 않는다.	대륙은 계속 움직이고 있다.
	쓰나미는 조석파이다.	쓰나미는 해저 지진으로 발생한 파도가 해안에서 급격하게 높아지는 현상이다.
해수	파도는 해변에서 가장 높다.	파도는 물의 깊이와 바람에 따라 달라진다.
	해수면은 어디에서나 같다.	평균 해수면은 지역에 따라 다르다.
	조류는 지구의 자전으로 생긴다.	조류는 태양·달 등의 기조력 때문에 생기며, 보통 조석 현상으로 나타난다.
	사리(spring tide)는 계절적 현상이다.	사리는 음력 보름과 그믐 때 생긴다.
	해류(ocean current)는 조류에 의해 생긴다.	조류는 해류의 한 일종으로 볼 수 있으나 그 원인은 아니다.
	조류의 방향은 북반구와 남반구가 같다.	조류의 방향은 남반구와 북반구에서 다르다.
	대양은 하늘이 반사되어 푸르게 보인다.	빛은 바다에서 산란되는데, 푸른빛이 가장 많이 산란되어 바다가 푸르게 보인다.
	바다에 떠 있는 빙산이 모두 녹으면 해수면이 많이 높아진다.	빙산은 이미 물에 잠겨 있고, 얼음이 녹으면 부피가 물 위에 떠있는 만큼 줄기 때문에, 해수면의 높이에는 변화가 없다.

개념	오인	과학적 개념
	대양의 염도는 어디에서나 동일하다.	해수의 염분은 위치와 계절에 따라 다르다; 해수의 염분비는 어디에서나 같다.
중력	중력은 지구에서 높이 올라갈수록 커진다. 우주에는 중력이 없다. 우주에서 로켓을 계속 움직이도록 하기 위해서는 계속 힘을 주어야 한다. 밀물은 달이 물을 끌어당겨 일어난다.	중력은 높이 올라갈수록 작아진다. 중력이 있다. 특정 궤도에 진입하면 힘이 주어지지 않더라도 달처럼 돌 수 있다. 밀물은 달과 태양의 인력과 원심력에 의해 생긴다.
흙과 암석	흙은 원래 그대로 옛날부터 있어 왔다. 흙은 암석의 선구물질이다. 퇴적암은 퇴적물의 압력에 의해 압축되어 생긴 것이다. 토양의 상태는 과거나 지금이나 같다. 흙은 모두 동일한 성질이다.	흙은 암석이 풍화한 것이다. 암석이 흙의 선구물질이다. 퇴적암은 압력을 받아 다져지고 교결되어 간격이 줄어 생긴 것이다. 토양의 성분은 새로운 것이 더해지고 그에 따라 특성이 변한다. 흙은 형성된 암석에 따라 그 성분이 다르다.
계절 변화	여름에는 태양과 지구 사이의 거리가 겨울보다 더 가까워 그만큼 더 따뜻하다.	여름에는 지구의 자전축이 태양 쪽으로 향해 있으며, 겨울에는 그 반대이다; 태양과 지구 사이의 거리는 겨울보다 여름에 더 멀다.
대기와 일기 변화	지구의 온난화는 하늘의 오존구멍이 커짐에 따라 촉진된다. 더운 공기가 찬 공기보다 더 무겁다. 대기는 공기로만 되어 있다. 공기의 습도는 공기중의 습기를 나타낸다. 구름, 안개, 증기는 모두 수증기이다.	지구의 온난화는 온실가스의 양이 증가함으로써 촉진된다. 더운 공기와 찬 공기의 무게는 같다. 대기에는 작아서 눈에 보이지 않는 여러 가지 입자도 포함되어 있다. 공기의 습도는 공기 중에 포함된 수증기의 양을 나타낸다. 수증기는 눈에 보이지 않는 기체이지만, 구름·안개·증기는 눈으로 볼 수 있는 작은 물방울로 이루진 액체이다.
별과 우주	나침반은 항상 지구의 정북을 가리킨다. 나침반의 N극은 지구의 북쪽을, S극은 남쪽을 가리킨다. 북극성은 예나 지금이나 정북에 있다. 별과 별자리는 매일 밤하늘의 같은 위치에 나타난다. 태양은 별이 아니다.	지구의 자기장은 지구의 핵에 있는 액체성 물질의 전류에 의해 나타나기 때문에, 나침반이 가리키는 자북과 지구의 진북은 일치하지 않는다. 나침반의 S극이 지구의 북쪽을, N극이 남쪽을 가리킨다. 지구의 세차운동 때문에 지구의 정북을 가리키는 별이 달라지며, 북극성은 현재 지구의 정북에서 약 1도 정도 떨어져 있다. 지구가 23.5도 기울어진 채 공전하기 때문에, 관찰되는 위치가 매일 달라진다. 태양은 스스로 빛을 내는 별이다.

중·고등학생들은 암석·달·태양에 관해서도 많은 오인을 가지고 있다. 그런 오인 때문에, 어린 학생들일수록 암석이 생성되는 원인을 잘 이해하지 못하며, 암석과 광물을 잘 구분할 줄도 모르고 심지어는 그 종류를 일정한 기준에 따라 분류하지도 못한다. 그들은 여름보다 겨울이 더 추운 이유, 밤과 낮의 길이가 달라지는 이유, 달의 위상이 변하는 과정을 충분히 이해하는 데 특히 큰 어려움을 느끼게 된다.

제4장 과학 교육과정

목차

1. 과학교육의 의미와 목적
2. 과학 교육과정의 의미와 특성
3. 과학교육 사상과 과학 교육과정
4. 과학 교육과정의 개발

목표

- 과학교육의 의미와 목적을 말할 수 있다.
- 과학 교육과정의 의미와 특성을 말할 수 있다.
- 과학교육 사상과 과학 교육과정의 관계를 말할 수 있다.
- 과학 교육과정의 개발 및 내용의 선정·조직하는 원리를 말할 수 있다.

1. 과학교육의 의미와 목적

모든 나라에서 과학은 중핵 교과의 하나로 편성되어 있다. 과학교육(science education)은 추구하는 목적, 다루는 대상, 적용하는 방법을 준거로 다른 교과교육과 구분된다. 과학교육의 목적·대상·방법은 과학과 과학기술이 발달하고 과학철학이 변함에 따라 함께 변해 왔다. 어느 나라에서나 전통적 과학 분야와 아울러 몇몇 전통적 과학 분야를 합친 통합과학, 또는 전통적 과학 분야와 다른 교과 분야를 통합한 융합과학 교육을 강조한다. 우리나라 과학과 교육과정(curriculum)은 전통적 과학 이외에 STEAM 교육과정을 지향하며, 미국에서는 STEM을 강조한다. 한편 STEAM과 STEM의 내용은 구성주의 과학철학이 반영되어 선정·조직되었다.

1) 과학교육의 의미

과학교육은 과학·과학철학·심리학·심리철학·교육학에 따라 다른 의미로 정의된다. 과학교육은 넓은 의미로 과학에 관한 지식과 태도의 교육, 또는 현상을 과학적으로 관찰하여 처리할 능력을 양성하는 교육으로 해석된다. 과학교육이 좁은 의미로는 과학지식과 과학적 방법의 이해에 목적을 둔 교육, 즉 자연현상을 과학적으로 관찰하여 얻은 원리와 법칙을 이해함으로써 일상적 생활과 행동에서 바람직한 방향으로의 변화를 기대하는 교육으로 정의된다(서울대학교 교육연구소, 1994). 과학교육은 그 의미와 관계없이 과학의 내용과 과정을 교육의 목적에 연결시키는 본질적 기능을 한다(Bybee, 1993).

[그림 4-1]에서도 볼 수 있듯이, 과학교육은 과학의 교육(education of science)과 과학을 통한 교육(education through science)으로 대별된다. 과학의 교육은 과학의 본성에 관한 교육으로서 과학에 있어서 교육(education in science)과 과학에 관한 교육(education about science)으로 나뉜다. 과학에 있어서 교육은 자연과학의 각 분야에 고유한 지식과 연구 및 탐구에 관하여 교육학 이론에 따라 이루어지는 교수·학습이 그 예이며, 과학에 관한 교육은 과학지식, 과학적 방법 및 과학적 탐구, 과학자를 포함한 과학의 본성을 다루는 과학사·과학철학·과학학(studies of sciences), 곧 과학사적·과학철학적·과학학적 방법에 따른 과학의 본성에 대한 교육에서 그 예를 찾아볼 수 있다. 과학을 통한 교육은 과학 이외의 분야에서 과학적 방법과 과학적 탐구 과정을 따르는 교육, 또는 과학적 방법과 과학적 탐구 과정을 적용한 교육, 즉 과학에 의한 교육(education by science)을 말한다.

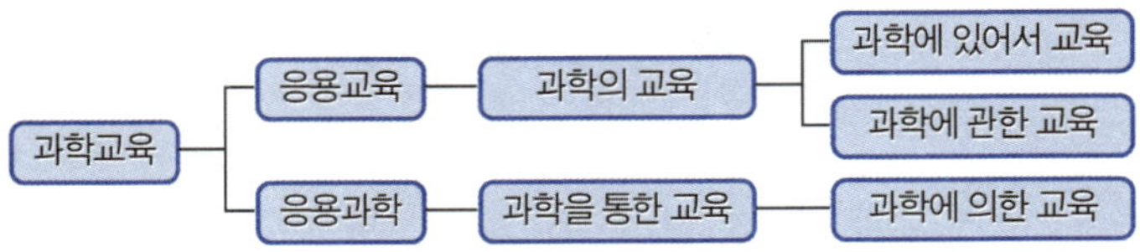

[그림 4-1] 과학교육의 의미와 유형

[그림 4-1]에서 보듯이, 과학의 교육은 응용교육학(applied education)으로서 교육학의 연장 또는 교육학의 한 분야로, 과학을 통한 교육은 응용과학(applied science)으로서 과학의 연장 또는 과학의 한 분야로 볼 수도 있다. 과학교육학은 이처럼 여러 측면으로 구성되어 있으며, 과학사상과 과학철학과 함께 변해 왔다. 과학교육학은 과학의 본성, 과학의 학습, 과학의 실행으로 이루어져 있다. 과학의 본성에는 과학지식 · 방법 · 역사 · 문화가 반영되어 있다. 과학의 교수 · 학습에서는 과학적 사실 · 개념 · 법칙 · 원리 · 이론의 이해와 그 발달을 다루며, 그 실행 분야는 과학적 탐구 및 절차적 지식과 관련되어 있다.

2) 과학교육의 필요성과 정당화

왜, 학생들은 누구나 과학을 공부해야만 하는가? 각급 학교에서는 과학 교육과정에 따라 과학교육이 이루어지고 있으며, 과학교육의 목적 · 내용 · 방법이 모두 과학 교육과정에 비추어 타당한데, 그 이유는 무엇인가? 과학교육은 자연을 이해하고, 그에 관한 과학지식을 얻게 하는 기능을 한다. 과학교육은 과학과 기술의 발달로 야기되는 급격한 변화에 대처하고, 그런 변화로 생기는 문제를 해결할 수 있는 기량도 길러준다. 과학교육은 이외에 과학적 개념의 오인을 과학적 개념으로 수정해주고, 올바른 과학관을 갖게 해주며, 과학에 대한 긍정적인 태도를 갖게 한다. 이러한 과학교육의 기능은 다음과 같은 과학교육에 내재된 가치에서 비롯한다(Harlen, 2006; Kind & Taber, 2005).

〈Harlen이 제시한 과학교육의 가치〉

- 세계에 대한 호기심을 갖게 하고, 이해력을 신장시킨다.
- 건강 · 식이요법 · 생활양식에 관한 의사결정에 필요한 정보를 제공한다.
- 환경보호 · 유전공학 · 에너지소비 등 사회적 문제의 해결에 대한 논의에 식견을 가지고 능동적으로 참여하게 한다.
- 객관적 증거와 세심한 추리에 바탕을 둔 조사 · 탐구 방법에 익숙하게 한다.
- 정신적 사고나 신체적 활동을 통해 질문에 답하고, 그에 만족감과 희열을 느끼게 한다.

〈Kind & Taber가 제시한 과학교육의 가치〉

- 과학의 가치, 과학적 활동 방법, 세계를 보는 관점에 대한 열정적인 흥미와 구성주의 입장에서 비판적 태도를 갖게 한다.
- 자연 및 물리적 세계에 대한 호기심과 책임감 있는 태도를 기르게 한다.
- 과학을 생활과 세계관에 영향을 미치는, 그리고 사회적 · 문화적 영향을 받는, 인간의 창의적 활동으로 보는 관점을 가지게 한다.
- 과학지식을 이용하여 생활의 실제 문제를 해결하거나, 개인 및 사회가 직면한 논쟁거리를 토론하는 능력을 길러 준다.
- 현상, 과학적 증거의 판단, 기능의 체계적 이용에 관한 비판적 사고를 함양시킨다.

『2022 개정 과학과 교육과정』(교육부, 2022)에 따르면 우리나라에서는 과학이 초등학교 3학년에서 중학교 3학년 때까지 공통 교육과정으로 설정되어 있다. 어느 나라에서나 과학은 초등학교 저학년에서부터 가르치기 시작하는데, 과학을 공부해야 할 이유와 정당성은 앞에서 기술한 바와 같은 과학교육의 기능과 가치에서 찾아볼 수 있다. 과학교육의 가치와 기능에 비추어 과학을 공부해야 하는 이유를 더 구체적으로 정리하면 다음과 같다.

〈Alsop & Hicks가 제시한 과학을 공부해야 하는 이유〉

- 과학의 지식과 이해는 자연현상의 이해에 유용하다.
- 과학의 지식과 이해 그리고 과학자가 하는 과학적 활동 방법은 점점 더 전문화되어 가는 세계적 문제에 대한 의사결정에 유용하다.
- 과학을 통해서 문제해결에 필요한 조사 기능 및 실기를 기를 수 있다.
- 과학은 흥미를 끌며 지적으로 자극한다.
- 과학은 현대문화의 핵심적 부분이며 만민에게 관련이 있고 시사점을 던져준다.

〈Krajcik & Czerniak이 제시한 과학을 공부해야 하는 이유〉

- 과학은 일상생활의 모든 측면에 영향을 미친다.
- 과학은 유용한 지식, 기술, 태도를 획득하게 한다.
- 과학은 비판적 사고, 문제해결, 의사결정력을 신장시킨다.
- 과학은 행동에 대한 책임감을 갖게 한다.
- 과학은 과학적 소양을 지닌 시민을 계발시킨다.
- 학생들에게는 능동적인 과학 경험이 필요하다.

과학을 공부해야 하며 과학을 교육과정에 포함시켜야 할 이유는 경제적 · 실용적 · 민주적 · 사회적 · 문화적 관점(Millar, 2002)으로, 또는 문화적 관점, 공리적 가치, 민주적 관점으로 나누어 논의된다(Ross, Lakin, & Callaghan, 2004). 경제적 관점은 과학과 경제적 부의 관계를, 실용적 가치는 과학기술 사회를 살아가는 데 필요한 이해를, 민주적 관점은 과학과 관련된 문제의 논의 · 의사결정에 필요한 이해를, 사회적 관점은 과학에 대한 사회적 관심과 지지를 중요시한다. 문화적 관점은 과학을 문화적 유산으로 보고, 문화적 유산으로서의 과학은 모든 인류가 공유해야 한다고 주장한다. 한편 공리적 가치는 과학이 일상생활에 이용되는 실용성을 뜻한다. 이 준거는 과학을 이해할수록 안전하고 편안하며 풍요로운 생활을 할 수 있기 때문에, 학생들에게 과학을 가르쳐야 할 것을 제시한다. 마지막으로 민주적 관점은 문화적 관점과 공리적 가치의 두 극단적 준거 사이의 중간적 준거이다. 이 준거는 사회에서, 또는 국가들 사이의 합의를 통해서 과학적 연구의 주제로 결정되는 사회적·국제적 논쟁거리를 각급 학교 과학에 포함시켜야 한다는 것을 제시한다.

과학교육의 가치는 각급 학교에서 현재 이루어지고 있는 과학교육의 필요성을 정당화하는 준거가 되기도 하는데, 과학의 가치에 따라 공리적 가치(utilitarian value), 본유적 가치(intrinsic value) 가치, 시민권 가치(citizenship value)로 대별된다. 공리적 가치는 외재적 가치, 또는 도구적 가치로 일컬어진다. 공리적 가치에 의한 과학교육의 정당화가 가장 제한되어 있다. 과학과 관련된 직업을 선택하는 학생들이 많지 않고, 그나마 장차 과학자가 되려는 학생들의 수가 시간이 지나면서 점차 줄어들기 때문이다(Millar, 2002; Wellington & Ireson, 2008). 〈표 4-1〉에는 내재적 가치로 불리기도 하는 본유적 가치와 다른 두 가지의 가치와 기능이 기술되어 있다.

〈표 4-1〉 과학교육의 정당화를 위한 세 가지 가치와 기능

가치	기능
본유적 가치	자연현상을 이해하고, 비신비화하게 한다. 자신을 이해하게 한다. 흥미롭고, 재미있으며, 지적으로 자극한다. 문화적 유산의 일부이다.
시민권 가치	민주사회의 올바른 의사결정에 필요한 과학지식과 과학자에 대한 지식을 제공한다. 일반인들에게도 필요한 과학의 본성, 과학자, 과학적 증거에 대한 지식을 제공한다.
공리적 가치	모든 이에게 필요한 측정·평가·사정(총평)의 기능을 제공한다. 과학과 관련이 있는 직업과 경력에 필요한 기능을 제공한다. 적은 수이기는 하지만, 과학자나 과학에 종사할 직업인을 양성한다. 긍정적 태도와 성향, 호기심, 의심을 길러 준다.

〈표 4-1〉에 기술되어 있는 과학교육 가치의 기능에 비추어 보아도 알 수 있듯이, 본유적 가치는 선·행복·즐거움의 본질적 가치를, 공리적 가치는 유용성·효용성·실효성의 쓸모와 결과로 나타나는 가치를, 그리고 시민권 가치는 민주사회의 의사결정에 필요한 지식과 기능을 제공하는 가치를 나타낸다. 각급 학교에서 과학교육을 실시하고 있고, 그래야

하는 목적 · 이유 · 필요성을 정당화할 때 본유적 가치를 준거로 한 정당화를 본유적 정당화로 부르며, 공리적 가치나 시민권 가치에 따른 과학교육의 정당화를 도구적 정당화라 한다. '과학이 재미있어서 공부했다.', '과학적 교양을 쌓기 위해 공부했다.', '수능 과목이기 때문에 공부했다.'는 각각 본유적 · 시민권 · 공리적 가치에 따른 정당화이다.

3) 과학교육의 이념 · 목적 · 목표의 특성과 진술

과학교육 성과(educational outcome)는 이념(aim/purpose) · 목적(goal) · 목표(objective)의 세 수준에 따라 진술된다. 이념 · 목적 · 목표는 각각 교육과정, 교과, 단원 계획과 교수 · 학습 과정안(lesson plan)에서 설정 · 진술된다. 이념은 목적보다, 목적은 목표보다 더 일반적이고 더 포괄적이다(Kellough & Carjuzaa, 2009). 과학교육의 성과는 과학교육을 통해서 달성할 목표를 설정하는 준거가 됨과 동시에 과학교육이 진행될 방향을 제시하기 때문에(Bybee, Powell, & Trowbridge, 2008), 도달목표(attainment target)(DfEE & QCA, 2008)로 불리기도 한다. 과학 교육과정에서는 이념과 목적이 흔히 하나의 단어로 제시되며, 목표는 행동주의 학습이론을 수용하는 교육학자들의 주장에 따라 관찰이 가능한 행동동사가 포함된 문장으로 진술된다. 『2022 개정 과학과 교육과정』(교육부, 2022)과 미국의 「차세대과학교육기준(NGSS)」(National Academy of Sciences, 2012)에도 과학교육 성과가 이념 · 목적 · 목표의 세 단계 수준으로 진술되어 있다.

(1) 과학교육의 이념 · 목적 · 목표의 의미와 관계

교육 이념은 가장 일반적인 교육 목표로서(Kellough & Carjuzaa, 2009) 국가나 사회의 기대와 요구의 진술(Print, 1993), 즉 국가나 사회가 지향하는 가치체계이다. 이념이 교육 목적의 미래성과 가치성을 강조할 때에는 이상(ideal)으로 불리기도 한다(서울대학교 교육연구소, 1994). 교육 이념은 국가나 사회에서 편성한 모든 교과의 철학을 동시에 담고 있어서, 모든 교과의 교육과정이나 학교 교육의 전 과정을 통해서 달성하려는 교육의 목적으로 받아들여지기도 한다. 교육 이념은 평생 받을 형식교육의 방향을 제시하며, 모든 과목의 교육과정의 바탕이 된다. 『초 · 중등학교 교육과정 총론』(교육부, 2022)에 기술된 '추구하는 인간상'과 '홍익인간'이 이런 의미의 이념이다.

과학교육의 목적은 개인이 도달하거나 달성하길 기대하는 관념, 또는 학교 · 교육과정 · 교과의 목표로서(Kellough & Carjuzaa, 2009) 현재의 삶 및 미래의 생활과도 관련되어 있으며(Hassard & Dias, 2009), 과학 교육과정과 과학 교수·학습의 방향을 제시한다.

『2022 개정 과학과 교육과정』에서는 총괄 목표로 과학적 소양, 과학적 문제해결력의 신장을 강조하고, 세부 목표로 과학적 태도의 함양, 과학적 탐구 능력의 신장, 과학지식의 획득, STS 상호관계의 이해와 참여·실천 능력의 함양을 제시한다. 한편 공통 교육과정 「과학」에서는 학생들이 중학교 과학 학습을 통해 획득해야 할 과학지식을 '힘과 에너지' 이외에 18개의 범주로 나누어 제시한다. 그리고 「통합과학 1, 2」에서는 과학지식을 '물질과 규칙성'을 비롯하여 6개의 범주로 나누어 제시한다. 또한 과학적 탐구 능력을 배양시키기 위해서, '성취기준'에서 단원마다 1~4개의 탐구 활동을 제시한다.

포괄적으로 진술한 목적은 과학·사회·교육을 포함한 여러 분야를 연관시키는 장점이 있다. 그러나 너무 포괄적으로 진술하면, 학년·교과·교사의 의도와 선호도를 구체적으로 지시하지 못하는 단점도 드러낸다(Bybee et al., 2008). 『초·중등학교 교육과정 총론』(교육부, 2022)에 제시된 중학교와 고등학교의 교육 목표는 일반적인 용어와 내용으로 진술되어 있어서 실현 가능성과 방법이 모호하며, 모든 과목의 교육을 통해서 달성되기 때문에, [그림 4-2]에 제시되어 있는 목적이 아니라 이념으로 볼 수 있다.

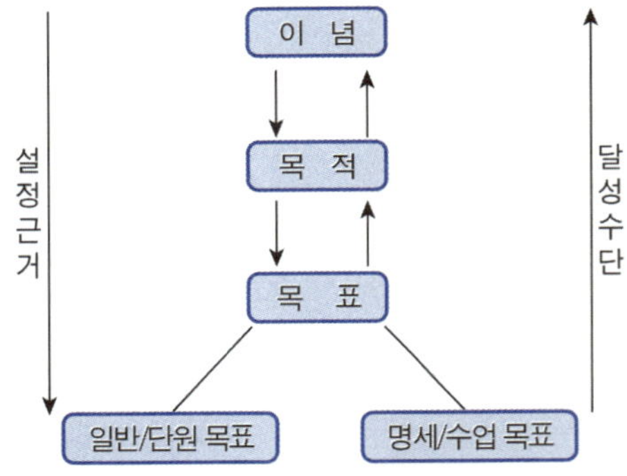

[그림 4-2] 이념 · 목적 · 목표의 위계적 관계

[그림 4-2]의 일반/단원 목표는 교육과정보다 학교의 교수·학습 현장과 더 밀접한 관련을 맺고 있으며, 목적보다 교수·학습의 방향·방법·내용을 더 구체적으로 제시한다(Bybee et al., 2008). 일반/단원 목표는 교수·학습을 통해 달성해야 할 행동과 내용에 관한 구체적인 진술로서 수업의 방향을 결정해 줄 뿐만 아니라 수업의 내용을 선정·조직하는 출처이자 기준이 되며, 수업전략을 선정하는 기준이 되고, 수업의 결과를 평가하는 준거가 된다. 일반/단원 목표는 단원계획이나 수업계획의 구성요소이며, 동사로 진술하지만 반드시 측정 가능한 동사가 아니어도 된다. 『2022 개정 과학과 교육과정』에서 내용을 성취기준별로 세분하여 진술한 단원 또는 장의 목표가 이에 해당된다. 과학 교육과정에서는 성취기준이 일반목표로 진술되어 있다.

명세/수업 목표의 필요성은 행동주의 심리학에 의해서 정당화되며(Hassard & Dias, 2009), 학습경험을 마치면 할 수 있을 것으로 기대되는 것을 기술하는 진술로서 교수·학습 과정안에는 필수적인 요소이다. 수업 목표(instructional objective)는 교수·학습의 의도된 결과(intended outcome)를 측정이 가능한 행동 동사(Mager, 1997)로 진술된다. 명세

/수업 목표는 교수·학습을 통해서 도달할 수준이나 수업의 결과로 진술하기 때문에, 수행 목표(performance objective)(Burden & Byrd, 2007)로, 측정이 가능한 행동 동사로 진술하기 때문에 행동 목표(behavioral objective)로 일컬어지기도 한다. 교수·학습의 결과로 진술한 행동 목표는 교수·학습의 방향을 구체적으로 지시하는 장점이 있지만, 학습자가 실제로 학습한 정도를 나타내기 어려운 단점도 지닌다.

이상에서 기술한 바와 같이, 교육의 이념·목적·목표는 서로 기능적 관계와 아울러 논리적 관계를 맺고 있다. 이념은 목적에 의해 실현되며, 목적은 목표를 통해 현실화되고, 목표는 교수·학습을 통해서 구현된다. 즉 목적은 이념을 추구하는 수단이며, 목표는 목적을 달성하기 위한 도구이다. 또한 이념은 목적의 근원이며, 목적은 목표의 출처이고, 목표는 수업 목표의 바탕이 되는 논리적 관계를 맺고 있다. 목표는 목적으로, 그리고 목적은 이념을 통해서 그 타당성을 정당화할 수도 있다(Martin, Sexton, & Franklin, 2009). 교사들은 교수·학습 과정안을 작성할 때 교육과정에 제시된 교육의 이념과 목적, 단원별 목표 및 내용을 바탕으로 명세/수업 목표를 설정하여 진술한다.

(2) 이념·목적·목표의 출처와 진술

교육 이념은 나라마다 다른 의미로 정의된다. 영국에서는 교과를 통해서 달성하려는 척도, 또는 일반적 지침을(Parkinson, 1994) 이념으로 정의하며, 저자(Ratcliffe, 1998)에 따라서는 목적(purpose)으로 부르기도 한다. 우리나라 교육과정에는 교육 이념이 법규상에 합목적인 형태로, 또는 교육과정의 맨 앞에서 그 취지의 형태로 진술되어 있다. 『초·중등학교 교육과정 총론』(교육부, 2022)의 '교육과정 구성의 방향'에서는 교육의 이념으로 '추구하는 인간상'과 그 안에 포함되어 있는(「교육법」 제1조에도 명시되어 있는) '홍익인간'을 제시한다. 교육과정 총론에는 '추구하는 인간상'이 다음과 같이 진술되어 있으며, '추구하는 인간상'을 구현하기 위한 교육과정 구성의 방침도 별도로 제시되어 있다.

> 우리나라의 교육은 홍익인간의 이념 아래 모든 국민으로 하여금 인격을 도야하고, 자주적 생활 능력과 민주 시민으로서 필요한 자질을 갖추게 함으로써 인간다운 삶을 영위하고, 민주 국가의 발전과 인류 공영의 이상을 실현할 수 있도록 함을 목적으로 한다.
>
> 이러한 교육 이념과 교육 목적을 바탕으로, 이 교육과정이 추구하는 인간상은 다음과 같다.
>
> 가. 전인적 성장을 바탕으로 자아정체성을 확립하고 자신의 진로와 삶을 스스로 개척하는 자기주도적인 사람
> 나. 폭넓은 기초 능력을 바탕으로 진취적 발상과 도전을 통해 새로운 가치를 창출하는 창의적

인사람

다. 문화적 소양과 다원적 가치에 대한 이해를 바탕으로 인류 문화를 향유하고 발전시키는 교양 있는 사람

라. 공동체 의식을 바탕으로 다양성을 이해하고 서로 존중하며 세계와 소통하는 민주시민으로서 배려와 나눔, 협력을 실천하는 더불어 사는 사람

교육과정에 제시된 목적에는 교과뿐만 아니라 교육의 철학과 가치가 반영되어 있으며, 세부과목별 교육과정 및 학교 급별 교육과정의 방향을 나타낸다(Wulf & Schave, 1984). 교육과정 이론에서는 이를 근거로 각 과목의 목표와 학교 급별 목표를 목적의 특성에 따라 선정·진술한다. 과학교육의 목적은 과학의 본성과 과학철학에 바탕을 두어 선정한 일련의 준거에 따라 설정하여 진술하는데, 과학교육의 목적을 설정하는 데 실제로 적용할 준거를 예시하면 다음과 같다(Bybee et al., 2008).

- 과학교육의 목적은 일반적으로 승인된 과학교육의 이념과 학교 과학 교수·학습의 목표를 포괄할 수 있을 만큼 종합적인 용어로 진술해야 한다.
- 과학교육의 목적은 교사·행정가·학부모가 모두 이해할 수 있어야 한다.
- 과학교육의 목적은 특정 과학 교수법에 편향되지 않고, 어떤 편견에도 치우치지 않게 중립적 언어로 진술해야 한다.
- 과학교육 목적의 수는 적어야 한다.
- 과학교육의 목적은 서로 개념적으로 달라야 한다.
- 과학교육의 목적은 수업목표와 학습목표에 쉽게 적용될 수 있어야 한다.

『2022 개정 과학과 교육과정』(교육부, 2022)에서는 목적, 또는 과학교육의 목적이라는 용어는 쓰지 않고, 공통 교육과정 「과학」과 목표, 고등학교 선택 중심 교육과정의 교과 목표로 진술되어 있다. 『2022 개정 과학과 교육과정』에서는 공통 교육과정 「과학」 교과의 '교육과정 설계의 개요'에서, 과목의 목표를 다음과 같이 제시하고 있다.

> 과학과 교육과정에서는 자기관리, 지식정보처리, 창의적 사고, 심미적 감성, 협력적 소통, 공동체 역량 등과 같은 범교과적이고 일반적인 총론의 역량과 연계하여 과학적 탐구와 문제해결 능력, 과학적 의사결정 능력 등을 기르는 데 초점을 둔다. 이를 위해 과학과 교육과정은 생태 소양, 민주 시민의식, 디지털 소양을 갖추고, 첨단 과학기술을 기반으로 융복합 영역을 창출하는 미래 사회 에 유연하게 대응할 수 있는 과학적 소양을 갖춘 사람을 양성하는 것을 목표로 함을 제시하고 있다.

과학과 교육과정에서는 의사결정력, 과학적·과학기술적 소양, 또는 STS 소양, 문제해결력, 과학적 탐구력, 과학적 사고력, 비판적 사고력, 과학지식의 획득, 창의력의 신장을 과학

교육의 목적으로 진술하는데, 『2022 개정 과학과 교육과정』의 공통 교육과정 「과학」에서는 '과학적 탐구와 문제해결 능력', '과학적 의사결정 능력' 등이 과학 과목의 총괄 목표에 포함되어 진술되어 있다. 우리나라 과학과 교육과정에서는 외국의 교육과정에서 중요시하는 '의사결정력'이 『2009 개정 과학과 교육과정』에서 처음으로 언급되어 지금까지 제시되고 있다. 생태 소양, 디지털 소양 등의 함양은 교육과정 목표로서 『2022 개정 과학과 교육과정』에서 처음으로 언급되었다.

[그림 4-2]에 제시된 의미의 과학교육의 목표, 특히 일반/단원 목표는 수업의 내용에 따라 천차만별한 형태로 기술된다. 그러나 과학교육의 목적과 마찬가지로 일반/단원 목표도 일정한 준거에 따라 설정하여 진술한다. 과학교육을 통해 달성할 일반/단원 목표를 설정하여 조직할 때에 적용하는 준거만도 다양하며, 각급 학교 과학교육 현장에서 일반적으로 적용하는 준거는 다음과 같다(Bybee et al., 2008).

- 과학수업의 목표는 과학교육의 목적과 관련시킬 수 있을 만큼 일반적이고, 과학수업을 계획하고 평가하는 방향을 제시할 수 있을 정도로 구체적으로 진술한다.
- 과학수업의 목표는 학생 · 교사 · 행정가 · 학부모가 모두 이해할 수 있도록 진술한다.
- 과학수업의 목표는 그 수가 적어야 하지만, 어느 절 · 단원 · 프로그램의 학습에도 적용할 수 있을 정도로 종합적으로 기술한다.
- 과학수업의 목표는 상호 간에 개념적으로 구분될 수 있게 진술한다.
- 과학수업의 목표는 가르치고 있는 내용에 적절하게 진술한다.

이와 같은 준거에 따라 설정된 과학교육의 목표는 누구나 이해하기 쉽고, 달성하기도 용이하다. 그러므로 일반/단원 목표는 교육과정의 내용을 상세화하는 데에도 활용된다. 미국의 「차세대과학교육기준(NGSS)」(National Academy of Sciences, 2012), 영국의 과학국가교육과정(DfEE & QCA, 2008), 『2022 개정 과학과 교육과정』은 단원, 또는 장의 내용요소를 세분화하여 목표 형식으로 진술한다. 다음은 『2022 개정 과학과 교육과정』의 「중학교 1~3학년군」의 몇몇 단원에 제시된 일반/단원의 성취기준 목표이다.

- **물질의 상태 변화**: [9과04-02] 물질의 세 가지 상태의 특징을 설명하고, 이를 입자 모형으로 표현할 수 있다.
- **빛과 파동**: [9과10-01] 빛의 반사와 굴절의 원리를 이해하고, 물체를 보는 과정을 빛의 경로를 이용하여 표현할 수 있다.
- **수권과 해수의 순환**: [9과18-01] 수권에서 해수, 담수, 빙하의 분포와 활용 사례를 조사하고, 자원으로서 물의 가치에 대해 토론할 수 있다.
- **자극과 반응**: [9과20-01] 감각기관의 구조와 기능을 이해하고, 실험을 통해 자극이 뇌로 전달되는 과정을 추론할 수 있다.

〈표 4-2〉에 기술되어 있듯이, 과학교육의 목적은 과학을 비롯한 다른 모든 과목의 교육을 통해서 달성할 수 있는 교육의 이념보다는 더 구체적이고 특수하지만, 과학수업의 목표보다는 더 포괄적이고 일반적인 말로 진술된다. 과학교육의 목적은 교육의 이념과 마찬가지로 국가나 사회가 설정하여 과학과 교육과정에 제시된다. 우리나라에서는 교육부가 의뢰한 연구기관이나 연구단체에서 과학교육의 목적을 설정하여 과학과 교육과정에서 진술한다. 목적은 과목별 또는 학교 급별로 지식 · 탐구력 · 태도 등 대개 10여 개 미만의 광범위한 영역에 관하여 전문적이지만 일반적인 용어로 진술한다.

〈표 4-2〉 이념 · 목적 · 목표의 관계와 차이

준거	이념	목적	목표
정의	교육과정의 수행을 통해 달성할 일반교육의 의도	이념에서 도출한 교과교육, 또는 (개별) 학교의 의도	목적에서 도출한 단원, 또는 일일 교수 · 학습의 의도
진술	일반적인(과학과 관련이 없는) 비전문적 용어로 진술	이념보다는 더 구체적인 비전문적 용어로, 그러나 해당 과목과는 관련된 용어로 진술	구체적인 전문적 용어로, 또는 수업의 결과로 진술
기간	몇 년에 걸친 장기	대략 1년 정도	일주일 또는 일일 수업
설정자	국가, 사회	국가, 사회, 학교	국가, 사회, 교사
실례	민주적 인간성 합리적 사고	과학적 소양 과학적 탐구 능력	과학적 연구 과정의 이해 힘의 종류 알기
교육과정	홍익인간, 추구하는 인간상, 학교 급별 목표	각 학교별 목표, 과목별 목표	세분화된 내용과 관련된 목표

〈표 4-2〉에 규정되어 있는 목표는 일반/단원 목표, 또는 수업/명세 목표를 가리킨다. 일반/단원 목표는 수업/명세 목표의 출처로서 한 단원, 또는 내용요소에 많아야 6~8개 정도 작성된다. 수업/명세 목표는 본질적 특성상 교수 · 학습을 통해 달성되는 교수 · 학습의 목표이기도 하다. 수업 목표는 행동이 나타나야 할 조건(condition), 도달점 행동(performance), 수락 기준(criteria)의 세 가지 요소로 진술한다(Mager, 1997). 이를테면 '책상 위에 있는 15개의 조각(조건)을 세 가지 이상의 종류(기준)로 분류할 수 있다(행동).'와 같이 진술한다. '이해한다,' '안다,' '소개한다.'와 같은 동사는 행동 동사이지만, 관찰이나 측정이 가능하지 않기 때문에 행동 목표의 진술에서는 쓰지 않도록 권장된다.

(3) 과학교육 목적의 종류와 변천

과학교육 목적은 과학철학 사상에 따라서, 그리고 과학교육 사조의 영향을 받아서 설정되며, 그리하여 과학철학 사상 및 과학교육 사조와 함께 변해 왔다. 지난 50여 년 동안 과학교육의 목적으로 과학지식, 과학적 탐구력, 과학의 태도가 제시되었지만, 현행 과학과 교육과정에서는 그와 아울러 과학 소양, 과학기술 소양, STS의 소양, 문제해결력, 의사결정력, 과학적 사고력, 비판적 사고력, 창의력도 중요시된다. 현대의 과학관과 과학사상에 따르면, 의사결정력이, 그리고 특별히 논술 능력을 함양시키기 위한 방편으로 비판적 사고력과 과학적 사고력이 과학교육의 목적으로 강조되고 있다.

① 과학지식의 획득

지금까지 가장 핵심적인 과학교육의 목적으로 제시되고, 그리고 모든 과학과 교육과정에서 한 번도 빠지지 않고 강조되어 온 과학교육의 목적은 과학지식의 획득이다. 학생들이 과학교육을 통해 획득하길 기대하는 과학지식은 과학을 과정과 산물로 대별할 때, 산물로서의 과학을 지칭한다. 과학지식은 연구 · 경험 · 추리 · 권위 · 직관 · 관찰을 통해 생겨나지만, 과학교육 목적의 대상으로서의 과학지식은 주로 과학교실의 교수 · 학습 및 과학 실험실 실험을 통해 획득되는 과학적 사실 · 개념 · 법칙 · 원리 · 이론을 지칭한다.

과학교육 목적으로서의 과학지식의 의미와 획득되는 과정에 관한 견해는 과학의 본성 및 과학철학과 함께 변해 왔다. 경험주의 · 합리주의 · 실증주의를 비롯한 전통적 인식론에서는 과학지식을 절대적 진리로 조직된 체계로 여기었으나, 구성주의를 포함한 현대의 인식론에서는 과학지식을 가변적 · 잠정적 특성을 지닌 설명체계로 규정한다. 절대적 진리 체계로서의 과학지식에 대한 교수 · 학습의 목표는 자연으로부터 과학지식의 발견, 발견된 과학지식의 암기나 기억, 그리고 과학지식의 의미와 그 구성요소 사이의 논리적 체계에 대한 이해에 두었다. 그러나 설명체계로서의 과학지식에 대한 교수 · 학습의 목표는 과학지식 및 과학지식의 구성요소가 형성 · 검증되는 과정과 유용성에 둔다. 과학지식이 획득되는 방법과 과정도 논리적 추론에서 사회적 합의로 바뀌었다.

『2022 개정 과학과 교육과정』(교육부, 2022)의 공통 교육과정 「과학」에서는 과학지식을 ‘힘과 에너지’, ‘전기와 자기’, ‘열’, ‘빛과 파동’, ‘물질의 성질’, ‘물질의 변화’, ‘물질의 구조’, ‘생물의 구조와 에너지’, ‘항상성과 몸의 조절’, ‘생명의 연속성’, ‘환경과 생태계’, ‘생명과학과 인간의 생활’, ‘고체 지구’, ‘유체 지구’, ‘천체’, ‘과학과 안전’, ‘과학과 지속 가능한 사회’, ‘과학과 진로’ 범주로 나누고, 각 범주별 내용 요소를 체계적으로 구성하여 학년 군별로 제시한다. 또한 고등학교 선택 중심 교육과정의 공통 과목인 「통합과학 1,2」에서는 기존 과학과의 구성 영역을 통폐합하거나 융합하여 '과학의 기초', '물질과 규칙성', '시스템과 상호 작용', '변화와 다양성' 및 '환경과 에너지', '과학과 미래 사회'의 범주로 재구성하여 기존 과학과의 영역에서 관련된 부분을 연계하는 형태로 구성하고, 각 범주를 다시 다양한 내용 요소로 구성하여 제시한다.

미국의 「차세대과학교육기준(NGSS)」(National Academy of Sciences, 2012)에서는 물리·화학, 생명과학, 지구 및 우주 과학, 공학과 기술 및 응용과학 분야에 핵심적인 아이디어를 관통 개념의 맥락과 연결시켜 과학과 공학이 통합된 영역에서 실천하는 방식으로 구성해 제시한다. 즉 수행 기대(performance expectation)를 K, 1, 2, 3, 4, 5, 6-8, 9-12의 학년별로 문장으로 제시한다. 영국의 과학국가교육과정에서는 과학지식을 주단계1, 주단계2, 주단계3, 주단계4의 네 단계로, 그리고 과학적 탐구, 생명과정과 생물, 물질과 그 특성, 물리적 과정의 네 영역의 중핵 과목으로 구분한다(DfEE & QCA, 2008).

중·고등학교 학생들이 과학교육을 통해서 획득해야 할 과학지식은 과학적 사실·개념·법칙·원리·이론으로 이루어진 과학지식과 그 구성요소뿐만 아니라, 통합적 개념 및 과정, 과학기술, 과학의 역사와 본성에 대한 지식을 총칭한다(Bybee et al., 2008). 이와 같은 과학지식의 요소와 하위요소들은 서로 다른 과정을 통해 교수·학습된다. 과학적 사실, 구체적 개념, 법칙은 관찰·측정·분류의 과학적 탐구 과정이나 발견학습 과정을 통해 획득되며, 추상적 개념이나 이론은 모형·비유·추리·사고를 통해서 형성된다.

② 과학적 탐구 기능의 습득

과학적 탐구 기능(inquiry skill)은 과학적 방법과 과학적 탐구의 과정 및 기술을 모두 일컫는다. 과학적 방법은 귀납법·연역법·가설-연역법 등 과학적 연구 또는 과학적 탐구에서 적용하는 방법과 원리를 일컫는다. 한편 과학적 탐구 과정은 문제제시·가설설정·실험설계·자료수집·결론도출과 같이, 과학적 연구와 과학적 탐구를 수행하는 과정을 가리키며, 과학적 탐구 기술은 관찰·측정·추리·예상, 의사소통 등 과학적 방법을 적용하거나 과학적 탐구 절차를 수행하는 과정에 필요한 기예를 통틀어 가리킨다.

과학교육 목적으로서의 과학적 방법은 과학과 교육과정에는 거의 제시되어 있지 않지만, 과학적 탐구 과정과 기능은 대부분의 과학과 교육과정에 제시되어 있다. 그런데 과학적 탐구 과정과 기능이 나라마다 다른 형식과 내용으로 제시되어 있다. 『2022 개정 과학과 교육과정』에는 내용체계에 '과정·기능'을 제시하고 있다. 자연과 일상생활에서 물질과 관련된 현상을 관찰하여 문제를 인식하고 가설을 설정하기, 관찰, 측정, 분류, 예상, 추리 등을 통해 자료를 수집하고 비교·분석하기, 적절한 변인을 포함하여 탐구 설계하기, 탐구 결과를 해석하여 결론을 도출하기, 수학적 사고와 디지털 탐구 도구 활용하기, 변인 간의 관계를 이끌어내기 위해 자료를 수집하고 이를 그래프로 변환하여 해석하기, 모형을 이용하여 현상을 설명하거나 예측하기, 과학적 증거에 기반하여 주장하기 등이 제시되어 있다. 또한 매 단원마다 1~4개의 탐구 활동이 제시되어 있어, 과학적 탐구 과정 및 활동의 중요성이 강조되어 있음을 알 수 있다. 또한 중학교까지 학습한 과학 내용과 탐구 활동을 연계하여 과학 기초 학력과 탐구 역량을 배양하기 위한 과목인 고등학교 '과학탐구실험1,2'를 이수하도록 함으로써, 과학적 탐구 활동과 체험, 그리고 산출물 공유의 경험을 통해 탐구 기능의 습득을 위한 기회를 제공하고 있다.

영국의 과학교육협회(ASE, 1986)에서는 과학적 탐구 기능으로 사고·의사소통·실험 기능을 제시하며, 과학국가교육과정(DFE, 2015)에서는 '과학적으로 탐구하기'로 이름을 붙인 과학적 탐구의 유형을 '시간을 두고 관찰하기', '양상 추구하기', '확인하고 분류하고 모으기', '비교적이고 공정하게 검사하기(통제된 실험)', 그리고 '이차자료를 이용한 연구하기'로 나누어 제시한다. 과학국가교육과정에서는 또한 과학적 탐구를 모든 내용에 걸쳐서, 그리고 적절한 상황에 맞추어 교수할 것을 강조한다. 한편 미국의 국가과학교육기준(NSES)(NRC, 1996)에서는 과학적 탐구를 일곱 내용기준의 하나로 설정하고, 과학적 탐구 수행 능력과 과학적 탐구에 대한 이해로 나누어 제시한다. 또한 「차세대과학교육기준(NGSS)」(National Academy of Sciences, 2012)에서는 첫 번째 차원의 '과학공학 실천'을 제시하여, 그것에 단순한 기술(skill)을 넘어 실행에 관련된 지식까지 포함시킨다.

학문중심 교육사상에 따라 개발된 과학 교육과정에서는 귀납적 일반화, 연역법, 가설-연역법을 과학적 방법으로, 그리고 가설의 검증 절차 및 기술을 과학적 탐구의 과정 또는 기능으로 규정한다. 현대의 과학철학에 따라 개정된 과학 교육과정에서는 과학적 방법에 사회적 합의와 토의를 더하고, 과학적 탐구 과정도 중요시한다. 『2015 개정 과학과 교육과정』에서 『제7차 과학과 교육과정』의 기초 탐구 과정에 '의사소통'을 추가하여 기초탐구 과정을 명시적으로 제시한 것은 이런 맥락을 반영한 것이다.

③ 과학 태도의 함양

각급 학교 과학교육의 핵심적 목적 가운데 하나로서의 태도는 사람·대상·현상·사건·사물에 관한 정신적 경향이다. 과학적 태도는 적어도 세 가지 이유 때문에, 과학교육의 목적으로 중요시된다. 첫째, 과학의 긍정적 태도는 과학에 적극적 자세를 갖게 한다. 둘째, 태도는 타고난 것이 아니고 교육과 경험을 통해 길러진다. 셋째, 특정 교육을 통해 길러진 태도는 다른 학습 · 탐구 · 경험에도 영향을 미친다(Martin, Sexton, & Franklin, 2009). 『2022 개정 과학과 교육과정』에서도 이와 같은 특성을 지닌 과학에 대한 태도를 과학 과목의 첫 번째 목표로서 다음과 같이 제시한다.

- **과학과 목표**: 자연 현상과 일상생활에 대한 흥미와 호기심을 바탕으로, 개인과 사회의 문제를 인식하고 과학적으로 해결하려는 태도를 기른다.
- **통합과학1,2, 과학탐구실험1,2 목표**: 자연 현상과 일상생활에 대한 흥미와 호기심을 바탕으로, 개인과 사회의 문제를 인식하고 과학적으로 해결하려는 태도를 기른다.
- **물리학 목표**: 자연 현상과 일상생활에 대한 흥미와 호기심을 바탕으로 물리학과 관련된 개인과 사회의 문제를 인식하고, 이를 과학적으로 해결하려는 태도를 기른다.
- **화학 목표**: 자연 현상과 물질에 대한 흥미와 호기심을 바탕으로 화학 관련 일상생활 문제를 인식하고, 이를 과학적으로 해결하려는 태도를 기른다.
- **생명과학 목표**: 생명 현상에 대한 과학적 흥미와 호기심을 바탕으로, 생명과학 관련 일상생활 문제를 인식하고 이를 과학적으로 해결하려는 태도를 기른다.
- **지구과학 목표**: 지구와 우주에 대한 과학적 흥미와 호기심을 바탕으로 지구과학 관련 일상생활 문제를 인식하고 이를 과학적으로 해결하려는 태도를 기른다.

과학교육의 목적으로서의 태도는 감정적 태도와 지적 태도로 대별된다(Martin et al., 2009). 어린 학생일수록 지적 태도보다는 감정적 태도를 보인다. 호기심은 모든 태도의 기본으로서 인내심 · 자신감 · 정직성 · 흥미 · 관심 · 의문으로 구성되어 있다. 합리적 태도로 일컬어지기도 하는 지적 태도는 과학적 탐구 과정을 수행할 때, 과학적 탐구 과정과 기능을 습득할 때, 과학지식을 획득하는 과정에서 함양된다. 그러므로 과학적 태도, 또는 과학에 대한 태도의 교수 · 학습 목표는 과학에 흥미를 느끼게 하며, 객관적으로 과학적 탐구를 수행하게 하고, 스스로 과학지식을 획득하게 하는 것에 둔다.

태도가 1960년대에는 과학에 대한 태도(attitude toward science), 과학자에 대한 태도, 과학의 학습에 대한 태도를 중심으로 연구되었으며, 과학에 대한 태도는 과학적 태도(scientific attitude)와 구분되었다. 과학적 태도는 개방적 마음과 같이 학생들한테 함양되길 기대하는 과학자의 특질(attribute)로서, 과학적 속성으로 인식되기도 한다. 1970~1980년대에는 과학에 대한 태도를 중심으로 연구되었다. 1990년대 이후에는 과학 및 과학 학습에 대한 태도에 관한 경험적 자료가 더 이상 수집될 수 없을 정도로 많은 양이 수집되었으며, 인지론이 대두되어 태도가 정서(affect) · 느낌 · 신념과 함께 인식에 통합됨으로써 과학에 대한 태도에 관한 연구마저도 줄어들었다(Koballa & Glynn, 2007).

태도는 신념 · 가치 · 흥미 · 의견과 자주 혼용되고 있다. 그러나 신념은 태도의 인지적 바탕으로서 태도보다 정보적이고 사실적이며, 가치는 옳고 그름이나 선악에 관한 도덕적 ·

윤리적 문제와 관련되어 있다. 흥미는 어떤 것에 반응하려는 의도로서 동기의 한 측면을 설명한다. 한편 의견은 태도나 흥미와 관련시켜 쓰이는 용어이기는 하지만, 정의적 영역에 대한 연구의 핵심적 주제는 아니다(Chiappetta & Koballa, 2010).

중·고등학교 과학교육의 목적으로 설정된 과학의, 또는 과학에 대한 태도는 과학지식의 획득에 영향을 미친다(Chiappetta & Koballa, 2010). 과학 공부가 흥미롭고, 즐거우며, 보람이 있다고 느끼는 학생일수록 과학을 열심히 공부하게 되고, 과학에 대한 성취도도 높아진다. 과학에 대한 긍정적 태도를 가진 학생은 과학과 관련된 사회적 문제의 해결에도 능동적으로 참여한다. 그러므로 과학교육 현장에서는 그 목적에 과학의 긍정적인 태도의 함양을 포함시켜 왔다. 과학의 태도는 과학의 용도와 그 가치를 보여줌으로써 더욱 효과적으로 교수·학습할 수 있다(Martin et al., 2009).

④ 과학 및 과학기술 소양의 함양

베이컨(Francis Bacon, 1561~1626)은 1620년 인류의 이상을 '과학적 노력의 궁극적 목적'으로 규정하였으며, 스펜서(Herbert Spencer1820~1903)는 베이컨의 그 생각에 동의하였다. 코넌트(James B. Conant, 1893~1978)는 1946년 일반인들을 위한 과학교육의 목적을 지칭하기 위해 베이컨과 스펜서의 말에 '과학적 소양(scientific literacy)'이라는 이름을 맨 처음 붙였으며, 허드(Paul DeH. Hurd, 1905~2001)는 1958년 과학적 소양을 과학교육의 목적과 핵심 주제로 설정할 것을 최초로 강조하였다(Hurd, 2000).

과학적 소양은 의사결정, 사회·문화적 활동, 경제적 생산성에 필요한 과학적 개념과 과학적 탐구 과정에 대한 지식 및 그에 대한 이해로서(NRC, 1996), 과학 교육과정, 과학교육 평가, 과학적 연구, 과학 교수·학습의 방향을 제시한다(Bybee, 1997). 과학적 소양은 현대 사회에서 유능하게 살아갈 수 있는 교양 있는 시민에게 필요한 과학지식, 기능, 의향(Colburn, 2003)을, 또는 과학적 능력(Hodson, 1998)만을 의미하거나 [그림 4-3]과 같은 요소(Ratcliffe, 1998)

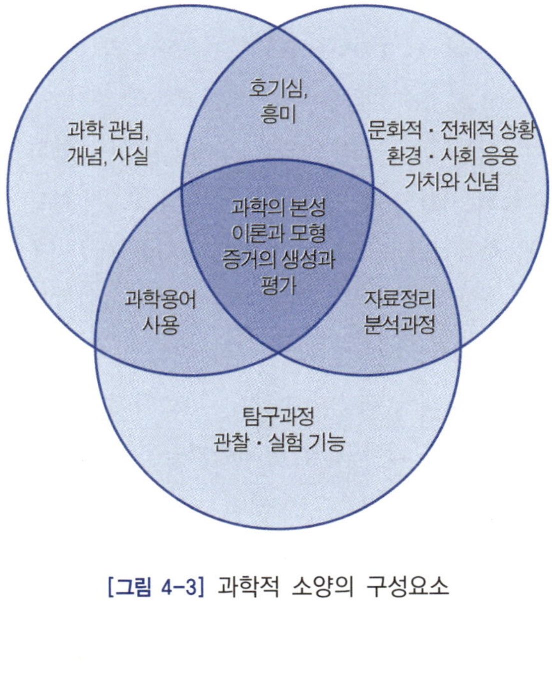

[그림 4-3] 과학적 소양의 구성요소

로 나타내기도 한다. 그러나 이러한 정의가 모두 과학적 소양의 본성을 충분히 나타내지는 못한다. 과학적 소양은 대상과 수준, 과학과 과학자, 상황에 따라 이 밖의 다양한 의미로 정의된다(Roberts, 2007).

이 정의를 통해서도 알 수 있듯이, 과학적 소양에는 과학지식과 그 응용, 과학 및 과학기술과 관련된 기능, 정의적 특성이 포함된다(Colburn, 2003). 다른 나라의 과학 교육과정에서는 과학적 소양을 모든 이가 가져야 할 능력으로 규정하고, 과학교육의 핵심적 목적으로 설정한다(Colburn, 2003; Hurd, 2000). 과학적 소양은 과학적 교양인으로서 갖추어야 할 자질·품성·덕목을 뜻하기도 한다. 과학적 교양인이 가지고 있어야 할 과학지식과 과학 및 과학기술과 관련된 능력의 구체적인 내용은 시대에 따라 변천되어 왔는데, 오늘날의 과학적 교양인은 다음과 같은 속성을 지닌 사람으로 여겨진다(Chiappetta & Koballa, 2010).

- 과학의 사실·개념·이론의 지식과 그런 지식을 응용할 수 있는 능력
- 과학적 정신과 과학의 본질에 관한 확실한 지식
- 과학과 기술의 가치에 대한 긍정적 태도
- 과학 및 기술의 가치와 과학·기술·사회가 상호 간에 영향을 미치는 방법에 관한 지식
- 문제해결과 일상적 의사결정에 과학의 과정을 이용할 수 있는 능력
- 과학과 관련된 사회적 문제에 대해 올바른 가치관을 갖고 합리적으로 의사결정하는 능력
- 직장·여가생활·사회에서 똑같이 적용할 수 있는 과학의 과정과 기술
- 과학수업의 결과로 얻어진 환경에 대한 보다 나은 견해와 이해

과학적 소양의 분류에 적용되는 기준은 다양하다. 그것은 먼저 실제적·문화적·시민적 소양(Shamos, 1995)으로, 또는 과학의 각 분야별 소양으로 나뉜다. 생명과학교육과정위원회(BSCS, 1993)에서는 생명과학교육의 목적을 생명과학적 소양으로 부르고, 그것을 규범적·기능적·구조적 소양으로 대별한다. 과학적 소양은 과학의 본성, 과학적 활동의 본성, 과학의 역할의 세 가지 요소에 따라 구분되기도 한다. 과학적 소양은 과학지식에 대한 이해, 과학적 활동 능력, 과학의 역할에 대한 인식으로 분류되기도 한다(Bauer, 1994).

『2022 개정 과학과 교육과정』에서는 과학과 교육과정의 목적을 '과학적 소양을 갖추고 더불어 살아가는 창의적인 사람'으로 제시하면서 과학적 소양을 강조하고 있다. '미래 사회에 유연하게 대응할 수 있는 과학적 소양을 갖춘 사람'을 생태 소양, 민주 시민의식, 디지털 소양을 갖추고, 첨단 과학기술을 기반으로 융복합 영역을 창출하는 사람으로 제시하고 있다.

⑤ STS 소양의 함양

STS 사상은 과학사회학·지식사회학·과학철학에 이론적 배경을 둔 과학에 대한 관점이자 현대 과학이 지니는 특성을 일컫는 과학의 본성의 별칭으로서 과학기술학(techno-science)으로 불리기도 한다(Hurd, 1997). STS 소양에는 과학교육의 목적으로 강조되는 과학적 소양 또는 과학기술 소양도 포함된다. 과학기술 소양은 과학과 기술이, STS 소양은 과학과 기술이 사회와 관계를 맺고 있다는 가정을 전제로 한다(Yager, 1993). 그러므로 STS 소양은 과학-기술-사회의 관계에 관한 지식과 인식으로 볼 수 있다.

과학교육 목적으로서의 STS 소양은 과학·기술·사회의 상호작용을 이해하고 그에 관해 의견을 교환하며, 과학기술의 효용성과 타당성을 평가하고, 민주시민으로서의 권리와 책임을 의미 있게 활용하는 능력이 모두 통합되어 형성된 종합적 능력이다(Zoller, 1993). STS 소양은 과학·기술·사회가 상호 미치는 영향을 이해하고, 과학과 기술로 야기된 사회적 문제를 원만히 해결하고 그 결과를 합리적으로 판단할 수 있는 능력으로 정의할 수도 있다. STS 소양에는 문제해결, 가치판단, 의사결정에 관한 지식과 그것들을 수행할 수 있는 능력도 포함된다(Yager, 1993). STS 소양을 이와 같이 정의하면, STS 소양에는 과학의 윤리적 특성과 그 교수·학습 방법에 관한 지식과 기능도 포함된다.

『2022 개정 과학과 교육과정』의 「과학」 과목에서도 과학교육의 목적으로 STS 소양을 강조한다. '과학과 사회'를 「과학」 과목의 다섯 개의 영역 중 하나로 제시하여, 과학과 안전, 과학과 지속가능한 사회, 과학과 진로 등을 다루고 있다. 또한 과목의 네 번째 목표로 '과학과 기술 및 사회의 상호 관계를 이해하고, 개인과 사회의 문제해결에 민주 시민으로서 참여하고 실천하는 능력을 기른다'고 제시하고 있다. 고등학교 선택 중심 교육과정 과학 과목의 성격도 모두 이와 비슷하게 진술되어 있다. 즉 각 과목의 STS 소양에는 과학적 태도, 기본적 과학지식, 과학적 사고와 창의적 문제해결력이 포함되어 있다.

⑥ 문제해결력의 신장

문제해결은 실용주의 교육사상과 진보주의 교육사조의 영향을 받아 개정된 제2차 과학 교육과정의 목적에 포함된 이래 지금까지 계속 강조되어 왔다. 그러나 과학교육의 목적으로서의 문제해결의 의미는 과학 교육과정의 이론적 배경에 따라 다르게 해석되었다. 진보주의에 이론적 배경을 두었던 교육과정에서는 일상생활에 관한 문제의 해결을, 학문중심 과학 교육과정에서는 과학지식을 기술에 응용하거나 과학과 기술을 사회에 적용할 때 제기되는 문제, 또는 학교에서 배운 내용을 다른 상황에 응용하는 문제의 해결을 의미한다.

현재는 과학 및 과학기술에 의해 생겨난 윤리적·도덕적 문제, 또는 그런 문제들과 관련이 있는 논쟁거리나 사회적 문제의 해결을 뜻하기도 한다(Hurd, 2000).

교과서의 장이나 단원의 마지막 쪽에 있는 문제풀이는 과학교육의 목적으로 제시되는 문제해결이 아니다. 문제해결은 교수·학습의 한 방법으로서 과학적 탐구의 본성 및 과정과 관련되어 있다. 교수·학습 전략으로서의 문제해결은 학생들로 하여금 실제로 조사하거나 탐구해 보고, 과학적 탐구 기능을 개발하며, 확고한 이해를 획득하게 하는 기능을 한다(Chiappetta & Koballa, 2010). 과학 교수·학습 수단으로 이용되는 문제해결에는 학생들의 능동적인 참여가 요구된다. 이런 의미의 문제해결은 대다수 중학생들에게는 쉽지 않으며, 다음과 같은 절차에 따라 진행하는 것이 바람직하다(Bybee et al., 2008).

- 해결할 문제를 확인한다.
- 문제를 세부적으로 나눈다.
- 잠정적 해결책에 관하여 토의한다.
- 바람직한 해결책을 선정한다.
- 해결책을 평가한다.
- 최종의 해결책을 결정하여 발표한다.

중·고등학교에서는 문제해결을 과제연구(project) 수행, 과학전람회(science fair)에 출품할 작품의 제작을 위한, 그리고 대학교에서는 학술지에 발표할 논문, 또는 학위 논문을 작성하기 위한 조사나 실험의 방법으로 활용한다. 이때의 문제해결은 대체로 해결할 '문제의 제시, 문제를 해결할 방법과 과정의 설계, 자료의 수집, 결론도출, 보고서 작성'의 절차에 따라 이루어진다(Chiappetta & Koballa, 2010). 중·고등학교에서는 문제해결을 학생들이 관념을 공유하고, 문제를 풀고, 새로운 과학지식을 발견하거나 획득하고, 추상적인 과학적 개념을 획득하는 것들에 목적을 둔 협동학습에 적용하기도 한다. 집단조사(GI)와 듀이(James Dewey)가 말한 과학경험이 이런 문제해결의 한 예이다(Hassard & Dias, 2009).

⑦ 의사결정력의 신장

일반적으로 의사결정(decision making)은 여러 가지 대안 가운데에서 객관적 근거에 바탕을 두어, 그리고 논리적이고 합리적인 절차를 통하여 몇 개를 선택하는 행동이다(Carin, 1997). 과학과 관련된 사회적 문제는 가치관과 집단이익이 관련되어 있어서 과학지식이나 과학적 방법과 그 기술만으로는 해결할 수 없다. 그런 문제를 해결하기 위해서는 그 외에 사회적 기준이나 환경적 가치관을 바탕으로 접근해야 한다. 특히 사회적 논쟁거리의 해결은 토론을 중심으로 이루어지기 때문에, 의사결정으로 볼 수 있다.

과학적 활동을 사회적 활동으로 규정하며, 과학지식을 사회적 합의의 산물로 보는 현대의 과학철학 사상과 구성주의 심리학에 따르면, 중·고등학교 과학교육의 일차적 목적은 의사결정력의 신장에도 있다. 오늘날에는 과학의 교수·학습도 사회적 과정으로 받아들여지는데, 이런 교수·학습의 전략으로 의사결정이 가장 효과적이다. 의사결정이 STS 논쟁거리, 또는 STS 문제(Chiappetta & Koballa, 2010)에 대한 조사와 분석, 그리고 과학을 STS와 환경의 관계를 강조하는 STSE로 규정하고, STSE와 관련이 있는 사회적 논쟁거리를 다루는 과학의 교수·학습에는 필수 전략이다(Ebenezer & Haggerty, 1999).

우리나라에서는 의사결정의 함양이 『2009 개정 과학과 교육과정』의 고등학교 선택교육과정 「과학」에서 처음으로 과학교육의 목적으로 설정되었다. 『2015 개정 과학과 교육과정』에서는 과학과 핵심역량 가운데 '과학적 문제 해결력의 신장'과 '과학적 참여'와 관련하여 의사결정력을 제시한다. 여기서 과학적 참여와 평생 학습 능력은 사회에서 공동체의 일원으로 합리적이고 책임 있게 행동하기 위해 과학기술의 사회적 문제에 대한 관심을 가지고 의사결정 과정에 참여하며 새로운 과학기술 환경에 적응하기 위해 스스로 지속적으로 학습해 나가는 능력을 가리킨다. 『2022 개정 과학과 교육과정』에서는 '교육과정 설계의 개요'에서 과학과 교육과정이 '과학적 의사결정 능력'을 기르는데 초점을 두고 있음을 명시하고 있다.

의사결정에는 전통적 의미의 과학적 탐구나 과학적 연구에서와 다른 기능과 기술이 필요하다. 제3차 과학 교육과정에 기술되어 있듯이, 학문중심 교육사상에 따른 과학 교수·학습에서는 그 목적으로 논리적 추리 과정과 그 기술 그리고 정교한 측정 도구를 사용할 수 있는 기능과 기술의 습득을 중요시하였다. 그러나 구성주의에 따른 과학 교수·학습에는 민주적 합의의 과정을 잘 수행할 수 있는 능력이 필요하다. 그런 능력은 객관적 관찰과 일반화, 솔직한 의사소통, 비판적 사고, 토론을 통해서 효과적으로 획득된다.

⑧ 과학적 사고력과 비판적 사고력의 신장

과학적 사고(scientific thinking)와 비판적 사고(critical thinking)는 경험을 통해 수집한 증거를 이용하고, 그 증거에 바탕을 둔 논리적 추리를 통해 결론을 도출하고, 그 증거와 논리적 추리 과정 및 결론에 회의적인 태도를 나타내는 사유, 한마디로 과학적 방법을 적용하는 과정이다. 이 세 가지 사유는 각각 경험론·이성론·회의론(skepticism)의 대상이다. 과학적 사고와 비판적 사고가 이와 같이 동일한 추론 과정으로 구성되어 있으나 꼭 동일한 사고는 아니다. 과학자가 과학적 방법을 적용하여 연구하는 과정은 과학적 사고이지만, 일반인들이 과학적 방법을 적용해 사회적 문제를 해결하는 사고는 비판적 사고이다.

과학적 사고와 비판적 사고의 이론적 배경은 실증주의에 있다. 학문중심 교육사상의 영향을 받아서 개정된 『제3차 과학과 교육과정』에서도 과학적 사고를 목적으로 설정하였다. 또한 『2015 개정 과학과 교육과정』의 「과학」에서는 과학과 핵심역량으로서 '과학적 사고력'의 신장을 강조하였다. 「과학」은 또한 과학적 사고력이 과학적 탐구 능력의 기초가 되며, 과학적 문제해결 능력은 과학적 사고를 활용하는 능력임을 진술한다. 이와 같이, 과학적으로 문제를 해결하는 과정은 기본적으로 비판적 사고이며, 이런 이유로 영국의 국가교육과정에서는 비판적 사고를 고등학교의 한 과목으로 설정하였다(DfEE & QCA, 2008).

⑨ 창의성의 함양

창의성이 일반적인 의미로는 새로운 의견을 낼 수 있는 능력으로 정의되며, 조작적으로는 변인들 사이의 새로운 관계를 인식할 수 있는 기능, 일상을 일탈할 수 있는 능력과 성향, 전통적 관례나 권위를 벗어날 수 있는 사고력을 통틀어 일컫는 말로 정의될 수 있다. 여러 가지 답을 제안하는 발산적 사고는 대표적인 창의적 사고인데, 발산적 사고로서의 창의적 사고는 논리적 추리나 비판적 사고와 뚜렷하게 대조된다. 논리적 추리와 비판적 사고는 정형화된 논증 과정을 따르는 형식적이고 수렴적인 사고이지만, 창의적 사고는 보편적 과정이나 방법이 적용되지 않는 개방적이고 발산적인 사고이다.

토랜스(Torrance & Sisk, 1997)는 창의적 사고가 어떤 문제・결핍・격차에 민감하게 반응하고, 문제를 설정하며, 그 문제에 답하기 위해 가설을 검증하며, 결과를 제시하는 것들과 같은 절차에 따라 수행된다고 주장한다. 이런 절차는 확산적 방법으로 수행할 경우 창의적 사고의 과정에 대한 정의와 어긋나지 않는다. 토랜스는 창의력(creative ability)에 유창성・융통성・정교성・독창성의 발산적 사고 이외에 문제에 대한 민감도(sensitivity), 시각화, 상상력, 은유적 사고, 분석・종합・평가, 변환, 확장, 직관을 제시한다.

외국의 과학과 교육과정에서는 20여 년 전부터 창의적 사고의 함양을 과학교육 목적으로 설정하였다. 과학교육 목적으로서의 창의적 사고력은 창의적 문제해결(Creative Problem Solving; CPS) 능력으로 규정되기도 한다(Bentley, Ebert, & Ebert, 2000; Torrance & Sisk, 1997). 세계의 유수한 과학영재 학교에서는 이런 의미의 창의적 능력의 함양을 과학교육 목적으로 설정한다. 우리나라에서는 『2007 개정 교육과정』(교육인적자원부, 2007b)에서 처음으로 과학과의 총괄 목표로 제시하고, 그 목표를 달성하기 위한 방편으로 자유탐구를 제시하였다. 이후 『2009 개정 과학과 교육과정』에서도 '창의적 문제해결력'을 「과학」 과목의 목적으로 설정하고 있으나, 이 목적을 달성하기 위한 방법은 제시하지 않았다. 더욱이 『2015 개정 과학과 교육과정』에서는 창의적 사고와 관련하여 '창의적으로 해결할 수 있는 과학적 소양'으로, 『2022 개정 과학과 교육과정』에서는 '과학적 소양을 갖추고 더불어 살아가는 창의적인 사람'으로 언급하고 있을 뿐이다.

과학지식을 절대적 진리로, 논리적 추리를 과학적 방법으로 받아들이는 전통적 과학철학과 그에 이론적 배경이 있는 과학교육 사상에 바탕을 둔 과학 교육과정에서는 논리적 추리와 비판적 사고 및 과학적 사고를 중요시할 수밖에 없었다. 그와 대조적으로, 과학적 연구 과정을 민주적 합의 과정으로, 과학지식을 그런 과정을 통해서 이루어진 합의의 산물로 보는 현대의 과학철학과 그에 이론적 바탕을 둔 과학 교육과정에서는 확산적·발산적·비유적 사고와 같은 창의적 사고를 더 강조할 수밖에 없다. 현대의 과학철학에 따르면, 과학적 이론을 표현하는 비유와 모형도 창의적 사고의 산물이다.

2. 과학 교육과정의 의미와 특성

교육과정 이론은 계속 변해 왔으며, 과학 교육과정의 정의와 속성에 대한 인식도 그와 함께 변해 왔다. 과학 교육과정의 정의와 속성에 대한 인식은 과학철학 사상과 심리학적 신념 그리고 과학의 발달과 더불어 변해 왔다. 과학 교육과정은 대개 과학을 학생들에게 가르칠 때, 어떠한 목적으로 어떤 내용을 어떻게 가르치고 평가할 것인가에 대한 일련의 계획으로 정의된다. 과학교사에게는 이런 과학 교육과정의 의미와 그 본성에 대한 이해가 필수적이다.

1) 과학 교육과정의 의미

교육과정은 교육의 특정 목적을 달성할 수 있게 설계된 활동의 프로그램(Hirst, 1974), 의도되고 계획된 목표와 내용의 체계(이규석, 1992), 학습을 위한 계획(Hassard & Dias, 2009; Taba, 1962) 등 여러 가지 의미로 정의된다. 교육과정은 교육기관에서 모든 교육을 마칠 때까지 요구되는 교육의 목적, 내용, 그리고 교육내용의 학습지도에 필요한 연한과 학습시간 배당에 관한 계획(서울대학교 교육연구소, 1994)으로 규정되기도 한다. 교육학자(Print, 1993)에 따라서는 교육과정을 이 밖에 형식교육 기관이 학습자에게 제공하는 계획된 학습의 경험이라 말하기도 한다.

일반 교육과정 교재에서는 교육과정을 교과·경험·목표·계획으로 특징짓지만, 교육학 분야에서는 지식과 그 조직, 사고 양식, 공동체나 사적 경험, 학습 환경, 인지적·정의적 내용, 수업계획, 수업목표, 공학적 생산체계로 기술한다. 교육학 분야에서는 교육과정을 교수내용·교수방법·교수요목, 학교의 지도하에 학생들이 겪을 경험, 구조화되고 의도된 학습결과로 규정하기도 한다(김종서 외, 1998). 교육과정은 이외에 그것을 보는 관점에 따라서도 다양한 구성요소로 특징지어진다(McNeil, 1996).

우리나라에서는 교육과정에 학교의 체계적인 지도하에 이루어지는 교과학습과 생활영역을 포함시키며, 그런 의미의 교육과정을 종전에 교육과정의 내용 또는 학교의 지도하에 이루어지는 교과학습의 영역을 뜻하는 교과과정(course of study; 教科課程)과 구분한다. 교육과정은 교육의 내용과 그 내용을 가르치는 과정이 핵심적 주제가 되는 하나의 체계적 탐구 분야이자 학문적 영역으로서, 교과목 또는 교수요목을 구성하거나 교수 방법을 개발하는 관점의 이론적 기초가 된다(서울대학교 교육연구소, 1994). 교육과정은 교과서보다 더 포괄적인 의미를 지니지만(Hassard & Dias, 2009), 교육학자(Kelly, 2004)에 따라서는 교육과정의 설계와 계획의 범위를 교수·학습의 내용에 한정시키기도 한다.

교육과정은 프로그램(program), 교과(subject matter), 교수요목(course of study) 또는 교과과정(course), 강의요목(syllabus)과 자주 혼용된다. 프로그램은 어떤 일 또는 과제를 수행하거나 진행할 계획을 말한다. 이를테면 일시적으로, 특정한 주제에 관하여 수행하는 현직 연수의 교육 내용과 과정은 프로그램이다. 이런 의미를 지닌 프로그램은 '과학 1급정교사 연수과정'이나 '과학영재담당자 연수 프로그램'과 같이 쓰면 합당하다.

교과는 학생들이 이수할 지식과 기술을 학문적 특성에 따라 나눈 영역이다. 우리나라 교육과정은 국어·수학·사회·과학 교과로 나뉘어 있으며, 대학교의 학과는 교과를 중심으로 구성되어 있다. 물리·화학·수학과 같이 교과 또는 교육과정을 학교의 교육에 맞게 그리고 더욱 세분하여 계통을 세운 영역을 교과목 또는 과목으로 부른다. 우리나라의 교육과정에는 과학 교육과정이 이런 의미에 따라 『과학과 교육과정』으로, 「물리」, 「지구과학」이 '과목'으로 표기되어 있다(교육부, 2022). 저자들(Kellough & Carjuzaa, 2009)에 따라서는 교과를 주요 영역으로 나누어 수업할 순서로 나열한 전체 내용을 과정(course)으로 규정하기도 한다. 또한 교과의 내용을 담고 있는 책을 교과서(textbook)라 부르고, 과학교육학·수학교육학과 같이 교과에 관한 교육을 교과교육학으로 정의한다.

교수요목은 교과를 구성하는 단원을 수업할 순서로 나열하여 조직한 목록 또는 교육과정 안내(curriculum guide)를 지칭한다. 우리나라의 제1차 교육과정의 별칭이었던 교과중심 교육과정에서는 각 과목별 내용만을 가리키기도 하였다(서울대학교 교육연구소, 1994). 우리나라 대학교의 요람 또는 교육과정에 기술된 「과목의 소개」에서 알 수 있듯이, 교수요목은 교과의 내용, 학점, 시간으로 구성되기도 한다. 대학교의 교육과정에서는 교수요목이 다음과 같은 항목을 중심으로 작성되기도 한다(Burden & Byrd, 2007).

- 교과의 목적
- 교과 내용의 개요(outline)(교과서 차례만으로 작성할 수도 있음)
- 학습 단원 및 단원별 학습 시간
- 강의요목(syllabus)
- 기자재 확보 및 주문 계획

강의요목은 특정 수업 또는 교과에 관한 정보의 진술로서(Kellough & Carjuzaa, 2009), 각급 학교 과학교육 현장에서는 교수요목과 혼용되고 있다. 강의요목은 교과의 내용, 절차, 이수 조건에 관한 진술이며(Burden & Byrd, 2007), 교수요목에 비하여 더 길게 작성된다. 강의요목은 개강 첫 번째 날에 교수들이 배포하는 강의계획서에서 볼 수 있듯이, 과목의 특성, 교수·학습의 목표와 내용, 교수·학습 전략, 평가 방법으로 구성된다. 강의요목 구성요소의 예를 들면 다음과 같다(Kellough & Carjuzaa, 2009).

- **교과에 관한 서술적 정보:** 교사의 이름, 교과의 이름, 대상 학년, 수업시간, 교실 등
- **교과의 특성과 중요성:** 교과의 특성, 학생들에게 유익한 점
- **자료 및 기구:** 교재, 참고도서, 필요한 자료와 기구-학교에서 공급할 것과 학생들이 개인적으로 구입할 것 등
- **목적과 목표:** 교과의 일반적인 목적과 목표
- **교수·학습 도구 및 기자재:** 교과서·참고서·보안경 등 교수·학습에 필요한 자료와 도구
- **숙제 및 과제:** 각종 장·단기 과제물
- **출석 및 참석:** 출석을 성적 및 평가에 반영하는 방법
- **평가 및 채점 절차:** 평가의 기준·절차·방법
- **기타 구체적인 정보:** 학생들 행동의 처벌, 수업 태도, 용모, 교과에 관하여 특별하게 주지시켜야 할 사항

미국에는 연방정부 수준의 국가교육과정이 없고, NRC(1996; 2013)와 같은 연구 조직이나 단체에서 과학교육 및 교육과정의 목적과 내용을 제시한다. 영국(DfEE & QCA, 2008)과 호주(ACARA, 2013)에는 국가교육과정(National Curriculum)이 있으나 교사들에게 의무적으로 부과되지는 않는다. 일본과 우리나라는 법령의 성격을 지닌 국가교육과정을 운영한다. 국가교육과정은 어느 나라에서나 교육의 목적을 달성하기 위해 선정한 교과·문화·경험을 교육적 관점에서 편성하고, 학습활동이 언제, 어디서, 어떻게 이루어질 것인지를 종합적으로 묶어져 개발되거나 개정된다.

2) 과학 교육과정의 유형

과학 교육과정은 과학철학 · 심리학 · 사회학 · 교육철학에 이론적 배경이 있다. 과학 교육과정의 의미와 내용이 시대적 · 사회적 상황 및 과학기술의 발달과 아울러 이런 학문 분야와 함께 변해 온 사실이 이를 증명한다. 1950~60년대의 학문중심 교육사상이 교육과정에 영향을 미친 이후에는 그 유형도 더욱 다양해졌다. 과학 교육과정은 여러 가지 준거와 방법에 따라 분류되는데, 그 가운데에서 내용의 출처와 성격이 가장 일반적으로 적용된다. 교육과정을 내용과 변천되어 온 과정을 준거로 적용해 분류하면 다음과 같다.

- **교과중심 교육과정**: 분과형(분리과학), 상관형(통합과학), 융합형(간학문 과학), 광역형(합본과학)
- **경험중심 교육과정**: 활동형, 중핵형, 생성형
- **학문중심 교육과정**: 나선형, 학제형, 개념위주 분과형, 과정위주 다과정형, 방법위주 개별화형
- **인간중심 교육과정**
- **STS 교육과정**(Bybee, 1993)
- **지식정보사회에 대비한 학생중심 교육과정**(황정규 · 이돈희 · 김신일, 2003)
- **STEM 또는 STEAM 교육과정**

교과중심 교육과정은 미국에서 1930년대 이전의 형식도야설에 입각해 운영되던(이홍우 · 유한구 · 장성모, 2003) 교육과정을 가리킨다(서울대학교 교육연구소, 1994). 교과중심 교육과정은 형식도야설을 수용하여 선천적으로 타고난 능력도 훈련시키면 도야되어 습득된다고 가정하고, 그런 생활과 유리된 내용을 선정하여 교과를 중심으로 구성하였으며, 교과서에 그대로 기술하게 하여 교과서의 기능과 필요성을 중요시하였다. 교과중심 교육과정은 진리가 문화에 있다고 가정하고 핵심적 문화의 전달에 그 목적을 두고, 교사중심의 설명을 위주로 한 교수법과 교과 영역 안의 학습을 강조하였다. 교과중심 교육과정의 첫째 유형인 분과형은 과목을 물리학 · 화학 · 생명과학 · 지구과학과 같은 교과 영역으로 나누고, 각 영역의 핵심 주제에 대한 해설과 설명을 중심으로 하되 종적으로 조직한 것이다. 상관형은 『2022 개정 과학과 교육과정』에 편성된 「통합과학1」의 '물질과 규칙성'과 같은 몇몇 분야에 공통되거나 상관이 있는 주제를 그와 관련된 원리나 법칙을 근거로 통합하여 한 과목 또는 모노그래프(monograph) 형식에 따라 횡적으로 조직한 통합과학(integrated science)을 말한다. 융합형은 생화학 · 물리화학 · 생물물리학과 같이 인접한 과목의 공통 요인을 중심으로 재조직된 융합과학(fused science) 교육과정, 즉 상관형에서 광역형에 이르는 과정의 과도기 단계에 있는 간학문 과학(interdisciplinary science) 교육과정을 말한

다. 『2015 개정 과학과 교육과정』에 따른 고등학교 「융합과학」은 물리 · 화학 · 생명과학 · 지구과학의 통합적 융합을, STEAM과 STEM은 과학 · 기술 · 공학 · 예술 · 수학의 간학문적 융합을 지향한다. 광역형은 『2022 개정 과학과 교육과정』의 중학교 「과학」과 같이 상관이 많은 유사한 과목을 하나로 묶은 합본과학(combined science)을 지향한다.

경험중심 교육과정은 진보주의 교육사상과 함께 대두되었으며, 경험을 기초로 하여 교과보다 생활을, 지식보다 행동을, 미래의 준비보다 현재의 생활을, 교수보다 학습을 더 중요시하며, 생활과 사회적 문제의 해결 및 협동학습을 강조한다. 경험중심 교육과정에서는 교과활동 못지않게 과외활동도 중요시하며, 생활인의 양성과 급변하는 사회에 잘 적응하는 인간의 육성에 목적을 두며, 전인교육을 강조한다(황정규 · 이돈희 · 김신일, 2003). 경험중심 교육과정은 생활의 문제를 해결할 능력과 안목을 강조하기 때문에 생활중심 교육과정으로, 학생의 요구와 흥미를 중심으로 경험을 구성하기 때문에 아동중심 교육과정으로 불린다. 활동형은 과제법(또는 구안법)(project)이 기본형으로서 학습자의 흥미나 문제를 중심으로 학습경험을 선정 · 조직한다. 중핵형은 교육과정 내용을 생활이나 학생의 요구와 관련된 주제 또는 경험을 중심으로 조직하며, 교과 · 개인 · 사회 중심의 중핵교육과정으로 나뉜다. 생성형 교육과정(emerging curriculum)은 사전에 계획을 세우지 않고 교수 · 학습에서 교사와 학생이 함께 주제와 내용을 정하는 창발적 교육과정이다.

학문중심 교육과정은 '지식과 탐구과정의 조직'을 말한다. 학문중심 교육과정에서는 학문이나 교과의 기본 구조를 중요시하며, 브루너(Bruner, 1960)의 교육사상은 교과의 핵심 내용을 '지식의 구조'로 조직한 나선형 교육과정을 강조한다. 브루너의 학문중심 교육사상은 직관적 사고와 내적 보상에 의한 학습동기도 강조한다. 한편 스와브는 탐구로서의 과학과 탐구중심의 과학교육을 중요시하여(Schwab, 1966) '탐구에의 초대'(Schwab, 1963)를 개발하였다. 분과형이 기본형이며, 나선형으로 조직한다. 1960년대에 PSSC, BSCS, ESCP, Chem Study, SAPA에서 제시한 교육과정과 교재가 이에 해당된다.

인간중심 교육과정은, 학문중심 교육사상의 타당성 및 실효성을 거부하고 인본주의에 바탕을 두어, 교육과정을 학생이 학교생활을 하는 동안 가지는 경험으로 규정한다. 정의적 내용과 인지적 내용이 통합된 종합적 내용을 중요시하며, 잠재적 교육과정과 표면적 교육과정을 똑같이 중요시한다. 인간중심 교육과정은 또한 개인의 의미와 요구를 중시하고, 자아실현을 그 목표로 설정하며, 인간화된 학교 분위기와 인문주의적 학습 환경을 강조한다. 인간중심 교육과정에서는 인간주의적 교사를 요구한다. 우리나라에서는 인간중심 교육과정이 제4차 교육과정에 처음 적용되었으며, 현행 교육과정의 이론적 배경이기도 하다.

인간중심 교육사상에 따른 과학 교수 · 학습 전략과 마찬가지로, STS 접근법도 학문중심 교육사상에 따른 과학 교수·학습 전략, 특히 발견학습과 탐구중심 과학 교수·학습 전략이 안고 있는 문제와 한계를 극복하기 위한 대안으로 제시되었다(Colburn, 2003). 우리나라 중·고등학교 과학교육 현장에서도 STS 교육과정을 강조한다. 『제7차 과학과 교육과정』에 이어, 『2007년 개정 과학과 교육과정』(교육인적자원부, 2007b), 『2009 개정 과학과 교육과정』(교육과학기술부, 2011), 『2015 개정 과학과 교육과정』(교육부, 2015), 그리고 『2022 개정 과학과 교육과정』(교육부, 2015)에서 4~5개의 과학교육의 목표 가운데 하나로 STS 목표를 제시한다. STS 교육과정은 내용에 따라 다양한 방법으로 조직되며, 여러 교재에도 반영되어 있다. STS 교육과정 내용을 조직하는 방법과 STS 사상을 반영하여 개발된 교재를 예시하면 다음과 같다.

〈STS 교육과정 내용 조직 방법〉

- 전통적 교수·학습에서 그 내용과 관련된 과학과 과학기술을 다른 분야 및 생활과 사회에 응용한 사례를 제시하는 방법: 우리나라의 과학 교수·학습 현장에서도 널리 이용된다.
- STS를 과목의 한 단원, 또는 장이나 프로그램의 한 부분으로 분리하는 방법: 과학 교과서에서 읽기 자료, 사회 속의 과학과 기술로 적용된다.
- STS를 하나의 독립된 과정이나 단일 과목(모노그래프)으로 설정한다.
- 간학문적·종합적 과정으로 개발하는 방법: 외국에서는 모노그래프로 작성하여 활용한다.

〈외국의 중·고등학교 STS 교재〉

- 『SISCON』: 과학사, 과학철학, 과학사회학, 국가의 과학정책, 환경문제에 관한 sixth-form 과정을 위한 자료
- 『SATIS』: GCSE 과학 교실에서 사용하는 모듈
- 『One-Minute Readings』: 80가지의 정답이 없는 토론 주제와 질문으로 구성
- 『Chemistry in the Community』: 이공계 대학교에 진학하려는 고등학교 화학 교재
- 『Chemistry: The Salter's Approach』: 16개의 일상적 상황을 주제로 한 고등학교 화학 교재
- 『Biology: A Community Context』: 토의·조사중심 교수·학습을 강조하는 고등학교 생물 교재
- 『Biology: A Human Approach』: 인간중심의 고등학교 생물 교재

〈외국의 대학교 STS 교재〉

- 『Chemistry in Context: Applying Chemistry to Society』: ChemCom의 철학적·지적 후속편
- 『Biology Today』: 사회적 논쟁거리 중심의 생물 교재

〈사회적 논쟁거리 중심의 교재〉

- 『Science-Technology-Society: Investigating and Evaluating STS Issues and Solutions』
- 『Issues in Science』: 사회적 논쟁거리 중심의 고등학교 과학 교재

과학 교육과정에 반영시킬 STS 교육은 지속가능한 개발(sustainable development), 의사결정, 윤리, 과학의 개인적 · 사회적 관계, 행동의 다섯 가지 요소로 구성되어 있다. 이와 같은 요소가 반영된 STS 교육과정은 과학지식과 과학에 대한 이해를 친밀한 상황, 일상적 생활 및 사물, 개인적 건강에 응용할 수 있는 능력을 지향한다. STS 교육과정에는 과학과 과학기술의 발달이 환경에 미치는 긍정적 · 부정적 영향도 포함된다(Alsop & Hicks, 2001). 일반적으로 STS 교육과정의 내용은 과학-기반 사회적 쟁점(science-based social issues)(Colburn, 2003)을 중심으로 선정 · 조직된다.

지식정보화 사회를 대비한 교육과정은 『제7차 과학과 교육과정』~『2022 개정 과학과 교육과정』에 반영되어 있듯이(황정규 · 이돈희 · 김신일, 2003), 학생중심으로 구성하는 것이 바람직하다. 지식정보화 사회에서는 새로운 지식의 생성 못지않게 기존의 지식과 정보의 이용이 중요하듯이, 지식정보화 사회 교육과정은 학습 능력을 스스로 신장시키고 학습 방법을 습득할 수 있게 구성한다. 또한 학생의 개인차를 고려하여 학습을 극대화하며, 학생이 능동적으로 참여할 수 있게 하는 학습을 유도하는 데 목적이 있는 교육과정이다.

교육과정은 이밖에 내용이 조직된 형태에 따라 분과형 · 상관형 · 동위형 · 광역형 · 중핵형 · 활동형 · 경험형으로, 범위 · 서열 · 연속성 · 통합성에 따라 교과형 · 광역형 · 사회기능형 · 활동형 · 경험형 · 중핵형으로, 그리고 설계의 원칙에 따라 교과중심 · 학습자중심 · 문제중심의 교육과정으로 분류된다. 교육과정은 실제성을 준거로 공식적 교육과정, 조작적 교육과정, 잠재적 교육과정 및 특별활동으로 구분되기도 한다. 교육과정은 이외에 철학적 관점과 교육학적 신조에 따라서도 그 의미와 종류가 다르게 해석된다.

3) 과학 교육과정의 운영 형식

중 · 고등학교에서 교육과정을 구성 · 운영하는 방법과 형식은 통합 교육과정과 조정 교육과정으로 대별된다. 통합 교육과정을 구성하는 방법은 교과를 묶는 방법과 학문적 분야를 연결하는 방법에 따라 두 가지로 나누어 논의할 수 있으나, 운영하는 방법은 더욱 세부적으로 나눌 수 있다(한국교육과정학회, 2002). 우리나라 중학교 과학 교수 · 학습 현장에서는 통합 교육과정을 운영하기 어렵고 기껏해야 합본과학을 운영할 수 있을 뿐이다. 『제7차 과학과 교육과정』~『2022 개정 과학과 교육과정』의 「중학교 과학」은 통합과학보다 합본과학에 더 가깝다. 그러나 『2015 개정 과학과 교육과정』의 고등학교 「통합과학」과 『2022 개정 과학과 교육과정』의 고등학교 「통합과학1,2」는 과목 전체를 '물질과 규칙성', '시스템과 상호작용', '변화와 다양성', '환경과 에너지' 영역으로 나누고 각 영역에 물리학, 화학, 생명과학, 지구과학의 내용을 통합하였다. 이는 중학교 '과학'보다는 더 실질적으로 과학영역 내의 통합을 시도하였으나, 교수・학습 과정 안에서 중심 분야가 특정지어진다는 점에서 합본과학의 성격을 여전히 많이 띠고 있다.

(1) 조정과학 교육과정

조정과학(coordinated science) 교육과정은 고등학교 선택중심 교육과정의 과목들과 같은 전통적 분리과학(separated science) 체제로 운영되는 교육과정이다. 조정과학은 영역과 균형의 두 가지 교육과정 개발 원리를 만족시키는 방법으로 제안되었다. 분리과학으로 일컬어지기도 하는 조정과학과 근래에 제안된 통합과학은 여러 가지 측면에서 확연하게 다른데, 그 차이를 요약하면 〈표 4-3〉과 같다(SSCR, 1987).

〈표 4-3〉 조정과학과 통합과학의 차이

조정과학	통합과학
방법이 문제에 따라 결정된다.	방법이 문제와 관계없이 통일・통합되어 있다.
개념의 다양성이 강조된다.	개념의 종적 통일성을 중요시한다.
활동의 질적 차이가 복잡성의 수준에 기인한다.	환원주의 철학: 모든 영역은 한 활동의 부분이다.
조정의 정도에 따라 혼동할 수 있다	인위적 통합으로 혼돈을 야기할 수 있다.

분리과학은 각각 물리학・화학・생명과학・지구과학을 전공한 과학교사에 의해 독자적으로 운영된다. 분리과학은 내용의 중복이나 행정상의 반복을 피하기 위해 중・고등학교의 과학과나 과학부와 같은 운영 체제를 구성하고, 그런 조직의 관리와 조정을 통해 종합적으로 운영된다. 대다수의 고등학교 과학교사들은 분리과학에 익숙해져 있고, 분리과학을 통합과학보다 더 쉽고 편안한 마음으로 받아들이는 경향이다.

조정과학은 선택 과목의 운영으로도 효과적이지만, 과목을 분리해 운영함으로써 드러나는 한계와 문제도 안고 있다. 첫째, 그것은 시간표와 관련된 문제를 일으킨다. 둘째, 분리과학은 학생들이 특정 교사와 제한된 시간의 범위 안에서 접촉할 수밖에 없게 한다. 셋째, 분리과학은 교사의 관점이 적게 반영되어 있다. 넷째, 과학이 물리・화학・생물・지구과학의 네 분야로만 구성되어 있다는 관점을 가지게 할 수 있다.

이런 문제를 해결하기 위해 물상과학(physical sciences)과 생물과학을 병렬적으로 운영하거나 모든 과목을 모듈(module)로 구성해 활용한다. 앞의 방법은 『제1차 교육과정』에서

「물상」과 「생물」로 나누어 적용했으며, 미국의 일부 중학교에서는 지금도 적용되고 있다. 뒤의 방법은 서양의 각급 학교에서 이용되고 있다. 이 두 가지 방법은 조정과학이나 통합과학을 운영하기 어려운 상황에서 그 대안적 방법으로 적용되기도 한다.

(2) 통합과학 교육과정

통합과학은 극단적 실증주의 인식론에 따라 통일과학(unified science)을 강조한 환원주의에 이론적 배경이 있다. 통합과학의 내용은 물리학 · 화학 · 생명과학 · 지구과학으로 구성되어 있지만, 통합된 내용이 복잡하게 결합되어 있어 그 기원을 구분하기 어려운 교육과정을 말한다. 통합과학의 교수 · 학습 과정안은 어느 분야의 주제를 중심으로 개발되었는지 확실하게 말하기도 어렵다. 『2022 개정 과학과 교육과정』에 편성된 「통합과학」의 '환경과 에너지' 단원이 통합과학의 한 예이다. 교육과정 영역으로서의 통합과학은 학습경험을 과학의 통일성뿐만 아니라 관련된 교과들 사이의 상호관계도 강조하도록 조직된다.

과학은 내용 · 과정 · 상황 · 주제를 중심으로 통합할 수 있다. 1960년대의 과학 교육과정 개혁운동은 과학지식을 중심으로 통합과학을 구성하였으나 대부분 합본과학으로 조직되었다. 과정중심의 통합도 과학적 탐구 과정은 과학의 각 분야에 고유한 속성이라는 점과 과학은 과정과 개념을 서로 떼어놓고 생각할 수 없는 문제를 안고 있다. 상황을 중심으로 한 통합은 교과의 관련성을 높여주며 적용하기도 쉽다. 또한 환경이나 에너지와 같은 포괄적인 주제는 여러 분야의 개념을 포함하기 때문에, 주제(theme)를 중심으로 한 통합(Colburn, 2003)도 우리나라의 학교 현실에는 실용적이다. 이런 특성을 지닌 통합과학은 『2022 개정 과학과 교육과정』의 고등학교 「과학의 역사와 문화」와 구분된다. 고등학교 「과학의 역사와 문화」는 STEAM처럼 과학내의 영역뿐만 아니라 다른 학문과도 종합된 형태의 과학이다.

『2022 개정 과학과 교육과정』의 「통합과학1,2」는 기존 과학과의 구성 영역인 운동과 에너지, 물질, 생명, 지구와 우주를 통폐합하거나 융합하여 다시 물질과 규칙성, 시스템과 상호 작용, 변화와 다양성 및 환경과 에너지의 영역으로 재구성하였다. 예컨대 물질과 규칙성이라는 영역은 기존의 물질 영역을 중심으로 하되, 물질의 형성과 결합 원리를 뒷받침하기 위해 운동과 에너지, 생명, 지구와 우주 영역에서 관련된 부분을 연계하는 형태로 구성하고, 각 영역은 다시 다양한 핵심 개념들로 구성하였다. 기존의 「과학」과 달리, 영역별로 과학 교과 내의 통합을 시도하였으나 주제 중심의 유기적인 통합에 비해서는 아직도 분절적이다. 이런 현실적 특성 때문에, 통합과학과 융합과학이 쉽게 구분되지 않는다.

교육과정 이론에서는 “통합 교육과정”의 ‘통합’을 이와 다른 의미로 규정하며, 통합 방법과 통합 교육과정의 유형도 이와 다르게 분류한다. 한국교육과정학회(2002)에서 펴낸 교재에서는 교육과정의 통합 방법을 교과를 묶는 형태와 학문을 연결시키는 방식으로 구분하고, 묶는 형태와 연결 방식의 두 측면에서 구조적 통합과 경험적 통합으로 나눈다. 교과를 묶는 형태와 학문을 연결하는 방식에 구조적 통합 방법과 경험적 통합 방법을 연결한 다음에는 교육과정을 통합하는 방법을 합산적(summed) · 기여적(contributed) · 융합적(fused) · 기능적(functional) 통합으로 다시 나눈다.

(3) 합본과학 교육과정

우리나라 중학교 과학에서 볼 수 있듯이, 합본과학에서는 각 교과의 정체성이 대부분 유지된다(SSCR, 1987). 합본과학 교과서는 각 단원별 전문가들의 협동으로 저술되며, 단원별 주제는 물리학 · 화학 · 생명과학 · 지구과학 가운데 한 분야로 말할 수 있다. 합본과학은 합본되는 교과의 수와 양식에 따라 두-교과 과학과 간학문 과학으로 구분된다.

두-교과 과학(two-subject science)은 물상과학과 생명과학으로 이루어진 미국의 중학교 과학이 대표적인 예이다. 물상과학에는 물리학 · 화학 · 천문학의 단원이나 장이 포함되며, 생명과학에는 생명과학 · 화학 · 지구과학의 내용이 포함된다. 두-교과 과학은 그 구성상 분리과학과 통합과학의 중간적인 상태에 있으며, 그 두 방법의 장점을 모두 지닌다. 합본과학은 그에 연합시키는 물상과학과 생명과학의 비율을 전공교사의 비율, 학생들의 요구, 학교의 여건에 따라 결정할 수 있는 장점도 지닌다.

간학문 과학은 통합과학과 비슷하고, 합본과학은 분리과학에 더 가깝다. 간학문 과학은 두 가지 이상의 학문적 영역이 섞여진 복합과학으로서 섞여진 영역은 과학 내의 여러 분야만일 수 있고 다른 학문 분야일 수도 있다. 과학으로 야기된 사회적 문제는 대부분 과학과 사회학 · 경제학 · 윤리학 등 과학 이외의 학문 간 융합이나 통합이 바람직하다.

(4) STEM/STEAM 교육과정

교육과정 통합(curriculum integration)은 STEM(Science, Technology, Engineering, & Mathematics) 교육의 주도로, 그리고 『Framework for K-12 Science Education』(2012)과 차세대과학기준(NGSS)(NGSS Lead States, 2013)이 발행된 이후부터 그 필요성이 더욱 중요시되었다. 근래의 과학 교육과정에서 비판적 사고와 문제해결 기능이 줄어든 것도 교육

과정 통합이 촉진되는 하나의 계기가 되었다. 엄밀한 의미에서, 통합 교육과정은 간학문 교육과정 및 주제중심(thematic) 교육과정과 구분된다. 통합 교육과정은 통합된 교과의 영역을 분리하기 어려운 교육과정을, 간학문 교육과정은 교과가 혼합되어 있어서 혼합된 교과를 다시 분리해 낼 수 있는 교육과정을, 그리고 주제중심 교육과정은 전통적 교과의 경계를 관통하는 주제를 중심으로 조직된 교육과정을 말한다(Czerniak & Johnson, 2014).

미국의 과학교육학자들은 현대 과학이 영역에 따라 다른 학문 영역과 통합적으로 겹쳐 있다고 보고, 특히 과학·기술·공학·수학의 네 교과가 서로 긴밀하게 얽혀 있는 STEM을 한 세기 전만 하더라도 상상조차 할 수 없었던 인간의 획기적인 발전을 초래한 통합적 학문으로 인정한다. STEM 교육의 특성은 과학·기술·공학·수학이 간학문적 접근법을 통해서 확실하게 관련성이 있는 실제 세계의 학습경험으로 결합되어 통합된다는 점이다(Chiappetta & Koballa, 2015). 이러한 특성 때문에, 과학교육 현장에서는 STEM을 통합 교육과정으로 규정하며(Czerniak & Johnson, 2014), 일부의 과학교육학자들(Sousa & Pilecki, 2018)은 같은 이유로 STEM보다 STEAM을 더 강조한다.

STEAM(Science, Technology, Engineering, Arts & Mathematics)은 STEM에 Arts(예술)이 더해진 한국형 융합교육의 패러다임(paradigm)이다(한국과학창의재단, 2013). STEAM의 독특성은 과학기술 관련 문제의 해결책을 실제 세계에서 찾게 한다는 점이다. 한국과학창의재단(2019)에서는 이런 특성을 근거로 STEAM을 "과학기술에 대한 학생의 흥미와 이해를 높이고 과학기술 기반의 융합적 사고력(STEAM Literacy)과 실생활 문제해결력을 배양하는 교육"으로 정의한다. 한편 『2015 개정 과학과 교육과정』(교육부, 2015)과 『2022 개정 과학과 교육과정』 '교수·학습 방향'에서는 창의융합형 인재의 양성에 중점을 둔 문·이과 통합 교육과정의 일부로서 '융합적 사고와 과학적 창의성을 계발하기 위해 내용 연계성을 고려하여 과목 내 영역이나 수학, 기술, 공학, 예술 등 다른 교과와 통합 및 연계하여 지도할 수 있음'을 제시한다.

3. 과학교육 사상과 과학 교육과정

교육과정은 교육철학에 바탕을 두고, 교육사상을 반영하여 제정된다. 당연히 과학 교육과정은 과학철학과 과학교육 사상에 근거하여 개발된다. 과학 교육과정이 과학철학에 이론적 배경이 있는 과학교육 사상과 함께 변천하여 온 사실이 이를 증명한다. 과학교육 사상은 과학교육에 대한 과학철학적 탐구와 과학적 사고로서 과학교육관, 또는 과학교육학 이론으로 일컬어지기도 한다. 우리나라 과학교육학의 발전과 과학 교육과정의 개발에 영향을 미친 과학교육 사상은 이론적 배경에 따라 전통적 과학교육 사상과 현대의 과학교육 사상으로 나뉜다. 이 절에서는 현대의 과학교육 사상에 관해서만 기술한다.

1) 과학교육 사상

과학교육은 과학철학과 심리학의 영향을 많이 받는다. 현대의 과학철학과 심리철학 사상에 이론적 바탕을 두고 있으면서, 과학 교육과정의 개발에 영향을 미치는 교육사상 또는 교육사조는 학문중심(discipline-centered) 교육사상, 인간중심(human-centered) 교육사상, 지식정보화 사회(knowledge-based society) 교육사상(황정규 · 이돈희 · 김신일, 2003)이다(〈표 4-4〉). 현행 중 · 고등학교 과학 교육과정은 지식정보화 사회 교육사상/교육사조 이외에 STS 또는 STSE 교육사상의 영향도 크게 받고 있다.

〈표 4-4〉 현대의 과학교육 사조와 영향

교육사상/교육사조	이론적 배경	교육의 목적과 교육과정	영향을 받은 교육과정
학문중심	경험주의 실증주의	지식의 기본 구조 탐구로서의 과학	제3차 교육과정
인간중심	상대주의 관념주의	인간에 관한 주제와 소재	제4, 5차 교육과정~2022 교육과정
STS/STSE 중심	구성주의	과학-기술-사회의 관계	제6차 교육과정~2022 교육과정
지식정보화사회 중심	구성주의	전인교육, 창의성 교육	제7차 교육과정~2022 교육과정

교육사상은 교육의 목적과 그 실현을 위한 교육의 원리들을 체계적으로 전개하는 사상으로서, 교육학자에 따라서는 이런 교육사상을 교육철학 · 교육관 또는 교육이론과 동의어로 사용하거나 혼용한다. 교육사상은 주로 이상적인 교육의 모습을 규범적으로 제시하며 교육의 궁극적 목적이나 목표를 제시하는 것을 특징으로 하는데, 이러한 교육사상의 경향을 일컬어 교육사조라 한다. 교육사조는 교육 프로그램의 실천 및 개혁과 관련된 교육이론의 경향성을 가리키기도 한다(서울대학교 교육연구소, 1994).

(1) 학문중심 과학교육 사상

학문중심 교육사상은 1957년 소련에서 쏘아 올린 최초의 인공위성 스푸트니크(Sputnik)에 대한 미국의 충격과 아울러, 산업사회의 대두와 과학지식이 기하급수적으로 팽창한 국제적 상황에서 대두되었다. 학문중심 교육사조는 진보주의 교육사조가 안고 있는 한계와 문제를 조사·분석하는 과정에서 그 체제가 구성된 교육사상으로서, 좁은 의미로는 1950년대 말 미국에서 시작된 교육과정 개혁운동의 한 사조를 지칭하기도 한다. 종래의 진보주의 교육사조에 기초한 경험중심 교육과정은 일상생활에서 제기된 문제의 해결을 지나치게 강조함으로써 과학에 있어서 학문적 발달을 지연시키는 결과를 초래하였다. 학문중심 교육사조는 당시 과학철학의 주류였던 실증주의 과학철학을 받아들여 과학교육에 있어서 과학의 기본적 개념과 과학적 탐구 방법을 중요시하였다.

학문중심 교육사상은 브루너(Bruner, 1960)와 스와브(Schwab, 1964; 1966)의 저술과 연구에 반영되어 있다. 브루너는 '교육의 과정(過程)(The Process of Education)'에서 산물로서의 과학, 즉 과학의 기저가 되는 일반적인 개념과 원리로 정의되는 과학지식의 기본구조의 중요성을 강조하고, 과학교육의 목적으로 과학지식을 응용하여 문제를 해결하는 능력과 과학적 소양의 함양을 강조하였다. 스와브는 탐구로서의 과학(science as enquiry)(Schwab, 1966)을 중요시하고, '학문의 구조(Structure of the Discipline)'(Schwab, 1964)에서 과학적 탐구를 과학의 구문론적(syntax) 속성으로 규정하고, BSCS의 생물교사 안내서(Biology Teachers' Handbook)에서 '탐구에의 초대(invitation to enquiry)' (Schwab, 1963)를 발간하였다. 브루너와 스와브의 과학 및 과학교육에 대한 사상적 견해에 이론적 배경을 둔 1960년대의 과학 교과서는 분야별 핵심적 과학지식과 과학적 탐구의 과정 및 기능을 중심으로 구성되었으며, 우리나라의 제3차 과학 교육과정도 그 영향을 받아 교육과정의 내용을 탐구중심으로 선정·조직하는 계기가 되었다.

학문은 각 분야에 독특한 기본적 개념과 탐구의 방법 및 과정으로 구성되어 있다고 강조하는 브루너와 스와브의 학문중심 교육사상은 적어도 두 가지의 적용상의 문제 때문에, 1970년대부터는 교육학과 일반사회로부터 도전을 받게 되었다. 첫 번째 문제는 학생을 과학자로 가정하고 과학자의 과학적 연구와 과학 활동, 과학사에 나타난 과학의 발달 및 그 과정을 적용한 과학 교수·학습 방법을 강조한 점이다. 학생들이 과학자일 수 없으며, 과학이 과학사적으로 발달해 온 과정과 학생들이 학교에서 과학을 학습하는 과정이 같지 않다는 근거가 많이 나타났다. 두 번째 문제는 과학 및 과학기술의 본성에서 비롯하였다. 과학기술에 의해 생긴 사회적 문제는 탐구중심 과학교육을 통해 획득한 과학지식과 그 과정에서 습득한 기능만으로는 해결하기 어려웠다.

(2) 인간중심 과학교육 사상

인간중심 교육사상은 우리나라에서만 거론되어 온 교육사조이다. 인간중심 교육과정은 인간이 성장할 수 있는 가능성을 최대한으로 발휘하게 하고, 학생을 인간으로 존중하며, 풍부한 인간성을 개발하고, 개인적으로 만족스럽고 사회의 발전에 기여할 수 있는 삶을 영위하게 하는 교육과정의 정신을 말한다. 인간중심 교육과정은 인간의 이상과 가치를 실현하기 위한 교육, 인간의 복지향상을 위한 교육, 도덕적·윤리적 가치관의 함양을 위한 교육을 중요시하였다. 제4~5차 과학 교육과정에 절대적인 영향을 미쳤으며, 그 이후의 교육과정에는 부분적인 영향을 미쳤다. 이러한 인간중심 교육과정이 대두된 배경과 특성을 요약하면 다음과 같다(황정규·이돈희·김신일, 2003).

〈인간중심 교육과정의 대두 배경〉

- 현대사회의 비인간화 심화: 초고속으로 발달하는 산업문명과 기계문명, 관료화·조직화·정보화된 사회로 인하여 인간성이 상실되고 소외되는 현상
- 1970년대 이후 학교 교육의 실패: 대형화·제도화·조직화·규격화·경직화로 인한 비인간화
- 학문중심 교육과정에 대한 비판: 학자중심 교육, 어린 학자를 키우는 교육, 지적 학습만 강조하는 교육, 다수의 학생을 지적 열등아로 각인시키는 인간성 개발을 외면한 교육의 비판

〈인간중심 교육과정의 특성〉

- 자아를 실현하는 인간을 기른다.
- 교육의 환경을 인간화시킨다.
- 지적 능력의 성취보다 정의적 특성의 발달을 도모한다.

인간중심 교육사조는 행동주의자가 연구 방법으로 이용하는 과학적 방법과 연합론자가 인간의 본성을 결정론적으로 보는 입장에 반대한다. 인간은 민주사회의 구조적 틀 속에서 효과적으로 발달한다고 보고, 교육과정은 인간에 초점을 맞춘 내용으로 선정하여 학생들의 관심을 끌 수 있는 주제와 소재로 조직해야 한다고 주장한다. 이런 사상에 따라서, 생명과학 교과서에서는 그림이나 도식과 같은 형식적 도구가 아니라 구강세포, 인간의 발생 및 성장과 발달, 사람의 유전을 다루며, 『제7차 과학과 교육과정』의 「생물 I」의 전체 내용은 인간에 관한 주제와 소재로 구성되어 있으며, 『2009 개정 과학과 교육과정』, 『2015 개정 과학과 교육과정』, 『2022 개정 과학과 교육과정』에서도 인간과 관련된 내용을 중요시한다.

(3) 지식정보화 사회 교육사상

과학지식의 양은 1990년대를 기준으로 3.5년마다 두 배가 될 정도로(Hurd, 1997) 폭증하였다. 현대 사회는 과학지식이 이처럼 폭발적으로 늘어나고, 그렇게 생성되고 소멸되는 주기가 점점 짧아지며, 물질을 숭상하는 산업사회와 달리 지식과 정보에 가치를 두기 때문에, 지식정보화 사회로 일컬어진다. 지식정보화 사회는 새로운 아이디어의 창출과 기술의 혁신이 요구되기 때문에, 지식기반사회 또는 정보화사회(information society)로 일컬어지기도 한다. 지식정보화 사회에서는 과학지식이 가장 핵심적이고 큰 가치를 지닌 자원이 된다(황정규 · 이돈희 · 김신일, 2003).

지식정보화 사회에서는 정보를 효율적으로 생산 · 저장 · 재생 · 유통 · 활용할 수 있게 하는 컴퓨터 · 전자통신 등 정보공학(Information Technology; IT) 기술 및 그에 바탕을 둔 IT 산업이 각종 변화의 견인차 역할을 한다. 지식정보화 사회에서는 전문적 지식과 정보를 생산하거나 소유한 사람, 혹은 그런 지식과 정보를 효율적으로 활용할 수 있는 사람만이 성공한다. 지식정보화 사회에 현명하게 대처하고 새로운 변화와 개혁을 적극적으로 주도하기 위해서는 정보능력과 정보의식을 갖춘 인간, 학습하는 방법과 능력을 학습하려는 인간, 다원화 · 다양화의 가치를 존중하는 인간이 필요하다. 지식정보화 사회 교육사상은 처음으로 『제7차 과학과 교육과정』의 이론적 배경이 되었으며, 그 내용을 선정 · 조직하고 교육하는 방법의 지침이 되었다(황정규 · 이돈희 · 김신일, 2003). 지식정보화 교육사상은 『2009 개정 과학과 교육과정』, 『2015 개정 과학과 교육과정』, 『2022 개정 과학과 교육과정』에도 반영되어 있다.

이와 같은 특성을 지닌 지식정보화 사회를 살아가는 데에는 과학지식과 과학 및 과학기술에 관한 정보 이외에 창의적 능력도 필수적이며, 새로운 과학교육관도 요구한다. 지식정보화 사회에는 다양한 문제 상황에 대응하고 그에 따른 변화를 이끌어갈 수 있는 능력, 다원화된 사회에 적응할 수 있는 의사소통 능력, 협동심, 의사결정능력이 요구된다. 그러한 능력은 과학교사주도의 전달식 · 획일적 교육의 방식이 아니라 학습자가 능동적으로 과학지식을 획득하고 과학적 탐구 과정과 기능을 습득하며 자신의 능력을 스스로 개발하는 학생주도의 학습을 통해 효과적으로 함양된다.

(4) STS 과학교육 사상

과학을 STS로 규정하면, STS 교육사상을 과학교육 사상으로 말할 수 있다. STS 사상은 간학문적 과학과 개인적 · 사회적 관점의 과학을 중요시한다(Hassard & Dias, 2009). 하나의 과학관으로서의 STS 사상은 과학교육의 목적, 과학 교육과정의 내용과 소재, 과학 교수·학습의 원리와 전략, 평가와 관련이 있는 STS 접근법을 제시한다. STS 교육의 목적은 과학 및 과학기술과 관련된 사회적 문제에 대하여 책임감 있는 행동을 취할 때 이용할 과학지식의 획득, 그런 문제의 해결에 필요한 기능의 습득, 과학기술과 관련된 직업에 적절한 전문성의 함양에 있다. STS 교육사상은 이런 목적과 아울러 과학의 대중화, 즉 '모든 사람을 위한 과학'의 교육으로 그 방향을 전환시켜야 할 필요성도 제시한다.

과학관 또는 과학사상으로서의 STS는 상대주의와 구성주의에 이론적 배경이 있다. 그러므로 STS 교육과정과 프로그램은 일상생활에서 교수·학습의 주제와 소재를 선정하여 조직한 진보주의와 그에 이론적 배경을 둔 생활중심 교육과정과 달리, 교수·학습의 주제는 과학에서 선정하고 소재는 일상생활과 사회에서 선정하여 조직할 것을 강조한다. STS 교육과정의 내용에는 과학·기술·사회의 관계, 과학의 사회적·역사적·직업적·윤리적 측면, 과학 및 과학기술에서 비롯한 사회적 쟁점이 포함된다(Bybee, 1997). 한편 STS 교과 또는 교수·학습의 내용은 STS에 의한 동기유발, STS의 우연한 주입, STS 내용의 의도적 주입, 전적인 STS 내용에 의한 교과, STS를 통한 과학, STS 내용과 병행하는 과학, STS 내용에 과학의 확산, STS 내용으로 선정·구성할 수 있다(Aikenhead, 2003).

STS 수업은 STS 기초, STS 논점 인식, STS 논점 조사, 기능 개발의 단계에 따라 수행할 수 있다(Hassard & Dias, 2009). 또한 STS 접근법을 적용하는 교수·학습에는 과학지식의 응용 사례를 제시하고, 과학기술 사례를 이용하며, 과학기술 관련 사회적 논쟁거리를 활용하고, 과학사 소재를 이용하는 교수·학습의 원리와 아울러, 구성주의 교수·학습 방법과 일치하는 토론·역할놀이·협동학습의 전략이 적절하다. STS 교수·학습의 결과에 대한 평가에는 전통적 방법보다 수행평가 방법이 더 실제적이다. STS 교육사상은 『제6~7차 과학과 교육과정』뿐만 아니라 『2007 개정 과학과 교육과정』, 『2009 개정 과학과 교육과정』, 『2015 개정 과학과 교육과정』, 『2022 개정 과학과 교육과정』에도 반영되어 있다.

과학교육 현장에서는 과학과 과학기술 못지않게 과학과 과학기술이 영향을 미치는 사회와 환경도 중요시한다. 일부 과학교육학자들(Stahl & Stahl, 1995)은 과학과 과학기술 및 그 관계보다 사회를 더 강조하기 위하여 그 관계를 SST(Science-Society-Technology)로, 또는 과학-기술-사회와 환경 사이의 통합적 관계를 부각시키기 위해서 STSE(Science-Technology-Society-Environment)(Ebenezer & Haggerty, 1999)라고 부른다. STS나 SST 또는 STSE로서의 과학에는 가치와 집단이익이 개재되어 있어서 사회와 환경에 적용할 때 윤리적 문제를 유발하는 경우가 보통이다(Zeidler et al., 2005). 따라서 과학교육에서 STS를 중요시할수록 과학윤리, 또는 생명윤리 교수·학습의 필요성도 강조하게 된다.

2) 과학 교육과정의 변천

우리나라의 형식화 된 공식적 교육과정은 〈표 4-5〉에 기술되어 있는 것과 같이, 8·15 광복 이후부터 미군정 및 대한민국 정부수립 초창기까지의 교수요목이 그 시초였다. 1945~54년은 형식에 맞고 실체를 갖춘 국가 수준의 교육과정이 없이 교수요목이 교육과정으로 적용되었기 때문에, 교수요목기로 불린다. 교수요목기는 1945년 11월에 발족한 교육심의회에서 결의한 교수요목과 그에 따라 편찬한 교과서를 적용한 1954년까지의 시기를 지칭한다. 교수요목기에도 실제로 가르친 내용이 담긴 교육과정은 있었지만, 현대적인 의미의 교육과정으로 보기에는 학문적 체계성과 논리성이 부족하였다. 당시의 실질적 교육과정인 교수요목은 교과별 교수·학습의 내용을 상세하게 열거한 목록으로서 교사중심의 설명과 강의를 위한 내용으로 선정·조직되었다는 점에서 교과중심(subject-centered) 교육과정에 포함시킬 수도 있다. 교수요목기에는 중·고등학교의 과학 과목이 「물리·화학·생물」 또는 「과학」 과목으로 개설되었다(함종규, 2003).

1954년 4월에는 1949년에 공포된 교육과정을 보완한 주당 배당 기준표가 새로 제정·공포되었으며, 그 이듬해에는 교과중심의 교육과정인 '교과과정(course of study)'이 제정·공포되었다. '교과과정'은 우리나라의 형식교육이 시작된 이래 처음으로 개발된 제1차 교육과정이 되었다. 처음에는 '교과교육과정'으로 불리기도 했던 제1차 교육과정은 현대적 의미에 부합되는 교육과정의 형식을 갖추었을 뿐만 아니라 현재와 같이 법령의 성격을 띤 최초의 교육과정이었다. 교육의 내용과 방법으로 문화유산의 전달을 강조한(황정규·이돈희·김신일, 2003) 교과중심 교육과정에 속한 『제1차 교육과정』에서는 각 분야별 교과(subject matter)를 설정하였다. 이를테면 국민(초등)학교에 「자연」을, 중학교에 「과학」을, 그리고 고등학교에 「물리·화학·생물·지학」 가운데에서 한 과목을 필수로 선택하고 나머지에서 선택 과목으로 이수하게 명시하였다. 중학교 「과학」은 「생물」 과목과 「물상」 과목을 병렬로 설정하였다. 제1차 교육과정은 항존주의 교육사상과 본질주의 교육사상, 그리고 행동주의 심리학의 영향을 받아 개발되었다.

〈표 4-5〉 과학 교육과정의 개정과정

명칭	기간	교육 목적	이론적 배경	특이사항
교수 요목기	1945~1954	기초능력 배양 홍익인간		미군정시대의 교육과정 교과중심 교육과정
제1차	1954~1963	과목별 목표	본질주의, 항존주의, 실재론, 관념론, 행동주의	교과중심 교육과정 중학교 과학에 물상과 생물 병렬 설정
제2차	1963~1973	발견 생활의 문제해결	진보주의, 실용주의, 행동주의	경험중심 · 생활중심 · 아동중심 교육과정 물리 I, II, 화학 I, II, 생물 I, II, 지학 설정
제3차	1973~1981	과학적 소양 과학적 탐구력 과학 응용문제 해결	학문중심 교육사상, 실증주의, 발달심리학, 인지론	학문중심 교육과정 탐구중심 교육과정
제4차	1981~1987	과학기술 소양 문제해결	인간중심 교육사상, 구성주의 과학철학 · 심리학	인간중심 교육과정 최초로 초등학교-고등학교의 틀로 구성
제5차	1987~1992	과학기술 소양 문제해결	인간중심 교육사상, 구성주의 과학철학 · 심리학	인간중심 교육과정 「과학 I」과 「과학 II」 과목 설정
제6차	1992~1997	STS 소양* 문제해결력	STS 과학관, 구성주의 과학철학 · 심리철학	「과학 I」을 기본지식과 탐구활동으로 구성 내용체계를 처음으로 지식과 탐구로 구분 「공통과학」을 공통과목으로 설정
제7차	1997~2007	STS 소양* 문제해결력	지식정보화 사회 교육사상 STS 교육사상, 구성주의 과학철학 · 심리철학	학생중심 교육과정 내용체계를 지식과 탐구로 나누어 제시 수준별 교육과정 「고등학교 과학」을 국민공통기본교육과정으로 설정
2007 개정	2007~2009	STS 소양* 과학적 사고 창의적 문제해결력	지식정보화 사회 교육사상 STS 교육사상, 구성주의 과학철학 · 심리철학	소단원별로 1~5개의 탐구활동 제시 과학 3~10에 학년별 2~3개의 자유 탐구 주제 제시
2009 개정	2009~2015	STS 소양* 과학적 사고 창의적 문제해결력 의사결정력	지식정보화 사회 교육사상 STS 교육사상, 구성주의 과학철학 · 심리철학	창의적 체험활동 융합과학으로서의 「고등학교 과학」을 선택 과목으로 설정
2015 개정	2015~2022	과학적 사고 STS 소양* 창의적 문제해결력 과학과 핵심역량**	지식정보화 사회 교육사상 STS 교육사상, 구성주의 과학철학 · 심리철학	고등학교 과학을 공통과목(통합과학, 과학탐구실험)과 일반 선택(물화생지 I), 진로 선택(물화생지II, 과학사, 생활과 과학, 융합과학)으로 구성
2022 개정	2022~		지식정보화 사회 교육사상 STS 교육사상, 구성주의 과학철학 · 심리철학	공통과목, 일반, 진로, 융합 선택과목으로 구성, 고교학점제로 학기제 운영

* 제6, 7차 교육과정에서는 과학-기술-사회의 관계는 강조하지만, STS나 STS 소양이라는 용어를 직접 쓰지 않았음; 제7차 과학과 교육과정에서는 과학적 소양을 기본 목표로 강조

** 과학적 사고력, 과학적 탐구 능력, 과학적 문제 해결력, 과학적 의사소통 능력, 과학적 참여와 평생 학습 능력 강조

엄격한 의미의 교육과정은 1963년 군사정권 때에야 제정·공포되었다(김종서 등, 1998). 군사정권 때 개발한 제2차 교육과정의 내용에서는 자주성·생산성·유용성, 각급 학교 사이의 연결, 각 학년 사이의 관련, 각 교과의 계통적 발전을 강조하였다. 국민학교에서는 과학을 자연 과목에서 다루었고, 중학교에서는 주당 3~4시간의 과학 과목을 개설하였다. 과학은 『제1차 교육과정』에서와 달리, 물리·화학·생물·지학을 각 학년에 균형 있게 배열하였으나, 실제로는 제1차에서와 같이 「생물」과 「물상」으로 분리하여 교수·학습하였다. 고등학교에서는 물리·화학·생물이 I과 II로, 지구과학은 「지학」 한 과목으로 편성하였다. 또한 고등학교의 공통과목에는 「생물 I」을 넣고, 인문계 과정은 「물리 I」, 「화학 I」, 「지학」을 이수하고, 자연계 과정은 「물리 II」, 「화학 II」, 「생물 II」, 「지학」을 이수하도록 규정하였다. 제2차 교육과정의 이론적 배경은 진보주의 교육사상과 행동주의 심리학에 있었으며, 그 목적으로 발견과 생활의 문제해결을 강조하였다.

『제3차 교육과정』은 1973년 5월 22일에 공포되었다. 진보주의에 이론적 배경을 둔 경험중심 교육과정에 대한 반발로 대두된(이홍우·유한구·장성모, 2003) 학문중심 교육사상의 영향을 받아 개정된 제3차 교육과정에서는 기존의 교육과정에서보다 생활과학을 줄이고, 과학적 기본 개념의 구조화, 기초 원리, 과학적 탐구 방법, 응용 능력을 강화하였다. 중학교에서는 과학을 3~4단위 이수하도록 규정되었다. 고등학교에서는 물리·화학·생물·지구과학의 네 과목 가운데에서 두 과목을 선택하여 공통교과목으로 이수하고, 자연계를 선택한 학생들은 나머지 두 과목을 선택과목으로 이수하도록 편성되었다. 제3차 교육과정은 그 목적으로 과학적 탐구 능력과 과학적 문제, 즉 과학의 응용문제를 해결할 수 있는 '문제해결' 능력의 신장을 중요시하였다.

『제4차 교육과정』은 제5공화국의 출범에 때를 맞추어, 그리고 인간중심 교육사상의 영향을 받아 개발된 교육과정으로서 1981년 12월 31일에 공포되었다. 전인교육에 목적을 둔 최초의 인간중심 교육과정으로 제정된(황정규·이돈희·김신일, 2003) 제4차 교육과정은 처음으로 유치원에서 고등학교까지 하나의 전체적 편제의 틀 속에서 구성하였다. 과학을 다루는 자연 과목은 국민학교 3학년 때부터 이수하도록 편성되었으며, 중학교 과학 과목에는 3~4단위가 배정되었다. 고등학교에서는 물리·화학·생물·지구과학을 I, II로 나누고, 이 가운데에서 공동필수로 두 과목을 선택하고, 자연계는 그 나머지 과목 가운데에서 1~2 과목을 선택과목으로 이수하도록 편성되어 있다.

『제5차 교육과정』은 사회적 변화와 학문적 발달에 부응해야 한다는 이유보다 교육과정이 너무 오래되었다는 이유만으로 개정되었다. 국민학교 교육과정에서는 3학년 때부터 자연 과목을 3~4단위 이수하도록 편성되었고, 중학교에서는 제4차 교육과정에서보다 조금 더 늘어난 4~5단위를 이수하도록 편성되었다. 고등학교에는 「과학 I」, 「과학 II」, 「물리」, 「화학」, 「생물」, 「지구과학」 과목이 편성되었다. 공동필수로 「과학 I」을 10단위 이수하고, 「과학 I」과 「과학 II」 가운데 한 과목을 선택하여 공통 선택으로 8단위를 이수하며, 인문·사회과정은 「과학 II」를, 자연과정은 물리와 화학을 필수로 그리고 생물과 지구과학 가운데 한 과목을 선택하여 이수하도록 편성되었다.

『제6차 교육과정』에서도 과학은 초등학교(국민학교) 3학년 때부터 이수하도록 편성되었다. 초등학교(국민학교)에서는 자연과목을 3~4단위, 중학교에서 4단위 이수하도록 편성되었다. 고등학교에는 과학이 「공통과학」, 물리·화학·생물·지구과학 I, II의 아홉 과목이 개설되었다. 신설된 「공통과학」은 중학교 때까지 배운 과학의 기본 개념을 실생활 문제와 관련시켜 소재중심의 과학적 탐구 활동을 위주로 구성하였다. 과학의 각 과목 I의 내용은 각 분야의 기본개념과 과학적 탐구 활동으로 구성하였고, 각 과목 II의 내용은 분야별 전통적 내용을 추가하여 지식을 중심으로 구성하였다. 「공통과학」은 공통필수 과목이며, 나머지 여덟 과목은 과정별 필수과목이다.

『제7차 교육과정』은 인간중심 교육과정의 정신과 학문중심 교육과정의 장점을 함께 변증법적으로 통합하고, 그리고 지식정보화 사회(knowledge-based) 교육사상의 영향을 받아, 개정된 학생중심 교육과정이다(황정규·이돈희·김신일, 2003). 제7차 과학 교육과정에는 과학이 초등학교 3학년에서부터 6학년 때까지 3~4단위를, 중학교 전 학년에서 3~4단위를, 그리고 고등학교에서는 1학년에 세 단위를 이수하도록 개설되었다. 초등학교 3학년에서 고등학교 1학년(10학년)까지 이수하도록 개설된 「과학」 과목은 국민공통기본교육과정에 해당된다. 「고등학교 과학」은 제6차 교육과정에서 개설된 「공통과학」과 달리 중학교 때까지 배운 지식보다 상위적이고 심화된 내용으로서 고등학교 심화과목 내용에 기초가 되는 주제를 중심으로 구성되어 있다. 고등학교에는 일반선택 과목으로 「생활과 과학」이, 심화선택 과목으로 물리·화학·생물·지구과학 I, II의 여덟 과목이 개설되었다. 일반선택 과목은 교양의 증진 및 실생활과 관련된 과목이며, 심화선택 과목은 학생의 진로, 적성과 소질의 계발에 도움이 되도록 구성된 과목이다.

『2007 개정 교육과정』(교육인적자원부, 2007b)도 『제7차 교육과정』과 마찬가지로 국민공통기본교육과정과 고등학교 선택중심 교육과정으로 구성되어 있다. 국민공통기본교육과정의 교과인 「과학」은 3학년부터 10학년까지 모든 학생들이 학습해야 하는 교과로서 초등학교 3~6학년 3단위, 중학교 1학년에 3단위, 2~3학년에 4단위, 고등학교 1학년에 4단위를 이수하도록 편성되어 있다. 「과학」은 과학의 기본 개념을 이해하고 과학적 탐구 능력과 태도를 함양하여 일상생활의 문제를 창의적이고 합리적으로 해결하는 데 필요한 과학적 소양을 기르기 위한 교과이며, 초등학교 1, 2학년의 「슬기로운 생활」과 고등학교 2, 3학년의 심화선택 과목과 긴밀하게 연계되도록 구성되어 있다. 과학 심화선택 과목은 모두 「과학」을 이수한 학생을 대상으로 하며, 민주시민으로서 갖추어야 할 과학적 소양을 함양하기 위한 과목으로 규정되어 있다.

2009년 12월 23일에 공포된 『2009 개정 교육과정』(교육과학기술부, 2011)은 초등학교 3학년부터 중학교 3학년까지의 공통 교육과정과 고등학교 1~3학년의 선택교육과정으로 편성되었다. 또한 교과는 교육목적상의 근접성, 학문적 탐구 대상 또는 방법상의 인접성, 그리고 생활양식에서의 연관성을 고려하여 교과군으로 재분류되었다. 「과학」은 초등학교 3학년에서부터 6학년 때까지 실과와 한 교과군으로 분류되어 과학/실과 교과군을 이루고 있다. 중학교의 경우, 과학/기술·가정 교과군으로 분류되어 중학교 1~3학년 동안 총 19시간을 이수하도록 편성되어 있다. 고등학교 과학 교과는 「과학」, 물리·화학·생명과학·지구과학 I, II의 아홉 과목으로 편성되었으며, 이는 사회 교과와 함께 탐구 영역으로 묶어 최소 15단위 이상 이수하며, 교과영역 35단위 내에서 증감하도록 편성되어 있다. 융합과학을 지향한 고등학교의 「과학」과목은 제1부 '우주와 생명'과 제2부 '과학과 문명'으로 구성되어 있으며, 4단위 범위 안에서 증감하여 운영하도록 규정되어 있다.

『2015 개정 교육과정』(교육부, 2015)은 초등학교 3학년부터 중학교 3학년까지의 공통 교육과정과 고등학교 1~3학년의 선택 교육과정으로 편성되었다. 「과학」은 초등학교 3학년에서부터 6학년 때까지 실과와 함께 과학/실과 교과군을 이루고 있다. 중학교의 경우, 과학/기술·가정/정보 교과군으로 분류되어 중학교 1~3학년 동안 680시간이 배정되어 있고, 연간 34주를 기준으로 했을 때 3년간 20시간을 이수하도록 편성되어 있으며, 과학 과목 시수는 학교의 자율적 편성에 따른다. 고등학교의 경우, 공통 과목으로 「통합과학」, 「과학탐구실험」이, 일반 선택 과목으로 물리학 I, 화학 I, 생명과학 I, 지구과학 I, 그리고 진로 선택 과목으로 물리학 II, 화학 II, 생명과학 II, 지구과학 II, 과학사, 생활과 과학, 융합과학이 설정되어 있다. 「통합과학」 8단위, 「과학탐구실험」 2단위를 포함하여 과학 과목의 필수 이수는 12단위이며, 학생의 적성진로를 고려하여 자율 편성하도록 규정되어 있다.

3) 2022 개정 과학과 교육과정

『2022 개정 초·중등학교 교육과정 총론』은 2022년 12월 22일 「교육부 고시 제2022-33호」로 고시되었다. 이 교육과정은 학교급별, 학년별로 다음과 같이 시행된다: 중학교 1학년과 고등학교 1학년은 2025년 3월 1일에, 중학교 2학년과 고등학교 2학년은 2026년 3월 1일에, 중학교 3학년과 고등학교 3학년은 2027년 3월 1일에 시행된다.

(1) 2022 개정 교육과정의 체제와 편제

『2022 개정 초・중등학교 교육과정 총론』은 가장 큰 구성요소로 말하자면 'I. 교육과정 구성의 방향', 'II. 학교 교육과정 설계와 운영', 'III. 학교급별 교육과정 편성・운영의 기준', 'IV. 학교 교육과정 지원'으로 구성되어 있다(교육부, 2022). 'I. 교육과정 구성의 방향'에는 교육과정 구성의 중점, 추구하는 인간상과 핵심역량, 학교급별 교육 목표가 기술되어 있다. 교육과정 구성의 중점에서는 교육과정의 변화의 주요 배경을 소개하고, 교육과정의 중점이 미래사회가 요구하는 핵심역량을 함양하여 포용성과 창의성을 갖춘 주도적인 인재의 양성에 있음을 밝히고 있다. 추구하는 인간상과 핵심역량에서는 홍익인간의 교육 이념과 교육 목적을 바탕으로 추구하는 인간을 네 부류로 나누어 제시하고, 이러한 인간상을 구현하기 위해 학교 교육과정에서 중점적으로 기르고자 하는 핵심역량을 제시하고 있다. 학교급별 교육 목표는 초등학교 목표, 중학교 교육 목표, 고등학교 교육 목표로 나누어 제시되어 있다.

'II. 학교교육과정 설계와 운영'에는 설계의 원칙, 교수・학습, 평가, 모든 학생을 위한 교육기회 제공으로 구성되어 있다. 학교는 이 교육과정을 바탕으로 학교 교육과정을 자율적으로 설계・운영하며, 학생의 특성과 학교 여건에 적합한 학습경험을 제공해야함을 밝히고 있다. 또한 학교는 학생들이 깊이 있는 학습을 통해 핵심역량을 함양할 수 있도록 교수학습을 설계하여 운영하도록 제시하고 있다. 단편적 지식의 암기를 지양하고 각 교과목의 핵심 아이디어를 중심으로 지식・이해, 과정・기능, 가치・태도의 내용 요소를 유기적으로 연계하도록 수업을 설계해야 한다. 또한 교과 내 영역 간, 교과 간 내용 연계성을 고려하여 수업을 설계하고 지도함으로써 학생들이 융합적으로 사고하고 창의적으로 문제를 해결하는 능력을 함양할 수 있도록 한다. 자기주도학습 능력의 함양, 언어・수리・디지털 기초소양의 함양할 수 있도록 설계하고, 실험・실습, 관찰, 조사, 견학 등의 체험 및 탐구 활동 경험이 충분히 이루어지도록 한다. 평가할 때에는 교과목의 성격과 학습자 특성을 고려하여 적합한 평가 방법을 활용하되, 수행평가를 내실화하고, 서술형과 논술형 평가의 비중을 확대한다.

'III. 학교급별 교육과정 편성・운영의 기준'에서는 학교 교육과정을 편성하고 운영할 때 고려해야 할 주요 기준들을 학교급별로 제시하고 있다. 기본 사항으로 첫째, 초등학교 1학년부터 중학교 3학년까지의 공통 교육과정과 고등학교 1학년부터 3학년까지의 학점 기반 선택 중심 교육과정으로 편성・운영한다. 학교 교육과정을 유연하게 편성・운영할 수 있도록 학년군을 설정하고, 공통 교육과정의 교과를 교육 목적상의 근접성, 학문 탐구 대상 또는 방법상의 인접성, 생활양식의 연관성 등을 고려하여 교과군으로 재분류한다.

중학교 교육과정은 크게 교과(군)와 창의적 체험활동으로 편성한다. 교과(군)는 국어, 사회(역사 포함)/도덕, 수학, 과학/기술・가정/정보, 체육, 예술(음악/미술/), 영어, 선택으로 한다. 선택 교과는 한문, 환경, 생활 외국어(생활 독일어, 생활 프랑스어, 생활 스페인어, 생활 중국어, 생활 일본어, 생활 러시아어, 생활 아랍어, 생활 베트남어), 보건, 진로와 직업 등의 과목으로 한다. 창의적 체험활동은 자율・자치 활동, 동아리 활동, 진로 활동으로 한다. 중학교 과정 중 한 학기는 자유학기로 운영한다.

고등학교 교육과정은 교과(군)와 창의적 체험활동으로 편성한다. 교과는 보통 교과와 전문 교과로 한다. 보통 교과의 교과(군)는 국어, 수학, 영어, 사회(역사/도덕 포함), 과학, 체육, 예술, 기술・가정/정보/제2외국어/한문/교양으로 한다. 보통 교과는 공통 과목과 선택 과목으로 구분한다. 선택 과목은 일반 선택 과목, 진로 선택 과목, 융합 선택 과목으로 구분한다. 학생들의 기초 소양 함양과 기본 학력을 보장하기 위하여 보통 교과에 공통 과목을 개설하여 모든 학생이 이수하도록 한다. 공통 과목은 공통국어 1, 2, 공통수학 1, 2, 기본수학 1, 2, 공통영어 1, 2, 기본영어 1, 2, 한국사 1, 2, 통합사회 1, 2, 통합과학 1, 2, 과학탐구실험 1, 2이다. 이 교육과정의 마지막 구성요소인 'IV. 학교 교육과정 지원'에는 교육과정의 충실한 설계와 운영을 위하여, 국가와 교육청이 지원할 사항이 제시되어 있다.

(2) 2022 개정 과학과 교육과정의 편성・운영

중학교의 과학/기술・가정/정보 교과군은 1~3학년에 680시간이 배당되어 있다. 680시간(1시간 수업은 45분을 원칙으로 함)은 연간 34주를 기준으로 한 3년간의 기준 수업 시수를 나타낸다. 고등학교의 과학은 통합과학 1, 2에 8학점, 과학탐구실험 1, 2 과목에 2학점이 배당되어 있다. 1학점은 50분을 기준으로 하여 16회를 이수하는 수업량이다. 공통 과목으로 통합과학 1, 2와 과학탐구실험 1, 2가 설정되어 있으며, 일반 선택 과목으로 물리학, 화학, 생명과학, 지구과학이 설정되어 있다. 그리고 진로 선택 과목으로 역학과 에너지, 전자기와 양자, 물질과 에너지, 화학 반응의 세계, 세포와 물질대사, 생물의 유전, 지구시스템과학, 행성우주과학이 설정되어 있고, 융합 선택 과목으로 과학의 역사와 문화, 기후변화와 환경생태, 융합과학 탐구가 설정되어 있다.

2022개정 과학과 교육과정에는 각 교과의 구체적인 교육과정을 안내하기 전에 '교육과정 설계의 개요'를 제시하고 있다. 이는 교과(목) 교육과정의 설계 방향에 대한 개괄적인 소개와 함께, 교과(목)와 총론의 연계성, 교육과정 구성요소(영역, 핵심아이디어, 내용 요소 등) 간의 관계, 교과 역량 등을 설명하고 있다. 내용은 〈표 4-6〉과 같다.

〈표 4-6〉『2022 개정 과학과 교육과정』'과학'의 '교육과정 설계의 개요'

과학과 교육과정은 미래 사회를 살아갈 시민으로서 '과학적 소양을 갖추고 더불어 살아가는 창의적인 사람'을 육성하는 것을 목적으로 한다. 과학과 교육과정에서는 과학 지식·이해, 과정·기능, 가치·태도가 복합적으로 발현되어 나타나는 총체적인 능력인 역량을 함양하고자 한다.

과학과 교육과정에서는 자기관리, 지식정보처리, 창의적 사고, 심미적 감성, 협력적 소통, 공동체 역량 등과 같은 범교과적이고 일반적인 총론의 역량과 연계하여 과학적 탐구와 문제해결 능력, 과학적 의사결정 능력 등을 기르는 데 초점을 둔다. 이를 위해 과학과 교육과정은 생태 소양, 민주 시민의식, 디지털 소양을 갖추고, 첨단 과학기술을 기반으로 융복합 영역을 창출하는 미래 사회에 유연하게 대응할 수 있는 과학적 소양을 갖춘 사람을 양성하는 것을 목표로 한다.

과학과 교육과정의 영역은 운동과 에너지, 물질, 생명, 지구와 우주, 과학과 사회의 5개 영역으로 구성하였다. 운동과 에너지 영역은 자연과 사물 사이의 상호작용이나 법칙을, 물질 영역은 물질의 구조와 성질 및 화학적 변화를, 생명 영역은 인간을 포함한 생명 현상의 원리를, 지구와 우주 영역은 자연현상의 변화와 지구시스템의 주요 원리를 다룬다. 과학과 사회 영역은 개인과 사회의 지속가능한 발전에서 과학의 역할을 강조하는 현실을 반영한 추가한 영역으로, 과학의 일반적 성격 및 사회적 역할을 중점적으로 다룬다.

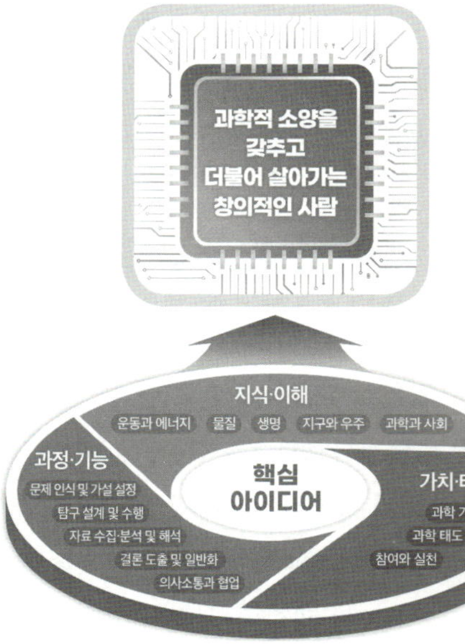

과학과 핵심 아이디어는 과학 영역별로 주요 개념과 일반화된 지식을 중심으로 구성하였다. 운동과 에너지, 물질, 생명, 지구와 우주, 과학과 사회 등 과학의 영역별로 주요 과학 개념과 원리의 일상생활 적용과 통합·융합 교육을 체험할 수 있도록 과학의 지식·이해, 과정·기능, 가치·태도를 종합하여 핵심 아이디어를 도출하였다. 이러한 핵심 아이디어는 해당 영역의 학습을 통해 일반화할 수 있는 내용을 진술한 것으로, 과학과 관통개념을 공유하면서 과목별로 위계성과 연속성을 지닌다.

과학과 교육과정은 '성격 및 목표', '내용 체계 및 성취기준', '교수·학습 및 평가'로 구성된다. '성격 및 목표'에서는 각 과목의 고유한 특성과 주요 목표를 제시하였다. '내용 체계 및 성취기준'에서는 과목의 핵심 아이디어와 지식·이해, 과정·기능, 가치·태도별 주요 내용 요소 및 학생이 교과 학습을 통해 할 수 있기를 기대하는 도달점을 성취기준으로 제시하였다. 즉, 과학과 성취기준은 다양한 탐구 중심의 학습을 통해 '영역'별 지식·이해, 과정·기능, 가치·태도의 세 차원을 상호보완적으로 함양함으로써 영역별 핵심 아이디어에 도달할 수 있도록 제시하였다. 과학과 지식・이해는 과학과 영역별로 학생이 알고 이해해야 하는 내용을 학년군별로 제시하였다. 과학과 과정・기능은 학생들이 과학 학습을 통해 개발할 것으로 기대하는 과학과 탐구 기능과 과정에 해당하는 것으로, 문제 인식 및 가설 설정, 탐구 설계 및 수행, 자료 수집・분석 및 해석, 결론 도출 및 일반화, 의사소통과 협업을 근간으로 영역별 특성을 반영하였다. 과학과 가치・태도는 과학 가치(과학의 심미적 가치, 감수성 등), 과학 태도(과학 창의성, 유용성, 윤리성, 개방성 등), 참여와 실천(과학문화 향유, 안전・지속가능 사회에 기여 등)으로 구성하였다. '교수・학습 및 평가'에서는 교육과정에서 제시한 성취기준에 도달하는 데 필요한 교수・학습 및 평가의 주요 방향을 제시하였다. 과학과 교육과정에서는 학생이 지식・이해뿐만 아니라 과정・기능, 가치・태도를 균형 있게 발달시킬 수 있도록 지도하고, 학생이 행위 주체로서 자신의 역량 함양을 위해 교수・학습에 참여하도록 하는 방향, 그리고 교수・학습과 연계하여 학생의 학습과 성장을 도울 수 있는 평가 방향을 제시하였다. 특히, 미래 교육 환경에 적합한 다양한 교수・학습 활동을 통해 디지털・인공지능 기초 소양을 함양하도록 하였다.

(3) 2022 개정 과학과 교육과정의 성격 및 목표

과학과 교육과정의 '1. 성격 및 목표'는 모든 과목이 비슷하기 때문에, 여기에서는 중학교 과학의 '1. 성격 및 목표'에 관해서만 기술한다. 중학교 과학과 교육과정의 '1. 성격 및 목표'에서는 과학교과가 갖는 고유한 특성을 개괄적으로 소개하며, 과학교과 교육의 필요성・역할・본질・의의・목적을 네 개의 단락으로 제시한다. 특별히 네 번째 단락에서는, 과학교육의 목적으로, '과학'의 5개 영역과 관련된 지식・이해, 과정・기능, 가치・태도의 세 차원을 상호보완적으로 함양함으로써 과학적 소양을 기를 것을 강조하고 있다.

- '과학'은 '과학적 소양을 갖추고 더불어 살아가는 창의적인 사람'을 육성하기 위한 교과이다. '과학' 교과에서는 모든 학생이 과학의 기본 개념을 익히고, 과학 탐구 능력과 태도를 길러, 자연과 일상생활에서 접하는 현상을 과학적으로 이해하고, 민주 시민으로서 개인과 사회 문제를 과학적으로 해결하고 참여・실천하는 역량 함양에 중점을 둔다.
- '과학'은 초등학교 1~2학년에서 학습한 내용과 연계하여 미래 사회를 살아가기 위한 역량을 함양하고, 고등학교 과학 교과목 학습에 필요한 과학 기초 학력을 보장하기 위한 교과이다. '과 학'은 초등학교 1~2학년의 '슬기로운 생활'과 고등학교 1학년의 '통합과학1, 2', '과학탐구실험 1, 2', 그리고 고등학교 일반선택, 융합선택 및 진로선택 과목과 긴밀하게 연계되어 있다.
- '과학'은 운동과 에너지, 물질, 생명, 지구와 우주 및 과학과 사회의 5개 영역으로 구성된다. 운동과 에너지 영역에서는 힘과 에너지, 전기와 자기, 열, 빛과 파동 등을 다루며, 물질 영역에서는 물질의 성질, 물질의 변화, 물질의 구조 등을 다룬다. 생명 영역에서는 생물의 구조와 에너지, 항상성과 몸의 조절, 생명의 연속성, 환경과 생태계, 생명과학과 인간의 생활 등을 다루며, 지구와 우주 영역에서는 고체 지구, 유체 지구, 천체 등을 다룬다. 과학과 사회

영역에서는 이들 4개 영역 의 내용을 통합적으로 다루면서 과학과 안전, 과학과 지속가능한 사회, 과학과 진로 등을 다룬다.

- 미래 사회는 첨단 과학기술을 기반으로 혁신적인 융복합 영역이 창출되는 사회로, 과학적 문제 해결력과 창의성을 발휘하는 전문가 집단과 과학적 소양을 갖춘 시민이 함께 이끄는 사회이다. '과학'에서는 다양한 탐구 중심의 학습을 통해 '과학'의 5개 영역과 관련된 지식·이해, 과정·기능, 가치·태도의 세 차원을 상호보완적으로 함양함으로써 영역별 핵심 아이디어를 습득하고, 행위 주체로서 갖추어야 할 과학적 소양을 기를 수 있을 것이다.

과학교육 목표는 '성격', '목표', '성취기준'에 제시되어 있다. '과학'의 '성격'에 제시된 과학적 소양을 갖추고 더불어 살아가는 창의적인 사람을 육성하는 것이 과학교육의 목적이다. '목표'에는 교과 교육과정이 지향하는 방향과 학생이 달성해야 할 학습의 도달점인 교과의 총괄목표와 세부목표가 나뉘어 제시되고 있다. '성취기준'에는 각 단원의 목표이다. 〈표 4-7〉과 〈표 4-8〉은 각각 〈목표〉 부분의 '과학' 목표와 〈성취기준〉 부분의 '힘의 작용' 단원의 목표가 교육과정 문서에 어떻게 제시되었는지를 보여준다.

〈표 4-7〉 '과학' 목표

자연 현상과 일상생활에 대하여 흥미와 호기심을 가지고 과학적 탐구를 통해 주변의 현상을 이해하고, 개인과 사회의 문제를 과학적이고 창의적으로 해결하는 데 민주 시민으로서 참여하고 실천하는 과학적 소양을 기른다.

(1) 자연 현상과 일상생활에 대한 흥미와 호기심을 바탕으로, 개인과 사회의 문제를 인식하고 과학 적으로 해결하려는 태도를 기른다.
(2) 과학의 탐구 방법을 이해하고 자연 현상과 일상생활의 문제를 과학적으로 탐구하는 능력을 기른다.
(3) 자연 현상과 일상생활을 과학적으로 탐구하여 과학의 핵심 개념을 이해한다.
(4) 과학과 기술 및 사회의 상호 관계를 이해하고, 개인과 사회의 문제해결에 민주 시민으로서 참여하고 실천하는 능력을 기른다.

〈표 4-8〉 (7) 태양계 성취기준-일반/단원 목표

[9과07-01] 태양계를 구성하는 천체의 특징을 알고, 행성을 목성형 행성과 지구형 행성으로 구분할 수 있다.
[9과07-02] 태양의 표면과 대기에서 일어나는 현상을 알고, 태양의 활동이 지구에 미치는 영향을 추론할 수 있다.
[9과07-03] 지구 자전에 의한 천체의 겉보기 운동과 지구 공전에 의한 별자리 변화를 이해하고, 밤하늘 천체에 호기심을 가진다.
[9과07-04] 달을 관측하여 달의 위상변화 원리를 이해하고, 일식과 월식을 설명할 수 있다.

'1. 성격'의 "민주 시민"은, 과학을 포함한 모든 과목의 교육을 통해서 달성할 수 있는 것이기 때문에, 과학교육의 목적이 아니라 교육의 이념이다. 한편 '과학적 소양'과 '개인과 사회 문제를 과학적으로 해결하고 참여·실천하는 역량'은 과학교육을 통해 성취될 수 있는 능력이기 때문에, 과학교육의 목적으로 볼 수 있다. 한편 〈태양계 단원의 성취수준〉에서도 볼 수 있듯이, 성취수준은 [그림 4-2]에 기술되어 있는 일반/단원 목표로서 명세/수업 목표를 진술하는 준거가 된다. 일반/단원 목표와 명세/수업 목표는 둘 다 교수·학습 과정 안에서 진술된다.

(4) 2022 개정 과학과 교육과정 내용 체계와 성취기준

『2022 개정 과학과 교육과정』(교육부, 2022)의 과목별 교육과정은 성격 및 목표, 내용 체계 및 성취기준, 교수·학습 및 평가로 구성되어 있으며, 비슷한 내용과 형식으로 제시된다. 선택 중심 교육과정에서는 과목별로 하나의 내용 체계표가 제시되지만. 공통 교육과정의 '과학' 과목의 내용 체계는 다섯 개의 영역으로 구성되어 제시되고 있다. 〈표 4-9〉는 첫 번째 영역인 '운동과 에너지' 의 내용 체계 표이다.

'내용 체계'에서는 과목의 핵심 아이디어와 지식·이해, 과정·기능, 가치·태도 별로 주요 내용 요소를 제시하고 있다. 이는 교육과정 설계의 개요에서 언급한 것처럼, '다양한 탐구 중심의 학습을 통해 지식·이해, 과정·기능, 가치·태도의 세 차원을 상호보완적으로 함양함으로써 영역별 핵심 아이디어에 도달할 수 있도록 교육하고자 하는 의도가 담겨 있다.

과학과 지식·이해는 과학과 영역별로 학생이 알고 이해해야 하는 내용을 학년군 별로 제시하고 있다. 과학과 과정·기능은 학생들이 과학 학습을 통해 개발할 것으로 기대하는 과학과 탐구 기능과 과정에 해당하는 것으로, 문제 인식 및 가설 설정, 탐구 설계 및 수행, 자료 수집·분석 및 해석, 결론 도출 및 일반화, 의사소통과 협업을 근간으로 영역별 특성을 반영하여 영역별로 구체화된 내용을 학교 급별로 제시하고 있다. 한편 과학과 가치·태도는 과학 가치(과학의 심미적 가치, 자연과 과학에 대한 감수성), 과학 태도(과학 창의성, 과학 활동의 윤리성, 과학 유용성, 과학문제 해결에 대한 개방성), 참여와 실천(과학 문화 향유, 안전·지속가능 사회에 기여) 등 8가지로 제시하고 있으며, 이는 모든 영역과 학교급에서 동일하게 제시하고 있다.

〈표 4-9〉 '과학' 내용 체계 (1) 운동과 에너지

<table>
<tr><td colspan="2">핵심 아이디어</td><td colspan="3">• 자연과 일상생활 속의 여러 가지 힘은 물체의 속력과 운동 방향을 변화시키고, 물체의 운동은 힘과 에너지를 통해 예측할 수 있으며, 이는 안전한 일상생활의 토대가 된다.
• 전하와 전류는 다양한 전기와 자기 현상을 일으키고, 전기와 자기에 대한 성질은 전구, 전동기 등 여러 가지 전기 기구의 작동 원리로 유용하게 활용된다.
• 열은 온도가 높은 곳에서 낮은 곳으로 이동하며, 일상생활에서는 단열 등 다양한 분야에 물질의 열적 성질이나 열의 이동 방식이 이용된다.
• 빛과 소리는 반사, 굴절, 진동 등 파동의 특성을 가지며, 그 특성은 거울, 렌즈, 악기, 색의 구현 등 편리하고 심미적인 삶에 도움이 된다.</td></tr>
<tr><td colspan="2" rowspan="3">구분
범주</td><td colspan="3">학년(군)별 내용 요소</td></tr>
<tr><td colspan="2">초등학교</td><td>중학교</td></tr>
<tr><td>3~4학년군</td><td>5~6학년군</td><td>1~3학년</td></tr>
<tr><td rowspan="4">지식·이해</td><td>힘과 에너지</td><td>• 밀기와 당기기
• 무게 · 수평잡기
• 도구의 이용</td><td>• 위치의 변화
• 속력
• 속력과 안전</td><td>• 힘 • 중력
• 마찰력 • 탄성력
• 부력 • 등속 운동
• 자유 낙하 운동 • 일과 에너지
• 중력에 의한 위치 에너지
• 운동 에너지 • 역학적 에너지 보존</td></tr>
<tr><td>전기와 자기</td><td>• 자석과 물체 사이의 힘
• 자석과 자석 사이의 힘
• 자석의 극
• 자석의 이용</td><td>• 전기 회로
• 전지의 직렬연결
• 전자석
• 전기 안전</td><td>• 전기력 • 대전
• 정전기 유도 • 전압
• 전류 • 옴의 법칙
• 전기 에너지 • 자기력
• 자기장</td></tr>
<tr><td>열</td><td></td><td>• 온도 · 열의 이동
• 단열</td><td>• 열평형 • 전도 • 대류
• 복사 • 비열 • 열팽창</td></tr>
<tr><td>빛과 파동</td><td>• 소리의 발생
• 소리의 세기
• 소리의 높낮이
• 소리의 전달</td><td>• 빛의 직진
• 평면거울에서 빛의 반사
• 빛의 굴절
• 렌즈의 이용</td><td>• 시각과 상 • 반사와 굴절
• 거울과 렌즈 • 빛의 합성과 색
• 파동의 발생과 전달
• 파동의 요소와 소리의 특성</td></tr>
<tr><td colspan="2">과정 · 기능</td><td colspan="2">• 자연과 일상생활에서 운동과 에너지 관련 문제 인식하기
• 문제를 해결하기 위한 탐구 설계하기
• 관찰, 측정, 분류, 예상, 추리 등을 통해 자료를 수집하고 비교 · 분석하기
• 수학적 사고와 컴퓨터 및 모형 활용하기
• 결론을 도출하고, 자연과 일상생활에서 운동과 에너지 관련 상황에 적용 · 설명하기
• 자신의 생각과 주장을 과학적 언어를 사용하여 다양한 방식으로 표현하고 공유하기</td><td>• 자연과 일상생활에서 운동과 에너지와 관련된 현상을 관찰하고 문제를 찾아 정의하고 가설을 설정하기
• 적절한 변인을 포함하여 탐구 설계하기
• 운동과 에너지 사이의 관계를 이끌어내기 위해 자료를 수집하고 이를 그래프로 변환하여 해석하기
• 운동과 에너지와 관련된 다양한 현상을 관찰하여 규칙성을 추리하기
• 모형을 만들어 현상을 설명하거나 예측하기
• 과학적 증거에 기반하여 주장하기</td></tr>
<tr><td colspan="2">가치 · 태도</td><td colspan="3">• 과학의 심미적 가치 • 과학 유용성 • 자연과 과학에 대한 감수성
• 과학 창의성 • 과학 활동의 윤리성 • 과학 문제 해결에 대한 개방성
• 안전 · 지속가능 사회에 기여 • 과학 문화 향유</td></tr>
</table>

중학교 '과학'의 〈성취 기준〉은 '(12) 식물과 에너지'를 예로 들어 [그림 4-4]에 제시하였다. 〈성취기준〉 부분에서는 학년 군별로 단원명과 성취기준, 탐구 활동이 표로 제시되고, 표 아래에 '(가) 성취기준 해설', '(나) 성취기준 적용 시 고려사항'이 기술되어 있다. 성취기준은 학생들이 교과를 통해 배워야 할 내용과 이를 통해 수업 후 할 수 있기를 기대하는 능력이다. 탐구 활동은 영역의 교수・학습 과정에 적절한 과제이다. '성취기준 해설'은 성취기준 가운데에서 자세한 해설이 필요한 성취기준을 부연하는 설명으로, 학습 위계를 고려한 학습 범위나 수준을 구체적으로 제시하고 있다. '성취기준 적용 시 고려사항'은 성취기준을 교수 학습할 때 고려할 구체적인 내용을 안내하는 설명으로, 초등학교와 고등학교 단원과의 연계, 구체적인 교수 방법, 디지털 기반 탐구활동 안내, 지도 시 주안점 등을 제시하고 있다.

(12) 식물과 에너지

[9과12-01] 광합성 과정을 이해하고, 환경 요인과 광합성의 관계를 탐구하는 실험을 설계할 수 있다.

[9과12-02] 식물의 호흡과 광합성의 관계를 이해하고, 호흡과 광합성 과정에서 출입하는 에너지와 물질의 변화를 분석할 수 있다.

[9과12-03] 광합성 산물의 저장과 이용 과정을 이해하고, 모형으로 설명할 수 있다.

〈탐구 활동〉

- 광합성에 필요한 물질과 산물 확인하는 실험하기

(가) 성취기준 해설

- [9과12-03] 광합성 결과 만들어진 산물은 생명 활동에 필요한 에너지원임을 강조하여 다룬다.

(나) 성취기준 적용 시 고려 사항

- 초등학교 3~4학년군 '식물의 생활', 5~6학년군 '식물의 구조와 기능', 고등학교 '생명과학' 생명시스템의 구성, '세포와 물질대사'의 세포호흡과 광합성과 연계된다.
- 광합성 실험은 디지털 탐구 도구를 이용하여 데이터를 얻고 이를 해석하여 문제를 해결하는 디지털 기반 탐구 활동을 할 수 있다.
- 광합성 산물의 저장, 이용 과정을 모형으로 표현하는 활동에서는 정보 그림 만들기 등을 통해 창의성을 발휘할 수 있도록 지도한다.

[그림 4-4] 성취기준 예시('과학'의 (12) 식물과 에너지)

'과학과 사회' 영역에서의 내용 요소는 크게 과학과 안전, 과학과 지속 가능한 사회, 과학과 진로 등 세 범주로 내용 요소가 구성되어 있다.

(5) 2022 개정 과학과 교육과정 교수 · 학습 및 평가

〈교수 · 학습〉 부분에는 교수 · 학습의 방향과 교수학습 방법이 제시되어 있다. 교수 · 학습의 방향으로 다섯 가지가 제시되어 있다. '과학' 관련 다양한 활동을 통해 '과학' 교육과정에서 제시한 목표를 달성하고, '과학' 관련 기초 소양 및 미래 사회에 필요한 역량을 함양하기 위한 교수 · 학습 계획을 수립하여 지도한다. '과학' 교육과정의 내용 체계표에 제시된 핵심 개념인 지식 · 이해뿐만 아니라 과정 · 기능, 가치 · 태도를 균형 있게 발달시킬 수 있도록 지도한다. 역량 함양을 위한 깊이 있는 학습이 이루어지도록 적절하고 다양한 일상생활 소재나 실험 · 실습의 기회를 학생들에게 제공하여 실제적인 맥락에서 문제를 해결하는 경험을 할 수 있도록 한다. 학생의 발달과 성장을 지원할 수 있도록 학생의 능력 및 수준에 적합한 '과학' 과목의 교수 · 학습 계획을 수립하고, 학생이 능동적인 학습자로서 수업에 참여할 수 있도록 한다. 디지털 교육 환경 변화에 따른 온 · 오프라인 연계 수업을 실시하고, 다양한 디지털 플랫폼과 기술 및 도구를 적극적으로 활용한다.

이러한 방향에 맞추어 구체적인 교수 · 학습 방법을 제시하고 있다. 대표적인 내용은 다음과 같다. 융합적 사고와 과학적 창의성을 계발하기 위해 내용 연계성을 고려하여 과목 내 영역이나 수학, 기술, 공학, 예술 등 다른 교과와 통합 및 연계하여 지도할 수 있도록 계획한다. 강의, 실험, 토의 · 토론, 발표, 조사, 역할 놀이, 프로젝트, 과제 연구, 과학관 견학과 같은 학교 밖 과학 활동 등 다양한 교수 · 학습 방법을 적절히 활용하고, 학생이 능동적으로 수업에 참여할 수 있도록 한다. 교사 중심의 실험보다 학생 중심의 탐구 활동을 설계하고, 동료들과의 협업을 통해 과제를 해결하는 과정에서 상호 협력이 중요함을 인식하도록 지도한다. 과학 및 과학과 관련된 사회적 쟁점을 주제로 과학 글쓰기와 토론을 실시하여 과학적 사고력, 과학적 의사소통 능력 등을 함양할 수 있도록 지도한다. 학생의 디지털 소양 함양과 교수 · 학습 환경의 변화를 고려하여 교수 · 학습을 지원하는 다양한 디지털 기기 및 환경을 적극적으로 활용한다. 이를 위해 모형이나 시청각 자료, 가상 현실이나 증강 현실 자료, 소프트웨어, 컴퓨터 및 스마트 기기, 인터넷 등의 최신 정보 통신 기술과 기기 등을 실험과 탐구에 적절히 활용한다. '과학' 관련 탐구 활동에서 다양한 센서나 기기 등 디지털 탐구 도구를 활용하여 실시간으로 자료를 측정하거나 기상청 등 공공기관에서 제공한 자료를 활용하여 자료를 수집하고 처리하는 기회를 제공한다. 학생의 과학에 대한 흥미, 즐거움, 자신감 등 정의적 영역에 관한 성취를 높이고 과학 관련 진로를 탐색할 수 있는 교수 · 학습 방안을 강구한다. 이를 위해 과학 지식의 잠정성, 과학적 방법의 다양성, 과학 윤리, 과학 · 기술 · 사회의 상호 관련성, 과학적 모델의 특성, 과학의 본성과 관련된 내용을 적절한 소재를 활용하여 지도한다. 과학자 이야기, 과학사, 시사성 있는 과학 내용 등을 도입하여 과학에 대한 호기심과 흥미를 유발한다. 학교의 지역적 특성을 고려하여 지역의 자연 환경, 지역 명소, 박물관, 과학관 등 지역별 과학 교육 자원을 적극적으로 활용한다. 범교과 학습, 생태전환교육, 디지털·인공지능 기초 소양 함양과 관련한 교육내용 중 해당 주제와 연계하여 지도할 수 있는 내용을 선정하여 함께 학습할 수 있도록 지도한다.

〈평가〉 부분에는 평가의 방향과 평가 방법이 제시되어 있다. 평가의 방향으로 네 가지가 제시되어 있다. '과학'에서 평가는 교육과정 성취기준에 근거하여 실시하되, 평가 결과에 대한 환류를 통해 학생의 학습과 성장을 도울 수 있도록 계획하여 실시한다. '과학' 교육과정상의 내용 체계와의 관련성을 고려하여 지식·이해, 과정·기능, 가치·태도를 균형 있게 평가하되, 지식·이해 중심의 평가를 지양한다. 학습 부진 학생, 특정 분야에서 탁월한 재능을 보이는 학생, 특수교육 대상 학생 등의 경우 적절한 평가 방법을 제공하여 교육적 요구에 맞는 평가가 이루어질 수 있도록 한다. '과학' 학습 내용을 평가할 때, 온라인 학습 지원 도구 등 디지털 교육 환경을 활용한 평가 방안이나 평가 도구를 활용한다.

이러한 방향에 맞추어 구체적인 평가 방법을 제시하고 있다. 대표적인 내용은 다음과 같다. 지식·이해, 과정·기능, 가치·태도를 고르게 평가함으로써 '과학'의 교수·학습 목표 도달 여부를 종합적으로 파악할 수 있도록 한다. 또한, 학습의 결과뿐만 아니라 학습의 과정도 함께 평가한다. 학생의 학습 과정과 결과를 평가하기 위해 지필 평가(선택형, 서술형, 논술형 등), 관찰, 실험·실습, 보고서, 면담, 구술, 포트폴리오, 자기 평가, 동료 평가 등의 다양한 방법을 활용한다. 디지털 교수·학습 환경을 고려하여 온라인 학습 지원 도구 등을 활용한 온라인 평가를 병행하여 활용할 수 있다.

4. 과학 교육과정의 개발

교육과정 개발은 교육과정을 구성하는 방법 및 절차, 설계 및 내용의 선정·조직에 참여하는 전문가의 결정에 관한 의사결정 과정이다. 교육과정을 개발하는 과정에는 교육과정을 설계하는 단계도 포함된다. 타일러(Tyler, 1949)는 여러 교과에서 적용할 수 있는 일반 교육과정 개발 모형을 제시하였다. 그와 달리, 노박(Novak, 1977)은 오수벨 등(Ausubel et al., 1978)의 인지론적 학습이론에 따른 과학 교육과정을 개발 모형을 제안하였다. 드라이버(Driver, 1987)는 노박보다 한 걸음 더 나아가 오개념을 과학적 개념으로 바꾸어 주기 위한 과학 교육과정 개발 모형을 제시하였다. 노박과 드라이버는 과학 교육과정 개발 모형을 전통적인 선형적 구조 대신에 체제적 구조로 개발한 것이다. 한편 교육과정의 개발과 설계에는 교육과정의 내용을 선정하고 조직하는 원리가 적용되며, 과학지식과 과학적 탐구를 연계하는 방법에 따라 내용을 조직하는 방법이 달라진다.

1) 교육과정 설계 방법

교육과정은 이념・목적・목표, 교과와 내용 또는 학습 활동 및 경험, 평가로 구성된다. 교육과정에 이런 요소들을 배열하고 각 요소들 사이의 관계를 조직하는 체계적인 작업과 절차를 설계라 한다. 교육과정 설계는 교육과정을 개발하는 한 절차이며, 교육과정의 이론이나 유형에 따라 서로 다른 내용과 과정을 통해 수행된다. 교육과정은 다양한 방법으로 설계되는데, 일반적으로는 설계의 원칙에 따라 다음과 같은 방법이 적용된다.

- 교과중심 설계
  - 교과 설계: 우리나라의 고등학교 물리학・화학・생명과학・지구과학, 수학 교육과정
  - 학문분야 설계: BSCS, ESCP, PSSC, Chem Study 등 학문중심 교육과정
  - 영역 설계: 『2022 개정 과학과 교육과정』의 고등학교 선택 중심 교육과정
- 학습자중심 설계
  - 활동/경험 설계: 섬머힐고등학교 교육과정, 개방학교 교육과정
  - 인본주의적 설계: 1970년대 미국의 대안학교 교육과정; 우리나라 대안학교 교육 프로그램
- 문제중심 설계
  - 주제 설계: 생활 및 사회에서 선정한 과학과 관련된 주제중심 교육과정
  - 문제 설계: 사회적 문제중심 교육과정
- 중핵학습 설계
  - 중핵 설계: 미국의 국가과학교육기준의 내용 기준
  - 국가중핵설계: 영국의 과학국가교육과정의 중핵 과목

교과중심 설계는 교과별로 핵심적인 지식체계를 중심으로 내용을 체계화한 교육과정으로서 교수요목 시대의 '교과과정'과 제1차 교육과정, 즉 교과중심 교육과정의 설계가 이에 해당된다. 교과중심 교육과정은 교육과정을 교과, 또는 교수요목으로 간주한다. 한편 학문중심 교육과정에서는 과학과 교육과정을 과학지식과 과학적 탐구 과정의 나선형 조직으로

보았다. 학문분야 설계는 단일교과 설계로 일컬어지기도 하며, 이런 과학 교육과정의 경우 그 내용을 과학지식의 구조와 과학적 탐구 과정을 중심으로 선정·조직하는 설계이다. 학문분야 설계에서는 1960년대의 학문중심 교육사상에 따라 개발된 미국의 과학 각 분야의 교과서와 같이 분야별 속성을 강조하며, 탐색과 설명을 특별히 중요시한다. 영역 설계는 우리나라의 『제7차 과학과 교육과정』과 『2007 개정 과학과 교육과정』에서 편성한 「과학 3」~「과학 10」이 보여주듯이, 교과의 몇몇 주제를 포괄적 영역으로 묶어 내용의 분절화와 구획화를 지양한다. 『2022 개정 과학과 교육과정』의 고등학교 선택 중심 교육과정 물리학·화학·생명과학·지구과학 교육과정도 영역 설계로 볼 수 있다.

학습자중심 설계는 개인의 발달을 강조하고, 학생들의 필요·흥미·목적을 중심으로 교육과정을 조직한다. 활동/경험 설계는 학습자가 흥미와 관심을 가지는 주제와 현상을 중심으로 즉석에서 즉흥적으로 조직한다. 인본주의적 설계는 인본주의적 관점을 바탕으로 자기발달에 유용하고 내적 보상을 주는 경험을 중심으로 조직한다. 국내외의 대안학교 과학과 교육과정은 대부분 학습자중심으로 설계된 교육과정으로 볼 수 있다.

과학과 교육과정의 문제중심 설계는 학생들의 관심을 기아·환경오염 등 과학 및 과학기술과 관련된 사회적·국제적 문제 또는 논쟁거리에 집중시키고, 그들 스스로 그런 문제를 해결하거나 논쟁거리에 관한 토의에 참여하게 한다. 주제 설계는 교과목이나 학문적 분야와 같이 비실제적인 내용을 이용한 설계를 지양하고 전쟁·AIDS·대리모 등 실제 생활에서 겪는 경험으로 조직한다. 문제 설계는 학생들이 직접 경험할 수 있고, 자신에게 관련이 있다고 여기는 문제를 중심으로 조직하는 방법이다.

중핵학습 설계는 여러 영역을 관통하거나 걸치는 주제, 또는 몇 가지 주제를 포괄하는 통합적인 주제를 중심으로 교육과정을 조직하는 방법이다. 미국의 「국가과학교육기준」(NRC, 1996)과 영국의 「과학국가교육과정」(DfEE & QCA, 2008)에서는 종래의 교과 내용을 관통하거나 통합하는 몇 가지 핵심 주제를 선정하여 나열한다. 중핵학습 설계에 따라 개발된 교육과정은 교과목들 사이의 관련성이 없고, 통합성·포괄성·발전성이 높다.

2) 교육과정 개발 모형

교육과정 개발의 이론적 배경은 새로운 철학과 교육학적 관점에 있다. 교육과정 개발 모형은 교육과정의 개발을 설명하는 이론의 표현으로서, 교육과정을 개발할 때 적용하는 방법과 개발할 방향을 구체적으로 기술한다. 과학교육학에서는 교육과정에 대한 이론과 모형이 활발하게 연구되고 있지 않은 상황에서, 40~50년 전에 노박(Novak, 1977)과 드라이버(Driver, 1987)의 두 과학 교육과정 개발 모형이 제시되었다. 이 두 모형은 일반 교육과정 개발 모형인 타일러의 모형과 비교된다.

(1) 타일러의 교육과정 개발 모형

타일러(Tyler, 1949)가 제시한 교육과정 개발 모형은 [그림 4-5]에서도 볼 수 있듯이, 투입-산출의 논리에 따른 선형적 모형(linear model)으로서 교육의 목표를 선정하고, 선정한 목표의 달성에 필요한 내용을 선정·조직·평가하는 단계로 이루어져 있다. 타일러의 교육과정 개발 모형은 일반 목표의 설정, 교수·학습 목표의 선정 및 조직, 학습경험의 선정·조직, 학습경험의 평가의 네 단계로 구성되어 있다. 타일러의 모형은 교육과정을 연구·개발하는 전문가의 역할, 개발 모형의 구성요소, 개발과정을 분명하게 제시한다.

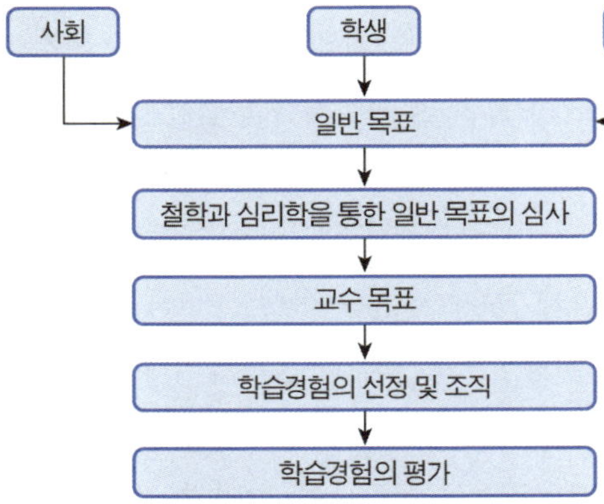

[그림 4-5] 타일러의 교육과정 개발 모형

[그림 4-5]의 첫 번째 단계에서는 사회적 요구, 학습자의 흥미와 필요성, 교과 전문가의 의견을 바탕으로 교육과정의 일반목표를 설정하고, 교육철학 사상과 심리학적 이론을 준거로 그 타당성과 실용성을 검증한다. 여기서 일반목표는 단원목표를 의미한다. 교육철학 사상은 교육목표의 타당성을, 심리학적 이론은 교육목표의 수준을 결정하는 준거를 제공한다. 두 번째 단계에서 교육과정의 내용으로 학습경험을 선정하며, 세 번째 단계에서는 계속성·계열성·통합성에 따라 학습경험을 조직한다. 네 번째 단계에서는 학습경험이 첫 번째 단계에서 설정한 목표의 달성에 효과적일 것인지 판단한다.

교과중심 교육과정에서 교육과정을 뜻하는 교수요목(course of study)은 교과의 교육내용을 주제별 항목으로 조직하여 나열한 것을 의미한다(서울대학교 교육연구소, 1994). 그런데 교육과정에 관한 타일러의 관점에 따르면, 교수요목을 특정 교과와 학년에 관련된, 그리고 교실과 실험실에서 무엇을 가르칠 것인지에 관하여 추천하는, 계획된 과학 주제의 순서로 정의할 수 있다. 타일러는 목적을 분명하게 진술하고, 교과의 목표를 명백하게 밝혀야 하며, 목표는 여건에 따라 선별해야 한다는 견해를 가지고 있었다(Lazarowitz, 2014).

(2) 노박의 과학 교육과정 개발 모형

노박(Novak, 1977)은 과학 교육과정의 개발 과정에서 적용할 모형을 [그림 4-6]과 같이 제시한다. 노박은 과학 교육과정을 개발하기에 앞서 교육과정의 내용에 포함시킬 개념을 선정해야 하는데. 그때 적용할 틀, 곧 모형은 과학의 본성과 심리학적 관점을 분석하여 확인할 것을 강조한다. 노박의 교육과정 개발 모형에서는 교육과정과 수업 체제를 구분한다. 노박은 과학 교육과정 개발 모형의 이론적 배경을 툴민(Toulmin, 1972)의 인식론과 오수벨의 학습이론에 두고 개발하여 제시하였다.

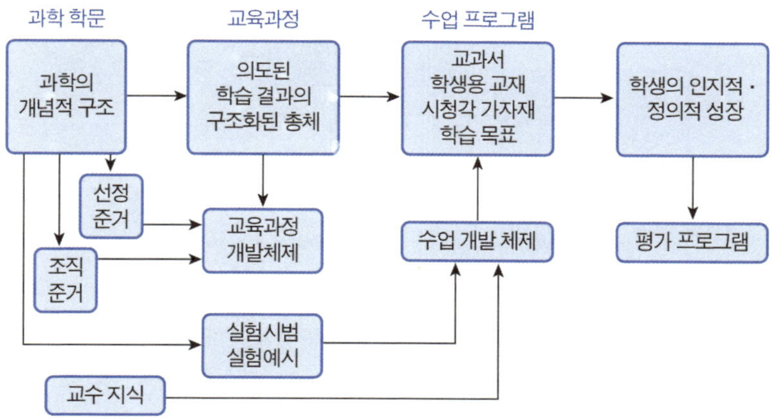

[그림 4-6] 노박의 과학 교육과정 개발 모형

[그림 4-6]에 제시된 과학 교육과정 개발 모형의 목표와 내용의 출처는 과학의 개념적 구조에 있다. 노박이 제시한 교육과정 개발 모형은 교육과정의 목표를 설정하고 내용을 선정 · 조직하는 근거를 과학에 둔다. 노박의 모형은 수 세기에 걸쳐 형성 · 분화된 과학지식을 학생들에게 단기간에 걸쳐 전달해 주는 것이 정당한 과학교육의 방법이자 과정임을 보여준다. 노박은 또한 교육과정을 의도된 학습결과의 구조화된 총체로 정의하고, 학습결과를 학생의 인지적 · 정의적 성장으로 본다.

(3) 드라이버의 과학 교육과정 개발 모형

드라이버(Driver & Oldham, 1986)에 따르면, 학생은 누구나 그리고 언제나 학습할 내용과 관련된 대체적 개념틀(alternative framework)을 가지고 있으며, 이런 상황에서 일어나는 학습은 의미의 구성, 또는 과학 개념에 의한 오개념의 대체를 가리킨다. 드라이버는 과학지식과 과학적 탐구 기량의 나열이라는 전통적 개념의 교육과정의 부당성을 지적하고, 과학 교육과정을 과학지식과 과학적 탐구 기능의 획득에 목적을 둔 활동, 곧 학습경험의 프로그램으로 정의한다. 이런 의미의 과학 교육과정은 교수 이전에 미리 결정할 성질의 것이 아니라 언제라도 해결해야 할 문제의 속성을 지닌다. 드라이버는 이런 관점에 따라 과학 교육과정 개발 모형을 [그림 4-7]과 같이 제시한다.

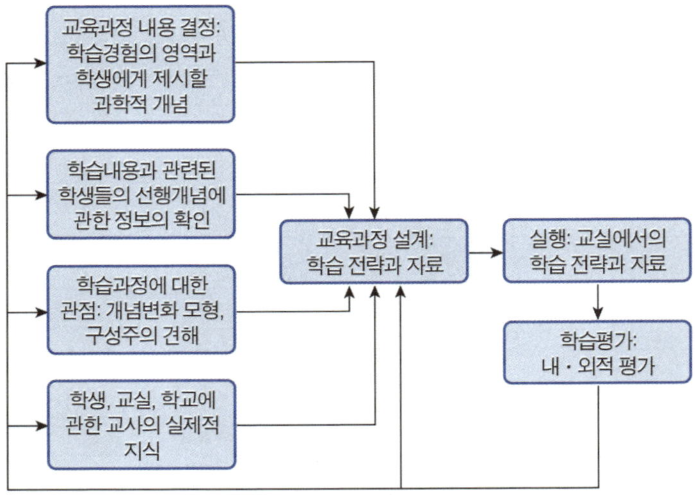

[그림 4-7] 드라이버의 교육과정 개발 모형

드라이버(Driver, 1987)의 교육과정 개발 모형은 학생들의 대체적 개념틀을 과학적 개념으로 교체하기 위한 과학 교육과정의 개발에 목적이 있다. [그림 4-7]의 모형은 교육과정의 내용에 관한 정보, 선행개념에 관한 정보, 학습의 과정에 관한 관점, 학생 · 교실 · 학교에 관한 지식으로 구성된다. 첫째 투입물은 학습경험(learning experience)을 선정하는 출처이며, 둘째 투입물은 교육과정 내용의 출처이자 선정 준거이다. 셋째 투입물은 학습경험의 학습 가능성을 판단하는 원리이며, 그리고 넷째 투입물은 교수 · 학습의 효율성을 확인하는 원리이다. 이와 같은 방법과 절차에 따라, 선정 · 조직된 교육과정의 내용은 교수 · 학습 전략과 자료를 포함하는 학습경험을 구성한다.

3) 과학 교육과정 내용의 선정과 조직

교육과정 내용은 과학 교육과정의 구성요소들 가운데에서도 가장 중요하며, 개발할 때 가장 많은 시간이 걸리는 부분이기도 하다. 교육과정 내용은 교육목표를 달성하기 위한 수단으로서 몇 가지 준거를 적용해 선정하며, 이미 설정한 교육목표의 달성에 적절한 형식으로 조직한다. 당연히 과학 교육과정 내용의 선정할 때 적용하는 준거와 선정된 과학 교육과정 내용을 조직할 때 적용하는 준거는 다르다. 또한 과학 교육과정 내용을 선정・조직할 때 적용하는 구체적인 준거는 과학교육의 목적과 인식에 따라 달라진다.

(1) 과학 교육과정 내용의 선정

과학 교육과정 내용은 과학적 탐구 과정 및 활동과 과학지식이다. 과학 교육과정 내용으로서의 과학지식은 과학적 사실・개념・법칙・원리・이론・가설로 구성되어 있다(Chiappetta & Koballa, 2015). 과학 교육과정에는 과학지식의 구성요소와 관련된 과학적 탐구 과정 또는 기능, 교과 및 교수・학습 주제와 연관된 가치도 포함된다. 『2022 개정 과학과 교육과정』 내용에는 단원마다 1~4개의 '탐구활동'이 제시되어 있다.

학교 과학 교육과정과 과학 프로그램을 작성할 때는 언제나 적절한 내용을 선정해야 하는 문제에 직면한다. 과학 교육과정의 내용을 선정할 때는 여러 가지 준거가 적용되며, 선정하는 사람과 단체도 다양하다. 영국의 중등과학 교육과정연구회(SSCR, 1987)는 과학 교육과정의 내용을 다음과 같은 준거에 따라 선정할 것을 제안한다.

- 중요한 과정・기술・태도의 교수를 극대화하고 학생들의 능력과 소양을 증진시킬 수 있다.
- 모든 학생들에게 가르칠 수 있고 그들이 모두 학습할 수 있다.
- 관련성과 응용성이 있다: 교육이 진행될 때, 또는 그 이후의 다양한 상황에 적용할 수 있다.
- 남녀 학생이나 문화적 차이를 불문하고 누구에게나 보편적이다.
- 포괄적이고 균형이 있는 과학 교육과정과 일치한다.
- 교수에 필요한 전략과 자원을 충분히 활용할 수 있다.
- 미래 학습의 바탕이 된다.
- 지역의 여건과 상황에 적절하다.

과학과 교육과정의 내용의 선정 준거로 과학 교수・학습의 대상, 과학교육의 목적, 과학철학적・심리철학적 신조, 심리학 및 학습이론도 적용된다. 일반적으로 교육과정 내용은 중요성・타당성・관련성・유용성・학습가능성・흥미를 준거로 적용하여 선정된다(Print,

1993; SSCR, 1987). 한편 이런 과학과 교육과정 내용의 선정 준거는 중요성, 타당성, 범위와 깊이의 균형성, 존속성의 내적 기준과 사회적 관련성, 유용성, 학습의 가능성, 흥미, 여건과 상황에 대한 적절성, 자원의 활용 가능성의 외적 기준으로 나뉜다.

(2) 과학 교육과정 내용의 조직

교육과정 내용의 조직 방법은 흔히 계속성과 계열성에 따른 수직적 조직과 범위와 통합성에 따른 수평적 조직으로 구분하여 논의된다. 과학 교육과정 내용은 교육학적 · 조직적 · 문화적 준거에 따라서, 또는 과학의 영역, 학습자의 발달 수준과 학습 능력, 유용성에 따라서 조직할 수도 있다. 현재까지 여러 가지의 조직 원리와 방법이 개발되어 왔으며, 영국의 중등과학교육과정연구회(SSCR, 1987)에서는 특별히 과학 교육과정 내용 조직 준거를 다음과 같이 세 가지 영역으로 나누어 제시한다.

〈교육적 준거〉
- 학생들이 중요하다고 생각한다.
- 학생들의 발달 수준에 적절하다.
- 다양한 방법으로 교수 · 학습할 수 있다.
- 물리학 · 화학 · 생명과학 사이의 균형을 유지하고, 지질학 · 기상학 · 심리학도 포함되어 있다.

〈조직 준거〉
- 교재 · 연습지 · 실험도구 등 필요한 기자재를 쉽게 이용할 수 있다.
- 교실 · 실험실 · 조교 · 환경 등 학교의 현행 여건에 실용적이다.
- 전체의 교육과정에 통합시키거나 조정할 수 있다.
- 학교의 과학과 사정에 따라 적절하게 운용할 수 있다.

〈문화적 준거〉
- 현행 이론, 또는 역사적으로 대안적인 과학 이론을 소개한다.
- 남녀를 구분하지 않는다.
- 과학지식을 사회적 논쟁거리와 관련이 있으면서 학생들의 발달에도 중요한 문화적 결정의 요인으로 규정한다.
- 과학의 교육과정과 건강 · 기술 등 다른 교과 교육과정과의 상호작용을 가능하게 한다.

미국의 「국가과학교육기준」(NRC, 1996)에서는 과학 분야의 영역, 학습자의 발달 수준과 학습 능력, 유용성의 세 준거를 적용하여 교육과정 내용을 조직하였다. 첫째 준거에 따라 물리학, 생명과학, 지구와 우주의 세 중핵 영역으로 나누었으며, 둘째 준거에 따라 K~4,

5~8, 9~12의 세 가지 학년군(群)으로 묶어서 제시하였다. 셋째 준거를 적용하여 누구나 쉽게 이해하고, 어느 급의 학교에서도 적용할 수 있는 범위와 깊이를 고려하여 선정한 내용으로 조직하였다.

이상에서 기술한 준거들이 암시하듯이, 과학 교육과정 내용을 조직할 때 적용할 가장 일반적인 출처는 과학교육의 이념과 목적 그리고 과학 교수·학습의 목표이다. 어떤 준거도 하나의 내용에만 적용되지는 않는다. 가능한 한 많은 수의 준거를 적용하여 조직한 내용일수록 좋은 내용으로 받아들여진다.

과학 교육과정 내용을 조직하고 기술할 때는 범위·균형·관련성·분화·동일기회·계속성·전진성·보편성·교수법·평가의 최소 10가지의 원리를 적용할 수 있다(DES, 1985; Ratcliffe, 1998). 과학과 교육과정의 내용은 이 원리를 적용하기에 앞서 영역과 계열의 두 가지의 일반적인 원리에 따라 조직된다. 여기에서 영역은 특정 시점에서 교수·학습할 내용의 폭과 깊이를 일컬으며, 수평적 조직, 또는 수평적 통합으로 지칭된다. 영역에 관한 절대적이고 확고한 교육적 원리는 그리 많지 않은데, 다음은 과학 교육과정 내용 영역을 결정할 때 적용할 수 있는 몇 가지 원리이다.

- **시간**: 폭은 언제나 깊이의 대안이며, 폭과 깊이는 가르칠 수 있는 시간에 따라 결정한다.
- **핵심 또는 공통 개념**: 내용에는 모든 학생들이 반드시 이수해야 할 핵심적 개념, 또는 공통적 개념을 선정하여 포함시킨다.
- **학습자의 요구**: 교육과정 내용을 학습자의 요구에 맞추며, 그의 흥미와 사회적 상황에 맞추기 위해 선택 과목에 포함시키거나, 특별히 심화반을 위한 내용을 선정할 수도 있다.
- **통합**: 학생들에게 실재성을 제공하기 위해 교과를 통합할 수 있다.
- **포함 또는 제외**: 다른 학년에서 가르칠 수 있는 것인지, 아니면 다른 학년의 것을 포함시켜야 할 것인지 판단한다.

과학과 교육과정 내용을 선정·조직할 때 적용하는 하나의 원칙, 계열은 정해진 시간 동안 학습자들에게 내용을 제시하는 순서를 말한다. 전통적으로는 학습자들에게 과학과 교육과정의 내용뿐만 아니라 과학 교수·학습의 내용을 제시하는 순서는 논리적 준거에 따라 결정하였다. 그러나 전통적인 '논리적' 접근법은 직관적인 방법에 지나지 않는다. 따라서 지난 50여 년 동안에는, 다음과 같은 여섯 가지 준거를 그 대안으로 적용하였다.

- **단순한 것에 복잡한 것으로**: 하위적인 내용을 먼저, 상위적인 내용일수록 나중에 제시한다.
- **선행학습**: 먼저 이해하게 하고, 그것을 응용한다.
- **연대순**: 내용을 사건이 일어난 순서대로 배열한다.
- **전체-부분 학습**: 전체를 앎으로써 부분을 알고 이해하게 한다.

- **추상성**: 학생이 경험한 구체적 내용에서, 이론적·추상적인 것의 순서로 조직한다.
- **나선형 서열**: 학년이 올라감에 따라 기초적인 것에서 시작하여 반복적으로 제시한다.

과학과 교육과정을 개발하는 과정에서는 과학철학, 학습심리학, 학습 이론, 교수·학습 이론과 모형도 내용의 조직 원리로 이용된다. 피아제의 이론은 내용을 지능발달 수준에 맞추어 선정·조직할 때, 오수벨의 이론은 선행학습 경험에 따라 교수·학습 내용을 결정하고 체계화할 때 적용된다. 〈표 4-10〉은 브루너가 제시한 나선형 교육과정 이론과 일치하는『2022 개정 과학과 교육과정』의 화학 분야 내용의 실례이다.

〈표 4-10〉 산과 염기에 대한 나선형 서열의 실례

학년		2022 개정 과학과 교육과정 성취기준
초등학교 5~6학년		(9) 산과 염기 [6과09-01] 여러 가지 용액에 지시약을 넣었을 때의 변화를 관찰하여 용액을 산성 용액과 염기성 용액으로 분류할 수 있다. [6과09-02] 산성 용액과 염기성 용액의 성질을 관찰하고, 산성 용액과 염기성 용액을 섞을 때 용액의 성질 변화를 실험을 통해 추론할 수 있다. [6과09-03] 우리 주변에서 산성 용액과 염기성 용액을 이용하는 예를 찾아서 설명할 수 있다. [6과09-04] 산성화로 인한 환경의 피해 사례를 소개하는 자료를 만들고 공유할 수 있다.
고등학교	통합과학2	(1) 변화와 다양성 [10통과2-01-04] 대표적인 산·염기 물질의 특징을 알고, 산과 염기를 혼합할 때 나타나는 중화 반응을 생활 속에서 이용할 수 있다.
	화학	(4) 역동적인 화학 반응 [12화학04-01] 물의 자동 이온화와 물의 이온화 상수를 이해하고, 수소 이온의 농도를 pH로 표현할 수 있다. [12화학04-03] 중화 반응을 이해하고, 중화 반응에서의 양적 관계를 설명할 수 있다. [12화학04-04] 중화 적정 실험을 계획하고 수행하여 미지 시료의 농도를 찾을 수 있다.
	화학 반응의 세계	(1) 산 염기 평형 [12반응01-01] 브뢴스테드-라우리 산과 염기의 정의를 이해하고, 이에 따라 산과 염기를 구별할 수 있다. [12반응01-02] 이온화 상수를 이용하여 산과 염기의 상대적인 세기를 추론하고, 약산과 약염기 수용액의 pH를 구할 수 있다. [12반응01-03] 중화 적정 실험의 pH 변화를 데이터에 근거하여 해석할 수 있다. [12반응01-04] 이온화 상수를 이용하여 염의 가수 분해를 설명할 수 있다. [12반응01-05] 화학 평형으로 생체 내 완충 작용을 설명하고, 화학 원리의 신비로움을 느낄 수 있다.

〈표 4-10〉에서 볼 수 있듯이, 초등학교에서는 지시약의 색변화, 금속과의 반응 등을 통해 거시적으로 산과 염기를 공부하고, 학년이 올라감에 따라 이온 모형을 사용하여 미시적 관점으로 학습한다. 산염기의 정의는 아레니우스 정의에서 브뢴스테드-라우리의 정의로 확대되며, 중화반응 개념은 정성적 접근에서 정량적 접근으로 심화된다. 학습이 산·염기·지시약에서 시작하여 중화반응, 산염기의 세기, 염, 완충용액의 심화된 개념으로 진행된다. 교육과정이 바뀌면 학습 시기가 변하기도 하지만, 학습의 순서는 계열성에 따라 유지된다.

(3) STS 교육과정 내용의 선정과 조직

현대 과학철학에서 또 하나의 과학관으로 인식되는 STS가 과학과 과학교육학에서는 교육과정의 내용, 교수·학습의 내용·소재·과제, 교수·학습의 접근법 및 전략으로 적용된다. 하나의 현대적 과학관으로서의 STS 교육과정 내용은 전통적 의미의 과학 교육과정의 내용과 다른 준거에 따라 선정·조직된다. STS 교육과정 내용을 선정·조직하는 원리와 준거도 다양하다. 그 가운데 몇몇 과학교육학자와 과학철학자가 제시한 중·고등학교의 STS 교육과정 내용을 선정·조직하는 원리와 준거를 요약하면 다음과 같다.

- **펜샴(Fensham, 1988)이 제시한 준거:** 과학 위주, 기술 위주, 사회 위주
- **로젠탈(Rosenthal, 1989)이 제시한 준거:** 사회적 논쟁점, 과학의 사회적 측면
- **자이먼(Ziman, 1980)이 제시한 준거:** 사회적 관련성, 직업적 관점, 학제적 통합, 역사적 접근, 철학적 분석, 사회학적 조사, 사회적 문제점, 문제적 특성
- **아이켄헤드(Aikenhead, 1994; 2003)가 제시한 원리와 준거**
  - STS 내용에 의한 동기유발: 전통적 과학 교수·학습 과정에서 관련된 STS 내용의 언급 예) 항원과 항체에 대한 교수·학습 과정에서 AIDS 소개하기
  - STS 내용의 주입(casual infusion): 과학 시간에 짧은 STS기반 수업 첨가 예) SATIS
  - STS 내용의 합목적적 주입: 과학 내용에 STS 주제 또는 소재 삽입 예) HPP, Science and Societal Issues, SATIS 16-19의 세 주제: what is science? what is technology? how does society decide?
  - STS 내용을 통한 단일 교과: 물리학나 생명과학과 같이 한 분야의 과학 내용을 선정하여 STS 주제를 중심으로 조직 예) ChemCom
  - STS 내용을 통한 과학: 여러 분야 과학의 내용을 선정하여 STS 주제를 중심으로 조직 예) Salters' science project
  - STS 내용과 과학: 수업은 STS 주제 중심, 과학 내용은 심화 소재로 이용 예) Science and technology 11
  - 과학의 STS 내용에 주입: 수업은 STS 주제 중심이고, 관련 과학 내용 첨가 예) SISCON

- STS 내용: 주요 기술 및 사회적 논쟁거리 중심, 관련 과학 언급 예) 사회적 논쟁거리(SSI) 중심의 모노그래프

순수과학 분야의 지식과 내용무관한(content-free) 과학적 방법 및 과학적 탐구 과정은 STS 교육과정 내용으로 실제적이지 않다. STS 교육과정의 내용은 과학지식과 관련된 주제, 과학적 방법 또는 과학적 탐구 과정을 적용하여 생기는 문제뿐만 아니라 사회적 논쟁거리로 조직할 수도 있다. STS 주제는 과학과 과학기술에 대한 지식, 과학적 탐구 능력 및 응용기술, STS의 본성 및 상호작용과 사회적·문화적 가치를 포함하여 〈표 4-10〉에 제시된 과학과 기술 및 사회적 문제의 의미와 특성, 과학-기술·과학-사회·기술-사회·과학-기술-사회의 관계로 선정할 수도 있다(Bybee, 1987). 〈표 4-11〉의 위에서 아래로 개인적 개념으로부터 문화적 개념으로, 정보수집 활동으로부터 의사결정 활동으로, 특수성을 띠는 지역적 개념으로부터 보편성을 지니는 세계적 문제점으로 포괄성이 점증한다.

〈표 4-11〉 STS 교육과정 내용에 포함될 주제

주요 통합개념	탐구기술	STS 상호작용
체계와 하위체계	의문과 추구	과학
조직과 본질	관찰과 조직	기술
위계와 다양성	측정과 분류	사회
상호작용과 변화	비교와 보존	과학과 기술
성장과 순환	분석과 통합	과학과 사회
규칙과 진보	확인과 서술	기술과 과학
개연성과 예측	가설과 예측	기술과 사회
보존과 퇴보	분리와 통제	사회와 과학
적응과 한계	탐색과 평가	사회와 기술
평형과 실체성	결정과 행동	사회 속의 과학과 기술

중·고등학교에 적용할 STS 프로그램 내용 또는 STS 교육과정의 내용은 과학, 과학기술, 사회적 문제, 과학사적 접근을 중심으로 선정·조직하면 실용적이며 효과적이다. 과학중심 STS 교육과정 내용은 핵심적 과학지식과 그에 적절한 과학적 탐구 과정을 중심으로 선정하여 수업이 끝날 때마다 교수·학습한 내용을 다른 사회적 상황이나 생활에 응용할 수 있도록 조직하며, 과학기술중심 교육과정 내용은 과학기술(technology)로 생성되어 사회 및 일상생활에서 사용되는 도구를 소재로 선정해 그와 관련된 과학지식과 과학적 탐구 과정을 교수·학습하도록 조직한다. 한편 사회적 문제 중심의 교육과정 내용은 과학기술

과 관련이 있는 사회적 논쟁거리, 또는 사회과학적 쟁점(Socioscientific Issues; SSI)을 선정하여 토론이나 역할놀이를 통해서 교수·학습할 수 있도록 조직한다. 과학사적 접근법은 체계적으로 변화·발달되어 온 과학사적 과정을 보이는 방법으로서 어려운 개념이나 이론의 교수·학습에 특히 효과적이다.

STS 접근법에 따른 과학 교수·학습의 소재로 초등학생과 중학생에게는 과학기술이 일상생활에서 활용되는 도구나 상황이, 고등학생에게는 과학지식이 응용되고 있는 사회나 학문적 상황 또는 사회적 논쟁거리가 적절하다. 초등학생이나 중학생에게는 컴퓨터의 활용, 방부제, 살충제, 공기의 오염이, 고등학생에게는 인간게놈, 생명의 복제, AIDS, 핵폐기물 처리 등 사회적 쟁점이 적절하다. 또한 초·중학생에게는 기초 탐구 과정이 적절하며, 고등학생에게는 고차원적 탐구 과정과 활동이 효과적이다.

(4) 과학지식과 과학적 탐구의 연계성

과학적 탐구 과정은 과학학습의 기본적 과정이자 수단이다. 과학학습 과정으로서의 과학적 탐구 과정은 과학지식을 생성·검증하는 방법이자 과정으로서 과학적 사고와 과학적 방법을 적용해 자연을 이해하고 과학지식을 사회에 응용할 목적으로 이루어진다. 과학적 탐구 과정은 어느 내용이나 상황에도 적용할 수 있는 것이 있고, 특정 내용이나 상황과 긴밀한 관련을 맺고 있는 것이 있으며, [그림 4-8]과 같이 두 가지 특성을 다 지닌 것도 있다. 과학적 추리와 비판적 사고는 어느 분야에나 적용할 수 있지만, 현미경 사용 기술은 생물학과 지질학 분야에 주로 적용되는 기능이다(Chiappetta & Koballa, 2015).

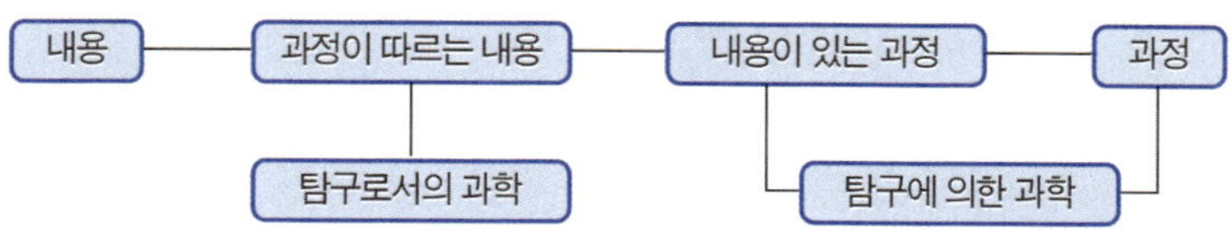

[그림 4-8] 과학지식(내용)과 과학적 탐구 과정의 관계

[그림 4-8]에서 과학지식의 '내용(content)'은 과학 교육과정에 기술된 과학지식의 교수·학습 방법, 또는 과학지식에 관한 교수·학습 방법이, '과정이 따르는 내용(content with process)'은 '탐구로서의 과학', 즉 내용중심의 과학 교수·학습에 과학적 탐구 과정을 융합한 교수·학습 방법이 적절하다. 과학적 탐구의 '과정(process)'에는 순수한 과학적 탐구의 과정과 기능에 관한 교수·학습 방법이, 그리고 '내용이 있는 과정(process with content)'은 '탐구에 의한 과학(science by inquiry)', 즉 탐구중심의 과학 교수·학습 방법이 적절하

다. [그림 4-8]의 '내용', '과정이 따른 내용', '내용이 있는 과정', '과정'의 교수·학습 목적을 구체적으로 기술하면 다음과 같다(Chiappetta & Koballa, 2015).

- **'내용' 목적:** 학생들의 능동적인 참여를 통한 조직화된 정보 체계
- **'내용이 있는 과정' 목적:** 학생들의 적극적인 참여를 통한 주요 과학적 개념과 실행
- **'내용이 있는 과정' 목적:** 초점의 일부로 과학 내용이 함축되어 있는 과학적 조사 방법
- **'과정' 목적:** 과학의 과정 기능에 초점이 있는 교수·학습

'탐구로서의 과학' 수업은 산물로서의 과학에 대한 교수·학습뿐만 아니라 과정으로서의 과학에 대한 교수·학습도 반대하고, 내용과 과정의 유기적인 관계 즉, 과정이 수반되는 내용의 교수·학습을 강조한다. '탐구로서의 과학' 교수·학습은 과학지식을 중심으로 이루어지되, 그 과학지식이 형성·검증되는 과학적 방법과 과학적 탐구 과정과 아울러 과학적 방법과 과학적 탐구 과정에 관한 일반적 지식도 함께 다루어진다(Chiappetta & Koballa, 2015). 과학지식과 과학적 탐구 과정 사이의 이러한 관계에 비추어 볼 때, 『제7차 과학과 교육과정』의 「과학 10」과 심화과목, 『2007 개정 교육과정』의 「과학」에 제시된 탐구활동과 자유탐구 주제, 그리고 『2009 개정 과학과 교육과정』, 『2015 개정 과학과 교육과정』, 『2022 개정 과학과 교육과정』의 「과학」은 '탐구로서의 과학'이 반영되어 있다. '탐구로서의 과학'을 강조한 스와브(Schwab, 1963)의 '탐구에의 초대(invitation into enquiry)'는 BSCS에서 녹색·청색·황색 판의 세 가지 고등학교 생물 교과서를 개발하는 이론적 근거를 제공하였다. 영국의 국가교육과정(DfEE & QCA, 2008)에서는 과학의 네 도달 목표 가운데 하나로 '과학적 탐구'를 제시하고, 각 과학적 탐구 과정과 활동을 다른 세 도달 목표의 영역에서 적절한 관계 안에서 다루도록 명시하고 있는데, 그런 영국의 과학적 탐구도 '탐구로서의 과학'에 포함된다.

'과정'의 교수·학습은 과학학습 과정으로서의 과학적 탐구 과정이나 발견학습에 필요하며, 어느 상황에서나 보편적 탐구의 과정과 기능의 습득에 목적이 있다. 이와 달리, '탐구에 의한 과학' 기반 교수·학습은 1960년대의 학문중심 교육사상에 따라 일어난 교육과정 개혁운동의 산물로서(Chiappetta & Koballa, 2015) 과학적 탐구 방법과 절차에 따라 이루어지며, 발견학습을 주창한 브루너(Bruner, 1968)와 탐구수업을 제창한 슈크만(Suchman, 1966)의 저서에 잘 나타나 있다. '탐구에 의한 과학' 중심의 교수·학습은 라코(Rakow, 1986)가 제시한 순환학습 모형의 모태가 되기도 하였다. 우리나라의 제3차 과학과 교육과정도 '탐구에 의한 과학' 접근법에 따른 교수·학습이 강조되었으며, SAPA II도 '탐구에 의한 과학' 수업의 원리에 따라 개발된 교재이다. 제6차 과학과 교육과정의 탐구와 『제7차

과학과 교육과정』의 「과학 3」-「과학 9」의 내용에는 모두 '탐구에 의한 과학' 기반 교수·학습이 강조되었다. 브루너의 발견학습과 순환학습 모형에 따른 탐구학습도 '탐구에 의한 과학' 중심의 교수·학습 방법이 반영되어 있다. 미국의 과학교사들에게 '빨간 책(red book)'으로 알려져 있는 "Students and Research: Practical Strategies for Science Classrooms and Competitions, 4th ed."(Cothron et al., 2006), 순수한 탐구 과정에 관한 교재 "Learning and Assessing Science Process Skills, 4th ed."(Rezba et al., 2003)는 모두 '탐구에 의한 과학' 중심의 교재이다.

나라마다, 그리고 교육과정이 개정될 때마다 다르지만, 과학과 교육과정의 내용은 과학지식과 과학적 탐구로 나누어 제시한다. 『제6차 과학과 교육과정』에서부터 과학지식과 과학적 탐구를 분명하게 구분하여 다루기 시작하였다. 『제6차 과학과 교육과정』(교육부, 1992)과 『제7차 과학과 교육과정』(교육부, 1997a)에서는 과학적 탐구와 과학지식 사이의 관계를 중요시한다. 〈표 4-12〉는 제7차 과학과 교육과정의 「과학」 과목에 제시된 내용 체계의 일부로서 중학교 「과학」에서는 과학적 탐구를 과학지식과 분리하여 다루고, 「과학 10」에서는 과학적 탐구를 과학지식과 분리하거나 함께 다룰 수 있음을 나타낸다. 즉 『제7차 과학과 교육과정』의 「과학 3」-「과학 10」에서는 '탐구에 의한 과학'을, 「과학 10」에서는 '탐구로서의 과학'을 강조한다.

〈표 4-12〉 『제7차 과학과 교육과정』의 「과학」 내용 체계

<table>
<tr><th colspan="3">학년
분야</th><th>3</th><th>4</th><th>5</th><th>6</th><th>7</th><th>8</th><th>9</th><th colspan="2">10</th></tr>
<tr><td rowspan="4">지식</td><td colspan="2">에너지</td><td></td><td></td><td></td><td></td><td></td><td></td><td></td><td>에너지</td><td rowspan="4">탐구
환경</td></tr>
<tr><td colspan="2">물 질</td><td></td><td></td><td></td><td></td><td></td><td></td><td></td><td>물질</td></tr>
<tr><td colspan="2">생 명</td><td></td><td></td><td></td><td></td><td></td><td></td><td></td><td>생명</td></tr>
<tr><td colspan="2">지 구</td><td></td><td></td><td></td><td></td><td></td><td></td><td></td><td>지구</td></tr>
<tr><td rowspan="3">탐구</td><td rowspan="2">탐구
과정</td><td>관찰, 분류, 측정, 예상, 추리</td><td colspan="3">○○○</td><td colspan="2">○○○</td><td colspan="4">○○○</td></tr>
<tr><td>문제인식, 가설설정, 자료해석 등</td><td colspan="3">○</td><td colspan="2">○○</td><td colspan="4">○○○</td></tr>
<tr><td>탐구
활동</td><td>토의, 실험, 조사, 견학, 과제연구</td><td colspan="3">○○○</td><td colspan="2">○○○</td><td colspan="4">○○○</td></tr>
</table>

『2007 개정 과학과 교육과정』에서는 제6~7차 과학과 교육과정에서와 달리 단원마다 1~4개의 '탐구활동'을 제시하고, 학년마다 2~3개의 자유탐구 주제를 예시한다. 한편 『2009 개정 과학과 교육과정』에서는 『2007 개정 과학과 교육과정』에서 제시된 것처럼 각 단원에 탐구활동이 예시되어 있으나, 자유 탐구 주제에 대해서는 구체적인 제시가 없고, 학습 지도

방법으로 자유탐구를 주제 선정에서부터 계획수립, 탐구수행, 결과발표에 이르기까지 학생이 주도하여 창의적으로 수행할 수 있도록 지도할 것을 권고한다. 『2009 개정 과학과 교육과정』에서는 또한 기초탐구 과정과 통합탐구 과정을 학습의 내용과 관련시켜 지도할 것을 권고함으로써 '탐구로서의 과학' 교수·학습 방법을 강조한다.

『2015 개정 과학과 교육과정』에서는 공통 교육과정 「과학」 과목의 내용체계의 일부로서 '기능'을 제시하고 있다, 기능으로는 문제 인식, 탐구 설계와 수행, 자료의 수집·분석 및 해석, 수학적 사고와 컴퓨터 활용, 모형의 개발과 사용, 증거에 기초한 토론과 논증, 결론 도출 및 평가, 의사소통이 제시되어 있는데, 이는 과학교육과정 과목 전체에 동일하게 제시된다. 『2022개정 과학과 교육과정』에서도 〈표 4-13〉과 같이 과정·기능으로 지식과 탐구를 연계하여 제시하고 있지만, 구체적인 내용은 학교급과 영역에 따라 다르게 제시된다. 이는 내용 지식과 탐구과정을 더욱 유기적으로 연계하여 교수·학습해야함을 강조한다고 볼 수 있다.

〈표 4-13〉 『2022개정 과학과 교육과정』의 「과학」 (4) 지구와 우주 내용 체계

<table>
<tr><td colspan="2">핵심 아이디어</td><td colspan="3"></td></tr>
<tr><td colspan="2" rowspan="3">구분 / 범주</td><td colspan="3">학년(군)별 내용 요소</td></tr>
<tr><td colspan="2">초등학교</td><td>중학교</td></tr>
<tr><td>3~4학년군</td><td>5~6학년군</td><td>1~3학년</td></tr>
<tr><td rowspan="3">지식·이해</td><td>고체 지구</td><td></td><td></td><td></td></tr>
<tr><td>유체 지구</td><td></td><td></td><td></td></tr>
<tr><td>천체</td><td></td><td></td><td></td></tr>
<tr><td colspan="2">과정·기능</td><td colspan="2">• 자연과 일상생활에서 지구와 우주 관련 문제 인식하기
• 문제를 해결하기 위한 탐구 설계하기
• 관찰, 측정, 분류, 예상, 추리 등을 통해 자료를 수집하고 비교·분석하기
• 수학적 사고, 컴퓨터 및 모형 활용하기
• 결론을 도출하고, 지구와 우주 관련 상황에 적용·설명하기
• 자신의 생각과 주장을 과학적 언어를 사용하여 다양한 방식으로 표현하고 공유하기</td><td>• 지구와 우주 관련 현상 관찰을 토대로 문제를 인식하고 가설을 설정하기
• 관련 변인을 포함하여 탐구 설계하기
• 지구시스템 구성 요소들의 상호작용에 대한 자료를 조사·평가 및 변환하기
• 지구와 우주와 관련된 다양한 현상을 관찰하여 규칙성을 추리하기
• 모형을 만들어 현상을 설명하거나 예측하기
• 과학적 증거에 기반하여 주장하기</td></tr>
<tr><td colspan="2">가치·태도</td><td colspan="3"></td></tr>
</table>

한편 『2015 개정 과학과 교육과정』에서는 고등학교 과정에 「과학탐구실험」을 신설하였다. 이는 '탐구에 의한 과학'에 해당된다. 『2022개정 과학과 교육과정』에서도 「과학탐구실험 1, 2」 과목이 포함되었다. 특히 『2022개정 과학과 교육과정』에서 제시된 탐구활동과 탐구과정에서는 다양한 디지털 탐구 도구 및 환경을 적극적으로 활용할 것을 강조하고 있다.

제 5 장

과학 교수 · 학습 모형

목차

1. 순환학습 모형
2. 개념변화 과학 교수 · 학습 모형
3. 생성학습 모형
4. POE 모형
5. 발견학습 모형

목표

- 과학 교수 · 학습 모형의 종류와 적용 방법을 안다.
- 과학 교수 · 학습 방법을 적용할 수 있다.

1. 순환학습 모형

일반적인 의미의 모형은 설명하기 원하는 현상에 대한 통찰을 얻기 위하여 사용되는 구조적 체계이다(서울대학교 교육연구소, 1994). 모형이 이보다 더 구체적인 의미로는 이론을 표현하고 기술하는 수단이다. 과학교육학에서 말하는 순환학습 모형은 과학 교수·학습 현상에 관한 설명에 이용하는 한 가지 수단이다.

1) 순환학습 모형의 특징 및 이론적 배경

순환학습 모형(learning cycle model)은 과학적 탐구 중심 교수·학습 방법으로 설계되었기 때문에, 그 절차가 과학적 탐구 과정 및 발견의 과정과도 잘 일치한다(Martin et al., 2009). 순환학습 모형의 이론적 배경은 발달심리학(Lunetta, Hofstein, & Clough, 2007), 행동주의 학습이론, 귀납주의의 귀납법에 있다(SCIS, 1974). 〈표 5-1〉의 첫 번째 순환학습 모형의 탐색(exploration)-창안(invention)-발견(discovery) 단계(Karplus, 1977)는 각각 피아제가 제시한 지능발달 이론의 구성요소들인 동화-조절-평형화(Hassard & Dias, 2009), 또는 동화(또는 비평형)-조절-조직화(Abraham, 1992) 단계에 부합된다. 순환학습 모형은 이외에도 〈표 5-1〉과 같이 다양한 유형이 제시되어 있다.

〈표 5-1〉 순환학습 모형의 변천

단계	모형	이론적 배경	과학 교수의 방법 및 절차
3	탐색 → 창안 → 발견	귀납법; 행동주의; Piaget; 구성주의	• 탐색: 주어진 상황에 자발적으로 반응하고, 교사의 도움 없이 새로운 자료와 관념을 탐색한다. • 창안: 새로운 개념을 정의하고, 새로운 절차를 설명한다. • 발견: 학습한 개념과 획득한 기능을 응용한다.
	탐색 → 개념소개 → (개념)응용	Karplus (1977); Piaget	• 탐색: 현행 지식이나 추리 양식으로 답할 수 없는 질문을 제기한다. • 개념소개(또는 설명): 교사가 문제와 관련된 개념을 소개하고 설명한다. • (개념)응용: 학습한 새 개념을 새로운 상황에 적용한다.
	탐색 → 개념창안 → 응용	Abraham (1992); Karplus (1977)	• 탐색: 실험을 통해 학습할 개념을 소개한다. • 개념창안(conceptual invention): 실험을 통해 수집한 자료에서 개념을 도출한다. • 응용: 학습한 개념을 확장하고, 그 유용성과 응용 가능성을 탐색할 기회를 제공한다.

단계	모형	이론적 배경	과학 교수의 방법 및 절차
	탐색 → 용어소개 → 개념응용	Lawson (2010)	• 예비 단계: 교사가 가르칠 개념, 또는 개념 관련 양상을 나타내는 현상을 확인한다(세 모형에 공통 적용). **〈기술적 순환학습 모형〉** • 탐색: 학생이 기술적 질문을 제시하고, 질문에 답하기 위해 현상을 탐색하며, 그 결과의 양상을 기술한다. • 용어소개: 학생이 자료를 발표하고, 교사가 양상 및 그 양상과 관련된 용어를 설명한다. • 개념응용: 동일한 개념과 관련된 다른 현상에 관하여 논의한다. **〈경험-귀추적 순환학습 모형〉** • 탐색: 한두 기술적 질문으로 시작되며, 인과적(causal) 질문을 하고, 이미 수집된 자료를 근거로 검증된(인과적 질문에 답할) 인과적 가설을 설정하여 검증한다. • 용어소개: 탐색한 현상 및 인과적 가설과 관련된 용어를 설명한다. • 개념응용: 동일한 개념과 관련된 다른 현상에 관하여 논의한다. **〈가설-예언적 순환학습 모형〉** • 탐색: 인과적 질문을 던지고, 그 질문에 따라 대안적인 인과적 가설을 제안하고, 여러 인과적 가설을 직접 설계한 검증 과정, 예상, 결과를 근거로 검증한다. • 용어소개: 자료를 비교·분석하고, 용어를 소개하고, 결론을 도출한다. • 개념응용: 동일한 개념과 관련된 다른 현상에 관하여 논의한다.
4	탐색 → 개념소개 → 개념응용 → 평가	Barman (1996)	• 탐색: 교사가 개방적 과제를 제시하고, 학생들은 그에 관하여 주어진 자료 또는 다른 학생과 상호작용한다. • 개념소개: 학생들이 탐색한 정보와 자료를 바탕으로 수업에서 설명할 개념, 그와 관련된 용어를 선정한다. • 개념응용: 학생에게 학습한 개념의 다른 예를 공부하거나 새 과제를 해결할 기회를 제공한다. • 평가: 세 단계에서 토의·평가한다.
	소개 → 탐색 → 개념발달 → 응용	Bentley et al. (2000)	• 소개: 선행지식에 어긋나는 시범실험, 흥미를 끄는 자료, 도전적인 질문이나 문제를 통해 학생들의 학습동기를 유발한다. • 탐색: 개별적으로 또는 작은 모둠으로 학습할 개념을 조사한다. • 개념발달: 학습을 통해 발견한 것을 발표하고, 다른 학생들과 공유한다. • 응용: 학습한 개념을 새로운 상황에 적용한다.

단계	모형	이론적 배경	과학 교수의 방법 및 절차
	탐색(E) → 설명(E) → 확장(E) → 평가(E): 4E 모형	Piaget; 급진적 구성주의; Martin et al. (2002)	• 탐색: 학생들이 질문에 답하고, 관심을 갖게 하거나 관여하게 하며, 암시나 힌트를 제시하여 학생 중심의 탐구 활동이 일어난다. • 설명: 개념을 형성 · 발견하며, 그 의미를 구성한다. • 확장: 학습한 개념을 새로운 상황에 응용하고, 이해한 개념을 확장한다. • 평가: 위 세 단계에서 형식적 · 비형식적으로 평가된다.
	초대 → 탐색 → 개념설명(개념소개) → 행동	Hassard & Dias (2009)	• 초대(invitation) 또는 유도: 선행지식과 질문, 시범실험, 큰 관념과 관련시켜 학생들을 새로운 개념의 학습에 초대한다. • 탐색: 최소한의 교사 도움으로 새 개념 또는 새 현상을 탐색한다. • 개념설명(개념소개): 과학적 개념을 설명한다. • 행동(taking action): 작은 모둠을 통해 학습된 개념을 응용하거나 확장한다.
	유도 → 비교 → 해결 → 응용	Dykstra (Hassard & Dias, 2009)	• 유도: 학생 스스로 학습할 현상과 관련된 자신의 선행지식을 점검한다. • 비교: 학생이 자신의 관념과 스스로 예상한 것, 다른 학생의 생각, 설명한 것 등과 비교한다. • 해결: 학생이 자신의 처음 생각과 변한 생각 사이의 차이를 비판적으로 분석한다. • 응용: 선행지식을 조절한 새로운 지식을 응용할 수 있는 새로운 상황을 제시한다.
5	수업소개 → 탐색 → 개념발달 → 응용 → 평가	Lee (2003)	• 수업소개(lesson introduction): 교사가 던진 개방적 질문을 브레인스토밍을 통해 답을 찾는다. • 탐색: 답을 증명할 실험을 설계해 수행하고, 자료를 수집 · 정리 · 요약하여 발표한다. • 개념발달: 자료를 분석해 결론을 도출하고, 관념을 정리하고 통합하며 관련 용어를 소개한다. • 응용: 학습된 관념을 새로운 개념에 적용하고, 관련된 새로운 개념과 용어를 찾는다. • 평가: 개념도를 이용한 평가나 수행평가를 할 수 있다.
	관여(E) → 탐색(E) → 설명(E) → 정교화(E) → 평가(E)(앞 네 단계에 적용): 5E 모형	Piaget; 사회적 구성주의; BSCS (1993); Bybee (1997)	• 관여: 학생들에게 문제 · 상황 · 사건 등에 집중하게 하여 수업 과제를 시작한다. • 탐색: 학생들이 현행 개념 · 과정 · 기능을 확인하여 발달시킬 누구에게나 기초적인 학습경험을 제공한다. • 설명: 학습과제와 관련된 전문적 · 기술적 용어를 교사와 학생이 공통적인 의미로 사용한다. • 정교화: 개념 · 과정 · 기능을 확장하고 명료화하는 경험을 제공한다.

단계	모형	이론적 배경	과학 교수의 방법 및 절차
			• 평가: 학습한 것을 평가하고, 학생이 자신의 평가로 자신의 학습에 대한 피드백을 얻는다.
	관여(E) → 탐색(E) → 설명(E) → 확장(E) → 평가(E): 5E 모형	Piaget; 급진적 구성주의; Settlage & Southerland (2007); Martin et al. (2009)	• 관여: 추동 질문(driving questions)을 던져 학생들의 흥미를 자극하고, 호기심을 유발하고, 탐구적 학습을 지속하게 한다. • 탐색: 학생이 주어진 자료 및 다른 학생과 상호작용하는 학생중심의 협동적 탐구 단계이다. • 설명: 교사와 학생이 상호작용하면서 수집된 자료나 관찰 결과에서 개념을 형성하고, 의미를 구성한다. • 확장: 학습한 개념의 이해 폭을 확장한다. • 평가: 학생들이 알고 있는 것과 할 수 있는 것을 전 과정에 걸쳐 형식적 · 비형식적으로 평가한다.
7	유도(E) → 관여(E) → 탐색(E) → 도전(E) → 설명(E) → 정교화(E) → 평가(E): 7E 모형	Alsop & Hicks (2001)	• 유도: 탐색할 개념에 관한 학생들의 관념을 찾는다. • 관여: 학생들의 흥미와 호기심을 끌어들이는 활동이 일어난다. • 탐색: 학생들에게 특정 현상을 탐색하고, 스스로 설명하게 하는 기회를 제공한다. • 도전: 학습할 개념과 관련된 학생들의 오개념의 특성과 한계를 노출시킨다. • 설명: 학생들이 이해한 개념을 자신의 말로 설명한다. • 정교화: 학습한 새로운 관념을 다른 맥락과 상황에 응용하는 교실 활동이 주로 일어난다. • 평가: 학생들이 학습한 개념을 평가한다.
	유도(E) → 관여(E) → 탐색(E) → 설명(E) → 정교화(E) → 평가(E) → 확장(E): 7E 모형	Eisenkraft (2003)	• 유도(elicit): 학생들이 학습하기 전에 가지고 있는 선행 지식을 확인한다. • 관여: 수업에 관한 학생들의 흥미를 끌어들이고 관심을 고조시킨다. • 탐색: 관찰, 자료 기록, 변인 확인, 실험 설계, 그래프 그리기, 결과 해석, 가설 설정, 결과 정리가 수행된다. • 설명: 교사가 과학의 모형 · 이론 · 법칙을 소개하고, 학생이 실험의 결과를 모형 · 이론 · 법칙을 중심으로 정리한다. • 정교화: 학습한 지식을 다른 질문이나 가설을 제시할 수 있는 새로운 영역 또는 상황에 적용한다. • 평가: 형성평가와 총괄평가 둘 다 수행한다. • 확장: 학습한 내용을 응용한다.

〈표 5-1〉의 첫 번째 '탐색-창안-발견'은 최초로 제시된 순환학습 모형이다. 순환학습 모형의 시발점이 되었던 이 모형은 원래 과학적 탐구 기능의 신장과 지적 발달에 목적을 둔 탐구기반(inquiry-based) 수업 전략(Abraham, 1992), 즉 탐구중심 교수 · 학습 방법(Martin et al., 2009)으로, 또는 과학자가 창안하고 학습자가 학습하여 자연을 설명하는 방법과 유사한 안내된 발견법을 설계해 적용할 목적으로 구성되었다(Atkin & Karplus, 1962). 이 순환학습 모형에 따른 교수 · 학습의 목표는 과학적 탐구 기능과 추리 능력의 신장뿐만 아니라 과학지식의 획득에도 두었던 것이다. 이 모형의 창안 단계와 발견 단계는 제시된 지 얼마 지나지 않아 각각 개념소개 단계와 개념응용 단계로 바뀌었다. 이 세 단계는 또한 과학 교수 · 학습의 목적과 주제에 따라 다양한 이름이 붙여졌다. 창안(또는 개념창안) 단계는 교사와 학생 사이의 상호작용과 토의를 통해 이루어진다. 아브라함(Abraham, 1992)의 모형은 카플러스(Karplus, 1977)가 맨 처음으로 제시한 '탐색-창안-발견' 모형을 수정한 것이며, 로슨(Lawson, 1995; 2002; 2010)도 카플러스의 모형을 수정하여 학습을 통하여 찾을 답과 검증할 질문에 따라서 기술적 순환학습(descriptive learning cycle) 모형, 경험-귀추적 순환학습(empirical-abductive learning cycle) 모형, 그리고 가설-예언적 순환학습(hypothetical-predictive learning cycle) 모형을 제시한다.

최초의 4단계 순환학습 모형인 '탐색-개념소개-개념응용'은 바먼(Barman, 1996)이 반두라(Bandura, 1969)의 모방학습 원리에 바탕을 두어, 그리고 카플러스(Karplus, 1977)의 3단계 순환학습 모형인 '탐색-개념소개-(개념)응용'에 평가 단계를 추가하여 개발한 것이다. 4단계 모형의 평가는 모형의 넷째 단계가 될 뿐만 아니라 다른 세 단계에서도 적용된다. 벤틀리 등(Bentley et al., 2000)은 SCIS 모형의 첫째 단계 앞에 소개 단계를 첨가하고, 평가 단계를 응용 단계에 포함시켜 4단계 모형을 구성했다. 벤틀리 등이 제시한 순환학습 모형의 탐색 단계에서는 학습할 개념의 이해를 구성할 경험기반(experience-based) 조사 기회를 제공하며, 개념의 응용을 평가 수단으로 이용할 수도 있다.

마틴 등(Martin et al., 2009)이 SCIS(1974) 모형, 피아제의 지능발달 이론, 바먼의 4단계 순환학습 모형을 참고하여 구성한 4E(Exploration-Explanation-Expansion-Evaluation) 순환학습 모형은 개념의 형성과 발견에 목적이 있는 탐구 중심의 과학 교수 · 학습 모형으로서 모둠학습에 특히 효과적이다. 하사드와 다이에스(Hassard & Dias, 2009)는 구성주의에 이론적 바탕을 두어 4단계 순환학습 모형을 개발하였다. 하사드와 다이에스의 순환학습 모형은 일종의 개념변화 모형으로서의 탐색 단계에서는 사물이나 물체를 관찰 · 분류하고 실험을 통해 가설을 검증할 수도 있으며, 개념설명(또는 개념소개) 단계에서는 학생들이 자신의 관념을 표현하고 교사는 과학적 관점에서 설명한다. 대부분의 4단계 모형과 그 가운데에서 특별히 마틴 등(Martin et al., 2002)이 개발한 4E 모형은 폰 글라서스펠트(von Glasersfeld)의 급진적 구성주의(radical constructivism)를 통해서 학습의 과정을 설명하기 위해 제안된 것이다(Hassard & Dias, 2009).

리(Lee, 2003)는 로슨(Lawson, 1991)의 3단계 순환학습 모형을 개선하여, 문제제기-자료수집-답 구하기-답에 관한 의사소통으로 이루어지는 일종의 안내된 탐구의 수행에 적절한 모형으로 수업소개-탐색-개념발달-응용-평가의 5단계 순환학습 모형을 제시하였다. 리의 5단계 순환학습 모형에 따른 학습에서는 질문과 절차를 제시하여 구조화된 탐구를 수행하거나 개방적 질문을 주어 개방적 탐구를 수행하게 하며, 개념발달 단계에서 형성평가를, 응용 기능을 대상으로 총괄평가를 실시한다. 리의 모형을 포함한 대부분의 5단계 순환학습 모형의 이론적 배경도 피아제의 이론에 있으며, 5단계 모형의 세 단계는 3단계 모형의 세 단계가 모두 포함되어 있다.

그러나 관여-탐색-설명-정교화-평가의 5E 순환학습 모형은 피아제의 지능발달 이론 이외에 사회적 구성주의에도 이론적 배경이 있으며(BSCS, 1993; Bybee, 1997), 관여-탐색-설명-확장(expansion)-평가의 5E 모형은 급진적 구성주의(Martin et al., 2002)에도 이론적 배경을 두고 개발되었다. BSCS 모형(1993)과 바이비(Bybee, 1997)의 5E 모형의 관여 단계에서는 학생들의 과거 학습 경험과 현재의 학습 경험을 연결하고, 학습의 결과에 대한 학생들의 예상을 조직화하며, 정교화 단계에서는 학생들이 그런 경험을 통해 오개념과 과학적 개념을 이해한다. 한편 마틴 등(Martin et al., 2002)의 4E 모형 맨 앞에 관여 단계를 첨가하여 교수·학습의 계획 및 교육과정의 개발에 이용할 목적으로 구성한 5E 모형에 따른 과학의 교수·학습은 BSCS의 5E 모형과 마찬가지로 관여 단계에서 시작된다.

알솝과 힉스(Alsop & Hicks, 2001)는 드라이버(Driver, 1982)가 개발한 오개념 교환 교수 모형에 따라서, 장단기 교수·학습 계획의 수립에 적용할 목적에서 일곱 단계의 7E 순환학습 모형을 제시했다. 알솝과 힉스의 7E 모형에서 탐색 단계는 Driver의 개념교환 모형의 오리엔테이션 단계와 유도 단계에 해당된다(Treagust, Duit, & Fraser, 1996). 아이젠크라프트(Eisenkraft, 2003)는 BSCS(1993)와 바이비(Bybee, 1997)가 구성한 '관여-탐색-설명-정교화-평가'의 5E 모형을 개선·확장하여 7E 순환학습 모형을 구성하였다. 즉 아이젠크라프트는 BSCS와 바이비가 구성한 5E 모형의 관여 단계를 유도와 관여의 두 단계로 나누고, 정교화와 평가의 두 통합 단계를 정교화·평가·확장의 세 단계로 나누어 학습의 전이를(특히 평가와 확장 단계에서) 강조한다. 두 가지 7E 모형의 설명 단계에서는 용어를 주로 다루는 탐색 단계와 달리 용어보다 개념을 먼저 다루고 관련된 용어를 설명하며, 정교화 단계에서는 개념이 더욱 넓어지면서 세부적으로 분화된다.

2) 순환학습 모형의 절차와 방법

순환학습 모형은 기본적으로 안내된 탐구기반(guided inquiry-based) 교수 · 학습 모형을 보완한 것이다(Chiappetta & Koballa, 2015). 순환학습 모형은 새로운 개념의 구성과 추리 기능의 개선에 주된 목적이 있으며, 이 때문에 저자(Lawson, 2010)에 따라서는 과학적 탐구 교수 · 학습 모형으로 부른다. 앞 소절의 〈표 5-1〉에서도 알 수 있듯이, 지금까지 3, 4, 5, 7단계의 순환학습 모형이 개발되어 있다.

(1) 3단계 순환학습 모형

[그림 5-1]의 3단계 순환학습 모형은 SCIS (Science Curriculum Improvement Study)에서 개발한 '탐색-창안-발견' 모형에서 창안과 발견의 이름을 각각 개념소개와 개념응용으로 바꾼 것이다. 이 모형에 따른 교수 · 학습에서는 추상적인 개념은 다루지 않는다. 둘째 단계에서도 중요한 용어를 소개만 할 뿐, 개념을 소개하거나 설명하지 않는다. 소리의 전달에 관한 교수 · 학습을 예로 들면, 각 단계는 다음과 같이 진행될 수 있다.

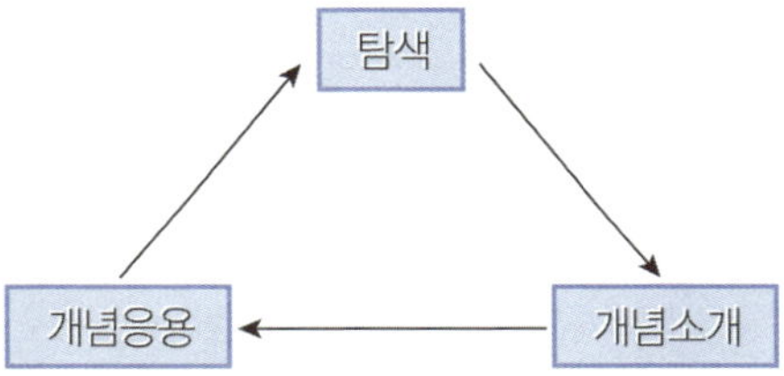

[그림 5-1] 3단계 순환학습 모형

- **탐색**: 똑딱거리는 시계를 보여주거나 풍선을 터뜨리며, 학생들에게 그 소리를 어떻게 들을 수 있는지 생각하게 한다; 학생들은 "시계의 소리가 귀에 어떻게 전달될까?"와 같은 물음의 답을 생각한다.
- **개념소개**: 진동, 파동, 매질, 음파, 수면파 등의 의미와 특성, 그리고 각각의 실례에 관하여 설명하고 토의한다.
- **개념응용**: 오실로스코프(oscilloscope)를 사용하여 특정인의 목소리를 나타낼 수 있는 원리와 이유를 설명하게 한다.

여기에서는 로슨(Lawson, 1995)이 제시한 기술적 모형, 경험-귀추적 모형, 가설-연역적(가설-예언적)(hypothetical-predictive) 모형의 절차에 관해서도 살펴본다. 세 가지 유형의 차이는 학생들로 하여금 기술적 형태의 자료만 수집하게 하느냐, 아니면 경험적, 귀납적 형태에서 대안 개념을 검증(가설 검증)하는 경험을 제공하느냐에 있다. 각 모형에 적절한 질문의 유형을 예시하면, 다음과 같다(Lawson, 2010).

- **기술적 모형**: 같은 종 생물들의 특징이 어떻게 다른가?
- **경험-귀추적 질문**: 어떤 상태에서 죽은 생물이 가장 잘 분해되었는가?
- **인과적 질문**: 무엇이 죽은 생물을 분해시켰을까?
- **가설-연역적 질문**: 왜, 촛불이 꺼졌을까? 왜, 물이 실린더 위로 올라갔을까?

[그림 5-2]가 보여주듯이, 이 세 가지 모형은 모두 탐색-용어소개-개념응용 단계로 구성되어 있다. 기술적 순환학습에서는 학생들이 관찰한 것을 그대로 기술한다. 경험적-귀추적 순환학습 모형에서는 경험한 것의 탐색에서 시작하여 가설 검증을 위해 실시한 실험의 결과에 대한 해석으로 끝난다. 가설-연역적 순환학습 모형에서는 한두 개의 인과적 질문으로 시작하며, 가설-예상적 추리와 변인의 확인 및 통제로 이어진다.

	〈기술적〉	〈경험-귀추적〉	〈가설-연역적〉
탐색	학습자가 특정한 상황에서 현상을 탐색하여 자료를 수집하며, 그 자료에서 양상을 발견하거나 기술한다.	기술적 질문이나 인과적 의문을 던진다. 학생이 기술적 질문에 답할 자료를 수집하고, 기술적 질문의 답을 기술한다. 교사가 인과적 질문을 하고, 대체가설을 검증해 인과적 질문에 답한다.	학생은 인과관계에 관한 의문을 제기하는 현상을 탐색하고, 교사는 인과적 질문을 던진다. 가설을 제시하며, 그 가설을 검증할 실험의 방법과 절차를 설계한다. 학생들이 가설을 검증할 실험을 수행한다.
용어 소개	학생들이 수집한 자료를 발표하고, 교사는 자료에 나타난 양상에 이름을 붙이고, 양상과 관련된 용어를 소개한다.	교사가 탐색한 현상, 또는 바람직한 가설에 의한 대체적 설명과 관련된 용어를 설명한다.	자료를 비교·분석하며, 가설과 관련된 용어를 설명하고, 결론을 도출한다.
개념 응용	다른 상황에서 현상을 탐색하며, 다른 양상을 발견한다.	동일한 개념과 관련된 새로운 현상을 토의하거나 탐색한다.	동일한 개념과 관련된 새로운 현상을 토의하고, 탐색한다.

[그림 5-2] 세 가지 순환학습 모형의 절차와 방법

기술적 순환학습 모형에 따른 교수·학습에서는 인과관계가 생성되지도 검증되지도 않기 때문에, 대부분의 경우 논증이 일어나지 않는다. 경험-귀추적 순환학습 모형에서는 기술적 문제에 답을 얻은 다음, 가설을 설정하고 실험을 통해 그 가설을 검증하여 인과관계를 확인한다. 그리고 가설-연역적/가설-예상적 순환학습 모형에서는 인과적 질문의 형태로 제시되는 가설을 검증하여 얻어진 자료로 탐색하는 현상을 설명한다. 곧 가설-연역적 순환학습 모형에 따른 교수·학습에서는 증거의 분석과 논증이 수반된다. [그림 5-3]은 이 세 가지 순환학습의 차이를 더욱 구체적으로 실례를 들어 설명하는 도식이다.

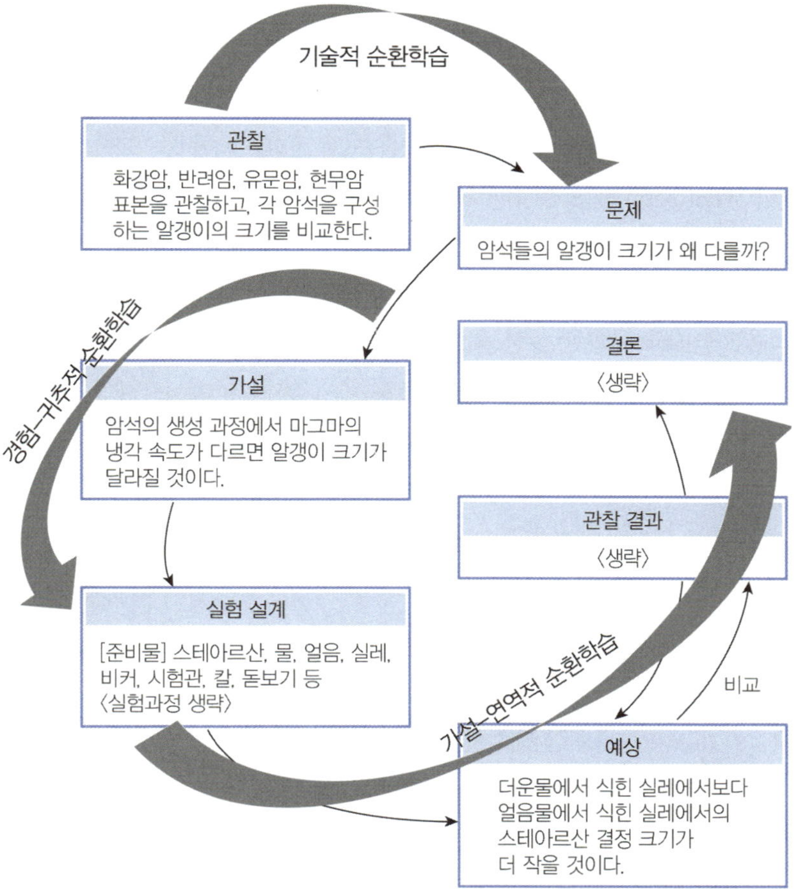

[그림 5-3] 세 가지 순환학습의 차이

[그림 5-3]에서도 볼 수 있듯이, 기술적 순환학습은 학생들이 자연현상을 탐색하여 실태를 기술하는 데까지만 관여하거나, 또는 실태에 나타나는 양상을 기술한다. 경험-귀추적 순환학습은 특정한 현상과 관련된 인과적 질문을 포함하며 더 나아가 이에 대한 가설을 생성하는 과정을 포함한다. 즉 경험-귀추적 순환학습은 질문과 가설을 포함하며 탐색 단계에서 수집된 자료를 활용할 수 있다. 가설-연역적 순환학습은 인과적 질문으로부터 시작된다. 또한 질문에 대한 잠정적 설명에 해당되는 가설을 생성하며 이를 검증하기 위한 실험을 설계하고 수행한다. 하지만, 세 가지 순환학습은 지속적이고 순환적인 과정이므로 모형 사이에 일부 중복되는 부분이 존재하게 된다.

(2) 4E와 5E 순환학습 모형

[그림 5-4]와 [그림 5-5]는 각각 3단계 순환학습 모형을 확장하여 구성한 4단계 순환학습 모형인 4E 순환학습 모형과 5단계 순환학습 모형인 5E 순환학습 모형의 구조와 단계를 나타낸 것이다(Barman, 1996; Martin et al., 2009). 4E 순환학습 모형과 5E 순환학습 모형의 특징은 두 가지이다. 첫째 특징은 3단계 순환학습 모형에 평가 단계가 더해졌다는 점인데, 평가는 과학 교수·학습 과정의 핵심적 구성요소로서 어느 단계에서나, 아무 때나 이루어질 수 있다. 그러므로 4~7단계 순환학습 모형에 따른 교수·학습 과정에서는 평가가 순환 과정의 어느 단계에서나 이루어지도록 구성하는 것이 바람직하다.

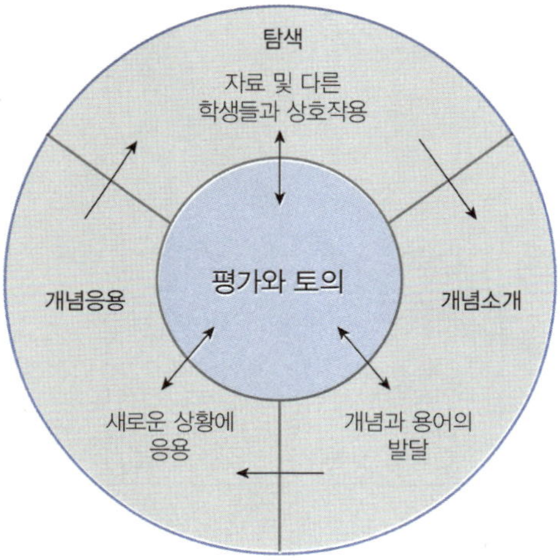

[그림 5-4] 4E 모형

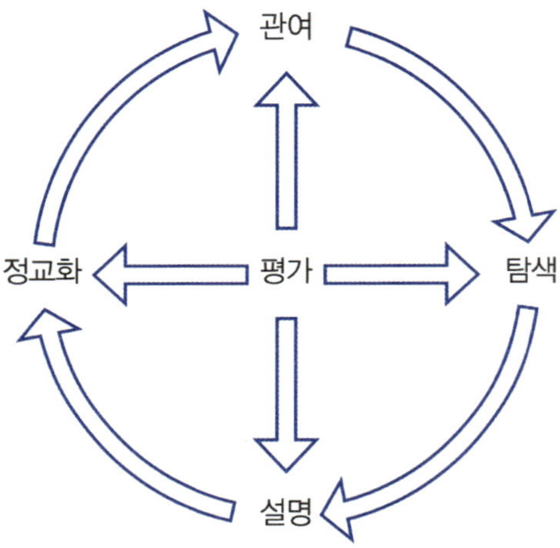

[그림 5-5] 5E 모형

[그림 5-5]에서도 볼 수 있듯이, 4단계 순환학습 모형과 5단계 순환학습 모형의 둘째 특징은 3단계 순환학습 모형의 세 단계에 평가 단계 이외에 다른 활동이 요구되는 새로운 단계가 더해져 있다는 점이다. 4단계 순환학습 모형은 3단계 순환학습 모형의 탐색 단계 앞에 소개 단계(Bentley et al., 2000), 또는 초대 단계(Hassard & Dias, 2009)가, 5단계 순환학습 모형은 수업소개 단계(Lee, 2003; Martin et al., 2009), 또는 관여 단계가(BSCS, 1993; Bybee, 1997)가 더해진 것이다. 4단계 순환학습 모형과 5단계 순환학습 모형의 탐색 단계 앞에 더해진 단계에서는 대체로 학생들에게 교수·학습을 소개하거나, 교수·학습에 그들의 흥미를 끌어들이는 활동이 일어난다.

3) 순환학습 모형의 적용과 예시

교수 · 학습 이론은 교수 · 학습의 본성을 설명하지만, 교수 · 학습에 직접 적용할 수는 없다. 과학 교수 · 학습은 그 이론을 구체적으로 표현한 모형에 따라 이루어진다. 이 소절에서는 로슨(Lawson, 2010)의 세 가지 3단계 순환학습 모형, 마틴 등(Martin et al., 2009)의 4E 모형, 그리고 BSCS(1993)의 5E 모형을 적용한 과학 교수 · 학습 과정을 예시한다.

(1) 로슨의 3단계 순환학습 모형의 적용

로슨(Lawson, 1995)은 탐구 수업의 일환으로 순환학습 모형을 제시한다. 그가 제시한 세 가지 순환학습 모형은 모두 탐색-용어소개-개념응용의 세 단계로 구성되어 있다. 그러나 실제의 교수 · 학습 내용과 절차는 교수 · 학습을 통해 해결할 질문에 달라진다. 다음은 로슨의 세 가지 순환학습 모형을 적용한 교수 · 학습의 예이다.

① 기술적 순환학습 모형에 따른 과학 교수 · 학습 예

• 준비: 교사가 학습할 개념을 확인하며, 그것의 바탕이 된 양상이나 관련된 현상을 확인한다.
 - 초점거리, 확대, 굴절 등
 - $1/f_c = 1/f_1 + 1/f_2$ (f_1 = 렌즈1의 초점거리, f_2 = 렌즈2의 초점거리, f_c = 두 복합렌즈의 초점거리)

탐색 —
• 학습자가 현상을 탐색하여 양상(pattern)을 발견하거나 기술한다.
 - 학생들이 볼록렌즈와 흰색 카드를 이용하여 여러 가지 현상을 관찰하고 기술한다.
 - 학생들은 물체와 렌즈 사이, 렌즈와 상이 맺힌 카드 사이의 거리를 관찰한다.

⬇

용어 소개 —
• 학생들이 탐색 단계에서 수집한 자료를 발표한다; 교사는 그 자료에 나타난 양상을 기술한 다음, 그 양상과 관련된 용어를 소개한다.
 - 물체와 렌즈 사이, 렌즈와 상 사이의 거리에 관하여 학생들이 수집한 자료를 해석한다.
 - 초점거리를 설명한다.
 - 물체와 렌즈 사이 거리가 멀어지더라도 렌즈와 상 사이의 거리는 일정하다는 것을 인식하게 한다.

⬇

개념 응용 —
• 소개되고 학습된 개념이 관련된 새로운 현상을 탐색하고 토의한다.
 - 물체와 렌즈 사이가 얼마일 때 상의 크기가 변할 것인지 말하고 알아보게 한다.
 - 볼록렌즈의 두께에 따라 초점거리가 어떻게 달라질지 말하고 확인해보게 한다.

[그림 5-6] 기술적 순환학습 모형의 적용 예시

[그림 5-6]의 교수·학습 예시는 물체·렌즈·상 사이의 양적 관계를 기술하기 때문에, 기술적 모형에 따른 교수·학습으로 볼 수 있다. 렌즈와 상 사이의 거리와 초점거리를 말하거나 지적할 뿐, 그것을 정의하거나 설명하지는 않는다. 이와 같이, 기술적 순환학습 모형을 적용한 교수·학습의 목표는 관찰·측정한 것을 그대로 기술하는 데 있다.

② 경험-귀추적 순환학습 모형에 따른 과학 교수·학습 예

교사, 또는 학생이 기술적 질문을 하고, 그에 이어 인과율적 의문도 던진다. 학생들은 기술적 질문에 답할 자료를 수집한다. 기술적 질문과 그 답을 먼저 기술하고, 그에 이어 인과율적 질문을 제기한다. 대체가설을 제시하여 인과율적 질문에 답하고, 이미 수집한 자료로 그 대체가설을 검증한다.

- 주제: 두개골의 분석을 통한 식생조사
- 학습 목표: 두개골의 특성과 기능의 관계에 대한 토의
- 관련 개념: 초식동물, 육식동물, 잡식동물, 야행성, 주행성, 생태적 지위

단계	내용
탐색	• 다음과 같은 질문을 생각해보게 한다. −주어진 동물들을 보고, 무엇을 먹고 산다고 생각하며, 그렇게 생각한 증거는 무엇인가? −밤과 낮 가운데 언제 활동하며, 그렇게 판단한 증거가 있는가? −포식자인가? 피식자인가? 그 증거가 있는가? • 학생들이 구체적인 증거를 찾도록 하며, 학생들이 찾지 못하면 용어소개 단계에서 제시한다.
용어 소개	• 탐색한 현상, 또는 가장 바람직한 가설에 의한 대체적 설명과 관련된 용어를 설명한다. −차이를 기술하게 한다. 즉 첫 번째 두개골을 들어 보이며, 가설과 증거를 말하게 한다. −이의 모양과 기능에 관하여 집중적으로 토의하게 한다. −이에 관한 토의 결과를 바탕으로 각 두개골이 초식동물, 육식동물, 잡식동물 가운데 어느 것에 속하는지 말하게 한다. −눈 부위를 조사하여 야행성 동물의 두개골을 말하게 한다.
개념 응용	• 동일한 개념이 관련된 새로운 현상을 토의하거나 탐색한다. −새나 물고기 등의 뼈를 조사하고, 그 구조와 기능을 추론하게 한다.

[그림 5-7] 경험-귀추적 순환학습 모형의 적용 예시

[그림 5-7]에 제시된 경험-귀추적 모형에 따른 교수·학습 과정은 증거에 바탕을 두어 가설을 제시하는 귀추법을 적용한 과학 교수·학습 과정의 예시이다. 즉 이 모형에 따른

교수·학습 과정에서는 관찰·측정을 통해 수집한 자료를 바탕으로 가설을 도출한다. 가설이 제시되면, 증거에 바탕을 두거나 논리적 논증을 통해 그 가설을 검증한다.

③ 가설-연역적 순환학습 모형에 따른 과학 교수 · 학습 예

학생은 인과관계에 관한 의문을 제기하는 현상을 탐색하고, 교사는 학생이 탐색하는 현상과 관련이 있는 인과율적 질문을 던진다. 토의 과정에서 인과율적 질문에 답하기 위해 검증할 가설을 제시하며, 학생들이 그 가설을 검증할 실험과 그 방법을 설계한다. 학생들이 가설을 검증하기 위한 실험을 수행한다. 실험을 통해 검증한 가설과 관련된 용어를 설명하고, 가설에 관한 결론을 말한다.

- 주제: 물의 상승 원인 알아내기
- 학습 상황: 온도가 내려감에 따라 기체의 부피가 줄어드는 현상을 통해 온도와 기체의 부피 사이의 관계를 이해하게 한다.

탐색
- 다음과 같이 탐색하게 한다.
  - 물의 높이가 어떻게 될지 말하게 한다.
  - 교사의 시범실험으로, 또는 학생이 직접 수조에 타고 있는 촛불을 눈금실린더로 덮는다.
  - 관찰의 결과를 기록하게 한다.
  - 예상한 결과를 말하게 한다.

↓

용어 소개
- 자료를 비교하고, 분석하며, 용어를 설명하고, 결론을 도출한다.
  - 일어난 현상을 구체적으로 설명한다.
  - 공기의 압력, 기체의 입자, 입자의 운동 등의 개념을 설명한다.

↓

개념 응용
- 동일한 개념이 관련된 새로운 현상을 토의하고, 탐색한다.
  - 다른 도구를 이용하여 실험하게 한다.

[그림 5-8] 가설 연역적 순환학습 모형의 적용 예시

[그림 5-8]에 예시된 가설-연역적 모형에 따른 과학 교수·학습 과정 관찰을 통해 수집한 자료를 바탕으로 도출한 일반화를 가설의 형식으로 진술하고, 그 가설을 검증하는 절차에 따라 이루어진다. 이와 같은 방법은 각급 학교 과학 실험에서 흔히 적용되는 과학적 방법이다. 이와 같이, 로슨이 제시한 가설-연역적 순환학습 모형은 인지적 과정보다 과학적 방법을 적용하는 과정을 표현한다.

(2) 마틴 등의 4E 순환학습 모형의 적용

대부분의 4단계 순환학습 모형은 SCIS(Karplus, 1977)에서 개발·제시한 '탐색-창안-발견' 모형에 평가 단계를 더하여, 과학적 탐구 중심의 교수·학습에 적절한 형태로 수정한 것이다. [그림 5-8]은 이와 같이 구성된 모형 가운데 하나인 마틴 등(Martin et al., 2002)의 4E 순환학습 모형을 부력의 원리 교수·학습에 적용한 예시이다. 부력의 원리 교수·학습은 반드시 이 모형을 적용해야 가장 효과적인 것은 아니다.

• 준비물: 비커, 물에 뜨거나 가라앉는 작은 물체들, 찰흙, 용수철저울

탐색
- 실험대에 있는 물체들을 살펴보고, 가라앉을 것과 뜰 것을 구분한다.
- 예상한 것을 각자 공책에 적는다.

↓

설명
- 부력의 개념을 설명한다: 무게가 무겁다고 해서 모두 가라앉는 것은 아니다; 작은 쇳덩이와 그것보다 무거운 나무토막을 물에 띄워 실증해 보인다.
- 아르키메데스의 원리를 설명한다.

↓

확장
- 용수철저울에 찰흙 덩이를 매달아 그 무게를 단다.
- 물이 가득 찬 비커에 찰흙 덩이를 담구어 그 무게를 단다.
- 넘친 물의 부피를 잰다.
- 용수철저울로 단 찰흙 덩이 무게와 물에서 단 무게의 차이를 계산해, 넘친 물의 무게와 비교한다.
- 찰흙 덩이의 무게를 물에서 재면 넘친 물의 무게만큼 가벼워졌음을 인식시킨다.

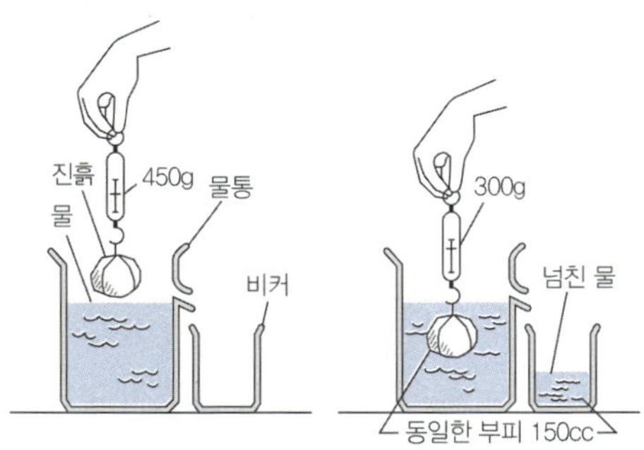

↓

평가
- 학생들로 하여금 찰흙 덩이나 나무토막을 이용하여 부력의 개념을 스스로 확인하게 한다.
- 부력의 원리가 적용되고 있는 현상이나 사물을 말하게 한다.

[그림 5-9] 4E 순환학습모형의 적용 예시

[그림 5-9]의 예시 교수 · 학습 과정에서도 알 수 있는 바와 같이, 4E 순환학습 모형은 기본적으로 학생들이 자료를 다루고, 과학교사가 관련이 있는 개념을 설명하며, 교수 · 학습한 개념을 더욱 깊게 교수 · 학습하고, 그 과정과 결과를 평가하는 과정을 통해서 이루어진다. 이 교수 · 학습 예시가 암시하듯이, 첫 번째 단계에는 학생중심의 토론이, 두 번째와 세 번째 단계에는 발산적 · 수렴적 · 평가적 질문을 통한 교사와 학생 사이의 활발한 상호작용이 바람직하다. 이 두 단계를 수행하는 방법에 따라 학생들이 갖고 있는 부력 · 밀도 등에 관한 오개념을 과학적 개념으로 바꿀 수도 있다.

〈표 5-1〉에서도 볼 수 있듯이, 대다수의 4단계 순환학습 모형과 모든 5E 순환학습 모형 및 모든 7E 순환학습 모형은 끝에 평가 단계를 두고 있다. 그러나 순환학습 모형에서는 다른 단계에서도 평가가 이루어진다. [그림 5-9]의 예시에도 평가가 총괄평가 방식으로 수행되도록 마지막 단계에 설정되어 있으나, 실제로는 탐색 단계의 관찰과 설명 단계의 아르키메데스의 원리에 대한 설명도 평가, 특히 형성평가의 대상이 된다.

(3) BSCS의 5E 순환학습 모형의 적용

BSCS에서 제시한 5단계 순환학습 모형은 3단계 순환학습 모형의 탐색 단계를 세분화하고, 그에 평가 단계를 추가하여 구성한 것이다. 그러나 평가 단계는 〈표 5-1〉에 기술되어 있는 바와 같이, 선형적 모형의 끝 단계로 설정된 것이 아니라, [그림 5-5]와 같이 순환과정의 가운데에 설정되어 있다. 이는 순환학습 모형에 따른 교수 · 학습 과정에서는 교수 · 학습과 평가가 연합되어(Martin et al., 2009) 있음을 보인다.

[그림 5-10]은 BSCS의 5E 모형을 적용한 고등학교 생명과학 교수 · 학습의 예시이다. 이 예시에도 평가 단계가 교수 · 학습 과정의 마지막 부분에 설정되어 있다. 그러나 다른 예시에서와 달리, 관여 단계에서 정교화 단계에 이르는 전체 과정에서 형성평가를 실시하도록 평가 단계에 규정되어 있다. 한편 평가는 지필검사뿐만 아니라 수행평가 방법 또는 면접으로도 수행할 수 있다. BSCS의 5E 모형은 학생들이 갖고 있는 오개념을 과학적 개념으로 바꾸어 주기 위한 교수 · 학습에도 적용할 수 있다.

BSCS의 5E 모형에 따른 교수 · 학습 과정의 각 단계는 주제에 따라 한두 시간 이상 걸릴 수도 있다. 각 단계를 하나의 교수 · 학습 과정안으로 작성할 수도 있고, 한 시간 안에 한두 단계를 연이어 통합적으로 실행할 수도 있다. BSCS의 생명과학 교과서는 이와 같은 방식으로 구성되어 있다. 그러나 교과서 단원은 대부분 단계마다 몇 시간의 수업이 소요되며, 교과서에는 관여나 탐색 단계가 생략된 단원도 있다.

단계	내용
관여	관념의 표현(학습할 주제의 소개로 동기 유발, 현상을 보며 주제와 관련된 선행지식 말하기, 학습 목표의 제시로 학습할 과제에 관심 집중): 작은 버드나무가 어떻게 큰 버드나무로 자랄까? 식물의 종자는 어디서 양분을 얻어 성장할까? 식물의 음식은 무엇일까? 식물의 음식과 사람의 음식이 같을까? 등과 같은 질문을 던진다. 학생들이 질문에 답하는 과정에서 식물의 음식에 관한 오개념이 노출되게 한다.
⬇	
탐색	관념에 대한 도전(학습할 개념 · 원리 · 이론의 경험으로 인지적 평형화 시작, 현상들 사이의 변인 및 그 변인들 사이의 인과관계, 특별한 양상 등의 확인): 학생들이 여러 가지 종자를 조사하여 그것이 식물이 싹틀 때 소비하는 음식인지 조사한다. 종자의 어떤 부분이 식물로 자라는지 조사하고, 그렇게 말한 이유를 설명하게 한다. 헬몬트(J. B. Van Helmont, 1579~1644)의 광합성 실험을 소개하면서 식물의 성장과 그 음식에 관하여 계속 생각하게 한다. 뿌리나 잎으로 흡수한 물 · 이산화탄소 · 공기 · 흙 · 비료 등이 식물의 음식인지, 아니면 다른 어떤 것이 식물의 음식인지 생각해보게 한다. 
⬇	
설명	과학적 개념(학생들이 획득한 개념 · 원리 · 법칙 · 이론 등이나 습득한 과정 및 기능의 명확한 제시): 광합성에 관한 자료를 배포하여 읽게 하고, 과학자들이 식물의 음식에 관하여 무엇을 발견하였는지 토의하면서 생각해보게 한다. 강낭콩이 싹터서 씨가 맺힐 때까지 자라는 과정을 녹화한 비디오를 보면서 식물이 음식을 어떻게 획득하는지 생각해보게 한다. 광합성의 과정과 그 산물을 말하고, 식물의 음식은 광합성을 통해 합성한 유기물임을 설명한다. 수준에 따라서는 세포 수준의 광합성을 설명한다.
⬇	
정교화	정교화(획득한 개념과 습득한 과정 및 기능의 더욱 분화된 인식과 확장): 학습한 개념을 선행지식과 비교하면서 다양한 새로운 상황에 응용한다. 식물이 세포로 구성되어 있으며, 광합성이 일어나는 장소임을 소개한다. 광합성을 통해 합성된 식물의 음식이 어떻게 이용되는지 공부하고, 일상적인 식품에서 식물이 광합성을 통해 합성한 것을 조사한다. 식물의 음식과 동물의 음식을 비교한다.
⬇	
평가	평가(획득한 개념을 이해한 정도와 습득한 과정과 기능의 수준 평가, 학생들에게 피드백 제공): 각 단계에서 형성평가를 실시하고 단계마다 피드백을 제공한다.

[그림 5-10] 5E 순환학습모형의 적용 예시

2. 개념변화 과학 교수 · 학습 모형

과학 교수 · 학습의 가장 핵심적인 요소는 "학생들이 무엇을, 어떻게 학습하느냐?"이다. 학생들은 과학 교수 · 학습을 통해서 새로운 개념을 형성할 수 있고, 학습하기 전에 이미 획득한 개념이 더욱 분화될 수 있거나, 가지고 있는 개념이 오개념일 경우 과학적 개념으로 대체될 수 있다. 과학교육학에서는 이와 같이 과학 개념이 형성되고, 분화되고, 대체되는 과정을 통틀어서 개념변화(conceptual change)로 부른다.

1) 개념변화 모형의 이론적 배경 및 특징

교수 · 학습 이론은 교수 · 학습 과정과 방법을 설명하며, 교수 · 학습 모형은 교수 · 학습 이론을 구체적으로 표현한다. 과학 교수 · 학습 이론과 모형은, 과학 개념의 본성과 그것이 획득되는 과정 그리고 그 방법에 대한 인식과 마찬가지로, 과학철학 · 심리학 · 심리철학이 변해 온 과정에서 다양한 형태로 제시되어왔다. 과학 교수 · 학습 이론과 모형을 인식하고 해석하는 관점은 1970년대~1980년대의 관점, 1990년대~2000년대 초의 관점, 그리고 2000년대 초~현재의 관점으로 구분할 수 있다(Amin, Smith, & Wiser, 2014).

학생들이 파지하고 있는 개념의 본성과 내용, 그 개념이 학습에 미치는 긍정적 · 부정적 영향은 1970년부터 연구되어 온 주제이다. 그간의 연구 주제에는 학생들의 오개념이 과학자의 과학적 개념으로 발달하는 과정과 방법도 포함되었다. 학생들의 선행개념이 과학적 개념으로 변하는 과정에 대한 연구의 결과와 그에 대한 이해는 효과적인 교수 · 학습의 설계에 대한 시사점을 던져준다. 그러나 선행개념의 변화에 대한 연구의 결과가 방대하여 그에 관한 이론과 모형을 간단히 정리하기는 쉽지 않다(Amin et al., 2014).

(1) 개념변화에 관한 연구의 이론적 배경

개념변화를 설명하는 이론과 모형은 과학철학으로서의 사회적 구성주의, 심리철학으로서의 급진적 구성주의, 발달심리학과 인지과학(cognitive science)의 영향을 받았다(Abell & Lederman, 2007). 1970년대~1980년대의 과학교육학자들은 경험주의 인식론을 거부하고 영역-일반적인 논리적 구조(domain-general logical structure)를 설명하는 피아제의 지능발달이론의 타당성을 부정하면서 개념변화에 관한 연구를 시작하였다(Amin et al.,

2014). 대다수 과학교육학자들은 쿤(Kuhn, 1996)의 패러다임(paradigm) 이론을 받아들여 오인이 한두 시간의 교수·학습을 통해서는 쉽게 변하지 않는다고 주장했다(Driver & Easley, 1978; Strike & Posner, 1985). 그들은 오수벨의 유의미학습 이론을 받아들여 영역-일반적인 논리적 구조를 버리고 영역-구체적인 내용 구조(domain-specific content structure), 즉 개념적 인지구조를 강조하기도 하였다(Novak, 1977).

1990년대~2000년대 초에는 개념변화 과정의 이해에 초점을 둔 연구로부터 개념변화에 다양한 인지적 요소가 영향을 미친다는 결론이 도출되었다. 아울러 개념변화 과정에 영향을 미치는 요인으로 형이상학적 범주, 인식론적 신념의 정교성, 모형의 이용과 모형만들기, 의사소통과 상호작용을 특히 중요시하였다. 이 기간에 인식론적 정교화와 개념변화 사이의 관계가 확립되었다. 모형과 모형만들기도 개념변화 과정에 영향을 미치는 요인이다. 과학사와 과학철학에서는 모형을 이론의 표현에, 모형만들기를 이론의 구성과 관련시켜 정의한다. 모형을 사물 또는 과정의 구조적 비유로, 과학 모형을 자연의 사물과 현상의 단순화된 표상화로 규정한다. 모형에는 내적인 정신 모형(mental model)과 외적인 도표나 삼차원 물체가 포함된다. 모형만들기는 모형을 구성하는 과정을 뜻한다. 인지과학 분야에서는 비유적 정신 모형에 근원이 있는 비유적 추리를 특히 중요시하였다(Amin et al., 2014).

과학적 개념이 변화되는 과정에는 사회적 상호작용도 영향을 미친다. 구성주의 과학철학에서는 과학지식이 형성되고 변하는 과학사적 과정을 사회적 과정으로, 구성주의 심리학에서는 학생들이 과학을 학습하는 과정을 사회적 과정으로 본다. 과학이 학습되는 과정을 사회적 과정으로 보는 관점은 다시 사회문화적 관점(sociocultural perspective), 담론분석 관점(discourse analysis perspective), 피아제 관점(Piagetian perspective)으로 소분화된다. 1990년대~2000년대 초에 수행된 연구에 따르면, 다양한 기구(mechanism)가 사회적 상호작용을 중개하여 개념변화에 영향을 미친다. 교수·학습에 관한 비고츠키(Vygotsky, 1978)의 사회문화적 관점은 학생의 과학지식이 자신보다 더 잘 알고 있는 동료 학생이나 교사가 제공하는 비계, 그리고 다른 학생들과 함께 구성한 지식의 두 가지 상호작용을 통해서 내면화된다고 가정한다. 담론분석 관점에 따른 연구에서는 다양한 관념들이 하나로 수렴하도록 상호작용하는 과정에서 일어나는 의사소통을 밝힌다. 과학지식을 내면화하여 새로운 개념적 이해가 구성된다고 보는 앞 두 관점과 달리, 피아제의 관점은 개념적 갈등이 개념변화의 원동력이 된다고 본다(Amin et al., 2014).

2000년 초~지금까지 수행된 연구에서는 개념변화의 특징과 그에 적절한 교수·학습의 설계를 종합적으로 구성하려는 체계적 관점(systemic perspective)을 추구하였다. 체계적 관점은 인지과학의 기초가 되는 주제에 따라 네 틀로 나뉜다. 첫째, 개념은 감각운동 경험의 추상화로 형성되는 복합 영상-도식(multiple image-schemas)과 지각적 경험의 재현인 형상(imagery)에 근거를 둔다. 곧 타고난 지각 과정을 통해 사물 · 수 · 원인의 개념적 표상화가 생성된다. 둘째, 언어와 외적 기초 체계를 사용하면 영상-도식 표상화와 형상의 한계를 극복할 수 있다. 언어와 기호는 개념 체계의 확장에 유용한 도구이기 때문이다. 셋째, 명제적으로 표현된 개념은 언어같은 기호로 이해된다. 넷째, 어린 아동과 비전문가가 갖고 있는 개념적 지식은 흔하지 않다. 이런 체계적 관점에 따라 지식 통합, 학습 목적 설계, 학습 향상의 세 가지 교육과정 설계 틀이 제시되었다(Amin et al., 2014).

(2) 개념변화 교수 · 학습 모형의 개관

과학교육학 연구에서는 개념변화 모형을 개념분화(conceptual differentiation) 모형과 개념교환(conceptual exchange) 모형으로 대별하기도 하는데, 이 경우에 개념분화 모형은 개념발달(conceptual development) 모형(West & Pines, 1985)으로 일컬어지기도 한다. 일부 저자들(Chiappetta & Koballa, 2015; Gallagher, 2007; Settlage & Southerland, 2007; West & Pines, 1985)은 개념교환 모형만을 개념변화 모형으로 지칭하지만, 때때로 개념발달 모형(Gunter, Estes, & Mintz, 2007; Hashweh, 1986)이나 인지발달 모형(Abell & Lederman, 2007; Karplus, 1977)으로 일컬어지기도 한다. 또한 일부의 과학교육학자들(Hassard & Dias, 2009; Martin, Sexton, & Franklin, 2009)은 특별히 선행지식의 발달과 변화에 목적을 둔 순환학습 모형을 개념변화 모형에 포함시킨다. 이 책에서는 개념발달 모형과 인지발달 모형을 개념변화 모형에 포함시켜 개념변화 모형의 출처 및 이론적 배경과 그에 따른 과학 교수 방법 및 절차를 〈표 5-2〉와 같이 기술한다.

〈표 5-2〉 개념변화 모형의 종류와 교수 절차

구분	교수 모형	출처/이론적 배경	과학 교수 · 학습의 방법과 절차
개념 분화	Nussbaum & Novick	과학지식의 진화적 발달 모형-구성주의 Ausubel(2000)의 유의미학습 이론	• 대체적 개념틀 제시: 교사가 제시한 현상을 학생이 자신의 선행지식으로 해석한다. • 인지적 갈등 유발: 모순되는 현상에 더욱 심한 갈등을 유발할 수 있는 경험을 제공한다. • 인지적 조절: 모순되는 관념을 해소하거나 해결함으로써 선행지식을 수정하거나 보완한다.
	Carey	Carey(1985)의 초심자-전문가 변화 모형	• 새로운 사실 · 개념 · 규칙 · 원리가 누적된다. • 학습이 약한 재구성 과정에 따라 이루어진다.

<table>
<tr><th>구분</th><th>교수 모형</th><th>출처/이론적 배경</th><th>과학 교수 · 학습의 방법과 절차</th></tr>
<tr><td rowspan="3">개념
교환</td><td>Driver</td><td>과학지식의 격변적 발달 모형-구성주의</td><td>• 오리엔테이션(orientation): 교사가 교수-학습 주제를 소개한다.
• 대체적 개념틀의 표현: 직관적 관념을 다른 학생들에게 밝히고, 설명한다.
• 재구성 단계
– 명료화 및 교환: 과학적 관념을 인식하고, 자신의 견해와 비교하고 검토한다; 관념을 이해한 정도를 명료화한다.
– 상충된 상황에 노출: 교사가 상충된 상황을 제시하고, 학생이 자신의 직관적 관념을 검토하여 자신의 직관적 관념이 틀렸으며, 한계가 있음을 인식한다.
– 새로운 관념의 재구성: 직관적 관념을 확장 · 수정 · 대체하여 재구성하고, 새로운 관점에서 해석한다.
– 평가: 재구성된 새로운 관념의 타당성을 검증한다.
• 관념의 응용: 재구성된 관념을 새로운 소재와 상황에 응용한다.
• 관념의 변화 검토: 학생들이 처음 가지고 있었던 관념이 어떻게, 어느 정도 변했는지 검토한다.</td></tr>
<tr><td>Erickson</td><td>과학지식의 격변적 발달 모형-구성주의</td><td>• 경험적 책략(experiential manoeuvres): 주어진 현상에 친숙해지고 직관적 관념을 표현할 수 있는 현상이나 사물을 제시한다.
• 변칙(anomaly) 책략: 기대되지 않은 결과를 산출하고, 불확실성 요소를 소개하고, 선행지식을 바꾸어야 할 필요를 인식할 수 있는 상황을 만든다.
• 재구성 책략: 모둠에 의한 토의를 통해서 또는 교사의 도움으로 선행지식을 조절한다; 선행지식을 과학자 과학지식으로 바꾼다.</td></tr>
<tr><td>Carey</td><td>Carey(1985)의 초심자-전문가 변화 모형</td><td>• 학습이 강한 재구성 과정에 따라 이루어진다.</td></tr>
</table>

〈표 5-2〉에 기술된 개념분화는 선행개념의 범위와 수준이 확장되고 심화되는 과정을, 개념교환은 학생들의 오개념(misconception)이 과학자의 개념, 또는 과학적 개념으로 대체되는 과정을 나타낸다. 과학적 방법을 기반으로 개발된 발견 모형이나 탐구 모형과 달리, 개념변화 모형의 기원은 학생들이 과학지식을 학습하는 방법과 과정에 관한 연구의 결과에 있다(Settlage & Southerland, 2007). 한편 과학지식이 발달하는 과정은 누가적 모형, 진화적 모형, 격변적 모형으로 설명되는데(조희형 등, 2010), 개념분화 모형은 진화적 모형에 그리고 개념교환 모형은 격변적 모형에 이론적 배경을 두고 있다. 누가적 모형은 귀납

적 학습 과정 또는 발견법과 그 과정을 나타내는 개념형성 모형의 이론적 배경이 된다.

누스밤과 노빅(Nussbaum & Novick, 1982)의 모형은 선행지식이 분화되는 상태에 있거나 과학적 개념과 상충되는 경우에, 선행지식을 과학적 개념으로 수정하기 위한 교수 · 학습에 효과적이다. 캐리(Carey, 1985)는 지능발달 단계가 실재하지 않는다고 주장함으로써 피아제의 이론을 부정하고, 개념변화 모형으로 초심자-전문가 변화(novice-expert shift) 모형을 제시한다. 캐리는 초심자-전문가 변화로서의 개념변화를 새로운 사실 · 규칙 · 법칙의 누적(accumulation)과 재구성(restructuring)으로 대별하고, 재구성을 다시 약한 재구성(weaker sense restructuring)과 강한 재구성(stronger sense restructuring)으로 나눈다. 약한 재구성(캐리는 개념분화라는 말을 쓰지 않다)은 이론을 구성하는 개념들 사이의 관계가 달라지고 그에 따라 새로운 도식(schemata)과 기존의 문제에 대한 새로운 해결책이 생겨나는 인지구조의 변화를 말한다. 이와 달리, 강한 재구성은 개념들로 구성된 개념체계, 즉 이론이 바뀌는 인지구조의 변화를 뜻한다. 캐리가 말하는 누적, 약한 재구성, 강한 재구성은 각각 귀납적 일반화를 통한 새로운 개념의 형성과, 하위개념을 바탕으로 한 상위개념이 획득되는 학습, 곧 오수벨(Ausubel, 2000)의 상위적 학습과, 뉴턴 역학에 의한 기동력설의 대체와 같은 드라이버(Driver, 1982)의 개념교환 모형과 비슷하다.

누스빔과 노빅(Nussbaum & Novick, 1982)의 개념분화 모형은 개념교환 모형으로 적용되기도 한다. 드라이버(Driver, 1982)의 모형은 오개념이 교체되는 과정을 설명한다면, 에릭슨(Erickson, 1979)의 개념교환 모형은 개념체계로서의 오개념이 대체되는 과정을 설명한다. 캐리(Carey, 1985)는 인지발달을 구조적 발달과 지식의 누적으로 대별하고, 인지구조에 관한 피아제의 접근법을 구조적 접근법(structural approach)으로 규정한다. 인지구조는 구조적 발달이 관련된 지식의 축적, 구조적 발달과 관계없는 지식의 축적, 영역 일반적 변화(domain-general change), 영역 특수적 변화(domain-specific change)를 통해서 발달한다. 이론의 변화나 초보자-전문가 변동은 '구조적 발달이 관련된 지식의 축적'이며, 주기별 또는 족별 원소의 종류 외우기는 '구조적 발달과 관계없는 지식의 축적'의 예이다. 피아제의 지능발달 단계에 따른 인지구조의 변화는 '영역 일반적 변화'이며, 이론을 구성하는 개념 또는 설명 원리의 발달은 '영역 특수적 변화'이다.

(3) 개념변화 교수 · 학습 모형의 유형

현대의 과학철학, 또는 구성주의 심리철학과 인지심리학에 따른 현대의 교수 · 학습 방법과 절차는 경험주의 과학철학, 또는 행동주의 심리학에 따른 전통적 교수 · 학습 방법 및 절차와 다르다. 전통적 과학 교수·학습의 목적은 과학지식의 누적과 그에 따른 행동의 변화에 있으며, 현대의 과학 교수·학습의 목적은 개념의 변화와 의미의 구성 그리고 그에 따른 인지구조의 변화에 있다. 한편 개념변화 교수·학습의 구체적인 방법과 과정은 그 주제 또는 내용에 따라 달라지며, 그에 따라 다양한 유형의 과학 교수·학습 모형과 각 모형에 고유한 과정 및 방법이 제시되어 있다.

오늘날 우리나라의 과학교육 현장에서는 전통적 교수·학습 모형인 '도입-증명-응용'의 과정이 가장 널리 적용되고 있다. 일반적인 논설 과정과 비슷한 이 교수·학습 모형은 개념형성 모형의 한 유형으로서, 학생들은 이 모형을 적용한 교수·학습 과정을 통해서 교사가 제시한 과학지식을 확인하여 자신의 과학지식으로 받아들인다. 이 모형에 따른 교수·학습에는 강의법이 비교적 효과적이다. 여기에서는 이와 같은 특징을 지닌 개념형성 모형과 대조되는 몇 가지 개념변화 교수·학습 모형의 특성에 관하여 기술한다. 개념변화 모형에 따른 과학 교수·학습에는 토론법이 효과적이다.

① 파인즈와 웨스트의 학습모형

'전기는 쓰면 소모된다.'와 같은 단순한 개념을 다루는 드라이버(Driver, 1983)와 달리, 파인즈와 웨스트(Pines & West, 1986)는 뉴턴 역학, 다윈의 진화설, 기체의 분자운동론, 암석의 특성과 같은 거대한 과학지식 체계 및 그에 수반되는 신념 체계의 변화에 관심을 가지고, 그런 과학적 개념과 이론으로 이루어진 과학지식 체계를 학습할 때 학생들이 처할 수 있는 상황을 [그림 5-11]과 같이 나타낸다. [그림 5-11]을 보면, 학생들은 과학 교수·학습의 결과로, 네 가지 상황들 가운데의 하나에 처하게 된다는 것을 알 수 있다. [그림 5-12]에 제시된 바와 같은 과학 교수·학습의 과정과 결과는 [그림 5-11]의 갈등 상황에서 일어날 수 있는 과학 교수·학습의 과정과 결과를 기술한다.

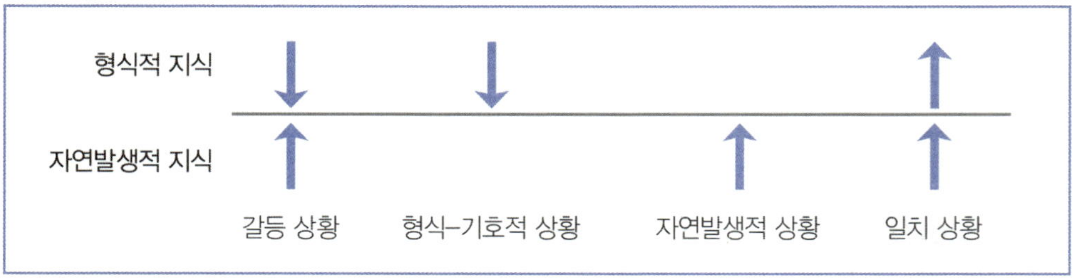

[그림 5-11] 학생들이 처할 수 있는 학습 상황

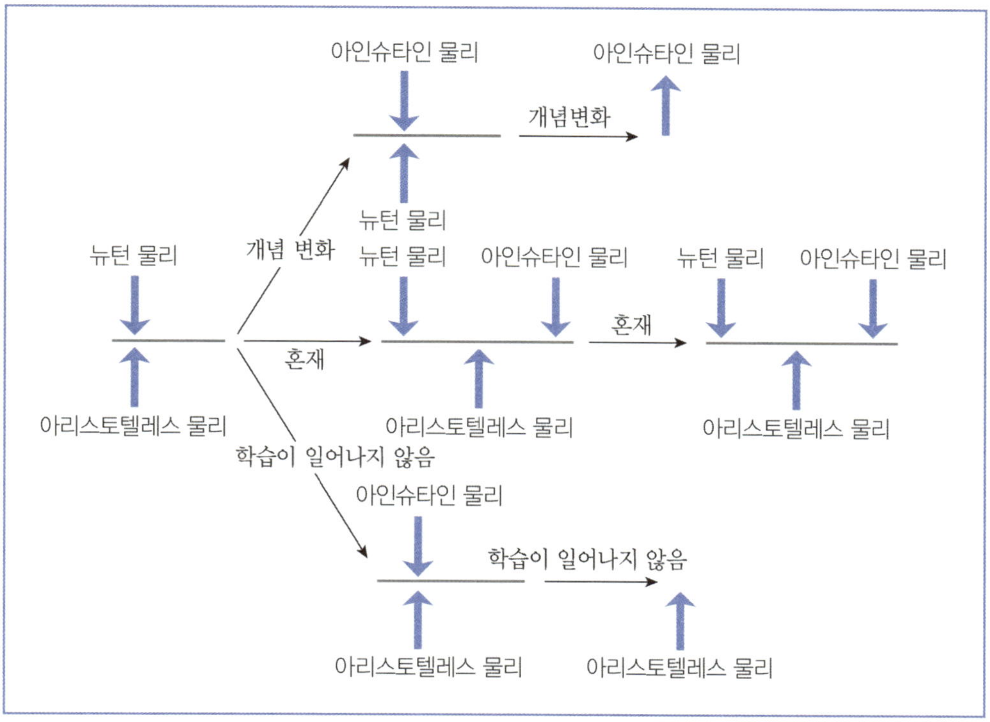

[그림 5-12] 파인즈와 웨스트의 학습 모형

[그림 5-11]에서 형식적 지식은 과학 교수 · 학습 과정에서 과학교사가 제시하는 과학지식이나 과학 교과서에 포함되어 있는 과학지식을 말하고, 자연발생적 지식(spontaneous knowledge)은 학생들이 일상적인 생활 과정에서 직관적으로 획득한 과학지식을 가리킨다. [그림 5-12]에서 맨 위는 교수 · 학습 과정을 통해서 뉴턴 고전 역학이 아인슈타인의 물리학으로 교체된 상태를, 중간 과정은 교수 · 학습 이후에 아리스토텔레스, 뉴턴 역학, 아인슈타인의 물리가 혼재하는 상태를, 맨 아래는 아리스토텔레스 지식이 교수 · 학습의 영향을 받지 않고 그대로 보존된 상태를 나타낸다. [그림 5-12]는 학생들의 선행지식이 학습을 통해 과학지식으로 교체되거나 그 둘이 함께 공존할 수도 있음을 나타낸다.

② 길버트 등의 개념변화 교수 · 학습 모형

길버트 등(Gilbert, Osborne, & Fensham, 1982)은 개념변화 모형을 [그림 5-13]과 같이 제시하였다. S_t, S_{ch}, S_s는 각각 교사과학, 학생과학, 과학자과학을 나타낸다. (가) 과정은 학생의 선행지식이 그의 인지구조에 강하게 연결되어 있지 않아서 그와 관련이 있는 학습에 큰 영향을 미치지 않고, 과학교사의 과학지식에 의해 쉽게 대체되는 경우이다. 이 과정은 학습내용과 선행개념 사이에 미미하나마 상호작용이 일어나기 때문에, 개념교환으로 볼 수 있다. (가) 과정은 과학교사가 갖고 있는 과학지식이 오인일 경우, 학습자도 오인을 갖게 될 수 있다는 것을 보여 준다.

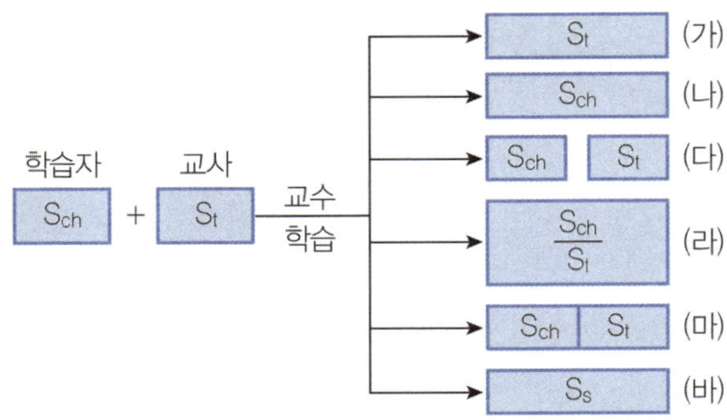

[그림 5-13] 길버트에 의한 개념변화 교수 · 학습 모형

(나) 과정은 교사의 과학지식이 학습자의 선행지식에 영향을 전혀 미치지 않았거나 학습자가 교사의 과학지식을 전혀 받아들이지 않은 경우이다. 학생들에게 입자에 관하여 가르친 다음 '얼음물이 입자로 구성되어 있는가?'고 물으면, 대부분의 학생들은 '그렇다.'고 대답한다. '무엇이 입자냐?'라고 물으면, '얼음덩이가 입자로 되어 있다.'고 대답한다. 그러면 '물은 어떠냐?'고 물으면 '얼음의 입자가 녹은 것이 포함되어 있다.'와 같이 대답한다. 이는 입자에 대한 학생들의 오개념이 학습을 통해 전혀 변하지 않았음을 보인다.

(다) 과정은 학습자가 교사의 과학지식을 받아들이되 자신의 선행지식과 동시에 가지고 있을 뿐 자신의 지식에는 동화하길 거부한 경우이다. 자전거 타기나 장난감 놀이를 통해 일정한 속도로 움직이기 위해서는 힘을 일정하게 주어야 한다고 생각하는 학생이 '일정한 힘을 계속 주면 가속도가 생긴다.'는 교사의 설명을 받아들인다. 그러나 그는 교사가 말한 과학지식은 시험을 치를 때나 적용하고, 일상생활에서는 자신의 선행지식을 그대로 이용한다. 그는 일정한 속도로 가기 위해 자전거의 페달을 일정한 힘으로 밟는다.

(라) 과정은 선행지식이 학습자의 인지구조에 확고하게 자리를 잡고 있어서, 교수 · 학습으로는 바뀌지 않고, 오히려 더욱 복잡한 오인으로 분화되는 경우를 나타낸다. 공기와 물을 소재로 확산 개념을 공부한 학생에게 빛의 직진이나 굴절에 관하여 물으면, 그는 '빛이 밀도가 다른 유리나 농도가 다른 물에서 확산되어 나가기 때문이다.'와 같은 확산 개념이 더욱 일반화된 오인을 통해서 이해한 대로 대답한다. 연소에 관하여 공부한 학생에게 '촛불을 비커로 덮으면, 덮은 지 얼마 지나지 않아 꺼지는데, 그 이유가 무엇인가?'라고 물으면,

'비커로 촛불을 덮으면 산소가 다 타서 꺼진다.'고 대답하는데, 그 대답도 연소에 관여하는 산소의 역할이 더욱 일반화된 오인이다.

(마) 과정은 공부한 여러 가지 과학적 개념 가운데에서 일부만이 선행지식에 통합된 경우, 즉 교사의 과학지식과 학생의 선행지식이 혼합되어 서로 구분되지 않을 뿐만 아니라 새로운 오인으로 발달하는 경우이다. 학생의 선행지식(유치한 수준의 원자의 개념)이 과학적 지식(과학자의 원자 개념)에 비추어 크게 어긋나지는 않으나 원자에 관한 교수 · 학습을 통해서 오인으로 굳어진다. '물에는 어떤 입자가 있는가?'고 물으면, 어떤 학생은 '얼음이 녹은 원자가 있습니다.'고 대답한다. 그 학생에게 다시 '물에는 다른 원자가 없는가?'하고 물으면, '아까 물에 녹아서 아직 얼지 않은 원자가 더 있다.'고 대답한다. 물질의 보존까지 학습한 이 학생은 물질이 원자로 되어 있다는 것은 알고 있으나, 물이 원자로 구성되어 있다는 점을 생각하지 못하고 얼음이 물의 원자가 언 것으로 생각한다.

(바) 과정은 과학자의 과학지식이 흔히 오개념, 아동 과학, 대체적 개념틀, 순진한 과학 등으로 불리는 선행지식을 대체하는 사례를 잘 보여준다. 이 과정은 드라이버와 이즐리(Driver & Easley, 1978)가 구성주의에 따라서 제시한 개념교환 모형에 따라 이루어지는 과학 교수 · 학습 과정과 비슷하다. 과학교사가 이와 같은 개념교환 모형에 따라 수업할 때는 과학 교과서에 있는 과학지식과 과학자가 가지고 있는 관련된 과학지식도 절대적인 진리가 아니라 언젠가는 학습자가 가지고 있는 선행지식과 마찬가지로, 다른 과학지식으로 바뀔 수 있는 잠정적 설명체계임을 강조해야 한다.

③ 포스너 등의 개념교환의 조건

개념교환 모형은 원칙적으로 과학자가 과학지식을 형성 · 검증하고 패러다임을 바꾸는 과정을 설명하는 이론에 바탕을 두고 있다(Gallagher, 2007). 그러나 포스너 등의 개념교환 모형은 패러다임이 쉽게 변하지 않는다는 쿤(Kuhn, 1996)의 이론과 일부 상치된다. 그들이 제시한 개념교환의 조건들은 학생들이 가지고 있는 오개념이 과학적 지식으로 쉽게 변할 수도 있다는 가정을 전제하기 때문이다(Amin et al., 2014).

구성주의 과학철학과 심리학 및 심리철학에 이론적 배경을 두고 구성된 개념교환 모형은 대부분 학습자가 파지하고 있는 선행지식과 교수 · 학습할 내용 사이의 상호작용을 구체적으로 설명하지 못한다. 더욱이 개념교환 모형에 따라 교수 · 학습했다고 해서 모든 선행지식이 과학지식으로 쉽게 바뀌는 것도 아니다. 그러므로 포스너와 스트라이크 등(Posner, Strike, Hewson, & Gertzog, 1982; Strike & Posner, 1982)은 구성주의 인식론을 근거로 개념교환이 일어날 수 있는 조건을 다음과 같이 제시한다.

- **기존의 개념에 대한 불만족을 느껴야 한다:** 학생들은 선행개념과 새로운 개념 사이의 관계로 인지적인 갈등을 느껴야 선행개념을 바꾼다.
- **기존의 개념을 교체할 새로운 개념이 지적이어야 한다:** 새로운 개념은 쉽게 이해될 만한 것이어야 한다.
- **새로운 개념은 문제를 해결할 가능성이 있어야 한다:** 선행개념으로 해결할 수 없었던 문제를 해결할 수 있어야 한다.
- **새로운 개념은 연구프로그램을 제안하여야 한다:** 새로운 개념은 문제를 해결할 뿐만 아니라 새로운 연구의 방향을 제시해야 한다.

그런데 포스너 등(Posner et al., 1982)이 제시한 이와 같은 조건도 모든 과학적 개념이 변화되어야 하는 조건으로는 충분하지 않다. 또한 이 조건은 개념의 인지적 분화 과정과 교환 과정을 구분하지 않으며, 심리적 과정과 그 과정에 영향을 미치는 외적 조건 사이의 관계도 구체적으로 나타내지 않는다. 그러므로 포스너와 스트라이크(Posner & Strike, 1982)가 제시한 모형이 상대성이론·진화론·입자운동론과 같은 거대한 이론이나 개념체계의 교수·학습에는 어느 정도 큰 효과가 있지만, 보일의 법칙, 멘델의 법칙과 같은 법칙이나 단순한 개념의 교수·학습에는 별다른 효과가 없다.

포스너 등이 제시한 개념교환 모형에는 논리적·인식론적 문제도 포함되어 있다. 그들이 제시한 개념교환 조건은 기껏해야 하나의 이론을 버리고 다른 이론을 선택하는 조건을 말할 뿐이지, 왜 그래야 하는지에 관해서는 설명하지 못한다. 첫째의 조건이 이 문제를 분명하게 드러낸다. 첫째 조건은 선행개념을 교체할 새로운 개념을 통해서 선행개념을 이해하고 해석해야 하는 논리적 문제가 내포되어 있다(Amin et al, 2014).

④ 하슈웨의 개념변화 모형

하슈웨(Hashweh, 1986)는 포스너 등의 개념변화 조건의 한계를 지적하면서 인지적 변화에 영향을 미치는 외적 요인을 제시하였다. 그는 이어 외적 요인을 바탕으로 선행개념이 잘 바뀌지 않는 이유, 새로운 개념의 획득에 영향을 미치는 요인, 인지적 재구성에 미치는 영향을 설명하는 새로운 틀의 교수·학습 모형을 [그림 5-14]와 같이 제시한다. 하슈웨의 모형은 관념의 세계와 실제 세계를 구분하고, 선행개념과 과학적 개념 사이뿐만 아니라 그 선행개념으로 설명하지 못하는 자연현상과의 사이에 나타나는 갈등을 해소하여 선행개념을 재구성하는 과정을 특히 잘 설명한다.

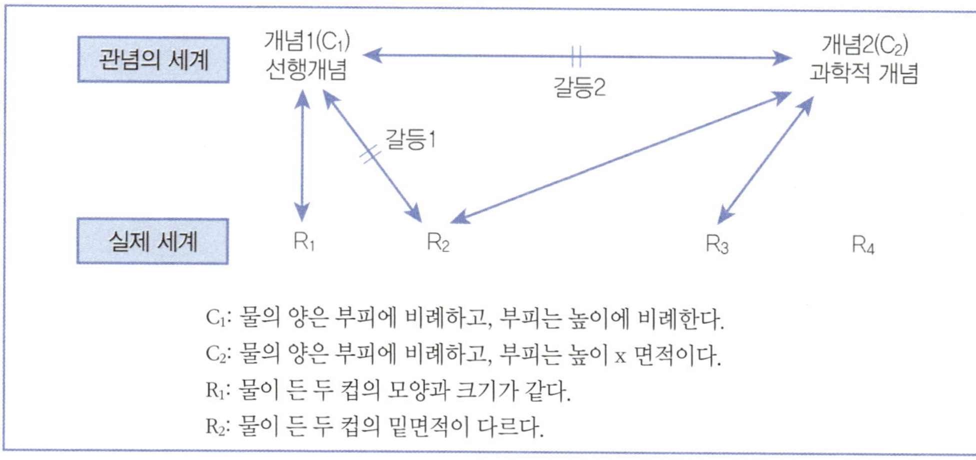

[그림 5-14] 하슈웨의 개념변화 모형

[그림 5-14]에서 갈등1과 갈등2가 동시에 해소되어야 선행개념이 재구성된다. 갈등1은 R_2개념을 잘 설명하는 개념2(과학적 개념)를 받아들임으로써 해소된다. 한편 갈등2는 선행개념(C_1)과 과학적 개념(C_2) 둘 다 R_1을 설명할 수 있다고 봄으로써 생긴다. 그러므로 갈등2는 선행개념이 R_1은 잘 설명하지만 R_2는 잘 설명하지 못한다는 점을 보여줌으로써 해소된다. 즉 갈등2는 C_1이 C_2의 한 예에 지나지 않음을 이해시켜야 해소된다. 그러나 실제의 교수·학습 현장에서는 그런 과정이 쉽게 일어나지 않으며, 따라서 학생들의 선행지식이 쉽게 버려지거나 과학적 지식으로 바뀌지 않는다.

⑤ 권재술의 상호전환 모형

권재술(1989)은 개념교환 모형의 한 유형으로 상호전환 모형을 제시한다. 그가 말하는 상호전환형 개념은 동일한 개념이면서 표현의 형태가 다른 개념을 말한다. 권재술의 모형은 특수한 과학적 개념의 교수·학습, 즉 아주 드문 과학 교수·학습 상황에 한정되지만, 오개념이 아니라 과학지식인 선행개념이 교수·학습을 통해 다른 과학지식으로 대체될 수 있는 가능성을 보여준다.

정전기 현상을 나타내는 쿨롱(Coulomb)의 법칙과 가우스(Gauss)의 법칙이 상호전환형 개념의 좋은 예이다. 이 두 법칙은 본질적으로 동일하며, 상호 간에 수학적인 유도도 가능하다. 그러나 이 두 법칙의 용도는 완전히 다르다. 두 입자 사이에 작용하는 힘을 구하기 위해서는 쿨롱의 법칙을 적용하며, 도체 내부의 전기장 계산에는 가우스의 법칙이 더 효과적으로 이용된다.

2) 드라이버의 대체적 개념틀 교환 모형

과학적 개념의 오인에 관한 이론적 연구는 드라이버와 이즐리(Driver & Easely, 1978)에 의해 본격적으로 시작되었다. 드라이버(Driver, 1983)는 피아제의 지능발달 이론, 또는 오수벨의 유의미학습 이론에서 말하는 인지구조에 버금가는 용어로 직관적 관념(intuitive idea)을 사용한다. 드라이버는 직관적 관념 가운데에서 오인의 경우에는, 그것을 대체적 개념틀(alternative framework)이라 부른다. 드라이버에 따르면, 대체적 개념틀은 피아제의 지능발달 이론에 따라서 설명하는 논리적-수학적 특성을 띠는 인지구조가 아니라 개념적 구조와 그 체계이며, 오수벨의 유의미학습 이론의 핵심적 구성요소 가운데 하나인 선행지식이 아니라 과학지식과 어긋나는 일종의 오개념이다. 드라이버는 대체적 개념틀 이론을 바탕으로 아동들의 대체적 개념틀을 과학적 개념으로 교환하기 위한 교수·학습 모형과 과학 교육과정 개발 모형을 제시하였다.

(1) 대체적 개념틀 모형의 특징과 이론적 배경

학습자가 학습하기 전까지 파지하고 있는 직관적 관념은 과학자의 지식과는 모순되지만, 그 학습자의 인지구조에 논리적으로 통합되어 있는 선행지식 체계이다. 그러므로 과학 교수·학습의 내용으로 제시되는 과학적 이론과 개념은 그와 관련이 있는 직관적 관념을 가진 학생에게 반직관적일 수 있다. 그러한 경우에는, 학생들이 가지고 있는 교수·학습 내용과 관련이 있는 직관적 관념이 그와 관련된 개념에 대한 교수·학습의 영향을 그다지 받지 않고 그대로 존속되거나, 교사가 기대하지 못했던 엉뚱한 관념으로 발달할 수 있다. 직관적 관념에 관한 과학교육학 연구는 과학 학습의 의미와 그 교수·학습 모형과 전략, 과학 교육과정과 과학교육 평가에 많은 시사점을 던져준다. 대체적 개념틀 이론에 관한 과학교육학 연구의 결과를 분석하면, 학습자와 학습의 특성(Driver & Oldham, 1986) 그리고 지식주장을 다음과 같이 정리할 수 있다(Wandersee et al., 1994).

〈학습자 및 학습의 특성〉

- 학습자는 소극적 수용자가 아니라 목적의식이 있는 학습의 능동적 주체이다.
- 과학지식은 학습자와 환경 사이의 상호작용을 통해서, 또는 학습자와 다른 학습자나 부모 사이의 사회적 상호작용을 통해서 구성된다.
- 개인의 과학지식과 신념은 주어진 상황에서 의미를 구성할 때 영향을 미친다.
- 학습은 학습자에 의한 의미의 구성이며, 그 과정은 능동적 과정이다.
- 과학지식의 학습은 과학적 개념의 변화이다.

〈대체적 개념틀에 대한 지식주장〉

- 학습자는 과학의 교수 · 학습 과정에 자연의 사물과 사건에 관한 대체적 개념틀을 가지고 들어 온다.
- 학습자의 대체적 개념틀은 학습자의 나이, 능력, 성, 문화적 배경을 초월한다.
- 대체적 개념틀이 전통적 교수 · 학습 전략으로는 쉽게 사라지지 않는다.
- 학생들이 가지고 있는 대다수의 대체적 개념틀은 자연현상에 대한 전 시대의 과학자와 과학철학자들의 설명과 일치한다.
- 학생들이 가지고 있는 대체적 개념틀은 관찰 및 지각, 동료 문화와 언어, 과학교사의 설명과 교수 · 학습 자료에서 생겨난다.
- 교사는 때때로 학생과 동일한 대체적 개념틀을 가지고 있다.
- 학습자의 선행지식은 교수 · 학습 과정에서 제시된 지식과 상호작용을 통해 기대되지 않았던 다양한 학습결과를 초래한다.
- 대체적 개념틀 교수 · 학습에는 개념의 변화를 촉진하는 방법이 효과적이다.

이와 같은 특성들은 과학 학습의 본성을 나타낸다. 실제로, 드라이버는 그녀의 대체적 개념틀 이론에서 과학의 학습을 의미의 구성, 또는 개념의 변화로 정의한다. 이 정의는 과학지식의 특성과 그 기원에 관한 상대론 및 관념론의 인식론, 그에 바탕을 둔 구성주의 과학철학이 제시하는 과학지식의 발달에 관한 설명 모형과 비슷하며, 과학 학습의 본성에 대한 심리철학 및 인지론과 그에 바탕을 둔 구성주의 심리학의 학습에 관한 설명 모형과도 일치한다. 학습자의 직관적 관념을 변화시키거나 새로운 의미를 구성하는 과학 교수 · 학습 과정에 적용하기 위한 모형으로 대체적 개념틀 모형 이외에 개념조절 모형(Nussbaum & Novick, 1982), 개념교환 모형(Driver & Erickson, 1983), 개념발달 모형(Hashweh, 1986)이 제시되어 있다. 과학교육학 연구와 과학 교수 · 학습 현장에서는 이 세 가지 교수 · 학습 모형들이 모두 개념변화 모형으로 지칭된다.

(2) 대체적 개념틀 교환 모형의 단계적 절차

과학 교수 · 학습에 개념교환 모형을 적용하는 목적은 과학자의 개념에 비해 덜 분화 · 발달된 학습자의 직관적 관념을 과학자의 과학지식으로 변화시키거나 대체시키는 데 있다. 그러나 과학자의 과학지식과 크게 다른 직관적 관념은 한두 번의 교수 · 학습을 통해서는 과학지식으로 쉽게 교체되지 않는다(Driver, 1983). 드라이버는 대체적 개념틀을 과학지식으로 바꾸기 위한 교수 · 학습 모형을 [그림 5-15]와 같이 제시한다(Driver, 1987). [그림 5-15]의 각 단계에서는 다음과 같은 활동이 일어난다.

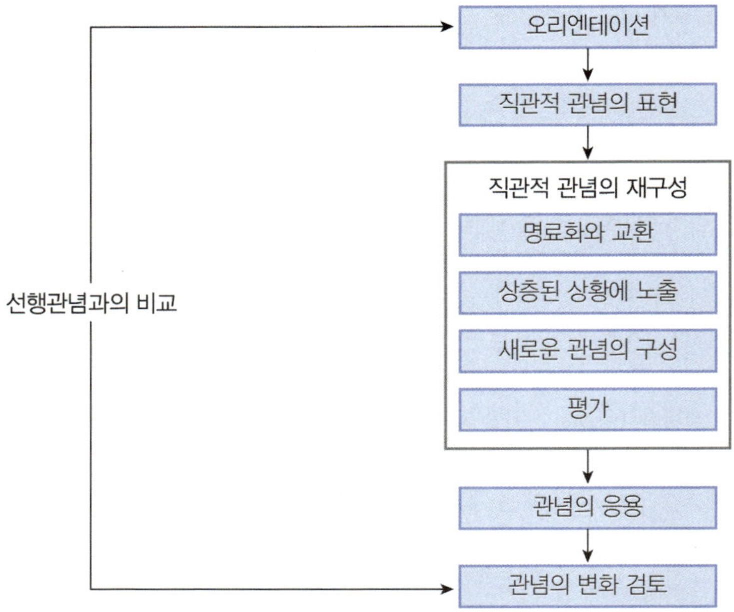

[그림 5-15] 드라이버가 제시한 대체적 개념틀 교환 모형

- **오리엔테이션(orientation)**: 교사가 교수·학습의 주제를 소개한다.
- **직관적 관념의 표현**: 학생들이 각자 자신의 대체적 개념틀을 밝히고, 설명한다.
- **직관적 관념의 재구성**
  - **명료화와 교환**: 과학적 관념을 인식하고, 그에 비추어 자신의 직관적 관념 및 견해와 비교하고 검토한다; 과학적 관념을 이해한 정도를 명료화한다.
  - **상충된 상황에 노출**: 교사가 학생들의 직관적 관념과 상충되는 상황을 제시하고, 학생이 자신의 직관적 관념을 검토하여 그것이 틀렸고 상황의 설명에 한계가 있음을 인식한다.
  - **새 관념의 구성**: 직관적 관념을 확장·수정·대체하여 재구성하고, 그렇게 재구성된 새로운 관점에서 과학적 관념을 다시 해석한다.
  - **평가**: 재구성된 새로운 관념의 타당성을 검증한다.
- **관념의 응용**: 재구성된 관념을 새로운 소재와 상황에 응용한다.
- **관념의 변화 검토**: 직관적 관념이 어떻게, 어느 정도 변했는지 검토한다.

이 드라이버의 개념교환 모형에서도 볼 수 있듯이, 의미의 변화 또는 개념의 대체에 목적을 둔 교수·학습 모형은 유치한 개념을 더욱 분화·발달시키거나 오인을 과학자의 과학 지식으로 대체시키는 교수·학습 과정을 잘 설명한다. 그러나 개념교환 모형에 따른 교수·학습은 인지적 모순을 야기하는 것만으로 충분하지 않다. 대체적 개념틀은 학습자가 충분히 이해할 만한 과학적 개념을 다양한 형태로 제시되었을 때 교체된다.

(3) 대체적 개념틀 교환 모형의 적용

드라이버가 제시한 대체적 개념틀 이론은 그녀가 직접 구성한 개념교환 교수·학습 모형뿐만 아니라 과학 교육과정 개발 모형에도 그 이론적 배경이 되었다. [그림 5-16]은 드라이버의 대체적 개념틀 교환 모형을 적용한 '식물의 영양'에 대한 개념교환 교수·학습 과정과 방법의 예이시다. [그림 5-16]에서 왼쪽은 드라이버의 모형을 이루는 교수·학습 단계이며, 오른쪽은 각 단계별 교수·학습 활동의 예시이다.

단계	교수·학습 활동
오리엔테이션	전 시간에 배운 내용을 말하게 한다. 음식을 먹고 있는 동물과 옆에 식물이 있는 사진을 보여준다.
⬇	
직관적 관념의 표현	아침에 무엇을 먹고 왔는지, 음식이 무엇인지 말하게 한다. 식물은 무엇을 먹고사는지 각자의 생각을 말하게 한다.
⬇	
직관적 관념의 재구성: 명료화와 교환 / 상충된 상황에 노출 / 새로운 관념의 구성 / 평가	동물이 섭취한 음식의 기능과 역할을 설명해준다. 학생들이 말한 식물의 음식과 동물의 음식을 비교한다. 동물이 섭취한 음식의 기능에 비추어, 식물의 음식은 스스로 광합성을 통해 합성한 탄수화물임을 설명한다.
⬇	
관념의 응용	배설물이 무엇인지 말하게 한다. 식물의 배설물이 무엇인지 말하게 한다.
⬇	
관념의 변화 검토	식물의 성장에 필요한 에너지는 어디서 온 것인지 말하게 한다. 식물도 살아가고 성장하는 데 토양이 필요한지 생각해보게 한다.

[그림 5-16] 드라이버의 대체적 개념틀 교환모형의 적용 예시

동물과 달리, 식물은 광합성을 통해 영양분을 만든다. 그러나 학생들은 눈에 보이지 않는 식물의 광합성에 대한 개념이 없는 상태에서 일상적 경험에서 습득한 자신만의 직관적 관념을 가지고 있다. [그림 5-16]에서 보듯이, 학생들이 갖고 있는 직관적 관념을 과학적 개념으로 바꾸어 주기 위해서는 먼저 직관적 관념을 표현하게 하고, 동물과 비교하여 직관적 관념을 재구성하는 기회를 제공할 필요가 있다. 학생들이 직관적으로 획득한 대체적 개념틀, 즉 일상적 경험을 통해 습득한 직관적 관념은 과학자나 과학교사의 과학지식, 또는

과학 교과서에 기술된 과학지식과 크게 다르다. 더욱이 대체적 개념틀은 한두 번의 교수·학습에 의해 그런 과학지식으로 대체되거나 변하지도 않는다. 직관적 관념의 대체와 변화는 인지적 모순을 야기하는 자료만으로 충분하지 않고, 그와 관련된 과학적 개념을 다양하게 제시해야만 가능하다(Driver, 1983). 자연현상을 명쾌하게 설명하거나 문제를 쉽게 해결하는 개념을 반복적으로, 다양하게 제시할수록 효과적이다.

오개념을 과학지식으로 바꾸어 주기 위한 교육과정은 지식과 기능의 체계라는 전통적 정의보다 일련의 학습경험, 또는 학습과제로 정의하는 것이 더 실제적이다. 드라이버와 올덤(Driver & Oldham, 1986)은 그러한 이유로 교육과정을 교수·학습 활동 프로그램으로 정의하고, 과학 교육과정 내용으로서 학습과제(learning task)를 강조한다. 드라이버의 교육과정 개발 모형에 관해서는 제4장 4절에 기술되어 있다.

3. 생성학습 모형

생성학습 모형(generative learning model)은 다른 급진적 구성주의에 기반을 두어 개발된 교수·학습 모형과 마찬가지로, 학습을 학습자에 의한 의미의 구성 또는 생성으로 정의한다. 생성학습 모형의 독특성은 두 가지이다. 첫째는 교사가 학생들이 학습할 관념에 대한 자신의 설명을 검토하고 그것을 과학자의 견해와 비교하는 것이며(Lunetta, Hofstein, & Clough, 2007), 둘째는 의미의 구성이나 그 생성의 출처를 감각 자료에 둔다는 점이다. 생성학습 모형의 또 다른 특성은 학습자 개인의 능동적인 활동을 통한 의미의 구성과 생성을 강조한다는 점이다(Freyberg & Osborne, 1985).

1) 생성학습 모형의 특징

위트록(Wittrock, 1974)은 감각 정보에 대한 의미의 구성, 또는 생성(generation)을 학습으로 규정하고, 이해로서의 학습의 과정을 설명하기 위하여 생성학습 모형의 원형을 제안하였다. 생성학습 모형에 따른 교수·학습에서는 교사가 자신의 과학지식을 생각하고, 과학자의 과학지식과 비교한다(Lunetta et al., 2007). 생성학습 모형에서는 다음과 같은 학생들 선행지식의 기능과 전제조건을 중요시한다(Cosgrove & Osborne, 1985).

- 교사는 먼저 교수·학습 주제와 관련된 과학자와 학생의 관념, 자신의 생각을 이해한다.
- 학생들에게 (가능한 한 일상적인 실제의) 개념 상황을 탐색할 기회가 주어진다.
- 학생들이 수업의 초기 단계에서 자신의 견해를 명료화 한 다음, 다른 학생과 자기 견해의 특성·차이·장단점에 관하여 토의한다.

생성학습 모형에 따른 교수·학습 과정의 처음 한두 단계에서도 학생들의 지식을 확인한다. 생성학습 모형은 선별(selection), 주의기울이기(attention), 감각투입(sensory input), 연결생성(generating links), 의미구성(constructing meanings), 의미평가, 포섭(subsumption), 동기유발(motivation)로 구성된 이론을 표현한다. 이 모형에 따른 교수·학습 과정은 의미의 구성과 생성, 개념의 교환에 목적을 두고(Hassard, 2005) 이루어진다.

2) 생성학습 모형의 절차와 방법

위트록(Wittrock, 1985)은 학습자의 선행지식과 일치하는 의미와 지각을 생성한다는 가정을 전제로 하여 생성학습 모형을 발전시켰다. 그는 자신이 제시한 최초의 모형을 개선하여 다시 제시한 생성학습 모형에서 학습으로 정의하는 구성 또는 생성을 기존 인지구조와 자극의 사이, 또는 선행지식과 학습 내용 사이의 일치 여부와 정도에 따라 인지구조의 동화나 조절로 받아들인다. 생성학습 모형에 따른 교수·학습은 보통 [그림 5-17]과 같은 절차에 따라 이루어진다(Cosgrove & Osborne, 1985).

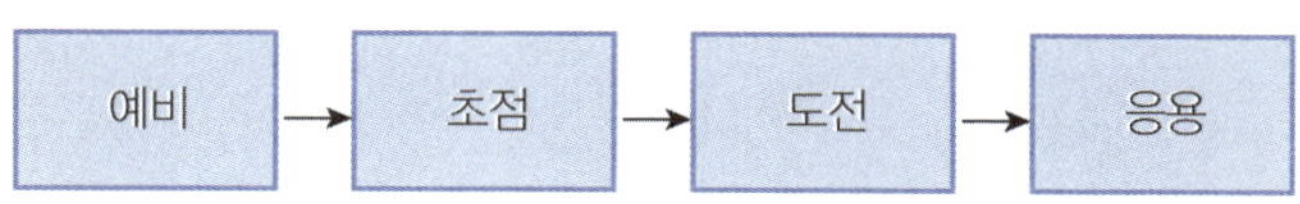

[그림 5-17] 생성학습 모형에 따른 교수 · 학습 절차

[그림 5-17]에 제시되어 있는 교수·학습의 절차와 전략은 앞 소절에서 기술한 전제 조건을 모두 만족시키고, 생성적 견해 즉 급진적 구성주의 견해에 바탕을 두어 선별한 것들이다. [그림 5-17]을 보아서도 알 수 있듯이, 생성학습 모형도 순환학습 모형의 한 가지 유형으로 간주할 수 있다. 그러나 원래부터 순환학습 모형으로 제시된 교수·학습 모형의 독특성은 교사의 능동적인 역할에 있다. 교사는 자신의 생각과 과학자 및 학생들의 생각을 비교하여야 하며, 학생들과 적극적으로 의사소통해야 한다.

(1) 예비 단계

예비 단계(preliminary phase)에서는 교사가 가르칠 내용 및 그와 관련된 학생들의 견해를 확인하고, 확인된 것이 많을 경우 그것을 분류한다. 학생들에게 교사가 배포한 조사, 퀴즈, 활동지에 각자의 견해를 기술하게 하고, 교사는 그 결과를 학급에서 활용할 안내 자료로 개발한다. 교사는 예비 단계에서 다음 사항과 관련된 것들을 미리 준비한다.

- 교제와 관련된 학습자의 선행지식, 학급에 널리 알려진 전형적인 관념을 확인한다.
- 과학자가 주제와 관련된 현상을 설명하고 기술할 때 이용하는 관념을 이해한다.
- 교사가 주제와 관련된 현상을 기술하고 설명할 때 이용하려는 관념들을 이해한다.

주제에 따라서는 안내 자료에 역사적으로 발달해 온 관념을 포함시킨다. 과거의 과학계에서 받아들여진 개념은 학생의 개념과 유사하기 때문에, 교수·학습 초기 단계에서 특히 유용하게 활용할 수 있다. 또한 과학자들이 실험을 통해 자신의 기존 관념을 새로운 개념으로 바꾼 사례는, 학습자의 관념이 어떻게 변할 것인지 예상하는 근거가 된다.

(2) 초점 단계

초점 단계(focus phase)의 일차적 목적은 교수·학습 상황을 제공하는 데에 있다. 초점 단계에서는 학생들이 학습할 개념과 관련된 현상에 친숙해지게 하고, 그들에게 각자 자신들의 선행지식을 밝히게 한다. 이와 같이, 미리 조성된 교수·학습 상황은 학생들의 주의를 작용·반작용·운동과 같은 특정한 현상에 집중시키게 하고, 설문지에 관해 생각하는 것처럼 그들의 생각을 유도한다.

교사가 이 단계에서는 학생들의 동기유발을 위한 경험을 제공하고, 학생들에게 무엇을 생각하는지 물어 그들의 사고를 독려하는 역할을 한다. 교사는 개방적 질문을 이용하여 주어진 교수·학습 상황과 관련이 있는 현상과 사건에 관한 학생들의 생각을 이끌어낸다. 학생들은 자신들의 그 생각을 기술하여 선행지식을 분명하게 밝히고, 교사는 학생들의 견해를 해석하고 명료화한다.

(3) 도전 단계

도전 단계(challenge phase)에서는 학생들이 각자 자신의 견해를 모둠이나 학급 전체에 제시한다. 학급의 다른 학생들이 가지고 있는 견해들을 확인하여 전시하고 토론한다. 필요에 따라서는, 교사가 과학자의 관념을 학생들의 교양과 언어의 수준에 적절한 형식으로 소개한다. 이 단계에서는 학생들이 제시한 방법을 적용하여 그들의 다양한 견해를 점검하며, 과학자들의 과학지식을 지지하는 근거를 추구한다.

도전 단계는 다른 사람의 견해, 또는 과학자의 견해와 비교하면서 평가하는 단계이다. 교사는 학생이 모둠이나 학급 전체에 자신의 견해를 발표할 기회를 제공하는 방법으로, 모든 견해가 제시되는 환경을 조성하여 견해의 교환을 촉진한다. 학생들은 다른 학생의 견해나 과학자의 견해를 비교하여 누구의 생각이 더 효과적인지를 확인한다. 서로 다른 견해의 옳고 그름을 판단할 수 있는 방법을 고안하게 한다.

(4) 응용 단계

응용 단계(application phase)는 과학자들의 과학지식이 필요하거나 그것들을 이용하는 문제해결 시간으로 볼 수 있다. 이 단계에서는 문제해결 방법을 제안하고 토론하여 문제해결 과정을 강화하고, 새로운 관념을 더욱 구체적으로 인식한다. 교사들은 학생들의 기존 관념을 진단하고, 대안적 해결 방법을 시도하도록 독려하며, 새로운 관점에서 현상을 보도록 도전하게 하며, 반성적 사고를 하도록 격려한다.

응용 단계는 어느 단계에서보다도 적극적인 교사의 역할이 필요하다. 응용 단계에서는 학습자가 학습을 통해 획득한 새로운 개념으로 해결할 문제와 활동을 설계하여 제공한다. 학생들이 새로운 개념을 적용하여 문제를 풀고, 그렇게 하여 얻어진 해답을 다른 학생들에게 제시하며 논의하게 하여, 새로 획득한 관념에 대한 명료화를 도와준다. 교사는 문제에 대한 해결을 학생들의 언어로 표현할 분위기를 독려한다.

3) 생성학습 모형의 적용

[그림 5-18]은 전류에 대한 생성학습 모형을 적용한 교수 · 학습 방법과 절차의 한 예이다. [그림 5-18]에 제시된 교수 · 학습의 단계와 순서는 저학년 학생들뿐만 아니라 물리를 공부하는 학생들의 전류에 대한 관념을 확인하고자, 또는 단순 회로를 이용하여 전류에 관한 과학자들의 지식을 제대로 이해하지 못한 학생들은 저항 · 전압 · 전기와 같은 전기회로와 관련이 있는 용어들을 잘못 해석한다는 점을 밝혀내고자 설정한 것들이다. 이 모형에 따른 교수 · 학습에 전류를 주제와 소재로 이용한 이유는, 회로에 흐르는 전기가 학생들이 경험을 통해서 빠르고 쉽게 획득하는 비교적 안정적인 관념이며, 그리고 학생들이 전류에

관하여 생각하는 것과 실험적 증거가 비교적 일관성이 있게 일치하는 것을 보여주는 결정적인 실험을 설계할 수 있기 때문이다(Cosgrove & Osborne, 1985).

단계	내용
예비	전류에 대한 교사 자신의 개념을 점검하고, 학생들이 가지고 있는 개념을 조사한다.
초점	전기회로를 조작하며, 전구의 불을 켰다 껐다 하게 한다. 학생들이 회로를 조작하는 동안 교사는 전선·전구·전류계에 어떤 현상이 일어나는지, 전류가 무엇인지, 전류가 어떻게 흐르는지에 관하여 묻는다.
도전	학생들에게 전류에 관한 생각을 말하고 교사와 다른 생각을 가진 학생들의 생각도 들어보며 서로 의견을 나눈다. 관찰이나 실험을 통하여 자신의 생각을 포함한 여러 생각을 검증한다. 이를테면 '전류는 쓰면 없어진다.'는 생각을 그림과 같은 장치로 확인한다. 그 결과에 따라 각자 자신의 생각을 다시 구성하며, 처음의 생각과 어떻게 다른지 비교한다.
응용	여러 개의 전구와 전지를 직렬로, 또는 병렬로 연결하고, 새로 구성한 관념으로 전류에 관하여 설명하게 한다. 전압·저항 등 다른 개념과 관련시켜 이해하도록 한다.

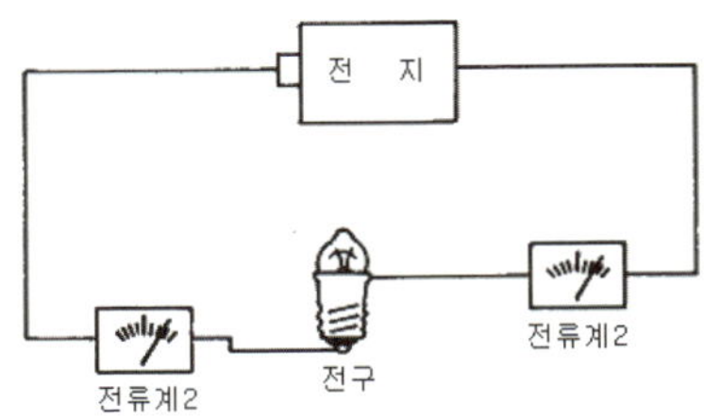

[그림 5-18] 생성학습 모형의 적용 예시

[그림 5-18]의 예비 단계에서는 교사가 전류에 대한 자신의 지식과 아울러 학생들이 가지고 있는 생각이나 선행지식을 점검한다. 초점 단계에서는 학생들에게 전류에 대한 자신의 생각을 끌어내어 명료화하게 한다. 도전 단계에서는 전류에 대한 다른 학생들의 생각이나 과학자의 과학지식을 들어보고, 검증·평가함으로써 자신의 견해를 새롭게 구성하게 한다. '전류는 쓰면 소모된다'고 생각하면, [그림 5-18]과 같은 장치를 꾸며 전류계1과 전류계2의 값을 비교하여 각자 생각의 타당성을 검증한다. 이때 학생들이 서로 다른 견해의 타당성을 검증하는 방법들을 스스로 고안할 수 있도록 격려하고 유도한다. 응용 단계에서는 전류에 대하여 새로 구성된 개념을 적용할 소재와 상황을 다양하게 제시하거나, 또한 관련된 저항이나 전압의 개념과 관련지어 이해시킨다.

4. POE 모형

POE(prediction-observation-explanation) 모형은 교사중심(teacher-centered)의 시범실험(demonstration)을 학생중심의 교수 · 학습 형태로 변형한 것이다. POE 모형에 직접적 영향을 미친 이론적 배경은 시범-관찰-설명(demonstrate-observe-explain; DOE) 모형(Champagne, Klopfer, & Anderson, 1980)에 있다(White, 1988). 그러므로 POE 모형에 따른 교수 · 학습은 학생들에게 예상-관찰-설명의 세 과제를 수행하여 자신들의 이해도를 조사하게 하는 목적에서 이루어진다(White & Gunstone, 1992).

1) POE 모형의 특징

POE 모형은 탐구적 수업 모형의 한 유형으로서(Hassard & Dias, 2009) 그 절차가 시범실험 절차와 대개 비슷하며, 그렇기 때문에 학생이 실시하는 학생중심의 시범실험에 특히 효과적이다(Treagust, 2007). POE 모형은 개념에 대한 학생들의 깊은 이해의 점검에도 유용하며, 인지구조의 발달과 선행지식의 변화에 목표를 둔 수업에도 실용적이다. 과학 교수 · 학습 현장에서는 그런 이유로 POE 모형을 개념변화 모형의 한 유형으로 인식하기도 하며, 교수의 주제에 따라 절차와 방법이 다른 PEOE 모형(Ebenezer & Haggerty, 1999)과 OPE 모형(White & Gunstone, 1992)으로 변형하여 적용한다.

POE 모형의 가장 큰 특징은 관찰 단계 전에 미리 학생들이 예측해 보는 활동에 있다. 예측 단계에서 학생들은 실험 결과를 예측하고, 그것을 정당화하는 설명을 한다. 단순히 결과를 짐작하는 것이 아니라 자신의 예측을 정당화하는 활동을 통해 학생들은 자신의 생각을 표출하고 신념체계를 표현할 수 있는 기회를 가지게 된다. 또한 POE 모형에서 학생들이 예측한 결과와 상반되거나 불일치하는 결과가 나올 때 POE는 좀 더 학생들의 흥미를 유발시킬 수 있다. 이런 불일치 사례는 학생들의 인지적 비평형 또는 갈등상태를 유발시킬 수 있으므로 학생들의 개념 변화에 효과적으로 사용될 수 있다.

2) POE 모형의 방법과 절차

POE 모형은 영역-구체적인 선언적 지식(domain-specific declarative knowledge)의 교수 · 학습에 특히 효과적이다. 선언적 지식은 과학적 사실(해수면에서 중력에 의한 가속도는 9.8m/s2이다), 개념(가속도), 명제(가속도는 순수한 힘에 비례한다), 원리 또는 이론(운동은 힘이 작용할 때만 일어난다)을 모두 가리킨다(Champagne, Gunstone, & Klopfer, 1985). 학생들의 능동적 사고를 요구하는 POE 모형에 따른 과학 교수·학습은 대체로 [그림 5-19]와 같은 절차에 따라 이루어진다.

[그림 5-19] POE 모형에 따른 교수 · 학습 절차

[그림 5-19]와 같은 POE/PEOE 모형을 시범실험에 적용하면, 학생들의 오개념을 과학적 개념으로 바꾸어 줄 수도 있다. 시범실험을 실시하기 전에 학생들에게 시범실험의 결과로 나타날 현상을 예상하게 하고, 시범실험을 실시하여 그들의 예상에 어긋나는 현상들을 관찰하게 하면, 학생들은 자신들이 가지고 있는 오개념을 버리고 관찰한 현상을 설명하는 새로운 개념을 획득하게 된다. POE 모형을 적용한 교수·학습의 단계와 각 단계에서 수행되는 활동을 요약하면 다음과 같다.

(1) 예상 단계

POE 모형의 예상(prediction) 단계에서는 학생들에게 제시된 사건이나 현상의 결과를 예상하게 하고, 그렇게 예상한 이유를 설명하거나 정당화하게 한다. 학생들이 예상을 하기 위해서는 주어진 상황에 대한 이해가 필요하므로, 주어진 상황에 대하여 충분히 질문할 수 있도록 기회를 제공해야 한다. 예상 단계는 가능한 대로 학생들이 자신의 생각을 글로 표현하게 하는 것이 좋다. 글을 쓰는 과정을 통해서 학생들의 사고가 정교해지고, 교사는 학생들의 선행개념을 확인할 수 있게 된다.

(2) 관찰 단계

관찰(observation) 단계는 학생들로 하여금 제시된 사건이나 현상의 결과를 관찰하게 하고, 관찰하여 얻은 결과를 상세히 기술하게 하는 단계이다. 관찰 단계에서는 학생들에게 각자 관찰한 결과를 기록하고 정리하게 함으로써 얻어진 결과에 대한 학생들의 다양한 해석과 반응을 확인할 수 있다. 학생들이 자신들의 기존 생각과 상반되는 결과를 관찰할 경우, 그들은 인지적 갈등을 느끼게 된다. 학생에 따라서는 제시된 결과를 자신의 기존 생각을 지지하는 증거로 왜곡되게 관찰할 수도 있다.

(3) 설명 단계

설명(explanation) 단계는 학생들이 예상한 것과 실제로 관찰한 것 사이의 모순되는 것이나 상충되는 것에 관하여 설명함으로써, 그들의 인지적 갈등이 해결되는 단계이다. 설명 단계에서는 교사가 학생들에게 실험의 결과가 예상한 것과 동일하게 나왔거나 다르게 나왔다면, 왜 그런 결과가 나왔을 것인지 그 이유를 들어 설명하도록 한다. 학생들에게 자신의 설명을 글로 쓰거나 친구들과 함께 토론하게 하면 교사의 설명뿐만 아니라 학생들 자신의 설명을 이해하는 데에도 효과적이다.

과학적 현상에 대한 설명은 그 현상이 일어나게 된 원인을 제시하며, 대부분 공리 · 명제 · 비유로부터 논리적으로 연역된 진술과 친숙한 용어로 표현된다(White, 1988). 학생들의 이런 설명은 관련된 개념에 대한 그들의 이해도를 가늠하는 척도가 된다. 또한 이때의 설명은 예상 단계에서의 설명과 차별화되는데, 이는 관찰된 것을 고려하여 예상 단계에서 한 자신의 설명을 수정하거나 추가할 수 있기 때문이다. 학생들의 설명은 학생들의 이해를 평가하는 준거가 되기도 한다.

3) POE 모형의 적용

앞 소절에서 살펴본 바와 같이, POE 모형은 지필검사로는 찾기 어려운 마음 깊이 간직한 신념, 과학적 개념 · 원리 · 자연현상을 확인하기 위해 적용하면 효과적이다. POE 모형은 대체로 학생들이 관찰할 현상을 예상하고, 관찰하고, 관찰을 설명하는 관념 또는 이론을 제시하는 순서로 진행된다. 이와 같이, POE 모형의 절차는 전통적 의미의 연구 절차를 따른다. 한편 학생들이 예상한 것과 모순되는 사건을 적용할 경우에는 관찰하기 전에 예상한 이유를 설명하게 하는 단계가 POE 모형에 더해진 PEOE(predict-explain-obseve-explain) 모형을 적용하는 것이 바람직하다(Ebenezer & Haggerty, 1999). PEOE 모형을 적용한 교수 · 학습 과정에서는 POE 모형을 적용한 교수 · 학습 과정에서보다 상호작용과 의사소통이 더 활발하게 일어나기 때문이다. [그림 5-20], [그림 5-21], [그림 5-22]는 각각 POE 모형에 따른 '멘델의 법칙' 교수 · 학습, POE 모형에 따른 '부력' 교수 · 학습, POE 모형에 따른 교수 · 학습 활동지의 예시이다.

〈POE 모형에 따른 '멘델의 법칙' 교수 · 학습 예시〉

단계	내용
상황제시	(함께 뛰면서 놀고 있는 검은 개와 흰 개의 사진이나 비디오를 보여주면서) 이 시간에는 멘델의 세 가지 유전 법칙을 공부할 것이다.
⬇ 예상(P)	검은 개와 흰 개가 교미하면, 어떤 색의 개가 태어날 것인지 각자 공책에 적어라. 각자 그렇게 적은 이유도 함께 적으면, 더욱 좋다.
⬇ 관찰(O)	(흰 강아지 사진을 보여주면서) 두 개 사이에서 흰 강아지가 나왔다. 각자 앞에서 예상하여 적은 것과 비교해라.
⬇ 설명(E)	잡종 제1세대에서는 우성 형질만이 나타난다. 열성 형질은 나타나지 않고 우성 형질만 나타나는 현상을 우열의 법칙이라 한다. 앞에서 예상하여 적은 것과 관찰한 것을 비교하고, 예상이 맞았는지 설명한다.

[그림 5-20] POE 모형의 적용 예시

〈PEOE 모형에 따른 '부력' 교수 · 학습 예시〉

단계	내용
상황제시	(물에 나무토막과 돌을 떨어뜨릴 수 있게 준비하면서) 수조의 물에 나무토막과 돌을 떨어뜨리면 어떤 현상이 일어날지 생각해 보아라. (재료와 기구를 가리키면서) 이 시간에는 부력에 관하여 공부할 것이다.
⬇ 예상(P)	수조의 물에 나무토막과 돌을 떨어뜨리면 어떻게 될까? 가라앉을 것인지, 아니면 뜰 것인지 생각하여 예상한 바를 공책에 적어라.
⬇ 설명(E)	그렇게 적은 이유도 함께 적어라.
관찰(O)	수조의 물 위에 나무토막과 돌을 떨어뜨리고, 공책에 본 그대로 적어라. 앞에서 예상하여 적은 것과 비교하라.
⬇ 설명(E)	부력과 밀도 그리고 그것들 사이의 관계를 설명한다. 나무토막과 돌이 어떻게 되었는지 말하고, 그렇게 말한 이유를 설명하라.
⬇ 응용	물에 뜨는 또 다른 물체를 말하라. 물에 뜨는 물체와 가라앉는 물체의 특성을 비교하라.

[그림 5-21] PEOE 모형의 적용 예시

〈POE 모형에 따른 '질량' 교수 · 학습 활동지 예시〉

• 다음과 같이 질량이 동일한 추 2개를 용수철저울의 양쪽에 매달았습니다.

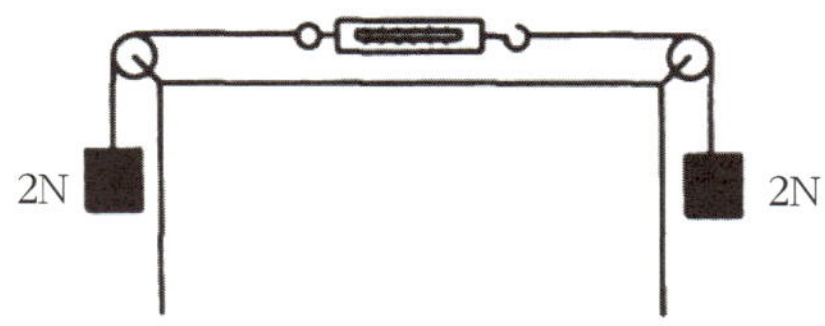

〈예상하기〉 용수철저울의 눈금은 어떻게 될까요? (　　) N
그렇게 생각한 이유도 써주세요.

〈관찰하기〉 용수철저울의 눈금을 확인해 봅시다. (　　) N

〈설명하기〉 왜 이런 일이 일어났는지 설명해 봅시다.

[그림 5-22] POE 모형 적용 수업의 활동지 예시

POE 모형은 일반적인 과학 교수 · 학습이 진행되는 과정의 어느 단계에서도 적용이 가능하다. 따라서 [그림 5-21]에 기술되어 있는 바와 같이, POE 모형의 첫 번째의 예상 단계 앞에는 교수 · 학습 주제와 관련이 있는 상황을 제시하는 도입 단계를, 세 번째의 설명 단계의 뒤에는 응용하거나 평가하여 교수 · 학습 주제와 내용을 정리하는 단계를 추가하는 것이 실용적이다. PEOE 모형은 예측에 대한 설명이나 정당화 단계를 강조하기 위해 제시된 모형이며, [그림 5-20]의 예시와 같은 POE 모형과 본질적으로 큰 차이는 없다. 다만 PEOE 모형의 첫 번째 단계 앞에 조건과 상황을 간단히 제시하고 질문하는 소개 단계를 추가하고, 네 번째 단계 다음에 실례를 들게 하며 비교하게 하는 단계를 추가한다는 점에서 POE 모형과 구분된다. POE 모형을 적용한 수업에서는 [그림 5-22]처럼, 활동지에 학생들이 제시한 예측과 설명, 관찰을 기록하게 하는 것이 중요하다. 이때 자세하고 구체적으로 관찰할 수 있도록 질문을 미리 구성하면 더욱 좋다.

5. 발견학습 모형

발견학습(discovery learning)은 관찰을 통한 새로운 사실의 발견과 귀납적 일반화를 통한 규칙의 발견을 강조한 브루너(Bruner, 1961)의 학습 이론에 기반을 두고 있다. 이러한 특징 때문에, 발견학습 모형을 귀납적 모형으로 부르기도 한다(Eggen & Kauchak, 2006). 브루너는 모든 학습자가 한 사람의 발견자가 될 수 있고, 학습자가 스스로 발견한 결과는 후속 학습에 강력한 영향력을 발휘한다는 입장에서 발견식 수업의 우월성을 주장했다. 브루너에 의하면, 발견학습은 아동들이 학습 과정에 능동적으로 참여함으로써 획득한 정보를 문제해결에 더 쉽게 적용할 수 있도록 하며, 발견 자체가 내적 보상으로 작용하여 학습자의 동기를 유발할 수 있다고 한다.

1) 발견학습 모형의 특징과 이론적 배경

브루너(Bruner, 1961)는 발견학습을 독립적 학습으로 정의한다. 이때 학습자가 모든 일반화를 발견할 필요는 없다(Bruner, 1968). 또한 발견학습의 목적은 자연에 객관적으로 존재하는 사물·현상의 발견이 아니라, 이미 머리 속에 있는 것의 발견에 있다(Bruner, 1973). 브루너가 학습자의 능동적 발견을 강조한 이래, 수십 년간 발견학습을 수업에 도입하기 위한 다양한 접근이 시도되어 왔다. 연구자마다 적용하는 세부적인 절차와 내용에는 차이가 있지만, 발견학습 모형에 공통적인 특징을 세 범주로 나누어 볼 수 있다.

첫째, 발견학습 모형은 학습자 중심 교수·학습 모형 가운데 하나이다. 교사가 학생들에게 학습 내용을 지식의 최종적인 형태로 제시하는 것이 아니라, 학생들이 관찰이나 실험을 통해서 개념이나 법칙을 스스로 발견하게 하는 데 초점을 둔 교수·학습 모형이다. 따라서 발견학습 모형에서 교사의 역할은 학생들에게 주제를 설명하는 자료를 제시하고, 학생들이 정보 사이의 관계를 찾을 수 있도록 안내하는 것이다. 발견학습에서는 학습자가 스스로 발견해야 하기 때문에, 교사에게는 학생들이 스스로 생각할 수 있도록 질문하고 안내하는 기술이 필요하다. 교사는 전형적인 강의나 시범처럼 학생을 위해 교수·학습의 목표가 되는 정보를 지시적으로 보여주거나 설명하지 않으며, 관련 자료를 제시하여 학생들이 스스로 주제에 대하여 이해할 수 있도록 돕는다. 교사는 학생들에게 '말해주는' 대신 '안내해야' 한다(Eggen & Kauchak, 2006). 이러한 발견학습의 특징을 전통적인 강의법과 비교하면, 〈표 5-3〉과 같다(Kauchak & Eggen, 1988).

〈표 5-3〉 강의법과 발견법의 차이

강의법	발견법
교사가 주로 이야기하며, 질문은 많지 않다.	교사는 질문을 적극적으로 활용한다.
개념이나 법칙이 수업 초반에 먼저 정의되고, 그 다음에 예를 들어 설명한다.	실례로 시작해서, 개념이나 일반화로 발전시킨다.
추상적 개념을 교사가 정의한다.	학생들이 개념이나 일반화를 정의한다.

둘째, 발견학습 모형은 귀납적 일반화 과정을 설명하는 모형이다. 발견학습 모형에 따른 교수·학습의 목표는 학생들이 교사가 제시한 특수한 사례들에서 본질적이고 공통적인 요소를 찾아 개념·원리·일반화, 또는 이것들 사이의 관계를 나타내는 규칙성이나 법칙을 발견하는 데 있다. 이런 특성 때문에, 발견학습 모형은 귀납적 교수·학습 모형으로 불리기도 한다. 따라서 발견학습 모형은 개념·법칙·원리·일반화·규칙성의 교수·학습에 유용하게 적용될 수 있다.

셋째, 발견학습을 통해서 겪는 유의미한 경험은 학생들에게 동기를 부여하고 자발적인 학습자가 되게 함으로써, 정보에 대한 학습과 기억의 효과를 높일 수 있다(Wilke & Straits, 2001). 학생들의 흥미를 촉진하기 위한 효과적인 방법들 가운데 하나는 학생들의 참여를 증진시키는 방법이다. 발견학습에서는 교사는 개방적 질문을 적극적으로 활용하고 학습자의 참여와 자율성을 강조해야 한다. 교사는 또한 실패에 대한 두려움을 줄이고 사고를 촉진시켜 성공에 대한 학습자의 기대감을 높이고 동기를 유발시키는 것이 바람직하다.

2) 발견학습 모형의 절차와 방법

발견학습 모형들 가운데에서도 카우체크와 에겐(Kauchak & Eggen, 1988)의 '안내된 발견학습 모형'이 가장 널리 사용되고 있다. 카우체크와 에겐은 애초에 [그림 5-23]과 같은 7단계 발견학습 모형을 제안하였다. 그러나 지금은 [그림 5-24]와 같은 5단계 발견학습 모형으로 수정된 '안내된 발견학습 모형'(Eggen & Kauchak, 2006)이 널리 적용되고 있다.

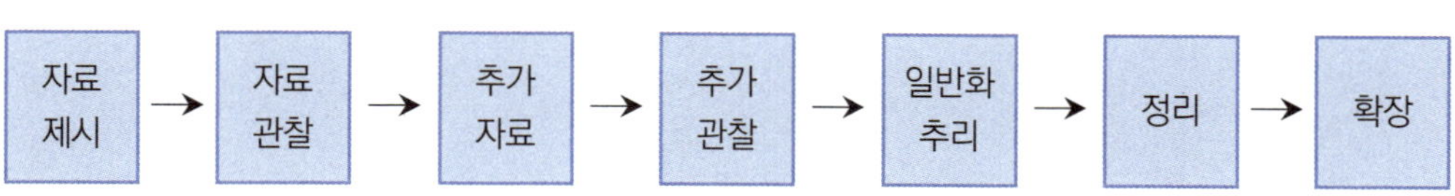

[그림 5-23] 7단계 발견학습 모형

〈7단계 발견학습 모형의 단계별 활동〉

- **자료 제시(data presentation):** 교사가 학생들에게 주제와 관련된 친숙한 실례를 제시한다.
- **관찰(observations):** 교사는 학생들이 최대한 많이 정확하게 관찰할 수 있도록 돕는다.
- **추가 자료(additional data) 제시:** 교사는 비슷한, 또는 반대되는 예를 추가로 제시한다.
- **추가 관찰(additional observations):** 교사가 학생들에게 처음 관찰한 결과와 추가로 관찰한 결과의 비슷한 점과 차이점이 무엇인지 찾아내도록 하고, 질문을 활용하여 자료의 관련성에 대해 집중할 수 있도록 학생들을 돕는다.
- **일반화 추리(generalizing inferences):** 학생들이 직접 관찰한 결과에 근거를 두어 개념이나 일반화를 도출한다.
- **정리(closure):** 학생들이 도출한 개념과 일반화를 교사가 정확한 표현으로 정리해 준다.
- **확장(extension):** 학습한 개념을 확장하고 응용하게 한다.

[그림 5-24] 5단계 발견학습 모형

〈5단계 발견학습 모형의 단계별 활동〉

- **수업 안내(introduction):** 교사가 학생들에게 과제는 자료에서 양상과 차이점을 살펴보는 것이라고 안내하고 자료를 제시한다.
- **확산 단계(the open-ended phase):** 학생들이 자료에서 의미를 구성하고, 교사는 개방적 질문을 통해서 학생들이 자료를 기술하고 비교할 수 있도록 한다.
- **수렴 단계(the convergent phase):** 교사는 학생들이 반응하는 범위를 좁혀주고 관계나 개념들의 특징을 확인하게 도와주며, 학생들은 구체적인 답에 수렴되어 간다.
- **정리(closure) 단계:** 학생들이 개념의 특성이나 원리, 일반화, 규칙을 설명한다.
- **적용(application) 단계:** 학습한 내용을 새로운 주제, 실제 세계 상황에 적용한다.

우리나라에서는 이범홍과 김영민(1983)이 제시한 발견학습 모형이 가장 널리 적용되고 있다. 초등학교 과학 교과서도 그들의 발견학습 모형에 따라 저술되었다. 이범홍과 김영민은 [그림 5-23]의 모형을 우리나라 실정에 맞춰 [그림 5-25]의 5단계 발견학습 모형으로 수정하였다. [그림 5-25] 다음에는 각 단계에 일어나는 활동이 요약되어 있다.

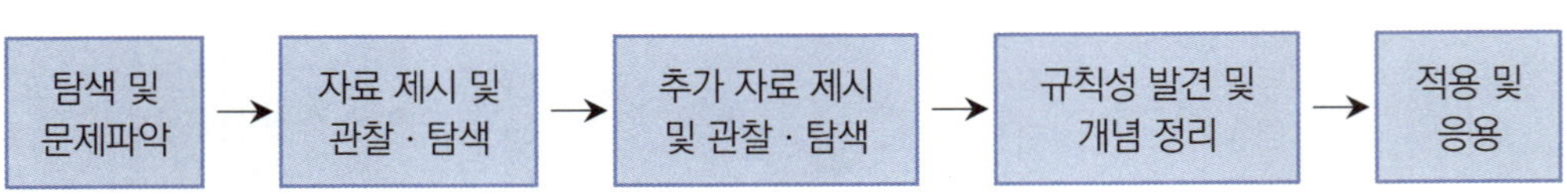

[그림 5-25] 이범홍 · 김영민의 발견학습 모형

〈이범홍 · 김영민의 5단계 발견학습 모형의 단계별 활동〉

- **탐색 및 문제파악:** 학생들은 학습 자료를 탐색하고 문제를 파악한다. 교사는 수업목표를 알려주고 학생들의 원활한 문제파악을 도와준다. 학습 자료는 학생들의 동기유발에 도움이 되는 내용으로, 그리고 학습자의 상황과 발달 단계에 적절한 형태로 제시한다.
- **자료 제시 및 관찰 · 탐색:** 교사는 문제해결에 필요한 자료를 제시하여, 학생들이 자유롭게 관찰 · 탐색하도록 도와준다. 이를 위해, 교사는 관찰이 가능한 특징과 현상들 사이의 관계가 포함되어 있는 자료를 선정하여 제시한다. 또한 교사는 학생들이 실패의 두려움을 가지지 않고 가능한 한 다양하고 많은 관찰을 할 수 있도록 격려하며, 학생들이 관찰의 결과를 정리하여 다른 학생들과 공유할 수 있도록 안내한다.
- **추가 자료 제시 및 관찰 · 탐색:** 교사는 추가 자료를 제시하고, 앞서 얻은 관찰 결과와 비교하게 한다. 보충자료는 목표하는 개념과 일치하는 자료도 있고 때로는 반대되는 자료도 포함되어 있어야 한다. 이를 통해서 학생들이 앞서 얻은 관찰의 결과와 추가 관찰 사이의 공통점과 차이점을 알아낼 수 있도록 하며, 교사는 열린 질문을 통해 이 과정을 안내한다.
- **규칙성 발견 및 개념 정리: 학생들이** 관찰 · 탐색하여 얻은 결과를 발표 · 토의하는 과정을 통해서 일반화하고, 규칙성을 발견하게 한다. 교사는 학생들이 수업목표에 도달할 수 있도록 학생들의 반응 범위를 좁혀주고, 개념이나 개념들 사이의 관계를 확인할 수 있도록 안내한다. 교사는 학생들이 관찰한 결과를 발표하게 하고, 적절한 질문을 통해 일반화하도록 하며, 학생들의 다양한 표현을 과학적으로 정리하게 한다. 교사는 수업내용과 관련된 학생의 오개념에 대해 사전에 이해하고 있어야 하며, 교사-학생 사이, 또는 학생-학생 사이의 상호작용을 통하여 적절한 피드백을 제공함으로써 수업목표에 도달할 수 있도록 도와준다.
- **적용 및 응용:** 개념의 정의나 규칙성을 기술할 수 있더라도 학생들에게 유의미해지려면 그것을 실제 상황에 적용할 수 있게 해야 한다. 교사는 발견한 규칙성을 다른 상황에 적용함으로써 규칙성을 확장하거나 응용할 수 있도록 하며 유의미한 경험으로 남게 한다.

이와 같이, 발견학습은 수집한 자료를 재정리하거나 변환하여 새로운 의미를 발견하거나 새로운 통찰을 구성하는 학습으로 볼 수 있다. 발견학습은 학생중심으로 이루어져야 하지만, 교사의 도움도 반드시 필요하다. 또한 과학 교수 · 학습의 한 전략으로 이루어지는 발견학습에는 관찰 · 분류 · 측정 · 예상 · 추리 기능이 꼭 필요하다(Hassard & Dias, 2005).

3) 발견학습 모형의 적용

[그림 5-26]은 [그림 5-25]에 제시된 이범홍 · 김영민의 5단계 발견학습 모형을 소리의 특징, 특히 소리의 높낮이에 대한 규칙성을 찾기 위한 교수 · 학습에 적용한 예시이다. 이범 홍 · 김영민의 5단계 발견학습 모형에 따른 교수 · 학습에 이 주제를 적용한 이유는 학생들이 소리와 관련된 현상과 규칙성을 일상생활에서 쉽게 만날 수 있기 때문이다. 학생들은

유리병을 통한 악기놀이처럼, 이러한 악기놀이 활동을 통해 소리의 3요소 가운데 하나인 소리의 높낮이에 대한 규칙성을 어렵지 않게 발견해낼 수 있다.

단계	내용
탐색 및 문제파악	교사는 모둠별로 빈 유리병을 나눠주고 "빈 병을 이용해 어떻게 다양한 소리를 낼 수 있을까?"라고 질문한다. 학생들은 이 질문과 관련된 자신의 여러 가지 경험을 토대로 이야기하고, 교사는 그와 관련시켜 본시 학습 주제로 유도한다.
⬇	
자료 제시 및 관찰 · 탐색	교사는 자원하는 학생을 통해 유리병 주둥이에 바람을 불어 넣어 '부우'하는 소리를 내는 시범을 보여주고, 학생들이 모두 스스로 그렇게 해 볼 수 있도록 한다. 이제 교사는 모둠별로 물이 담긴 물병과 깔대기를 가져가 물의 양을 달리한 유리병의 소리가 어떻게 다른지 관찰하도록 한다. 학생들은 물의 양이 다른 유리병이 내는 소리를 관찰하고 규칙성을 찾아내도록 한다.
⬇	
추가 자료 제시 및 관찰 · 탐색	교사는 학생들에게 모둠별로 여러 개의 빨대를 나눠주고, 한쪽 끝을 소리가 잘 날 수 있도록 모서리를 잘라낸 후 불어보도록 한다. 이제 빨대를 길이가 모두 다르게 자르도록 한 후 서로 다른 길이의 빨대를 불어 차이점을 알아내도록 한다. 학생들은 다른 양의 물이 담긴 유리병과 길이가 다른 빨대의 소리가 내포하는 규칙성을 조별로 토의를 통해 찾아낼 수 있도록 한다.
⬇	
규칙성 발견 및 개념 정리	학생들이 자료들로부터 공기기둥의 길이와 소리의 높낮이의 관계에 대해 발견한 규칙성을 발표할 수 있도록 한다. 교사는 적절한 피드백을 통해 이를 돕는다.
⬇	
적용 및 응용	교사는 학생들에게 기타를 연주할 때, 오늘 배운 내용이 어떻게 연관될 수 있을지 발표하도록 한다.

[그림 5-26] 발견학습모형의 적용 예시

교수·학습의 초반에는 학생들이 일상생활에서 불어본 적이 있는 음료수 유리병과 교수·학습 주제를 연결하는 활동으로 시작한다. 이를 통해 학생들은 교수·학습의 주제에 자연스럽게 관심을 가지게 되고, 교사도 자연스럽게 유리병을 악기처럼 소개하여 학생들이 즐기면서 탐구하도록 유도할 수 있다. 학생들이 유리병으로 소리를 발생시키는 것에 익숙해지면, 여러 개의 유리병에 다른 양의 물을 담고 발생되는 소리의 차이를 학생들이 스스로 찾아내도록 지도한다. 학생들은 다른 양의 물이 담긴 유리병이 다른 높낮이의 소리를 내며, 특히 많은 양의 물이 담겨 있는 유리병의 소리가 더 높다는 것을 알아내게 한다.

그러나 학생들은 대부분 아직 소리의 높낮이가 물의 양에 관련된 것인지, 유리병 안 공기기둥의 길이에 관계된 것인지 명확하지 않다. 교사는 서로 다른 길이의 빨대에 대한 자료를 추가로 제시하여 학생들이 규칙성을 명확히 찾을 수 있도록 유도한다. 빨대에는 물이 담겨 있지 않지만, 짧은 길이의 빨대일수록 더 높은 소리가 난다는 것을 학생들이 알아내면 이제 유리병과 빨대의 두 가지 형태의 자료를 통합적으로 살펴보고 학생들이 이 두 가지 자료를 모두 설명할 수 있는 규칙성을 찾아낼 수 있도록 지도한다. 즉 교사는 두 가지 자료에서 공통적인 것은 전체 악기의 길이가 아니라 빈 공간의 길이이며, 이 길이가 공기기둥의 길이라는 것을 찾아가도록 열린 질문을 통해 안내한다.

여기서 제시된 활동을 통해 학생들이 공기기둥의 길이와 소리의 높낮이의 관계에 대한 규칙성을 알아내기 위해서는 소리가 공기의 진동을 통해 전달된다는 것을 알고 있어야 한다. 따라서 학생들이 스스로 규칙성을 찾아내지 못하면 학생들의 토의나 발표 과정에서 이러한 소리의 발생에 대한 배경지식을 적절히 사용할 수 있도록 안내해야 한다. 유리병에 소리가 나게 할 때, 병 주둥이 근처에 바람을 불어넣는 이유가 무엇인지 질문하여 유리병이 내는 소리가 공기의 진동이라는 것을 알게 하는 과정이 이에 해당한다.

이와 같이, 발견학습 모형에 따른 교수·학습에서는 자연현상에 나타나는 규칙성을 바탕으로 법칙이나 일반화를 발견하는 데 목적이 있다. 우리나라 초등학교 과학 교수·학습에서는 그런 법칙과 일반화를 확인하기 위한 방법으로 5단계 발견학습 모형이 널리 적용되고 있다. 발견학습 모형이 중등학교 과학 교수·학습에서는 초등학교 과학에서 만큼 광범위하게 적용되지 않는다. 중등학생들이 다룰 수 있는 과학적 개념과 이론은 발견학습 모형보다는 개념변화 모형에 따른 교수·학습 과정이 더 효과적이기 때문이다.

제 6 장

과학 교수 · 학습 전략

목차

1. 강의
2. 질문
3. 토론
4. 비유
5. 개념도
6. 인식론적 V
7. 협동학습
8. 시범실험
9. 실험실 실험
10. 현장실습
11. 역할놀이
12. 개별화 교수 · 학습
13. 디지털 기반 과학 교수 · 학습 전략

목표

- 과학 교수 · 학습 전략의 종류와 적용 방법을 안다.
- 과학 교수 · 학습 방법을 적용할 수 있다.

1. 강의

강의(lecture)는 수업 전략(instructional strategy)이자 그 양식(mode)이다(Chiappetta & koballa, 2015). 강의는 소수의 학생들이나 거대 학급에서도 다량의 정보를 전달할 수 있는 교수·학습 방법이다. 강의는 이런 특성 때문에, 학교의 형식교육에서 가장 먼저 보편화되었으며, 대부분의 교사가 교수에 익숙하게 이용한다. 지금도 대부분의 교과교육이 강의로 이루어지고 있으며, 심지어는 중·고등학교 과학교사들이 주로 적용하는 교수 방법도 강의이다. 과학 교수·학습 방법과 전략으로서의 강의의 일차적 목적은 학생들에게 필요한 정보를 비교적 짧은 시간 안에 다량으로 제시하는 데에 있다.

1) 강의의 특성과 한계

일반적인 의미로, 강의는 글이나 말의 뜻을 해설하여 가르치는 과정, 또는 그에 관한 설명으로 이루어지는 교수법을 나타낸다. 강의는 교사중심 교수(teacher-centered teaching), 또는 직접 수업(direct instruction)(Colburn, 2003) 방법으로 불린다. 강의는 또한 명시적 수업(explicit instruction)의 전략이다. 강의는 서문·본체·요약·결론으로 구성된 논설 과정과 비슷한 절차에 따라 진행된다. 그러나 강의가 언제나, 어느 주제에나 효과적이지는 않다. 강의는 다음과 같은 상황에서(Chiappetta & Koballa, 2015), 그리고 최소한 다음과 같은 강의 원리를 적용할 때(Carin, 1997) 실효성이 있다.

〈강의가 적절한 상황〉

- 정보의 전달에 주된 목적이 있을 때
- 학생들이 직접 자료를 구할 수 없을 때
- 특정 집단을 대상으로 자료를 조직하여 제시할 때
- 학생들의 흥미를 돋우어주어야 할 필요가 있을 때
- 정보를 단기간 동안만 파지할 필요가 있을 때
- 다른 전략으로 교수할 학습과제의 영역과 방향을 소개할 때

〈강의의 원리〉

- 교수·학습을 선행조직자로 시작한다.
- 교수·학습을 처음부터 끝까지 논리적 절차에 따라 이루어지도록 설계한다.
- 교수·학습을 활기차게 진행한다.
- 학생들에게 생각하고, 질문하게 한다.
- 교수·학습을 분명하게 끝낸다.

강의는 설명식 교수(expository teaching)(Martin, Sexton, & Gerlovich, 2002) 이외에, 명시적 교수, 또는 직접 교수(Carin, 1997)로 불리기도 한다. 강의에서는 짧은 시간에 넓은 범위의 정보를 다량 전달할 수 있다(Chiappetta & Koballa, 2006; Bybe, Powell, & Trowbridge, 2008). 강의는 단원을 소개할 때, 명확하게 이해시키려 할 때, 과학적 용어를 정의할 때, 읽기 수준이 낮은 학생들에게 많은 정보를 주려 할 때 적용하면 특히 효과적이다. 그러나 강의는 문제해결, 의사소통, 사고의 기능을 함양시킬 수 있는 기회를 충분히 제공하지 못하는 한계를 안고 있다(NRC, 2000).

2) 강의의 형식

교수·학습 전략으로서의 강의는 형식적 강의(formal lecture)와 대화식 강의(interactive lecture)로 대별된다(Chiappetta & Koballa, 2006). 이 두 가지의 강의 유형은 정보가 교사한테서 학생에게 일방적으로 전달된다는 점에서 동일하지만, 학생의 관여도에 따라서는 서로 구분된다. 형식적 강의는, 교회의 목사가 설교하는 것과 같이, 기본적으로 교사에 의한 독백(monologue)을 지칭한다. 형식적 강의가 이루어지는 동안에는 강사가 어떤 방해도 받지 않으며, 학생들의 질문도 거의 없다.

형식적 강의를 지속할 수 있는 시간은 청중이 집중할 수 있는 시간에 따라서 결정된다. 대개의 경우, 강의가 진행되는 동안 중학생은 10여분, 고등학생은 15~20분 동안만 계속 집중할 수 있다. 중학생과 고등학생에게 각각 10분이나 20분 이상 강의를 지속하게 되면, 교수·학습에 그들의 관심과 흥미를 계속 끌어들이기 어렵다. 학생들이 장난치고, 옆 친구와 이야기하는 경우는 강의가 지루하고 더 이상 집중할 수 없음을 나타내며, 그런 경우에는 강의를 즉시 마치는 것이 좋다. 강의의 목적을 더욱 효과적으로 달성하기 위해서는 다른 교수·학습 전략과 병용하는 것도 바람직하다. 강의계획서는 보통 이와 같은 주의력 집중 기간, 배경 지식 등을 참고하여 작성한다(Chiappetta & koballa, 2015).

대화식 강의에서는 교사가 학생에게, 또는 학생이 교사에게 자주 질문하고, 교사와 학생 사이에 적극적인 상호작용이 일어난다. 그래서 상호작용 강의로 부를 수도 있는 대화식 강의에서 주고받는 질문은 강의에 학생들의 관심을 끌어들일 수 있다. 학생의 질문이나 교사의 질문에 대한 대답은 학생이 강의 내용을 이해하고 있는 정도를 확인하는 데 특히 효과적이다. 이런 기능적 특성 때문에, 대화식 강의는 형식적 강의와 학생중심 교수·학습의 다리 역할을 한다(Chiappetta & Koballa, 2006).

3) 강의의 과정과 전략

중 · 고등학교 과학 교수 · 학습에 적용되는 강의에는 그 내용 및 그 내용과 관련된 배경지식이 필수적이다. 그렇다고 강의하는 교사가 내용을 잘 아는 것만이 좋은 강의의 필요충분조건은 아니다. 좋은 강의는 강의 내용과 관련된 충분한 배경지식과 더불어 그 내용을 효과적으로 교수하는 기술, 대화와 같은 의사소통 경험을 통하여 획득되는 내용교수지식(pedagogical content knowledge; PCK)에 의해서도 좌우된다. 일반적으로 명강의는 한 가지 생각을 여러 가지 방법과 수단으로 설명하고, 설득력이 있는 실례를 제시하고, 모형과 비유법을 적절하게 활용하며, 학생들이 학습하기 어려워하는 부분을 잘 인식시키는 방식으로 이루어지는 강의를 가리킨다. 또한 명강의에서는 컴퓨터, SMART Board 등이 능수능란하게 활용된다(Chiappetta & Koballa, 2015).

조직적인 강의를 위해서는 강의 내용에 대한 교사 자신의 이해도를 점검하고, 강의 내용을 학생들의 선행지식에 맞추어 논리적으로 합당하게 조직해야 한다. 강의 내용은 학생들이 외워야 할 단편적인 정보보다는 쉽게 이해할 수 있는 지식으로 조직하는 것이 바람직하다. 강의 내용을 제시하는 순서를 기록한 강의 노트는 필수적인 준비물이다. 강의 노트는 강의의 내용과 소재를 산문체 형식으로 작성하거나 핵심적 용어를 나열한 것이어도 좋다. 산문체 형식은 필요한 정보를 거의 모두 포함하는 장점이 있으나 전체의 내용을 일목요연하게 보여주기는 어렵다(Chiappetta & Koballa, 2015). 그래서 경험이 많은 교사일수록 핵심적 용어의 목록 형식을 선호한다. 차트 · 괘도 · OHP · 파워포인트 등 시청각 기자재를 이용해 강의 노트의 내용을 학생들에게 보여주면, 강의의 효과가 더욱 높아진다.

강의를 진행하는 순서는 그 내용과 목표에 따라 결정된다. 강의는 〈표 6-1〉에 기술되어 있는 바와 같이, 소개-제시-이해 점검-통합-검토 및 마무리의 순서로 진행하면 무난하다(Eggen & Kauchak, 2006). 강의의 첫 번째 단계에서는 학생들의 동기를 유발하고, 강의의 내용을 소개한다. 즉 선행조직자를 이용하여 교수 · 학습에 학생들의 흥미와 관심을 끌어들이고, 학생들에게 질문하거나 교수 · 학습의 목표를 말해주어 학생들이 강의의 내용을 미리 알게 한다. 강의의 본체는 그 교수 · 학습의 요체로서 여러 가지 시청각 기자재를 이용하여 교수 · 학습의 내용을 설명하는 제시 단계에 있다. 설명이 진행되는 과정에서는 학생들이 이해한 정도를 점검하고 그들의 선행지식이 분화된 정도를 확인할 필요도 있다. 형식적 강의에서는 주요 개념을 될수록 상세하게 말하여 강의의 내용을 평서문으로 요약하고, 대화식 강의에서는 질문으로 요약한다. 강의의 끝 부분에서는 핵심적 내용이나 일반화로 강의의 내용에 관한 결론을 내린다.

〈표 6-1〉 강의중심 교수 · 학습의 일반적 절차

단계	교수 · 학습 기능	교수 · 학습 활동
소개	학생들의 주의를 집중시킨다. 배경지식을 활성화한다.	선수학습을 검토한다. 선행조직자를 제시한다.
제시	배경지식을 제시한다. 교수 · 학습 내용을 설명한다.	교수 · 학습 과정안으로 작성한 강의의 내용을 설명한다.
이해 점검	형성평가로 이해하고 있는지의 여부와 그 정도를 점검한다.	간단한 질문으로 교수 · 학습한 내용을 이해했는지의 여부와 정도를 확인한다.
통합	선행지식과 학습 내용을 연결시킨다. 인지적 평형화에 도달한다.	선행지식을 정교화하거나, 인지구조를 변화시켜 인지적 평형상태에 도달한다.
검토 및 마무리	과제를 제시하고, 형성평가를 실시한다. 교수 · 학습을 마무리한다.	교수 · 학습의 결과를 검토하고, 요약하며, 교수 · 학습을 끝낸다.

과학 시간에 강의할 때는 말하는 속도, 음량, 장단을 변화시킴으로써 핵심적인 강의 내용을 특별히 강조한다. 중요하기 때문에 반드시 강조해야 할 내용이 있으면, 학생들에게 질문을 던지고 그들이 생각해 볼 수 있는 시간을 충분하게 줄 필요도 있다. 강의할 때는 언제나 발음을 똑똑하게 하고, 용어를 명확하고 쉬운 의미로 설명하며, 가능한 한 중언부언을 피한다. 강의가 진행되는 동안에는, 또는 강의의 과정에서는 학생들한테서 눈을 떼지 않으며, 교실의 전체를 두루 돌아보면서 학생들의 반응을 살펴본다. 강의하는 과정의 중간에 유머를 써서 강의에 생기를 불어넣고, 시청각 기자재를 쓸 때에는 강의의 흐름이 끊어지지 않도록 특별히 유념한다(Chiappetta & Koballa, 2006).

2. 질문

과학적 탐구 중심 교수 · 학습의 핵심적 전략은 질문법이다(Bybee et al., 2008). 질문은 교수 기능(skill)의 한 유형이며(Chiappetta & Koballa, 2006), 특히 개방적 질문은 학생중심 교수 · 학습의 한 형태이다(Colburn, 2003). 교실에서 주고받는 질문은 교사들이 의식적으로나 무의식적으로 자주 쓰는 교수 · 학습의 한 가지 수단이자 학생들이 자주 적용하는 학습 방법 가운데 하나이다. 그러나 교사나 학생들은 체계적으로 정리되지 않은 상태에서 질문을 하고 질문에 대답하는 경우가 드물지 않다.

1) 질문의 기능과 필요성

질문(question)은 피응답자의 반응을 요청하는 의문으로서 과학적 연구와 과학교육에 필수적 수단이다. 질문이 과학적 연구에서는 그 방향을 제시하고 과학정신을 생생하게 보여주기 위한 수단으로, 과학교육에서는 교수 · 학습의 전략과 그 결과에 대한 평가의 도구로 이용된다. 과학교육학 연구에서는 질문이 그 출발점이 되며, 그 목적과 내용 및 방법이 결정되는 바탕이자 근거가 된다. 과학교육에서는 질문이 학생들의 관심을 교수 · 학습에 끌어들이며, 교수 · 학습의 내용이나 주제에 관한 사고를 자극하고(Bybee et al., 2008), 학습자가 학습한 것 또는 알고 있는 것을 나타내는 가늠자 역할을 한다.

질문은 학생들에게 교수 · 학습 주제에 관하여 생각해 보고, 그들이 알고 있는 것을 말하게 하는 기능을 한다. 과학교사는 질문을 이용하여 학생들한테 자신들의 사고를 탐색하고, 자신들의 관념을 설명하고, 자신들이 발견한 것을 평가하고, 학습한 것을 상세하게 설명하게 한다. 교사들은 질문에 대한 학생들의 반응을 보고 들음으로써, 교수 · 학습이 나아갈 방향과 내용을 결정할 수 있다. 그러므로 교사가 그런 반응을 유도할 질문을 하기 위해서는 교수 · 학습 내용을 잘 알아 둘 필요가 있다(Chiappetta & Koballa, 2015).

과학교사들은 특히 소심하고 소극적인 학생들을 교수 · 학습에 끌어들이고, 그들이 교수 · 학습에 계속 집중하게 하고, 교수 · 학습 내용에 대한 학생들의 사고와 이해를 증진시키며, 중요한 교수 · 학습의 내용을 검토하거나 강조하고, 학생들의 학습 분위기를 통제하고, 학생들의 학습 진도를 평가할 목적으로 질문한다. 이와 같은 과학 교수 · 학습의 목적은 다양한 질문을 활용할수록 효과적으로 달성된다(Eggen & Kauchak, 2006). 한편 과학 교수 · 학습 전략으로서의 질문은 학생들 사이의 토론과 능동적인 상호작용을 촉진하는 데 사용할 수 있는 가장 효과적인 방법이자 수단이다. 특별히 이러한 질문의 효과는 교사가 던지는 질문의 빈도, 질문과 질문 사이의 시간적 간격, 질문에 의해 유발되는 반응의 다양성, 대기 시간에 의해 결정된다(Eggen & Kauchak, 2006).

구두로 묻는 질문은 탐구중심 과학 교수 · 학습뿐만 아니라 강의와 토론에 의한 과학 교수 · 학습에 적용할 경우에도 효과적이다(Chiappetta & Koballa, 2006). 탐구중심 과학 교수 · 학습에서는 학생들이 공부하려는 내용과 관련된 사전지식과 탐구 능력을 검토하고, 학습을 통해서 이해한 여부와 그 정도를 점검하고, 비판적 사고 능력을 자극하고 신장시키며, 창의력의 발달을 촉진하고, 중요한 점을 강조하며, 학습 성취도를 결정하고, 토의를 독려하는 등을 위해 질문한다. 또한 강의에서는 학생들이 파지하고 있는 사전지식을 확인하거나 평가하고, 학생들의 관심과 흥미의 정도를 알아보기 위해 질문을 한다.

2) 질문의 종류

과학 교수·학습 전략으로서의 질문은 형식(form), 시기(timing), 내용(content)의 상호 연관된 세 가지 측면으로 구성되어 있으며, 각 측면은 질문의 종류를 나누는 기준으로 이용되기도 한다(Harlen, 2006). 형식은 질문을 표현하는 방식을 지칭하며, 시기는 교사가 학생에게 또는 학생이 교사에게 질문하는 적절한 시점을 말한다. 한편 내용은 질문의 목적을 나타내며, 학생들의 관념을 확인하거나 발달시키며 공유하게 하는 질문과 탐구 기능을 확인하거나 발달시키기 위한 질문으로 나누는 기준이 된다.

〈표 6-2〉에 제시되어 있는 바와 같이, 질문은 형식에 따라 폐쇄적 질문과 개방적 질문으로 대별된다. 폐쇄적 질문과 개방적 질문은 각각 저차원적 질문과 고차원적 질문으로 범주화된다(Martin et al., 2009). 고차원적 질문은 복잡한 발산적 사고를 유도하며, 저차원적 질문은 단순한 수렴적 사고를 유발한다.

〈표 6-2〉 질문의 형태와 사고 수준

질문 형태	수준	요구하는 사고 형태
폐쇄적(수렴적) 질문	낮음	인지적 기억, 수렴적 사고
개방적(발산적) 질문	높음	발산적·평가적 사고

〈표 6-2〉에서도 볼 수 있듯이, 폐쇄적 질문과 개방적 질문은 각각 수렴적 질문과 발산적 질문으로 불린다. 수렴적 질문은 대답의 수가 하나이며, 많아야 명확한 두세 개로 한정된다. 수렴적 질문은 '아인슈타인이 몇 년도에 일반상대성 이론을 발표했는가?'와 같이 사실적 내용의 회상을 요구하며(Colburn, 2003), 토의의 끝 또는 결론에 이르게 하는 기능을 한다. 수렴적 질문은 학생들이 비판적으로 사고할 기회를 주지 않기 때문에, 비판적 사고력, 창의적 행동, 다중적 재능을 개발하거나 자극시키기 위한 수단으로는 비효과적이다.

'상대성 이론 때문에 나타나는 현상이 무엇인가?'와 같이, 나올 수 있는 대답의 수가 많은 질문은 발산적 질문이다. 발산적 질문이 학생들의 과거 경험과 관련되어 있을 때에는 개방적 질문으로 일컬어진다. 개방적 질문은 발산적 사고(Martin et al., 2002), 곧 창의적 사고를 요구한다. 탐구중심 과학 교수·학습에서는 발산적 질문에 대한 답보다 그 과정이 더 귀중할 때도 있다. 학생들은 발산적 질문에 관하여 오답을 얻을지라도 질문에 답하기 위하여 생각하는 과정을 거치면서 문제를 해결할 능력을 키울 수 있다.

과학 교수·학습 과정에서 던져지는 질문은 블룸(B. S. Bloom)(Anderson et al, 2001)의

행동목표 분류준거를 적용하거나 교수 · 학습의 목표에 따라(Abruscato, 2000) 기억 · 이해 · 응용 · 분석 · 평가 · 창의의 여섯 가지로 대별되기도 한다. 응용 · 분석 · 평가 · 창의에 관한 질문은 바로 위에서 말한 고차원적 질문으로, 기억 · 이해 수준에 관한 질문은 저차원적 질문으로 분류된다. 이 여섯 가지의 인지적 수준에 따른 질문과 바로 앞에서 분류하여 제시한 질문의 특성 및 그 예를 제시하면 다음과 같다(Bybee et al., 2008).

- **기억**: 기억하고 있는 구체적이거나 단편적인 사실, 또는 그런 지식을 묻는다. 예) 산화-환원 반응식을 예시하라.
- **이해**: 학생들이 기억하고 있는 정보를 자신들의 말로 표현하게 한다. 예) 두 개의 자석을 가까이 대면 서로 밀거나 당긴다, 왜 그럴까?
- **응용**: 학습한 내용을 새로운 상황에 적용하게 한다. 예) 아까 배운 열에 대한 지식을 바탕으로 잼이 담겨진 꽉 닫힌 병의 뚜껑을 여는 방법을 말해 보아라.
- **분석**: 이미 학습한 내용을 작은 요소로 나누어 그 차이와 양상을 말하게 한다. 예) 조류와 파충류의 공통적 특징을 말해 보아라.
- **평가**: 가치판단을 요구하는 것으로서 선택하거나 이유를 말하게 한다. 예) 사람의 복제에 관한 연구를 지원하지 말아야 한다고 주장했는데, 그 이유를 말하라.
- **창의**: 접근법의 다양성과 새로운 개념을 생각하여 보게 한다. 예) 이 실험을 바탕으로 무엇을 예상할 수 있는가?
- **명료화 질문(clarifying question)**: 학생들의 생각 · 느낌 · 사고과정을 더 잘 이해할 수 있는 정보를 학생들한테서 수집하기 위해 던지는 질문이다. 예) 식물은 음식을 스스로 만든다는 말을 다시 한번 설명해 줄 수 있겠니?
- **단서(cueing) 질문**: 학생들에게 '개 · 고양이 · 소의 공통적인 특성이 무엇인가?'를 물었으나 아무도 옳게 대답하지 않거나 응답하지 않으면, '그런 동물을 포유동물이라고 하는데, 이제 그 특성을 말할 수 있겠니?'와 같은 질문을 던질 수 있다.
- **집중 질문**: 사회적인 문제를 교수 · 학습의 주제로 삼기 위해 던지는 평가 질문의 한 가지이다. 예) 대리모 제도를 허용하는 것이 바람직한가?
- **검색(probing) 질문**: '왜, 그것이 과학기술의 부정적 영향이라고 생각하니?', '부정적 영향의 예를 들 수 있겠니?'와 같이, 심도 있는 사고를 요구하는 질문이다.

질문은 이외에 목적과 용도에 따라 인지적 기억 질문, 평가적 질문, 목적론적 질문, 인류학적 질문, 재능지향적 질문(Bybee et al., 2008)으로 나뉜다. 질문은 교수 · 학습의 목표, 인지적 수준, 과학적 탐구 과정과 기능을 기준으로 분류되기도 한다(Chiappetta & Koballa, 2006; Bybee et al., 2008). 과학교육학자(Falk, 1980)에 따라서는 질문을 대상과 목적에 따라 과학지식을 묻는 질문, 과학적 탐구 과정과 기능을 기르기 위한 과정에서 묻는 질문, 태도를 확인하기 위한 질문으로 범주화하기도 한다.

3) 질문 교수 · 학습

질문과 대답 사이에 걸리는 시간을 대기시간(wait time)이라고 말한다(Arends, 1998). 교사의 질문에 학생이 대답할 때까지 걸리는 시간을 대기시간 I, 학생의 대답에 교사가 다시 반응할 때까지 소요되는 시간을 대기시간 II라고 한다. 대기시간 I은 학생이 교사의 질문을 생각하고 반응하는 기회를, 대기시간 II는 학생의 응답을 교사가 보강하거나 수정하여 정교화하는 기회를 제공한다(Blosser, 1991). 대부분의 경우, 대기시간 I은 3~5초 이상이, 대기시간 II는 0.5초 이상이 바람직하다. 학생들의 대답을 중간에 끊어서는 안 된다.

과학 교수 · 학습 전략으로서 이용되는 질문의 효과는 질문하는 형태에 따라 달라진다. 과학교사가 교수 · 학습 과정에서 학생들한테 던지는 질문은 의미가 명백하고, 구체적이고 정확한 의미로 묻고, 학생들의 지적 배경에 합당한 어휘를 사용하고, 여러 인지적 발달 수준에 적절한 질문을 하고, 단편적인 질문보다 여러 개의 개념과 상황을 연결시키는 질문이 효과적이다. 그리고 질문으로 교수 · 학습을 진행할 때는 [그림 6-1]과 같은 절차를 따르면 더욱 효과적이다(Lang & Evans, 2006).

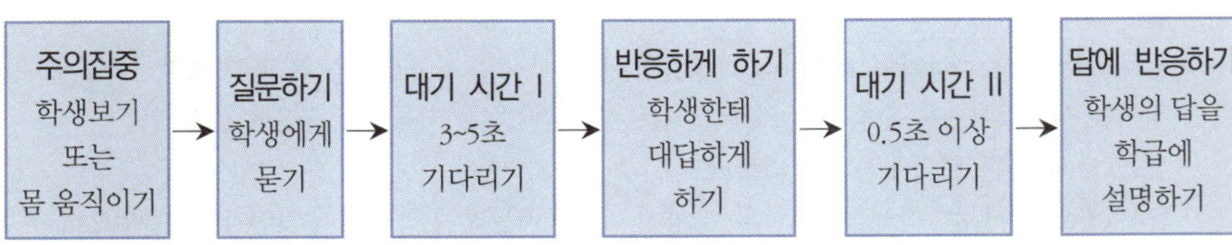

[그림 6-1] 질문의 절차

교사가 던지는 질문은 의미가 명료하고, 누구나 쉽게 이해할 수 있도록, 간단하고 짧게 한다. 학생은 질문과 관련된 내용을 아무리 잘 알고 있을지라도 이해한 질문에 대해서만 대답할 수 있다. 질문은 교수 · 학습을 시작하기 전에 미리 개발한 것이나 교수 · 학습이 진행되는 과정에서 즉흥적으로 구성한 것을 이용할 수 있으나, 교수 · 학습의 효율성과 체계성을 위해서는 사전에 개발하는 것이 좋다. 교사의 질문은 학생들의 인지적 수준과 교수 · 학습의 목표에 맞추고, 교수 · 학습에서 묻는 완전한 형태로 개발하여 교수 · 학습 과정안의 적절한 위치에 명시해 두면 이용하기가 더욱 편리하다(Callahan et al., 2002).

교수 · 학습 전략으로서의 질문은 학생들에 의한 과학적 탐구뿐만 아니라 탐구중심 교수 · 학습에도 필수적이다. 〈표 6-3〉은 과학적 탐구 과정과 기능에 관한 질문의 예시이다. 탐구중심 교수 · 학습을 위한 질문은 과학적 탐구의 과정과 기능을 신장시키기 위해서뿐만 아니라 고차원적 · 창의적 · 비판적 사고를 할 수 있게 구성하는 것이 이상적이다. 그것은 또한 암기된 지식을 회상하게 하는 것이 아니라 과학적 개념과 법칙 및 원리를 이해하고 있는 정도를 보여줄 수 있는 형태로 구성하는 것이 바람직하다(Bybee et al., 2008).

〈표 6-3〉 과학의 과정 기능과 비판적 사고력을 습득시키기 위한 질문

과학의 과정	질문의 예시
관찰	들판에서 무엇을 보고 있는가?
측정	그 식물이 얼마나 자랐는가?
예상	바다에 매년 소금을 더 넣으면 어떤 일이 일어날 수 있을까?
가설설정	그 용액에 열을 가하면, 어떤 변화가 일어날까?
실험설계	파장이 다른 빛이 물속에서 흡수되는 방법과 과정을 어떻게 확인하겠는가?
실험기구 설치	실험 기구를 지시대로 설치하라
평가	심장을 이식받아야 할 환자는 다섯 명인데, 심장은 하나뿐일 경우 어떤 환자한테 그 심장을 이식해야 하며, 왜 그런가?
분석	지금까지 배운 지식을 바탕으로, 우리 집 전기시스템에 일어난 발화에 관하여 어떻게 생각하는가?
추리	이 자료로부터 어떤 결론을 이끌어낼 수 있는가?

과학 교수 · 학습 과정에서 과학교사가 묻는 질문의 70~80%는 학생들이 암기한 것을 회상하여 대답할 수 있는 단순한 수렴적 질문이다(Carin, 1997). 질문에 의한 교수 · 학습은 여러 가지 질문이 균형 있게 주어져야 한다. 처음에는 수렴적 질문을 위주로 교수 · 학습을 진행하면서 점차 발산적 · 개방적 질문이 가능한 교수 · 학습의 수준으로 이끌어 가는 것이 좋다. 질문은 그 형태에 관계없이 교사 자신의 연구나 생각을 요구하는 것보다 학생들이 교수 · 학습의 내용에 관하여 신중히 생각하게 하는 형식으로 구성하는 것이 더 좋다.

3. 토론

가치관의 충돌은 토론을 통해서 가장 잘 해소된다. 그러므로 과학윤리 교육 또는 생명윤리 교육에는 토론이 효율적이다. 자기 고장에 음식물 쓰레기 처리장의 설치로 인하여 야기된 사회적 갈등과 같은 가치와 집단이익이 개재된 과학 및 과학기술과 관련된 문제의 해결

에는 토론이 효과적이다. 농지의 개발과 같은 가치판단을 요구하는 사회적 논쟁거리에 대한 교수·학습에는 토론이 필수적이다.

1) 토론의 의미와 기능

일반적인 의미로 보면, 토론(discussion)은 어떤 사물에 대하여 각자의 의견을 내걸어 검토하고 협의하는 일(이희승, 1994), 또는 서로 이야기를 주고받는 사람들 사이의 상호작용(Dillon, 1994)을 나타낸다. 이보다 더 구체적인 의미로 보면, 예컨대 과학 교수·학습 전략으로 적용되는 토론은 과학교사와 학생 사이, 학생과 학생 사이의 적극적인 언어적 상호작용을 독려하며, 그런 상호작용을 통하여 관점과 견해를 공유하는 상황과 과정으로 정의된다. 교육 현장에서는 이런 토론을 담론(discourse)과 자주 혼동하며, 교육학자나 교육연구자는 토론 대신에 담론이라는 말을 더 자주 사용한다. 그러나 토론은 교수의 한 절차로서 의사소통의 포괄적인 형태인 담론과 분명하게 구분된다(Arends, 1998).

토론은 과학지식 및 과학적 활동의 사회적 특성을 강조하는 후실증주의 과학철학, 상호작용을 통한 평형화를 기술한 피아제의 지능발달 이론, 선행지식과 학습과제의 의미있는 연결로 정의하는 오수벨의 유의미학습 이론, 근접발달영역(ZPD)의 특성과 기능을 기술한 비고츠키의 사회·문화적 이론에도 잘 부합된다. 토론이 과학적 연구나 과학적 탐구의 과정에서는 문제를 해결하고, 의견을 발표하며, 다른 사람의 생각을 확인하고, 자신의 견해를 명료화하는 기능을 한다(Stanford & Stanford, 1969). 한편 토론이 교수·학습 과정에서는 본질적 기능, 예시적 기능, 자극적 기능, 즉 특정 지식을 효과적으로 이해하게 해주고, 과학자들이 적용한 과학적 탐구 방법과 과정을 그대로 보여주며, 학생들의 과학적 탐구 의욕을 자극하는 기능을 한다. 이러한 토론은 학생들이 과학지식을 획득하고, 과학 개념을 분석·평가하며, 지각을 명료화하는 과정에 특히 유용하다(Falk, 1980).

과학교육 현장에서 과학 교수·학습 수단으로 이용되는 토론은 관념의 교환에 목적이 있기도 한데(Bybee et al., 2008), 이런 목적으로 이루어지는 토론은 의사결정력·탐구력·문제해결력의 증진을 위한 교수·학습에는 효과적이지만(Chiappetta & Koballa, 2015), 자연에서 발견되는 과학적 사실·일반화·원리·법칙, 그리고 그 특성과 내용이 이미 널리 알려진 과학적 개념이나 이론에 관한 교수·학습에는 적절하지 않다. 과학적 사실은 토론하기에 그 범위가 너무 좁고, 그 의미도 논의할 여지가 없이 분명하다. 또한 과학적 일반화·원리·법칙은 모두 관련된 현상들 사이의 관계와 그에 나타난 양상이 이미 세부적으로 잘 밝혀져 있다. 토론의 주제로는 개념이나 이론과 같은 통합적 지식체계, 또는 가치관이 관련된 현상이나 사태가 적절하다(Kim & Kellough, 1991).

학생중심 토론은 학생들을 능동적으로 참여하게 하려는 목적에서 이루어지는 과학 교수 · 학습과 과학의 본성 및 과학지식에 대한 이해의 증진에 목적을 둔 교수 · 학습에 효과적이다. 학생중심 토론은 학생들이 교수 · 학습에 스스로 직접 관여하여 흥미를 갖게 하며, 토론의 내용에 관하여 생각해 볼 수 있는 기회와 여유도 제공한다. 그러나 토론은 교수 · 학습에 적용할 때 다음과 같은 한계를 드러내기도 한다(Wellington, 2000).

- **사전경험**: 토론을 처음 해보는 학생은 불편함을 느낀다.
- **학습환경**: 전통적 교실과 실험실이 토론 교수 · 학습에 적절하지 않다.
- **집단의 구성**: 주제에 따라 소집단 토론이 적절하며, 집단마다 동일한 성으로 구성한다.
- **교수 전략**: 모의실험, 게임, 사례연구, 역할놀이에는 토론 교수 · 학습을 적용하기 어렵다.
- **평가**: 토론이나 협동학습을 통해 습득된 기술은 전통적 방식으로 평가하기 어렵다.
- **학생과 교사의 관계**: 교사와 학생의 주종 관계가 강하면, 토론 교수 · 학습의 효과도 적다.
- **간섭**: 교사가 토론에 끼어들기 어렵다.
- **편견**: 논쟁거리가 되는 문제에 관하여 편견이나 가치관을 벗어나기 어렵다.

토론을 중심적 과정으로 하여 이루어지는 과학 교수 · 학습은 이와 같은 적용상의 한계와 아울러 몇 가지 단점도 안고 있다. 그러나 학생들이 학급에서 진행된 토론을 통해 얻을 수 있는 경험은 여러 가지 측면에서 가치를 지니고 있다. 개방적 토론은 상호 간의 존경심, 자부심, 협동심, 의사소통 기능을 강화시켜 준다. 토론은 그 밖에 실제의 문제해결과 관련되어 있을 경우, 비판적 사고, 탐구 과정 기능, 전반적 학업 성취도 등 인지적 획득을 촉진시켜 준다. 학생들의 독자적인 생각을 독려하고, '사상과 표현의 자유를 보장하고, 격려하는' 민주사회의 훌륭한 시민이 되는 것을 도와주기 위한 과학 교수 · 학습으로는 토론이 어느 방법보다도 효과적이다(Chiappetta & Koballa, 2015).

2) 토론 교수 · 학습의 종류

과학 교수 · 학습 전략으로서의 토론은 대상에 따라 내용중심 토론과 정의적 토론으로, 집단의 크기를 준거로 하여 소집단 토론과 대집단 토론으로 나뉜다. 내용중심 토론은 내용의 획득, 고차원적 사고의 발달, 상호작용 기능의 신장에 목적이 있다. 정의적 토론은 가치관이 개재된 주제에 관한 태도와 가치관의 정립에 목적을 둔다(Kauchak & Eggen, 1989). 이 가운데에서 과학 교수 · 학습에 가장 실용적인 토론은 서로 얼굴을 맞대고 이루어지는 소집단, 즉 분단 토론이다(Brilhart & Galanes, 1998; Pavitt & Curtis, 1994).

토론은 누가 주도하느냐를 준거로 교사주도 토론과 학생주도 토론으로, 그 내용에 따라 학생이 수행하는 과학적 탐구와 계획에 대한 토론, 실험의 결과에 대한 토론, 검토나 요약에 관한 토론으로 분류할 수도 있다. 토론은 이외에 그 과정에 따라 정보적 토론, 문제적 토론, 변증법적 토론으로 범주화할 수 있다(Dillon, 1994). 토론 교수·학습은 토론의 목적과 구조, 토론의 집단 안에서 일어나는 상호작용의 양상, 학생들의 사고 수준에 따라 안내된 토론, 반성적 토론, 복창으로 분류할 수도 있다(Chiappetta & Koballa, 2015).

3) 토론 교수·학습의 목적과 절차

대부분의 학교 강의가 교사중심으로 이루어짐에 비하여, 교수·학습 전략으로 적용되는 토론은 학생중심으로 수행되는 것이 보통이다. 동일한 주제일지라도 토론에 의한 교수·학습이 강의에 의한 교수·학습보다 더 많은 시간이 소요된다. 그러나 토론은 교수·학습 주제와 관련된 관념 사이의 관계를 이해시키고, 적극적 청취 능력을 기르며, 지도력을 신장시키고, 집단의 견해를 요약하고, 자기주도적 학습 기술을 함양시키고, 분석·종합·평가 기능을 함양시키고, 합의점에 도달하며, 논쟁거리 또는 의견의 차이를 다루는 목적을 달성하기에는 강의나 과학적 탐구보다 더 효과적이다(Jacobsen, Eggen, & Kauchak, 2006).

과학 교수·학습 현장에서는 토론중심 교수·학습 주제로 흡연·약물중독·마약·성문제·입시문제·환경오염 등 사회적 논쟁거리를 활용한다. 사회적 논쟁거리를 주제나 소재로 이용하는 토론 교수·학습은 학생들이 자신들의 가치관을 분명하게 밝히고, 사회적 문제에 관한 생각을 원활하게 교환하여 올바른 판단을 내릴 수 있는 방법과 기회를 제공한다. 학생들은 사회적 논쟁거리에 관한 토론을 거치면서 그 문제와 관련이 있는 과학지식을 획득하며, 상대방에 대한 이해를 돕고 의사결정 능력도 기를 수 있다.

토론을 통한 과학 교수·학습은 그 목표를 제시함으로써 시작된다. 목표로 학생들의 참여를 유도한 다음에는 주제나 문제를 제시하여 주의를 토론에 집중시키고, 그들이 주제에 대하여 토론하면, 교사는 그들의 토론 과정을 지켜보면서 그들이 묻는 질문에 대답하고 토론이 핵심을 벗어나지 않도록 유도하고, 토론된 내용을 요약하거나 내용의 의미를 밝혀 토론을 마치고, 그들이 각자 토론한 내용과 사고과정을 다시 생각해 보게 한다(Arends, 1998). 토론에 의한 과학 교수·학습은 또한 시작·진행·끝마무리의 포괄적인 단계를 거쳐서 수행하면 무난하다(Kim & Kellough, 1991).

주제에 따라서는 토론이 개시(entry), 명료화, 조사, 그리고 종결(closure)의 4단계에 따라 수행된다. 개시 단계에서는 교사가 학생들이 토의할 주제를 확인하고, 학생들에게 무엇을, 왜, 그리고 어떻게 토의할 것인지 말해준다. 명료화 단계에서는 교사와 학생들 사이에 토론의 규정에 관한 의사소통이 이루어지고, 교사가 토의에 중요한 용어와 개념을 정의하고 명료화한다. 조사 단계는 토의의 핵심으로서, 이 단계의 중요한 요소는 학생들이 하는 말의 동작과 그 형식이다. 종결 단계에서는 교사가 토의된 관념들을 요약하고, 통합하며, 직접 토의되지 않은 상황에 응용한다(Chiappetta & Koballa, 2015).

4. 비유

비유(analogy)는 유비, 유비추리, 또는 유비추리를 줄인 유추로 일컬어지기도 하는 용어로서 표상학습(representational learning)의 핵심적 도구이다. 유비는 몇 가지 공통점을 갖는 두 개의 사건이나 사물에서, 어느 한쪽의 특성이 다른 쪽에도 존재할 것으로 추정하는 간접추리의 한 유형이다(서울대학교 교육연구소, 1994). 유비는 과학이 진보되는 과정에서 과학적 이론의 개발 · 평가 · 해설에 특히 큰 영향을 미쳤다. 빛의 입자설, 진화론, 원자론과 같은 과학적 이론은 추상적인 속성이라서 비유를 이용하여 설명하고 표현할 수밖에 없다. 과학적 연구와 과학 교수 · 학습에서 비유하기 위하여 이용되는 언어적 도구로는 은유 · 직유 · 유추가 있으며, 모형도 글과 아울러 그림으로 이용되는 비유적 도구이다(Harrison, 2008). 이러한 비유 도구들이 과학 교수 · 학습 현장에서는 학생들의 학년에 따라 다른 것들이 적용된다. 이를테면 비유적 추리는 주로 중학생들의 과학 교수 · 학습에서, 은유와 직유는 보통 고등학생들을 대상으로 한 과학교수 · 학습에서, 그리고 유추는 과학교사 연수 과정에서 많이 적용되고 있다(Treagust & Tsui, 2014).

1) 비유의 의미와 필요성

교사들은 흔히 비유를 사용하여 설명한다. 전류가 흐르는 도선을 수도관에 비유하고, 지구를 공에 비유하고, 원자를 태양계처럼 그려서 설명한다. 비유는 두 대상의 구조를 대응시키는(mapping) 방법으로서, 두 구조의 유사성을 바탕으로 친숙하지 않은 개념에 대한 이해를 도모할 수 있으며, 추상적인 정보를 구체적인 자료로 변환할 수 있다. 친숙한 영역인 비유물(analog)과 이해하려는 개념인 목표물(target) 사이의 유사성을 비유함으로써, 추상적인 정보를 구체적이고 이해가 가능한 형태로 표상하게 된다. 학생들에게는 익숙한 개념과 새로운 개념 사이에 개념적 연결 다리를 구성하는 것과 유사하다. 추상적이고 미시적인 개념을 다루는 과학 교수·학습에서는 일상생활의 경험과 같이 학생들이 이미 잘 알고 친숙한 내용과 대응시켜 학생들이 쉽게 이해하게 하기 위하여 사용된다.

과학교육 현장에서는 비유가 추상적인 개념, 추리, 문제해결, 개념변화를 위한 학습에 관한 연구와 교수·학습에 주로 적용된다. 학생들은 자신들이 가지고 있는 과학지식과 과학자의 과학지식(목표물)에 나타나는 공통점 및 비슷한 속성들을 비교함으로써, 자신의 선행지식뿐만 아니라 과학자의 과학지식을 더욱 잘 이해하게 된다. 그러나 이러한 비유를 사용한 과학 교수·학습이 꼭 긍정적인 효과만 내는 것은 아니다. 비유물에 대하여 학생들이 친숙하지 않거나 공유 속성과 비공유 속성을 구분하지 못하여 오개념이 생길 수도 있다. 또한 가르치고자 하는 과학적 개념이 특정한 단일 비유만으로는 유비가 곤란할 수도 있다. 따라서 과학교사들은 비유의 올바른 사용에 유의해야 한다. 이러한 비유의 속성 때문에, 비유의 사용이 양날의 칼로 지칭되기도 한다(Glynn, 1991).

2) 비유 교수·학습 모형

비유를 적용한 과학 교수·학습 모형으로 FAR(Focus, Action, Reflection)(Venville, 2008), TWA(Teaching With Analogies)(Glynn, 1991; 2007), GMAT(General Model of Analogy Teaching)(Zeitoun, 1984), 비유만들기 모형(Wong, 1993)이 제안되어 있다. 이 밖에, 학생들이 지니고 있는 오개념을 수정하기 위해서 비유를 적용하는 교수·학습 모형도 제시되어 있다(Clement, 1993). 〈표 6-4〉에는 FAR, TWA, 비유만들기 모형의 특징과 그것을 적용하는 교수·학습 방법과 절차가 정리되어 있다.

과학 교수·학습 전략으로 이용되는 비유는 학생들이 보고 알고 있는 세계의 일부로서, 그들이 세상을 이해하는 과정에 지대한 영향을 미친다. 그러므로 교사는 학생들의 비유, 곧 그들에게 친숙한 것들에 관한 분석을 통해서 과학적 개념과 물리적 세계에 대하여 학생들이 이해하고 있는 것을 확인한 다음, 그 결과를 바탕으로 비유를 소재로 한 교수·학습 계획을 수립해야 한다. 그러나 비유 교수·학습 모형을 적용한 실제의 과학 교수·학습의 구체적인 목적과 과정 및 방법은 주제에 따라서 달라진다.

〈표 6-4〉 비유사용 모형의 특징과 절차

비유사용 모형	특징	과학 교수 · 학습의 방법과 절차
FAR(Focus-Action-Reflection) Guide	교사가 비유 사용의 장점을 극대화하고, 문제점은 최소화하도록 돕는 비유 사용의 단계별 지침	• 초점: 학생들에게 목표개념이 어려운지, 친숙하지 않은지, 추상적인지 확인하기, 개념과 관련하여 학생들이 이미 알고 있는 것 파악하기, 비유물이 학생들에게 친숙한 것인지 파악하기 • 실행: 비유물과 목표개념의 유사성과 차이점 찾기 • 반성: 비유가 명확하고 유용한가, 아니면 혼란스러운지 계획한 목표를 달성했는지 파악하기, 비유의 사용 결과를 바탕으로 비유 수정하기
TWA(Teaching-With-Analogies)	과학 교과서에 사용되는 비유를 분석하여 실제의 교수 · 학습에서 교사들이 자주 사용하는 필수 단계로 구성	• 목표개념(target) 도입: 교수 · 학습할 목표인 과학 개념, 즉 목표물을 도입하기 • 비유물 소개: 학생들에게 친숙한 비유물을 소개하기 • 비유물 특징 확인: 비유 상황을 설명하고 특징을 제시하여 비유를 구체적으로 제시하기 • 유사 특징 대응: 친숙한 비유물과 목표물(목표개념)을 연결하기 • 결론 도출: 목표물(개념)에 대한 결론 도출, 학생들이 잘 이해했는지 발표를 통해 확인하기 • 비유물의 한계 지적: 비유물과 목표물(목표개념)의 차이점을 확인함으로써 오개념 방지하기
비유만들기 (Self-Generated Analogies)	교사가 제시한 비유가 아니라 학생 스스로 비유물을 생성하는 학습	• 현상 경험하기: 제시된 현상과 관련된 구체적인 활동에 참여하기 • 비유 만들기: 현상을 표상할 수 있는 비유를 학생들이 스스로 만들기 • 비유를 현상에 적용하기: 구체적으로 어떻게 유사한지 기술함으로써 이해를 확인하며 비유를 적용하기 • 비유 평가하기: 유사성이 적절한 비유인지 평가하기 • 비유 수정, 또는 새로운 비유 만들기

3) 비유 교수 · 학습 예시

과학사적 발달을 분석해 보면, 과학적 진보의 핵심적 활동은 과학자들이 자연세계를 설명하기 위하여 모형을 구성하고 수정하는 것임을 알 수 있다. 과학자들이 구성하는 모형은 그들이 자연현상을 설명하기 위하여 구성한 과학 관념과 이론의 구체적 예시이다(Treagust & Tsui, 2014). 이와 같은 기능에 비추어 볼 때, 모형을 비롯한 비유는 과학적 이론과 관념의 교수 · 학습에 효과적인 수단이 된다. 다음은 FAR 안내 모형을 적용한 비유 교수 · 학습 과정의 예시이다(Ebenezer & Haggerty, 1999; Venville, 2008).

초점
개념: 어려운가? 친숙하지 않은 것인가? 추상적인가?
학생: 학생들이 개념에 관하여 무엇을 알고 있는가?
비유물: 비유물이 학생들에게 친숙한 것인가?
실행
유사점: 비유물과 과학 개념(목표물)의 속성에 관하여 토의한다; 유사점을 그림으로 그린다.
차이점: 비유물이 과학 개념(목표물)에 견주어 다른 점에 관하여 토의한다.
반성
결론: 비유물이 명료하고, 유용하고, 혼란스러운가? 계획한 결과를 얻었는가?
개선: 결과에 비추어 볼 때, 다음에 이 비유를 이용하기 위해 개선해야 할 것이 있는가?

[그림 6-2] 비유 교수 · 학습을 위한 FAR 안내

〈초점〉

- **개념**: 열을 가할 때 부피 변화
- **학생들의 선행지식**
  - 쇠 구슬에 열이 가해지면, 커질 것이다.
  - 쇠 구슬의 부피에 아무런 변화가 없을 것이다.
  - 쇠 구슬이 얼음처럼 녹아내릴 것이다.
  - 쇠 구슬이 녹을 것이기 때문에, 그것들 사이의 간격이 넓어질 것이다.
- **관찰**
  - 열을 가하지 않은 쇠 구슬은 반지를 통과한다.
  - 열을 가한 쇠구슬은 반지를 통과시키기 어려웠다; 식어지자 쇠구슬이 반지를 통과했다.
  - 그러나 반지가 커진 것은 관찰할 수 없었다.
- **설명**
  - 쇠구슬이 커져서 반지를 통과시키지 못했다.
  - 쇠구슬을 이루는 것들이 더 빠르게 움직여 쇠구슬 바깥쪽으로 밀어냈다.
  - 원자는 뜨거워지면 서로 멀리 떨어지려고 하기 때문에, 쇠구슬의 부피가 늘어난다.
- **유비**: 학생들이 이 설명에 친숙한가?

  교사는 글이나 그림으로 분자의 운동을 보여주는 비유(모형)를 이용하여, 쇠구슬을 모여있는 사람들과 같다고 설명한다. 사람들이 추우면 서로 부둥켜 안아 체온을 유지하고 온도가 올라가면 서로 멀리 떨어지려 하듯이, 분자들은 온도가 내려가면 서로 가까이 다가가 온도를 유지하고 온도가 올라가면 서로 떨어지려 한다. 이 말을 들은 학생들은 다음과 같이 이 비유를 연결할 수 있게 된다.

〈실행〉

- **유사**: 비유물의 특성과 목표물, 곧 과학 개념의 특성에 관하여 토의하고, 둘 사이의 비슷한 점을 그리거나 기술한다.
- **차이**: 비유물이 과학 개념(목표물)과 어떻게 다른지 토의한다.

목표물의 특성(분자의 운동)	비교	비유물의 특성 (사람의 움직임)
쇠구슬이 차가울 때 서로 가까워지는 분자의 운동	비교 가능	추워질 때 서로 가까이 다가가려는 사람들의 경향
쇠구슬이 뜨거워질 때 점점 더 빠르게 서로 멀어지는 분자의 운동	비교 가능	더워질 때 서로 멀리 떨어지려는 사람들의 경향
이론적 속성(분자)	비교 불가능	실제 사람

〈반성〉

- **결과:** 비유물이 명료하고 유용한가, 또는 혼란스러운가?
  유비물은 명료하고 유용하지만, 교사는 학생들에게 분자의 운동을 사람의 움직임에 비교하여 분자의 특성을 적절하게 기술할 수 없다는 것을 말해주어야 한다. 온도계와 항온기, 철도 사이의 간극, 다리 이음새의 간극 등으로 학생들에게는 유용한 비유로 볼 수 있다.
- **개선:** 결과에 비추어, 위와 같이 다시 초점을 맞춘다.
  금속이 팽창하고 수축하는 원리는 얼음의 팽창과 다르다. 얼음의 수소결합은 얼음 안의 물분자 사이에 간격이 생기게 한다. 물 분자의 수소결합은 다른 고체의 경우와 같지 않다. 그러면 얼음은 다른 고체와 어떤 점에서 같은가? 얼음에 열을 가하면, 수소결합이 끊어지고 원자들이 자유로 운동하여 액체 상태의 물을 형성한다. 또 하나의 어려운 점은 상온에서 금속과 같은 일부 물질은 고체 상태이지만, 얼음은 녹아 액체로 된다는 것이다. 쇠구슬이 열을 가하면 팽창하지만, 팽창이 맨눈으로는 볼 수 없어 눈에 띄게 드러나지 않는다.

클레멘트(Clement, 1993)는 연결 비유(bridging analogy)라는 비유 교수 · 학습 전략을 적용하여 학생들의 과학적 개념의 형성과 이해를 도와주는 과학 교수 · 학습 방법을 개발하였다. 클레멘트는 학생들이 비유물의 성질을 충분히 이해하지 못하고, 목표물과의 비유적 관계를 의도한 대로 이해하지 못하면 비유를 사용한 교수 · 학습이 실패하는 경험에서 출발하였다. 다음 예시에서도 볼 수 있듯이, 연결 비유는 학생들이 비유물 자체에 대한 이해가 부족할 경우에 활용하는 과학 교수 · 학습 전략이다.

책상 윗면에 정지되어 있는 책에는 작용하는 힘이 없다는 학생들의 오개념을 다루기 위해 스프링을 누르고 있는 손을 비유로 사용할 수 있다. 이 경우에, 책과 손, 책상과 스프링이 대응관계에 있으며 손으로 스프링을 누르고 있는 상황은 책이 책상을 누르고 있는 상황을 직관적으로 이해하기 위한 정착자(anchor)이지만, 학생들은 이 비유를 쉽게 이해하지 못하기 때문에 이러한 단순한 비유 방법은 성공하기 어렵다. 연구의 결과에 따르면, 학생들은 책상이 딱딱하므로 손에 복원력을 가하는 스프링과는 다르게 책상은 책에 힘을 가하지 않는다고 설명하였다. 즉 학생들이 정착자와 목표물 사이의 유사성을 이해하지 못한 것이다. 따라서 클레멘트는 이러한 학생들에게 연결자(bridging case)를 제공할 것을 [그림 6-3]과 같이 제안하였다.

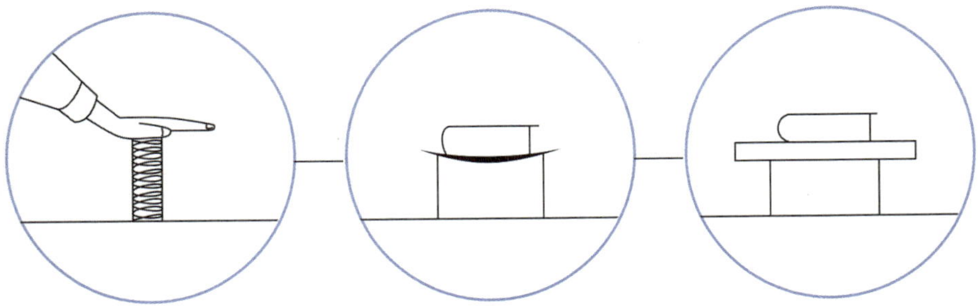

[그림 6-3] 클레멘트의 연결 비유 전략

연결자는 정착자와 목표물의 특징을 모두 가지고 있는 사례를 지칭한다. 책상을 누르고 있는 책을 스프링을 누르고 있는 손과 바로 연결하지 못한다면, 중간 사례인 푹신한 스펀지 위에 놓인 책의 상황을 제시하여 두 사례를 연결하는 것이다. 클레멘트는 이렇게 직관적 정착자와 목표물 사이의 중간 사례를 찾는 전략을 연결 비유라고 하였다. 연결자는 학생들의 인지수준과 상황에 따라서 여러 단계로 제시될 수 있으며, 점차 목표물과 유사하도록 하여 학생들이 과학적 개념에 도달하도록 구성한다.

5. 개념도

개념도(concept map)는 노박(Joseph D. Novak, 1932~)이 오수벨 등(Ausubel, Novak, & Hanesian, 1978)의 유의미학습 이론에 바탕을 두고 개발한 교수·학습 전략이자 도구이다. 개념도는 특정 단원에 관한 교수·학습 과정에서 학생들이 새롭고 더욱 견고한 의미를 구성하려 할 때뿐만 아니라, 교사가 교수·학습 계획을 수립할 때 이용하기 위한 학생들의 관념을 탐색하고 평가할 때에도 이용되는 도구이다(Ebenezer & Haggerty, 1999). 각급 학교 과학 교수·학습 현장에서는 개념도에 사실·개념·일반화의 세 가지 유형의 지식을 주로 이용한다(Martin et al., 2009). 개념도가 과학 교과서의 단원마다 끝 부분에서 단원의 내용을 정리하기 위해서, 그리고 교과서의 교사용 지도서(노태희 외, 2019)의 단원마다 맨 앞 부분에서 단원의 얼개를 소개하기 위해서 제시되고 있다. 이와 같이, 개념도는 교수·학습 전뿐만 아니라 후에도 효과적으로 이용된다(Novak & Gowin, 1984).

1) 개념도의 의미와 특징

과학 교수 · 학습 과정에서 이용되는 개념도는 노박(Novak, 1977; 1988)이 피아제의 지능발달 이론에 따라 개발된 교수 · 학습 도구의 대안으로 제안한 것이다. 개념도는 학습자가 이미 가지고 있는 개념, 또는 새로 획득한 개념들과 그것들 사이의 위계적 관계를 도식적으로 구성한 인식론적 모형이다. 학생들이 지닌 과학지식의 구조 모형으로서의 개념도는 위로 올라갈수록 일반적인 개념을 두고, 아래로 내려갈수록 구체적인 개념을 배치하여 그 개념들 사이의 의미 있는 관계를 나타낸다.

개념도에서는 명제(propositions)가 두 개 이상의 개념을 적절하게 연결하는 의미론적 단위이다(Novak & Gowin, 1984). 잔디에 대해서 한 말, '잔디는 초록색이다.', '잔디는 식물이다.' 등의 명제의 수가 증가할수록 잔디 개념의 의미가 더욱 정확하고 풍부해진다. 개념도는 개념들 사이의 유의미한 관계를 이런 명제의 형태로 나타내는 도식으로 규정할 수도 있다. '하늘은 파란색이다.'라는 문장은 '하늘'과 '파란색'의 두 개의 개념이 연결된 명제인데, 이 명제가 관련되어 있는 개념도에는 '하늘'과 '파란색'의 두 개념이 '은 ~이다'라는 연결어에 의해 연결되어 있다.

과학 교수 · 학습 도구로서의 개념도는 수직적 · 위계적으로, 그리고 수평적으로 작성한다. 오수벨 등(Ausubel et al., 1978)에 의하면, 새로운 개념이 더 포괄적이고 넓은 개념에 포섭될 때, 유의미학습이 쉽게 일어날 수 있다고 한다. 따라서 이러한 가정을 전제로 하여 작성한 개념도를 보면 인지구조를 구성하는 개념들의 수직적 위계 관계를 분명하게 파악할 수 있다. 개념도에는 다른 위계 관계에 속한 개념들 사이의 교차연결, 곧 수평적 관계도 나타낸다. 개념도는 이와 같이 개념들 사이의 수직적 · 수평적 관계를 구체적으로 나타내기 때문에, 교수 · 학습의 전과 후의 개념도를 비교하여 학생들의 개념을 평가하는 수단으로 활용된다. 개념도는 이외에 오개념의 출처와 형성 과정을 알아보기 위해서, 그리고 교육과정 내용의 논리적 구조와 서열을 조직하여 제시할 목적에서도 사용된다.

개념도는 시각적 영상을 제공하기도 한다(Martin et al., 2009). 개념이 추상적 관념이라면, 개념도는 한 개념이 그것과 동일한 범주에 속한 다른 개념들과 어떻게 연결되어 있는지를 구체적으로 예증하는 도식이다. 그러므로 과학교사는 개념도를 참고하여, 교수 · 학습의 범위와 핵심적 개념 및 주제를 결정할 수 있다. 그러나 개념도는 교수 · 학습 내용의 개요, 또는 교과서에 제시된 차례와 여러 가지 특성에서 구분된다. 개요는 교수 · 학습에서 다루어야 할 개념들을 나열할 뿐, 그것들 사이의 관계는 나타내지 않는다.

2) 개념도의 작성과 평가

개념도는 교수・학습 과정에서 교사가 활용하는 교수의 수단으로서, 학습자가 이용하는 학습의 도구로서, 교사의 교수와 학생들의 학습 결과에 대한 평가의 도구, 특히 수행평가의 도구로서 활용된다. 개념도를 효과적으로 활용하려면 학생들이 개념도에 관하여 잘 알고 그것을 익숙하게 그릴 수 있어야 하며, 그렇게 하기 위해서는 교사의 적절한 지도가 필요하다. 교사는 학생들이 개념도를 그리기에 앞서, 개념도를 구성하는 개념, 연결어, 사물, 사건을 잘 알 수 있게 준비 활동으로 개념도의 특성을 소개해야 한다.

- **'사물'과 '사건' 소개하기:** 교사는 개, 자동차, 의자와 같이 학생들에게 익숙한 '사물'의 목록을 칠판에 적고, 그 목록 옆에 생각하기, 놀기, 운동하기 등 사건을 나타내는 목록을 적는다. 두 목록의 차이를 학생들에게 이야기하게 하고, 두 목록이 각각 '사물'과 '사건'을 나타내는 것임을 인식할 수 있도록 설명한다.
- **'개념' 소개하기:** 교사가 학생들에게 개, 자동차(위에서 작성한 '개념' 목록 안에 있는 개념들)를 들었을 때 무슨 생각을 했는지 설명하게 한다. 같은 단어라도 학생들의 생각이 조금씩 다름을 인식하게 하고, 이러한 단어에 대한 심상으로서 '개념'을 도입한다.
- **'연결어' 이해하기:** 교사는 다시 '~이다', '그래서', '어디서', '~하다'와 같은 말의 목록을 칠판에 적는다. 이 말들을 언제 사용하는지 이야기해보게 하고, 개념들을 연결하여 문장을 만들 때 사용되는 '연결어'임을 소개한다.
- **개념과 이름 구분하기:** 교사는 학생들에게 사물과 사건이 담고 있는 규칙성을 뜻하는 '개념'과 특정 사건이나 사물을 지칭하는 이름을 구분할 수 있도록 예를 들어 설명한다.
- **두 개의 개념을 연결어로 연결하여 명제 만들기:** 교사가 두 개의 개념을 정한 다음, 학생들에게 연결어를 사용하여 다양한 문장을 만들게 한다. 이어서 학생들 스스로 두 개의 사물이나 사건에 대한 개념을 선정하여, 그것들을 연결어를 이용하여 명제를 만들게 한다.
- **교과서에서 개념 추출하기:** 교과서의 한 쪽을 지정하고, 한 문장을 선택하여 학생들이 핵심 개념을 추출할 수 있도록 한다. 모든 단어가 중요한 것이 아니라 대략 10개에서 20개 가량의 핵심 개념을 골라낼 수 있도록 한다.

이와 같은 활동을 통해서 학생들은 개념도와 개념도의 각 요소의 의미를 이해하고, 개념도를 그리기 위한 개념들을 추출하는 과정까지 연습하게 된다. 이런 도입・소개 활동이 끝나면, 학생들은 교사가 교수・학습 목표로 설정한 내용에 대한 개념도를 그리기 시작한다. 이때 교사는 학생들이 주어진 학습 자료나 상황에서 개념을 추출하고, 추출한 개념들 사이의 관계를 통해 '개념'과 '연결어'를 도출하도록 도와준다. 또한 개념도는 여러 번 고치면서 지속적으로 수정・보완하게 한다. 이를 포함하여, 과학 교수・학습에서 개념도를 작성하는 절차에 관하여 노박이 제시한 내용을 요약하면 다음과 같다.

- **개념의 추출 및 목록 작성하기:** 교사가 교수 · 학습 목표로 설정한 교과서 내용이나 자료에서 중요한 개념을 학생들이 추출하게 한다. 교사는 학생들이 추출한 개념을 칠판에 적어 목록을 만들고 그 가운데에서 가장 중요하고 핵심적인 개념을 학생들과 토의를 통해 찾는다.
- **개념의 위계 파악하기:** 추출된 개념들 가운데에서 가장 포괄적인 개념을 찾는다. 남은 목록에서 다음 상위 개념을 찾는 과정을 통해 모든 개념의 위계적 순위를 정한다.
- **개념도 작성하기:** 위계화된 개념들 사이를 선으로 연결하고 개념들 사이의 관련성을 나타내는 연결어를 찾아 명제를 만든다.
- **교차연결하기:** 개념도의 여러 개념들 사이의 관련성을 검토하여 개념도의 다른 가지 사이에 교차연결을 찾아 적절한 연결어를 넣는다.
- **개념도 수정하기:** 처음 만든 개념도는 대칭성이 적고 부적절한 연결로 구성된 경우가 많기 때문에, 교사는 학생들이 이를 수정하고 개념도를 재구성하도록 돕는다.
- **개념도 채점기준 토의하기:** 개념도 채점기준에 대해 같이 토의하고 이를 기준으로 개념도를 채점한다. 개념도가 더 유의미하고 점수도 올리는 다른 그리기를 같이 찾아본다.
- **스스로 개념도 작성하기:** 모둠별로 교수 · 학습 자료에서 중요한 부분을 정한 다음, 앞선 개념도 작성 과정을 반복한다.
- **개념도 발표하기:** 모둠별로 작성한 개념도를 다른 학생들에게 설명하여 발표자와 청중 모두 개념도에 대해 명료화하고 정교화하도록 한다. 발표된 개념도는 교실에 게시해 학생들이 서로 상호작용하게 한다.

개념도를 수행평가에 활용하기 위해서는 명확한 채점기준을 마련하고, 그 기준에 맞추어 평가한다. 노박과 고윈(Novak & Gowin, 1984)은 개념도의 위계적 구조에 따른 채점방법을 제시하였다. 그들은 개념도의 구성요소인 명제, 위계, 교차연결, 실례의 각각에 점수를 부여하여 합산하는데, 그들이 권장한 요소별 채점기준과 점수는 다음과 같다.

- **명제:** 두 개념 사이의 의미 관계가 연결선과 연결어로 적절히 표현되어 있는가? 의미가 있고 유용한 명제마다 1점
- **위계:** 개념도가 위계를 보여주고 있는가? 하위개념이 상위개념보다 더 특수하고 덜 일반적인가? 각 유효한 개념의 수준마다 5점
- **교차연결:** 한 개념의 위계 부분과 다른 부분 사이의 의미 있는 연결을 보여주는가? 그 관계가 중요하고 적절한가? 교차연결이 유효하고 중요하면 10점, 유효하지만 관련된 개념이나 명제 사이의 통합을 보여주지는 못하면 2점(교차연결은 창의성을 보여줄 수 있으므로, 독특하거나 창의적인 교차연결은 특별히 인정해주거나 추가 점수를 부여한다.)
- **실례:** 개념의 사례로서 특수한 사건이나 사물이 적절하면 1점(실례는 개념과 구분하기 위해 테두리를 하지 않는다.)

[그림 6-4]는 이와 같은 채점기준에 따른 개념도 채점의 예시이다. [그림 6-4]에서 명제의 개수는 연결어의 개수로 확인할 수 있는데, 총 14개의 개념들 사이의 연결(명제)이 있으

므로 14점이다. 여기에는 교차연결 2회도 유의미한 연결어로 연결되어 있다면 명제로 볼 수 있으므로 이를 포함한다. 교차연결의 경우에는 연결어의 점수와 중복 가산되는데, 이는 채점의 단순함과 교차연결 점수의 배점을 높이기 위한 한 가지 방법이며, 교차연결의 가중치를 추가로 높이면 별도로 채점할 수도 있다(Novak & Gowin, 1984). 개념의 수준은 총 4가지 수준을 보여주고 있으며, 2개의 교차연결이 되어 있다. 2개의 사물과 2개의 사건이 있으므로 총 4개의 실례가 있다. 따라서 이 개념도의 총점은 58점이다.

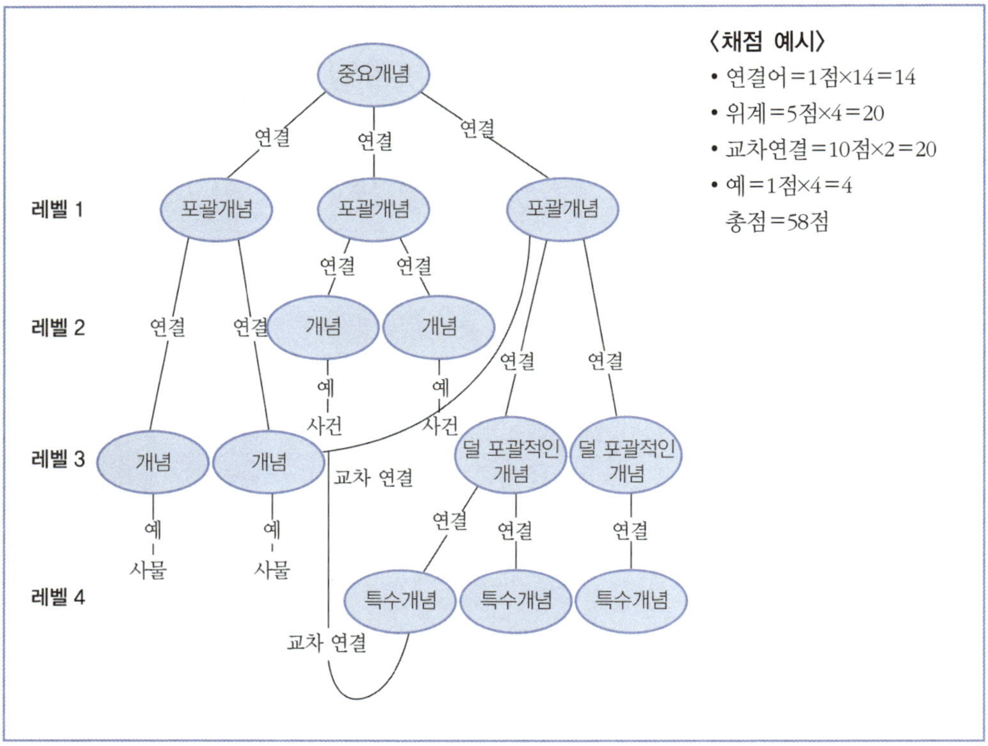

[그림 6-4] 개념도의 채점 예시

[그림 6-4]에서도 볼 수 있듯이, 개념도를 평가하는 대상, 평가기준, 그리고 채점준거는 자의적이다. 즉 평가기준과 채점준거는 교수·학습의 목표를 근거로, 그리고 교사가 교수·학습에서 강조한 내용에 따라 임의적으로 결정할 수 있는 것이다. 또한 개념도 평가를 교수·학습 현장에서 활용할 때, 교사는 표준 개념도를 작성하여 학생들의 점수에 대한 기준점으로 삼는다. 표준 개념도와 비교한 환산점수는 "학생 점수=학생이 작성한 개념도의 점수 ÷ 교사의 표준 개념도 점수 × 100"의 공식에 따라 계산할 수 있다.

6. 인식론적 V

학생들이 과학을 학습하는 과정에서 일어나는 핵심적 활동은 각종 자료와 정보의 재조직이다. 과학 교수·학습 내용에서 의미를 구성하기 위해서 능동적으로 수행하는 재조직은 대부분 통합하거나 분화하는 활동이다. 이러한 활동들을 V자 모양의 도식에 모아놓은 것이 학습 V(learning Vee)이다(Gowin, 1981). 과학 교수·학습 현장이나 과학교육 연구 현장에서는 학습 V를 인식론적 V(epistemological Vee), V도(Vee diagram/Vee map), 그리고 V 발견법(Vee heuristic)으로 부른다(Novak & Gowin, 1984). 인식론적 V는 과학적 연구 과정이나 과학적 탐구 과정에서 수집된 자료가 정리되고 분석되고 해석되고 조직되는 과정, 그리고 과학지식의 구성요소들이 통합되어 더 포괄적인 과학지식 체계로 재조직되는 과학사적 발달 과정을 동시에 보여준다.

1) V도의 의미와 특징

과학 교수·학습 현장에서 활용되고 있는 인식론적 V는 고윈(Gowin, 1981)의 인식론과 오수벨 등(Ausubel et al., 1978)의 유의미학습 이론에 기초를 두고 개발된 교수·학습 전략과 도구이다. 인식론적 V에는 두 가지 측면이 있다([그림 6-5]). 고윈은 처음에 왼쪽 측면을 '질문하기'로 부르고, 오른쪽 측면을 '대답하기'로 부르면서, 두 측면을 각각 '알기' 단계와 '학습하기' 단계로 구분하였다. 이어 왼쪽 측면을 구성하는 단계와 오른쪽 측면을 구성하는 단계를 각각 인식론적 단계와 심리학적 단계로 부른다. 그러나 과학교육학자에 따라서는 왼쪽 측면과 오른쪽 측면을 각각, [그림 6-5]에 기술되어 있듯이, '개념적 측면(conceptual side)' 또는 '사고하기(thinking)' 측면과 '방법론적 측면(methodological side)' 또는 '하기(doing)' 측면으로(Novak & Gowin, 1984), 또는 '나의 이해'와 '나의 하기'로(Ebenezer & Haggerty, 1999) 구분한다.

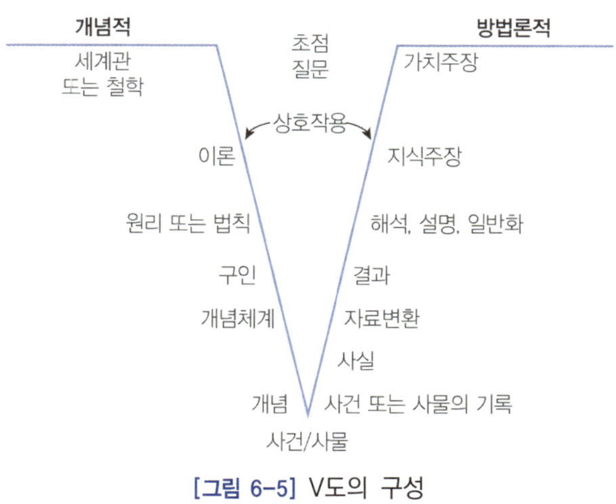

[그림 6-5] V도의 구성

이와 같이, V도가 애초에는 학생들이 과학에서 실험 활동의 목적과 본성을 이해하게 할 목적으로 개발되었으나, 이후에는 과학지식의 구조와 과학지식이 생성되는 과정에 대한 학생들의 이해를 돕는 전략으로 확장되었다. V도는 지금도 실험과 조사를 통한 과학적 탐구 중심의 교수·학습에 꼭 필요한 전략으로 이용된다. V도는 학생들이 과학적 실험에서 단순히 실험의 절차를 따라 자료를 수집하는 과정을 넘어서서, 그러한 활동의 의미를 파악하고 이론적 측면에서 사건과 사물을 볼 수 있게 하는 기능을 한다. 또한 과학지식이 어떻게 구성되고 사용되는지, 과학지식의 획득에 대한 지식을 학습할 수 있는 기회를 제공하기 때문에, 학습하는 방법 자체에 대한 학습, 곧 메타학습(meta-learning)의 전략으로 이용할 수도 있다. 이밖에 선행지식과 새로운 과학지식 사이의 상호작용을 이해하는 데 도움을 주고, 과학지식과 과학적 실험 과정과 기능의 평가 도구로도 이용된다.

2) V도 작성

V도는 지식의 본성과 생성 과정을 이해하기 위하여 사용하는 발견법적 도구(heuristics)이다. 이러한 기능을 하는 V도를 작성하기 위해서는 우선 개념, 사물/사건, 기록, 초점질문, 자료변환, 원리와 이론, 지식주장, 가치주장을 포함한 모든 구성요소를 충분히 이해하고 있어야 한다. V도 작성은 이들 구성요소들 가운데에서 개념, 사건/사물에 대한 이해하기로부터 시작한다. 노박과 고윈(Novak & Gowin, 1984)이 제안한 V도를 작성하는 활동을 개략적으로 기술하면 다음과 같다.

〈개념 · 사물 · 사건으로 시작〉

- V도를 도입하기 전에 개념도를 소개하여 V도의 개념과 사물/사건의 관계에 대해 친숙해지게 한다. 사건과 사물은 개념과 기록 표시를 통해 흥미를 갖게 된 현상을 말한다. 이것들은 대개 교사가 학생들에게 제시한다.
- 개념의 정의를 다시 생각해 보게 하고 개념을 나타낼 수 있는 친숙한 사건들이 무엇이 있는지 예로 제시한다. 예를 들면, [그림 6-6]에(402쪽) 제시된 얼음물에 열을 가하는 실험을 수행하는 교수·학습이라고 할 때, 실험에 앞서 물, 얼음, 고체, 액체 등의 개념들이 나타내는 규칙성에 대해서 학생들과 토론한다. 한두 개념에 대한 애매한 의미와 동일한 개념에 대한 다양한 의미를 사람마다 동일한 사물/사건을 다르게 본다는 점의 예증으로 활용한다. 이때의 개념은 V도의 왼쪽에 제시된 개념들보다 더 구체적이다.

〈기록의 의미와 초점질문의 소개〉

- 지식을 구성할 때, 이미 알고 있는 개념을 사용하여 사건이나 사물을 관찰하고 그 결과를 기록한다. 교사는 사건이나 사물을 관찰한 기록(record)은 이미 알고 있는 개념과 초점질문

에 의해 방향이 결정된다는 것을 안내한다. 즉 동일한 사건과 사물일지라도 초점질문에 따라 다른 측면을 관찰하게 된다는 것을 인식시킨다. 이를테면 '온도를 높이면 얼음물에 무슨 일이 일어날까?'라는 물음에 따라서 관찰한 자료와 '얼음에서 수증기로 변할 때 물의 모습은 어떻게 변할까?'라고 물은 질문에 따라서 관찰한 것이 다르다.

- 학생들은 표를 작성하여 관찰을 통해 수집한 기록을 정리하고, 학생들이 작성한 서로 다른 두세 개의 표를 게시판에 붙인다.
- [그림 6-6]에서 자료변환의 바탕이 되는 '사실'은 사건과 사물의 기록이 타당하다는 방법에 대한 신뢰에 바탕을 둔 판단을 말한다.

〈자료변환〉

- 자료변환의 목적은 초점질문에 대한 답을 구성할 수 있는 형식으로 관찰하여 얻은 결과를 조직하는 것으로서 흔히 표나 그래프를 이용한다.
- 학생들은 제시된 표나 그래프들 가운데에서 서로 다른 형식의 것에 대한 토론을 통하여 초점질문에 대답하기 위해 가장 잘 조직하는 표나 그래프의 형식을 결정한다. 이 과정에서 지식의 구성에 창의성이 요구된다는 것을 보여줄 수 있다. 동일한 사건에 관한 자료의 다양한 변환은 관련이 있는 개념의 이해와 창의성의 좋은 시험대가 된다.

〈지식주장〉

- 지식주장은 변환된 자료로부터 구성되기 시작한다.
- 지식주장은 초점질문에 대한 답에 해당하는 주장이어야 한다.
- 지식주장은 과학적 탐구의 산물이다.
- 지식을 구성한다는 것은 이미 알고 있는 개념이나 원리를 적용하는 과정이다. 동시에 새로운 지식을 구성하는 과정에서 개념이나 원리를 발전시키거나 변화시키고 개념/원리 사이의 새로운 관계를 보게 한다. 이러한 측면은 이미 아는 것과 새로운 관찰 결과 및 지식주장 사이의 역동적인 상호작용을 보여준다.

〈원리와 이론〉

- [그림 6-6]의 원리는 사건들에 나타나는 양상들 사이를 연결시키는 개념적 규칙으로서 명제 형식으로 진술되며 선행 지식주장으로부터 도출된다.
- 원리는 교수 · 학습의 대상인 중대한 활동의 이해를 안내하는 둘 이상의 개념들 사이의 중요한 관계로서, 학습할 사건을 이해하도록 안내하는 역할을 한다. 원리는 학자가 구성한 것이고, 학생들은 결국 이해해야 하는 것이다.
- 원리는 탐구를 통해 도출된 지식주장으로부터 얻어지며, 후속 탐구의 관찰이나 기록 변환을 안내해 준다. 예를 들면, [그림 6-6]에 제시된 실험에서 '해수면 높이에서 순수한 물은 100℃에서 끓는다'가 하나의 원리가 된다.
- [그림 6-6]의 이론은 설명에 이르는 추리가 양상을 띠게 하는, 논리적으로 관련이 있는 일련의 개념들을 말한다.
- 이론은 개념들 사이의 관계를 설명한다는 점에서 원리와 비슷하지만, 사건과 사건에 대한 주장을 기술하기 위하여 개념과 원리를 조직한다. 이론은 원리보다 더 광범위하고 더 포괄

적이며, 수많은 구체적 개념들과 원리들을 포괄하는 것으로 간주된다. 세포설과 분자운동론은 수백 개의 더 구체적인 관계들을 포섭하며, 이런 속성은 이론이 과학적 탐구를 안내할 수 있게 하지만 이해하기 어려운 원인이 되기도 한다.

- 원리는 사건이나 사물이 어떻게 일어나고 행동하는지 알려 주지만, 이론은 왜 그러는지에 대해 말해 준다.
- 이론은 본질적으로 넓고 포괄적이기 때문에, 과학의 분야마다 그 수가 그리 많지는 않다. 새로운 이론은 천재들이 구성하는데, 각 분야마다 천재의 수는 매우 적다.

〈가치주장〉

- 가치주장에는 언제나 정의적 또는 느낌의 요소가 있으며, 느낌은 때때로 매우 긍정적이거나 흡연・약물・성과 같이 부정적일 수 있다. 그러므로 가치주장은 학생들이 그와 관련된 지식주장에 친숙해질 때까지 진술하기를 미루는 것이 바람직하다.
- 가치주장은 이것이 좋은 것인가? 혹은 나쁜가? 무엇에 이익인가? 옳은 것인가?와 같은 가치가 개재된 질문에 답을 하는 것이다.
- 얼음물에 열을 가하는 실험을 통해서 얻어진 결과에 관한 예를 들면, '불필요하게 얼음을 녹이는 것은 에너지를 낭비하므로, 피하는 것이 좋다' 또는 '뜨거운 물의 낭비는 에너지 남용이다'가 가치주장의 예시이다.
- 가치주장과 지식주장은 '한 배에 탄 모든 승객이 동일한 승객이 아닌 것처럼'(Gowin, 1981) 상호 연관되어 있지만, 서로 다르기 때문에 학생들과의 토론을 통해 그들이 가치주장과 지식주장의 철학적 독특성과 그들의 상호 의존성을 알게 할 필요가 있다.

자연발생설에 관한 생명과학 실험에서 초점질문으로 '구더기가 고기에서 자연발생적으로 발생할 수 있는가?'와 같이 제시할 수 있다. 이런 초점질문에 대하여 가치주장은 '음식물은 그릇에 넣고 뚜껑을 잘 덮어 보관해야 한다.'와 같이 진술할 수 있으며, 지식주장은 '구더기는 고기에서 자연발생적으로 생겨나지 않는다.'처럼 진술할 수 있다. 한편 V도의 왼쪽의 이론은 '생물은 생명체에서 생긴다.'와 같이 진술되며, 원리는 '구더기는 파리의 애벌레이다.' 또는 '구더기는 고기를 먹고 산다.'와 같다.

3) V도 평가

인식론적 V를 평가하는 유형으로 구성요소 전체를 평가하는 방법, 구성요소 가운데 일부를 선별하여 평가하는 방법, 그리고 채점 결과를 상, 중, 하로 변형하여 평가하는 방법이 사용된다. 일단 어느 요소를 평가할 것인지를 결정하였으면, 각 요소별로 채점기준을 명확히 설정한 다음에 평가를 한다. 〈표 6-5〉는 중등학생들이 작성한 V도를 평가하기 위해 설정한 채점기준의 예시이다(Novak & Gowin, 1984).

〈표 6-5〉 V도의 요소별 채점기준

	0	1	2	3	4
초점질문	없음	초점질문을 제시하지만, 사건과 사물을 모두 고려하지 않거나 V도의 개념적 측면에 집중하지 않음	초점질문이 개념을 포함하지만, 사건 또는 사물을 제시하지 않거나 실험과 관계가 없는 사건 또는 사물을 제시함	초점질문이 교수·학습에서 다루어질 개념을 포함하며, 사건과 그에 수반되는 사물을 모두 포함함	해당 없음
사물/사건	없음	초점질문과 일치하는 사물 또는 사건을 제시하거나, 사물과 사건을 모두 제시했지만 초점질문과 일치하지 않음	사물이 수반되는 사건을 제시하며, 초점질문과 일치함	앞과 같으며, 기록할 내용까지 제시함	해당 없음
이론/원리/개념	없음	법칙과 이론이 없이 개념만 제시하거나, 제시된 원리가 실험을 통해 추구한 지식 주장임	개념들과 함께, 적어도 한 형태(개념적 또는 방법론적) 이상의 원리나 이론을 제시함	개념들과 두 가지의 원리 또는 개념들과 한 가지의 원리, 그리고 관련 이론을 제시함	개념들, 두 가지 형태의 원리, 적절한 이론을 모두 제시함
기록/자료변환	없음	자료를 기록했으나 초점질문이나 사건과 일치하지 않음	기록과 자료변환 가운데 하나만 제시함	사건과 관련된 기록은 있으나 자료변환이 초점질문과 일치하지 않음	사건에 대한 기록과 초점질문에 일치된 자료변환이 학생의 학년 수준에 맞게 제시됨
지식주장	없음	지식주장이 이론적 측면과 관계없음	지식주장이 자료의 일반화와 일치되지 않거나 부적절한 개념을 포함함	지식주장이 기록/자료변환에서 도출되었으며, 집중질문의 개념을 포함함	앞과 같으며, 지식주장이 새로운 초점질문을 제시함

[그림 6-6]에는 『2015년 개정 교육과정』에 선정·조직되어 있는 '물의 상태 변화' 단원의 주제와 관련되어 있는 한 탐구활동을 수행하였다고 가정하고, 그 과정 및 방법과 결과를 평가하기 위해 작성한 인식론적 V 평가의 예시이다(Novak & Gowin, 1984). [그림 6-6]에는 사건과 초점질문, 오른쪽 측면의 자료기록, 자료변환, 지식주장, 그리고 왼쪽 측면의 개념과 원리가 적절한 형태로 제시되어 있어서, 그것들은 〈표 6-5〉의 채점기준에 따라 평가할 수 있다. 이와 대조적으로, 오른쪽 측면의 결과, 가치주장과 일반화, 그리고 왼쪽 측면의 법칙과 이론은 제시되어 있지 않기 때문에, 모두 0점 처리할 수밖에 없다.

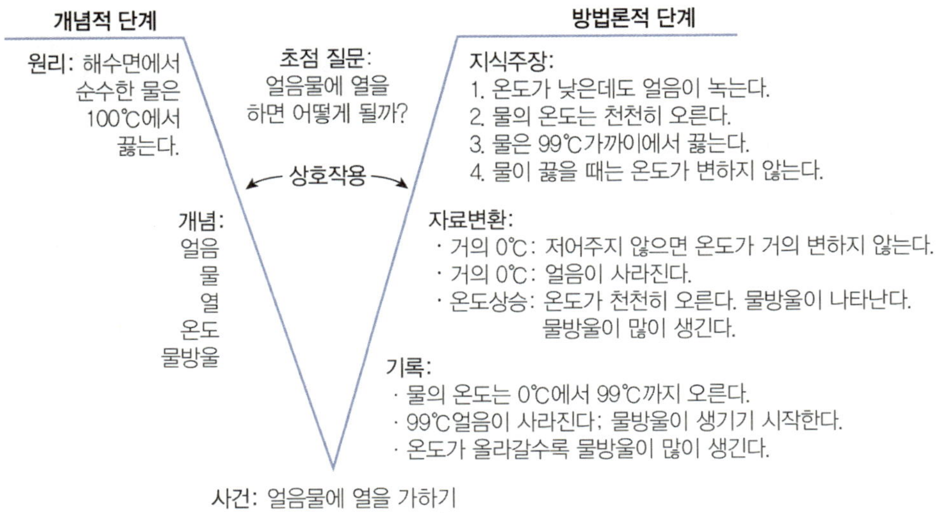

[그림 6-6] 인식론적 V 적용 실례

[그림 6-6]의 예시에서 왼쪽의 이론과 원리 또는 법칙도 개념과 마찬가지로, 하나 이상 적도록 일러두었다면, 그에 맞추어 채점기준을 작성하고 그에 따라 점수를 준다. 오른쪽의 가치주장과 지식주장도 하나 이상 적게 할 수 있기 때문에, 그에 따라 평가할 수 있다. 한편 사건과 초점질문은 〈표 6-5〉의 채점기준에 따라 평가할 수 있으나, 저학년의 경우 교사가 제시하기 때문에 평가의 대상에서 제외시킬 수도 있다.

7. 협동학습

협동학습(cooperative learning)의 이론적 배경은 구성주의와 관련되어 있다(Bybee et al., 2008). 구성주의에 따르면, 과학지식은 다양한 사회구성원 사이의 토론을 통한 민주적 합의의 결과이며, 교수·학습 과정은 사회적 과정이다. 사회적 합의 과정으로서의 학습에는 토의와 아울러 협동학습 전략도 효과적이다. 한편 교사와 학생들이 전통적 과학 교수·학습 과정에서 하는 역할과 협동학습 과정에서 하는 역할은 다르다. 협동학습 과정에서는 교사가 모둠학습을 촉진해야 하며, 학생들은 교수·학습 과정에 능동적으로 참여하고 자신의 학습에 대한 책임을 져야 한다(Eggen & Kauchak, 2001).

1) 협동학습의 의미와 기능

협동학습은 학생들이 각자 역할을 맡아(Eggen & Kauchak, 2006) 서로 도우며 힘을 모아 함께 공부하는 방법이다. 협력학습(collaborative learning)으로 불리기도 하는 협동학습은 집단에 의한 학습의 특성과 그 과정의 사회적 특성을 강조한다(Johnson & Johnson, 1997; 1999). 협동학습은 협력적 사고와 협동을 통해 문제나 과제를 해결하게 하여 학생들의 협력심을 고양하고, 인간관계를 증진하며, 민주시민 정신을 육성하는 등에 효과적이다. 협동학습의 효과는 성취수준이 이질적인 집단일수록 높아진다.

협동학습은 모둠학습(group learning)이지만, 둘은 서로 구분된다(Colburn, 2003). 학생을 몇몇 모둠으로 나누고, 각 모둠에 학습과제를 주고, 모든 모둠원들이 주어진 과제를 함께 완수하는 과정을 모둠학습이라 한다. 그러나 이와 같은 모둠학습이 모두 협동학습은 아니다. 모둠학습으로서의 협동학습에서는 모든 모둠원이 동시에 상호작용하고, 모둠 안의 개인 대 개인 사이의 대화가 동등하게 이루어지며, 상호 간에 의존하고, 그리고 학습의 결과에 대하여 모둠원 모두 책임을 진다. 이런 특성 때문에, 협동학습은 개별적인 탐구보다 모둠원끼리 공동적인 사고 과정과 협력을 통해 문제를 히결하는 과학적 탐구에 의한 교수 · 학습에 특히 실용적이다(서울대학교 교육연구소, 1994).

각급 학교에서 비교적 널리 활용되고 있는 협동학습은 대부분의 경우 모둠으로 이루어지며, 모둠에 참여한 학생들이 서로 협력하고 적극적으로 상호작용하는 교수 · 학습 과정을 말한다(Eggen & Kauchak, 2006; Jacobsen et al., 2006). 모둠을 단위로 이루어지는 협동학습은 학생들의 높은 성취도, 높은 학습동기 유발, 사회적 기능의 신장, 인간관계 개선, 다양한 역할 수행, 책임감 있는 행동의 실행, 가치관의 계발에 목적을 둔다. 이러한 목적은 다른 학생을 존중하고, 각자 맡은 역할을 책임지고 수행해야 효과적으로 달성될 수 있다. 협동학습은 또한 모둠 안에서 학생들의 역할을 주기적으로 바꾸어 실행하면, 그 효과가 더욱 빠르게 극대화된다(Hammerman, 2006).

새로운 과학관으로서의 STS 교수 · 학습, 과학의 윤리적 특성 교수 · 학습, 의사결정력의 신장에 목적을 둔 과학 교수 · 학습에는 협동학습 방법이 효과적이다(Cheek, 1992). 협동학습은 그 이론적 배경을 사회심리학에 두고 있기 때문에, 과학 및 과학기술로 야기되어 사회적 · 국제적으로 논쟁거리가 된 주제의 교수 · 학습에 실용적이다(Bybee et al., 2008). 협동학습은 무엇보다도 학생들 사이의 경쟁관계와 격리 현상을 없애주고, 학생들을 학습에 적극적으로 참여하게 하는 특성이 있다(Chiappetta & Koballa, 2006).

2) 협동학습의 이론적 배경

협동학습의 이론적 배경은 듀이(John Dewey, 1859~1952)의 교육철학 사상과도 연관되어 있다(서울대학교 교육연구소, 1994). 듀이는 교사의 역할로 민주적 절차와 과학적 과정을 골간으로 한 사회적 체제로 이루어진 학습 환경의 조성에 두었는데, 그가 말하는 학습 환경은 민주적 원리를 습득하기 위한 소집단 내의 상호작용과 집단에 의한 문제해결 과정이 진행되는 학습 상황을 말한다. 교수·학습 전략으로서의 협동학습법은 1970년대 초에 일어난 교육혁신 운동의 결과이자 그 산물로서, 소규모 집단 내의 학생들 사이에서 일어나는 상호작용을 통한 학습을 지칭한다(Hassard, 2005).

교수·학습 전략으로서의 협동학습의 이론적 배경은 심리학자 레빈(Kurt Lewin, 1890~1947)과 게슈탈트 심리학 창시자 가운데 한 심리학자 코프카(Kurt Koffka, 1886~1941) 등의 사회적 상호의존설(social interdependence theory)에도 있다(Johnson & Johnson, 1997; 1999). 특히 1920년대의 사회심리학자들은 이들이 제시한 협동학습 이론을 수용하여 그 효과를 처음으로 연구하였다. 집단에서 이루어지는 과정의 사회적·역동적 특성은 과학의 사회적 특성을 강조한 현대의 과학철학적 관점으로서의 구성주의와 학습의 사회적 특성을 주장하는 심리학적 견해로서의 구성주의 신조와도 일치한다.

오늘날에는 협동학습을 비고츠키(Lev S. Vygotsky, 1896~1934)가 주창한 사회문화적 이론(sociocultural theory)의 응용이론으로 불리기도 한다. 사회-역사적 이론(socio-historic theory)으로 일컬어지기도 하는 사회문화적 이론에서는 학습을 이질적으로 구성된 모둠에서 구성원들 사이에, 또는 컴퓨터를 이용한 전산망에서, 이루어지는 협력으로 특징짓는다. 협동학습은 이와 같이 서로 이질적인 학생들로 이루어진 모둠 구성원의 협력을 기반으로 하기 때문에 협력학습으로 일컬어지기도 하며, 의미뿐만 아니라 목표와 방법에 있어서도 개별학습이나 경쟁학습과의 차이를 드러낸다(Hassard, 2005).

3) 협동학습의 종류와 방법

모둠 안에서 구성원 각자 독자적으로 문제를 푸는 경우나 우수한 학생이 부진한 학생을 가르치는 경우는 협동학습이 아니다. 모둠원이 모두 한 과제를 공동으로 수행하는 경우, 한 문제나 퀴즈를 함께 푸는 경우, 실험을 함께 수행하고 보고서도 함께 모둠의 이름으로 작성하는 경우, 한 과제를 몇 개의 소과제로 나누어 분담한 다음 그 결과를 통합하는 경우 등과 같이 모든 모둠원이 동등하게 협력하여 학습하는 경우는 모두 협동학습에 해당된다.

이와 같은 협동학습의 성공과 효과는 적극적 상호작용, 면대면 의사소통, 개인적 책무성, 개인 사이의 사교 기능, 사회적 기능에 달려있다(Hassard, 2005).

슬래빈(Slavin, 1995)이 제안한 학생모둠성취분담(Student Teams-Achievement Division; STAD) 모형은 귀납적 교수 · 학습, 개념획득 교수 · 학습, 직접 교수 · 학습 등 전통적 교수 · 학습 과정에 그대로 적용된다. 학생모둠성취분담(STAD) 모형에 따른 교수 · 학습은 성이나 성취도 수준이 다른 4~5명으로 구성된 집단을 통해 이루어지며, 과학적 사실과 개념, 과학적 탐구 과정의 교수 · 학습에 특히 효과적이다(Eggen & Kauchak, 2006). STAD에서는 강의 · 과학실험 · 시범실험에 의한 교수 · 학습이 끝난 다음에 교사가 자료를 제시하면, 학생들은 모둠원끼리 함께 학습하고, 개별적으로 평가를 받으며, 개인별 점수를 모두 합하여 집단과 개인을 평가한다. 이 방법은 초등학교뿐만 아니라 중등학교 및 대학교의 교수 · 학습에서도 활용할 수 있으며, 수학이나 과학과 같이 교수 · 학습 목표를 뚜렷하게 제시할 수 있는 영역에 관한 교수 · 학습에는 특히 효과적이다.

STAD 모형에 따른 과학 교수 · 학습 과정은 다음 구성요소 및 그 예시가 보여주는 바와 같이, 과학 교수 · 학습 자료, 학습 모둠, 성취도 검사, 개인성취 점수, 모둠 게시의 요소로 이루어져 있다. 이는 곧 STAD 모형이 그 구성요소를 모두 실행할 수 있는 주제의 교수 · 학습에 효과적임을 보여준다.

〈STAD 모형 구성요소〉

- 교수 · 학습 자료
  - 교사가 학급 전체에 제시하는 개념 · 기능 · 과정에 관한 자료이다.
  - 강의나 시범으로 제시할 수 있으며, 교과서 내용일 수도 있다.
- 학습 모둠
  - 성 · 성취도 · 사전경험이 서로 다른 4~5명으로, 모둠 사이에 고르게 구성한다.
  - 교사가 제시한 주제나 지시한 내용을 모둠별로 함께 공부한다.
- 성취도 검사
  - 학습한 개념 · 기능 · 과정을 대상으로 평가한다.
  - 시험은 철저하게 개인별로 검사한다.
- 개인성취 점수
  - 사전검사, 또는 전 시간까지의 평균점수로 개인별 기본점수를 설정한다.
  - 기본점수보다 향상된 점수를 미리 정한 기준에 따라 향상 점수로 환산한다.
  - 모둠별로 개인별 향상 점수를 모두 더하여 모둠별 향상 점수를 구한다.
- 모둠 게시
  - 모둠의 성취도와 향상된 점수, 모둠의 등위를 게시한다.
  - 성취 결과를 게시할 때는 개인의 점수보다는 개인별 향상된 점수가 더 중요함을 강조한다.

〈STAD 모형에 따른 교수 · 학습 예시〉

- 교수 · 학습 자료
  - 지식: 세포 분열, 생식 방법, 발생 과정에 관한 교수 · 학습 자료
  - 기능 및 과정: 관찰, 측정
- 학습 모둠
  - 짝과 앞의 두 명 총 4명으로 한 모둠을 구성한다.
  - 교사가 제시한 세포 분열, 생식 방법, 발생 과정을 순서대로 함께 공부한다: 모둠의 장이 설명하거나 토론을 통해 학습할 수 있다.
- 성취도 검사
  - 세포 분열, 생식 방법, 발생 과정, 관찰 및 측정 기능을 대상으로 형성평가를 실시한다.
  - 공부한 내용에 관하여 개인별로 시험을 본다.
- 개인성취 점수
  - 개인별로 미리 확인한 기본점수보다 향상된 점수를 확인한다.
  - 향상된 점수를 미리 정한 기준에 따라 개인향상 점수로 환산한다.
  - 네 명의 개인향상 점수를 더하여 모둠향상 점수를 계산한다.
- 모둠 게시
  - 각 모둠향상 점수에 따라 모둠 서열을 매겨 발표한다.
  - 모둠향상 점수는 개인향상 점수의 합임을 강조한다.
  - 모둠향상 점수가 가장 높은 모둠에 적절한 칭호를 붙여 격려한다.

이 예에 나타난 바와 같이, STAD 모형에 따른 과학 교수 · 학습에서는 함께 학습하고, 개별적으로 평가하며, 개인별 점수를 모두 합산하여 집단과 개인을 평가한다. 이때 총점이 가장 높은 모둠에 보너스 점수를 주어서는 안 된다. 협동학습은 경쟁학습이 아니기 때문에, 모둠에 대한 보상은 개인향상 점수에 모둠향상 점수를 가산하는 것보다 모둠향상 점수의 서열에 따라 모둠에 특정한 칭호를 붙여주는 정도면 충분하다.

모둠경기학습(Teams-Games-Tournaments; TGT)과 STAD는 한 가지만 제외하고 모든 면에서 비슷하다. TGT에서는 퀴즈와 개인향상 점수 체제 대신에 집단의 대표들끼리 경쟁하는 학문적 토너먼트 체제를 이용한다(Slavin, 1995). TGT의 게임은 세 팀의 대표들을 토너먼트 원탁에 배치함으로써 시작된다. 토너먼트 원탁에는 각 집단에서 동일한 수준의 학생들을 선정하여 배치하여 동일한 수준의 학생들끼리 경쟁하게 한다.

과제분담(Jigsaw) 모형은 과제지향적 협동학습이다. 과제분담 모형에 따른 교수 · 학습에서는 주어진 과제를 여러 분단에서 파견된 대표들과 함께 주어진 주제를 공부하여 전문가가 된 다음, 자기 모둠으로 돌아가 모둠원을 가르친다(Hassard, 2005). Jigsaw는 과학적 탐구 기능의 신장보다 과학지식의 획득에 목적을 둔 교수 · 학습에 더 효과적이다. Jigsaw의 효과는 집단을 STAD에서처럼 이질적으로 구성할수록 높아진다. 한편 과학지식의 교수 ·

학습에는 Jigsaw가 STAD보다 더 실용적이다. Jigsaw는 GI와도 다른데, Jigsaw · STAD · GI의 차이를 대조하면 〈표 6-6〉과 같다(Jacobsen et al., 2006).

〈표 6-6〉 Jigsaw, STAD, GI의 차이

모형	내용 목적	모둠의 구조
Jigsaw	비교적 포괄적인 주제의 조사	포괄적인 주제를 소주제로 나누고, 각 모둠원이 소주제를 공부하여 다른 모둠원에게 가르친다.
STAD	사실적 지식, 개념, 탐구 과정	각 모둠은 이질적으로 구성하되, 성취도에 있어서 모둠의 평균 사이에 차이가 없도록 구성한다.
GI	모둠에 의한 문제해결 또는 탐구	조사할 모둠을 STAD에서와 같이 이질적으로 구성한다.

과제분담 모형은 우리나라에 가장 먼저 소개된 협동학습 모형이다. 과제분담 모형에 따른 교수 · 학습에서는 모든 학습자가 전문가 모둠에서 정해진 주제를 공부한 다음, 자기 모둠으로 돌아와 다른 학생들을 가르친다. 과제분담 모형에 따른 교수 · 학습은 다음 예와 같이, 내용 및 자료, 학습 모둠, 전문가 모둠, 보고 및 검사로 구성된다.

- 교수 · 학습 자료 준비
  - 소화계 · 호흡계 · 순환계 · 신경계 · 골격계 · 근육계에 관한 교수 · 학습 자료를 개발한다.
  - 각 자료를 6부씩 한 전문가 모둠 책상 위에 올려놓는다.
- 학습 모둠 구성
  - 6명을 한 모둠으로 한 여섯 학습 모둠을 구성한다: 학급의 학생이 36명보다 많을 경우 모둠을 7명으로 하고, 두 명은 함께 행동하게 한다.
  - 각 학습 모둠은 구성원이 여러 가지 특성에서 비슷하게 구성한다.
  - 각 전문가 모둠에 1명(또는 2명)씩 보내 그 모둠에 배정된 내용을 공부해 오게 한다.
- 전문가 모둠 구성
  - 각 학습 모둠에서 1명(또는 2명)씩 파견된 학생들로 구성한다.
  - 각 전문가 모둠에서는 소화계 · 호흡계 · 순환계 · 신경계 · 골격계 · 근육계 가운데 하나를 지정된 대로 교수 · 학습한다.
- 보고
  - 전문가 모둠에서 공부가 끝나면, 각자 자기의 학습 모둠으로 돌아와 다른 학생들을 가르친다.
  - 전문가 모둠에서 공부한 것을 보고서로 작성하여, 다른 학생들에게 제시하거나 토의 · 강의 · 실험으로 가르칠 수도 있다.
- 검사
  - 모든 학습 모둠 안의 공부가 끝나면, 교사는 전반적인 내용을 간단히 묻고, 그 문제에 대

한 전문가가 대답한다.
- STAD에서처럼 개인별로 검사하고, 점수도 개별적으로 매긴다.

중·고등학교 과학 교과서에는 STAD보다 Jigsaw 모형에 따른 교수·학습이 더 융통적인 주제가 많다. 또한 이 모형은 비슷한 수준의 개념을 동시에 여러 개를 교수·학습하려 할 때 효과적이다. Jigsaw 모형에 따른 교수·학습에서는 학습의 과정을 강조할 뿐만 아니라 학생들이 다른 학생들을 가르치기 때문에, 학습에 대한 학생들의 책임도 그만큼 더 무겁다. 현재는 Jigsaw가 안고 있는 문제를 개선한 Jigsaw II와 III가 적용되고 있다.

모둠조사(Group Investigation; GI) 모형은 학습 목표의 선정, 정보와 자료의 수집 계획, 모둠의 구성, 조사의 방법과 절차 계획, 역할 결정, 조사활동 계획의 절차에 따라 특정 주제에 관한 연구를 수행하는 데 목적이 있다(Eggen & Kauchak, 2006). 모둠조사 모형을 따르는 교수·학습에서는 2~6명의 학습집단이 교수·학습과제(단원)를 선정하고, 그것을 몇 개의 하위 과제(소단원)로 나누어 모둠이 모두 한 과제(소단원)씩 맡아 실행하고, 집단의 보고서를 작성하며, 보고서를 학급에 발표한다. 이 방법은 여러 명이 함께 자료를 수집·분석·통합해야 하는 복잡한 문제의 교수·학습에 적절하다. GI 모형에 따른 교수·학습 과정은 주제의 선정-조사계획 수립-조사-분석과 통합-발표의 다섯 단계(Hassard, 2005), 또는 다음 예시와 같이 모둠 구성-주제 선정-협동 계획-실행-분석과 통합-최종 산물의 발표-평가의 일곱 단계를 거쳐 수행할 수도 있다.

- **모둠의 조직과 주제의 구성**
  - 학급 당 4~6명을 한 모둠으로 6~10여 모둠을 구성한다.
  - 조사할 주제와 소주제를 제시하고, 모둠마다 한 소주제를 선정하게 한다.
- **조사 계획과 실행**
  - 각 모둠에서 조사 방법, 절차 등 조사 계획을 수립한다.
  - 계획한 그대로 조사한다.
- **분석과 통합**
  - 조사한 자료를 분석하고 평가한다.
  - 학급 전체에 발표할 내용을 요약하고, 그 방법을 결정한다.
- **최종 산물의 발표**
  - 조사한 것을 요약·정리하여 전체 학급에 발표한다.
  - 다른 모둠의 조사 내용을 공부한다.
- **평가**
  - 개인별로 또는 모둠별로 평가한다.
  - 학생들이 다른 모둠의 발표를 보고, 발표 방법과 모둠에 대한 개인의 공헌도를 평가한다.

모둠조사 모형에 따른 교수 · 학습에서는 가능한 한 학생들이 학습의 주제, 또는 과제를 선정하고, 조사 계획을 수립하며, 직접 조사하게 한다. 그러므로 모둠조사 모형에 따른 교수 · 학습은 다른 협동학습 모형에 따른 교수 · 학습의 경험을 갖고 있거나 관련된 내용을 어느 정도 잘 숙지하고 있으며, 조사에 필요한 기능도 갖고 있어야 효과적으로 이루어진다. 한편 모둠조사 모형에 따른 교수 · 학습의 결과에 대한 평가의 주안점은 조사계획의 수립, 정보의 수집 · 분석 · 해석, 발표 기능에 둔다.

Co-Op Co-Op는 GI와 비슷하며, STAD와 Jigsaw의 요소를 많이 활용한다(Hassard, 1990). 그러나 Co-Op Co-Op 모형에서는 모둠원이 각자 소주제를 맡아 수행하지만, GI 모형에서는 역할을 맡아 수행한다는 점에서 두 모형이 다르다. Co-Op Co-Op의 목적은 학급이 정한 주제를 모둠원끼리 협력하여 학습하고, 그 결과를 모둠과 학급 전체가 공유하는 데 있다. 이 방법에 따른 교수 · 학습은 학생들에게 브레인스토밍(brainstorming)을 통해 탐구하고자 하는 주제를 말하게 하고, 같은 주제를 선정한 학생들끼리 모둠을 구성한 다음, 모둠의 주제를 소주제로 나누고, 모둠원들이 각자 소주제를 하나씩 선택하여 탐구한 다음, 모둠과 학급에 발표하는 절차를 거쳐 이루어진다. 이 방법은 야외실습이나 실험실 실험중심의 교수 · 학습에도 쉽게 적용할 수 있다.

협력학습(learning together; LT) 모형은 1975년에 존슨과 존슨(Johnson & Johnson, 1999)이 개발한 일종의 협동학습 원리이다. 협력학습 모형은 가장 오래된 협동학습 모형으로 알려져 있지만, 다른 모형에 비해 조잡하게 구성되어 있어서 현장에서는 효과적으로 적용하기 어렵다. LT 모형에 따른 교수 · 학습은 5~6명의 모둠이 주어진 과제를 함께 공부하고, 평가와 보상도 모둠별로 받는다. 다음은 이 모형에 따른 교수 · 학습 실례이다.

- **목표 제시**
  - 마찰전기로 전기의 성질을 확인한다.
  - 전류의 방향과 전자의 이동 방향을 지시할 수 있다.
  - 전압과 전류의 관계를 말할 수 있다.
- **교수 · 학습과제 제시**
  - 정전기 유도
  - 전기의 성질
  - 전류의 방향과 세기, 전하
  - 전압 및 전류와의 관계
- **평가**
  - 위 내용을 대상으로 한다.
  - 시험은 개인적으로 보지만 점수는 모둠별로 매긴다.

이 예에서와 같이, LT 모형의 목적도 개인별 성취도보다 모둠원의 협력을 조장하는 데 있다. 또한 이 모형은 원래 18단계, 즉 18가지의 원리로 구성되었으나 실용성이 떨어져 중·고등학교의 과학교육 현장에서는 그 절차에 따라서는 거의 수행되지 않는다. LT 모형에 따른 교수·학습에서는 개인이 아니라 모둠별로 평가한다. 모둠별 협력의 성질이나 정도에 따라 전체 모둠이 동일한 추가 점수나 보상을 받을 수도 있다.

이상에서 살펴본 바와 같이, 협동학습에서는 그 종류에 관계없이 모두 모둠별로 학습하며, 모둠의 목적을 추구하고, 승리자와 패배자가 결정되는 경쟁을 피한다. 협동학습은 모형에 따라 다양한 목적을 달성할 수 있다. 협동학습을 통해서 과학지식, 과학적 탐구의 과정과 기능, 고차원적 사고 기능뿐만 아니라 인간관계 기능과 관련된 목적도 달성할 수 있다. 그러나 모든 협동학습은 면대면 상호작용, 모둠 목표, 개인적 책임, 협력 기능, 모둠에 의한 수행의 다섯 가지 공통적인 측면으로 구성되어 있다(Jacobsen et al., 2006).

8. 시범실험

시범실험(demonstration)은 실험과 관찰의 두 가지 과학적 연구 및 과학적 탐구의 원리를 적용한 과학 교수·학습 전략으로서, 목적과 방법 그리고 그 대상에 따라 다양한 종류로 나뉜다. 시범실험은 과학적 개념이나 과학적 탐구 과정 및 기능을 보여주는 데 실제적인 수단이다. 학생들은 교사나 다른 학생이 수행하는 시범실험의 관찰을 통해서 과학적 실험에 관한 간접적 경험을 가질 수 있으며, 그와 관련된 과학지식을 획득하고, 과학적 방법과 과학적 탐구의 기능도 습득할 수 있다(Bybee et al., 2008).

1) 시범실험의 의미와 필요성

과학은 말로 듣는 것보다 직접 볼 때, 보기만 하는 것보다 스스로 실행하면 더 쉽게 이해된다. 시범실험은 이런 조건을 충분히 만족시키는 과학 교수·학습 전략이다. 과학 교수·학습 전략으로서의 시범실험이 논리학적으로는 증거를 제시하여 증명하는 과정의 의미를, 교육학적으로는 실물 교수법의 의미를 지닌다. 관찰과 측정이 가능한 자연현상을 다루는 중·고등학교의 과학 교수·학습 과정에는 시범실험이 필수적이다.

시범실험은 기본적으로 실험과 관찰의 원리를 적용하기 때문에, 관찰·입증·실험의 대안으로 활용할 수 있으며(Bybee et al., 2008), 교사 대신에 학생이 수행할 수도 있다. 그러나 동일한 주제일지라도 관찰 · 실험 · 시범실험의 효과는 다르기 때문에, 목적에 맞게 적용해야 한다. 시범실험을 수행해야 할 일반적 상황(Dawson, 1994), 시범실험을 교사가 수행해야 할 때, 학생이 수행해도 좋을 때(Martin et al., 2002)를 요약하면 다음과 같다.

〈시범실험을 수행해야 할 일반적 상황〉

- 모든 학생이 관찰해야 할 때
- 학생들의 사고를 일깨워주고 교수 · 학습에 적극적으로 참여하게 할 필요가 있는 상황
- 자료와 도구가 한정되어 있을 때
- 극적인 효과가 필요할 때
- 다양한 교수법을 적용하려 할 때
- 실험실 교수 · 학습이 어려울 경우
- 실험의 준비에 많은 노력과 시간이 필요할 때
- 안전사고나 위험이 수반될 가능성이 높을 때

〈교사가 시범시험을 수행해야 할 때〉

- 시범실험이 위험할 때
- 학생들이 실험도구나 동 · 식물을 적절하게 다루는 기술을 습득하려는 과정을 도와주려 할 때
- 중요한 개념의 발달을 위한 교수 · 학습에 학생들을 집중시키려 할 때
- 실험 기자재가 모든 학생들이 쓸 수 있을 만큼 충분하지 않을 때
- 학생들의 흥미를 끌고, 중요한 질문을 하고, 비판적 · 창의적 사고를 요구하는 문제를 제기할 때
- 학문적 문제를 해결하려 할 때
- 교수 · 학습한 경험과 내용을 새로운 상황에 적용하려 할 때
- 지진아를 격려하고, 우수아의 학습을 독려할 때

〈학생들이 시범실험을 수행해도 좋을 때〉

- 학생들이 실험을 설계하거나 준비하였을 때
- 학생들이 해야 다른 학생들이 더 쉽게 이해할 수 있을 때
- 학생들이 자신들이 수행한 것을 말로 표현하기 어려워할 때
- 학생들이 자신감을 갖고 의사소통 기술을 습득해야 할 필요가 있을 때

과학의 시범실험은 원칙적으로 교사위주의 교수 · 학습이다(Llewellyn, 2005). 시범실험에서는 교사가 실험도구를 다루며, 적절한 절차에 따라 직접 실험을 한다. 교사는 그 과정을 거치면서 그가 하고 있는 일과 왜 그것을 하는지, 어떤 일이 일어나고 있으며 앞으로 어떤 일이 더 일어날 것인지, 결론이 무엇인지에 관하여 학생들에게 말해준다. 학생들은

시범실험이 진행되는 과정을 지켜봄으로써 간접적 실험 경험을 얻는다.

2) 시범실험의 기능과 특성

중등 학교에서 교수 · 학습 전략으로 적용하는 시범실험은 과학 교과서의 단원이나 장의 소개에, 또는 선행조직자로, 과학 개념의 오인 교수 · 학습에(Chiappetta & Koballa, 2015), 그리고 표준 교수 · 학습(benchmark lesson) 과정에(Krajcik, Czerniak, & Berger, 2003) 효과적이다. 시범실험은 학생들의 주의 · 학습의욕 · 흥미를 유도할 수 있으며, 과학적 개념과 이론을 예시하고, 과학적 탐구와 문제해결 과정을 시작하게 하며, 새로운 기능을 예시하는 기능을 한다. 이 밖의 시범실험의 특성(Bybee et al., 2008)과 시범실험의 장단점을 요약하면 다음과 같다(Chiappetta & Koballa, 2015).

〈시범실험의 특성〉

- **비용의 저렴**: 시범실험에는 실험에서보다 더 적은 수의 도구와 적은 양의 재료가 소용된다.
- **도구의 구입 가능성**: 어떤 실험은 학급의 모든 학생들이 도구를 가질 필요가 없다.
- **시간의 경제성**: 교사는 시범실험 준비에만 시간을 쓰고 나머지 시간은 시범실험에 쓸 수 있다.
- **적은 위험성**: 교사는 위험이 따르는 화학실험 재료와 시약, 그리고 정교한 기술이 필요한 도구를 학생들보다 더 잘 다룬다.
- **사고과정의 방향**: 시범실험에서 학생들의 사고를 더욱 쉽게 유도할 수 있으며, 그들이 보다 분석적이고 통합적으로 생각하게 할 수 있다.
- **도구사용 제시**: 여러 가지 도구를 사용하는 방법과 주의사항을 쉽게 알려줄 수 있다.

〈시범실험의 장점〉

- **흥미와 주의**: 학생들의 주의를 끌어들이며, 흥분시키는 사건을 제공할 수 있다.
- **사고의 안내**: 구체적인 사물 또는 잘 계획된 질문을 사용하여 학습의 내외적 조건을 조직함으로써 학생들의 사고를 인도할 수 있다.
- **안전**: 학생들이 수행하기에 너무 위험한 실험은 교사가 수행할 수 있다.
- **재료의 절약**: 공급이 한정되어 있거나, 도구가 너무 비싸거나 누구나 사용하기에는 지나치게 다루기 힘든 경우에 적용할 수 있다.
- **교사 및 학생의 시간 절약**: 기자재를 준비하고 배치하고 거두어 들이는 데 소비되는 교사의 시간을 절약할 수 있다.

〈시범실험의 단점〉

- **가시성**: 모든 학생이 시범실험의 절차를 자세히 보기 어려우며, 그리하여 시범실험이 제공하는 이익을 제대로 얻을 수 없다.
- **이해**: 교사가 시범실험을 재빠르고 능숙하게 진행함으로써, 학생들은 속임수처럼 받아들여

져, 결과적으로 기대했던 학습의 결과가 달성되지 않을 수 있다.

- **흥미 유지**: 학생들이 능동적으로 참여할 기회가 부족하다.
- **정밀한 기기**: 정교한 도구의 사용으로 권위가 더해져, 질문이 나오기 어렵게 한다.

과학 교수 · 학습 전략으로서의 시범실험은 같은 주제를 대상으로 한 관찰이나 실험에서 사용한 도구를 사용하고, 실제로 수행한 관찰이나 실험의 절차와 비슷한 절차에 따라 수행할수록 효과적이다. 시범실험을 더욱 효율적으로 실행하기 위해서는 평가와 피드백을 활용한다. 그러나 여건이 허용된다면 가능한 한 시범실험보다 실험실 실험을 적용하는 것이 더 바람직하다. 시범실험이 교사위주로 수행됨에 비하여, 실험실 실험은 학생들이 실시해도 된다. 시범실험도 학생들의 호기심을 증가시키고, 그들이 혼동하고 있는 것을 풀어줄 수는 있으나, 그런 효과에 관한 한 실험실 실험만 못하다.

3) 시범실험의 방법

교수 · 학습 방법으로 적용되는 시범실험은 사전 준비가 필요하다. 시범실험을 성공적으로 수행하기 위해서는 먼저 시범실험의 주제를 파악하여 결정하며, 주제를 보여줄 방법과 활동을 체계적으로 설계해야 하며, 시범실험에 사용되는 장치의 크기와 모양도 미리 점검해야 한다. 시범실험을 수행할 때 학생들에게 물을 질문과 평가할 문제도 미리 작성할 필요가 있다. 더욱 실제적이고 효과적인 시범실험을 수행하기 위해서는 이외에 다음과 같은 사항에도 유의해야 한다(Bybee et al., 2008).

- 어디에서나 잘 보이도록 한다: 너무 작은 도구를 사용할 경우 OHP나 실물환등기를 사용한다.
- 교실 뒤에 앉은 학생도 잘 들을 수 있도록 큰 소리로 말하면서 시범실험을 실행한다.
- 활기차고, 열정적으로 수행한다.
- 계획된 절차를 따른다; 귀납적 교수법을 적용한다; 진행될 과정에 관하여 계속 질문한다; 시범실험을 통해 달성하려는 목적을 잘 인식한다; 정적 강화를 적절히 해 준다.
- 질문할 경우 최소한 3초 기다린다.
- 시범실험의 목표를 말로 표현하기보다 칠판에 적어 놓는다.
- 시범실험의 말미에 학생들로 하여금 시범실험 과정에서 일어난 것과 그 목적을 요약하게 한다.
- 교수 · 학습의 결과를 평가한다.

시범실험의 유형과 특성도 다양하다. 전통적인 소극적 시범실험은 POE 모형을 병용함으로써 인지적으로 더욱 적극적인 시범실험으로 전환시킬 수 있다. 개념변화 교수 · 학습에는 컴퓨터기반 시범실험이 효과적인 인지적 도구로 활용된다(Treagust & Tsui, 2014). 시범실험은 학생들을 적극적으로 참여시킬수록 그들의 흥미를 많이 끌어들이고, 학습의 효과도 그만큼 높일 수 있다. 중・고등학교 과학 교수・학습 현장에서 적용할 수 있는 시범실험 방법을 예시하면 다음과 같다(Bybee et al., 2008).

- **교사 시범실험:** 교사가 준비하고 그가 직접 실험한다.
- **교사-학생 시범실험:** 학생들이 교사를 돕는 팀 접근법이다.
- **학생-단체 시범실험:** 학급을 몇 개의 분단으로 나누고, 각 분단별로 실험한다.
- **개별 학생 시범실험:** 학생이 대표로 실험한다.
- **초청인사 시범실험:** 특별한 자질과 경륜이 있는 다른 과학교사나 전문가, 또는 초청을 받은 과학자가 실험을 실행한다.

시범실험에는 여러 가지 기자재와 시설이 필요하다. 시범실험에 사용할 기자재는 미리 준비하여 사용할 수 있는 상태를 확인해야 한다. 도구가 분실된 것은 없는지, 녹슬지 않았는지 확인할 필요도 있다. 어떤 기자재는 시중에서 쉽게 구할 수 있으나, 어떤 것은 과학교사가 직접 설계하고 제작해야 한다. 과학교사가 시범실험을 위해 직접 설계하여 제작한 기자재가 그에게는 가장 익숙해져 있고, 그만큼 능숙하게 수행할 수 있으며, 시범실험의 효과도 더욱 증대될 수 있다(Chiappetta & Koballa, 2015).

9. 실험실 실험

실험(experiment)은 과학적 연구 현장에서 자연과학 연구의 고유한 한 가지 방법이자 과학적 탐구의 핵심적 과정으로 인식된다. 실험은 또한 각급 학교 과학 교수・학습에 필수적인 전략이자 도구로 활용된다. 실험은 자연과학을 다른 학문과 구분하는 기준이 되며, 과학의 교수・학습 방법을 다른 교과의 교수・학습 방법과 비교하는 준거가 되기도 한다. 그러나 각급 학교의 과학교육 현장에서는 실험의 의미, 목적, 방법을 잘못 이해하고, 그런 연유로 실제의 과학적 탐구 과정에서 오용되는 경우가 빈번하다. 과학교육 현장에서는 드물지 않게 관찰・측정・조사를 모두 실험으로 인식하며, 과학 실험실에서 일어나는 활동을 모두 실험으로 부르는 경우도 허다하다.

1) 실험실 실험의 의미와 특성

자연과학의 두드러진 특징들 가운데의 하나는 실험을 통한 연구이다(Gott & Duggan, 1995). 실험은 과학적 가설 · 이론 · 법칙을 비롯한 과학적 관념을 검증하는 과정(Chiappetta & Koballa, 2015)이며, 그 과정과 방법의 설계이다(Issacs, Daintith & Marin, 1996). 실험은 자연을 간섭하여, 즉 통제변인을 일정하게 유지한 채 조절변인을 변화시켜, 그 결과로 나타나는 현상들(종속변인들)을 관찰하거나 측정하여 가설을 검증하고, 그에 따라 자연현상들 사이의 인과관계를 규명하는 방법이다(Hammerman, 2006).

저자(Falk, 1980)에 따라서는 실험을 문제에 대한 해답과 정보를 찾는 방법, 또는 이미 잘 알려진 과학적 사실 · 개념 · 일반화 · 이론을 예증하거나 확증하는 증거를 제시하는 과정과 기능으로 규정하기도 한다. 과학적 연구와 과학교육 현장에서는 전자의 기능을 하는 실험을 탐구적 실험으로, 후자의 실험을 예시적 실험 또는 확인실험으로 부른다. 과학교사가 설명하려는 과학적 사실 · 법칙 · 원리를 발견하거나 개념이나 이론을 구성하기 위한 활동은 탐구적 실험이며, 교실에서 토의한 개념에 공통적인 특성을 관찰하여 기술하는 방법과 과정은 예시적 실험이다. 탐구적 실험은 과학적 실험이 나타내는 탐구적 성질의 한 원인이자 측면이 된다(Gower, 1997). 특히 탐구적 실험을 성공적으로 수행하기 위해서는 기초 탐구 과정뿐만 아니라 통합 탐구 과정을 모두 습득해야 한다.

이와 같은 탐구적 실험에는 과학적 사실 · 법칙 · 원리를 발견하는 과정도 포함된다. 그러나 『제7차 과학과 교육과정』(교육인적자원부, 2007)에 탐구 활동의 하나로 제시된 실험은 통합 탐구 과정을 통해 수행된다. 실험을 이와 같이 과학적 탐구 요소의 하나로 특징짓는다면, 변인을 통제하지 않는 탐색적 조사나 소극적 관찰, 분류학 · 암석학 · 지질학 · 천문학에서와 같이 통제하지 않는 맨눈의 관찰이나 도구를 사용하는 측정은, 과학 실험실에서 수행될지라도, 『제7차 과학과 교육과정』에서 규정한 실험으로 볼 수 없다.

2) 실험실 실험의 목적과 역할

과학의 교수 · 학습에는 왜 실험이 필요하며, 무슨 목적으로 실험을 하는가? 실험을 실시하는 이유와 이론적 근거는 실험의 본성, 과학적 연구 및 과학 교수 · 학습에서 하는 실험의 역할, 실험의 목적, 실험을 통해서 얻어지는 자료와 결과에서 찾아볼 수 있다. 실험의 목적도 과학적 연구와 과학 교수 · 학습에서 하는 실험의 역할에서 도출할 수 있는데, 실험의 역할 및 그와 관련된 목적을 요약하면 다음과 같다(Wellington, 2000).

〈실험의 역할〉

- **기술의 개발:** 실험과 실기 기술 · 절차 · 기교, 조사 전략, 협력, 의사소통, 문제해결 기능 개발
- **예증/예시(직접 지식):** 사건, 현상, 개념, 원리, 이론 예증
- **동기/자극:** 즐겁게 하기, 호기심 유발, 태도의 함양, 흥미의 개발, 매혹시키기
- **도전/직면:** '만일, …한다면, 왜…'의 해결

〈실험의 목적〉

- 정확한 관찰과 주의 깊은 기록을 독려하기 위하여
- 사고가 단순하고, 상식적인 과학적 방법을 증진시키기 위하여
- 조작적 기술을 개발시키기 위해
- 문제해결을 수련시키기 위해
- 실기시험의 조건을 충족시키기 위해
- 이론적 지식을 밝혀 그 이해를 도와주기 위해
- 이미 가르친 사실과 원리를 검증하기 위해
- 조사를 통한 사실의 발견과 원리에 도달한 과정을 통합하기 위해
- 학습자의 흥미를 유발하고 지속시키기 위해
- 생물학적 · 화학적 · 물리적 현상을 실제로 경험하도록 하기 위해

『제7차 과학과 교육과정』에는 실험이 통제변인을 일정하게 유지하고 조절변인을 조작한 다음, 반응변인의 변화를 관찰 · 측정하는 탐구활동으로 규정한다. 이와 같은 역할을 하는 실험과 이와 같은 목적을 달성하기 위해 수행되는 실험은 방법론적 관점에 따라 『제7차 과학과 교육과정』(교육부, 1997)의 내용요소에 규정된 실험이 아니다. 이런 의미의 관찰 · 측정 · 조사를 포함한 더 포괄적이고 일반적인 의미의 과학적 탐구 과정과 과학적 연구 방법을 말한다. 이처럼 일반적인 의미로 정의되는 실험의 목적도 과학적 연구와 과학적 탐구의 핵심적 구성요소가 된다. 그러므로 과학실험의 목적은 과학의 본질에 대한 인식론적 · 방법론적 견해와 함께 변하여 왔으며, 그동안 다양하게 제시되었다. 과학실험의 목적은 또한 실험중심 과학 교수 · 학습 목표의 근원이 되는데, 실험중심 교수 · 학습 목표는 다음과 같이 요약할 수 있다.

- **과학지식의 획득과 이해:** 과학적 사실, 개념, 법칙, 원리, 이론, 가설, 과학지식의 특성
- **과학의 본성에 대한 이해:** 과학의 기원, 과학의 목적, 가치, 방법과 과정, 과학 및 과학적 기술과 사회, 과학자의 기능과 역할, 과학사
- **과학적 태도의 함양:** 과학에 대한 흥미와 관심, 호기심, 자신감, 만족감, 협동심, 개방성, 위험부담, 책임감
- **과학적 탐구력의 배양:** 과학적 사고력, 창의성, 조작적 기술

그러나 이 목표들이 모두 과학실험을 통해서만 달성되지는 않는다. 첫째의 목표는 실험

보다는 구체적인 지식을 논리적으로 조직한 과학 교수 · 학습 자료를 이용한 강의를 통해서 더 효과적으로 달성된다. 또한 실험의 목표는 한두 번의 실험을 통해서는 종합적으로 배양되기 어려우며, 한 번의 실험으로 몇 가지의 목표가 동시에 달성될 수도 있다. 과학실험 교수 · 학습은 특히 강의와 함께 유기적으로 수행하면 더욱 효과적이다.

3) 실험실 실험 기술

실험실 실험의 기술은 과학의 과정 기술, 연역적 기술, 귀납적 기술, 전문적 기술, 문제해결로 대별된다(Chiappetta & Koballa, 2015). 과학의 과정 기술은 관찰 · 측정 · 분류 · 추리 · 가설설정 · 실험 등 기초 탐구 또는 통합 탐구의 기술과 그 활동을 말한다. 입증 기술로 불리기도 하는 연역적 기술은 교실에서 공부한 법칙 · 원리 · 이론을 검증할 때 적용되는 기술을, 귀납적 기술은 개념을 형성할 때, 법칙이나 규칙을 발견하려 할 때 이용되는 기술을 가리킨다. 전문적 기술은 고도로 정교한 도구를 다룰 수 있는 기술을, 문제해결은 주어진 문제의 해결책과 해답을 구할 때 필요한 사고기술을 뜻한다.

과학 실험실에서 수행하는 과학적 실험 기술은 실험을 설계하고 자료를 분석하며 해석하는 사고기술, 즉 정신적 조작(minds-on) 기술과 실험기구를 취급하는 수공적 조작, 곧 맨손 조작(hands-on) 기술로 대별되기도 한다. 사고기술에는 실험의 주제를 확인하여 진술하고, 가설을 설정하며, 자료를 분석하고 해석하며, 보고서를 작성하는 기능이 포함되며, 수공적 조작 기술에는 실험도구를 보관 · 유지 · 수선 · 보수하는 기술, 어떤 목적에 따라 구조를 변형하거나 새로운 도구를 만들어 내는 기술이 포함된다. 사고실험(thought experiment)에는 전적으로 사고기술과 창의적 사고 기능이 요구된다.

4) 실험실 실험의 종류

스와브(Schwab, 1966)는 '탐구에의 초대(invitations to enquiry)'에 적용되는 실험의 종류를 학생들이 거쳐야 할 과정 및 단계와 그들이 수행하기를 기대하는 활동에 대한 개방과 허용의 수준에 따라 세 가지 형태로 나눈다. 학생들에게 실험문제를 주고 그것을 해결할 방법과 수단을 가능한 한 상세하게 제시하는 실험, 실험문제는 실험 지도서에서 제시하지만 문제의 해답과 방법이 개방된 실험, 실험과 관련된 현상만 주고 실험문제와 해답 그리고 방법이 완전히 개방된 실험으로 분류한다. 그와 달리, 펠라(Pella, 1961)는 실험 교수 ·

학습을 주도하는 주체에 따라 〈표 6-7〉과 같이 다섯 가지 형태로 나눈다.

〈표 6-7〉에서 실험 교수·학습 형태 Ⅰ과 Ⅱ는 교수·학습한 내용을 확인하거나 조작적 기술을 습득하게 할 목적으로 이루어지는 실험이다. 교사가 문제와 가설을 제시하고 학생들은 실험을 설계하고 수행하는 데에 목적이 있는 실험으로는 교수·학습 형태 Ⅲ이 적절하다. 과학 교수·학습의 목적이 과학적 방법에 관한 인식과 그 적용에 있다면, 실험 교수·학습 형태 Ⅳ나 Ⅴ를 적용할 수 있다. 학생들에게 개별적으로 탐구과제를 부과하고 그들 스스로 문제를 탐색하고 조사하며 과학실험에 기반한 연구를 수행하게 하는 데에 목적이 있다면, 실험 교수·학습 형태 Ⅴ가 가장 실제적이다.

〈표 6-7〉 펠라가 제시한 실험교수 · 학습의 형태

교수 · 학습 형태 / 실험과정	I	II	III	IV	V
문제진술	교사	교사	교사	교사	학생
가설설정	교사	교사	교사	학생	학생
실험계획	교사	교사	학생	학생	학생
실험수행	학생	학생	학생	학생	학생
자료분석	학생	학생	학생	학생	학생
결론도출	교사	학생	학생	학생	학생

헤론(Herron, 1971)은 1960년대에 학문중심 교육사상에 따라 개발된 탐구중심 교과서에 제시되어 있는 실험을 분석하였다. 그는 그 결과와 스와브가 분류한 실험의 형태를 준거로 하여 실험의 수준을 결정한 다음, 그에 바탕을 두어 실험의 종류를 〈표 6-8〉과 같이 분류하였다. 헤론은 실험의 문제·방법·해답의 제시 여부에 따라 네 가지 실험의 수준을 설정하고, 이에 따라 실험의 형태를 네 가지로 나누었다.

〈표 6-8〉 헤론이 제시한 실험의 수준에 따른 실험의 형태

실험 요소 / 실험 수준	문제와 가설	방법	해답
0	제시	제시	제시
1	제시	제시	개방
2	제시	개방	개방
3	개방	개방	개방

〈표 6-8〉의 실험 교수·학습의 형태는 스와브가 분류한 실험의 유형에 0 수준의 실험 형태를 더하고, 펠라가 제시한 실험의 모형을 참작하여 변형한 것이다. 0 수준의 실험은 문제·가설·방법·해답이 모두 제시되기 때문에, 기계적 과정에 따라 이루어진다. 수준 1의 실험에서는 문제·가설·방법이 제시되고, 수준 2의 실험에서는 문제와 가설만이 제시되고 그 방법은 개방되어 있다. 수준 3의 실험에서는 학생들 스스로 문제를 설정하고 가설에 관하여 토의하며 실험의 과정과 방법을 설계하고 그 실험을 직접 수행한다.

중·고등학교 과학 교수·학습의 한 가지 전략으로 적용되는 과학실험은 그 대상과 목적에 따라 설명적 실험과 탐색적 실험으로 대별할 수도 있다. 과학실험은 이외에 실험중심의 교수·학습을 통해서 얻어지는 결과와 방법에 따라서도 몇 가지로 나눌 수 있다. 과학실험의 결과와 방법을 기준으로 적용하면, 실험실 교수·학습(laboratory works)은 〈표 6-9〉와 같이 여섯 가지 형태로 분류된다(Chiappetta & Koballa, 2006; 2015). 위에서 아래로 내려갈수록 고학년 학생에게 적용된다.

〈표 6-9〉 학습목표에 따른 실험실 교수 · 학습 형태

실험 교수 · 학습 형태	실험 목적	교사의 역할
확인실험	추상적 지식에 대한 구체적 경험을 갖게 한다.	강의나 독서를 통해서 알게 된 추상적 지식과 관련이 있는 현상을 경험할 기회를 제공한다.
탐색실험	새로운 자료와 현상을 인식하고 흥미를 갖게 한다.	학생들이 끝이 열린(open-ended) 상황에서 새로운 자료와 현상을 탐색하고 조사하게 한다.
귀납적 실험	몇 가지의 과학적 사실들을 유의미한 일반화로 조직하게 한다.	학생들 스스로 주요 개념이나 그 개념들 사이의 관계를 찾게 한다.
연역적 실험	주요 개념이나 일반화를 통해 주어진 현상을 설명하게 한다.	이미 학습된 포괄적 지식으로 새로운 현상을 설명·예측·서술하게 한다.
기술개발	실험 활동에 필요한 기술을 습득하게 한다.	학생들이 필요한 기술을 습득할 때까지 연마할 기회와 피드백 및 조력을 제공한다.
과정개발	과학 및 과학기술과 관련된 문제를 해결하는 능력을 기른다.	학생들이 문제를 해결하고 해답을 설정하는 방법에 관심을 갖게 하고, 실험 목적을 달성하는 데 어려울 경우에만 직접적 도움을 준다.

〈표 6-9〉에서 확인실험은 강의·토의·독서를 통한 과학적 개념·법칙·이론의 예증과 확인에 목적을 두고 있으며, 탐색실험은 새로운 개념이나 자료를 경험할 수 있는 기회를 제공하며 흥미와 관심을 유발하는 데에 목적이 있다. 귀납적 실험은 구체적 사실을 법

칙으로 일반화하는 방법을 학습하게 할 목적으로 수행되며, 연역적 실험은 개념을 제시하여 이해시키고 그 개념의 실례를 들고 확인하게 할 목적으로 이루어진다. 기술개발은 과학적 탐구에 필요한 기술의 신장에 목적이 있고, 과정개발은 복잡하고 종합적인 탐구 기능으로 볼 수 있는 문제해결 능력 및 의사결정 능력의 함양에 목적이 있다.

10. 현장실습

생생한 정보와 자료가 널려 있는 자연이나 현장으로 옮겨 수행하는 과학 교수·학습을 현장실습 또는 야외실습(field work)이라 한다. 현장실습은 목적과 방법에 따라 견학 또는 현장견학(field trip), 현장학습(study trip)(서울대학교 교육연구소, 1994), 야외실험 또는 현장실험(field experiment), 야외학습 또는 야외조사(field study)로 불린다. 현장실습은 교육과정을 보완·보충하는 기능이 있으며, 학교에서 제공할 수 없는 교수·학습 경험을 얻게 하는 데 효과적이다(Chiappetta & Koballa, 2015; Rennie, 2007).

1) 현장실습의 목적과 필요성

현장실습은 실험실 실험과 마찬가지로 과학 교수·학습의 한 유형이다(Bybee et al., 2008). 현장실습은 교실에서 겪을 수 없는 생생한 학습경험을 제공하며, 과학지식의 학습과 과학기술의 습득에도 유용하다. 현장실습은 학생들에게 과학적 연구와 과학적 탐구에 관한 직접적인 경험도 제공한다(Chiappetta & Koballa, 2015). 학생들은 현장의 경험을 통해서 전에는 알지 못했던 생물체·현상·활동의 존재를 알게 되며, 과학과 자연세계가 서로 연결되어 있는 관계와 그 양상도 인식할 수 있다.

과학 교수·학습 전략으로 적용되는 현장실습은 과학에 대한 태도, 또는 과학적 태도의 함양에도 효과적이다. 현장실습은 자연세계와 과학기술 세계에 관한 지식을 획득하고, 과학기술 개발 과정을 습득하기 위해 이용하는 효과적인 수단이기도 하다(Chiappetta & Koballa, 2015). 현장실습을 통해서 직접 보고 관찰하여 획득한 과학지식은 잘 잊히지 않으며, 직접 경험을 통해서 습득한 과학적 탐구 기능과 기술도 쉽게 잊어버리지 않는다. 현장실습은 관찰 능력의 신장에도 효과적이다(Simpson & Anderson, 1981).

생명과학에 관한 교수·학습에는 현장실습이 필수적이다. 생물은 자연의 서식지를 떠나면 다른 반응을 나타낸다. 식물은 인공의 빛이나 실내의 습도에는 부정적인 반응을 나타낸다. 실험실이나 사육장의 동물은 자연에서 먹을 수 있는 음식을 먹지 못하고, 운동도 자유롭게 하지 못하며, 은신처도 갖지 못한다. 아름드리나무가 자라는 과정에 관한 연구는 자연 그대로의 현장에서 수행해야만 의미 있는 결과를 얻을 수 있다. 새가 자연 상태에서 날아다니는 모습이나 방법의 관찰도 현장에서만 가능하다.

2) 현장실습의 계획과 장소

성공적인 현장실습을 위해서는 현장으로 가기 전에 학생들과 사전에 답사하고, 학생들에게 현장실습의 목적과 활동에 관한 정보, 그리고 준비물의 목록을 미리 주어 사전에 준비한다. 필요하면 관계기관의 허락을 미리 받아야 하고, 학부모의 동의서를 얻고, 안내자를 확보한다. 현장실습은 계획을 철저하게 세우고, 능수능란하게 수행하며, 적절한 추수지도를 하고, 그 결과를 평가하는 절차에 따라 수행된다. 현장실습을 일사불란하게 수행하기 위해서는 다음과 같은 유의사항(Simpson & Anderson, 1981)과 〈표 6-10〉과 같은 준비물이 필요하다(Bentley, Ebert, & Ebert, 2000).

〈유의사항〉

- 현장실습의 목적이 무엇인가?
- 현장실습의 목표를 다른 교수 · 학습 전략을 적용할 때보다 더 효과적으로, 그리고 더 쉽고 더 짧은 시간 안에 성취할 수 있는가?
- 현장실습 장소와 자원이 무엇인가?
- 현장실습 경비는? 교통수단은? 그 밖의 문제는?
- 학교직원, 학부모, 자원인사와 함께 준비해야 할 사항은 무엇인가?
- 보험이나 학부모의 승낙과 같은 법적 요건을 어떻게 만족시키는가?
- 가능한 안전조치는 모두 취하고 있으며, 가장 가까운 병원 · 의사 · 구조대를 확인했는가?
- 현장에서 시간을 최대한으로 활용하기 위한 일정은 만반의 준비가 되어 있는가?
- 현장실습이 처음일 경우 필요한 예행연습을 충분히 거쳤는가?
- 현장실습이 끝난 다음에 학생들의 경험을 공유하는가?

〈표 6-10〉 현장실습 준비물

• 쌍안경	• 확대경	• 현미경	• 쓰레기 주머니	• 곤충 상자
• 가위 · 족집게	• 망	• 실습안내서	• 지도	• 나침반
• 녹음기	• 카메라	• 응급처치 약	• 지팡이	• 종이 · 연필 · 볼펜

예비 과학교사에게는 교육실습도 현장실습이다. 예비 과학교사에게는 각급 학교도 야외 실습 장소이고, 지역 교육청이나 교육과 관련된 지방 자치단체 및 조직도 현장실습에 좋은 장소이다. 예비 과학교사는 지정된 학교에서 교육실습생으로 근무할 때, 현직 과학교사의 교수・학습과 실험실 실험, 현직 과학교사의 연구수업, 야외실습, 학급관리 및 행정적 업무 처리 과정을 관찰하며, 시범수업을 하거나 담임교사의 역할을 맡아본다. 외국의 과학교사 교육 현장에서는 교사교육이 끝나면, 학교에 인턴교사 또는 학생교사(student teacher)로 파견되는데, 그들의 파견 생활도 현장실습의 일환이다.

〈표 6-11〉 현장실습이 가능한 장소

장소	내용	장소	내용	장소	내용
학교건물	난방 설비: 열의 전도 제재소: 전동기 등급 철물상: 기어의 비(比) 미술과: 도자기 가마 온도 카페테리아: 음식의 조리 부엌: 음식・접시의 미생물 복도: 비상탈출 장치 음악과: 소리 진료소: 혈압 측정 강당: 음향	학교운동장	잔디: 동식물의 서식지 관목: 햇빛과 그늘의 영향 나무: 계절적 변화 깃대: 그림자 시멘트 길: 마찰 자갈길: 열의 흡수 흙 위 건물: 비에 의한 침식 놀이터: 지렛대 눈덩이: 눈의 단열 효과 자전거: 기어의 비	시골지역	숲: 토양 분석 연못: 온도 분포 시내: 침전물 이동 들판: 곤충 채집 길섶: 종자의 분포 일군 흙: 흙 속의 동물 언덕: 침식 효과 절벽: 암석의 구조 해변: 파도
거리	자동차: 배출가스 분석 자전거: 도플러 효과 보행자: 보행자 안전 습관 운전 연습장: 정지거리 교차로: 교통정리 양태 신호등: 통제기구 소화전: 신호체계 전선: 극변환	취미	천문학자: 천체망원경 낚시꾼: 물의 통기 무선기사: 안테나 기능 하이파이 수집가: 스피커 특성 양봉가: 벌의 생활사 정원사: 비료 사진사: 암실 기술 토끼사육사: 유전	소규모사업체	주차장: 다양한 도르래 악기상: 전자 오르간 전파상: 오실로스코프 건축자재상: 단열재 가재도구상: 냉장고 석탄 야적장: 연료의 종류 고물수집장: 자기기중기 채석장: 암석표본
주거지	정원: 표토와 지하토 화단: 꽃의 사진 찍기 잔디: 지렁이 똥 잔디 물뿌리개: 무지개	지역사회기관	수원지: 물의 염소 처리 소방서: 소화기 경찰서: 무전장치 병원: 살균・소독 과정	소규모제조업	제과점: 효모의 기능 제재소: 나무줄기의 구조 우유공장: 살균과정 제빙공장: 암모니아

대부분의 중・고등학교는 아무리 큰 도시에 있거나 산간벽지에 있을지라도 그렇게 멀리 떨어져 있지 않은 곳에 현장실습을 실시할 수 있는 기관과 장소가 많다. 시골이나 산간벽지의 학생들에게는 농장・목장・산・강・호수・하천이 가까워 현장실습을 위한 장소로 적절하며, 도시 학생들에게는 자연 대신에 정수장・공장・은행・관공서를 비롯한 가까운 곳

에 있는 공공기관이나 동물원 · 식물원 · 수목원도 훌륭한 현장실습 장소이다(Abruscato, 2000). 〈표 6-11〉은 초 · 중등학생들이 과학의 현장실습을 위해 방문할 수 있는 장소를 위치에 따라서 분류하여 제시한 것이다(Chiappetta & Koballa, 2015).

〈표 6-11〉에 기술되어 있는 바와 같이, 어떤 장소는 교사의 도움이 없이 학생 혼자 방문하여 스스로 탐구하기도 쉽다. 현장실습 장소의 가치와 실용성은 현장실습의 시기, 실습 및 답사의 기간, 학교로부터 떨어진 거리, 교수 · 학습의 목적, 교육과정 내용, 학생들의 배경에 의해 결정된다. 현장실습의 내용은 반나절이나 하루에 학습할 수 있는 주제, 해결할 때까지 2~5일이 걸리는 과제, 몇 개월 이상 수행해야 하는 주제 등 다양하다. 장소는 몇 시간의 여행을 해야 도착할 수 있는 곳이 있는가 하면, 학교의 주변과 학습원도 주제에 따라서는 좋은 현장실습 장소이다.

3) 현장실습의 안전

현장실습은 그 가치와 실용성에도 불구하고, 수행하기 번거로울 뿐만 아니라 안전사고의 위험도 도사리고 있다. 현장실습을 수행하는 과정에서 일어날 수 있는 안전사고를 예방하기 위해서는, 현장실습의 날짜 · 시간 · 장소 · 교통을 사전에 철저하게 조사하여 완벽한 계획을 수립하고, 그 계획에 따라 실천해야 한다. 현장실습 계획서에는 시설 및 기관의 방문 허가서를 첨부해야 한다(Martin et al., 2009). 현장실습은 이외에 다음과 같은 사항을 고려하여 그 계획을 수립하는 것이 바람직하다(Chiappetta & Koballa, 2006; 2015).

- 교육과정의 일환으로 계획을 수립한다.
- 현장실습이 학생들의 정신적 · 신체적 발달 수준에 적절하다.
- 적절한 행동규칙을 학생들에게 알려주고 그들이 모두 이해하였다.
- 위험한 사항을 미리 알려주고, 현지에 도착하여 다시 한번 주지시킨다.
- 환경 및 지역에 맞는 옷가지를 준비한다.
- 필요한 기구와 도구를 출발하기 전에 철저하게 점검한다.
- 도구와 기구가 학생들의 신체적 · 정신적 발달 수준에 맞는지 확인한다.
- 학생들이 도구와 기구를 적절하게 사용할 줄 안다.
- 서로 떨어져야 할 때는 만나는 장소와 시간을 정한다.
- 분단으로 행동할 때는 공동의 책임이 있음을 주지시킨다.
- 여분의 교통비를 준비한다.
- 필요한 보험에 가입한다.
- 구급약을 충분히 준비한다.

현장실습에는 여러 가지 위험도 수반된다. 현장실습은 학교의 허락을 받고, 안전이 보장된 교통편을 이용해야 한다. 학생들은 예기치 못한 상황에서 위험에 처할 수 있으며, 안전사고를 당할 수도 있다. 현장실습을 수행하는 과정에서 일어나는 안전사고의 궁극적 책임은 인솔한 교사와 학생들을 보낸 학교에 있다. 인솔 교사는 사고가 났을 경우에 대비하여 응급조치할 비상약품을 소지하고 신속하게 조치할 수 있는 자세와 능력을 가지고 있어야 한다. 출발하기 전에 보험에 가입해 두는 것도 바람직하다(Nichols, 1999).

11. 역할놀이

역할놀이(role playing)에 따라 수행되는 과학 교수·학습은 학생들에게 특정 역할을 부여한 다음, 각자 주어진 역할을 수행하게 하는 절차에 따라 실시된다. 교수·학습 전략으로 이용되는 역할놀이는 학습을 고무하고 동기유발에 유용하지만(Ebenezer & Haggerty, 1999), 학년에 따라 적용하여 나타나는 효과가 다르다. 중·고등학생들이 과학 교수·학습의 한 과정으로 수행하는 역할놀이는 과학 및 과학기술에 의해 야기된 문제들 가운데에서도 집단이익과 가치관이 관련되어 있는 사회과학적 쟁점(socioscientific issues)이나 윤리적·도덕적 문제의 해결에 효과적이다.

1) 역할놀이의 가치와 목적

역할놀이는 선택해야 하고, 의사결정이 필요하고, 동기가 상충되는 상황에서 이루어지는 교수·학습에 효과적인 전략이다. 그런 상황은 개인과 개인 사이의 갈등, 집단 사이의 관계, 도덕적 갈등, 개인적 딜레마, 과거 또는 현재의 사회적 문제에서 이끌어 낼 수 있다(Davis, 1993). 과학 교수·학습 전략으로서의 또한 사회적 집단의 도움으로 개인적 딜레마를 벗어나려 할 때, 여럿이 함께 사회적 문제를 해결하려 할 때, 그런 문제의 해결에 적용할 민주적 절차를 개발하려 할 때 유용하다(Joyce, Weil, & Calhoun, 2004). 이와 같이 과학 교수·학습 전략으로 적용되는 역할놀이는 다른 사람·생물체·무생물체·사물이 무엇인지 느껴보는 기회를 제공하는 장점을 지니지만, 오락적 연기로 여기어지기 쉬운 문제 및 단점도 갖고 있다(Callahan et al., 2002).

교수·학습 전략으로서의 역할놀이가 약물·진화·핵에너지·유전공학·흡연 등 사회적 쟁점의 교수 · 학습에는 효과적인데, 그런 주제에 적용할 때 나타나는 효과는 학생들이 배우로서 또는 관객으로서 문제를 해결하려는 과정에 적극 참여할수록 극대화된다. 역할놀이에 모든 학생이 참여할 필요는 없다. 역할놀이에 의한 교수 · 학습의 목적은 자신의 생각과 감정을 탐색하고, 자신의 태도 · 가치 · 지각에 대한 통찰력을 획득하며, 문제해결 기능을 개발하며, 다양한 방법에 의한 교과내용의 탐색에 있다. 그러므로 역할놀이를 그 전략으로 적용한 과학 교수 · 학습에는 학생들에게 친숙하고 누구나 이해할 수 있는 상황과 소재를 이용하는 것이 좋다(Solomon, 1993). 또한 역할놀이에 의한 교수 · 학습은 목적과 각자 역할을 잘 이해할수록 효과적이다.

2) 역할놀이의 형식과 전략

과학 교수 · 학습 전략으로 이용되는 역할놀이의 형식은 다른 입장에서 보기, 면담, 읽기, 종합적 역할, 역할 바꾸기로 대별된다(Simpson & Anderson, 1981). 학생들에게 과학자가 위대한 과학적 법칙을 발견한 순간에 무엇을, 어떻게 느꼈을 것인지 말하게 할 수 있다. 어린 학생들에게는 상처가 난 동식물의 사진이나 동영상 또는 실제의 동식물을 보여주고, 그 생물이 어떻게 생각할 것인지 표현하게 할 수 있다. 중학생에게는 책상을 이용하여 혈액순환 과정을 설명하게 할 수 있으며, 고등학생들에게는 원자의 역할을 수행하여보게 할 수 있다(Ross, Lakin, & Callaghan, 2004).

과학 교수 · 학습의 일환으로 수행할 역할놀이를 위해 학생들에게 기자의 역할과 정부의 관리를 맡아보게 할 수도 있다. 학생들은 이런 인터뷰 역할놀이를 위해 과학자 · 공학자 · 국회의원 · 시장 · 생태학자 · 사업자 · 의사 · 간호사 등 상황에 따라 다양한 역할을 맡아볼 수 있다. 상대적으로 복잡하고 어려운 역할놀이는 원자력발전소의 설치나 핵폐기물 처리와 같이 여러 명의 학생들이 각자의 역할을 맡아서 해결해야 할 지역사회의 현안문제를 다룰 때 이용할 수 있다. 그런 문제는 공무원, 핵물리학자, 전력회사 직원, 지역의 주민, 정치가의 입장에서 종합적으로 해결해야 할 성질의 것이다. 배아복제 또는 생물의 복제에 관한 주제도 역할 바꾸기에 적절한 주제이다.

특이한 역할놀이 가운데 하나는 극단적인 역할을 바꾸어 다시 수행하게 해 보는 방법이다. 학생들이 어떤 역할을 맡아 문제를 해결한 다음, 각자의 역할을 서로 바꾸어 다시 해결하게 하는 방법이다. 역할을 바꾸어 문제를 해결한 다음 그들에게 두 가지 역할에 대한 느낌과 생각을 말하게 함으로써 관련이 있는 지식을 더욱 의미 있게 이해시킬 수 있다.

학생들은 이 방법을 통해서 문제에는 최소한 두 가지 이상의 견해와 해결책이 있다는 것도 발견하게 된다. 몇몇 학생들에게 심판자의 역할을 맡겨 수행하게 하면, 교수·학습을 더욱 원만히 진행할 수 있다.

3) 역할놀이의 교수·학습 단계와 주제

중·고등학교 과학 교수·학습전략으로 이용되는 역할놀이 적용의 관건은 실연(實演)과 그에 대한 분석의 결과에 있다. 역할놀이를 과학 교수·학습에 적용하여 나타나는 효과는 역할놀이에 대한 학생들의 인식 정도에 따라서도 달라진다. 교사가 문제상황을 설정하고, 몇몇 학생들에게 각자에게 주어진 역할을 맡게 한 다음, 실연하게 하고 그 과정과 결과에 관하여 토의하게 하는 교수·학습은 별다른 효과가 없다. 역할놀이 과학 교수·학습 단계는 다음과 같이 아홉 단계를 거쳐 진행하면 효과적이다(Joyce et al., 2004).

- **분위기 높이기**: 문제의 확인 및 소개, 문제의 명료화, 문제의 해석 및 논쟁거리 탐색, 교수·학습 전략으로서의 역할놀이에 대한 설명
- **참여자 결정**: 역할의 분석, 역할자 선정
- **무대 설정**: 활동계열 설정, 역할 재진술, 문제상황에 몰입
- **참관자 준비**: 추구할 내용 결정, 참관 과제 할당
- **실연**: 역할의 수행, 역할의 유지, 역할 중지
- **토의 및 평가**: 역할행위 검토, 쟁점 토의, 다음 연기 개발
- **재실연**: 수정된 역할의 수행, 다음 단계 혹은 대체 행동 제시
- **토의 및 평가**: 여섯째 단계와 동일
- **경험 공유 및 일반화**: 문제상황과 실제 경험 및 문제와 관련 지음, 행동의 일반원리 탐색

중·고등학교 과학 교수·학습 전략으로 역할놀이가 필요한 주제는 학생들의 발달단계에서 생기는 문제, 성적·윤리적·사회적·경제적 계급에서 드러나는 문제, 가치문제, 감정적 문제, 사회적 논쟁거리, 지역사회 문제 등이다. 현대의 과학기술에 의해 생긴 사회과학적 쟁점들도 대부분 이와 같은 문제들과 관련되어 있기 마련이다. 한편 이런 주제에 관하여 역할놀이를 적용한 교수·학습의 적절성과 그 효과는 학생의 나이, 그의 문화적 배경, 학습자의 역할놀이 경험에 따라서 결정된다(Joyce et al., 2004).

12. 개별화 교수 · 학습

학생들은 여러 가지 특성에서 각양각색이다. 어떤 학생은 시골에서 왔으며, 다른 학생은 비교적 부유한 집안의 딸이고, 또 다른 학생은 우체부의 아들이다. 어떤 학생은 수학에 특별한 재능이 있고, 어떤 학생은 영어를 제대로 읽거나 해석할 수 없다. 학생들은 이밖에 신체적 · 정신적 발달 수준에 있어서도 차이를 드러낸다. 이런 문제 때문에, 『제7차 과학과 교육과정』에서는 개별화 교수 · 학습의 한 형태인 수준별 교수 · 학습을 명시하고 각급 학교에서 실천하도록 권고하였으며, 『제7차 과학과 교육과정』에 이어 『2007년 개정 교육과정』에서는 그것의 적극적인 시행을 권장하였다.

1) 개인차와 개별화 교수 · 학습

피아제의 지능발달 이론과 오수벨의 유의미학습 이론은 둘 다 개별화 교수 · 학습이 필요하다는 것을 암시한다. 학생들은 각자의 학습배경, 성격, 감성 및 감정, 신체적 조건과 특성, 학습의 양식 및 능력, 판단능력, 사회적 능력, 경험, 이상, 필요, 야망, 꿈, 희망에 있어서 차이가 난다. 이러한 차이는 정신 능력, 특수 능력, 인성적 특성, 흥미로 구분할 수 있으며, 또는 적성, 사전 지식, 인지 양식, 인성 변인으로 범주화할 수 있고, 이런 개인차는 학생들의 학습능력, 학습양식, 학습의욕, 학습속도에 영향을 미친다. 학습자의 차이는 능력의 차이, 행동과 동기의 차이, 개인적 속성으로 대별할 수도 있다. 이 가운데에서 개인적 속성의 차이는 학생들의 신체적 · 심리적 · 지적 · 사회적 특성의 차이를 말하는데, 그 차이를 더 구체적으로 나타내면 〈표 6-12〉와 같다(Carin, 1997).

〈표 6-12〉 개인적 속성의 차이

특성	차이 내용
신체적 차이	청각 장애, 시각 장애, 허약 체질-알레르기성 체질, 골격 이상자
사회적 차이	이상 행동-정서적 불안자, 문화적 결손-이민자
지적 차이	정신지체아, 지진아, 천재아

개별화 교수 · 학습은 크게 분석적 모형, 분류적 접근, 기술적 접근, 처방적 접근으로 나뉜다(서울대학교 교육연구소, 1998). 분석적 모형은 블룸(Benjamin S. Bloom, 1913~1999)

의 완전학습(Mastery Learning)과 글레이저(Robert Glaser)의 적응교육 프로그램이, 분류적 접근법은 크롱백(Lee J. Cronbach, 1916~2001)의 개인차에 의한 적응 교수·학습이 좋은 예이다. 기술적 접근법은 교수·학습 프로그램을 기술적 속성으로 규정하며, 처방적 접근법은 적성-처치의 상호작용을 중요시한다. 1960년대 중반에서 1970년대 초에 이르는 기간에는 개별안내교육(IGE), 요구프로그램학습(PLAN), 완전학습, 개별처방교수·학습(IPI), 개별교수·학습체제(PSI) 등이 개발되었다. 당시의 프로그램들은 대부분 행동주의 학습이론과 발달심리학의 원리에 따라 개발되었으나 오늘날에는 개별교육프로그램(IEP)(Hassard, 2005)이 주로 적용되고 있으며, 컴퓨터와 멀티미디어도 새로운 형태의 개별화 교수·학습 도구로 중요시된다.

개별화 교수·학습의 목적은 학습의 극대화에 있다. 이를 위해 학습집단의 동질화 방법을 적용하거나 프로그램화된 교수·학습 과정을 활용하였다. 그러나 과거에 부분적으로 운영하였던 우열반 또는 영재반의 결과들이 보여주었듯이, 반편성을 통해 개인차를 줄이려는 방법으로는 모든 학생들의 요구를 만족시킬 수 없었다. 또한 과학영재학교·과학고등학교·외국어고등학교·맹아학교를 포함한 여러 특수 고등학교의 운영 결과들이 보여주듯이, 프로그램화된 과학 교수·학습 방법도 교육 현장에서는 괄목할 만한 효과를 거두지 못했다. 따라서 현재는 개별화 교수·학습을 학습의 속도, 학습의 방향 및 방법, 교수·학습의 방법 및 전략, 교수·학습 자료 및 소재, 성취도 수준에 맞추어서, 그리고 컴퓨터 프로그램화된 교수·학습 자료를 이용하여 수행한다(Bybee et al., 2008).

2) 영재 교육

전통적으로 영재아(gifted)와 재능아(talented)는 IQ 검사에 상위 1~5% 범위 안에 든 학생을 지칭하였다. 그러나 오늘날에는 수학·과학 등 특정 학문 분야에 특출하거나 창의력·지도력과 같은 특정 영역에 뛰어난 자질을 가진 학생, 즉 학교를 비롯한 형식교육 기관에서 주어지는 보편교육을 통해서는 길러지기 어려운 자질을 지닌 학생을 지칭한다. 이런 정의에 따르면, 영재아나 재능아가 학교의 모든 과목에 우수한 것은 아니며, 사회성이 부족하거나 감정이 풍부하지 않거나 이기적인 학생일 수도 있다(Colburn, 2003).

과학영재교육학에서는 과학 영재아·재능아·천재를 이보다 더 구체적으로 정의한다. 과학 영재아(gifted in science)는 과학에 뛰어난 학업성취 능력(Bybee et al., 2008; West, 2007)과 더불어 높은 IQ와 탁월한 수행능력을 지니고 있는 학생을(Martin et al., 2002),

재능아는 체육 · 미술 · 과학 등 특정 학문 분야나 영역에 우수한 능력을 가진 학생(West, 2007)을 말한다. 한편 천재(genius)는 이외에 신체적 발달 수준에 비해 뛰어난 창의력 · 인내력 · 성취동기도 지닌 학생을 말한다(Spafford, Pesce, & Grosser, 1998). 영재아와 재능아는 독특한 학습 방법과 기능 그리고 높은 수준의 인지적 능력도 가지고 있으며, 과학영재는 다음과 같은 성격도 지닌 것으로 알려져 있다(Chiappetta & Koballa, 2015).

• 호기심	• 다양한 흥미	• 왕성한 모습	• 예리한 관찰력	• 익살스런 행실
• 예민함	• 속독	• 시간 감각	• 신체적 저돌성	• 생산 수월성
• 지적 호기심	• 인식 능력	• 다변성	• 적극적 관심	• 날카로운 청취자

일반적으로는 신동(prodigy)도 천재로 인식하지만, 우리나라의 과학영재 교육 및 연구와 과학교육 현장에서는 주로 과학 영재와 재능아에 관심을 가진다. 이스라엘의 한 영재학교인 IASA(Israel Arts and Science Academy)에서는 재능아라는 말만 쓰기도 한다. 위의 특성들이 보여주듯이, 과학영재와 재능아에게는 보통 수준의 학생과는 다른 교수 · 학습 전략과 교육과정이 필요하다. 과학영재 교육은 능력에 따라 동질집단의 반편성으로 또는 반내의 보충 교수 · 학습 형식으로 운영할 수 있으며, 속진 과정(acceleration program)과 심화 프로그램(enrichment program)으로 실시할 수도 있다. 속진 과정은 보통의 학생보다 진도를 더 빨리 나아가게 하며, 심화 프로그램은 더 깊게 파고들게 하고 현장연구, 과학경시대회, 과학탐구 대회 등 과학교육과 관련된 각종 대회에도 참여하게 한다. 과학영재교육에는 여러 과목의 연속적 교수 · 학습과 팀티칭도 효과적이다(Bybee et al., 2008).

과학영재교육 프로그램은 중요한 과학지식이 변화 · 발달해 온 과정과 유명한 과학자에 관한 내용도 포함시킬 필요가 있으며, 과학자의 실험실이나 야외에서 과학자와 함께 연구 · 조사하는 개별지도도 효과적이다. 1998년부터 전국의 25개의 대학교에 설치된 과학영재교육원에서도 대부분 그런 프로그램을 적용하고 있다. 특히 과학영재교육에는 과학영재로 하여금 직접 또는 과학자의 도움을 받아 연구하고 그 결과에 대한 보고서를 작성하여 발표하게 하는 사사제도가 효과적이다(Chiappetta & Koballa, 2015).

과학영재나 재능아의 교육에는 교수 · 학습 못지않게 그들의 선발도 중요하다. 과학영재의 판별 및 선발 기준으로 IQ, 학습의 속도와 난이도, 기억력, 의미의 이해력, 실제적 지식의 이용 능력, 어휘력, 기호와 기호 체계 조작 능력이 제시되었다. 과학의 영재성은 과학캠프 또는 과학경시대회를 통해서도 확인할 수 있으며, 과학영재는 연구과제를 수행하게 하여 그 결과에 따라 선발할 수도 있다. 그러나 과학의 영재와 재능아는 여러 면에서 독특성을 나타내기 때문에, 어느 한두 가지 방법을 일괄적으로 적용하기는 어렵다.

3) 성차와 과학교육

성차도 개인차와 관련된 문제이다. 문화적·사회적·국가적으로 차이는 있지만, 성도식과 성역할은 대부분 어릴 때부터 형성된다. 남아가 태어나면 농장지경(弄璋之慶), 여아가 태어나면 농와지경(弄瓦之慶)으로 출생을 축하한다. 남아에게는 거친 장난을 허용하면서 여아에게는 섬세한 행동을 요구한다. 남아에게는 권총이나 로봇을, 여아에게는 인형이나 빗을 사준다. 과학 실험 도구는 남학생이 다루도록 하고, 일반인의 지칭은 그녀(she) 대신에 그(he)를 쓴다. 이런 성도식과 성역할은 과학을 남성적인 학문으로 보게 하는 원인이 되어 왔으며(Chiappetta & Koballa, 2006), 그런 인식에는 다음과 같은 요인들이 특히 큰 영향을 미친다(Martin et al., 2002).

- 학부모와 교사들은 여학생들이 과학과 관련된 직업의 선택을 선호하지 않는다.
- 초등학교 교사들이 대부분 과학을 전공하지 않았거나 과학에 자신이 없는 여성이다.
- 여성 과학자나 공학자의 역할 모형이 부족하다.
- 여학생들이 가정, 학교에서 과학의 기능을 보이거나 서로 의견을 나눌 기회가 부족하다.
- 여학생들은 과학과 관련이 있는 문제에 부닥쳤을 때 해결할 능력이 없다고 쉽게 단정해버린다.
- 과학 교수·학습에서 과학에 대한 성 모형이나 편견이 무의식적으로 작용한다.

과학 과목에 대한 성차별도 흔하다. 이를테면 수학능력검사나 대학교 입학시험을 준비할 때 남학생보다 훨씬 더 많은 수의 여학생들이 물리보다는 생물을 택한다. 대다수의 여학생들은 물리학이 그 자체로 어렵고 잘 이해할 수 없으며, 따라서 그 과목의 공부를 잘할 자신이 없다고 생각한다. 과학에 관한 한 여학생들의 성취 능력과 성취 수준이 남학생의 것에 비해 낮다는 연구의 결과도 많이 나오고 있다. 여학생들은 자연과 세계의 실제를 남학생과 다르게 인식한다는 사실도 많이 발표되고 있다(Chiappetta & Koballa,

성차를 감안한 과학 교수·학습 방법은 여학생친화적 과학, 여성형 과학, 그리고 여권주의적 과학으로 분류된다(Chiappetta & Koballa, 2006). 여학생친화적 과학에서는 과학적 활동과 과학 및 과학교육 연구에 있어서 여성의 전형을 타파하고, 과학의 심미적 측면을 강조하며, 사회적 상황의 소재를 중요시한다. 여성형 과학에서는 과학이 안고 있는 사회적·도덕적 문제에 주의를 기울이고, 협력과 봉사를 강조하여 여학생들에게 더 적절한 과학교실의 분위기를 조성한다. 여권주의적 과학에서는 학습자의 자율성을 강조하고, 과학의 특성에 대한 다중적 견해를 탐색하게 하고, 개인적 느낌과 직관을 중요시하며, 과학지식보다 지혜를 더 귀하게 여기기도 한다.

13. 디지털 기반 과학 교수 · 학습 전략

과학 기술의 급격한 발달과 디지털화는 우리의 일상과 사회 시스템 전반의 변화를 이끌고 있으며, 교육 전 영역에 영향을 미치고 있다. 특히 인공지능, 메타버스 기술 등으로 대표되는 디지털 기술의 도입은 과학 학습 현장의 급격한 변화를 야기하고 있으며, 물적 인프라 변화와 함께 교사가 디지털 기술을 활용하여 효과적인 과학 수업을 실행할 수 있는 교수역량의 함양도 요구하고 있다. 이러한 변화는 2022 개정 과학과 교육과정의 내용 체계 및 성취기준, 교수학습 및 평가에 반영되었으며, 이전 교육과정에서는 볼 수 없었던 디지털 기술과 도구를 활용한 과학 탐구활동과 교수학습 방안 등이 명시적으로 제시되었다. 그러나, 과학 교수학습 현장에 디지털 기술을 적용함에 있어 디지털 소양 중심의 교육 맥락과 디지털 활용을 통한 교과중심의 교육 맥락이 고려되어야 한다. 전자는 디지털 기술의 활용 자체를 목적으로 하여 교과내용을 소재로 활용하는 반면, 후자는 교과학습을 목적으로 디지털 기술을 도구로써 활용하고자 한다.

1) 디지털 전환 시대와 과학 교수학습의 변화

21세기 첨단 과학기술의 발달과 더불어 진행된 디지털화의 확산은 교육 영역에서도 두드러지게 나타났으나, 디지털화에 대한 우려와 함께 실제 교육 현장에서 활용될 수 있을지에 대한 의문 등으로 인해 적극적으로 확산되지 못하고 있었다. 그러나, 팬데믹 이후 학교 교육 현장에서 디지털 기술의 적용과 온라인 학습은 더 이상 낯선 모습이 아니며, 과거의 전통적인 과학실의 모습도 지능형과학실로 전환되는 등 물리적 환경 측면에서 디지털화는 현재형에 해당한다.

교육 분야에서는 오래전부터 디지털화가 시도되어 왔으나, 주요한 교육의 논의 대상으로 보기는 어려웠다. 그러나 최근 디지털 기술의 대중적 확산과 인공지능 기술의 발달 등으로 인해 인구 감소와 함께 세계 각국의 주요한 교육적 관심사로 자리잡았다. OECD (2024)에서 발간된 교육 정책 보고서에 따르면, 디지털 도구 활용의 교육적 효과는 일부 국가에서 긍정적 효과가 존재하였으나, OECD 평균 및 다수의 국가에서는 부정적 효과가 나타났다는 문제를 제시하였다. 디지털 기기의 사용이 성취도 향상으로 이어지는 국가는 소수였으나, 문제의 핵심은 디지털 기술의 활용 방법과 전략과 관련되어 있다는 것이다. 특히 교수자가 디지털 기술을 효과적으로 활용할 수 있는 역량을 갖추고 학습 목적에 적합하게 사용한다면 접근성 확대, 맞춤형 학습, 협력적 상호작용 강화 등 다양한 잠재력을 지니고 있다고 제시하였다. 즉, 물리적 환경의 확충과 함께 효과적으로 디지털 기술과 도구를 활용할 수 있는 교수학습 역량의 개선이 동반되어야 한다는 것이다.

(1) 디지털 전환 시대와 교육 4.0

인공지능, 메타버스, 클라우드 컴퓨팅 등 혁신적인 디지털 기술의 발전은 다양한 사회 영역에 통합되고 있으며, 우리의 생활 방식과 학습 과정을 새롭게 정의하고 있다(Vincent-Lancrin, 2022). 다양한 첨단 디지털 기술을 활용한 변화와 혁신은 학습의 질적 향상과 함께 다양한 수준의 학습자에게 학습의 접근성을 향상 시키는 수단으로 기능할 수 있다(OECD, 2022). 그러나 실제 학교 현장에서는 디지털 인프라의 격차, 교수자와 학습자의 디지털 기술 활용 역량 격차 등 다양한 물질적 인적 격차들이 심화되고 있다(WEF, 2024).

디지털 격차는 사회의 디지털화와 함께 존재해 왔으며, 물리적 환경 구축과 디지털 소양 교육의 강화 등 교육의 디지털화를 위한 양적 확장 노력이 시도되어 왔으나, 교과 학습의 본질적 기능이 축소되는 새로운 문제가 등장하였다(Bonfield et al., 2020). 이러한 문제들을 극복하기 위해 교과 학습의 본질적 기능과 목적에 초점을 맞추고 디지털 기술을 도구로 보는 관점으로의 전환을 포함하는 새로운 인식으로의 변화가 필요한 시점이다.

교육에 대한 관점은 다양하게 해석될 수 있으나, 사회 변화 및 기술이 발전에 따라 다양하게 구분될 수 있다(Haderer & Ciolacu, 2022; Tikhonova & Raitskaya, 2023). 기술적 발전에 따른 사회 변화의 관점에서 교육 1.0은 산업화 사회의 패러다임에 해당하며, 교사 중심의 지식전달형 교육과 수동적 수용자로서의 학습자 특성으로 대표되는 일방향 학습을 주요한 특징으로 한다.

교육 2.0은 컴퓨터와 인터넷 보급에 따른 정보화 사회의 관점에 해당하며, 웹 기반 콘텐츠 중심의 쌍방향 학습과 정보 탐색 활동이 강조되었다. 교사는 웹 자료나 멀티미디어 콘텐츠를 활용한 지식의 안내자 역할을 하며, 학습자는 능동적으로 정보를 탐색하는 참여자로 간주한다. 또한 학습 공간은 온라인 환경으로 확장되었으며, e-러닝이 본격적으로 도입되는 특징을 나타낸다.

교육 3.0은 디지털 기술의 고도화와 융합형 인재에 대한 사회적 요구에 따라, 학습자 중심의 참여와 협력, 문제해결 학습을 강조하는 교육적 관점이다. 교사는 지식 전달자에서 학습자와 함께 문제를 해결하는 공동 탐구자로서의 역량이 요구되며, 학습자는 교수자 및 동료와 함께 문제를 해결하는 능동적 존재로 인식 된다. 학습의 공간과 유형은 단순한 피드백만 가능한 e-러닝으로부터 학습관리시스템(LMS), 모바일 기기, 클라우드 플랫폼 등의 기술 발달에 따라 블렌디드 러닝으로 확장되는 특징을 보인다. 그러나 교육 3.0의 지향점과 달리 디지털 기술의 교육분야 적용은 과도한 디지털 소양 교육으로 오인되는 문제점들이 드러났으며, 이에 대한 반성적 관점과 팬데믹의 영향, 인공지능 등 첨단 기술의 발달에 따라 새롭게 제시된 미래지향적 교육 관점이 '교육 4.0'이다.

교육 4.0(Education 4.0)은 인공지능, 데이터 분석, 가상세계 기술 등을 활용해 학습자가 자기 주도적으로 학습의 본질에 집중하고, 미래 사회의 변화에 능동적으로 대응할 수 있도록 교육 시스템을 혁신하는 패러다임에 해당한다(WEF, 2022). 특히 첨단 디지털 기술을 활용하여 교수역량, 평가방법, 디지털 기술 활용, 학습자 경험, 개별화 학습 등 교육 본질을 강화하기 위한 기술적 지원을 강조하며 다음과 같은 특징이 있다(Bonfield et al., 2020; Haderer & Ciolacu, 2022; WEF, 2024).

- 교육 4.0은 첨단 디지털 기술을 기반으로 교육의 본질적 기능인 학습을 강화하고자 하며, 학습 상황을 분석하고 학습 과정을 모니터링 및 피드백 함으로써 학습자 경험의 초개인화와 학습 효율성 개선을 지향한다.
- 교육 4.0의 목표는 기술 활용을 위한 디지털 소양 중심 학습활동에서 탈피하여 학습의 중심을 교과 내용과 경험으로 이동시키는 것을 강조하므로, 학습자가 교과 학습에 몰입하고 참여할 수 있는 환경을 조성함으로써 학습의 본질적 목적을 실현하고자 한다.
- 교육 4.0 관점에서 학습 내용은 글로벌 시민 역량, 혁신 및 창의성 역량, 디지털 기술 역량, 대인관계 역량으로 구성되어야 하며, 학습자에게 제공되는 경험은 개인화된 자기 주도적 학습, 접근성과 포용성을 고려한 학습, 문제 중심의 협력적 학습, 학습자 주도의 평생학습으로 구분가능하다.
- 교육 4.0은 인공지능, 메타버스, 클라우드 컴퓨팅, 서비스형 소프트웨어(SaaS)와 같은 기술을 통해 학습자의 개별 특성과 요구에 따라 맞춤형 학습 경험을 제공하고, 온오프라인 접근이 실시간으로 동기화된 유연한 학습 환경 활용을 가능하게 한다.

디지털 기술의 급격한 발전과 팬데믹을 거치면서 교육을 포함한 전반적 사회 시스템은 디지털화가 가속화되었으며(Fauville et al., 2021), 교육을 위한 기술이라는 측면의 에듀테크의 보편화는 단순한 기술 활용을 넘어 교수학습의 시공간적 확장을 가능하게 한다. 교육분야에서의 디지털 기술 확대와 보편화는 온라인 공간과 오프라인 공간을 넘나드는 학습활동의 증가, 디지털 기술 활용에 대한 허용적 인식, 다양한 디지털 기술의 등장과 활용 요구의 증가와 같은 변화들이 나타나고 있다(Petrie, 2022; Vincent-Lancrin, 2022). 이러한 교육 현장의 환경적 변화와 인식의 변화는 교수자와 학습자의 학습 과정 변화를 요구하며, 교수학습 측면에서는 디지털 기술을 효과적으로 활용하도록 지원할 수 있는 적절한 교수학습 전략과 방법의 개발이 필수적이다.

혁신적인 교수학습 전략과 방법은 정보통신 기술의 발달에 따라 매우 빠르게 교육 현장에 보급 및 확산될 수 있는 가능성을 지니고 있으나, 학교 현장에서의 효과적인 활용과 성공 여부는 교수자의 관련 지식 수준과 활용 능력에 따라 격차가 발생할 수도 있다(Reimers, 2022). 첨단 기술의 발달, 실시간으로 증가하는 정보, 웹 접근성 개선 같은 교실 현장의 환경적 변화에 교수자와 학습자가 적응하기 위해서는 과거의 전통적인 학습에 대한 인식과 관점으로부터 탈피해야 한다(Lowenthal et al., 2020; OECD, 2024). 즉, 교육 4.0의 등장은 사회 시스템의 변화에 따른 교육에 대한 인식 변화를 반영하는 것이며, 교사와 학생의 역할 역시 변화되어야 한다는 것을 내포하고 있다.

과거 교수자와 학습자는 지식 또는 지식의 구조를 수동적으로 사용하는 소비자적 역할에 초점을 맞추어 왔다면, 새로운 관점에서는 교수자와 학습자가 지식을 스스로 발견하고 생성하는 생산자적 역할을 강조하고 있다. 즉, 교수자와 학습자를 과학지식의 수용자이자 생성자로 기능할 수 있도록 교수학습 방법의 변화가 선행되어야 한다.

(2) 교육과정의 변화와 디지털 기술 활용 과학 교수 · 학습

2022 개정 교육과정은 사회의 디지털 전환과 포스트 코로나 시대의 도래에 따른 교육 현장의 변화를 반영하고, 미래 사회에서 요구하는 역량을 기르기 위한 디지털 · AI 소양 함양과 생태전환교육을 주요한 교수학습의 지향점으로 제시하고 있다(교육부, 2022). 이에 따라 2022 개정 과학과 교육과정에서는 다양한 활동을 통한 과학 소양 및 미래 역량 함양, 지식이해, 과정지능, 가치태도의 균형있는 발달, 지능정보기술 및 도구 활용을 통한 디지털 역량 함양을 교수학습 및 평가의 주요한 방향으로 제시하고 있다.

학생의 디지털 소양 함양과 교수학습 환경의 변화를 고려하여 다양한 디지털 기기 및 환경을 적극적으로 활용하도록 하고 있다. 특히 인공지능으로 대표되는 지능정보기술 적용, 가상현실과 증강현실로 대표되는 실감형콘텐츠 활용, 웹 기반 과학 탐구가 가능한 지능형과학실 활용 탐구, 디지털 탐구 도구를 활용한 데이터 수집 및 처리, 디지털 격차 해소를 교수학습 전반에 걸쳐 중점적으로 제시하고 있다.

개정 과학과 교육과정에서는 과학 학습 과정에서 학습자의 디지털·AI 소양을 함양하기 위해 탐구활동, 성취기준 적용 시 고려사항, 교수학습 및 평가 등에서 다양한 형태와 수준으로 관련 내용을 명시하고 있다. 공통교육과정과 선택교육과정의 교과별로 스마트 기기나 디지털 탐구 도구를 활용한 학습 활동을 과학 탐구학습 측면에서 다양하게 제시하고 있다. 특히 초등 3~4학년군의 과학부터 일반선택, 진로선택, 융합선택 교과에 이르기까지 스마트 기기 활용부터 디지털 탐구 도구 활용 등 점진적으로 다양하고 심화된 디지털 기술 활용 내용과 방법을 제시하고 있다.

〈표 6-13〉 2022 개정 과학과 교육과정에 제시된 디지털·AI 소양 관련 적용 예시

학년군	교과	적용 방법	디지털·AI 소양 관련 적용 예시
초등 3~4	과학	스마트 기기 활용 자료 조사	'~ 화산활동과 지진을 직접 관찰하기 어려우므로, 화산 활동이나 지진과 관련된 영상을 스마트 기기로 조사하는 활동이 필요하다.'
초등 5~6	과학	스마트 기기 활용 자료 공유	'~누리망이나 사회 관계망 서비스 등에서 공유하도록 한다.'
중학교 1~3	과학	디지털 도구 활용 탐구활동	'데이터를 수집하거나 시각화할 때 다양한 센서와 소프트웨어를 활용하여 디지털 소양을 함양하도록 지도한다.'
		디지털 도구 활용 탐구활동	디지털 탐구 도구를 이용하여 소리의 진폭, 진동수, 파형 탐구하기
고등 학교	통합과학 2	디지털 도구 활용 탐구활동	디지털 탐구 도구를 활용한 실시간 생활 데이터 측정하기
	과학탐구 실험	스마트 기기 활용 자료 조사	스마트 기기를 이용하여 우리 주변에 서식하고 있는 다양한 생물을 조사하고 외래종이 생물다양성에 미치는 영향 논증하기

개정 과학과 교육과정의 교수학습 및 평가에서 제시하고 있는 디지털 기술 활용 관련 내용은 다음과 같다.

- 교수학습 방향에서 온오프라인 연계 수업과 디지털 플랫폼과 기술 및 도구의 적극적 활용을 명시하고 있다.
- 교수학습 방법에서는 학생의 디지털 소양 함양과 환경 변화를 고려하여 가상현실이나 증강현실 자료, 온라인 학습 지원도구, 지능정보기술, 디지털 탐구도구를 활용하며, 디지털 격차를 방지하고 해소하도록 제시하고 있다.

반면, 구체적인 방법이나 전략에 대해서는 세부 기준을 제시하고 있지 않으며, 지역, 학교, 학생의 특성과 환경을 고려하여 교사가 자유롭게 재구성할 수 있도록 하였다. 그러므로 교수자는 학습 상황과 내용에 적합한 디지털 자원을 탐색하고 선별할 수 있어야 하며, 학습의 성공을 위해 최적의 디지털 기술과 도구를 적절히 활용할 수 있어야 한다. 또한 학습자의 인지적 정의적 발달을 고려하여 교수학습 측면에서 적합한 교수 전략을 구현함과 동시에 학습자들 간이 협력적 의사소통이 가능하도록 지원하고 관련 학습 경험을 제공

할 필요가 있다.

다양한 디지털 기술이 적용된 에듀테크의 활용은 학습자의 자료 접근성과 정보 탐색 및 활용을 확장시키고, 개인화된 피드백을 가능하게 함으로써 맞춤형 학습의 기회를 제공할 수 있다(Collins & Halverson, 2018; Mintz et al., 2001). 뿐만 아니라, 첨단 디지털 기술인 인공지능 기술과 메타버스 기술이 적용된 학습 콘텐츠의 활용은 기존의 학습자가 경험하지 못한 다양한 학습 경험의 제공을 가능하게 하는 등 다양하나 잠재적 장점을 지니고 있다(권승혁 등, 2015; Kahai & Cooper, 2003; Vincent-Lancrin, 2022). 그러나 혁신적인 디지털 기술의 현장 활용은 교수자와 학습자의 개인적 격차로 인해 지역별, 학교별, 수업별 차이가 심화될 수 있으므로, 디지털 기술을 활용하는 효과적인 전략과 적용 방법에 대한 안내가 필요하다(Reimers, 2022).

특히 과학기술의 발달과 함께 활용이 편리해지고 있는 디지털 기술과 탐구 도구들은 과학교과에 있어 더욱 두드러진 변화를 야기하고 있다. 예를 들면, 인공지능 기술을 활용하여 모바일 기기로 생물을 분류하거나, 메타버스 기술이 적용된 실감형콘텐츠를 통해 가상 공간에서 분자의 입체 구조를 관찰하며, 블루투스로 연결되는 센서와 모바일 디바이스를 활용해 데이터를 수집하고 분석하는 모습은 학교 현장에 구축된 지능형과학실에서 일상적으로 경험하는 것이다.

디지털 기술의 유형 및 특성과 수업 현장의 물리적 특성 및 학습자 특성을 고려하여 과학 수업을 재구성하는 것은 학습의 계획-실행-성찰의 맥락에서 어려운 작업이다. 과거에는 학습의 효율성과 환경적 특징을 고려하는 것이 최소한의 요구였다면, 이제는 활용하고자 하는 디지털 기술의 적합성과 효과성까지 고려해야 한다. 이러한 변화는 교수자에게 도전적인 상황이며, 교사 개인의 능력만으로는 감당하기 어려운 복합적이고 창조적인 활동에 해당한다(이정금과 임부연, 2018). 또한 인공지능, 메타버스 등 혁신적이고 새로운 기술이나 도구를 기존의 학습활동과 융합적으로 연결할 때 나타날 수 있는 효과는 개별적인 환경의 특성, 학습 활동을 경험하는 개인과 개인, 개인과 집단 사이의 복잡한 상호작용에 의해 영향을 받을 수 있다(Rose, 2006; Verkijika, 2019).

이런 맥락에서 첨단 디지털 기술을 과학 수업에 적용하는 것은 새로운 기술의 활용 자체를 학습의 목적으로 보는 관점에서 벗어나 현재 학습하고자 하는 과학 학습 내용에 대한 적용 효과성, 학습자 주도적 상호작용 가능성을 지원하기 위한 도구적 관점에 초점을 맞추어야 한다(Chen et al., 2020; Guan et al., 2020).

따라서 과학 수업에서 디지털 기술을 활용하고자 할 때에는 기술 자체의 혁신성이나 흥미 요소에 대한 고려 뿐만 아니라, 과학 학습의 본질적 목표를 실현하기 위한 수단으로써의 관점을 견지해야 한다. 즉, 디지털 기술은 학습 내용을 보다 효과적으로 이해하고 탐구할 수 있도록 돕는 매개체로 기능해야 하며, 학습자의 주도적 참여와 의미 있는 과학적 사고를 이끌어내는 것이 중심 주제가 되어야 한다. 다음에서는 인공지능, 메타버스, 클라우드 컴퓨팅, 시뮬레이션 기술이 과학 교수학습에서 어떻게 활용될 수 있는지를 살펴보고, 관련 성취기준과 연계된 교육과정 내의 내용 및 실제 적용 사례를 중심으로 구체적인 방향을 살펴볼 것이다.

2) 인공지능을 활용한 과학 교수 · 학습

최근 디지털 기술의 발전은 양적 증가와 함께 질적 성장도 동반되고 있으며, 제한된 영역에만 적용되던 인공지능 기술은 사회, 경제, 의료, 교육 등 모든 영역에 활용됨으로써 디지털 전환 패러다임을 주도하고 있다(UNESCO, 2022; Vincent-Lancrin, 2021). 현재를 인공지능의 시대라고 지칭해도 어색하지 않을 정도로 우리의 일상과 사회 전반에 인공지능 기술이 자리잡고 있으며, 누구나 원한다면 손쉽게 모바일 기기에서도 인공지능 기술을 활용할 수 있다. 일반적으로 인공지능은 인간의 사고과정에서 나타나는 정보처리 과정을 모방한 알고리즘으로 정의되며, 1956년 인공지능(AI: Artificial Intelligence) 개념이 제시된 이후 꾸준히 발전해 왔다(Su & Yang, 2022). 인공지능 기술 구현에 필수적인 하드웨어의 발전은 자연어 처리, 컴퓨터 시각 인식, 로봇 공학 등의 영역에서 두드러진 영향을 보이고 있다(OECD, 2019).

인공지능 기술 중심의 디지털 환경 조성과 교수학습 현장의 변화에 대응하기 위해 2022 개정 과학과 교육과정에서도 관련 내용들이 반영되어 있으며, 공공기관 주도로 인공지능을 포함하는 에듀테크 혁신 교육 목표와 사례들을 발굴 및 확산하기 위한 노력들이 이루어지고 있다(교육부, 2022). 이러한 맥락에서 세계 각국의 교육 정책은 미래 사회 대응을 위한 교육 정책과 학습의 방향인 창의적 사고와 융합적 문제해결 역량, 학습자 맞춤형 개별화 학습, 학습 경험의 확장과 데이터 활용 학습 등을 위해 인공지능의 적극적 활용을 제안하고 있다(WEF, 2020).

(1) AI 기술 활용 과학 교수학습 방법

1950년대 인공지능이라는 개념의 등장 이후 교육 분야에서 괄목할 만한 성과를 체감할 수 있는 것은 최근 빅데이터 처리 기술의 발달과 머신러닝의 접근성 개선, 디지털 대중화 및 정보통신 기술의 급진적 발달에 따라 교육 현장에서의 인공지능 활용이 확산되고 있다(Molenaar, 2021). 인공지능의 활용은 전통적 방법으로는 구현하기 어려웠던 교수학습 방법이 가능하도록 새로운 대안적 학습법을 제공하는 도구로써 기능할 수 있기 때문이다(Holmes, Bialik, & Fadel, 2019; Hwang et al., 2020).

반면, 인공지능 기술을 교육 현장에 활용하기 위해서는 다양한 학습 요소들을 고려할 필요가 있으며, 기술적 활용 목적을 명확히 함으로써 학습 과정에서 발생할 수 있는 다양한 문제들에 대해 대응할 수 있는 안내가 필요하다(Menon & Janardhan, 2021). 즉, 일상에서 인공지능의 활용이 일상화되고 있는 시점에 교육현장에서 인공지능을 활용이 성공적으로 이루어지기 위해서는 교사와 학생 수준에서 인공지능을 어떻게 교수학습에 활용하는지에 대한 고찰과 탐색이 선행되어야 한다.

인공지능 기술을 학습에 활용하는 방식은 사용자가 직접 인공지능 모델을 생성하고 학습시키는 과정을 수행하는지의 여부에 따라 인공지능 모델 생성, 인공지능 모델 활용으로 구분할 수 있다. 인공지능 모델 생성은 교수자나 학습자가 학습 목적에 따라 사용하고자 하는 직접 인공지능 모델을 생성하고 데이터 학습 과정을 거치는 것을 의미하며, 인공지능 모델 활용은 학습 목적에 기존에 개발되어 있거나 제공되는 모델을 선택하여 활용하는 것을 의미한다. 학습자가 학습과정에서 생성하는 정형·비정형 데이터를 분석하여 개별화 맞춤 학습을 구현하는 것은 전문적인 영역이므로, 학교 현장에서 직접 모델 생성과 학습을 진행하는 것은 어렵다. 최근에는 인공지능 플랫폼들이 다양한 기능들을 제공하고 있으며, API key를 활용하여 커스터마이징하는 것은 모든 사람들에게 개방되어 있으므로 조금만 노력하면 누구나 나만의 인공지능 모델을 생성할 수 있다.

반면, 학교 현장에 사용되는 많은 상업용·비상업용 인공지능들은 학습이라는 복잡한 상황에 내포된 무수히 많은 매개변수의 범주화, 데이터 처리에 요구되는 라벨링 문제 등으로 인해 전통적 인공지능으로 불리는 규칙기반의 알고리즘을 주로 적용해 왔다. 또한 특정한 상황에서만 사용 가능하거나 제한적인 기능만을 제공하기도 하며, 메타 데이터의 부족으로 인해 실제 학습과 거리가 있는 기능 구현 및 피드백으로 인해 눈에 띄는 효용성을 체감하지 못하였다(Shamir & Levin, 2022).

학교 현장에 적용 가능한 대표적인 인공지능 기술은 규칙기반 인공지능(Rule-based AI), 머신러닝(Machine learning), 신경망(Neural networks), 생성적 적대 신경망(GANs: Generative adversarial networks), 대규모 언어모델(LLM: Large Language Model) 등이 있다(UNESCO, 2022).

- 전통적 인공지능은 규칙기반(Rule-based) 알고리즘으로 '만약, ~라면(if-then)'의 논리적 구조를 따라 입력신호를 처리하여 결과물이 생성된다. 전통적인 인공지능은 기존의 상담용 챗봇처럼 사전에 논리 구조에 라벨링된 단어가 입력되면 정해진 피드백이 단어나 문장 형태로 출력되는 것처럼 경로가 제한되어 있다(Ouyang & Jiao, 2020; Yang et al., 2021). 가장 오랫동안 사용되어 온 기술이며, 매개변수 추가나 알고리즘 변경 없이는 새로운 정보를 처리하지 못하는 단점을 지니고 있다.
- 머신러닝은 데이터를 수집 처리하는 최적화 함수 생성 방식을 통해 규칙기반 인공지능처럼 사전에 명시적으로 프로그래밍하지 않은 정보를 학습하고 처리할 수 있으며, 지도학습, 비지도학습, 강화학습 유형으로 구분 가능하다(Menon & Janardhan, 2021). 최근 몇 년 동안 활용도가 증가한 티처블머신(Teachable machine) 같은 인공지능 플랫폼은 지도학습 방식에 해당하며 입력과 출력에 대한 정보가 사전에 지정되어 있다(Chang, Lim & Hong, 2021), 비지도 학습은 입출력에 대한 정보가 사전에 명시되어 있지 않으므로 데이터의 군집 유사성에 따라 새로운 데이터를 생성하며, 강화학습은 자율주행처럼 보상 또는 강화를 제공함으로써 가장 적합한 결과물을 생성하도록 한다(Shamir & Levin, 2022; Yang et al., 2021).
- 인공신경망은 인간의 뇌를 모방하여 신경세포가 연결된 것처럼 입력층, 다수의 은닉층, 출력층으로 구성된 알고리즘 구조를 의미한다. 입력층은 정보가 유입되는 경로이며, 은닉층에서는 데이터 값가 가중치에 따라 개별 노드를 거치며 정보가 처리되고 출력층을 통해 결과물이 생성된다. 이와 같은 정보처리 경로와 노드로 구성된 구조를 신경망이라하며, 다수의 심층 신경망은 더 다양한 정보의 처리와 학습이 가능하며 딥러닝이 이에 해당한다(Sairete et al., 2021; Ouyang & Jiao, 2020). 머신러닝과의 차이는 데이터 라벨링의 부여가 사후에 수행되어 비구조화된 텍스트와 이미지 등의 정보 처리가 가능하다(Guan, Mou, & Jiang, 2020; Su & Yang, 2022).
- 생성적 적대 신경망(GANs)은 입력된 정보를 바탕으로 결과물을 생성하는 모델인 생성자(Generator)와 생성된 결과물의 진위를 평가하여 기각 여부를 결정하는 판별자(Discriminator)라는 두 가지 상반되는 신경망을 지닌다. 일반적으로 라벨링되지 않은 데이터를 활용하여 훈련하는 비지도 학습이 주를 이루며, 두 가지 신경망이 경쟁하는 구조를 통해 생성과 평가가 반복될수록 정교한 결과물이 생성된다(Goodfellow et al., 2020; Yang et al., 2021; Wu et al., 2022). 이러한 작동 메커니즘은 인간이 만든 결과물인지 인공지능이 생성한 것인지 구분하기 어려운 새로운 정보를 생성할 수 있다는 점에서 생성형 인공지능(Generative AI)의 대표적인 접근법에 해당한다.
- 대규모 언어 모델(LLM)은 생성형 인공지능의 또 다른 대표적 접근법으로, 트랜스포머(Transformer) 아키텍처 기반의 수십억 개 파라미터를 지닌 단일 거대 신경망으로, 입력된 문장이나 단어의 의미적 연관성과 구조를 정교하게 파악할 수 있다. 방대한 텍스트 데이터를 바탕으로 자기지도학습(Self-supervised learning)을 통해 언어 패턴을 학습하고, 지도학습과 인간 피드백 기반 강화학습(RLHF: Reinforcement Learning with Human Feedback)을 거쳐 정교화 된다(OpenAI, 2023; Zhao et al., 2025). 문맥에 따라 다음에 제시될 단어의 확률을 예측하는 방식으로 텍스트를 생성하며, 질문 답변, 요약, 번역, 코드 작성 등 다양한 언어 기반 작업 수행에서 인간의 언어와 유사한 문장을 만들어 낼 수 있다. 대표적으로 ChatGPT,

Copilot, Gemini 등이 이에 해당하며, 최근에는 이미지 · 음성 등 멀티모달 데이터를 동시에 처리하는 방향으로 확장되고 있다. 대규모 언어 모델은 자연어 처리 및 생성 영역에서 중심적 기술로 자리 잡았으며, 이미지와 영상 합성에 주로 활용되는 생성적 적대 신경망과 함께 생성형 인공지능의 대표적 접근법에 해당한다.

최근 학교 현장에서 가장 많이 사용되고 있는 것은 생성형 인공지능이며, 머신러닝 플랫폼 역시 다양하게 활용되고 있다(Cho, Chen & Kim, 2021). 머신러닝 플랫폼은 손쉽게 교수자나 학습자가 학습용 데이터를 제공하여 범주 모델을 생성할 수 있도록 하고, 새롭게 제공된 데이터로부터 패턴을 발견해 이전에 생성한 범주 모델과 유사성 분석 결과를 제공할 수 있도록 한다(Guan, Mou & Jiang, 2020). 이런 머신러닝 플랫폼을 활용하면 야외에서 식물을 동정할 때 필요한 의사결정 정보를 지원받을 수 있으며, 관찰과정에서 발생하는 감각기관 의존성과 이론 의존성에 의한 오류를 최소화할 수 있다. 그러나, 사용자가 사전에 정형화된 범주 기준과 데이터를 제공해야 한다는 제한점을 지니고 있으며, 범주 설정과 데이터 선별과정에서 편견이 개입될 가능성도 있다.

생성형 인공지능으로 대표되는 생성적 적대 신경망을 활용하는 것은 주로 대화형 인공지능 플랫폼을 이용하며, 전문적으로는 API key를 통해 좀 더 사용자 맞춤형 모델 구성이 가능할 수 있다. 학교 현장에서는 대부분 페르소나 형태로 제공되는 대화형 인공지능을 상호작용 도구로 활용하고 있으며, 환각(Halucination)의 문제점은 생성형 인공지능이 가지고 있는 태생적 특징으로 사용자가 필터링 할 수 없다는 단점도 지니고 있다(Chatterjee & Dethlefs, 2023).

(2) AI 기술 활용에 따른 과학 교수 · 학습의 변화

인공지능은 처음 도입된 이후 많은 분야에 적용되어 왔으며, 규칙기반 알고리즘과 머신러닝 기술은 교육 분야에서 가장 오랫동안 활용되어온 기술 유형에 해당한다(Guan, Mou & Jiang, 2020). 머신러닝의 경우 생성형 인공지능 등장 이전까지 가장 대중적으로 활용되어 온 인공지능 기술로 범주 설정과 학습, 범주에 따른 정보 평가가 가능하므로, 과학 탐구 학습 중 생명과학, 지구과학 영역에서 다양한 학습 자료들이 개발되기도 하였다. 그러나 머신러닝 기술의 활용의 양적 확대와 함께 어떻게 머신러닝을 활용해서 교과 학습의 본질에 초점을 맞출 것인지이며, 수업을 계획하고 운영할 수 있는 교수학습 전략에 대한 이해가 선행되어야 한다. 생물 탐구 학습을 위한 머신러닝 활용 교수학습 전략 사례를 통해 과학적 문제해결 관점에서 단계별 학습 방법을 살펴보면 다음과 같다.

- 탐색 단계: 과학적 문제를 탐색하고, 과학적 아이디어를 생성을 목표로 관찰과 패턴 인식을 통해 문제를 발견하여 범위를 명확히 하고, 잠정적 설명(가설, 예측)을 도출한다.
- 발견 단계: 학습 과정에 사용할 인공지능에 대한 이해 및 적용 방법을 도출하기 위해 AI 저작 도구를 직접 실행하고 체험하고 활용 방안을 구체화한다.
- 생성 단계: 학습 데이터를 수집 및 선별하여 AI 모델을 생성하고 검증하는 과정을 반복 수행함으로써 과학적 문제해결을 위한 인공지능 모델 생성과 편향 요소 보완을 수행한다.
- 적용 단계: 인공지능 모델을 활용하여 과학적 설명을 도출하고 검증하며, 검증 결과를 공유하기 위해 웹 기반 플랫폼 등을 통해 공유하고 피드백한다.

교육활동에서 주로 사용되는 인공지능 모델은 초기에 데이터 제공 및 학습 과정이 필수적으로 선행되어야 하며, 범주를 지정하고 데이터를 처리하는 과정을 거쳐 생성된 알고리즘 모델을 사용하는 것이 일반적이다. 그러나, 생성형 인공지능은 입력된 프롬프트의 맥락 정보를 분석하여 사전에 학습한 데이터와 유사하지만 동일하지 않은 결과물을 만들어 낼 수 있다(Goodfellow et al., 2020).

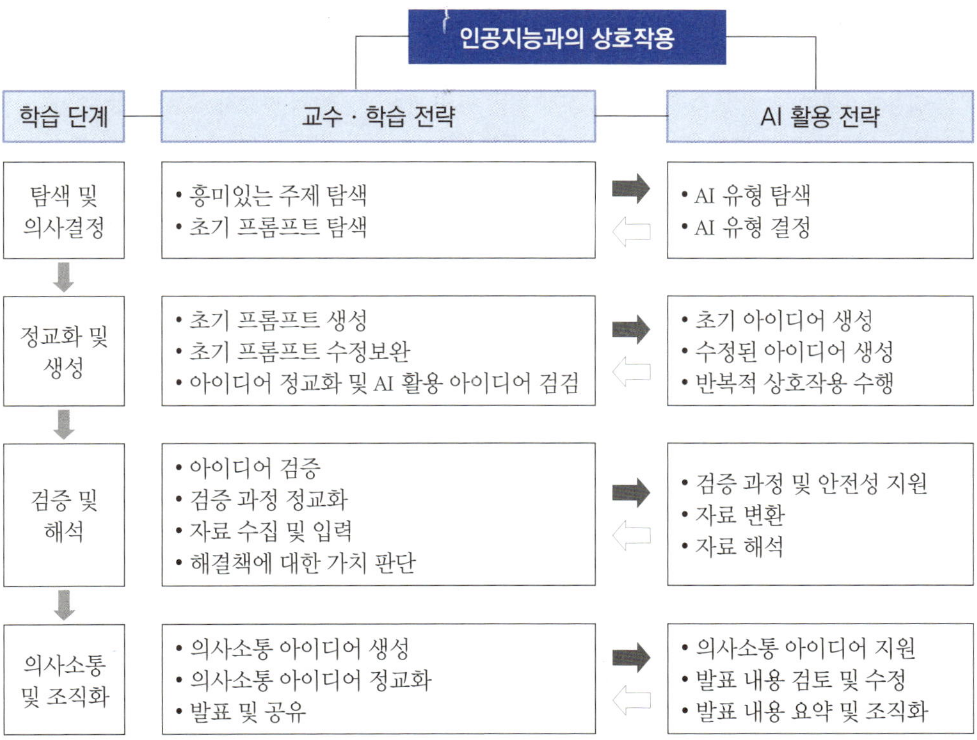

[그림 6-7] 생성형 AI 활용 교수학습 모델

현재 생성형 인공지능은 다양한 분야에서 인간이 수행하는 사고의 결과를 유사하게 제시할 수 있으며, 빠르고 효과적이고 체계성이 더 우수한 결과물을 제공하기도 한다(Goodfellow et al., 2020; Lim et al., 2023). 그러나 사용자가 필터링 할 수 없다는 문제점과 환각 등 생성형 인공지능의 내재적 한계는 학습 과정에 활용하는데 있어 제약으로 작용할 수 밖에 없다(Okaibedi, 2023). 그러므로 교수자는 생성형 인공지능을 학습과정에 활용하기 위해 지속적인 결과물 점검과 보완 과정을 거칠 수 있도록 지도해야 하며, 학습자의 프롬프트 생성과 인공지능이 제시한 결과물에 대한 분석 역량을 점검해야 한다.

생명과학 문제해결 학습 과정에서 실제 활용 사례에 기반하여 구성된 생성형 인공지능 활용 교수학습 방법은 탐색 및 결정, 정교화 및 생성, 검증 및 해석, 의사소통 및 정리와 같이 제시할 수 있다.

- 탐색 및 결정 단계: 학습자가 학습 주제와 관련된 문제를 인식하고 생성적 인공지능을 탐색함으로써 활용 가능성과 적합한 유형을 결정한다.
- 생성 및 정교화 단계: 학습자가 인공지능에게 제시할 프롬프트를 구성하고 응답 결과를 반복적으로 수정·보완함으로써 주제와 관련된 내용을 학습하고 아이디어를 정교화한다.
- 검증 및 해석 단계: 정교화한 아이디어 검증을 위한 활동을 수행하며, 인공지능을 활용하여 검증과정에 대한 절차 수행, 데이터 분석 등을 통해 과학적 판단의 타당성 정보를 획득한다.
- 의사소통 및 정리 단계: 인공지능을 통해 동료 또는 전문가 검토의 경험을 제공 받아 학습 결과를 완성하고, 인공지능을 활용해 발표나 공유에 적합한 형태로 구성한다.

최근 생성적 인공지능은 일상에서도 활발히 활용되고 있으므로, 학교 현장에서만 사용되는 독점적 기술이 아니다. 그러므로 학습자는 교수자의 의도와 달리 많은 경우 개념 학습, 탐구활동, 평가 등에서 생성형 인공지능을 활용하려고 시도하거나 활용하고 있을 수 있다. 생성형 인공지능 활용 여부의 옳고 그름에 대해 논하지 않더라도 학습 측면에서는 인공지능과 효과적으로 상호작용하는 교수·학습 방법, 학습자의 메타인지적 분석 역량, 윤리적 관점의 옳고 그름에 대한 판단 능력 등이 함께 고려될 때 생성형 인공지능을 효과적으로 학습에 활용할 수 있을 것이다.

3) 메타버스 기반 과학 교수·학습

팬데믹 이후 메타버스 기술은 대면 학습 공간을 온라인 가상 공간으로 확장 시키는 대안으로 인식되었으며, 현재는 일상의 영역으로 확장되어 아바타를 이용한 협업 활동, 쇼핑, 모임, 학습, 회의 등 다양한 영역에 활용되고 있으며, 교육적 활용도 역시 증가하고 있다

(Hassan et al., 2024). 메타버스 기술을 통해 가상 세계에서 교수자와 학습자는 가상 공간 내에서 교수자-학습자, 학습자-학습자, 학습자-콘텐츠 간의 상호작용이 가능하며, 호기심 및 몰입도 개선을 통해 정서영역에 긍정적인 영향을 미칠 수 있다(Akour et al., 2022; Stokel-Walker, 2022).

메타버스는 가상공간에서 타인과 상호작용하고 의사소통할 수 있는 환경을 가리키는 용어로 사용되며(Tilak et al., 2020), 일반적으로 가상현실(VR), 증강현실(VR), 라이프로깅, 거울세계로 구분할 수 있다. 메타버스 공간은 전문성을 지닌 개발자에 의해서만 구현되는 특성이 있었으나, 최근 인공지능 기술과 모바일 디바이스 발전과 함께 진입장벽이 낮아지고 있는 추세이다(변정호a, 2024). 그러나 메타버스 기술이 교육에 적용되기 시작한 이후 학습 효용성과 활용성에 대해서는 일관되지 않은 특성이 있으며, 위험성 활동이나 기능 숙달 등 제한된 분야에서만 효과성이 확인되어 왔다(Tilak et al., 2020). 혁신적이고 새로운 디지털 기술을 수업 상황에 직접 활용하기 위해서는 교수자가 학습 내용과 학습자 특성에 대한 분석 결과와 디지털 기술의 요소들의 특성을 검토하여 시계열적으로 기술요소와 학습 상황의 상호작용을 설계해야 한다(Verkijika, 2019).

(1) 메타버스 활용 과학 교수학습 방법

메타버스 기술은 물리계에 존재하는 개인이 가상의 공간에서 상호작용하거나 가상 세계의 객체를 물리계에 불러옴으로써 상호작용할 수 있도록 하는 디지털 기술로 대표되며, 전자는 가상현실(VR: Virtual reality)에 해당하고 후자는 증강현실(AR: Augmented reality)에 해당한다. 이외에 실제 세계의 데이터를 가상세계에 저장하고 분석함으로써 실제 세계에 피드백 하는 라이프로깅, 실제 세계의 공간과 데이터를 동일하게 복제하여 가상세계에 디지털 쌍둥이를 만들어 시뮬레이션 하도록 하는 디지털 트윈이 존재한다. 몰입형 가상세계 기술을 활용하면 물리계와 유사한 환경에서의 활동이 가능 하므로, 수업이라는 시간적 제한과 교실이라는 공간적 제약으로부터 가상 세계로 시공간을 확장할 수 있다(Tao et al., 2024). 또한 실제로 경험하는 것이 불가능한 상황이나 위험한 환경으로부터 안전한 경험이 가능하도록 하며, 온오프라인을 통해 학습자가 다양한 활동과 체험을 반복적으로 수행할 수 있다(Hassan et al., 2024).

메타버스 기술의 활용에 있어 가장 중요한 요소 중 하나는 실재감이다. 실재감은 가상으로 제공되는 환경을 사용자가 인지하는 수준을 넘어, 가상 환경에 실제로 존재하는 것처럼 몰입하는 주관적 상태를 의미한다(Slater & Wilbur, 1997). 실재감은 학습자가 가상 공간을 현실적 맥락과 동일하게 인지하도록 하여 몰입도와 학습 효과에 긍정적 효과를 제공하는 핵심 요소로 작용한다(Makransky & Lilleholt, 2018: Radianti et al., 2020). 최근 인공지능 기술의 발달과 디지털 기기의 하드웨어 수준이 향상됨으로써 과거보다 더욱 실재감 높은 가상 세계에서의 경험을 제공할 수 있으며, 접근성 또한 개선되고 있다(Dwivedi et al., 2022).

메타버스 기술은 현실 세계에서 발생하는 문제점이나 제약을 극복하기 위한 대안적 활동으로 도입되었으며, 사회의 디지털화와 온라인 기반 학습의 긍정적 인식 증가 등 교육분야의 인식 변화는 가상세계에서의 학습이 주요한 학습 방법 중 하나로 인식하는 계기가 되었다Kuznetcova et al., 2019). 메타버스 기술이 교육 분야에 적용되어 온 것은 온라인 학습이 등장한 이후부터 상당 기간이 지났으나, 학교 현장에서 활용성을 체감하거나 관련 콘텐츠가 다양하게 제공되고 있다고 보기 어려운 실정이다. 콘텐츠 제작을 위해 요구되는 높은 기술적 전문성 및 비용, 수업에 활용하기 위해 필요한 고가의 장비, 교수학습 상황에 적합한 콘텐츠의 부족 등 다양한 원인들이 존재한다. 그러므로, 학습 상황에 적합한 메타버스 기술을 선별하고 활용하기 위해서는 유형별로 지니는 장단점에 대해 알아보고, 교수학습 계획을 수립할 필요가 있다.

- 가상현실(VR)은 디지털로 제작한 현실 유사 공간으로 실재하는 공간이 아니기 때문에 실사 이미지가 활용되지 않는 것이 일반적이다. 컴퓨터 그래픽 기술을 통한 입체 공간과 객체를 개발자가 창조해낸 것으로, 활용 목적에 따라 공간의 크기와 형태가 결정되는 특징을 지닌다(Tao et al., 2024). 아바타를 통해 상호작용할 수 있으며, 현실 세계에서는 구현이 불가능한 상호작용의 자유도 부여가 가능하며 시공간 제약 없이 체험이 가능하다. 반면, 가상 공간 내에서의 몰입이 요구되므로, 고가의 전용 시각 장비가 필요하다(Thelen et al., 2022). 저가 장비는 사람마다 다른 눈의 위치와 시야각을 조절하지 못하고 해상력이 낮기 때문에 어지러움 등 장시간 사용에 제약이 따를 수 있다. 또한 전문적 기술을 지니고 있어야 콘텐츠 제작 및 수정이 가능하기 때문에 교수자와 학생은 콘텐츠 소비자로서만 기능할 수 밖에 없다.
- 증강현실(AR)은 디지털로 제작한 가상 객체로서 사용자가 현실 세계에서 뷰어를 통해 보고, 듣고, 조작할 수 있도록 한 기술이다. 일반적으로 디지털 세계의 정보를 현실 세계에 투영하는 방식으로 사용되며, 전투기 조종석, 자동차, 게임 등에 사용되고 있는 기술이다(Tilak et al., 2020). 가상현실과 달리 몰입형 가상공간에 진입할 필요 없이 뷰어 장치를 통해 쉽고 빠르게 가상 객체를 시뮬레이션 할 수 있다는 장점을 지니고 있다. 반면, 전용 뷰어장치를 통해 마커(Marker)를 인식함으로써 가상 객체가 구현되므로, 전용 애플리케이션(application)의 설치와 뷰어 장치가 필수적이다.
- 라이프로깅(Life-logging)은 현실 세계에서 발생하는 다양한 데이터를 디지털 공간이나 저장소에 업로드하며, 분석한 결과를 다시 현실 세계로 피드백하는 상호작용 구조를 갖는 기술로서 클라우드 기반 정보처리 기술에 해당한다(Stokel-Walker, 2022). 운동, 의료, 금융, 쇼핑

등 다양한 분야에서 활용되고 있으며, 교육 분야에서는 학습관리시스템(LMS)이나 학습기록 저장소(LRS)와 연계하여 학습자의 활동 데이터를 수집 · 분석하고 맞춤형 학습 지원에 활용되고 있다.

- 거울세계(Mirror world)는 현실 세계의 공간과 객체를 디지털화하여 가상 세계에 동일하게 구현하는 것을 의미하며, 디지털 트윈(Digital twin)이 대표적 유형에 해당한다(Tao et al., 2024). 가상세계 내에서만 활동하는 가상현실(VR)과 달리 가상세계와 현실세계를 연결하므로 양쪽 세계에서 모두 활동 할 수 있다. 또한 현실세계를 복제한 것이므로 실재감이 높으며, 한쪽 세계에서 조작한 데이터가 다른 세계에 구현되는 실시간 시뮬레이션도 가능하다는 장점을 지닌다. 반면, 디지털 트윈 생성을 위해 고가의 장비가 필요하며, 전문적인 기술이 요구된다는 단점을 지니고 있다.

과학교육 측면에서 메타버스 기술은 위험한 실험의 가상 체험, 원격지에 대한 탐구, 반복적인 탐구활동 등 다양하게 활용될 수 있는 가능성을 지니고 있으나, 첨단 디지털 기술을 수업 활동에 적용하기 위해서는 교수학습측면의 고려가 선행되어야 한다.

- 현실과 동일한 수준 또는 근접한 수준의 실재감이 제공될 경우 학습 효과가 긍정적으로 나타나므로(Peper et al., 2021), 메타버스 기술을 효과적으로 교육활동에 활용하기 위해서는 학습자의 실재감을 고려해야 한다(Garrison, 2016). 가상현실(VR) 기술은 몰입감을 제공한다는 장점에도 불구하고 학습자가 생애를 거쳐 경험한 현실의 물리 정보와 다르므로 실재감이 낮다는 단점으로 활용성이 낮은 편이었다(Tao et al., 2024).
- 학습자의 상호작용이 강화된 과학 탐구 학습 활동이 제공될 때 상대적으로 긍정적인 학습 효과를 나타내므로(Chen et al., 2021), 학습자-학습자, 교수자-학습자, 학습자-콘텐츠 간의 다양한 상호작용을 고려해야 한다.
- 가상세계 기술을 이용한 활동에서는 학습자가 가상의 객체를 직접 조절 및 통제할 수 있도록 자유도가 제공될 때, 정의적 영역에서 긍정적인 효과를 이끌어 낼 수 있다(Dede et al., 2017). 그러므로, 학습자가 가상세계에서 활동 대상을 조작하거나 자유롭게 탐색할 수 있는지 여부를 고려해야 한다.
- 과학 학습과 관련된 요인들은 복잡하고 특정 디지털 기술이 학습자의 학습 과정 전체를 지원하기 어렵기 때문에 한 가지 디지털 기술만을 활용하면, 기술적 제한으로 인해 학습의 자유도와 확장성을 제한하는 문제가 발생한다. 그러므로 학습자가 다양한 상호작용을 학습 과정에서 경험할 수 있도록 다양한 에듀테크 기술을 융합적으로 활용할 수 있는 호환성 여부를 고려하는 것이 필요하다(Karatas et al., 2017; Vincent-Lancrin, 2022).
- 가상세계 기술을 과학 학습에 활용하기 위해 실재감, 상호작용, 자유도, 호환성을 고려하더라도 수업 활동에 적용하기 위해 전문적인 지식, 고가의 장비, 과다한 준비 시간과 훈련이 요구된다면 현실적인 활용성을 기대하기 어렵다. 그러므로 교수자와 학습자 모두 손쉽게 가상세계 기술을 이용하고 학습 목적과 활동에 따라 자유롭게 생성과 수정이 가능할 때 실질적인 활용이 가능할 것이다.

첨단 디지털 기술을 활용한 새로운 교수학습 방법은 교사연수, 웹 영상 플랫폼, SNS 등을 통해 매우 빠르게 교육현장에 확산될 수 있는 가능성을 지니고 있으나, 실제 수업 현장에 적용할지 여부에 대한 최종 결정은 교사에 의해 이루어진다. 팬데믹 이후 확인된 사실은 지역에 따라, 학교에 따라 학생들에게 제공되는 교수학습 방법은 동등하거나 비슷한 수준이 아니라 격차가 존재한다는 것이다(Reimers, 2022). 그러므로 교수자가 쉽게 활용 가능하고, 학습에 효과적인 가상세계 기술 활용 교수학습 방법이 필요한 것이다.

(2) 메타버스 활용에 따른 과학 교수·학습의 변화

메타버스 기술을 활용한 과학 수업에서 교육적 효과를 달성하기 위해서는 교수학습 측면에서 가상세계의 구현과 학습활동이라는 서로 독립된 상황들의 특성에 대해 분석이 선행되어야 하며, 학습자 특성과 학습 과정에 적합한 교수학습 전략이 반영되어야 한다(Tilak et al., 2020). 이를 위해서는 교수학습의 목적인 학습의 성공적 실행을 목표로 메타버스 기술을 활용하여 교수자가 자유롭게 가상공간과 학습용 콘텐츠를 구성할 수 있어야 하며, 학습자 역시 쉽게 가상세계에서 상호작용하고 필요할 경우 스스로 가상공간을 구성할 수도 있어야 할 것이다.

많은 경우 VR과 AR 기술은 전문가의 영역에 해당하는 것으로 개발자 수준의 소양을 필요로 하지만, 최근 인공지능과 데이터처리 기술 발전에 따라 모바일 장치만으로도 거울세계를 생성할 수 있는 디지털 트윈 플랫폼들이 제시되고 있다(Tao & Zhang, 2017). 디지털 트윈은 물리적 공간과 객체에 대한 디지털화된 복제물로서 현실 세계의 동일한 구성요소를 가상세계에 표현하는 알고리즘이며, 데이터의 흐름을 통해 두 세계가 상호작용 할 수 있다(Grieves & Vickers, 2017; Thelen et al., 2022). 현실 세계와 동일한 디지털 복제물로 기능하기 때문에 공장, 도시 시스템, 첨단 제품 개발 등 다양한 분야에 적용되고 있으며, 인공지능 기술과 함께 4차 산업혁명을 선도하는 첨단 기술로 자리잡고 있다(Lu et al., 2020).

메타버스 기술을 과학 교수학습 상황에 적용하기 위해서는 현실 세계와 연계성을 지니고 교수자와 학습자가 자유롭게 가상세계를 생성하고 수정할 수 있어야 하며, 다양한 디지털 기술들과 호환성을 지니고 있어 학습 상황에 적합한 상호작용을 지원할 수 있어야 한다. 이런 맥락에서 디지털 기술의 접근성이 개선된 디지털 트윈 플랫폼을 활용하면 과학 및 공학 학습 상황에서 학습자의 경험을 확장함으로써 디지털 격차 해소에 기여할 수 있다(Hassan et al., 2024). 학습자가 모바일 기기만으로 실제 세계의 가상 복제본을 생성하고 다양한 상호작용을 안전하고 효과적으로 시뮬레이션 할 수 있으므로, 실험실, 야외 원격지 등 교실에서의 직접 경험이 제한되거나 반복적 활동에 제약을 받는 학습 상황에 적용 가능하다.

생명과학 탐구 학습에서 학습자가 야외에서 생물에 대해 탐구하고 자신이 탐구한 생태계를 디지털 트윈으로 구현하여 탐구 결과를 디지털 콘텐츠화하여 의사소통 및 공유하는 활동의 학습 단계별 학습목표와 교수학습 활동은 다음과 같이 구성할 수 있다.

〈표 6-14〉 디지털 트윈을 활용한 가상 생태계 탐구 학습 방법

단계	학습 목표	교수학습 활동
탐색	생물 탐구 위한 기초 지식 습득 및 관찰 계획 수립	• 생물 관찰 및 분류를 위한 기초 지식 학습 – 야외 식물 탐구 활동 계획 수립 – 학교 정원 내 생물 관찰 경로 및 방법 설정 • 공간 이미지 획득을 위한 카메라 준비 – 3D 이미지 획득 방법 및 지점 설정
탐험	생물 특징 관찰 및 AI 도구 활용 생물 동정	• 탐구 계획에 따라 생물 탐색 – 모바일 기기를 활용한 생물 특징 관찰 및 기록, 발견된 생물 동정 • 모바일 기기를 활용한 3D 이미지 획득 및 보정
생성	디지털 트윈 생성 및 생물 탐구 결과 생성	• 디지털 트윈 플랫폼 및 저작 앱 활용 – 3D 이미지를 클라우드에 업로드하고 가상공간 내 디지털 트윈 생성 – 공간 이미지의 왜곡 또는 오류 확인 및 수정 • 생태계 탐구 결과 콘텐츠 생성 및 디지털 트윈 공간 내에 추가 – 팀별 가상 투어 구성 및 발표
적용	디지털 트윈 활용 생물 탐구 결과 공유 및 성찰적 평가	• 디지털 트윈 URL 링크 공유 – 팀별로 제작한 가상 투어 소개 – 디지털 트윈 활용한 학교 정원 내 식물 소개 • 디지털 트윈 적용 시 탐구 아이디어 발표 – 자기 평가 및 팀 간 상호 평가

과학 탐구학습 상황에 디지털 기술을 활용할 경우, 교사는 자신의 수업 역량뿐만 아니라 활동 주제 및 내용의 복잡성을 고려해야 하며, 탐구 과정에 소요되는 시간과 과정의 계열성도 분석하여 수업을 계획해야 한다(Yildiz & Yildiz, 2021). 뿐만 아니라, 디지털 트윈이 지니는 기술적 요소와 특징이 과학 탐구 활동의 과정에서 어떻게 활용되고 학습자가 자연스럽게 학습에 몰입할 수 있도록 인지적 활성을 유지하는 방안에 대해서도 사전에 고려해야 한다(Berestova et al., 2021). 교육 4.0 관점에서 교수자와 학습자 모두 손쉽게 이용 가능한 첨단 디지털 기술을 교과 학습의 본질적 목표를 위해 활용한다면 디지털 도구와

기술을 활용하기 위해 소요되는 시간을 절약함과 동시에 전통적 관점에서 실행하기 어려운 활동도 수행할 수 있을 것이다.

4) 클라우드 기반 디지털 협업 도구 활용 전략

대비되지 않은 상황에서 맞닥뜨리게 된 펜데믹 이후 대면 수업에 비해 비대면 수업이 실재감이 낮고 상호작용 기회가 감소하기 때문에 정의적 영역에서 부정적 효과들이 나타날 수 있다는 우려가 제기되어 왔으며, 일부 연구에서는 학업 역량 및 학습 동기 감소를 문제점으로 제시하고 있다(Fauville et al., 2021; Nadler, 2020). 반면, 클라우드 기반 디지털 협업도구를 효과적으로 활용할 경우 대면 학습이 지닌 시공간 제약을 벗어나 플립드러닝을 가능하게 하며, 대면 학습 수준의 상호작용이 가능한 것으로 알려져 있다(Lowenthal et al., 2020; Peper et al., 2021). 특히 클라우드 기반 협업도구들은 와이파이 같은 무선통신 인프라가 갖추어진 교실에서 모바일 기기만으로도 접속할 수 있으므로, 대면 수업에서도 활용할 수 있는 특징을 지니고 있어 다양한 유형의 협업과 상호작용을 가능하게 한다.

(1) 클라우드 기반 협업도구 활용 과학 교수학습 방법

팬데믹 이전의 비대면 학습에 대한 거부감은 감소하였으며, 온라인 수업을 통해서도 대면 수업과 유사한 수준의 학습이 가능하며 특정 상황에서는 더 효율적일 수 있다는 인식이 증가함과 동시에 디지털 교육의 가능성은 교육 패러다임의 새로운 중심으로 자리잡아 가고 있다(Di Pietro et al., 2020; Vincent-Lancrin, 2022). 반면, 비대면 수업의 확대와 함께 대면 학습시간 감소, 상호작용 방법 변화, 학습 몰입도 차이 등 다양한 문제점들이 나타나고 있다(Petrie, 2022). 비대면 수업에서 텍스트 위주의 일방향 의사소통은 낮은 수준의 상호작용에 해당하며, 다양한 유형의 상호작용이 발생하는 대면 수업에 비해 참여 동기가 낮아질 수 있다(이정금과 임부연, 2018). 그러므로 비대면 학습의 경우 학습자의 활동 참여도를 개선하기 위해 학습 동기를 유발하고 몰입할 수 있도록 대면 수업에 비해 교수학습 전략을 정교하게 수립해야 한다(Pietrocola et al., 2021).

비대면 수업에서는 공간상 분리된 학습자와 교수자가 통신 네트워크를 활용해 상호작용하는 형태로 진행되며(Saykili, 2018), 시간적 동시성이 강요되지 않으므로 인해 개별 학습자의 상호작용은 비연속적일 수 있다(Yanagata-Lynch & Luetkehans, 2014). 그러므로 비대면 온라인 수업은 대면 수업에서 정의되지 않는 수업 요소들을 포함하여 계획되어야 한다.

- 교사에 의해 운영되는 수업은 교사의 교수역량과 교수전략에 따라 영향 받으며(Fauth et al., 2019), 비대면 수업에서도 교수 역량은 학습의 질적 차이를 결정짓는 중요 요인으로 작용한다(Saykili, 2018).
- 과학 수업의 맥락에서 개방형 질문, 문제 상황 제시를 통한 학습 참여와 같이 학습자의 사고를 자극하고 유도함으로써 인지적으로 변화를 이끌어 내는 교수학습 전략이 필수적이다(Fauth et al., 2019; Leuchter, Saalbach & Hardy, 2014; Vosniadou, 2013).
- 과학 교사에게 요구되는 내용 지식, 교수 지식, 학습자의 선개념에 대한 지식을 바탕으로 전문성을 발휘해야 하여, 오개념을 과학적 개념으로 변화 시키기 위한 교수전략이 비대면 온라인 수업에 적용되어야 한다(Förtsch et al., 2016; Keller, Neumann & Fischer, 2016; Meschede et al., 2017).
- 비대면 수업 활동은 대면 수업에 비해 학습 외적으로 소모되는 시간이 크기 때문에 다양성보다 적합성을 우선적으로 고려할 필요가 있으며(Collins & Halverson, 2018), 클라우드 협업 도구를 통해 입체적으로 학습자료나 에듀테크 도구를 제시할 수 있다.

(2) 클라우드 기반 협업도구 활용에 따른 과학 교수 · 학습의 변화

온라인으로 실시간 접속 가능한 클라우드 기반 협업도구는 공간적으로 분리된 사용자들 간의 상호작용을 매개하는 기능을 수행하므로, 비대면 수업상황에서 학습자의 상호작용을 개선할 수 있는 도구이자 대면 수업에서도 활용 가능하다는 특징을 지닌다(Saykili, 2018). 팬데믹을 통해 학생들이 제공받는 학습의 차이는 양적 차이와 질적 차이가 복합적으로 존재한다는 것이 드러났다(김갑수와 민미경, 2020). 반면, 교수학습 상황에 활용 가능한 온라인 협업도구의 효용성에 대한 인식이 증가하게 되었으며, 비대면 수업 상황에서도 대면 수업과 유사한 수준의 상호작용이 가능하다는 것을 인식할 수 있게 되었다(Akour et al., 2022; Kuznetcova, Glassman, & Lin, 2019).

과학 수업은 실물을 이용한 탐구활동을 통한 체험에 기반한 학습이 중요한 교수방법에 해당하나, 비가시영역, 인체의 기관과 조직, 사고 실험에 한정되는 경우 등 교실 수업에서 실물을 통한 체험형 탐구활동이 불가한 경우가 다양하게 존재한다. 모형을 사용할 수도 있으나 모형 사용으로 인해 오개념이 생성되거나 강화되는 경우도 존재하며, 이를 경계하기 위해 2022 개정 과학과 교육과정에서도 관련 내용을 교수학습 및 평가 영역에 제시하고 있다. 그러므로 애플리케이션 형태로 구동하는 학습 콘텐츠 등 온오프라인에서 모두 사용할 수 있는 디지털 도구들은 수업에서 인지적 활성을 높일 수 있는 대안적 방안으로 제안되고 있다(Collins & Halverson, 2018; Lowenthal, et al., 2020).

클라우드 기반 협업도구를 포함하여 디지털 도구를 수업에 효과적으로 적용하기 위해서는 학생들은 대면 수업 상황의 실재감을 인식할 수 있도록 구성하는 것이 필요하므로

(Garrison, 2016), 비대면 수업과 대면 수업으로 상화 전환이 가능하도록 설계하는 것이 가능하다. 생명과학 수업에서 클라우드 기반 협업도구와 다양한 디지털 도구를 융합적으로 활용하여 뇌에 대한 오개념을 과학적 개념으로 변화시키는 사례를 통해 대면·비대면 전환 가능한 교수학습 방법을 살펴보면 다음과 같다.

〈표 6-15〉 클라우드 협업도구를 활용한 과학 개념 변화 교수학습 방법

단계	학습 목표	교수학습 활동
개념 표현 및 탐색	인간 뇌의 구조와 기능에 대한 탐구	• 영상 자료 및 교재 활용하여 뇌의 구조와 기능 개념 비교 학습 • 온라인 토론 게시판에서 학습 결과에 대한 자신의 의견 발표 • 뇌 구조 및 기능을 탐색할 수 있는 모바일 앱 제공 • 모바일 앱을 활용한 뇌 관련 영역의 문제 해결 • 개념 변화 유도 위한 질문 논의 및 온라인 회의에서 생각 발표 • 온라인 토론 게시판에 뇌 구조와 기능에 대한 문제해결 위해 과학적 개념 제시
개념의 비교 및 재구성	신경 신화의 분석 및 뇌에 대한 과학 인포그래픽 생성	• 뇌 구조와 기능에 대해 이해하고 있는 개념을 온라인 회의에서 발표 및 공유 • 과학 개념과 학생의 기존 개념을 팀 토론 통해 비교 • 비교된 개념을 바탕으로 생각 정리 및 생성 • 뇌 구조와 기능에 대한 과학적 개념 적용하여 인포그래픽 제작 • 팀 인포그래픽을 온라인 게시판에 공유 및 비교
개념의 공유 및 소통	뇌 질환에 대한 탐구 및 개념에 대한 의사소통	• 팀 인포그래픽을 온라인 게시판과 화상 회의에서 발표 및 평가 • 보충자료 또는 심화자료(뇌 질환 관련 영상) 통해 질환의 원인과 증상 탐구 • 뇌 질환의 진단, 증상, 치료에 대한 과학적 개념을 온라인 회의에서 언어적으로 표현 • 학습 자료를 재인하고 재검토하여 자신의 개념 수정

이와 같은 클라우드 기반 협업도구를 활용한 대면 비대면 전환이 가능한 수업을 기획하고 운영하는데 있어 추가적으로 고려해야 하는 교수학습 방법은 아래와 같다.

- 실시간 상호작용할 수 있는 클라우드 기반 협업도구는 다양한 것들이 제시되어 있으나, 인 앱 결제나 사용 횟수 제한이 존재하는 경우 학습 활용성이 낮을 수 있으므로 수업 상황 적합성을 검토해야 한다.
- 협업활동이 가능하도록 클라우드 기반 문서작성 도구를 활용하여 대면·비대면 수업에서 사용 가능한 토의 게시판, 탐구 활동용 자료 접근 링크 등을 클라우드 활동공간에 학습 전 제공하는 것이 시간 소모를 줄이는 방법이다.
- 차시별로 사용하는 클라우드 기반 활동지를 제작 및 제공하여 학습자가 팀 활동에 손쉽게 참여할 수 있도록 지원하고 탐구 결과물 역시 협업도구를 이용하여 이동 및 게시가 용이하게 온라인 활동지를 구성해야 한다.
- 웹 접속 형태로 사용하는 클라우드 협업도구들은 다른 디지털 도구나 서비스와의 호환성을 지니고 있는지 사전에 검토하여 학습자에게 제시되어야 한다.

- 교사는 대면 수업과 비대면 수업이 진행되는 동안 실시간으로 클라우드 협업도구에 게시되거나 업로드되는 내용들을 모니터링하고 피드백함으로써 학습자에게 실재감을 제공해야 한다.

5) 시뮬레이션 활용 과학 교수 · 학습

학교 현장에서 디지털 기술과 콘텐츠의 활용은 교수자가 선택할 수 있는 수많은 옵션 중 하나였으나, 팬데믹 이후에는 필수적 요소로 자리잡아 가고 있다. 그러나 과학 학습에 있어 디지털 기술이나 콘텐츠의 활용은 지역간, 학교간, 학습자간 차이가 더욱 심화되고 있다(Fauville et al., 2021). 팬데믹 이전에는 물리적 환경인 디지털 기술 활용을 위한 접근성 차이가 디지털 격차의 가장 큰 원인이었다면, 지능형과학실 구축과 학교 환경 내 모바일 디바이스 활용 인프라 구축이 강화되면서 물리적 격차보다 인적 격차가 주요한 원인이 되고 있다(Reimers, 2022). 이는 교수학습 상황에 디지털 기술이나 콘텐츠를 활용하는 선택은 교수자에게 의존하는 교실 수업의 특성 때문으로 볼 수 있다. 그러므로, 과학 학습 현장에서는 교수자가 적합한 디지털 기술의 선택과 효과적인 활용을 위해 적절히 구성된 디지털 콘텐츠를 다양한 에듀테크와 융합적으로 적용할 수 있도록 교수학습 방법의 재설계와 콘텐츠 개발이 필요하다.

최근 과학 교육 현장에서는 학습자의 직간접적 학습 경험의 확장을 가능하게 하는 다양한 디지털 학습 콘텐츠의 활용성과 효과에 대한 인식이 새롭게 조명되고 있다(Guan et al., 2020). 특히 과학 탐구학습은 과학적으로 문제를 해결해 나가는 과정을 통해 학습자가 지식을 스스로 생성하고 과학적 개념을 이해하는 경험적 과정으로 구성되어야 한다(Fauth et al., 2019; Yildiz & Yildiz, 2021). 실제 과학 탐구활동을 구현하기 위해 교수자는 많은 시간을 들여 준비하고, 탐구 학습의 효과성을 위해 다양한 교수학습 전략을 면밀히 계획해야 하는 것은 필수적이다. 특히, 과학 학습의 경우 미시적 영역을 탐구 대상으로 하거나, 재료 및 기구의 부족, 위험성 방지, 반복 탐구의 어려움 등으로 인해 제한된 수업 시간에 직접 체험을 통한 탐구활동이 어려운 경우도 다수 존재하며, 시뮬레이션 콘텐츠가 이를 보완할 수 있는 가능성을 지니고 있다.

(1) 시뮬레이션 활용 과학 교수학습 방법

21세기 교육 패러다임은 메타버스, 인공지능 등 첨단 기술을 활용하여 학습 활동을 융합적으로 설계해야 하는 필수 불가결한 변화의 중심에 위치하고 있다. 특히, 과학교육에서는 위험한 실험, 반복적인 시도가 요구되는 상황에서 가상 세계를 기반으로 한 디지털 기술이 학습의 시공간적 확장성을 제공함으로써 교육의 새로운 가능성을 제공하고 있다(Bonfield et al., 2020: WEF, 2024). 특히 가상적 상황에서 구동하는 다양한 시뮬레이션 자료를 활용할 경우 학습의 경제성과 효율성을 개선할 수 있으므로(Holmes et al., 2019), 과학 탐구 학습 맥락에서 변인조작 및 상호작용 가능하도록 구현된 시뮬레이션 콘텐츠는 과학탐구 학습을 지원하는 학습자료의 범위를 확장 시킬 수 있다. 특히 모바일 기기에서도 구동하는 시뮬레이션 콘텐츠는 학교 현장의 과학실에서 실제 체험이나 실행이 어려운 활동, 안전상의 문제점으로 실행이 어려운 실험, 반복적 샘플링이나 시간관련 수행이 필요한 경우 등 기존 탐구활동으로는 직접 경험이 어렵거나 실행 불가능한 부분을 대체하고 실제 상황과 유사한 결과를 도출할 수 있도록 지원할 수 있다(Hassan et al., 2024: Holmes et al., 2019; Tao et al., 2024). 그러나 과학교사를 대상으로 시뮬레이션 콘텐츠 활용에 대한 설문을 실시한 연구(변정호, 2024b)에서는 응답에 참여한 교사의 86.5%가 시뮬레이션 콘텐츠를 과학수업에 활용하지 않는다고 하였다. 또한 시뮬레이션 콘텐츠는 탐구 활동 구현성, 탐구 활동 소요 시간과 준비 시간 절약, 학습자 흥미, 실재감이 고려되어야 한다고 인식하고 있었다. 그러므로 시뮬레이션과 같은 가상적으로 모델링된 상황과 공간에서 구현되는 학습 콘텐츠는 교수학습 측면에서 다음과 같은 사항이 고려되어야 한다.

- 과학 학습 시뮬레이션 콘텐츠는 실제 탐구활동을 통해 경험하는 것에 비해 학습의 경제성이 있어야 한다. 가상적으로 구현된 상황과 공간은 실제 경험이 어려운 주제나 내용을 가정하고 있는 것이므로, 직접 경험하는 경우에 비해 시간 및 비용적 측면의 경제성이 고려되어야 한다.
- 과학 학습 시뮬레이션 콘텐츠는 학습의 효과성이 담보되어야 한다. 과학 탐구 학습은 학습자가 직접 문제해결과정에 대한 경험을 통해 선언적 지식과 절차적 지식을 모두 획득할 수 있다. 그러므로 시뮬레이션 콘텐츠는 실제 탐구활동에 기반 한 변인 조작, 사용자-콘텐츠간 상호작용이 가능해야 한다.
- 과학 학습 시뮬레이션 콘텐츠는 학습자의 학습동기 유발 및 실재감을 반영하여 제시되어야 한다. 시뮬레이션 콘텐츠는 현실계에 존재하는 다양한 요인들을 최소화하여 가상으로 구현하므로, 모델화와 개념적 구현에 초점을 맞추어 개발될 경우 낮은 실재감으로 인한 흥미 감소로 활용성이 낮을 수 있다.

과학 시뮬레이션 콘텐츠는 사용자의 자유도가 높고 상호작용이 활발히 일어날 수 있을 때 학습에 긍정적 효과를 유발할 수 있으며(Karatas et al., 2017), 시공간적 경제성과 학습 효과성을 동시에 지닐 때 실제 탐구활동에 비해 활용의 효율성을 확보할 수 있다(Akour et al., 2022; Kelton, 2007; Stokel-Walker, 2022). 또한 과학 교사들은 과학 탐구활동을 시뮬레이션으로 구현할 때, 실재감을 우선적으로 고려하는 것이 학습동기 유발에 긍정적이라고 인식하고 있으나, 지나치게 복잡하거나 활동 시간이 길어지는 것은 오히려 단점으로 인식하고 있었다(변정호, 2024). 그러므로 과학 교사들은 시뮬레이션 콘텐츠가 탐구활동 시간을 효율적으로 줄이고 학습동기를 강화할 수 있도록 실재감을 제공함과 동시에 지나친 복잡성을 배제하도록 효과성과 효율성의 적절한 균형을 요구하고 있다.

(2) 시뮬레이션 활용에 따른 과학 교수 · 학습의 변화

시뮬레이션은 현실 세계나 상황을 모방하여 표상한 것으로써 실제 세계에서의 복잡한 과정이나 특정 현상을 모형화하거나, 실존하는 대상을 형상화한 것을 의미한다(Gredler, 1994). 교수학습적 활용 측면에서 시뮬레이션은 프로그램화된 콘텐츠나 교수학습적 기능을 함께 지니고 있으며, 학습 목적을 달성하기 위해 제작된 현실을 모방한 프로그램으로 정의할 수 있다(한형종과 임철일, 2020; Cambell & Daley, 2009). 그러므로 목표로 하는 학습의 성공을 위해 학습자의 능동적인 참여와 다양한 조작 활동이 가능해야 하며, 실제와 유사한 경험을 제공할 수 있도록 실재감을 지녀야 한다. 과학 학습을 위해 개발된 시뮬레이션 콘텐츠 사례들을 살펴보면, 국내에서는 공공기관 주도로 개발이 이루어지고 있으나 2022 개정 교육과정에 따른 시뮬레이션 콘텐츠는 현재 지능형과학실을 지원하기 위해 서비스되고 있는 지능형과학실 ON 플랫폼(https://science-on.kosac.re.kr)의 시뮬레이션이 대표적이다.

지능형과학실은 지능정보사회에 필요한 과학적 소양 및 탐구 역량 함양을 위해 첨단 과학기술을 적용한 온오프라인 연계 과학수업 공간으로 정의하며, 다양한 학습자료와 온라인 탐구 활동 기능을 제공하고 있다(홍옥수 등, 2022). '지능형과학실ON' 플랫폼에서 제공하는 과학 시뮬레이션 콘텐츠는 소프트웨어 서비스(SaaS) 방식을 취하고 있으므로, 웹 접근이 가능할 경우 모바일 디바이스를 이용할 수 있다. 2022 개정 과학과 교육과정과 연계된 시뮬레이션 콘텐츠는 지속적으로 개발되고 있으며, 현재 서비스 중인 콘텐츠를 살펴보면 다음과 같다.

- 2022 개정 과학과 교육과정과 연계하여 개발된 물리 시뮬레이션 콘텐츠는 초등 4학년 과학의 '소리의 성질', 6학년의 '전기의 이용' 단원과 연계된 2종, 중학교 과학의 '열' 단원과 연계된 1종, 고등학교 일반선택 물리의 '빛과 물질' 단원과 연계된 1종이 제시되어 있다. 초등 콘텐츠는 다양한 과학 탐구활동을 시뮬레이션을 통해 경험할 수 있도록 하고 있으며, 중등 콘텐츠는 시각화가 어려운 활동을 시뮬레이션 내용으로 제시하고 있다.

〈표 6-16〉 지능형과학실ON 시뮬레이션 콘텐츠(물리 영역)

영역		2022 개정 과학과 교육과정 연계			콘텐츠명	콘텐츠 활용 예시
		교과	단원	성취기준		
물리	초등	4학년 (과학)	소리의 성질	[4과07-02] 큰 소리와 작은 소리, 높은 소리와 낮은 소리를 구분하고, 세기와 높낮이가 다른 소리를 낼 수 있다.	크고 작은 소리, 높고 낮은 소리	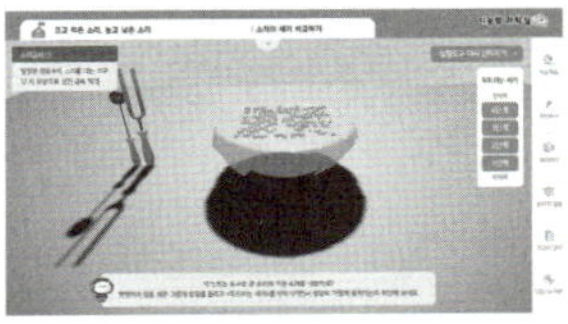 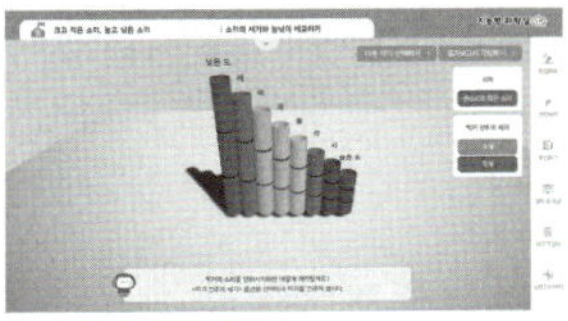
		6학년 (과학)	전기의 이용	[6과15-01] 전지와 전구, 전선을 연결하여 전구에 불을 켜보고, 불이 켜지는 전기 회로의 특징을 말할 수 있다. [6과15-02] 전지 한 개를 연결한 전기 회로와 전지 두 개를 직렬연결한 전기 회로의 특징을 비교할 수 있다.	전지의 개수에 따른 직렬회로 특징 비교하기	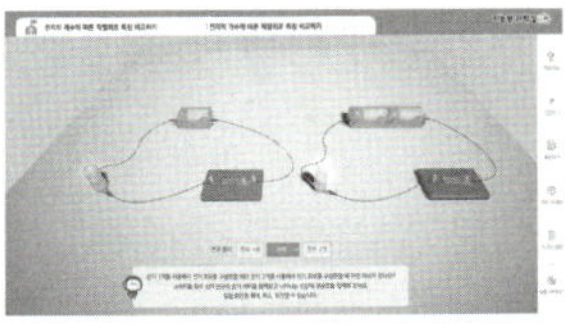 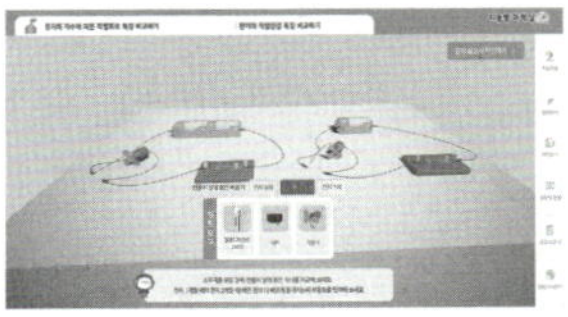
	중등	9학년 (과학)	열	[9과03-01] 온도와 열평형 과정을 물질을 구성하는 입자들의 배치나 움직임 등으로 설명할 수 있다.	열화상 카메라로 열의 이동과 열평형 관찰하기	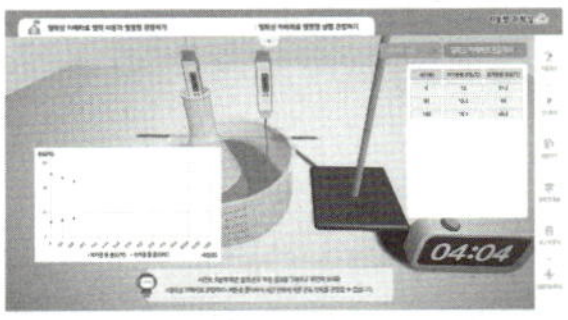 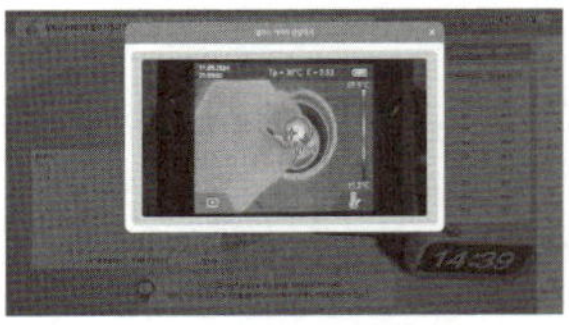
		12학년 (물리)	빛과 물질	[12물리03-06] 모든 관성계에서 빛의 속력이 동일하다는 원리로부터 시간 팽창, 길이 수축 현상이 나타남을 알고, 이러한 지식이 사회에 미친 영향을 조사할 수 있다.	시간 팽창을 확인하는 사고실험	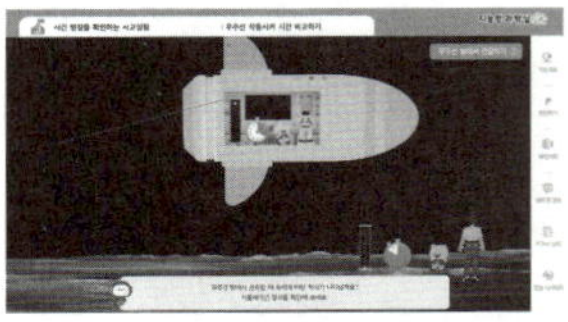 

• 2022 개정 과학과 교육과정과 연계하여 개발된 화학 시뮬레이션 콘텐츠는 초등 4학년 과학의 '여러 가지 기체', 6학년의 '용해와 용액' 단원과 연계된 2종, 중학교 과학의 '화학반응의 규칙성' 단원과 연계된 1종, 고등학교 진로선택 물질과 에너지의 '빛과 물질'과 연계된 1종이 제시되어 있다. 초등 콘텐츠는 제한된 시간 동안 다양한 시뮬레이션을 경험할 수 있도록 구성되어 있으며, 중등 콘텐츠는 위험성이 동반되는 탐구활동과 개념 시각화에 초점을 맞추어 시뮬레이션 내용을 제시하고 있다.

〈표 6-17〉 지능형과학실ON 시뮬레이션 콘텐츠(화학 영역)

영역		2022 개정 과학과 교육과정 연계			콘텐츠명	콘텐츠 활용 예시
		교과	단원	성취기준		
화학	초등	4학년(과학)	여러 가지 기체	[4과15-02] 온도나 압력에 따라 기체의 부피가 달라지는 현상을 관찰하고, 우리 주변에서 예를 찾을 수 있다.	온도나 압력에 따른 기체의 부피 변화 탐구	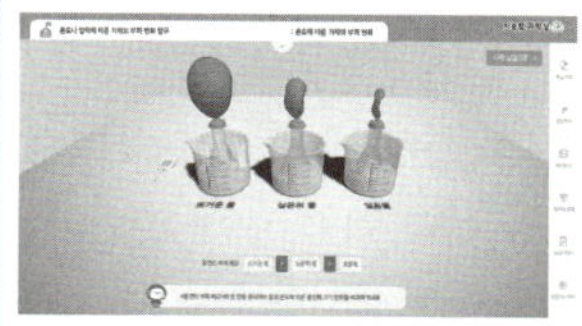 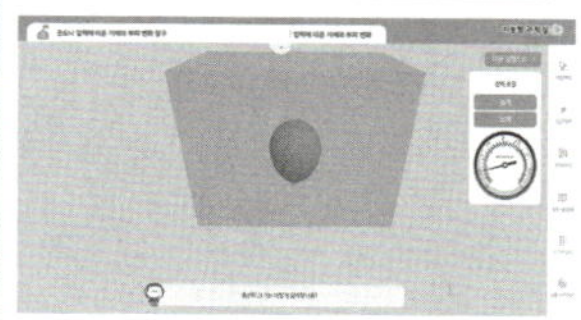
		6학년(과학)	용해와 용액	[6과03-01] 용해 현상의 의미를 알고, 용질의 종류와 물의 온도에 따라 물에 녹는 용질의 양이 달라짐을 비교할 수 있다. [6과03-02] 용질이나 용매의 양에 따라 용액의 진하기가 달라짐을 관찰하고, 용액의 상대적인 진하기를 비교할 수 있다.	용질의 종류와 물의 온도에 따라 용해되는 용질 양의 변화 및 용액의 진하기 비교 탐구	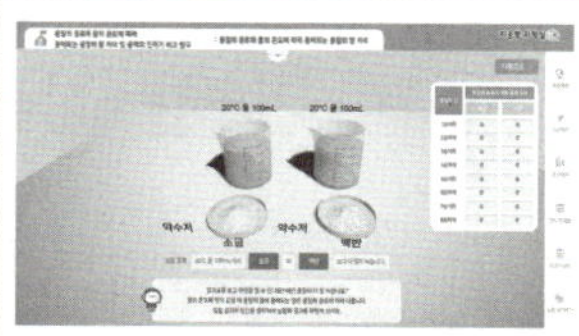 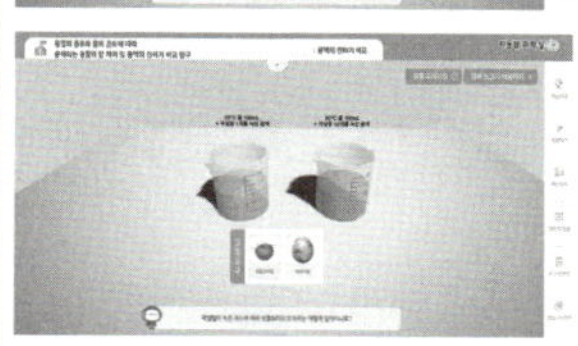
	중등	9학년(과학)	화학 반응의 규칙성	[9과16-05] 기체 반응에서 기체 부피 사이의 비가 일정함을 실험 자료를 해석하여 설명할 수 있다.	기체 반응의 부피비 확인하는 실험 설계 및 탐구	 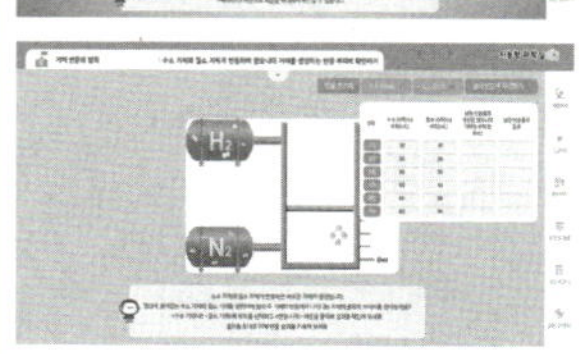

영역		2022 개정 과학과 교육과정 연계			콘텐츠명	콘텐츠 활용 예시
		교과	단원	성취기준		
		12학년 (물질과에너지)	반응속도	[12물에04-04] 농도, 온도, 촉매에 따라 반응 속도가 달라짐을 이해하고, 일상생활에서 각각의 예를 찾아 화학의 유용성을 인식할 수 있다.	표면적, 농도, 온도, 촉매와 반응 속도의 관계 탐구하기	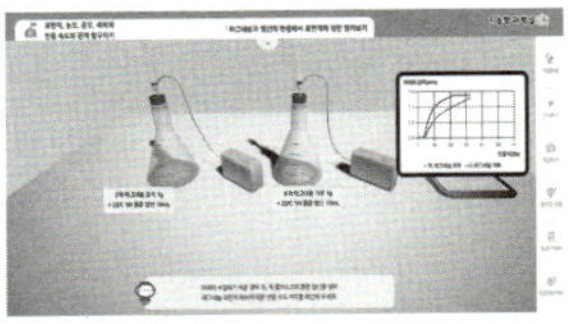 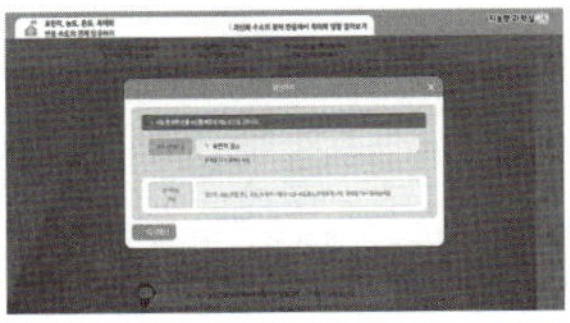

• 2022 개정 과학과 교육과정과 연계하여 개발된 생명과학 시뮬레이션 콘텐츠는 초등 4학년 과학의 '감염병과 건강한 생활', 6학년 과학의 '식물의 구조와 기능' 단원과 연계된 2종, 중학교 과학의 '생물의 구성과 다양성' 단원과 연계된 1종, 고등학교 진로선택 세포와 물질대사의 '세포'와 연계된 1종이 제시되어 있다. 초등 콘텐츠는 위험성이 동반되는 탐구활동에 초점을 맞추고 있으며, 중등 콘텐츠는 명확한 결과를 제시하는 개념 학습 지원과 실제 검증 활동이 어려운 내용을 시뮬레이션으로 제시하고 있다.

〈표 6-18〉 지능형과학실ON 시뮬레이션 콘텐츠(생명과학 영역)

영역		2022 개정 과학과 교육과정 연계			콘텐츠명	콘텐츠 활용 예시
		교과	단원	성취기준		
생명과학	초등	4학년 (과학)	감염병과 건강한 생활	[4과08-02] 감염병으로부터 안전한 사회에 관심을 가지고, 여러 감염 과정을 통해 생활 습관과 감염병 유행과의 연관성을 설명할 수 있다.	감염병의 전파 과정과 감염병 예방 방법 탐구하기	 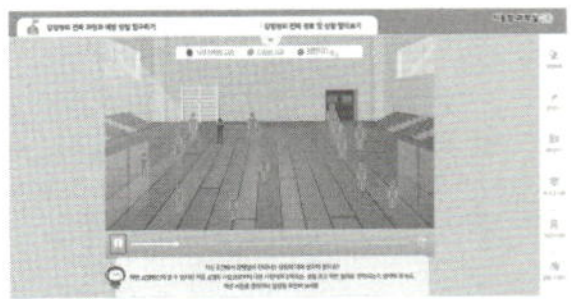
		6학년 (과학)	식물의 구조와 기능	[6과11-02] 식물의 각 기관의 구조를 관찰하고, 기능을 알아보는 실험을 수행하여 식물 각 기관의 구조와 기능을 설명할 수 있다.	광합성 산물 확인하기	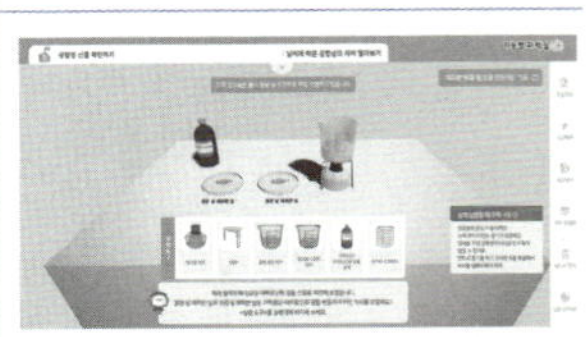 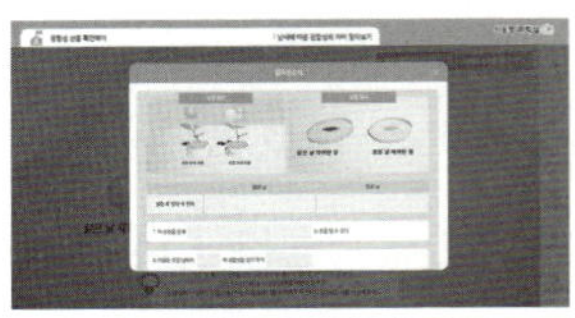

영역		2022 개정 과학과 교육과정 연계			콘텐츠명	콘텐츠 활용 예시
		교과	단원	성취기준		
	중등	9학년 (과학)	생물의 구성과 다양성	[9과02-05] 생물다양성 보전의 필요성을 이해하고, 생물다양성 유지를 위한 방안을 조사하고 실천할 수 있다.	생물다양성 보전 탐구하기	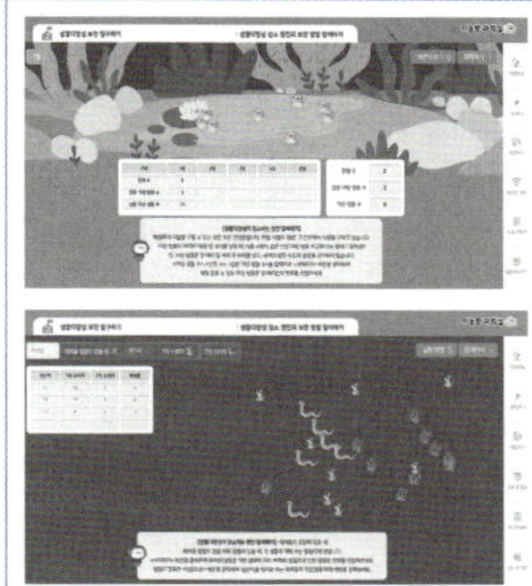
	중등	12학년 (세포와물질대사)	세포	[12세포01-05] 세포막의 구조와 특성을 이해하고, 세포막을 통한 물질 수송 과정을 추론할 수 있다.	세포에서 삼투 현상 관찰하기	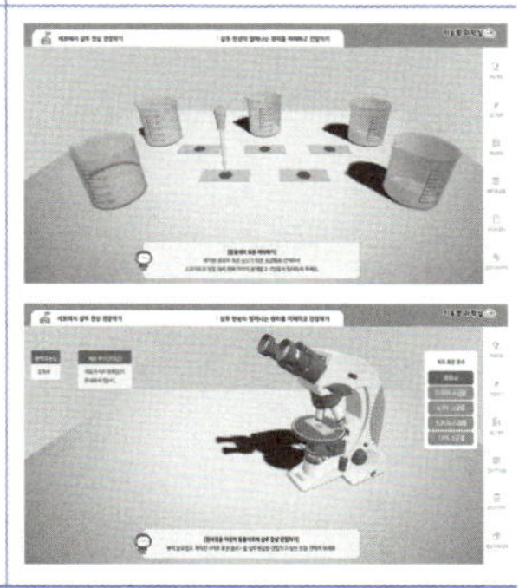

- 2022 개정 과학과 교육과정과 연계하여 개발된 지구과학 시뮬레이션 콘텐츠는 초등 4학년 과학의 '기후변화와 우리생활', 6학년 과학의 '계절의 변화' 단원과 연계된 2종, 중학교 과학의 '수권과 해수의 순환' 단원과 연계된 1종, 고등학교 통합과학2의 '환경과 에너지'와 연계된 1종이 제시되어 있다. 초등 콘텐츠는 제한된 시공간을 벗어나서 탐구할 수 있도록 지원하는 데 초점을 맞추고 있으며, 중등 콘텐츠는 제한된 시간동안 경험할 수 있도록 다양한 내용을 시뮬레이션으로 제시하고 있다.

〈표 6-19〉 지능형과학실ON 시뮬레이션 콘텐츠(지구과학 영역)

영역		2022 개정 과학과 교육과정 연계			콘텐츠명	콘텐츠 활용 예시
		교과	단원	성취기준		
지구과학	초등	4학년 (과학)	기후변화와 우리 생활	[4과16-02]기후변화의 심각성에 관심을 가지고, 기후변화가 우리 생활과 환경에 미치는 영향을 설명할 수 있다.	해수면 상승으로 인한 피해모형 실험하기	

영역	2022 개정 과학과 교육과정 연계			콘텐츠명	콘텐츠 활용 예시
	교과	단원	성취기준		
중등	6학년 (과학)	계절의 변화	[6과13-01]태양 고도 측정기로 하루 동안 태양 고도, 그림자 길이, 기온을 측정하여 이들의 관계를 찾을 수 있다.	하루 동안 태양고도, 그림자 길이, 기온의 관계 알아보기	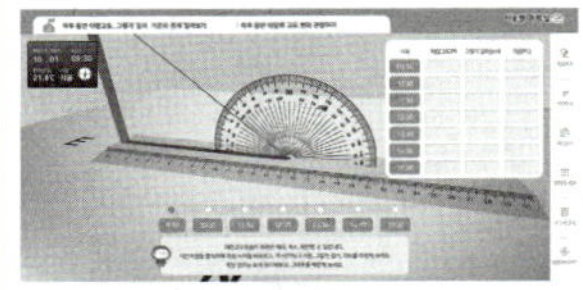 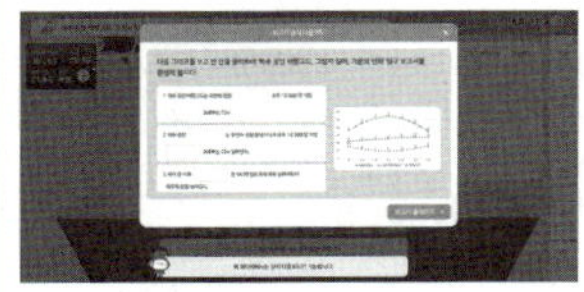
중등	9학년 (과학)	수권과 해수의 순환	[9과18-02] 해수의 수온과 염분의 분포 및 변화를 해석하여 해수의 특성을 설명할 수 있다.	수온의 연직 분포	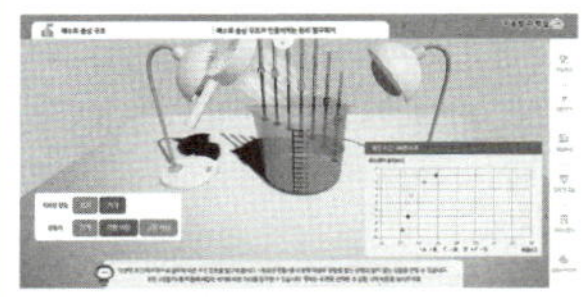 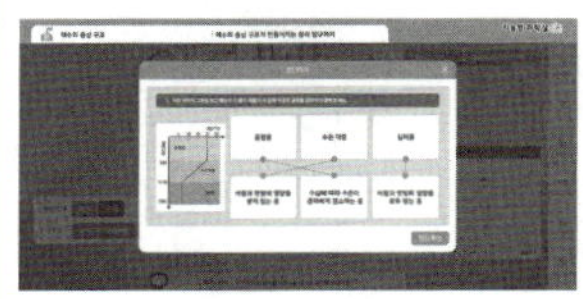
중등	10학년 (통합과학2)	환경과 에너지	[10통과2-02-03] 온실효과 강화로 인한 지구온난화의 메커니즘을 이해하고, 엘니뇨, 사막화 등과 같은 현상이 지구 환경과 인간 생활에 미치는 영향과 대처 방안을 분석할 수 있다.	지구온난화에 따른 지구 열수지 변동 탐구하기	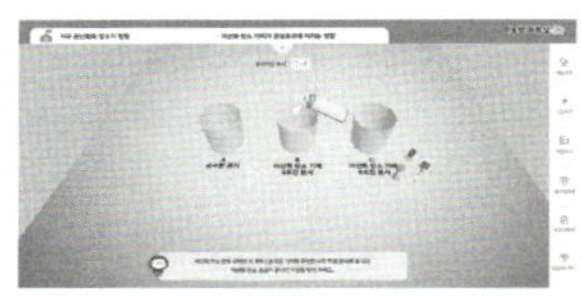 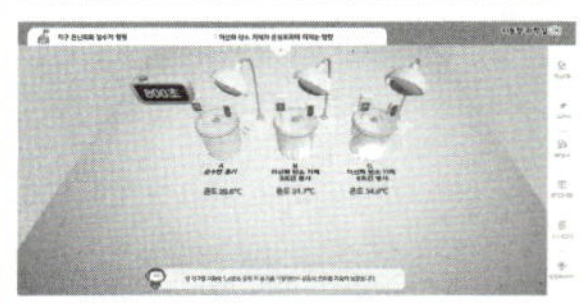

디지털 콘텐츠를 활용한 학습은 교수자에 의해 계획되고, 면밀히 구성된 교수전략이 구현됨으로써 학습 경험을 제공하며, 학습의 목표에 도달하는 결과를 이끌어 낼 수 있는지를 모두 고려함과 동시에 사용되는 디지털 기술의 적합성과 학습 효과성을 충족할 수 있어야 한다(이정금과 임부연, 2018). 디지털 매체의 활용과 전통적인 학습 과정의 융합에서 나타나는 복잡한 상호작용은 학습 효과에 영향을 줄 수 있으며, 새로운 학습 매체 활용에 따라 발생하는 학습자의 호기심과 관심을 유발하는 인지적 활성은 학습 상황에 대한 공감과 참여를 이끌어낸다(Klieme et al., 2009; Leuchter et al., 2014). 그러나 디지털 기술의 발전과 접근성 개선에도 불구하고 디지털 격차로 인해 발생하는 교육 격차는 여전히 심각한 문제로 남아 있다(Vincent-Lancrin, 2022). 교육의 본질인 학습자 맞춤형 교육을 구현하고자 하

는 교육 4.0 패러다임 측면에서 시뮬레이션 콘텐츠는 학습자에게 다양한 조작 자유도를 제공하며, 가상 환경에서 과학 탐구 활동을 체험할 수 있는 기회를 제공할 수 있어야 할 것이다(Haderer & Ciolacu, 2022: WEF, 2024).

제 7 장

과학 교수·학습의 계획과 평가

목차

1. 과학 교수·학습 계획
2. 과학교육 평가

목표

- 과학 교수·학습 계획의 종류와 구성요소를 안다.
- 과학 교수·학습 평가 틀에 관하여 말할 수 있다.
- 과학 교육 평가 방법의 종류와 특징을 이해한다.

1. 과학 교수 · 학습 계획

각급 학교의 과학 교수 · 학습 계획은 과학 교과 계획(science program/science course framework), 단원 계획(unit plan), 교수 · 학습 과정안(lesson plan)의 세 가지 계획으로 구분된다(Callahan, Clark, & Kellough, 2002). 교과 계획은 교과의 연간 계획을, 단원 계획은 과목에서 가장 큰 영역의 몇 주간 계획을, 학습지도안으로 불리기도 하는(서울대학교 교육연구소, 1994) 교수 · 학습 과정안은 한두 시간 수업의 계획을 말한다. 교과 계획은 장기 계획, 단원 계획은 중기 계획, 그리고 교수 · 학습 과정안은 단기 계획으로 일컬어진다.

1) 과학 교과 계획

교과 계획은 장기 계획 이외에, 연간 계획, 교과 프로그램, 교수요목(course of study)으로 불리기도 한다. 교과 계획은 학교의 철학, 도 · 시 교육청의 방침, 교과서, 국가 교육과정을 바탕으로 구성한다. 외국에서는 과학 교과 계획이 과학의 학문적 체계를 구성하는 주제 및 과학지식, 과학적 탐구 과정, 사회적 · 국제적 쟁점들로 구성되어 있다(Bybee, Powell, & Trowbridge, 2008). 교과 계획에는 교수요목을 나열하고, 교수요목에 적용할 교수 · 학습 모형과 아울러 적절한 교수 · 학습 전략, 사용될 시청각 기자재와 도구도 명시하며, 학생들이 미리 준비하게 특별활동이나 체험활동 또는 과제연구도 명기한다.

〈표 7-1〉은 현재 중학교에서 이용하고 있는 한 과학 교과서의 『중학교 과학 1 지도서』(노태희 외, 2019)에 제시되어 있는 '연간 지도 계획'이다. 이 '연간 지도 계획'은 『2015 개정 과학과 교육과정』의 목표, 성취기준, 교수 · 학습 방법 및 유의 사항, 평가 방법 및 유의 사항에 따라 작성되었다. 또한 『중학교 과학 1 지도서』에서는 '연간 지도 계획'에 따른 평가를 통해 학생들의 성취 수준을 확인함으로써 그 활동이 목표 달성에 적절한지 점검하고 지도 계획에 되먹임(feedback)하도록 권장한다.

중학교 과학 기준 연간 수업 시수는 학년별로 1학년 102(주당 3) 시간, 2학년 136(주당 4) 시간, 3학년 136(주당 4) 시간이다. 〈표 7-1〉의 '연간 지도 계획'은 교과서를 중학교 1학년 기준 수업 시수인 102차시 중 84차시를 운영하도록 구성되어 있다. 나머지 18차시는 자유학기제 운영 및 학교 일정, 교사 재량에 따라 다양한 방법으로 수정하여 활용할 수 있도록 작성하였다. 1시간 수업은 45분 수업을 원칙으로 하고, 기후 및 계절과 학교 실정을 고려하여 탄력적으로 편성 · 운영할 수 있다는 것이 전제되어 있다.

〈표 7-1〉 연간 지도 계획의 한 예시

<table>
<tr><th rowspan="2">대단원</th><th rowspan="2">중단원</th><th rowspan="2">소단원(차시)</th><th colspan="2">시간 수</th><th rowspan="2">월</th></tr>
<tr><th>시간</th><th>단원 시간</th></tr>
<tr><td rowspan="10">1. 지권의 변화</td><td rowspan="3">1. 지구계와 지권의 구조</td><td>1. 우리가 사는 지구(2차시)</td><td rowspan="3">5</td><td rowspan="10">21</td><td rowspan="10">3, 4</td></tr>
<tr><td>2. 층으로 이루어진 지권(3차시)</td></tr>
<tr><td>꿈과 역량 높이기/중단원 점검</td></tr>
<tr><td rowspan="3">2. 지각의 구성 물질</td><td>1. 다양한 암석(5차시)</td><td rowspan="3">8</td></tr>
<tr><td>2. 암석을 이루는 광물(3차시)</td></tr>
<tr><td>꿈과 역량 높이기/중단원 점검</td></tr>
<tr><td rowspan="3">3. 지각의 변화</td><td>1. 풍화로 만들어진 토양(3차시)/꿈과 역량 높이기
2. 움직이는 대륙(2차시)
3. 지진과 화산의 분포(2차시)</td><td rowspan="3">7</td></tr>
<tr><td>꿈과 역량 높이기/중단원 점검</td></tr>
<tr style="display:none"></tr>
<tr><td colspan="2">대단원 마무리(1차시)</td><td>1</td></tr>
<tr><td rowspan="7">2. 여러 가지 힘</td><td rowspan="3">1. 중력과 탄성력</td><td>1. 물체를 끌어당기는 중력(2차시)/꿈과 역량 높이기</td><td rowspan="3">4</td><td rowspan="7">9</td><td rowspan="7">4, 5</td></tr>
<tr><td>2. 되돌아가려는 탄성력(2차시)</td></tr>
<tr><td>중단원 점검</td></tr>
<tr><td rowspan="3">2. 마찰력과 부력</td><td>1. 운동을 방해하는 마찰력(2차시)</td><td rowspan="3">4</td></tr>
<tr><td>2. 떠오르게 하는 부력(2차시)</td></tr>
<tr><td>꿈과 역량 높이기/중단원 점검</td></tr>
<tr><td colspan="2">대단원 마무리(1차시)</td><td>1</td></tr>
<tr><td rowspan="9">3. 생물의 다양성</td><td rowspan="5">1. 생물 다양성과 분류</td><td>1. 생명의 풍요로움, 생물 다양성(1차시)</td><td rowspan="5">6</td><td rowspan="9">10</td><td rowspan="5">5, 6</td></tr>
<tr><td>2. 환경에 따라 다양한 생물(1차시)</td></tr>
<tr><td>3. 생물을 분류하는 방법과 목적(2차시)</td></tr>
<tr><td>4. 주변의 다양한 생물 분류하기(2차시)</td></tr>
<tr><td>꿈과 역량 높이기/중단원 점검</td></tr>
<tr><td rowspan="3">2. 생물 다양성 보존</td><td>1. 생물 다양성의 중요성(1차시)</td><td rowspan="3">3</td><td rowspan="4">6, 7</td></tr>
<tr><td>2. 생물 다양성의 위기와 보전(2차시)</td></tr>
<tr><td>꿈과 역량 높이기/중단원 점검</td></tr>
<tr><td colspan="2">대단원 마무리(1차시)</td><td>1</td></tr>
<tr><td rowspan="3">4. 기체의 성질</td><td rowspan="3">1. 입자의 운동과 기체의 압력</td><td>1. 스스로 움직이는 입자(1차시)</td><td rowspan="3">3</td><td rowspan="3">10</td><td rowspan="3">8, 9</td></tr>
<tr><td>2. 충돌하여 힘을 가하는 기체 입자(1차시)</td></tr>
<tr><td>꿈과 역량 높이기/중단원 점검</td></tr>
</table>

대단원	중단원	소단원(차시)	시간 수		월
			시간	단원 시간	
	2. 기체의 압력과 부피의 관계	1. 압력에 따른 기체의 부피 변화(2차시)	3		
		2. 생활 속의 보일 법칙(1차시)			
		꿈과 역량 높이기/중단원 점검			
	3. 기체의 온도와 부피 관계	1. 온도에 따른 기체의 부피 변화(1차시)	3		
		2. 생활 속의 샤를 법칙(1차시)			
		꿈과 역량 높이기/중단원 점검			
	대단원 마무리(1차시)		1		
5. 물질의 상태 변화	1. 물질의 세 가지 상태와 상태 변화	1. 물질의 세 가지 상태(2차시)	5	11	8, 9
		2. 여러 가지 물질의 상태 변화(3차시)			
		꿈과 역량 높이기/중단원 점검			
	2. 상태 변화와 열 에너지	1. 열에너지를 흡수하는 상태 변화(2차시)	5		
		2. 열에너지를 방출하는 상태 변화(2차시)			
		3. 상태가 변할 때 흡입하는 열에너지 이용(1차시)			
		꿈과 역량 높이기/중단원 점검			
	대단원 마무리(1차시)		1		
6. 빛과 파동	1. 빛	1. 물체를 보는 시각(1차시)	9	15	9, 10
		2. 빛이 만드는 색(3차시)			
		3. 거울이 만드는 상(3차시)			
		4. 렌즈가 만드는 상(2차시)			
		꿈과 역량 높이기/중단원 점검			
	2. 파동	1. 사방으로 퍼져 나가는 파동(2차시)	5		
		2. 소리의 특징(3차시)			
		꿈과 역량 높이기/중단원 점검			
	대단원 마무리(1차시)		1		
7. 과학과 나의 미래	1. 과학과 직업	1. 자연을 탐구하는 직업, 과학자(2차시)	4	8	10, 11
		2. 여러 분야의 과학자(2차시)/꿈과 역량 높이기			
	2. 미래 사회의 직업과 과학	1. 다양한 직업과 과학(1차시)	3		
		2. 미래 사회의 직업(2차시)/꿈과 역량 높이기			
	대단원 마무리(1차시)		1		

교과 계획은 교수요목 대신 강의요목(syllabus)의 형태로 작성할 수도 있다(Callahan et al, 2002). 교수요목을 중심으로 작성되는 교과 계획이 과학 과목의 내용과 강의 순서 및 교수·학습 시간을 중심으로 구성한다면, 강의요목을 중심으로 작성되는 과학 교과 계획은 강의할 내용, 곧 교수요목과 아울러 과목의 기술적 정보, 과목의 중요성, 목적과 목표, 자료와 도구, 과제 또는 숙제, 출석 반영, 평가 방법을 강조한다. 강의요목에 포함되는 기술적 정보에서는 대상 학년, 과목 이름, 소요될 교수·학습 시간을 비롯한 과목의 특성을 나타낸다. 목적에서는 교육과정에 제시된 과목의 목표를 그대로 쓰기도 한다.

2) 과학 단원 계획

과학 교과서는 단원(unit)·장(chapter)·절·항·목의 체제로 조직되어 있다. 이 가운데에서 단원은 주제·제목·문제·쟁점, 과학지식, 과학적 탐구 과정 및 기능, 읽을거리로 구성되어 있으며, 단원 계획은 단원을 전개하기 위한 설계로서 수업단원 계획(instructional unit plan), 단원평가 계획(unit evaluation plan), 자료단원 계획(resource unit plan)으로 나뉜다. 수업단원 계획은 대개 4~6주 간의 교수·학습 계획으로 작성된다.

(1) 단원의 교수·학습 계획

수업단원 계획은 단원 교수·학습 계획, 또는 교수단원 계획으로 불리기도 한다. 수업단원 계획은 흔히 성취기준, 중단원, 소단원, 시간수, 교과서 쪽 수, 교수·학습 및 평가, 비고로 구성하여 교사용지도서에 제시한다. 외국의 중등학교 수업단원 계획에서는 이외에 수업활동·학습활동·수업전략도 기술한다(Chiappetta & Koballa, 2006). 교사에 따라서는 수업단원 계획을 단원명, 단원목표, 수업목표, 내용의 개요, 수업 방법, 시간 배당, 학습자의 실태, 수업과정, 학습과제, 교사 및 학생의 활동, 수업평가 계획, 교수/학습 자료 및 보조기구로 자세하게 작성하기도 한다(서울대학교 교육연구소, 1994).

〈표 7-2〉에는 '연간 지도 계획'을 소개한 『중학교 과학 1 지도서』(노태희 외, 2019)에 있는 〈II. 여러 가지 힘〉 단원에 관한 '단원의 교수·학습 및 평가 계획'의 일부가 제시되어 있다. 〈표 7-2〉에 제시되어 있는 중단원은 '연간 지도 계획'에 있는 것으로서, 대체로 교육과정 내용 체계의 핵심 개념에 해당된다. 또한 〈표 7-2〉와 같은 '단원의 교수·학습 계획' 앞에는 '단원의 개관', '단원 지도 목표', '단원 교수·학습 방법 및 유의 사항', '「과학 공감」 지도 안내', '단원 평가 방법 및 유의 사항', 그리고 '멀티미디어 자료 및 참고 도서'가 제시되

어 있다. 이에 바로 이어서, 그리고 '단원의 교수 · 학습 및 평가 계획' 바로 앞에, '단원의 연계 및 개념 구조'가 제시되어 있다. '단원의 연계 및 개념 구조'에서는 선수 학습, 이 단원의 학습, 후속 학습의 학교 급별 내용이 제시되어 있으며, 개념 구조도에는 단원의 핵심 개념들 사이의 관계가 표시되어 있다.

〈표 7-2〉 중학교 과학 '여러 가지 힘' 단원의 교수 · 학습 계획

성취기준	중단원	소단원과 학습 내용	차시	쪽	교수 · 학습 방법
[9과 02-01] 무게가 중력의 크기임을 알고, 질량과 무게를 구별할 수 있다.	1. 중력과 탄성력	물체를 끌어당기는 중력 [토의해 보기]공이 떨어지는 까닭은 무엇일까? [조사해 보기] 달에서 물체의 무게가 달라지는 까닭은 무엇일까? [추리해 보기] 우주 정거장에서 무게와 질량은 어떤 차이가 있는가?	1~2	64~71	개념변화 학습 강의 토의
		[꿈과 역량 높이기]		72	
[9과 02-02] 일상생활에서 물체의 탄성을 이용하는 예를 조사하고, 그 예를 통하여 탄성력의 특징을 설명할 수 있다.		2. 되돌아가려는 탄성력 [조사해 보기] 일상생활에서 탄성을 이용하는 예에는 어떤 것들이 있을까? [토의해 보기] 탄성체가 작용하는 힘은 어떤 특징이 있을까? [탐구-측정] 용수철을 이용하여 물체의 무게 측정하기	3~4	73~78	탐구 수업 협력 학습 조사, 토의, 발표
		중단원 점검		79	
[9과 02-03] 물체의 운동을 방해하는 원인으로서 마찰력을 알고, 빗면 실험을 통해 마찰력의 크기를 정성적으로 비교할 수 있다.	2. 마찰력과 부력	운동을 방해하는 마찰력 [실험해 보기] 마찰력은 어떤 특징이 있을까? [탐구-실험] 빗면의 기울기를 이용하여 물체의 마찰력 비교하기	5~6	80~85	POE, 탐구 수업 협력 학습 실험, 토의
[9과 02-04] 기체나 액체에 속에 있는 물체에 부력이 작용함을 알고 용수철저울을 사용하여 부력의 크기를 측정할 수 있다.		2. 떠오르게 하는 부력 [토의해 보기] 물속에서 물체는 어떤 힘을 받게 될까? [탐구-측정] 액체 속에서 물체의 부력 측정하기	7~8	86~89	POE, 탐구 수업 협력 학습 실험, 측정, 토의
		[꿈과 역량 높이기] 수중 훈련을 받는 우주인		90	
		중단원 점검		91	
	대단원 마무리		9	92~95	

우리나라의 과학 교과서에서는 교육과정의 영역 요소를 단원, 또는 대단원으로 설정하며, 그 하위 요소를 중단원·소단원으로 부른다. 대단원·중단원·소단원은 각각 표제 표기법의 단원·장·절에 해당된다. 영역의 힘과 운동, 핵심개념의 힘, 내용요소의 중력은 각각 대단원/단원, 중단원/장, 소단원/절에 해당된다. 교육과정에 있는 원래의 '단원의 교수·학습 및 평가 계획'에는 '핵심 용어'와 아울러 '학생 중심 교수·학습 및 평가'의 '유의 사항'과 '교수·학습 자료'도 포함되어 있다.

〈표 7-2〉의 성취기준과 중단원은 각각 교육과정과 교과서에 명시된 그대로 쓴다. 성취기준은 단원을 마쳤을 때 학생들이 습득하길 기대하는 결과로서 교육과정에 제시된 그대로 옮겨놓은 것이다. 한편 단원의 지도 목표는 〈표 7-2〉에는 나타나 있지 않지만, 지도서에는 제시되어 있다. 대단원도 〈표 7-2〉에는 나타나 있지 않지만, 교과서에서 교육과정의 영역에 해당되는 주제로 표현되어 있다. 중단원은 대체로 교육과정의 핵심 개념에 해당되는 것들이며, 소단원은 내용 요소로 볼 수 있다. 실제의 단원 계획에는 평가 단원 계획도 포함되어 있으며, 이것은 다음 소절에서 다룬다.

(2) 단원의 평가 계획

『2015 개정 과학과 교육과정』에서는 단원마다 '평가 방법 및 유의 사항'을 설정하여 단원 교수·학습 과정에서, 또는 단원의 교수·학습이 끝나는 시점에서 교수·학습의 결과를 평가하도록 제시되어 있다. 이는 단원의 교수·학습 계획과 동시에 단원의 평가 계획도 수립해야 한다는 것을 암시한다. 〈표 7-3〉에는 〈II. 여러 가지 힘〉 단원(노태희 외, 2019)의 '단원의 교수·학습 및 평가 계획'의 일부에 '평가 방법'만 붙여 놓은 것이다. 즉 〈표 7-3〉의 '중단원', '소단원과 학습 내용', '교수·학습 방법'은 '단원의 교수·학습 및 평가 계획'에 있는 그대로 옮겨 놓은 것이다.

교수·학습 시간은 네 소단원 모두 각각 두 시간씩, 중단원의 교수·학습에 총 네 시간이 소요된다. 평가 내용은 첫째 줄의 '중력이 작용하는 방향을 설명할 수 있는가?', '장소에 따라 무게가 다르게 측정되는 까닭을 설명할 수 있는가?', '무게와 질량을 구별하여 설명할 수 있는가?'와 같이, 단원 지도 목표 '무게가 중력의 크기임을 알고 질량과 무게를 구분할 수 있게 한다.'에서 도출하여 핵심 용어 중력·무게·질량을 중심으로 설정되어 있다. 그런데 실제의 평가 방법은 단원 계획에 제시된 핵심 용어보다 교수·학습 방법에 비추어 그 적절성을 짐작해 볼 수 있다.

〈표 7-3〉 중학교 과학 '여러 가지 힘' 단원의 평가 계획

중단원	소단원과 학습 내용	핵심 용어	교수 · 학습 방법	평가 내용	평가 방법
1. 중력과 탄성력	1. 물체를 끌어당기는 중력 [토의해 보기]공이 떨어지는 까닭은 무엇일까? [조사해 보기] 달에서 물체의 무게가 달라지는 까닭은 무엇일까? [추리해 보기] 우주 정거장에서 무게와 질량은 어떤 차이가 있는가?	중력 무게 질량	개념변화 학습 강의 토의	중력이 작용하는 방향을 설명할 수 있는가? 장소에 따라 무게가 다르게 측정되는 까닭을 설명할 수 있는가? 무게와 질량을 구별하여 설명할 수 있는가?	인터뷰 평가 참여도 발표 평가 반성적 평가
	[꿈과 역량 높이기]				글쓰시 평가, 발표 평가
	2. 되돌아가려는 탄성력 [조사해 보기] 일상생활에서 탄성을 이용하는 예에는 어떤 것들이 있을까? [토의해 보기] 탄성체가 작용하는 힘은 어떤 특징이 있을까? [탐구-측정] 용수철을 이용하여 물체의 무게 측정하기	탄성력 물체의 무게 측정	탐구 수업 협력 학습 조사, 토의, 발표	일상생활에서 물체의 탄성을 이용하는 실례를 조사하고 설명할 수 있는가? 물체의 탄성을 이용하는 예를 통해 탄성력의 특징을 설명할 수 있는가? 용수철을 이용하여 물체의 무게를 측정할 수 있는가?	포트폴리오 평가 탐구 실험 수행 과정 평가 인터뷰 평가 반성적 평가
	중단원 점검				
2. 마찰력과 부력	1. 운동을 방해하는 마찰력 [실험해 보기] 마찰력은 어떤 특징이 있을까? [탐구-실험] 빗면의 기울기를 이용하여 물체의 마찰력 비교하기	마찰력 마찰력의 크기 비교	POE, 탐구 수업 협력 학습 실험, 토의	운동을 방해하는 원인으로서 마찰력을 설명할 수 있는가? 마찰력의 특징을 설명할 수 있는가? 빗면 실험을 통해 마찰력의 크기를 비교할 수 있는가?	탐구 실험 수행 과정 평가 참여도 발표 평가 반성적 평가
	2. 떠오르게 하는 부력 [토의해 보기] 물속에서 물체는 어떤 힘을 받게 될까? [탐구-측정] 액체 속에서 물체의 부력 측정하기	부력 부력의 크기 측정	POE, 탐구 수업 협력 학습 실험, 측정, 토의	물속에서 물체의 무게가 가벼워지는 까닭을 설명할 수 있는가? 물속의 물체에 작용하는 부력의 방향을 설명할 수 있는가? 물속에 잠긴 물체에 작용하는 부력을 용수철저울을 이용하여 측정할 수 있는가?	탐구 실험 수행 과정 평가 보고서 평가 참여도 발표 평가 반성적 평가
	[꿈과 역량 높이기] 수중 훈련을 받는 우주인				산출물 평가 글쓰기 평가
	중단원 점검				
대단원 마무리					

(3) 자료단원 계획

자료단원 계획은 교과서의 한 단원의 교수·학습에 필요한 도구와 재료와 자료를 활용할 계획을 말한다. 자료단원 계획은 단원의 교수·학습에 이용할 도구·재료·자료를 단순히 나열한 것이 아니라, 교수·학습 목적과 전략에 따라 작성해야 구입할 때뿐만 아니라 활용하기에도 실용적이고 편리하다. 자료단원 계획의 구성요소(Bybee et al., 2008)와 그 안에 포함시킬 자료(Chiappetta & Koballa, 2006)는 다음과 같다.

〈자료단원 계획 구성요소〉

- 이념(aims) 또는 목적(goals): 교과서나 학교의 목적
- 목표(objectives): 단원 및 장의 목표
- 컴퓨터 소프트웨어: CAI 프로그램, 시뮬레이션 프로그램 등
- 시범: 학술지, 학회 연구모임, 대학교 교육과정 등에서 선정
- 토의 주제
- 야외실습 계획
- 과제(숙제)
- 탐구에의 초대: BSCS teachers handbook
- PowerPoint: file 목록
- 강의 노트: 강의계획서 및 자료
- 과제연구: 주제 및 과제
- 더 읽을거리: 논문, 참고서
- 평가: 퀴즈, 검사, 문제
- 비디오
- Web sites: e-mail 주소, 홈페이지 등

〈자료단원 계획에 포함시킬 수 있는 자료와 자원〉

- 경험이 있는 과학교사, 대학교의 교수, 연구소의 연구원, 회사의 전문 과학자, 공장의 장인 등 인적 자원의 이름과 활용할 수 있는 내용의 명세
- 교육과정, 교과서, 참고서, 실험지도서, 실험도구 사용 지침서, 전문학술지, 논문, 잡지 등
- 수족관, 박물관, 동·식물원, 천문대, 관측소 등
- 도서관, 관공서, 대학교, 연구소, 회사, 학회 등
- 인터넷, TV, 비디오, 디지털카메라, 캠코더, 빔프로젝터 등

이와 같이, 자료단원 계획에는 전통적 교수·학습에서 사용하는 시청각 기자재뿐만 아니라 컴퓨터 및 인터넷과 관련된 자료도 많이 포함시킨다. 자료단원 계획은 단원마다 작성하며, 이 구성요소가 모든 단원에 동일할 필요는 없다. 동일한 자료단원 계획에 나열된 자료가 교사에 따라 달리 활용될 수도 있기 때문이다. 자료단원 계획은 단원의 목표와 내

용에 따라 그 체계도 달라질 수 있다.

3) 과학 교수 · 학습 과정안

과학 교수 · 학습 과정안은 교수 · 학습 절차와 내용을 시간대별로 작성하는 수업 지도안이다. 과학 교수 · 학습 과정안은 한두 시간의 교수 · 학습을 통하여 달성할 목표를 설정하고, 그 목표를 달성하기 위해 선정한 내용의 교수 · 학습에 필요한 시간 · 공간 · 교재 · 활동을 교사가 직접 설계하고 계획한 교사용 지도서이다. 교수 · 학습 과정안은 수업 과정안, 수업 지도안, 수업 계획안, 수업안, 교수안, 교안, 학습지도안으로 불리며, 실제적 기능에 따라 수업 또는 교수 · 학습 자료로 일컬어지기도 한다(박완희, 1993).

(1) 교수 · 학습 과정안 작성 방법

교수 · 학습 과정안은 과목의 특성, 교수 · 학습 목표, 교수 · 학습 자료와 매체, 교수 · 학습 모형과 전략, 학생의 특성과 배경, 학교의 교육철학, 과학교사의 가치관, 과학교육의 현실, 과학 교수 · 학습에 관한 과학교사의 관점을 근거로 하여 개발한다. 이상적인 과학 교수 · 학습 과정안은 과학교사에게 가장 실용적이고, 현실적 여건에서 효과적인 것이다. 그러나 과학 교수 · 학습 과정안은 다음과 같은 항목을 중심으로 작성하면, 어떤 내용이나 주제의 교수 · 학습에도 무난하게 적용할 수 있다.

- 기술적(서술적) 자료
- 단원 목표
- 수업 목표
- 필요한 재료 및 기구
- 주요 개념, 핵심적 탐구 과정 및 기술
- 수업의 절차와 내용
- 과제
- 기타

기술적 자료 부분에서는 단원과 소단원 또는 장 그리고 본시 교수 · 학습 주제의 이름, 대상 학년, 본 수업의 차시를 적는다. 단원 및 소단원 또는 장 그리고 본시 교수 · 학습 절 또는 소절의 이름은 과학과 교육과정, 교과서에 제시된 것을 그대로 적어도 된다. 필요에 따라서는 과학 교육과정이나 과학 교과서에서 교수 · 학습의 제목을 찾거나 주제를 확인하여 적는다. 본 수업의 차시는 과학과 교육과정이나 과학 교과서에 제시되어 있는 단원을 소분화 한 소단원의 이름 앞이나 뒤에 표시한다.

과학 교수·학습 과정안에서는 목표를 단원 목표와 수업 목표를 구분하여 기술한다. 단원 목표는 교육과정이나 교과서에 기술되어 있는 것을 그대로 적는다. 한편 수업 목표는 교과서에 기술되어 있는 것을 적어도 되지만, 원칙적으로는 과학교사가 직접 작성해야 한다. 대체로 단원 목표는 일반적 동사로 진술하지만, 수업 목표는 측정이 가능한 행동동사로 진술한다. 이를테면 단원 목표는 '전류의 의미를 이해한다.'와 같이 진술해도 되며, 수업 목표는 '전류계를 사용하여 전류를 측정할 수 있다.'와 같이 진술한다.

주요 개념과 핵심적 탐구 과정 및 기술은 바로 앞에 제시된 단원 목표와 수업 목표를 달성함으로써 획득하게 할 개념과 습득하길 바라는 탐구 과정 기능을 제시한다. 주요 개념에는 실제의 교수·학습에서 다루는 과학적 법칙, 원리, 이론, 가설을 개념의 형태로 제시한다. 한편 핵심적 탐구 과정과 기술에는 실제의 교수·학습 과정에서 수행되는 기초탐구 과정과 통합탐구 과정, 그리고 탐구활동을 제시한다.

전통적 과학 교수·학습 과정안에는 대부분 교수·학습 절차로 논설 과정인 도입-전개-결론(또는 정리)의 순서로 제시되어 있다. 그러나 실제의 과학 교수·학습은 그런 절차에 따라 이루어지지 않는 경우가 적지 않다. 교수·학습 절차는 적용할 교수·학습 모형의 단계에 따라서 작성하는 것이 좋다. 이를테면 5E 모형을 적용하는 과학적 탐구 중심 교수·학습의 절차는 관여(engagement)-탐색(exploration)-설명(explanation)-정교화(elaboration)-평가(evaluation)의 단계에 따라 작성할 수 있다(Bybee et al., 2008).

가장 좋은 과학 교수·학습 과정안은 과학교사가 수업에서 활용하기 용이한 형식과 절차에 맞추어 작성한 것이다. 그런 과학 교수·학습 과정안은 단원 목표와 수업 목표가 명백하게 제시되어 있고, 교수·학습 내용이 적용되는 교수·학습 모형 및 전략의 과정에 합치하며 논리적으로 합당한 절차에 따라 전개되어 있는 것이다. 교수·학습 과정안은 한 과학교사가 다른 반에서 수업을 반복할 때나, 기간제 교사나 시간 강사가 대신 수업할 때에도 유용하게 활용할 수 있도록 작성된다(Callahan et al., 2002).

(2) 교수·학습 과정안의 형식

과학 교수·학습 과정안은 교수·학습의 절차와 내용에 관한 진술의 양을 준거로 하여 단순형(short-form)과 상세형(long-form)으로 나뉜다. 간단하게 작성하는 단순형 교수·학습 과정안은 수업 시간을 일목요연하게 보여주며, 필요한 내용·도구·자료를 쓸 공간을 제공하는 장점이 있다. 단순형은 한 쪽을 넘지 않게 작성하는 것이 상례이지만, 주제, 수업목표, 교수 · 학습 활동 또는 탐구 과정, 수업에 필요한 재료와 도구, 자료의 출처는 반드시 포함시켜야 한다. 〈표 7-4〉는 순환학습 모형, '탐색-창안-응용' 단계에 따른 단순형 교수 · 학습 과정안의 한 예이다(Chiappetta & Koballa, 2006).

〈표 7-4〉 단순형 교수 · 학습 과정안의 예

단원명: 바람과 날씨
수업주제: 바람개비
수업목표: • 단순한 물건으로 바람개비를 만든다.
• 풍향계와 나침반으로 풍향을 측정한다.
• 바람개비의 크기와 회전 속도의 관계를 기술한다.

시간	활동
09:05 ~ 09:25	서로 다른 색깔의 종이에 그려진 바람개비의 설계로 수업의 주제를 소개한다. 학생들에게 '바람개비의 크기와 회전 속도 사이에 어떤 관계가 있을까?'하고 묻는다. 학생들의 대답을 기록한다.
09:25 ~ 09:40	(탐색) 나침반을 사용하는 방법을 설명하고, 바람개비를 만들게 한다.
09:40 ~ 09:50	바람개비로 바람의 속도를 측정하고 그 결과를 적게 한다.
09:50 ~ 10:10	(창안) 결과에 대해 토의하게 한다. 나침반과 바람개비를 이용하여 바람의 방향을 측정하는 방법, 바람개비의 크기와 회전 속도의 관계, 자료에 나타난 규칙성 등을 묻고 토의하게 한다.
숙제	(응용) 다른 크기의 바람개비를 만들어 그 효과를 알아보고, 그 규칙성과 일치하는지 확인한다. 다른 학생 또는 분단과 그 결과를 비교한다.
도구 및 재료	색종이 45매, 가위 15개, 나침반 15개, 헤어드라이어 3개

〈표 7-4〉의 교수 · 학습 과정 안에서 수업목표 앞에 수업목적, 핵심적 개념, 주요 탐구 과정과 기술을 더하고 교수 · 학습의 절차와 내용을 더욱 자세히 기술하면, 상세형 교수 · 학습 과정안이 된다. 교육경험이 많은 과학교사에게는 단순형 교수 · 학습 과정안으로도 충분하지만, 직전교육 과정이나 현직연수 과정에서는 상세형 교수 · 학습 과정안을 작성하여 자신의 수업에 적용하게 하는 것이 바람직하다. 상세형 과학 교수 · 학습 과정안은 교수 · 학습의 제목, 단원목표, 수업목표, 핵심적 개념, 주요 탐구 과정 기능, 재료와 도구, 교수 · 학습 활동, 형성평가, 차시 교수 · 학습 예고로 구성한다. 상세형 교수 · 학습 과정안은 또한 한 번의 교수 · 학습 과정에서 가능한 한 다양한 교수 · 학습 모형과 전략을 활용할 수 있게 구성하는 것이 실용적이다(Chiappetta & Koballa, 2006).

교사들은 흔히 교수·학습 과정안을 학습지도안으로 부르며, 학습지도를 교수·학습 또는 수업을 가리키는 말로 이해하면서, 학습지도안을 학생의 학습 활동을 구상한 교사의 계획 또는 수업 계획안으로 정의한다(서울대학교 교육연구소, 1994). 교수·학습 과정안을 이와 같은 의미로 인식하는 교사들은 학습지도안에 관한 이와 같은 정의에 따라 교수·학습 과정안을 [그림 7-1]과 같은 양식에 따라 작성하기도 하는데, 이 형식은 논리적으로 타당하지 않을 뿐만 아니라 구조적으로도 비실용적이다.

단계	학습 내용	학습 활동		시간(분)	비고
		교사	학생		

[그림 7-1] 타당하지 않은 교수·학습 과정안 형식

교수·학습 과정안은 원칙적으로 수업계획이기 때문에, 교사의 수업 활동을 중심으로 작성하는 것이 논리적으로나마 합당하다. 그렇게 하기 위해서는 [그림 7-1]에서 먼저 학습 내용을 교수 내용으로 바꾸어야 한다. 학습 활동도 교수 활동으로 대체하고, 교사와 학생을 둘 다 빼는 것이 적절하다. 학생들에게 학습 절차나 실험 방법과 과정을 안내해야 할 특별한 이유가 없다면, 학생의 학습 활동을 구태여 기술할 필요가 없으며, 꼭 안내하거나 지시해야 할 사항이 있으면 비고란에 기술하는 것이 그나마 합리적이다. 또한 학생의 학습 활동을 반드시 포함시켜야만 한다면, 학습 활동을 교수·학습 활동으로 정리하고, 교사와 학생을 각각 교수 활동과 학습 활동으로 대체해야 논리적으로 타당하다.

과학 교수·학습 과정안은 주제가 한두 시간에 마칠 수 없을 정도로 클 경우, 주간계획으로 설계하기도 한다. 주간계획은 절차와 내용에 있어서 일일 교수·학습 과정안보다 더 단순하면서도 나름의 가치도 지닌다. 특히 단원을 통합할 때는 여러 개의 독립된 교수·학습 과정안보다 한 개의 주간계획이 더 효과적이다. 우리나라 중학교 과학 교과서는 대개 한 중단원이 3~4시간에 마치도록 구성되어 있는데, 그런 주제도 개별적인 일일 교수·학습 과정안보다 주간계획으로 작성하는 것이 더 실제적이다. 개별적으로 작성한 것보다는 통합적으로 작성하면, 그 단원의 특성을 종합적으로 알아보기에도 더 편리하다.

(3) 교수 · 학습 과정안의 실례

과학 교수 · 학습 과정안은 교수 · 학습 과정의 차시별 계획으로서 교수 · 학습 목표, 교수 · 학습 모형과 전략에 고유한 양식에 맞추어 작성된다(서울대학교 교육연구소, 1994). 교수 · 학습 과정안 작성의 첫째 단계는 단원목표와 교수 · 학습 내용의 분석이다. 단원목표는 교육과정이나 과학 교과서에 있는 것을 그대로 기록하며, 수업목표는 교과서의 것을 활용할 수도 있으나 수업할 교사가 직접 작성해야 실제적이다.

수업목표를 설정한 다음에는 그 목표의 달성에 필요한 교수 · 학습 내용과 학습경험을 선정 · 조직한다. 이어 교수 · 학습에 적절한 교수 · 학습 모형과 전략을 결정한다. 과학 교수 · 학습 모형과 전략을 결정하면, 교수 · 학습 과정안은 교수 · 학습 모형과 전략의 절차에 따라 작성한다. 이 책에서는 중학교에서 과학 지도서에 제시되어 있는 하나, POE 모형, 발견학습 모형에 따른 과학 교수 · 학습 과정안을 예시한다.

① 중학교 '물체를 끌어당기는 중력' 교수 · 학습 과정안 예시

〈표 7-1〉의 '연간 지도 계획'을 소개한 『중학교 과학 1 지도서』(노태희 외, 2019)에는 저자들이 작성한 교수 · 학습 과정안도 제시되어 있다. 『중학교 과학 1 지도서』에 소단원별로 제시된 교수 · 학습 과정안은 모두 '도입-전개-정리'의 일반적인 절차에 따라 작성되어 있다. 다음은 '물체를 끌어당기는 힘'의 2차시 교수 · 학습 과정안의 예시이다. 『중학교 과학 1 지도서』에 제시된 실제 교수 · 학습 과정안의 앞 부분에 '차시별 학습 목표'와 '교수 · 학습 활동 흐름도' 그리고 '지도상의 유의점'이 제시되어 있으나, 여기에서는 그것들을 적지 않고, 도입, 전개, 정리에 해당되는 것들만 기술한다.

〈도입〉 (10분)

- 중단원 도입: 번지 점프하는 사람에게 작용하는 힘에는 어떤 것들이 있는지 생각해 보기
  - 번지 점프에 관한 자료와 사진을 보여주면서,
  - '뛰어내린 순간부터 멈출 때까지 번지 점프를 하는 사람은 어떤 힘을 받을까?'라는 질문을 던져, 여러 가지 힘에 대한 과학적인 호기심을 갖도록 한다.
- 소단원 도입: 점프한 사람이 공중에 멈춰 있지 못하고 떨어지는 까닭에 대해 생각해 보기
  - 학생들은 대부분 아무리 높이 뛰어올라도 땅으로 떨어진다는 사실을 알고 있고, 그 까닭이 지구가 잡아당기는 힘 때문이라는 사실도 잘 알고 있으므로, 이런 선행개념을 활용하여 수업을 도입한다.
  - '점프한 사람이 공중에 멈춰 있지 못하고 떨어지는 까닭은 무엇일까?'를 묻고, 어느 정도의 생각하는 시간을 준 다음에, '점프한 사람에게 지구가 잡아당기는 힘이 작용하기 때문에 공중에 멈춰 있지 못하고 땅으로 떨어지게 된다.'고 설명한다.

〈전개〉 (30분)

- 중력의 정의, 중력의 방향 알아보기
- [토의해 보기] 공이 떨어지는 까닭은 무엇일까?
- [목표] 물체가 떨어지는 까닭과 떨어지는 방향을 설명할 수 있다.
- [지도 방법 및 유의점]
  - 펼쳐진 지도 위에서 공을 놓을 때 공이 떨어지는 방향은 지표면에 대해 수직임을 이해하도록 지도한다.
  - 중력의 방향이 지구 중심 방향임을 이해하도록 한다.
  - 위와 아래의 개념을 중력의 방향으로 설명하도록 한다.

〈정리〉 (5분)

- 중력의 정의 및 중력에 의한 현상으로 개념 정리하기
  - 공이 떨어지는 방향을 그림 (가), (나)에 화살표로 나타내어 보자.
  - 잡고 있던 물체를 놓을 때 물체가 떨어지는 까닭을 토의해 보자.
    ➜ 지구가 끌어당기는 힘이 물체에 작용하고 있기 때문에, 잡고 있던 물체를 놓으면 지표면으로 떨어지게 된다.
- 다음 차시 예고: 무게와 중량

※ **참고 자료**

- 위도별 중력의 방향과 크기
- 과학에서의 힘
- 중력에 의해 나타나는 여러 가지 자연 현상

이 예는 『중학교 과학 1 지도서』(노태희 외, 2019)에 제시된 원래의 교수 · 학습 과정안을 약간 수정 · 보완한 것이다. 이 교수 · 학습 과정안의 앞에 제시되어 있는 '교수 · 학습 활동 흐름도'의 내용은 전부 이 교수 · 학습 과정안의 적절한 위치에 포함시켰다. 이 교수 · 학습 과정안은 과학교사들이 각자의 교수 · 학습 목표와 취향에 따라 융통성이 있게 적용할 수 있도록 일반적인 형태로 작성된 것이다. 즉 교사에 따라 구체적인 내용과 절차가 달라질 수 있는 것이다. 실제로 정리 단계에는 이 교수 · 학습 과정안을 적용하는 교사의 선호에 따라 실행할 수 있는 대안 탐구 활동이 제시되어 있다.

② POE 모형을 적용한 교수 · 학습 과정안 예시

〈표 7-5〉는 POE 모형을 적용한 「증발과 확산」 교수 · 학습 과정안의 예시이다. POE 모형에 따른 과학 교수 · 학습 과정안의 수업 절차는 〈표 7-5〉와 같이 상황제시-예상-관찰-설명-형성평가-차시예고의 순서로 작성한다. 각 절차의 내용은 강의할 때 설명할 내용을 모두 적어야 하지만, 실험이나 토론을 통한 수업 또는 탐구 중심 교수 · 학습 과정에서

는 내용이 없이 〈표 7-5〉와 같이 교수·학습 활동만 적어도 된다. 다만 교수·학습 활동만 기술할 경우에는 학습지나 활동지에서 그 내용을 충분히 제시하여야 한다.

〈표 7-5〉 POE 모형을 적용한 「증발과 확산」 교수 · 학습 과정안 예시

가. 주제
증발과 확산

나. 단원 목표
분자의 운동을 안다.
기체의 부피와 압력의 관계를 이해한다.
기체의 부피와 온도의 관계를 안다.

다. 교수·학습 목표
확산을 정의할 수 있다.
증발에 영향을 미치는 요인을 제시할 수 있다.

라. 핵심적 개념과 주요 탐구 과정
핵심적 개념: 확산, 증발
주요 탐구 과정: 관찰, 측정, 예상

마. 교수·학습 준비물
잉크, 따뜻한 물, 찬물, 비커, 스포이트

바. 교수·학습 절차

수업 절차	교수 · 학습 내용과 활동	비고
상황제시	• 전 시간에 학습한 물질의 구성입자에 관하여 묻고, 이 시간에 물질을 구성하는 입자들의 운동에 관하여 학습할 것임을 말해준다. • 두 개의 비커에 같은 양의 따뜻한 물과 찬물을 각각 넣는다. • 두 개의 비커에 동시에 잉크를 한 방울씩 떨어뜨린다. • 잉크가 어떻게 번지는지, 또는 어느 쪽이 더 빨리, 그리고 더 넓게 퍼지는지 관찰하게 한다.	
예상	• 따뜻한 물과 찬물에 잉크를 떨어뜨리면, 어느 쪽이 더 빨리 퍼질까? 퍼지는 방향도 함께 관찰하여 말해 보자. • 그렇게 생각하는 이유는 무엇인가?	
관찰	• 온도에 따라 잉크가 퍼져나가는 현상을 관찰하여 적게 한다. • 찬물에서 잉크가 퍼져나가는 현상을 관찰한다. • 따뜻한 물에서 잉크가 퍼져나가는 현상을 관찰한다. • 예상이 맞았는지, 아니면 틀렸는지 말하게 한다.	
설명	• 따뜻한 물의 물 분자와 찬물의 물 분자 가운데 어느 물 분자의 운동 속도가 더 빠를까?	

수업 절차	교수 · 학습 내용과 활동	비고
	• 따뜻한 물과 찬물에 잉크를 떨어뜨렸을 때 나타나는 결과를 잉크 분자와 물 분자의 운동과 관련지어 설명해 보자. • 분자 운동 속도와 온도의 관계에 대해 설명해 보자.	
형성 평가	• 입자는 어떻게 움직이는가? • 확산이 무엇인가?	
차시 예고	• 다음 시간에는 분자들의 움직임으로 나타나는 현상, 즉 기체의 부피와 압력의 관계에 관하여 공부할 것이다.	

〈표 7-5〉의 '예상 단계'에서 예상한 이유를 설명하면, PEOE 모형을 따른 교수·학습 과정안이 된다. 본시에 교수·학습할 내용의 전체 흐름을 파악하기 쉽게, 교수·학습의 내용과 활동을 〈표 7-5〉의 해당 절차 오른쪽 칸에 기술한다. 또한 교수·학습이 유기적으로 진행될 수 있도록 첫째 절차에서 전시에 학습한 것과 본시에 학습할 것을 연결하고, 마지막 절차에서 본시에 학습한 것과 차시에 학습할 것을 연결시킨다. 교수·학습을 매끄럽고 차질 없이 진행하기 위해서는 각 절차에 소요되는 시간도 명시한다.

③ 발견학습 모형을 적용한 교수 · 학습 과정안 예시

발견학습 모형을 적용한 중등학교 과학 교수·학습의 일차적인 목표는 스스로 자연현상을 관찰하고, 그 현상에 나타나는 규칙성 또는 과학적 법칙을 직접 발견하게 하는 데 있다. 〈표 7-6〉은 물리 영역의 '소리의 높낮이'에 대한 과학 교수·학습 과정안의 적용 예시이다. 이 교수·학습 과정안은 '탐색 및 문제파악-자료제시 및 관찰탐색-추가자료 제시 및 관찰 탐색-규칙성 발견 및 개념 정리-적용 및 응용'의 5단계로 구성된 발견학습 모형을 적용하여 작성한 것이다. 실제의 교수·학습 과정에서는 예비 단계와 마무리 단계가 필요하기 때문에, 이 다섯 가지 단계의 맨 처음과 마지막 단계에 각각 도입 단계와 형성평가 단계와 차시예고 단계를 첨가하였다.

이 교수·학습 과정안에 따라 실제의 교수·학습이 진행되는 과정에서 교사가 묻는 질문과 학생들이 답을 쓸 여백이 주어진 학습 활동지를 첨가한다. 또한 학생들이 교수·학습 주제를 이해하는 데 도움이 되는 자료는 학습지로 만들어 배포하는 것이 바람직하다. 발견학습 모형을 적용한 교수·학습이 끝나면, 학생들이 발견한 규칙성 또는 과학적 법칙을 발표하게 하고, 교사가 자세하게 설명해 준다. 학생들이 발견한 규칙성과 과학적 법칙 및 그 속성을 충분히 이해하였으면, 그것을 다른 상황에 적용하여 해결할 수 있는 문제를 제시한다. 한편 〈표 7-6〉에서도 알 수 있듯이, 발견학습 모형을 적용한 교수·학습을 통해서는 과학적 법칙의 발견에 한정된다.

〈표 7-6〉 발견학습 모형을 적용한 '소리의 높낮이' 교수 · 학습 과정안 예시

가. 주제
소리의 높낮이

나. 소단원 목표
소리의 발생 원리를 이해한다.
소리가 들리게 되기까지 과정을 설명할 수 있다.
소음이 우리 생활에 미치는 영향과 소음을 줄이는 방법을 설명할 수 있다.

다. 본시 교수·학습 목표
악기의 길이와 소리의 높낮이에 관계된 규칙성을 스스로 찾아낼 수 있다.
소리의 높낮이와 진동수의 관계를 말할 수 있다.
악기의 원리에 대해 이해하고 적용사례를 찾아봄으로써 흥미를 높일 수 있다.

라. 핵심적 개념과 주요 탐구 과정
핵심적 개념: 소리의 발생, 소리의 높낮이, 진동수
주요 탐구 과정: 관찰, 측정

마. 교수·학습 준비물
모둠별 유리병 4개, 물이 담긴 물병, 빨대, 가위, 테이프, 소리분석 장치(컴퓨터, 마이크, 소리분석프로그램), 교과서(금성출판사, 중학교 과학2, 297-298페이지)

바. 교수·학습 절차

수업 절차	교수 · 학습 내용과 활동	비고
도입	• 지난 시간에 진공 장치 안에 휴대전화를 넣고 벨소리를 들어본 실험을 통해 무엇을 배웠는지 질문하여 소리가 전달되는 과정에 대한 학생들의 이해를 확인한다. • 이 시간에는 소리가 전달되는 과정에서 생기는 소리의 높낮이에 관하여 공부할 것임을 말해준다.	
탐색 및 문제파악	• 모둠별로 착석한 학생들에게 빈 유리병을 4개씩 나눠주고 오늘은 생활 속 재료들로 악기놀이를 하면서 소리의 3요소 중 하나에 대해 배울 예정임을 알려준다. • 나눠준 유리병을 불어서 멋진 소리를 낼 수 있는 사람은? 하고 묻고, 한 번 친구들에게 보여주라고 말한다.	빈 유리병이 구하기 힘들다면 시험관을 활용할 수 있다.
자료 제시 및 관찰탐색	• 전체 학생들이 병 주둥이에 바람을 불어넣어 소리를 내는 것에 익숙해지면, 물이 담긴 물병을 나눠주고 4개의 유리병에 서로 다른 양의 물을 담도록 한다. • 다른 양의 물이 담긴 유리병을 다시 불어보도록 하고, 어떤 일이 일어났는지 질문한다.	

수업 절차	교수 · 학습 내용과 활동	비고
추가 자료 제시 및 관찰탐색	• 빨대와 가위를 나눠주고, 빨대 모서리를 각지게 잘라 잘 떨릴 수 있게 한 후 불어보도록 한다. • 가위로 4개의 빨대의 길이를 다르게 한 후 불어보도록 하고, 유리병의 결과와 비교하도록 한다. • 교사는 두 가지 경우(유리병과 빨대)를 칠판에 그림으로 그려 상황을 명확히 이해하도록 한다.	
규칙성 발견 및 개념 정리	• 두 가지 경우에 대해 공통점은 무엇인가? 그렇게 생각하는 이유는 무엇인가? • 학생들이 두 가지 경우의 공통점으로 '바람을 불어넣었다', '악기가 작아질수록 소리가 높아졌다' 등의 의견을 내면 칠판에 적어주고 모든 학생들이 논의에 참여할 수 있도록 한다. • 유리병의 경우는 악기의 크기는 변함이 없다. 그렇다면, 빨대의 경우와 유리병의 경우 공통점은 무엇이라고 이야기해야 할까? • 지난 시간 배운 소리의 발생과 관련지어, 실제로 변한 것은 악기의 길이가 아니라 '공기기둥의 길이'였음을 알아낼 수 있도록 한다. • 교사는 칠판에 그림을 그려 공기기둥의 길이와 소리의 높낮이의 관계를 설명한다. • 교사는 컴퓨터에 마이크를 연결하고 소리분석프로그램을 실행하여 유리병과 빨대로 다른 높낮이의 소리를 낸 후 파형을 보여준다. • 교사는 소리의 높낮이와 진동수와의 관계를 정리해준다. • 교사는 분석프로그램에서 나타난 파형에서 소리의 크기, 높이, 맵시에 관하여 설명한다.	• 학습지에 적게 한다. • 소리분석프로그램으로는 골드웨이브, 쿨에디트 등이 있으며, MBL 장치가 있을 경우, 해당 프로그램을 사용할 수도 있다.
적용 및 응용	• 기타의 경우 소리의 높낮이를 어떻게 변화시킬까? • 오늘 배운 내용을 통해 기타로 다양한 소리를 낼 수 있는 원리를 설명해 보도록 한다.	
형성 평가 차시 예고	• 평가지에 있는 형성평가를 실시한다. • 다음 시간에는 소음에 관하여 공부할 것이다.	

2. 과학교육 평가

교수 · 학습 과정의 핵심적 활동은 교수(teaching) · 수업(instruction) · 학습(learning) · 평가(evaluation)이다. 한 국어사전(국립국어원, 2019)에서는 교수를 "학문이나 기예를 가르침"으로, 수업을 "교사가 학생에게 지식이나 기능을 가르쳐 줌"으로, 그리고 학습을 "배워서 익힘"으로 정의한다. 이 정의들에 따르면, 과학의 교수 · 학습 · 수업이 상호 간에 긴밀한 관계를 맺고 있다.

블룸 등(Bloom, Hastings, & Madaus, 1971)은 평가를 "교수·학습 과정의 각 단계에서 결정되는 질의 통제 체제"(p. 8)로 정의한다. 바로 앞 구절에서 정의한 과학 교수·학습·수업과 평가는 서로 긴밀한 관계를 맺고 있다. 실제로 평가는 교수·수업·학습의 과정과 결과를 대상으로 이루어진다. 또한 과학교육 현장에서는 평가가 교수평가, 수업평가, 학습평가와 혼용되고 있다.

1) 과학교육 평가와 교수 · 학습 · 수업의 관계

형식교육 기관에서는 교수와 학습이 둘 다 교사와 학생들 사이의 상호작용을 통해 이루어진다. 그래서 교수가 없는 학습, 학습이 따르지 않는 교수를 말하기 어렵다. 더욱이 교수와 학습은 동전의 양면과 같은 관계를 맺고 있어서, 동시에 일어난다. 그러므로 교수와 학습은 복합어 교수·학습, 교수/학습, 교수-학습으로 불리기도 한다. 한편 과학교육 현장에서는 교수 상황을 수업으로, 또는 수업 상황을 교수로 부르기도 한다. 그러므로 수업과 학습도 동전의 양면과 같은 관계를 맺고 있으며, 동시에 일어난다고 말할 수 있다.

그러나 교수, 수업, 학습의 세 용어는 개념상으로나 기능상으로 엄연히 구분된다. 교수는 교사가 교육적 의도를 가지고 하는 일체의 가르치는 활동으로서 수업·위교·훈련·조건화·생활지도·학급경영이 포함된다. 이와 대조적으로, 수업은 학습자의 내·외적 조건을 체계적으로 조정하여 학습이 일어나게 하는 행위로서 목적성·의도성·계획성을 지닌다. 한편 학습은 형식적 학습과 비형식적 학습으로 구분되는데, 수업은 형식적 학습만 유발하지만, 교수에 의해서는 형식적 학습뿐만 아니라 비형식적 학습도 일어난다.

이와 같이, 교수가 수업보다 더 포괄적인 의미를 지닌다. 교수는 학교 안에서뿐만 아니라 학교 밖에서도 이루어지지만, 수업은 학교의 형식교육에 한정된다. 교수는 학교 교실 수업 이외에 가정·동아리·학술대회·세미나 등 학교 밖의 교육을 통해서도 일어나지만, 수업은 교육과정과 밀접한 관련을 맺고 있으며 반드시 학교에서, 또는 학교의 프로그램에 따를 경우에는 학교 밖에서도 일어난다(서울대학교 교육연구소, 1994). 이 정의에 따르면, 교사가 교실에서 하는 강의는 수업이며, 학생들이 가정교사로서 가르치는 행위, 부모가 자녀를 지도하는 행위, 사설 학원 강사의 강의는 교수이다.

학교에서 일어나는 형식교육의 핵심적 골격은 수업과 학습이다. 수업과 학습도 동시에 일어나며, 그러기에 수업과 학습의 본성도 따로 떼어놓고 말하기 어렵다. 그러나 학습은 수업이 없이도 일어날 수 있으며, 수업이 언제나 학습을 수반하지도 않는다. 학습은 수업 이외에 특정 프로그램의 이수, 컴퓨터나 시청각 기자재의 활용, 자율학습, 일상생활, 자연 탐구를 통해서도 일어난다(서울대학교 교육연구소, 1994). 또한 학생은 수업 내용을 왜곡시키거나 실제로 수업한 것보다 더 많이, 혹은 더 적게 학습할 수도 있다.

평가는 교수·학습 목표가 어느 정도 실현되었는지 밝히는 과정이다. 교수·학습 목표가 달성된 정도를 평가하기 위해서는 목표를 달성시키기 위한 교육과정 또는 교수·학습 과정이 실행되어 있어야 한다. 이는 평가가 학습의 결과에 영향을 미친 교수·학습 모형과 전략, 교수·학습 내용과 자료, 교사의 교수 방법의 적합성과 효율성을 판단하는 데 이용되는 수단이라는 주장(박도순·홍후조, 2006)의 근거가 된다. 한편 목표, 교수·학습, 평가 사이의 이와 같은 관계는 교수, 학습, 수업, 평가 사이의 밀접한 관계를 드러낸다.

2) 과학교육 평가 틀과 영역

과학 교육과정의 내용 또는 과학 교수·학습의 결과에 대한 평가는 평가 틀(assessment framework)을 작성함으로써 시작된다. 이어 작성된 평가 틀에 따라 평가 목표를 구체적으로 설정하여 진술하고, 평가 목표를 바탕으로 평가 문항을 개발한다. 평가 틀은 인지적 수준의 위계적 관계, 평가의 영역과 도달 수준의 관계를 포함하여 여러 가지 유형으로 개발되었다. 그런 평가 틀은 과학지식뿐만 아니라 과학적 탐구 과정과 기능, 그리고 실험실 실험 및 조사 활동의 평가에도 필수 조건이다.

(1) 예거의 과학적 소양 평가 틀

현행 과학교육의 핵심적 목표는 과학적 소양(scientific literacy)의 함양이다. 과학교육의 목적으로서의 과학적 소양에는 과학지식뿐만 아니라 과학적 탐구 능력과 태도도 포함된다. 과학적 소양은 과학적 탐구 기능과 능력, 학습한 내용의 응용 능력, 학습한 내용과 개념적 이해, 과학의 본성에 대한 이해로 규정된다. 잉거와 예거(Enger & Yager, 2001)는 [그림 7-2]와 같이 여섯 영역으로 구성된 과학적 소양의 평가 틀을 제시하고, 각 영역의 내용을 〈표 7-7〉과 같이 구체적으로 제시한다.

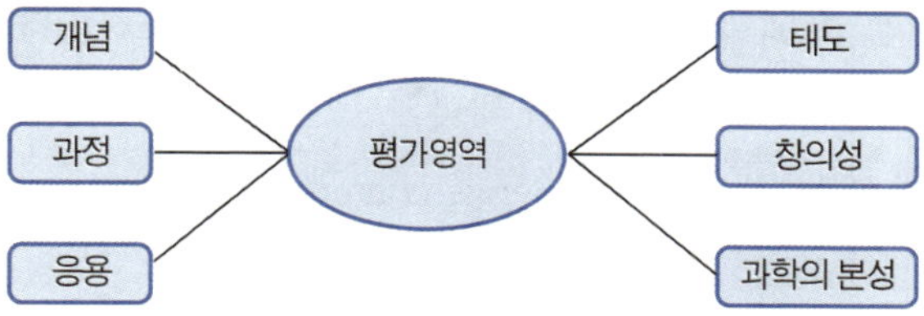

[그림 7-2] 과학적 소양 평가 틀

〈표 7-7〉 과학적 소양 평가 틀 영역과 내용요소

평가영역	평가 내용요소
개념	과학적 사실, 법칙 또는 원리, 이론, 내면화된 지식
과정	관찰, 공간과 시간의 이용, 예상 등 SAPA II에 제시된 과학적 탐구 과정
응용	비판적 사고의 이용, 개방적 질문의 이용, 과학적 과정을 이용한 일상적 문제의 해결, 과학의 통합, 다른 분야와 과학의 통합, 과학지식을 이용한 개인적 문제에 대한 의사결정, 과학의 발달에 관한 대중매체 보도의 이해와 평가, 과학지식과 과학적 탐구 과정을 이용한 과학기술 문제해결, 과학기술 산물에 포함된 과학과 과학기술 원리 이해
태도	감정의 탐색, 개인적 느낌의 건설적 표현, 개인적 가치에 대한 의사결정, 사회적 · 환경적 논쟁거리에 대한 의사결정, 과학 일반에 대한 적극적 태도 개발, 자신에 대한 적극적 태도 개발, 다른 사람에 대한 감성과 존경
창의성	시각화-정신적 영상, 발산적 사고, 개방적 질문, 대안적 견해 고려, 비상례적 관념의 생성, 은유 사용, 독창성, 문제해결, 설계, 의사소통 방식
과학의 본성	연구문제 또는 질문 형성, 과학적 연구의 방법, 협동, 경쟁 측면, 과학 · 기술 · 경제 · 정치 · 역사 · 사회학 · 철학 사이의 상호작용, 과학적 관념의 역사

과학교육 평가의 대상은 학생들이 학습을 통해 알게 되고, 또는 할 수 있게 된 것에 있는데, 〈표 7-7〉에는 이 조건이 잘 반영되어 있다. 〈표 7-7〉의 각 영역은 서로 다른 방법으로 평가된다. 동일한 영역일지라도 가능한 한 다양한 방법으로 평가하는 것이 좋다. 표준화 검사가 개념영역의 평가요소와 같이 사실적 지식의 평가에는 효과적이지만, 고차원적 사고가 관련된 영역의 평가에는 비실용적이다. 평가의 내용은 교수와 수업 및 학습과 깊은 관련이 있는 것이어야 한다(Enger & Yager, 2001).

(2) NAEP의 과학교육 평가 틀

전통적으로 과학교육의 평가는 과학지식에 한정되었다. 그러나 1950년대부터는 과학을 산물로서의 과학과 과정으로서의 과학으로 구분함으로써, 각급 학교에서는 과학지식과 더

불어 탐구로서의 과학, 즉 과학적 탐구 중심의 과학교육도 강조하였다. 미국교육성취도평가위원회(NAGB, 2015)에서는 이 두 가지 과학의 특성에 따라 국가수준의 과학성취도 평가 틀을 [그림 7-3]과 같이 '과학 내용(science content)'과 '과학 실행(science practice)'의 두 가지 차원(dimension)으로 구성하여 제시한다.

		과학 내용		
		물상과학 내용 진술	생명과학 내용 진술	지구과학 내용 진술
과학 실행	과학 원리 파악하기	수행 기대	수행 기대	수행 기대
	과학 원리 이용하기	수행 기대	수행 기대	수행 기대
	과학 탐구 이용하기	수행 기대	수행 기대	수행 기대
	공학적 설계 이용하기	수행 기대	수행 기대	수행 기대

[그림 7-3] NAEP의 과학교육 평가 틀

[그림 7-3]의 NAEP의 과학교육 평가 틀은 수행 기대(performance expectations)를 만들어 내기 위해 '과학 내용'과 '과학 실행'이 어떻게 연관(교차)되어 있는지를 보여준다. '과학 내용'은 물상과학(physical science), 생명과학(life science), 지구과학(earth & space science)으로 구분되며, 과학 원리(principles)가 명제의 형태로 진술된다. 과학 원리는 사실(facts), 개념(concepts), 법칙(laws), 이론(theories)을 포괄하는 광범위한 의미로 사용된다.

'과학 실행'은 '과학 원리 파악하기(identifying science principles)'와 '과학 원리 이용하기(using science principles)', 그리고 '과학적 탐구 이용하기(using scientific inquiry)'와 '공학적 설계 이용하기(using technological design)'로 나뉜다. [그림 7-3]의 위 2개의 과학 실행은 '과학 알기(knowing science)'에 해당되며, 아래 2개의 과학 실행은 각각 과학 지식의 적용에 해당되는 '과학 하기(doing science)'와 '실세계 문제 해결에 과학 이용하기(using science to solve real-world problems)'에 해당된다.

한편 [그림 7-3]의 과학 내용과 과학 실제가 교차하는 셀(cell)은 각각 학생의 수행 기대를 나타낸다. 그런데 과학 내용과 과학 실제 차원이 완전하게 구분되지 않고, 몇몇 수행 기대들은 겹치는 부분이 있기 때문에 점선으로 표시한다. NAEP 평가 틀에 제시된 과학 내용의 범주별 평가 주제와 과학 실행의 범주별 평가영역은 다음과 같다(NAGB, 2015).

가. 과학 내용의 범주별 평가 주제

〈물상과학〉

- **물질**: 물질의 성질, 물질의 변화
- **에너지**: 에너지의 형태, 에너지의 전달과 보존
- **운동**: 거시적 수준에서의 운동, 운동에 작용하는 힘

〈생명과학〉

- **생명계의 구조와 기능**: 조직과 발달, 물질과 에너지의 변환, 상호의존성
- **생명계의 변화**: 유전과 생식, 진화와 다양성

〈지구과학〉

- **시공간에서의 지구**: 우주의 천체들, 지구의 역사
- **지구의 구조**: 지구 구성 물질의 성질, 판구조 운동
- **지구계**: 지구계의 에너지, 기후와 날씨, 생화학적 순환

나. 과학 실행의 범주별 평가 주제

〈과학 원리 파악하기〉

- 관찰을 기술하고, 측정하고, 분류한다: (예) 물체의 위치와 운동을 기술한다; 온도를 측정한다; 피식자와 포식자, 기생과 숙주, 생산자와 소비자의 관계를 분류한다.
- 과학 원리를 정확하게 진술 또는 인지한다: (예) 상태 변화 동안 물질의 질량은 보존된다; 모든 유기체는 세포로 구성된다; 대기는 질소, 산소, 수증기 등의 혼합물이다.
- 밀접하게 관련된 과학 원리들의 관계를 설명한다: (예) 뉴턴의 운동 3법칙을 연관짓는다; 에너지 전달을 물의 순환과 관련짓는다.
- 과학 원리 표상들(구두, 기호, 도식) 및 자료 형태(표, 수식, 그래프)의 관계를 설명한다.

〈과학 원리 이용하기〉

- 관찰한 현상을 설명한다(내용 진술의 과학 원리를 이용하여).
- 관찰될 현상을 예측한다(내용 진술의 과학 원리를 이용하여, 변인간의 양적 관계를 상술하는 과학 원리를 토대로 한 양적 예측을 포함하여).
- 과학 원리를 보여주는 관찰의 예시를 제시한다(물체에 작용하는 알짜힘이 0인 예시; 판의 운동을 설명하는 예시; 주어진 유기체의 부분적 DNA 서열로 친족의 서열 정하기).
- 대안적인 설명 또는 예측을 제안, 분석, 평가한다.

〈과학 탐구 이용하기〉

- 과학 탐구의 설계(대조군의 설정, 표본의 적합성)
- 적절한 도구와 기법을 이용한 과학 탐구의 수행(적정 수준의 정밀도로 원하는 양-길이, 부피, 무게, 시간 간격, 온도-을 측정하는 도구의 선택)
- 자료의 패턴 파악 및 자료의 패턴을 이론적 모형과 연결짓기
- 설명과 예측에 대한 결론을 정당화하는 데 경험적 증거를 이용하기(제시된 증거와 결론이

논리적으로 맞지 않을 때 논증의 전제가 명백한지 확인한다).

〈공학적 설계 이용하기〉
- 주어진 준거와 과학적 제한 범위 내에서 문제에 대한 해결책을 제안하기
- 여러 대안적 해결책 중 하나를 고르거나 공학적 설계 결정 시 과학적 장·단점 파악하기
- 공학적 설계 결정의 영향을 예상하는 데 과학적 원리나 자료를 적용하기

[그림 7-3]의 평가 틀은 국가과학교육기준(NRC, 1996)을 참고하여 작성함으로써, 과학적 원리에 관한 국가의 최고 사상이 반영되어 있다. 국가과학교육기준에 제시된 과학의 본성과 실행에 관한 관점이 반영되어 있다. 그러므로 과학 내용별 평가 주제와 소주제, 과학 실제의 범주별 평가영역과 소영역도 모두 이와 같은 사상과 관점이 반영되어 있다. 또한 평가 틀은 평가 목표와 합치되는 평가 내용과 형식을 이용하여, 다양한 평가 형식을 적용할 수 있도록 구성한 것이다.

(3) 과학적 탐구 기능 평가 틀

과학적 탐구 과정 기능은 학문중심 교육사상에 의해 중요시하게 된 과학교육의 목적이 되었다. 즉 과학지식과 아울러 교수·학습의 중요한 목적으로 설정되었으며, 과학교육 평가의 대상이 되었다. 그러나 우리나라 과학교육 현장에서는 과학적 탐구 과정과 기능의 평가 방법과 평가 틀이 제시되지 않고 있다.

① APU의 탐구요소 평가 틀과 목표

영국의 과학국가교육과정(DfEE & QCA, 2008)에서는 '실험과 조사' 목표를 실험 계획, 증거 수집, 증거의 분석 및 평가, 결론 도출의 네 기능으로 나눈다. 국가과학교육과정에 제시된 과학적 탐구 능력은 수행평가단(Assessment of Performance Unit; APU)(1982)을 조직해 평가하였다. APU는 평가 틀을 과정·개념·상황으로 대별하고, 과학의 과정을 결과에 이르는 활동으로 정의한 다음, 평가의 범주를 〈표 7-8〉과 같이 나눈다. APU에서는 이 평가 틀을 1980~1985년의 평가에 적용하였다.

〈표 7-8〉은 전국을 대상으로 하는 국가 수준의 평가 틀이다. 넷째의 대범주 개념의 해석 및 응용을 제외한 모든 범주가 과학적 탐구이다. 기호사용 기능과 실험기구 및 측정기 사용 기능은 구체적 기능이며, 나머지 네 범주에는 일반 기능이 포함되어 있다. APU 평가 틀의 목표는 지필검사와 아울러 실기검사로도 평가할 수 있다. 조작 기능의 평가에는 실기 평가 방법이 실제적이고 효율적이다.

〈표 7-8〉 APU의 평가 틀

대범주	주소범주	부소범주
1. 기호 사용(지필검사)	α 그래프 · 표 · 도표에서 정보 읽기 β 정보를 그래프 · 표 · 도표로 나타내기	γ 과학적 기호와 관례 사용
2. 실험기구 및 측정기 사용(실기 검사)	α 측정도구 사용	β 양의 어림 γ 안내문에 따른 실기
3. 관찰(실기 검사)	β 유사점과 차이 관찰	α 확인준거 이용 γ 관찰의 해석
4. 개념의 해석 및 응용 I. 학습된 개념에 의존하지 않음(지필검사)	α 정보의 양상의 기술과 이용	β 일반화의 응용 가능성 판단 γ 추론 정도 구분 ϵ 대체가설 생성
II. 학습된 개념에 의존함(지필검사)	δ_{AB} 생물개념 응용 δ_{CD} 물리개념 응용 δ_{EF} 화학개념 응용	
5. 탐구 설계(지필검사)	α 검증이 가능한 진술 평가	γ 조사 고안과 기술
6. 탐구 수행(실기검사)	β 실험절차 평가	

② SAPA의 평가 틀과 목표

SAPA(Science-A Process Approach)(AAAS, 1990)는 1960년대에 미국에서 연구 · 개발된 순수한 과학적 탐구 과정의 교수 · 학습 자료이다. SAPA는 원래 과학적 탐구의 평가 틀이나 그 목표로 작성된 것이 아니라 과학자의 탐구 기능의 습득에 목적을 둔 초등학교 과학 교수 · 학습 과정에서 이용할 자료로 개발되었다. 한편 1990년도에 개정된 SAPA II에서는 과학적 탐구 능력을 다음과 같이 여덟 가지의 기초과정기능(basic processes skills)과 다섯 가지의 통합과정기능(integrated processes skills)으로 범주화하였다.

- **기초과정기능**: 관찰, 측정, 공간과 시간 관계 이용, 의사소통, 분류, 예상, 수의 이용, 추론
- **통합과정기능**: 변인통제, 자료해석, 조작적 정의, 가설설정, 실험하기(experimenting)

우리나라에서는 SAPA II를 중 · 고등학교의 과학적 탐구 과정과 기능의 요소를 설정하기 위한 모형으로 활용하였다. SAPA II에서는 아무리 훌륭한 과학자일지라도 모든 분야의 과학지식을 획득할 수 없다는 가정을 전제로, 그리고 과학지식과 과학적 탐구 과정을 동시에 습득하게 할 목적에서 이와 같은 탐구 과정을 중요시하였다.

③ 허명의 일반 탐구기능 평가 틀과 목표

허명(1984)은 고등학교 생명과학 탐구 활동을 평가하기 위하여 탐구평가목록(SIEI)을 개발하였다. 그는 흔히 지나치기 쉬운 자연현상이나 그에 관한 기초 자료를 이용하여 문제를 만들어 내는 능력, 즉 탐구자의 인지구조를 과학적 탐구 과정의 요소로 포함시키며, 과학적 탐구 과정을 창의적 사고 과정으로 본다. 그는 또한 탐구 목록으로 과학적 연구와 과학적 탐구에 있어서 다양한 과정 기능의 필요성을 보여준다. 그의 과학적 탐구 채점표에 포함된 과학적 탐구 기능은 다음과 같다.

1.0. 자료의 수집과 분석
- 1.1. 실험기구의 조작
  - 1.1.1. 특수 실험기술이 요구되지 않는 경우
  - 1.1.2. 특수 실험기술이 요구되는 경우
- 1.2. 관찰
  - 1.2.1. 단순관찰
  - 1.2.2. 복합관찰
  - 1.2.3. 시간이 관계된 단순관찰
  - 1.2.4. 시간이 관계된 복합관찰
- 1.3. 측정
  - 1.3.1. 불연속적인 양
  - 1.3.2. 연속적인 양
- 1.4. 자료의 기술과 기록
  - 1.4.1. 그림을 그리거나 스케치하기
  - 1.4.2. 기호나 수치를 나타내기
  - 1.4.3. 언어로 표현하기
- 1.5. 분류
  - 1.5.1. 일단계 분류
  - 1.5.2. 다단계 분류
- 1.6. 자료의 변환
  - 1.6.1. 수치 계산
  - 1.6.2. 구조화된 형태

2.0. 자료의 해석 및 분석
- 2.1. 추리
  - 2.1.1. 형태에 대한 추리
  - 2.1.2. 사건에 대한 추리
  - 2.1.3. 기능에 대한 추리

2.2. 관계의 규명
2.2.1. 정성적인 관계
2.2.2. 정량적인 관계
2.3. 인과적 설명
2.3.1. 단일 인과관계
2.3.2. 복합 인과관계
2.4. 외삽
2.4.1. 정성적 외삽
2.4.2. 정량적 외삽
2.5. 실험결과의 예상
2.5.1. 정성적 예상
2.5.2. 정량적 예상
3.0. 결과 종합 및 평가
3.1. 요약
3.2. 결론
3.3. 모형이나 일반화 설정
3.4. 평가
3.4.1. 자료의 수집과 조직의 평가
3.4.2. 자료의 해석과 분석의 평가
3.4.3. 결과 종합의 평가
3.4.4. 가설설정과 실험설계의 평가
4.0. 가설설정과 실험설계
4.1. 문제설정
4.2. 가설설정
4.3. 변인통제
4.4. 실험과정과 방법의 개발
4.5. 실험의 설계

허명의 과학적 탐구 과정 모형에는 환경에서 문제를 창출해내는 과정, 새로운 결과를 근거로 기존의 가설을 교정하는 과정, 인지구조가 변하는 과정이 포함되어 있다. 그의 과학적 탐구 과정 목록에는 과학적 탐구 과정이 이루어지기 전이나 그 후에 필요한 기능도 포함되어 있다. 그러나 그가 제시한 평가 모형은 어떤 과학적 탐구나 과학적 연구도 다루기 어려울 정도로 지나치게 세분화되어 있는 문제를 안고 있으며, 예상과 외삽처럼 몇 가지 중복되는 기능도 포함되어 있다.

(4) 과학 태도 평가 영역과 틀

과학 태도는 과학지식에 영향을 미치는 요인이자 교수·학습의 결과로서 『2022 개정 과학과 교육과정』에서도 태도를 첫째 목적으로 강조한다. 가네(Gagné, 1985)는 과학 교수·학습을 통해 길러질 수 있는 태도가 인지적·정의적·행동적 요소로 구성되어 있다고 주장했다. 특별히 과학 태도는 과학의 본성, 과학자의 역할과 기능, 과학적 방법의 특성과 관련시켜 연구되어 왔다(Laforgia, 1988). 한편 블룸 등(Krathwohl, Bloom, & Masia, 1964)은 정의적 영역의 교육목표 분류 틀을 다음과 같이 제시한다.

1.0 감수(receiving 또는 attending)
  1.1 감지(awareness)
  1.2 자진감수(willingness to receive)
  1.3 선택적 관심(controlled or selected attention)
2.0 반응(responding)
  2.1 묵종(黙從)적 반응(acquiescence in responding)
  2.2 자진 반응(willingness to responding)
  2.3 반응에의 만족(satisfaction in response)
3.0 가치화(valuing)
  3.1 가치의 수용(acceptance of a value)
  3.2 가치의 채택(preference of a value)
  3.3 확신(commitment)
4.0 조직화(organization)
  4.1 가치의 개념화(conceptualization of a value)
  4.2 가치체계의 조직(organization of a value system)
5.0 인격화(characterization)
  5.1 일반화된 행동태세(generalized set)
  5.2 인격화(characterization)

이 목록에서 감수는 어떤 현상이나 자극에 대하여 관심을 기울이려는 경향성을 지칭한다. 반응은 현상에 적극적인 관심을 기울이는 심리적 태세를 가리키는데, 흥미로 일컬어지기도 한다. 가치화는 사물·현상·행동에 의미와 가치를 부여하는 내면화의 정도에 관한 말이다. 조직화는 여러 가지 가치를 종합하고, 내재적으로 일관성이 있는 가치 체계를 확립해 나아가는 단계를 뜻한다. 인격화는 체계적으로 확립된 인생의 철학과 가치관을 일컫는다. 또한 분류체계의 2.0~5.2는 조정(adjustment)이며, 2.2~4.1은 가치 또는 태도이고, 1.3~3.2는 감상(appreciation)이고, 1.1~3.2는 흥미이다. 이와 같은 분류는 정의적 영역의 평가 범주가 서로 중복되어 있음을 나타낸다.

클로퍼(Klopfer, 1971)는 블룸 등의 교육목표 분류론에 바탕을 두어 과학교육 목표의 분류체계를 제시하였다. 그러므로 그의 목표분류 이론, 그 필요성, 목적, 방법은 블룸 등이 제시한 것들과 비슷하다. 클로퍼는 또한 과학의 태도 분류 체계를 과학적 탐구 분류 체계의 한 요소로 제시하였는데, 행동을 한 축으로 하고, 태도와 관련된 현상을 다른 축으로 한 이원분류 체계를 〈표 7-9〉와 같이 제시한다(김창식 외, 1991).

〈표 7-9〉 클로퍼가 제시한 과학의 태도 평가 틀

현상 행동	A. 감수	B. 반응	C. 가치화	D. 조직화	E. 인격화
1.0 자연계의 사건 1.1 생물적인 사건 1.2 물리적인 사건					
2.0 활동 2.1 형식적이 아닌 활동(교외활동 등) 2.2 학교에서의 형식적인 활동					
3.0 과학 3.1 자연계에 관한 지식을 원천으로 하는 과학 3.2 자연계에 관한 이해를 위해 만들어진 일로서의 과학 3.3 사회와의 상호관계에 있는 과학 3.4 인간으로서의 과학자들					
4.0 탐구 4.1 과학적 탐구의 과정 4.2 사고법으로서의 과학적 탐구 4.3 사고법으로서의 탐구					

실제의 과학의 태도 평가 틀에서는 〈표 7-9〉의 다섯 가지 현상이 2~3개의 하위 영역으로 나뉜다. 또한 〈표 7-9〉의 태도 평가 틀에 따르면, 과학 태도 또는 과학적 태도는 자연계의 사건, 활동, 과학, 탐구의 네 영역에 대하여 평가할 수 있다. 그러나 이 틀은 현대의 과학철학 사상 및 심리학적 견해에 부합되지 않는다. 〈표 7-9〉에는 과학자 및 과학-기술-사회의 관계에 대한 태도와 과학의 학습에 대한 태도가 빠졌다. 더욱이 〈표 7-9〉의 활동 영역과 탐구의 영역이 중복되어 있다.

과학교육학 연구에서는 태도를 과학에 대한 태도(attitude towards science)와 과학적 태도(scientific attitude)로 구분한다. 과학에 대한 태도는 과학의 학습된 성향으로서 과학에 대한 흥미, 과학자 태도, 과학의 사회적 책임 태도, 과학의 이용에 대한 태도로 소분화된다(Gardner, 1975). 과학의 태도는 다시 감정적 태도와 지적 태도로도 구분되는데(Martin et al., 2002), 어린 학생은 지적 태도보다 감정적 태도를 평가한다. 과학적 태도에는 개방된 마음, 객관성 · 정직성 · 의심성과 같은 과학자의 특성이 포함된다.

3) 과학교육 평가 방법

전통적인 평가가 학습 결과(outcome)를 중시하는 방향이었다고 하면, 최신의 평가는 과정(process)을 중시하는 방향으로 패러다임이 바뀌고 있다. 이와 같은 추세를 반영하여 2022 개정 과학과 교육과정에서는 평가 방향을 과정 중심 평가로 설정하고 있다. 과정 중심 평가는 학생이 배운 것을 평가하는 학습 결과에 대한 평가(assessment of learning)를 넘어 평가의 결과를 '교수 · 학습 질 개선' 또는 '교수 · 학습 방법 개선'을 위해 사용하도록 하는 학습을 위한 평가(assessment for learning), 학습으로서의 평가(assessment as learning)로 평가 패러다임을 확장한 것이다(김찬종 외, 2022).

과정 중심 평가가 제대로 작동하기 위해서는 교육과정-교수 · 학습-교육평가의 연계가 전제되어야만 한다. 이에 성취 기준 기반으로 평가 계획을 세움으로써 교육과정과 교수 · 학습과 교육 평가가 연계될 수 있도록 해야 한다. 나아가 학생의 변화와 성장에 대한 인지적 및 정의적 자료를 교수 · 학습 과정에서 다각도로 수집하여 적절한 피드백을 산출하여 교수 · 학습의 질을 개선하기 위해 사용해야 한다. 과정 중심의 대표적인 평가 방법으로는 형성 평가와 수행 평가를 들 수 있다.

(1) 형성 평가

형성 평가(formative assessment)는 학습을 위한 평가 방법으로, 학생들의 이해를 지속적으로 확인하고 피드백을 주기 위한 목적뿐만 아니라 교수 · 학습의 지속적인 수정 및 개선을 위해서도 활용된다. 형성 평가가 효과적으로 실행된다면 어떤 다른 강력한 교육적 중재보다도 학생들의 학업 성취도를 더 많이 향상시킬 수 있다.

교사는 효과적인 형성 평가 전략들과 도구를 사용하는 것에 숙련되어야 하며, 학생들에게 학습 향상을 위한 적절한 피드백을 제공할 뿐만 아니라 자신들의 학습 향상을 반성하고 모니터하는 것의 중요성을 전달해야 한다. 또한, 형성 평가 과정과 수업 비계설정

(instructional scaffolding)과의 밀접한 관계의 이해하고, 수업을 계획하고 수정하기 위해 평가 결과를 사용할 수 있어야 한다. 이것은 다음과 같은 도식으로 나타낼 수 있는데, 교사는 학생들이 교육과정의 성취기준을 달성하도록 하기 위해 수업-평가-분석-수정-수업…… 과정을 반복해야 한다.

학습을 돕는 평가인 형성 평가는 교사의 수업 전문성과 평가 전문성을 동시에 신장시키는 방안이 될 수 있다. 형성 평가 기법에 대한 풍부한 레퍼토리는 고부담 시험이 제공하지 못하는 심화된 사고를 위한 지속적인 피드백과 자극을 제공한다. 형성 평가와 관련하여 현장 교사들이 가장 많이 가지고 있는 인식은 다음과 같다(김진규, 2010).

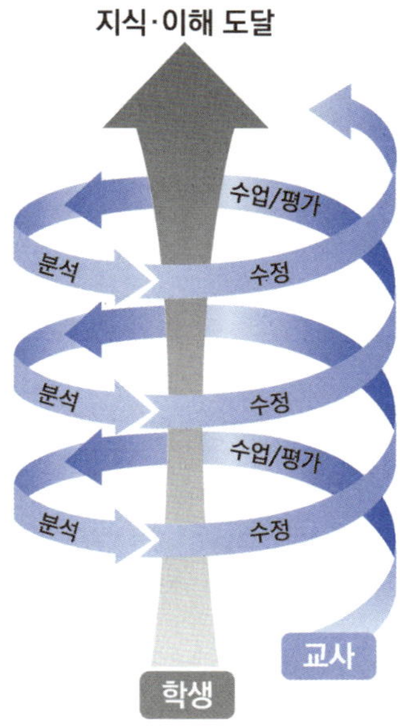

[그림 7-4] 형성 평가 도식

- 형성 평가는 학생들의 학습 상태를 측정하기 위해 실시하는 일종의 문항 또는 검사이다.
- 형성 평가는 수업의 정리 단계에서 그 차시 학습을 확인하는 데 사용하는 것이다.

형성 평가에 대한 위와 같은 인식은 형성 평가의 개념을 너무 단순하고 좁게만 규정한 것에서 기인하는 오해이다. 형성 평가는 단순히 하나의 검사나 문항이 아닌 과정으로 이해되어야 하며, 그 과정은 다양한 활동을 포함하는 일련의 계획된 과정이다. 다시 말해 교사들이 자신의 수업 방법을 조정하고, 학생들이 자신의 수업 전략을 조정하기 위해 학생의 현 상태에 대한 평가 증거를 수집하기 위하여 학생들을 참여시키는 의도적 학습 과정이라는 것이다(Popham, 2008).

(2) 수행평가

구성주의에 이론적 배경을 둔 교수·학습 이론에 따르면, 과학교육 평가 방법은 목적이나 대상에 따라 전통적 선다형보다 수행평가(performance assessment) 방법이 더 실제적이고 효과적이다(Doran, Chan, Tamir, & Lenhardt, 2002). 외국의 과학교사들은 학생들의 실험 과정을 관찰하거나 보고서를 제출하게 하는 수행평가를 오래 전부터 실시해 왔다. 그러나 우리나라 과학교육 평가 현장에서는 수행평가의 중요성과 필요성이 제7차 과학과 교육과정이 발표된 이후에야 비로소 활발하게 논의되고 적용되기 시작하였다.

① 수행평가의 특성

수행평가는 크게 평가 과제(assessment task)와 채점 방법(scoring method)으로 구성되어 있다(Khattri, Reeve, & Kane, 1998). 지금은 우리나라 중등학교 과학 교수·학습 현장에서도 수행평가를 중요한 평가 수단으로 이용한다. 『2022 개정 과학과 교육과정』(교육부, 2022)에서는 수행평가에 관하여 직접 언급하지는 않지만, 선다형 이외에 서술형 및 논술형, 관찰, 보고서 검토, 실기 검사, 면담, 포트폴리오의 방법, 곧 수행평가 방법을 활용하도록 "3. 교수·학습 및 평가"의 "나. 평가(평가의 방향과 방법)"에서 권장한다. 그러나 교육과정에서는 수행평가의 의미, 필요성, 목적을 구체적으로 제시하지는 않는다.

ㄱ. 수행평가의 필요성과 대상

수행평가의 필요성은 과학철학과 과학교육학의 변화, 사회적 요구에서 찾아볼 수 있다. 구성주의 과학철학에서는 과학지식을 사회적으로 합의된 잠정적 설명체계로 본다. 『2022 개정 과학과 교육과정』은 자연 현상과 일상생활에 대하여 흥미와 호기심을 가지고 과학적 탐구를 통해 주변의 현상을 이해하고, 개인과 사회의 문제를 과학적이고 창의적으로 해결하는 데 민주 시민으로서 참여하고 실천하는 과학적 소양 함양을 목표로 한다. 과학적 탐구 능력과 창의적 문제해결 능력은 전통적 객관식 문항으로는 충분하게 평가할 수 없다. 과학적 탐구 기능과 지식을 통합적으로 적용하는 능력의 평가와 과학지식과 과학적 사고를 활용한 문제해결 능력의 평가에는 수행평가 방법이 합당하다.

수행평가에서는 평가의 대상과 주안점으로 교수·학습의 내용과 관련된 과학지식을 이해하고 획득한 과정과 상황, 또는 교수·학습의 내용과 선행지식의 관계를 강조한다. 수행평가에서는 또한 과학지식을 일상생활, 사회, 기술에 응용하거나 과학적 탐구를 직접 수행하는 방법과 과정, 그리고 실제로 학습하는 방법과 과정에 대한 평가를 중요시한다. 그러므로 과학 수행평가의 대상은 과제연구, 과학적 탐구, 실험의 보고서일 수도 있다. 수행평가는 평가의 주안점을 옳은 답보다 학생들이 제시한 답의 가치 및 답을 얻는 방법의 적절성과 답을 얻는 과정의 합리성에 두기도 한다.

수행평가의 대상과 주안점은 현대의 과학철학에서 규정하는 과학지식과 과학적 방법의 특성에 의해 결정된다. 수행평가의 대상은 수행의 결과뿐만 아니라 그 결과가 얻어진 과정, 즉 과학지식과 과학적 탐구 과정 및 기능에 있다. 수행평가의 대상은 학생들이 학습을 통해서 획득한 과학지식의 진위, 하나의 정답이 아니라 여러 개의 답, 과학지식을 이용하여 현상이나 사물을 설명하거나 문제를 해결한 정도, 그 과학지식이 형성되는 상황의 적절성에 있다. 수행평가에서는 학생들이 과학지식과 기능을 이용해 논문 · 과제 · 문제해결과 같은 성과를 이루어 내는 능력을 평가의 대상 또는 주안점으로 한다.

ㄴ. 수행평가의 특성과 문제

수행평가는 연구자에 따라 대안평가(alternative assessment)(Doran, Chan, & Tamir, 1998), 참평가(authentic assessment)(Hart, 1994) 수행기반 평가(performance-based assessment)(Carin, 1997)로도 불린다. 수행평가는 선다형 지필검사 이외의 모든 검사를 지칭하기 때문에, 대안 평가로 일컬어진다. 그리고 수행평가는 실제 세계(real-world)의 소재와 과제를 이용하고, 과학지식과 과학적 탐구 기능을 실제의 삶과 생활에 응용하는 방법을 적용하며, 과학자의 실제 연구 과정을 따르기 때문에 참평가라 한다. 수행평가는 학생들이 자료와 도구를 조작하여 학습하는 과정과 그 결과로 이해한 정도를 검사하기 때문에, 수행기반 평가를 가리키기도 한다. 수행평가는 전통적 평가와 여러 면에서 다른데, 그 차이를 요약하면 〈표 7-10〉과 같다(백순근, 2000).

〈표 7-10〉에서도 알 수 있듯이, 학생들 스스로 과학적 탐구를 수행하여, 자연을 이해하며, 관찰하고 그것을 기록하여 보고서를 작성하는 과정과 기능의 검사와 그 결과에 관한 판단도 수행평가이다. 수행평가의 일차적 목표는 학생들이 과제연구, 실험, 야외조사, 보고서 작성을 비롯하여 실제 세계의 과제를 수행하는 과정에 필요한 기능, 성향(태도), 과학지식을 검사하는 데 있다(Colburn, 2003). 수행평가는 또한 교수 · 학습과 통합되어 있기 때문에, 교수 · 학습의 어느 과정에서도 평가할 수 있는 장점이 있다. 수행평가는 이 밖에도 〈표 7-11〉과 같은 장점과 단점이 있다(Enger & Yager, 2001).

〈표 7-10〉 전통적 평가와 수행평가의 차이

구분	전통적 평가	수행평가
진리관	절대주의	상대주의
철학적 근거	합리론, 경험론	구성주의, 현상학, 해석학, 인류학
시대적 상황	산업화 시대, 소품종 대량 생산	정보화 시대, 다품종 소량 생산
학습관	정보화 시대, 다품종 소량 생산 추상적 · 객관적 상황 중시 학습자의 기억 · 재생산 중시	인지구조의 계속적 변화 구체적 · 주관적 상황 중시 학습자의 이해 · 성장 중시
평가 체제	상대평가, 양적 평가, 선발형 평가	절대평가, 질적 평가, 충고형 평가
평가 목적	선발 · 분류 · 배치, 한 줄 세우기	지도 · 조언 · 개선, 여러 줄 세우기
평가 내용	선언적 지식(내용적 지식), 학습의 결과 중시, 학문적 지능의 구성요소	절차적 지식(방법적 지식), 학습의 결과와 과정도 중시, 실천적 지능의 구성요소

구분	전통적 평가	수행평가
평가 방법	선택형 평가 위주, 표준화검사 중시, 대규모 평가 중시, 일회적・부분적인 평가, 객관성・일관성・공정성 강조	표준화검사 중시, 개별교사에 의한 평가 중시, 소규모 평가 중시, 지속적・종합적 평가, 전문성・타당도・적합성 강조
교사의 역할	지식의 전달자	학습의 안내자・촉진자
학생의 역할	수동적인 학습자, 지식의 재생산자	능동적인 학습자, 지식의 창조자
교과서의 역할	교수・학습・평가의 핵심적 내용	교수・학습・평가의 보조 자료
교수・학습 활동	교사중심, 인지적 영역 중심, 암기위주, 기본학습 능력 강조	학생중심, 지・정・체 모두 강조 탐구위주, 창의성 등 고등 사고기능 강조

〈표 7-11〉 수행평가의 장점과 단점

장점	단점
• 탐구 기능을 적용할 기회를 제공한다. • 개방적 질문을 탐구할 기회를 제공한다. • 비판적으로 사고할 기회를 증진한다. • 학생들의 능력에 대한 직접적 근거를 제공한다. • 창의력 함양 기회를 제공한다.	• 완수하기에 시간이 많이 소요된다. • 일부 학생들한테는 수행하기 어렵다. • 수행의 평가가 주관적일 수 있다. • 수행이 달라질 수 있고 개방적일 수 있다. • 과제에 특수한 수행을 평가한다. • 시간과 모둠 관리 문제가 제기된다. • 설계, 실행, 평가에 시간이 많이 필요하다. • 과제와 채점표의 설계가 쉽지 않다.

수행평가의 한 구성요소인 평가 과제는 실제의 자료를 이용하여 실제의 상황을 기술하며, 필요한 도구나 시약, 그리고 평가 과제에 적절한 표・그래프・그림・단어를 비롯한 답을 기술할 방법과 형식도 제시한다(Brown & Shavelson, 1996). 수행평가는 이와 같은 과정과 방법으로 수행되기 때문에, 교수・학습과 평가를 동시에 수행할 수 있는 수단이 된다. 그러나 수행평가는 〈표 7-11〉에 제시된 단점 이외에 소요되는 비용, 타당성 및 신뢰도와 관련된 문제도 안고 있다. 수행평가 비용은 전통적 표준화검사보다 더 비싸다. 또한 수행평가는 일관성이 있고 유용한 결과와 타당하고 신뢰성이 있는 문제를 개발하기 어려운 단점도 안고 있다(Callahan et al., 2002).

ㄷ. 수행평가의 구성요소

수행평가는 [그림 7-5]에 기술되어 있는 바와 같이, 평가 과제(task), 반응 형식(response format), 채점 방법 또는 채점표(rubrics or scoring rubrics)의 세 가지 구성요소로 이루어져 있다(Ruiz-Primo & Shavelson, 1996). 수행평가의 구성요소 평가 과제, 반응 형식, 채점표는 각각 객관식 평가문항의 문두, 답지, 정답표에 대응된다. 평가 과제는 실제 상황에서 이루어지는 개방적 검사의 한 가지 수단으로서(Hibbard, 2000), 학생들이 가설적인 것이 아니라 실제의 도구와 자료를 사용하여, 그리고 실제의 과학적 연구 · 탐구 · 조사 · 실험을 통해서, 해결할 문제나 수행할 과제를 제시한다. 평가 과제는 또한 문제의 상황을 기술하며, 학생들이 나타낼 반응도 제시한다. 평가 과제는 이외에 조사나 실험의 과정 및 결과를 평가하는 방법도 제시한다(Brown & Shavelson, 1996).

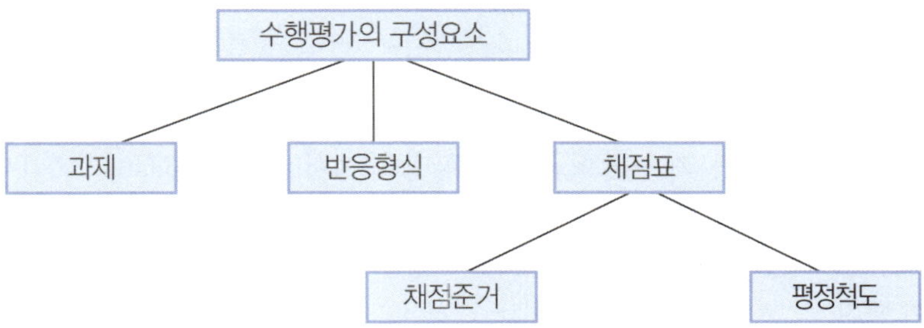

[그림 7-5] 수행평가의 구성요소

[그림 7-5]의 반응 형식은 학생들이 수행평가 과제를 수행하는 과정에서 수집한 논문, 서적, 기자재와 같은 각종 자료 · 정보 · 도구, 그리고 그 과정에서 얻은 어떤 산물, 문제의 해결책, 해결하여 얻은 답이다. 반응 형식은 실험 · 조사 · 학습 · 탐구를 통해서 습득한 기능과 그 과정에서 획득한 과학지식일 수도 있다(McMillan, 2004). 반응 형식에는 이외에 실험 · 조사 · 학습 · 탐구에서 수집한 자료를 표 · 그래프 · 사진으로 정리한 것, 통계적으로 분석하여 얻은 결과, 정리하거니 분석한 자료를 바탕으로 도출한 결론, 그리고 그런 결과들을 모아 작성한 보고서, 또는 발표한 여러 가지 논문, 연구 · 조사 · 실험을 통해 수집한 온갖 자료가 포함된다(Brown & Shavelson, 1996).

수행평가의 본성을 드러내는 세 번째의 구성요소인 채점표는 채점 체계(scoring system)로 불리기도 하며, 채점준거(scoring criteria)와 채점척도(scoring scale)로 구성된 채점 지침(scoring guideline)을 가리킨다(McMillan, 2004). 채점준거는 학생들의 반응에 점수를 매기기 위한 평가기준(assessment standard) 또는 수행기준(performance standard)으로서, 대부분 교수 · 학습 목표의 형식으로 작성하며, 각각 평가준거(evaluative/assessment criteria)(Lantz, 2004; McMillan, 2004), 또는 수행준거(performance criteria)(NRC, 1996)로도 일컬어진다. 채점척도는 채점준거에 수행의 수준, 또는 도달된 수준에 따라 점수를 부여하는 체계로서 평정척도(rating scale)(Hibbard, 2000) 또는 채점전략(scoring strategy) (Lantz, 2004), 점수척도로 불리기도 한다.

② 수행평가 과제의 작성

수행평가의 과제는 그 목적만큼 다양하지만, 과제의 목적과 내용 및 그 양에 따라 짧은 과제(short task), 사건 과제(event task), 확장형 과제(extended task)로 대별된다(Hart, 1994). 이 과제들은 각각 기능 과제, 조사 과제, 확장형 조사 과제로 불리기도 한다(Doran et al., 1998). 짧은 과제는 기본적 개념・절차・관계의 획득, 내용에 특수한 사고 기능의 숙달, 현미경 사용이나 시약 만들기와 같은 비교적 간단한 과학적 탐구 과정과 기능의 평가에 목적을 둔다. 짧은 과제는 목적에 따라 전구・전지・전류계 등 간단한 실험 장치가 설치된 몇몇 실험소(station)를 순회하면서 순환실험을 실시하도록 구성되거나, 다음과 같이 짧은 논술형의 질문과 기술을 요구하는 형태로 제시된다(McMillan, 2004).

- 특정 식단에 포함된 단백질・지방・탄수화물의 양을 보여주는 자료를 보고, 어떤 식품을 섭취해야 할지, 그 이유를 들어 설명하시오.
- 식물의 기관과 구조를 설명하는 포스터를 작성하시오.
- 도선에 전류가 흐르면 자기장이 생기는 장치를 설치하고, 자기장에서 자침이 가리키는 극을 알아보시오.

이와 같이, 짧은 과제는 간단한 과학지식의 획득과 단순한 탐구 과정과 기능의 습득에 목적을 둘 뿐이며, 별도의 보고서를 작성할 필요는 없다. 또한 짧은 과제를 통해 획득된 과학지식과 습득된 과학적 탐구 과정과 기능의 평가에는 점검표가 적절하다. 짧은 과제의 점수척도로는 점수체계나 평정척도를 적용할 수 있다.

사건 과제는 보통 2~3일 동안 수행되는 간편한 실험이나 탐색을 통해 해결할 수 있는 문제와 상황을 기술한다. 사건 과제는 '운동장 주변에 살고 있는 식물을 조사하고, 자생종과 외래종으로 나누어 보자.'와 같이 학생들이 알고 있는 지식 그 자체뿐만 아니라 알고 있는 그 지식을 적용할 수 있는 능력을 평가할 수 있도록 작성한다. 사건 과제는 또한 개인이 아니라 집단으로 해결하게 구성할 수도 있으며, 과학에서는 과학적 탐구력, 문제의 해결력, 분석적 능력의 평가에 특히 적절하다. 사건 과제에는 관찰・자기평가・동료평가 방법이 효과적이며, 평가의 목적에 따라 점검표, 점수체계를 포함한 다양한 채점준거와 채점체계를 이용하여 평가할 수 있다.

확장형 과제는, 교실이나 실험실에서 해결하는 짧은 과제 또는 사건 과제와 달리, 실험실에서는 물론이고 야외에서도 수행할 수 있다. 짧은 과제나 사건 과제보다 해결하기 훨씬 더 어렵고 복잡하며 시간도 많이 걸리는(McMillan, 2004) 확장형 과제는 비교적 장기간에 걸쳐 해결할 수 있는 문제와 상황을 기술하며, 보통 단원에 들어갈 때나 학기를 시작할

무렵에 부과하는 것이 바람직하다. 학교 과학에서는 실험 · 야외실습을 통해 해결하게 하는 과제연구가 확장형 과제에 해당된다. 확장형 과제의 평가 수단으로는 다음 예가 암시하듯이 보고서나 포트폴리오(portfolio)가 실용적이다.

- 지구과학 교수 · 학습은 주제에 따라 실험실보다 야외실습장이 더 효과적이다. 암석의 종류와 그 성인에 관한 교수 · 학습에는 야외실습이 필수적이다. 실험실 앞 화단에 설치할 암석 야외학습장을 설계하여 제출하시오.
- 춘천 시내를 관통하는 석사천에는 여러 종류의 물고기가 살고 있다. 그러나 지난 해 여름부터 버들치를 더 이상 관찰할 수 없다. 그 원인을 확인하여 보고서로 작성해 제출하시오.
- 놀이공원에서 힘과 관련된 기구를 말하고, 적용된 원리를 구체적으로 기술하시오.

수행평가 과제는 객관식 문제와 여러 가지 측면에서 다르다. 수행평가 과제는 평가의 영역 또는 대상과 관련된 과학지식뿐만 아니라 과학적 탐구 기능도 평가할 수 있도록 개발한다. 수행평가 과제는 정의에 의해 실제의 상황이나 자료를 활용하며, 수행의 결과뿐만 아니라 해결 방법과 과정도 평가할 수 있도록 작성한다. 수행평가 과제는 교수 · 학습 과정에서 자료로 활용할 수 있도록 관련 정보도 포함시키며, 평가도구로 활용하기 위해서 도달 목표나 채점준거도 제시한다. 요약하여 말하자면, 수행평가 과제는 학생이 수행할 방법과 과정, 최종 산물, 도달 기준, 또는 평가준거로 구성한다(McMillan, 2004). 오늘날에는 이런 수행평가가 대학교의 교수와 연구소 연구원들의 업적 평가에도 이용되고 있다.

③ 수행평가의 채점

채점표는 총체적 채점표(holistic rubric)와 분석적 채점표(analytical rubric)로 분류되며(Colburn, 2003; Hibbard, 2000; Ruiz-Primo & Shavelson, 1996), 저자들(Doran et al., 1998)에 따라서는 이 분류 체계에 기본 특성 채점표(primary trait rubric)를 더한다. 총체적 채점표는 여러 개의 채점준거를 하나의 포괄적 채점준거로 묶어 구성하며, 분석적 채점표는 채점준거를 세부적으로 설정하여 나열하고 각 채점준거마다 정당한 점수가 매겨지도록 구성한다. 한편 기본적 특성 채점표는 전체 채점준거 가운데에서 특정 시간에 교수 · 학습한, 또는 특별히 강조해야 할, 내용의 일부만 채점하게 작성한다.

평가준거는 점수체계(point system), 비율척도(rating scale), 점검표(checklist)의 세 가지 점수척도에 따라 점수를 매길 수 있다(Ebenezer & Haggerty, 1999). 점수체계는 반응이나 수행과정의 중요한 부분에 점수를 부여하는, 가장 일반적으로 쓰이는 척도이다. 점수체계로 평가할 때 무반응에만 0점을 주고 가장 낮은 수준의 반응에도 최소한 1점을 부여하는 것이 수행평가의 원리에 부합된다. 평정척도로 불리기도 하는 비율척도는 숫자 대신에 수・우・미・양・가, 또는 상・중・하와 같은 기술적 용어로 표현한다. 점검표는 분석적 점검표로서 각 특성을 채점준거로 나열하고, 각 채점준거마다 동일한 점수를 부여한다. 각 채점표는 〈표 7-12〉와 같이 세 가지 점수척도 가운데 어느 것으로나 구성할 수 있다.

〈표 7-12〉 채점표 형태와 점수척도의 관계

채점표 형태 \ 점수척도	점수체계	비율척도	점검표
총체적 채점표			
분석적 채점표			
기본특성 채점표			

총체적 채점표는 개방적 질문이나 보고서의 평가에 적절하다. 총체적 채점표는 반응을 전체적으로 판단하는 방법이다. 즉 한 문제를 해결하거나 한 과제를 수행한 과정과 결과를 몇 개의 포괄적 영역으로 나눈 다음 모든 영역을 하나의 평가기준으로 묶어 동시에 평가하는 방식으로서(Ruiz-Primo & Shavelson, 1996), 전체를 읽고 첫 인상에 따라 채점하도록 구성된다(Doran et al., 1998). 총체적 채점표는 흔히 점수체계와 점검표로 구성되며, 총체적 채점표에 이용되는 비율척도는 초점총체평정척도(focused holistic rating scale)로 불리기도 한다(Ebenezer & Haggerty, 1999). 다음은 연구보고서를 점수체계와 점검표를 적용하여 구성한 총체적 채점표의 예이다.

〈점수체계로 구성한 총체적 채점표 예〉

- 서문・방법・결과・결론 단계를 완전하고 자세하게 작성했다 ······ 5점
- 위 각 단계들을 완전하게 작성했지만, 오류가 약간 있다 ······ 4점
- 전반적으로 절차와 관찰이 정확하지만, 결론이 옳지 않다 ······ 3점
- 단계마다 오류가 많다 ······ 2점
- 절차와 관찰을 자세하게 적지 않았다 ······ 1점

〈점검표로 구성한 총체적 채점표 예〉

- 서문을 정당하게 기술하였다 ______
- 방법을 자세하게 제시하였다 ______
- 결과를 간단명료하게 작성하였다 ______
- 타당한 결론을 내렸다 ______

분석적 채점표는 수행평가 과제를 수행한 과정의 핵심 구성요소에 평가의 주안점을 두

고(Ruiz-Primo & Shavelson, 1996), 구성요소를 각각 몇 개의 요점으로 세분화하여 평가한다. 예컨대 실험보고서의 평가 요소를 계획 · 수행 · 분석 · 적용으로 나누고, 각 요소마다 세부적인 채점준거를 나열한다. 각 채점준거마다 다른 점수를 부여하려면 비율척도(Ebenezer & Haggerty, 1999)를 적용하고, 동일한 점수를 매기려면 점검표를 활용하면 된다. 다음 분석적 채점표의 예시에서(Doran et al., 1998), 우수 · 보통 · 미흡, 또는 상 · 중 · 하의 비율척도를 각 채점기준의 성취수준에 따라 3 · 2 · 1의 점수로 대체할 수도 있다.

	우수	보통	미흡
A. 계획수립			
조사할 문제 또는 질문을 확인한다	___	___	___
가설을 설정한다	___	___	___
실험설계를 설명한다	___	___	___
통제할 계획을 세운다	___	___	___
B. 수행			
기술에 관한 지식을 보인다	___	___	___
정확하게 관찰 · 기술한다	___	___	___
양적 측정을 실시한다	___	___	___
독립변인과 종속변인을 확인한다	___	___	___
C. 분석			
관찰자료를 적절하게 해석한다	___	___	___
관찰자료를 정확하게 해석한다	___	___	___
질적 관계를 보인다	___	___	___
양적 관계를 보인다	___	___	___
자료의 정확도를 분석한다	___	___	___
자료의 한계와 가정을 제안한다	___	___	___
일반화 또는 모형을 제안한다	___	___	___
결론을 도출한다	___	___	___
D. 응용			
선행지식을 통합한다	___	___	___
원래의 가설을 제안한다	___	___	___
현행 응용상태를 제안한다	___	___	___
총점	___	___	___

이 예에서 채점준거마다 동일한 점수를 부여하려면 우수 · 보통 · 미흡의 비율척도를 점검표로 바꾼다. 점검표는 과제에 따라 절차, 증거, 측면 또는 특성, 자료의 정확도를 중심으로 작성한다(Ruiz-Primo & Shavelson, 1996). 이와 같이, 분석적 채점표에 적용하는 점검

표는 점수표(checklist of points)로 일컬어지기도 한다. 다음의 실험보고서 계획 단계에 관한 채점표가 보여주듯이, 점검표의 전체 점수는 _____에 √나 ○를 표시하게 하고 √나 ○의 개수로 환산하여 구한다.

- 조사할 문제와 질문을 제시했다 ____
- 가설을 제시했다 ____
- 실험을 설계하였다 ____
- 변인을 조작·통제할 계획을 수립했다
  - 독립변인(조작변인)을 진술했다 ____
  - 종속변인(반응변인)을 진술했다 ____
  - 통제변인을 확인하였다 ____

기본 특성 채점표는 평가하려는 보고서나 학생들의 반응에서 관련이 있는 교수·학습 또는 실험·조사에서 강조한 한두 가지의 중요한 특성만을 중심으로 구성한다. 이를테면 과학실험을 수행한 과정이나 실험 과제를 몇 개의 기본적 특성으로 나누고, 평가의 목적에 부합되는 영역의 평가준거만을 점수체계, 평정척도, 또는 점검표로 작성한다(Doran et al., 1998). 다음은 과학적 연구 방법에 관한 수업을 하고 '계획' 단계만 평가하기 위해 점수체계로 구성한 채점표의 예시이다.

조사계획을 이해하기 쉽게 발표하고, 계획이 간단명료하고 완전하며, 실험계획을 비판적으로 토의할 수 있다	5
조사계획을 잘 발표했으나 수정할 부분이 있으며, 문제를 전반적으로 잘 이해한다	4
계획은 그런대로 괜찮지만 도움이 약간 필요하고 문제를 완전히 비판적으로 접근하지 못한다	3
계획을 상당히 수정해야 하고, 중요한 제한점과 변인들을 고려하지 않는다	2
문제를 거의 해결하지 못하고, 많은 도움이 필요하다	1

이상에서 예시한 세 가지의 채점표에서도 알 수 있듯이, 수행평가는 그 방법과 과제에 따라 그 효율성과 실용성이 달라지며, 모두 나름의 문제와 한계도 지닌다. 총체적 채점표는 전반적인 평가에 목적을 두고 이루어지기 때문에, 무엇을 평가항목으로 또는 평가요소로 선정할 것인지 분명하게 말해주지 못하며, 기본 특성 채점표는 각 평가영역 내의 평가항목이 인위적이라는 문제점을 안고 있다. 한편 분석적 채점표는 사소한 내용도 평가항목에 포함시킬 수 있는 단점을 지닌다.

수행평가를 위해 작성한 채점표의 가치와 장점은 평가의 대상이 되는 학생들이 알고 있거나 할 수 있는 것에 관하여 교사와 학생 및 학부모 사이의 의사소통을 가능하게 하는 특성에 있다(Chiappetta & Koballa, 2006). 그러므로 평가준거는 그와 관련이 있는 교수·학습의 목표와 일치해야 하며, 채점하는 과학교사는 물론이고 시험을 치른 학생과 학부모도 누구나 명확하게 이해할 수 있도록 작성해야 한다. 논리적이고 체계적으로 작성한 채점준거, 즉 평가준거는 기계적인 절차에 따라 성적을 매길 수 있는 근거가 되기도 한다. 더욱 객관적인 채점을 위해서는 채점기준표, 또는 수행예시표를 따로 작성하여 이용하는 것도 바람직하다(Hart, 1994).

④ 수행평가의 방법

수행평가는 그 전략에 따라 이야기 쓰기, 편지 쓰기, 광고 이용하기, 반성적 사고법, 게임놀이, 사전-사후검사법, 모형 만들기, 탐색, 실험, 조사, 회의와 논쟁, 응용, 관찰로 대별된다(Barber et al., 1995). 수행평가가 활동과 교수·학습 방법에 따라서는 개념도, 창의적 평가법, 학술지 이용법, 구두면접, 논술법, 포트폴리오, 관찰, 과제법, 확장된 과제법, 개방적 실험법으로 나뉜다(Bybee et al., 2008). 수행평가 방법은 이 밖에도 다양하게 분류되는데, 그 종류를 요약하면 〈표 7-13〉과 같다(McTighe & Ferrara, 1994).

〈표 7-13〉 수행평가의 방법

산물(product)	수행(performance)	과정중심(process focused)
논술형(essay)	구두 발표	구두 질문
연구논문(research paper)	과학 실험실 시범	관찰
이야기/극본	토론	면접
연구과제(project)법	수업실시(teach-a-lesson)	회의(conference)
실험보고서(lab report)	연극	과정 기술(description)
포트폴리오(portfolio)	읽기	소리내어 생각하기(think aloud)

수행평가의 유형은 기능 과제, 조사, 확장된 조사 수행평가가 포함되는 수행기반 평가, 개념도·벤다이어그램·V도, 포트폴리오, 구두발표 및 토론, 면접, 기능점검표, 자기·동료·짝 평가, 기술적용법을 이용하는 학생중심 평가, 시범실험·집단영상법(group visuals)이 적용되는 교사주도 평가로 대별된다(Doran et al., 1998). 수행평가 방법들은 〈표 7-14〉와 같이 본질을 구현하는 정도에 따라서도 분류된다(백순근, 1997). 일반적으로 지필형보다는 과제형, 또는 활동형이 수행평가의 본질을 더 잘 구현한다.

〈표 7-14〉 수행평가 본질의 구현 정도에 따른 분류

수행평가 본질의 구현 정도	평가 방법	비 고
매우 높음	실제 상황에서의 평가	널리 사용되고 있는 수행평가 방법
↑	실기시험, 실험·실습법, 관찰법	
	면접법, 구두시험, 토론법	
	자기평가 및 동료평가 보고서법	
	포트폴리오	
	연구보고서	
	논술형(essay)	
	서술형(content essay)	보편적으로 사용되고 있는 지필평가 방법
	단답형	
	완성형(괄호형)	
	선다형	
↓	연결형(줄긋기형)	
매우 낮음	진위형(○×형)	

〈표 7-14〉에 제시되어 있는 수행평가 방법들 가운데에서, '보편적으로 사용되고 있는 지필평가 방법'은 엄밀한 의미에서 수행평가 방법이 아니다. 앞에서 정의한 바와 같이, 수행평가는 평가 과제와 채점 방법으로 구성되기 때문이다. 지필평가 방법은 모두 채점 방법이 없고 정답표만 있을 뿐이다. 이외에 수행평가는 개별수행평가와 집단수행평가 방법으로 나뉜다. 그러나 동일한 유형, 또는 평가 방법일지라도 교과목의 특성이나 평가하고자 하는 능력의 특성에 따라 수행평가의 본질을 구현하는 정도가 달라진다.

ㄱ. 관찰법

과학적 연구로서의 실태조사뿐만 아니라 교수·학습 전략으로서의 과학적 실험에도 관찰은 필수적이다. 관찰은 사고와 그에 따른 행동과 같이 지필검사로 확인하기 어려운 속성, 말이나 글로 표현하기 어려운 행동에 관한 정보의 수집에 효과적이다. 관찰 양식을 이용하면 더욱 효과적이고 체계적으로 자료를 수집할 수 있으며, 일화기록법이나 검색표로 기록한 결과는 수행평가 방법이 적절하다.

체계적 관찰로 불리기도 하는 구조적 관찰은 시간표집이나 장면표집 방법을 따른다. 시간표집은 특정 행동이 일정한 시간 안에 일어나는 빈도를 기록하며, 반복적으로 일어날 가능성이 높은 행동에 적용된다. 장면표집은 관찰하려는 특성이 잘 보이는 장면을 선택하

고, 그 장면에서 일어나는 행동을 관찰하는 방법이다. 사회학에서는 이외에 관찰자가 제3자의 입장에서 관찰하는 참여관찰도 활용한다(강승호 외, 1998).

관찰 결과는 일화기록 · 부호기록 · 평정표시 · 점검표(checklist) · 등위표시 방법으로 나타낸다(변창진 외, 1998). 일화기록은 행동이 일어난 상황 · 방식 · 순서를 그대로 상세하고 정확하게 기술하며, 부호기록은 행동이 일어난 빈도와 계열을 여러 가지 부호를 사용하여 나타내며, 평점표시는 평가의 준거로 설정한 탐구 기능을 미리 결정한 평어나 평점으로 나타내며, 점검표는 관찰한 사상 · 행동 · 조건 · 상황 · 실태를 열거하고 일어난 여부를 √, O 등으로 표시하고, 등위표시는 관찰할 행동이나 현상을 차례로 배열한 다음 등수를 매긴다. 평정표시와 등위표시 방법의 실례를 들면 다음과 같다.

〈평정표시 방법〉

이름: 학년 반 번

일시: 장소:

관찰자:

관찰 주제: 보고서 쓰기

1. 서문에 모든 내용을 포함하여 잘 썼다.	① ② ③ ④ ⑤
2. 독립변인과 종속변인으로 가설을 진술하였다.	① ② ③ ④ ⑤
3. 실험을 수행할 방법과 절차를 잘 설계하였다.	① ② ③ ④ ⑤
4. 결론도출이 타당하다.	① ② ③ ④ ⑤

〈등위표시 방법〉

관찰자: 관찰 대상 및 장소:

관찰 일시:

관찰 내용: 협동학습 기여도

1조	2조
김영수 (3)	김철수 (4)
김영자 (5)	김철남 (1)
박수동 (2)	이용식 (2)
조남철 (1)	손명암 (3)
이규호 (4)	이복남 (5)

정확한 자료를 얻기 위해서는 어떤 편견이나 사견에도 치우치지 않고, 객관적으로 관찰해야 한다. 관찰의 결과에 대한 진술은 추론이나 결론이 아니고, 본 그대로 기록한 것이다. 그런 관찰을 위해서는 관찰 계획을 구체적이고 조직적으로 세운다. 정확한 관찰을 위해 도구나 기구를 이용하며, 오차를 줄이기 위해 두 번 이상 관찰한다. 관찰의 결과는 즉시 기록하고 요약하며, 비디오에 녹화하거나 테이프에 녹음해 둔다.

이와 같이, 관찰은 과학적 연구 및 과학적 탐구의 실제에서뿐만 아니라 과학 교수·학습 현장에서 효과적이고 실용적인 수단과 방법으로 이용되고 있다. 그러나 관찰은 피관찰자가 관찰되고 있다는 사실을 인식함에 따라 다른 행동을 보여 사실적 자료를 수집하기에는 한계를 드러낸다. 관찰을 통해서는 행동의 피상적인 특성만을 확인할 수도 있다. 관찰은 이외에 평가 수단으로 이용하기에는 비교적 비싼 단점도 있다.

ㄴ. 구두 질문법

평가에 이용되는 구두 질문(oral question)은 비형식적 평가 수단이다. 개방적 질문은 협동학습과 과학 실험 목표의 진술 및 평가에 특히 효과적이다. 과학적 탐구 과정은 구두 질문이나 구두 질문을 서면화한 질문지를 이용할 수 있다. 질문지는 지필로 정보를 수집하는 도구로서 각각 비척도화 된 질문지와 척도화 된 질문지로 불리는 자유반응형과 강제선택형으로 나뉜다. 다음은 이 두 가지 질문의 예시이다.

- **자유반응형 질문**: 어떤 요인이 도표에 나타난 경향성에 영향을 미쳤다고 생각하는가?
- **강제선택형 질문**: 어떤 가설이 검증하기 더 쉬운가?

이 예가 암시해주는 바와 같이, 구두 질문이나 질문지는 정신적 사고와 그에 따른 과학적 탐구 과정의 평가에 적용할 수 있다. 즉 수공적(hands-on) 기능이나 관찰·측정을 포함한 일부의 기초 탐구 과정은 질문에 의한 평가의 대상으로 적절하지 않다. 특히 강제선택형 질문은 사고 과정을 평가하는 수단으로는 비효과적이다.

과학적 탐구 과정 및 기능을 평가하는 수단으로 이용되는 구두 질문은 자유반응형, 선택형, 검색표형, 분류형, 등위형, 평정척도, 조합비교형으로 나눌 수도 있다. 여러 가지 질문 가운데에서도 과학적 탐구 과정과 기능의 평가에는 응용하거나 종합하게 하는 고차원적 질문, 검색질문, 상황 바꾸기 질문이 적절하다. 즉 기억한 것을 회상하게 하는 저차원적 질문이 과학적 탐구 과정과 기능의 평가에는 부적절하다.

ㄷ. 면접법

면접(interview)은 과학적 과학적 탐구 및 조사뿐만 아니라 대안평가의 실제적인 수단이다(Chiappetta & Koballa, 2015). 특히 심층면접은 대화를 이용한 사고 능력과 추리 능력의 평가에 특히 효과적이며, 이런 특성 때문에 연구·조사·평가·교수·학습에서 효과적으로 이용된다. 면접이 연구와 조사에서는 자료를 수집하는 수단으로, 평가와 교수·학습에서는 학생들이 학습·이해·생각하는 것과 그 정도를 깊게 알아보는 방법으로 활용된다.

면접은 목적에 따라 조사면접 · 임상면접 · 평가면접으로 나뉘기도 한다.

고차원적 인지 수준을 점검 · 평가하고, 어렵고 복잡한 과학지식을 이해한 정도를 확인하는 데에는 임상적 면접(clinical interview)이 효과적이다. 임상적 면접은 면접자가 피면접자에게 문제와 상황을 제시하고, 피면접자가 제시된 문제에 관한 상황을 통해 자신의 능력과 그 한계를 인식하면, 각 상황에 대한 피면접자의 반응에 적절한 상황을 더 제시하는 단계를 거쳐 수행된다. 그러므로 임상적 면접 방법을 적용하면, 피면접자의 인지구조와 논리적 · 추상적 사고 과정을 심층적으로 파악할 수 있다. 다음은 이런 임상적 면접의 적용과 평가의 예이다(Bybee & Sund, 1982).

A. 문제 상황 제시 및 설정

서로 다른 진자를 설명한다: 추를 매달 실의 길이, 추의 무게, 추를 떨어뜨리는 높이, 추를 떨어뜨릴 때 주는 힘 등

B. 면접 지침(guideline) 개발(다음과 같은 표준화된 양식에 따라 작성하면 채점하기에도 효과적이다.)

a. 주제 ______________________
b. 주요개념:
c. 주요 기능:
d. 면접 상황: ___ 개인 ___ 소집단 ___ 대집단
e. 기록 방법: ___ 점검표 ___ 서술 ___ 비디오녹화 ___ 테이프녹음
f. 시작 질문
"안녕, 진자의 주기에 관한 학생의 생각을 알아보고 싶다. ...."
"묻는 말에 알고 있거나 생각하고 있는 것을 솔직하게 말해줄 수 있겠니?"
"주기에 영향을 미치는 요인에 관해 다시 설명해 주겠니?"
g. 추수 질문
"주기와 관련이 있는 변인을 더 자세하게 말해 주겠니?"
"더 구체적으로 예를 들어 줄 수 있겠니?"

C. 면접 실시

교사: 진자의 주기에 가장 큰 영향을 미치는 요인이 무엇이라고 생각하느냐? 이 진자를 작동해 보면서 이 문제를 해결해보아라.

학생: 그 길이가 조금 더 긴 실에 동일한 무게의 추를 달고 같은 높이에서 떨어뜨려 주기가 다름을 확인했습니다.

교사: 단지 두 개만 비교하여 그런 결론을 내릴 수 있겠니?

학생: 다르게 해보아도 같은 동일한 결론에 도달할 것입니다. 여기 무게가 같은 추와 길이가 같은 실이 있습니다. 직접 확인해보세요.

교사: 무엇을 확인했는지 확실하지 않구나.
학생: 하나의 변인만을 제외하고 모든 변인을 같게 합니다.
교사: 그 말은 옳은데, 네가 그렇게 했는지 잘 이해되지 않는다.
학생: ……

⋮

D. 채점표 작성

채점준거	점수
주기에 영향을 미치는 실의 길이는 조작변인이고, 다른 변인들은 통제변인임을 안다	3
통제변인과 조작변인을 구분하여 실험했지만 결론이 옳지 않다	2
통제변인과 조작변인을 구분하지 못하고 실험을 실시했다(결론의 진위와 관계없이)	1

교수 · 학습 전략 및 방법으로서의 면접은 학생들 개인이나 작은 모둠을 대상으로 실시할 수 있다. 또한 면접은 나이가 어린 피면접자에게 적절하다. 그러나 많은 시간과 노력이 소요되기 때문에, 한꺼번에 많은 수의 피면접자를 다룰 수 없는 단점도 있다. 면접은 면접자가 피면접자에 영향을 미치기 때문에 반응을 왜곡시킬 수 있으며, 신뢰도와 타당도가 높은 면접을 실시하기 어려운 문제도 안고 있다. 이런 문제와 한계는 면접의 목적, 묻는 주제와 순서, 안락한 분위기, 면접 결과의 기록, 녹화로 극복할 수 있다.

ㄹ. 구두 발표법

석 · 박사 학위를 받기 위해서는 반드시 구두시험을 거친다. 대학원에서 소정의 과정을 이수하면 석 · 박사 학위 논문을 작성하고, 그 논문에 관하여 심사자 앞에서 구두로 발표해야 한다. 고등학교나 대학교의 입학시험과 각종 취직시험에서도 면접의 일환으로 구두시험을 치른다. 학생들이 과학전에 출품한 작품이나 교사들의 현장연구 결과도 대부분 구두발표(oral presentation)로 평가를 받는다. 과학 시간에는 실험 · 실습 및 야외조사 과제의 수행 결과를 구두로 발표하게 하기도 한다.

또한 야외조사 · 과제연구 · 실험을 거쳐 수집한 방대한 양의 자료와 그것을 분석하여 얻은 결과는 종합적이기 때문에, 발표자와 시청자 사이의 상호작용이 가능한 구두로 발표해야 시청자들을 이해시키기 쉽다. 과학전 출품작, 각종 경시대회의 보고서, 석 · 박사 학위논문, 세미나의 논문을 구두로 발표하게 하는 이유도 바로 자료가 지니는 이런 특성 때문이다. 구두 발표의 과정과 그 결과의 평가에는 다음 예가 보여주는 바와 같이, 전통적인 방법보다 수행평가 방법이 더 적절하다.

A. 과제 제시

연구・조사・실험한 것을 다음과 같은 순서에 따라 발표한다.

머리말
- 학교 · 학년 · 이름 소개
- 연구하게 된 동기 발표
- 연구 · 조사 · 실험을 통하여 해결한 문제의 제시
- 연구 · 조사 · 실험에 관련이 있는 변인 및 선행연구에 관한 언급
- 연구가설 제시

절차와 방법
- 실험설계 기술
- 실험의 절차, 방법, 도구 및 기자재 제시
- 자료 수집 · 분석 방법 설명

결과 및 토의
- 결과 제시
- 결과와 선행연구 비교

결론 및 제언
- 가설과 관련이 있는 결과 요약
- 결론 제시
- 문제점 및 과제 제시

B. 채점표 작성

누구나 잘 들을 수 있을 만큼 크게 말한다	____
말마다 문장을 완전하게 끝맺는다	____
평온한 마음으로 발표한다	____
시작 부분을 잘 했다	____
주제에 관한 정보를 많이 가지고 있다	____
개념을 알기 쉽게 표현한다	____
결론이 명백하다	____
시청각 기자재를 유효적절하게 활용한다	____
청중의 질문에 막힘이 없이 대답한다	____

학술대회 또는 학위 논문의 구두 발표에 관한 수행평가의 대상 및 주안점은 논문의 주제에 관한 지식과 조직, 발표 기능, 발표를 위하여 준비한 정도이다. 구두 발표로 과학적 탐구 과정을 평가하기 위해서는 이와 같이 미리 작성한 평가준거 또는 평가기준을 이용한다. 구두발표는 그 기능들 사이에 위계적 관계나 논리적 관계가 없기 때문에, 점검표로 평가할 수도 있다. 평가의 영역을 배경지식, 실험설계, 실험 방법과 절차, 결과 및 토의, 결론 및 제언으로 나누고, 한두 부분만 발표하게 할 수도 있다.

ㅁ. 보고서법

과학적 연구의 결과는 논문이나 보고서(report)로 발표하며, 각급 학교 과학 실험의 결과도 대개 보고서를 작성하여 제출한다. 각급 학교에서는 보고서를 야외조사, 문제해결, 과제수행의 결과를 공표하기 위해 작성하며, 포트폴리오의 평가요소가 되기도 한다. 보고서로 과학적 탐구 능력을 평가할 때는 과학적 탐구의 구성요소에 평가의 주안점을 두게 되는데, 예를 제시하면 다음과 같다.

A. 과제 제시

햇빛이 무의 생장에 미치는 영향을 알아보기 위한 실험을 실시하고, 그 결과에 대한 보고서를 다음과 같은 내용을 중심으로 작성하여 제출하시오. 학생 스스로 실험계획을 설계하여 실시하고, 그 결과를 정리·분석하여 발표하시오.

서문
- 실험의 동기
- 목적
- 가설

방법과 절차
- 실험 일정
- 실험설계
- 사용한 도구와 재료

결과 및 토의
- 자료 수집 방법 및 절차
- 자료를 정리·분석한 방법과 결과
- 선행연구와 비교

결론 및 제언
- 결론
- 제언

참고문헌

B. 채점표 작성

채점준거	점수
서문, 방법과 절차, 결과 및 토의, 결론 및 제언 부분을 모두 자세하게 기술했다	5
서문, 방법과 절차, 결과 및 토의, 결론 및 제언 가운데 한 부분의 기술이 미흡하다	4
서문, 방법과 절차, 결과 및 토의, 결론 및 제언 가운데 두 부분의 기술이 미흡하다	3
서문, 방법과 절차, 결과 및 토의, 결론 및 제언 가운데 세 부분의 기술이 미흡하다	2
서문, 방법과 절차, 결과 및 토의, 결론 및 제언의 네 부분의 기술이 미흡하다	1
서문, 방법과 절차, 결과 및 토의, 결론 및 제언의 어느 부분도 기술하지 않았다	0

일반적인 의미로, 보고서는 의사소통의 한 수단이다. 따라서 과학적 연구 및 과학적 탐구 결과의 보고서는 학계에서 널리 승인된 양식과 체제에 따라 작성한다. 보고서는 연구 및 탐구의 목적, 도구 및 재료, 방법과 절차, 결과 및 분석, 결론을 중심으로 평가하는 것이 바람직하다. 보고서를 더욱 객관적으로 평가하기 위해서는 학생들에게 평가의 목적과 양식을 미리 알려줄 필요도 있다.

ㅂ. 포트폴리오법

포트폴리오는 학생들의 성장, 학습의 결과, 과학적 탐구의 성과(成果)에 관한 정보와 자료를 모은 서류철(file), 서류함(folder), 디스켓, 상자로서(Hart, 1994) 평가와 교수 · 학습을 통합하는 기능을 한다(Shores & Grace, 1998). 포트폴리오에는 조사 · 실험 · 관찰의 일지, 책 · 논문 · 보고서의 검토 요약서, 면담결과, 태도 조사지, 교사의 논평과 채점표, 동료 평가표, 학부모 평가서, 학술지, 각종 도표 · 그림 · 사진, 모형, 여행일지, 과제수행 보고서를 포함된다. 포트폴리오의 내용을 목록으로 작성하면, 학생들이 자료를 수집할 때나 교사가 포트폴리오를 평가할 때 유용하게 이용할 수 있다.

〈표 7-15〉에 비교되어 있듯이, 포트폴리오가 단순히 자료들의 모음(folder), 곧 그것들이 담겨진 서류함만을 의미하는 것은 아니다. 바람직한 포트폴리오라면, 학생의 노력과 그에 따른 지적 발전 및 학업성취를 보여주는 의미 있는 작품들의 모음이며, 내용 선택에 있어서 학생들의 참여, 선택의 준거, 자기반성의 증거들이 포함된 것이다(Paulson, Paulson & Meyer, 1991). 포트폴리오는 과학과 수학 과목에서 학생들의 학습을 통한 성취를 보여주는 데 특히 많이 이용되고 있지만, 범교과적인 능력의 평가에도 이용된다.

〈표 7-15〉 포트폴리오와 폴더의 차이점

포트폴리오(portfolio)	폴더(folder)
• 대표적이고 지속적으로 개선해 갈 수 있는 내용을 선택하여 증거자료로 삼고 이를 위해 최상의 표본들을 수집한다. • 증거자료에는 학생의 반성적 진술을 포함한다. • 표본은 교사와 학생의 의견과 학생의 목표 설정이 포함된다.	• 표본들은 정확한 기준에 의해 선택된 것이 아니다. • 표본들은 학생의 반성을 포함하지 않을 수도 있다. • 표본에 일반적으로 학생들의 의견과 목표가 포함되지 않는다.

포트폴리오에 넣을 내용물은 다양하지만, 크게 제작물 · 복사물 · 증명서 · 산물의 네 가지 유형으로 분류된다. 제작물은 과제를 수행하는 과정에서 생겨난 산물, 학생이 쓴 논문과 같은 수업이나 학교생활에서 작성한 서류형태의 자료를 말한다. 복사물은 면접의 결과

와 같이 학교 밖에서 수집한 자료를 가리키고, 증명서는 각종 시험지나 성적표를 말한다. 산물은 포트폴리오의 목적, 학생들이 자료를 검토하고 분석하면서 쓴 생각과 진술, 증거에 붙인 표제를 포함하여 학생들이 포트폴리오만을 위해 만든 것을 총칭한다.

전통적으로 포트폴리오는 교수의 승진 또는 교사자격 시험(Colburn, 2003)에서 적용되었으나 지금은 각급 학교 과학 교수·학습의 결과에 관한 수행평가에도 적용된다. 포트폴리오를 이용한 수행평가는 [그림 7-6]의 절차와 과정에 따라서 실행할 수 있다(McMillan, 2004). 포트폴리오를 이용한 평가는 교수·학습 목표, 또는 평가의 목표를 설정하는 일에서 시작된다. 다른 형태의 수행평가와 마찬가지로, 포트폴리오가 과학지식의 평가에는 적절하지 않지만, 자기반성, 비판적 사고, 메타인지적 기능, 의사결정력과 같은 고차원적인 과학적 사고와 과학적 탐구 기능의 평가에는 유용한 도구 및 자료가 된다.

목적 설정 → 물리적 구조 확인 → 내용의 출처 확인 → 채점 기준 결정 → 학생과 토의 → 내용 수집
↓
결과를 학교와 학생에게 제시 ← 교사와 학생의 토의 ← 교사에 의한 평가 ← 학생에 의한 자기 평가

[그림 7-6] 포트폴리오를 이용한 평가의 절차

과학교육 평가의 한 수단으로 이용되는 포트폴리오는 과학교사뿐만 아니라 학생·학부모·동료가 평가할 때 이용할 수도 있다. 포트폴리오는 그 안에 포함된 항목의 질, 전체의 구조와 체계성, 주제와 관련성을 대상으로 평가한다. 다음 예는 '생물의 복제에 관한 연구는 수행되어야 하는가?'에 관한 포트폴리오를 이용한 수행평가의 한 예이다.

A. **과제 제시**

1997년도에 영국에서 돌리(Dolly)가 복제된 이후, 우리나라에서도 개 스너피를 복제하였으며, 쥐의 등에 사람의 귀와 코를 복제하였다. 생물의 복제는 생명과학과 의학의 발달에 공헌하지만, 윤리적인 문제도 유발한다. 생물의 복제에 관한 연구는 계속 수행되어야 하는가? 이 질문에 대한 찬반의 입장을 밝히고, 자신의 입장을 지지하거나 정당화하는 근거를 수집하여 포트폴리오에 보관하라. 포트폴리오는 서류철이나 책상 서랍을 이용할 수 있다. 포트폴리오는 1학기 수업이 끝나기 이틀 전까지 제출하라. 포트폴리오에는 최소한 다음과 같은 주제와 관련이 있는 자료와 도구들을 모두 포함시켜라.

- 생물 복제의 원리와 기술
- 생물 복제의 실태
- 생물의 복제의 영향
- 생물 복제에 의해 생길 수 있는 문제

B. 채점표 작성

채점준거	점수
	4 3 2 1 0
자료의 양 생물 복제의 원리와 기술, 실태, 영향, 문제의 자료가 충분하다	_ _ _ _ _
주제에 대한 자료의 적절성 수집한 모든 자료가 주제에 적절하다	_ _ _ _ _
자료의 체계성 모든 자료가 체계적으로 수집되었다	_ _ _ _ _
학습촉진 가능성 수집한 자료가 모두 학습을 촉진할 가능성이 높다	_ _ _ _ _

포트폴리오는 과학 교수 · 학습 현장에서 평가의 수단으로 이용하는 과정에서 장점과 단점을 드러내기도 한다. 포트폴리오는 과학교사와 학생들이 부단히 계속되는 교수와 학습에 관하여 의견을 나눌 수 있는 기회를 제공하며, 학생들의 학습을 실제의 연구 및 탐구의 현상이나 상황에 관련시켜 검토할 수 있게 하고, 학습의 책임을 과학교사한테서 학습자에게 돌려주며, 학생들이 협력적인 분위기에서 서로 생각을 나눌 수 있는 공개토론회(forum)의 장을 만들 기회를 제공하며, 보다 나은 과학교사가 되게 해주는 것들과 같은 장점이 있다. 그러나 포트폴리오는 학생들이 구성 · 작성할 때 과학교사가 채점하는 과정에 많은 노력과 시간이 필요한 단점도 지닌다(Doran et al., 1998).

포트폴리오는 학생 중심의 학습 결과를 얻어낼 뿐만 아니라 과정 중심의 평가 방법까지도 제공받을 수 있으며, 자기평가, 동료평가, 교사평가를 다양하게 이용할 수 있기 때문에, 평가 소요면이나 교육 효과면에서 효율적인 평가 도구가 된다. 또한 포트폴리오는 학생들로 하여금 자신의 수준을 발견하게 하여 부족한 점을 찾고, 무엇을 통해서 부족함을 채울 것인가를 결정하여 스스로 과제를 수행해 나가게 하는 도구이다(Wiggins, 1993). 포트폴리오의 이런 기능적 특성에 비추어 볼 때, 포트폴리오는 교사들이 자신의 교수에 대한 반성의 한 수단으로 이용할 수 있는 역동적인 교수 전략의 도구로 볼 수도 있다.

ㅅ. 개념도법

개념도(concept map)는 인지구조 또는 교수 · 학습의 결과를 도해적으로 보여주기 때문에, 과학지식의 평가에 특히 유용한 척도가 된다. 개념도는 개념 변화와 메타인지, 고차원적 사고의 평가에도 효과적이다(Doran et al., 1998). 개념도를 평가에 이용하면 인지구조를 구성하는 개념들의 위계적 관계와 아울러 그 개념들이 분화 · 발달하는 과정도 확인할 수 있다. 노박과 고윈(Novak & Gowin, 1984)은 개념도를 이용한 평가에 적용할 채점기준과 채점방법을 〈표 7-16〉과 같이 예시한다.

오수벨 이론의 통합적 화합의 원리에 따르면, 개념들은 서로 수직적으로 연결되어 위계적 관계를 맺으며, 위계적 관계가 수평적으로 연결되는 교차연결에 의해 통합적 개념체계가 형성된다. 〈표 7-16〉에서 알 수 있듯이, 개념도는 개념들 사이의 수평적 · 수직적 관계를 보여줌으로써 통합적 개념체계를 검사할 수 있는 수단이 되며, 수행평가에 특히 유용하다. 그러나 개념도는 적용상의 문제와 한계를 지닌다. 개념도는 위계적 관계를 맺고 있는 과학적 개념의 평가에만 적용하는 문제를 안고 있다.

〈표 7-16〉 개념도의 채점기준과 채점방법 예시

〈채점기준〉

연관(relationships): 개념들의 연관, 즉 개념들 사이의 관계를 서술하는 명제가 타당하면 각 2점

위계관계(hierarchy): 개념들의 위계적 관계, 즉 하위개념과 상위개념의 관계가 타당하면 각 위계단계마다 5점, 즉 단계의 수×5

교차연결(cross links): 만일 한 개념의 위계관계와 다른 개념의 위계관계를 맺는 교차연결이 타당하고 유의미하면 각 10점, 교차연결이 타당하지만 각 위계관계의 통합을 보이지 못하면 각 2점

실례(example): 실례로 보여주는 사건과 대상이 타당하면 각 1점

이와 같이, 학생들의 개념도를 채점하기 전에 표준개념도를 작성하고 그 개념도의 총점을 산출한다. 학생들의 점수는 학생들이 작성한 개념도 점수 ÷ 표준 개념도의 점수×100으로 계산한다. 위의 채점기준에 따라 채점하는 방법과 과정을 예시하면 아래와 같다.

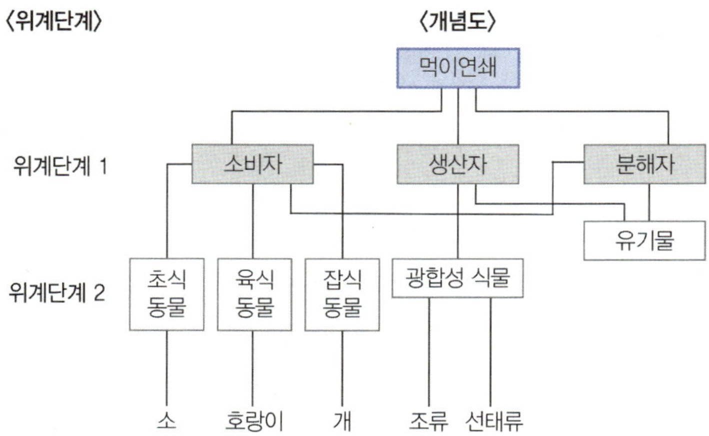

〈채점과정〉

연 관 8× 2 = 16
위계단계 2× 5 = 10
교차연결 2×10 = 20
실 례 5× 1 = 5

51

ㅇ. V도법

V도(vee diagram)는 과학지식의 구조와 과학지식이 생성되는 과정을 이해시키기 위하여 사용하는 과학 교수·학습에 효과적인 전략이자 과학교육 평가의 유용한 도구이다. V도는 원래 실험 활동의 본성과 그 목적을 학생들에게 알려주어, 과학지식의 구조와 생성 과정을 이해시키기 위해 만들어진 도구이다. [그림 7-7]은 V도의 예시를 나타낸 것이고, 〈표 7-17〉은 V도의 항목별 채점기준을 정리한 것이다.

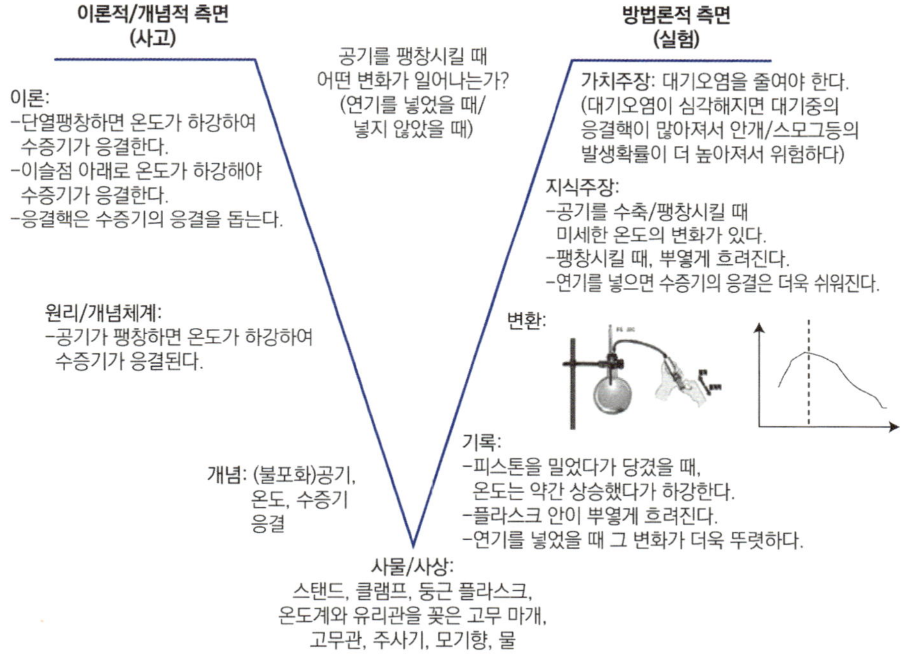

[그림 7-7] V도 예시(구름 발생 실험)

〈표 7-17〉 V도의 항목별 채점 기준

점수	평가 항목	점수	평가 항목
	〈초점 질문〉		〈기록 · 변환〉
0	• 초점 질문이 없다.	0	• 기록도 변환도 없다
1	• 초점 질문이 사물/현상, 개념과 관련이 없다.	1	• 기록은 있으나 초점 질문이나 사물/현상과 일관성이 없다.
2	• 초점 질문이 사물/현상 또는 개념을 제시하지만, 탐구 목적과 맞지 않는다.	2	• 제대로 된 기록과 변환 중의 하나만 있다.
3	• 초점 질문이 사물/현상 또는 개념을 제시하고, 탐구 목적과 맞는다.	3	• 제대로 된 기록이 있고, 변환은 있으나 초점 질문의 의도와 일관성이 없다.
		4	• 제대로 된 기록이 있고, 변환은 초점 질문과 일관성이 있다.

점수	평가 항목	점수	평가 항목
	〈사물/현상〉		〈지식 주장〉
0	• 사물/현상이 제시되지 않았다.	0	• 지시 주장이 없다.
1	• 사물/현상이 제시되었지만 초점 질문과 맞지 않는다.	1	• 지식 주장이 이론적 측면과 관련되지 않는다.
2	• 사물/현상이 제시되고 초점 질문과도 잘 맞는다	2	• 이론적 측면과 관련된 지식 주장이 있으나 기록 · 변환과 일치되지 않는다.
3	• 위와 같고, 기록할 내용을 제시하고 있다.	3	• 지식 주장이 초점 질문에서 나온 개념을 포함하며, 기록 · 변환 자료와 일치한다.
	〈이론, 원리, 개념〉	4	• 지식 주장이 위와 같고, 새로운 초점 질문에 이른다.
0	• 개념 측면이 없다.		
1	• 개념은 있으나, 원리와 이론이 없다.		
2	• 개념이 있고, 원리와 이론 중의 하나가 있다.		
3	• 개념이 있고, 원리와 이론도 제시되어 있다.		

[그림 7-7]을 통해서도 알 수 있듯이, 과학적 연구 과정과 과학적 탐구 활동 과정은 사고 측면과 활동 측면으로 이루어져 있다. V도를 보면, 과학지식은 이론적/개념적인 사고 측면과 방법론적 실험 측면의 두 가지 측면 사이의 상호작용을 통해서 형성된다는 것도 알 수 있다. 그러므로 V도는 실험실 수업 또는 실험 평가와 같이 실험과 과학 이론과의 연관성을 보고자 할 때 적절한 평가 방법이라 할 수 있다.

ㅈ. 집단영상법

슬라이드, 비디오디스크, OHP, 비디오테이프와 같이, 크고 쉽게 볼 수 있는 이미지를 제공하는 집단 영상(group visuals)은 평가과제의 유용한 자극제가 될 수 있다. 이런 크고, 시각적인 이미지들은 보통 전체 학급을 대상으로 제시되며, 학생들의 관찰하고 해석할 수 있는 기능을 평가하는 데 이용된다. 집단 영상은 학급, 모둠 또는 개인에 의한 활동을 자극할 뿐만 아니라 "실제 세계" 상황도 제공한다.

교실 밖의 위치와 상황에 대한 실제 이미지들은 학생들에게 단순한 선을 통한 그림보다 더 실제적으로 이해하게 한다. 집단 영상은 수업의 시작과 끝에 안내되거나 안내되지 않는 연습을 통한 빠른 평가를 제공한다. 이는 학생들이 가까이 있는 주제들에 집중할 수 있게 하는 방법이며, 교수의 효과를 평가하는 데 즉각적인 정보를 제공한다. 집단 영상 자료는 이용하기에 비용이 적게 들고 재생도 간편하다.

제 8 장 과학교사 교육

목차

1. 과학교사의 전문성
2. 과학교사 양성 · 자격 · 신규채용

목표

- 과학 교사 전문성의 의미와 개발에 대해 말할 수 있다.
- 과학 교사의 양성, 자격, 채용 과정에 대해 말할 수 있다.

1. 과학교사의 전문성

교육의 질은 교사의 자질을 능가할 수 없다. 과학교육에 있어서 과학교사의 교육은 그만큼 막중하다. 과학교사의 자질과 과학교사 교육에 대한 인식은 여러 가지이며, 이에 따른 과학교사에 대한 기대도 다양하다.

교직(teaching profession)은 미래사회의 주인공이 될 학생을 대상으로 하여 바람직한 전인적 인간으로 성장할 수 있도록 도모하며, 국가 · 민족 · 인류사회의 발전을 위해 헌신적으로 봉사해야 하는 사회적 · 공공적 직업이다. 교직은 교사가 종사하는 지적이고 정신적인 전문직이며 봉사직이다. 이런 특성은 교직을 전문 직업의 한 영역으로 규정함과 동시에 교직과 일반 직업을 구분하는 기준이 된다(한국교원단체총연합회, 2005).

1) 과학교사의 역할 · 자질 · 상의 의미와 관계

교사의 역할 · 자질 · 상은 서로 긴밀한 관련을 맺고 있다. 바람직한 교사상은 높은 수준의 자질을 갖고 있으며, 당대의 사회가 요구하는 교육 현실에서 적절한 역할을 수행하는 교사의 모습을 일컫는다. 교사의 역할은 교사의 자질을 규정하고 평가하는 근거가 된다(안창선 등, 2000). 교사의 자질은 교사가 자신의 역할을 수행하는 데 필요한 지식과 기능이며(한국교원단체총연합회, 2005), 바람직한 교사가 교직을 수행하는 데 요구되는 필수적 요건과 개인적 특성 및 교직에 대한 태도를 가리킨다(김병휘 외, 2004). 그러므로 과학교사의 자질은 바람직한 과학교사의 속성을 특징짓는 요소가 된다.

과학교사는 과학이라는 학문적 특성, 또는 과학교육이라는 기술적 속성 때문에, 다른 분야의 교사들과 구분되는 특별한 역할과 자질이 요구된다. 과학교사는 실험 · 실습 기자재를 관리하며, 위험한 시약과 자료를 다루고, 실험 · 실습 시간에 학생들의 안전도 유의해야 한다. 과학교사는 과학의 교수 · 학습에 고유한 방법과 과정도 개발하여 적용해야 한다. 그러나 과학교사의 역할도 대부분 다른 분야 교사들의 역할과 동일하거나 비슷하다. 현대의 과학철학 · 학습심리학 · 과학교육사상을 바탕으로 선정된, 다음과 같은 과학교사의 역할이 이를 잘 보여준다(Osborne & Freyberg, 1985).

- **동기유발자**: 학생이 과학 교수 · 학습의 내용과 실험에 흥미와 관심을 갖게 한다.
- **진단자**: 학생의 선행지식을 확인하고, 그것을 변화 · 발달시키기 위한 수업을 진행한다.

- **안내자**: 학생이 타당한 논증을 전개하고, 과학적 문제를 단계적으로 해결하도록 도와준다.
- **혁신자**: 효과적인 학습지도 자료를 개발하고, 편안한 학습 환경을 조성한다.
- **실험자**: 과학 교수 · 학습 기술을 열심히 숙지하고 연마한다.
- **연구자**: 과학 교수 · 학습 이론과 기술을 연구하고, 그 결과를 실제 교수 · 학습에 적용한다.

교사의 자질은 교사의 지적 · 정서적 · 사회적 · 신체적 특성, 교직과 관련된 태도와 교직 수행 능력을 의미한다. 교사의 자질은 교과교육과 그 응용, 학급의 경영과 관리, 교수 · 학습의 평가, 전문성 개발(Brooks & Sikes, 1997)로 분류된다. 전문 분야를 가르치는 중등학교의 과학교사에게는 이외에 과학의 내용 지식, 교수 · 학습 지식, 효과적인 대인관계, 동기 유발 기능, 사회관계 이해, 교육과정 개발 기능, 학습 방법에 관한 이해, 과학교과 내용과 교수의 경향 인식이 필요하다(Cohen, Manion, & Morrison, 1996). 이런 과학교사의 자질은 일반 교과 및 교양, 전공분야의 지식과 방법론, 학교의 현실에 관한 교직과목을 이수함으로써 고양된다(Brooks & Sikes, 1997).

이상에서 살펴 본 바와 같은 교사의 역할 · 자질 · 교사상에 비추어 볼 때, 과학교사의 양성 및 그 교육과정의 목적은 이상적이고 바람직한 과학교사의 양성에 두는 것이 바람직하다. 이상적이고 바람직한 과학교사는 유능한 과학교사, 또는 훌륭한 과학교사로 일컬어지기도 한다. 과학교육학자(Hassard, 2005)에 따라서는 다음과 같은 특성을 나타내는 자질을 유능한 과학교사가 지녀야 할 자질로 본다. 다음과 같이 이상적으로 기술되는 바람직한 교사와 학생이 좋아하는 교사는 조금 다르다(김기태 · 조평호, 2006).

〈과학교육학자가 생각하는 유능한 과학교사〉

- **명료성**: 명쾌하고 이해될 만하게, 그리고 따라가기 쉽게 논리적으로 설명한다.
- **다양성**: 다양한 형태로 질문하고, 다양한 자료 · 도구 · 정보를 활용한다.
- **과제지향**: 절차 또는 교실 규정보다 지적 내용에 더 많은 시간을 보낸다.
- **현장(on-task) 행동**: 교사가 교실 경영에 많은 시간을 보낸다.
- **성공률**: 성공적으로 학습하게 하는 학습과제를 설계하는 능력이다.
- **학생 생각의 이용**: 학생과의 상호작용을 중심으로 하는 교수를 한다.
- **수업 설정**: 여러 가지 말로 수업을 시작하거나 수업의 분위기를 바꾼다.
- **질문하기**: 적절한 시점에서 적절한 형태의 질문을 한다.
- **열정**: 교실 수업에 열정적이다.

〈학생이 가장 좋아하는 교사〉

- 공부에 도움이 되고, 적절한 예를 들어 교과의 내용을 잘 설명한다.
- 유쾌하며, 행복해하고, 온순하며, 유머 감각이 뛰어나고, 농담도 잘한다.
- 인간적이고, 사람을 잘 다루며, 친절하다.

- 학생에게 흥미를 갖고, 잘 이해한다.
- 학습을 흥미 있게, 공부에 욕망을 갖게 하고, 학습을 즐겁게 한다.

바람직한 교사상은 능동적이고 창의적으로 사고할 수 있는 교사, 민주적 의식과 태도를 지닌 교사, 개방적이고 다원적인 가치를 소유한 교사, 인간성의 함양을 위해 노력하는 교사, 정보화 능력을 가진 교사, 창의력과 개방적 태도를 가진 교사, 윤리적 가치관을 가진 교사, 끊임없이 연구하고 자신을 개발하는 교사의 상을 지칭한다(한국교원단체총연합회, 2005). 유능한 과학교사는 모든 학생을 동등하게 다루고, 그들이 잘 배우게 헌신하며, 가르치는 과학 분야의 교과 내용과 그 내용에 적절한 교수법을 잘 알고, 학생의 학습을 잘 관리하고 조절하며, 체계적으로 사고하고, 직접적인 경험을 통해 배우며, 다른 전문가들과 역할을 분담한다(NRC, 2001). 물론 이런 교사상은 학생의 생각과 다를 수 있다.

2) 과학교사의 전문성 개발

(1) 전문직으로서 과학 교사

「교원자격검정령」(법제처, 2017)에서는 교사의 자격을 규정하고 있는데, 이 또한 교직을 전문직으로 보는 근거가 된다. 전문직관에 따르면, 교직은 엄격하고 계속적인 교육 및 연구를 통하여 습득되고 유지되는 전문 지식과 전문화 된 기술을 요구하는 공공적 업무이다(한국교원단체총연합회, 2005).

미국의 과학교육학자들(Bybee, Powell, & Trowbridge, 2008)도 과학교사직을 전문직으로 보며, 국가연구위원회(NRC, 1996)에서는 과학교사면 누구나 알아야 하거나 할 수 있어야 하는 전문적 능력을 다음과 같이 제시한다.

- 탐구중심 과학 프로그램의 계획
- 학습의 안내와 촉진 행동
- 교수와 학습의 평가
- 학생이 과학을 학습할 수 있는 환경 조성
- 과학 학습자 사회 조성
- 학교 과학 프로그램의 계획과 개발

(2) PCK 모델

학교 교과 교육을 담당하는 교사의 핵심적인 자질과 능력으로 수업 전문성을 꼽을 수 있으며, 이를 판단하는 지표가 되는 것이 '내용교수지식(pedagogical content knowledge, 이하 PCK)'이다. PCK는 슐만(1986)이 최초로 제안한 개념으로, 특정 학생들에게 특정 내용을 효과적으로 가르치는 데 필요한 전문적 지식의 한 형태이다. 즉, PCK는 교사와 다른 교과 교육 전문가를 구별 짓는 교사만의 고유한(unique) 지식의 형태를 아우르는 것이다.

PCK는 교과 내용에 관한 지식과 교수 방법에 관한 지식이 통합된, 교수에 관한 지식으로(Cochran, DeRuiter, & King. 1993), 과학 교사의 PCK는 숙련된(skilled) 과학교사가 과학 내용, 과학 교육과정, 과학 학습, 과학 교수, 학생에 관한 지식의 이해와 이 지식들을 통합할 수 있는 능력으로 정의된다(NRC, 1996). PCK 모형에서는 실제로 적용될 실천적 교과교육학 지식과 기능을 교사의 핵심적 자질로 보고, 교육실습 또는 수습교사직, 또는 실제의 교직 경험을 통한 신장을 강조한다.

PCK는 그 자체로 전문적 지식의 영역으로서 교과 내용, 학생, 교수·학습의 전략과 평가

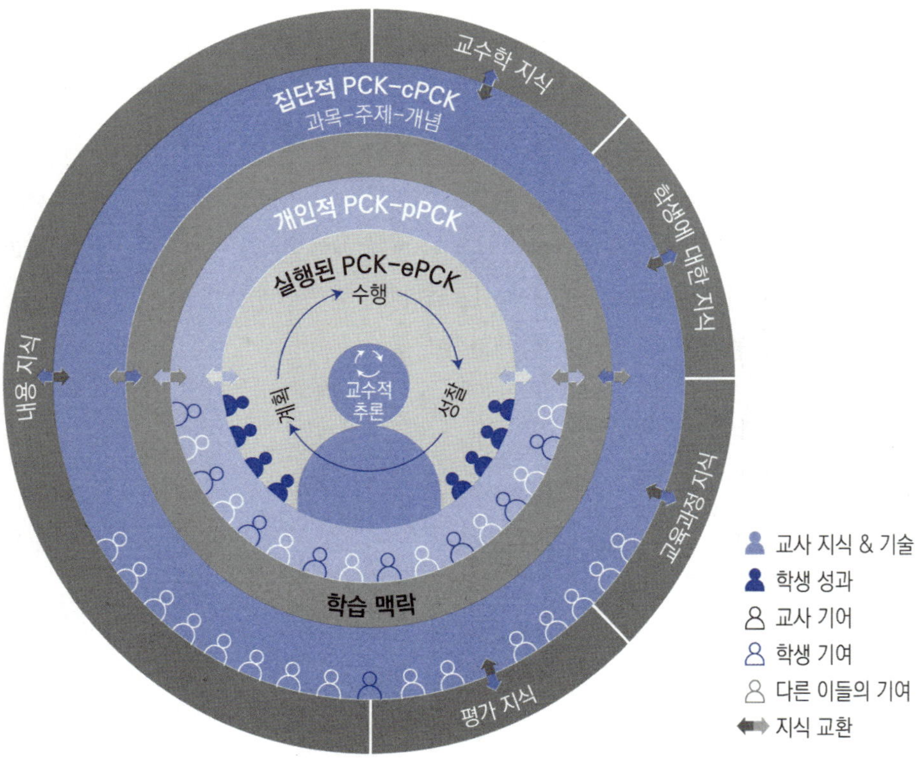

[그림 8-1] PCK의 개선된 합의 모델(RCM)

에 관한 지식으로 구성되어 있다(Loucks-Horsley et al., 2003). PCK를 잘 알고 있는 과학 교사는 학생들이 과학을 이해하는 방법과 오인하는 과정, 그리고 과학을 학습하는 방법과 과정을 잘 안다. 또한 과학 교사가 지녀야 할 자질의 함양에 목적을 둔 교사 교육에는 과학 과목과 그에 독립적인 일반교육학 과목보다 과학교육 과목이 더 효과적임을 보여주는 연구의 결과들이 많이 나타나고 있는데, 그 결과들은 과학 교사 교육에 있어서 PCK 모델의 적용이 효과적이며 필수적이라는 것을 보여준다(Grossman & Schoenfeld, 2005).

한편, 슐만이 PCK라는 새로운 구인을 제안한 이래 연구자들은 각자의 시각에 따라 PCK의 특성이나 범위, 구성 요소에 관해 다양한 이해와 해석을 양산하였다(Chan & Hume, 2019). PCK에 관한 공통된 시각의 부재로 인해 PCK 연구자들은 무엇을, 어떻게 측정하는가에 대해 서로 다른 해석을 제시하거나 명확한 답을 제시하지 못했다. 이러한 문제를 해결하고 PCK에 관한 공통의 합의된 관점을 수렴하기 위해, 전 세계 과학교육 분야 연구자들은 2012년과 2016년 두 차례에 걸쳐 PCK 회담(PCK Summit)을 개최하였으며, 그 결과 그림 2와 같이 가장 최신의 PCK 합의 모델인 '개선된 합의 모델(Refined Consensus Model, 이하 'RCM')'을 도출했다.

RCM은 지금까지 개발된 PCK 모델들을 대체하는 최종적 산물이라기보다 PCK에 관한 기존 아이디어와 관점을 아우르고 조정하여 도출된 '통합 이론(unified theory)'으로 볼 수 있다(그림 3 참조). RCM에서는 PCK를 과학 교사가 수업을 계획하고, 가르치고, 성찰하는 동안 교수적 추론(pedagogical reasoning)을 통해 발휘하는 교사의 고유한 전문 지식으로 규정하고, PCK의 구성을 구체화하였다. 이때, 교수적 추론이란 교사가 PCK를 발휘하는 데 필요한 사고 과정으로서, 교사가 가르치는 내용을 학생들이 이해할 수 있도록 의미 있는 교수·학습 활동을 제공하기 위한 일종의 사고방식이라고 할 수 있다(Carlson & Daehler, 2019).

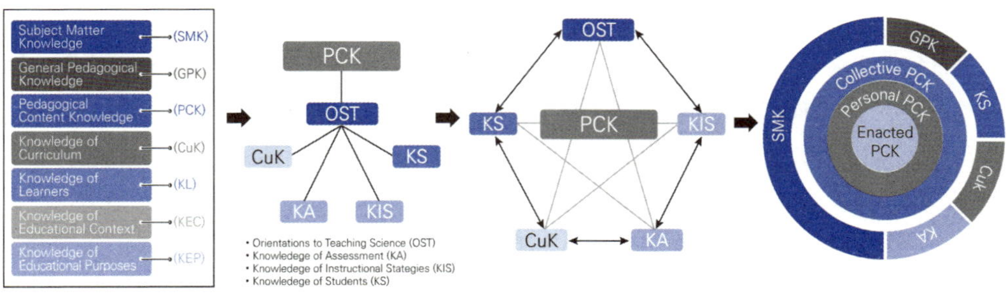

[그림 8-2] 주요 PCK 모델의 발전 과정

[그림 8-2]에서 볼 수 있듯이 RCM은 여러 층위를 가진 동심원으로 표현되며, 교사의 지식과 기능을 중심에 두고 PCK를 3가지 영역으로 구분하였다(Carlson et al., 2019): 집단적 PCK(collective PCK, 이하 'cPCK'), 개인적 PCK(personal PCK, 이하 'pPCK'), 실행된 PCK(enacted PCK, 이하 'ePCK'). PCK를 바라보는 관점은 크게 '교사를 위한 지식'과 '교사의 지식'으로 구분할 수 있는데(Fenstermacher, 1994), RCM에서 cPCK는 PCK를 교사가 알아야 하는 '교사를 위한 지식'으로 보는 관점을 반영한 것으로, 다양한 교육자와 연구자 집단에 의해 공동으로 표현되고 사용되는 표준적인(canonical) PCK를 나타낸다. 반면, pPCK와 ePCK는 PCK를 개별 교사마다 고유한 '교사의 지식'으로 보는 관점을 반영한 것으로, pPCK는 교사 지식의 '이해' 영역을 나타내고 ePCK는 교사 지식의 '실행' 영역을 나타낸다. 다시 말해, pPCK가 교사가 보유한 전문적 지식 및 기술의 저장고라면, ePCK는 특정 수업 맥락에서 pPCK가 발현된 것을 일컫는다.

cPCK, pPCK, ePCK는 구분되는 지식이지만 서로 밀접하게 연관되어 있는 영역(realms)으로, 이들 세 영역 간 발생하는 지식 교환(knowledge exchange)에 따른 변환적 메커니즘은 교사 PCK의 개발 경로를 보여준다. 이를 구체적으로 살펴보면, 교사는 공적인 cPCK를 받아들여 pPCK로 전환하고, 이를 바탕으로 수업을 계획, 수행, 성찰하는 과정에서 ePCK로 발현시킨다. 이러한 지식 교환은 PCK의 자원이 되는 광범위한 전문 지식 기반(내용 지식, 교수적 지식, 학생 이해, 교육과정 지식, 평가 지식)과 cPCK 사이에서도 발생한다. 또한, PCK의 세 영역 간 변환적 메커니즘에서 교사의 동기, 지향, 신념과 같은 정서적(affective) 요인이 증폭기 또는 여과기(amplifier/filter)로 작용한다.

2. 과학교사 양성 · 자격 · 신규채용

과학교사는 스스로 전문적 특성을 계발하고 전문직으로서의 교직을 유지할 책임이 있는 직업인이다. 즉 과학교사는 학생들이 다양한 흥미 · 관심 · 경험을 가지고 있다는 것을 잘 인식해야 하며, 가르치는 내용으로서의 과학의 본성을 제대로 이해하도록 끊임없이 노력하고, 과학 교수 · 학습에 대한 연구에도 적극적으로 참여해야 한다. 이와 같이, 과학교사직은 전문직으로서, 일정한 과정과 프로그램을 통해서 길러진다.

1) 과학교사의 양성

중등학교 과학교사는 국·사립 대학교(한국교원대학교 포함)에서 길러지고 있다. 사범대학생들은 각 대학에서 정한 소정의 교육과정을 이수하면 「교원자격검정령(법제처, 2024)」에 표시된 2급 정교사 자격증이 주어진다. 「교원자격검정령」 제3조에서는 사범대학의 졸업자(대학에 설치된 교육과 졸업자 및 교직과정 이수자 포함)로서 교육부장관이 정하는 학과(학부 포함), 또는 전공분야를 복수전공(연계전공 포함)한 자에 대하여는 각각 그 학과 또는 전공분야에 대한 자격증을 수여할 수 있다고 규정한다.

「교원자격검정령」의 제4조(자격증표시과목)에 따르면, 사범대학생의 경우 전공과목은 50학점 이상, 부전공과목은 38학점 이상 이수하면 표시할 수 있다. 제19조(무시험검정의 방법 및 합격기준)에서는 표시과목의 자격증 무시험검정의 합격 조건으로 전공과목 50학점 이상 이수, 교직과목 22학점 이상 이수, 그리고 성적 기준으로 전공과목 및 교직과목의 성적이 전공과목의 경우는 평균 75점 이상, 교직과목의 경우는 평균 80점 이상으로 규정한다. 또한 교직 적성 및 인성 검사 기준으로, 교원양성과정을 이수하는 동안 해당 교원양성기관의 장이 실시한 교직 적성 및 인성 검사 결과가 2년 이하의 교원양성과정을 이수한 사람의 경우 적격 판정 1회 이상, 2년을 초과하는 교원양성과정을 이수한 사람의 경우는 적격 판정 2회 이상 충족할 것을 규정한다. 그리고 응급처치 및 심폐소생 실습 기준으로, 교원양성과정을 이수하는 동안 해당 교원양성기관의 장이 실시한 응급처치 및 심폐소생술 실습을 2회 이상 받을 것을 규정하고 있다.

외국에서도 과학교사를 양성하기 위한 프로그램 또는 교육과정은 교육학, 과학교육학, 과학교육 현장에서 제기되고 있는 문제를 중심으로 구성되어 왔다. 영국의 경우, 국가 수준의 중등학교 과학교사 양성 교육과정은 대체로 아동발달, 학습 이론, 교사의 특성, 과학철학적·과학사회학적 문제나 논쟁거리, 교과 내용, 교수 방법을 중심으로 구성·운영해 왔다(Dillon & Maguire, 1997). 우리나라 사범대학에서 운영하는 과학교사 양성 교육과정의 교과도 이와 같은 영역을 크게 벗어나지 않는다.

2) 과학교사의 자격

사범대학에서 과학교사 자격증을 받기 위해서는 최소한 140학점 이상 이수해야 한다. 그러나 중·고등학교의 과학교사 자격증은 사범대학을 졸업해야만 받을 수 있는 것은 아니다. 「초・중등교육법」(법제처, 2025) 제21조에 의하면, 교육부장관은 다음과 같은 자격기준에 해당하는 사람에게 2급 정교사(과학계열) 자격증을 검정・수여할 수 있다.

- 사범대학을 졸업한 사람
- 교육대학원 또는 교육부장관이 지정하는 대학원 교육과에서 석사학위를 받은 사람
- 임시 교원양성기관을 수료한 사람
- 대학에 설치하는 교육과를 졸업한 사람
- 대학・산업대학을 졸업한 사람으로서 재학 중 일정한 교직과 학점을 취득한 사람
- 중등학교 준교사 자격증을 가진 사람으로서 2년 이상의 교육경력을 가지고 일정한 재교육을 받은 사람
- 초등학교의 준교사 이상의 자격증을 가지고 대학을 졸업한 사람
- 교육대학・전문대학의 조교수로서 2년 이상의 교육경력이 있는 사람
- 제22조에 따른 산학겸임교사 등(명예교사는 제외한다)의 자격기준을 갖춘 사람으로서 임용권자의 추천과 교육감의 전형을 거쳐 교육감이 지정하는 대학 또는 교원연수기관에서 대통령령으로 정하는 교직과목과 학점을 이수한 사람.

현재 첫째의 사범대학 졸업을 제외하면, 둘째와 다섯째의 경로가 가장 일반적이다. 대학교를 졸업하고 교육대학원에서 일정한 교육과정을 이수하면 해당 분야의 2급 정교사 자격증이 주어진다. 또한 교육부장관은 「교원자격검정령 시행규칙」 제12조(전공과목 및 교직과목의 이수기준과 학점 등)에 의거하여 〈표 8-1〉에 제시되어 있는 교직과정 과목과 학점을 이수한 일반대학 학생들에게 해당 분야의 2급 정교사 자격증을 줄 수 있다.

〈표 8-1〉 교직과목 및 교직과목의 무시험검정 합격기준

전공과목(50학점 이상)	교직과목(22학점 이상)
50학점 이상 표시과목별 기본이수과목 21학점(7과목) 이상 포함 표시과목별 교과교육영역 8학점(3과목) 이상 포함	22학점 이상 교직이론 및 교직소양: 18학점 이상(교직소양 6학점 이상 포함) 교육실습: 4학점 이상(교육봉사활동 2학점 이상 포함 가능)

〈표 8-1〉에 언급되어 있는 교직이론 과목은 〈표 8-2〉에 제시되어 있으며, 교직소양과목에는 교직실무와 특수아동의 이해(영재교육 포함)가, 교육봉사활동에는 보조교사 및 방과후학교 교사의 경험이 포함된다. 「교원자격검정령 시행규칙」 제12조(전공과목 및 교직과목의 이수기준과 학점 등)에는 과학교사와 관련이 있는 중등학교 정교사(1급 및 2급)・준교사 표시과목으로 통합과학・물리・화학・생물・지구과학이 제시되어 있으며, 교사자

격종별 · 표시과목별 기본이수과목 및 교직과목의 과목별 이수학점은 교육부장관이 정하도록 규정되어 있다. 통합과학은 현행 고등학교 선택중심 교육과정(공통과목)이다. 교육부에서 고시한 교직과목과 이수학점은 〈표 8-2〉와 같다(법제처, 2025).

〈표 8-2〉 교직과목 교과교육 과목과 이수학점

영역	과목	최소이수 학점
교직이론	교육학개론 교육철학 및 교육사 교육과정 및 교육평가 교육방법 및 교육공학 교육심리 교육사회 교육행정 및 교육경영 기타 교직이론에 관한 과목	14학점 이상 (7과목 이상)
교과교육	교과교육론 교과 교재연구 및 지도법 논리 및 논술에 관한 과목 기타 교과교육에 관한 과목	4학점 이상 (2과목 이상)
교육실습	교육실습	2학점 (4주)

「교원자격검정령 시행규칙」 제15조는 교직과정이수예정자 선발에 관한 사항을 규정한다. 동규칙 제15조에 따르면, 교직과정을 이수하고자 하는 학생은 제2학년 중에 학교의 장에게 교직과정 이수 신청을 하여야 하며, 학교의 장은 교직과정 신청자 중 인성, 적성 및 성적 등을 고려하여 당해 학년의 학과별 입학 정원의 30% 범위 안에서 선발하여 교직과정을 이수하게 할 수 있다. 교육인적자원부(2007c)에서는 제15조의 규정에 따라 2008학년도 입학자부터 일반학과에 설치된 교직과정을 통해 교사자격증을 취득할 수 있는 인원을 입학정원의 10% 이내로 축소하도록 명기하였다.

외국에서는 교사의 자격을 우리나라보다 더 포괄적으로 규정한다. INTASC, NCATE, PRAXIS, NBPTS의 국가 기준은 교과내용 지식, 인간 발달과 학습, 수업전략과 적용, 학습경영, 의사소통 기술, 평가, 전문적 연구와 책임, 협력이다(Kauchak & Eggen, 2008; Parkay & Stanford, 2007). 교과내용 지식에는 핵심적 개념과 탐구 방법이 포함된다. 인간 발달과 학습에는 학습 이론도 포함된다.

3) 과학교사의 신규채용

과학교사의 신규 임용에 관한 사항은 대부분 「교육공무원법」, 「교육공무원임용령」, 그리고 「교육공무원 임용후보자 선정경쟁시험규칙」에 규정되어 있다. 「교육공무원법」 제11조는 교육공무원의 신규채용은 공개전형으로 할 것을 규정한다. 「교육공무원임용령」 제9조에서는 교육공무원을 공개전형에 의하여 신규 채용할 것을 명시한다. 제9조8의 ①은 수석교사의 수업시간 수를 해당 학교별 교사 1인당 평균수업시간 수의 2분의 1로 경감하도록 규정되어 있다. 제10조에는 신규 교사를 채용할 때에 임용후보자명부의 고순위자 순으로 그 채용정원의 3배수의 범위 안에서 임용 제청할 것을 규정한다. 제11조에서는 공개전형을 필기시험·실기시험·면접시험 등의 방법으로 실시하게 하고, 공개전형에 응시할 자격을 채용 예정직에 해당하는 교사자격증을 취득한(예정) 자로 규정한다.

「교육공무원 임용후보자 선정경쟁시험규칙」의 제6조 ①은 "시험은 제1차시험 및 제2차시험으로 구분하여 실시하되, ……"이다. 제7조 ①항은 "제1차시험은 주관식(단답형·서술형 및 논술형으로 한다) 필기시험으로, 제2차시험은 교직적성 심층면접과 수업능력(실기·실험을 포함한다) 평가로 한다."를 명시한다. 필기시험은 교육학과 전공(교과내용학과 교과교육학을 말한다)에 대한 종합적 이해와 교직수행 능력을 평가한다. 과학교과의 실험시험은 채용예정직에 상응하는 실험 능력을 평가한다. 교직적성 심층면접 시험은 교사로서의 적성, 교직관(敎職觀), 인격 및 소양을 평가하며, 수업능력 평가는 모의 수업을 통하여 교사로서의 의사소통 능력과 학습지도 능력을 중점적으로 평가한다.

참고문헌

교육과학기술부 (2011). 2009 개정 교육과정에 따른 과학과 교육과정. 저자.

교육부 (1997). 과학과 교육과정. 대한교과서주식회사.

교육부 (2015). 2015 개정 교육과정에 따른 과학과 교육과정. 저자.

교육부 (2015). 2015 개정 교육과정에 따른 과학과 교육과정. 제2015-74호 [별책 9]

교육부 (2015). 초 · 중등학교 교육과정 총론. 교육부 고시 제2015-74호 [별책 1]

교육부 (2022). 2022 개정 과학과 교육과정.

교육부 (2022). 2022 개정 교육과정에 따른 과학과 교육과정. 제2022-33호 [별책 9]

교육부 (2022). 초 · 중등학교 교육과정 총론. 교육부 고시 제2022-33호 [별책 1]

교육인적자원부 (2006). 학교교육력 제고를 위한「교원양성체제 개선방안」. 교육인적자원부.

교육인적자원부 (2007). 과학과 교육과정. 교육인적자원부.

교육인적자원부 (2007a). 연구윤리 확립을 위한 권고문. 교육인적자원부.

교육인적자원부 (2007b). 과학과 교육과정. 교육인적자원부.

교육인적자원부 (2007c). 중등교사양성개선방안발표. 4월 2일 조간 보도자료. 교육인적자원부.

교육인적자원부 (2007d). 교사자격 무시험검정 기분 강화를 위한 관련법령 개정안 및 교육인적자원부고시 신설안 주요내용: 교육인적자원부 홍보자료. 교육인적자원부

교육인적자원부, 한국교육개발원 (2002). 2002 교육통계연보. 한국교육개발원.

국립국어원 (2019). 국립국어원 표준국어대사전. 저자. 2019년 5월 10일 접속.

국립중앙과학관 (2019). 제65회 전국과학전람회 개최요강. 국립중앙과학관

권승혁, 김윤영, 정대영, 태민우, 권용주 (2015). 스마트패드의 디지털 학습 콘텐츠를 통한 생명과학 학습에서의 두뇌 활성 : FMRI 연구. 현장과학교육, 9(2), 85-93.

권재술 (1989). 과학 개념형성의 한 인지적 모형. 물리교육, 제7권 제1호, 1-9.

김갑수, 민미경 (2020). Covid 19 환경에서 초등 영재 학생들의 온라인 교육 효과 분석. 한국초등교육, 31(4), 407-419.

김광수 (2007). 논리와 비판적 사고, 쇄신판. 철학과 현실사.

김기태, 조평호 (2006). 미래지향적 교사론, 수정판. 교육과학사.

김병휘 외 15인 (2004). 교사교육: 반성과 설계. 교육과학사.

김영정, 서원주 (2004). 비판적 사고, 논리적 사고, 창의적 사고. 철학사상 별책 제4권, 131-196. 서울대학교 철학사상연구소.

김종서 (1993). 교육연구의 방법. 배영사.

김종서, 이영덕, 황정규, 이홍우 (1998). 교육과정과 교육평가, 개정판. 교육과학사.

김창식, 이화국, 권재술, 김영수, 김찬종 (1991). 과학학습 평가. 교육과학사.

노태희 외 12인 (2019). 중학교 과학 1 지도서. 천재교과서.

박완희(1993). 교과교재 연구 및 지도법: 교육실습의 이론과 실제. 경성대학교출판부.

박은진, 김희정 (2008). 비판적 사고. 아카넷.

법제처 (2019). 종합법령정보. 서울: http://www.moleg.go.kr. 2019년 5월 15일 접속

변정호a (2024). 디지털 트윈 기술을 활용한 과학 탐구 수업 구성 모델 개발. *Brain, Digital, & Learning, 14*(3), 305-324.

변정호b (2024). Teachers' Perceptions of the Usage of Digital Contents on Intelligent Science Lab Platform for Science Class. *Brain, Digital, & Learning, 14*(4), 613-631.

서울대학교 교육연구소 (1994). 교육용어사전. 하우.

안창선, 남경현, 이욱범 (2000). 교사론. 교육과학사.

이규석 (1992). 고등학교 지구과학 교육과정 기본모형 연구. 박사학위논문. 한국교원대학교.

이범홍, 김영민 (1983). 과학과 수업 과정 모형 및 평가 방법 개선 연구.

이정금, 임부연 (2018). 교사의 상상력을 통한 유아교육과정 재구성 과정에 관한 연구. 유아교육연구, 38(1), 137-166.

이정금, 임부연 (2018). 교사의 상상력을 통한 유아교육과정 재구성 과정에 관한 연구. 유아교육연구, 38(1), 137-166.

이종성, 허형, 이종승, 박영무 (2000). 최신현장교육연구. 한국교육신문사.

이홍우, 유한구, 장성모 (2003). 교육과정이론. 교육과학사.

이희승 (1994). 국어대사전. 민중서림.

정우현 (1989). 교사론. 배영사.

조성민 (2009). 논리와 토론 · 논술. 교육과학사.

조영생, 진우, 김중복 (2021). AI 분류 모델을 활용한 초등 AI · 과학 융합 교육프로그램 개발. *Brain, Digital, & Learning, 11*(2), 227-243.

조희형, 김희경, 윤희숙, 이기영 (2010). 과학 교수 모형의 특징과 적용에 대한 이론적 고찰. 한국과학교육학회지, 30(5), 557-575.

조희형, 박승재 (2001). 과학론과 과학교육. 교육과학사.

한국과학창의재단 (2013). 융합인재교육 (STEAM). http://steam.kofac.re.kr. 2013년 10월 27일 접속.

한국과학창의재단 (2019). 융합인재 교육이란? https://steam.kofac.re.kr/?page_id=30. 2019년 4월 25일 접속.

한국교원단체총연합회 (2005). 교사론, 개정판. 교육과학사.

한국교원단체총연합회 (2019). 2019년도 제50회 전국교육자료전. 한국교원단체총연합회

한국교육과정평가원 (1999). 고등학교 과학과 수행평가의 이론과 실제. 교육진흥연구회.

한국교육과정학회 (2002). 교육과정: 이론과 실제. 교육과학사.

한국교육단체총연합회 (2019). 2019년도 제50회 전국교육자료전. 저자.

한형종, 임철일 (2020). 가상현실 기반 교육용 시뮬레이션 설계원리 개발. 교육공학연구, 36(2), 221-264.

함종규 (2003). 한국교육과정변천사연구-조선조 말부터 제7차 교육과정기까지-. 교육과학사.

허명 (1984). 과학 탐구 평가표의 개발. 한국과학교육학회지, 제4권 제1호, 57-64.

홍옥수, 김경미, 이재영, 김율 (2022). 지능형 과학실의 개념과 특징. 한국과학교육학회지, 42(2), 177-184.

황정규, 이돈희, 김신일 (2003). 교육학 개론, 제2판. 교육과학사.

Abd-El-Khalick, F. & Lederman, N. G. (2000). The influence of history of science courses on students' views of nature of science. *Journal of Research in Science Teaching, 37*(10), 1057-1095.

Abell, S. K. & Lederman, N. G. (2007). Preface. In S. K. Abell & N. G. Lederman (eds.) *Handbook of research on science education.* Mahwah, New Jersey: Lawrence Erlbaum Associates, Publishers.

Abell, S. K. (2007). Research on science teacher knowledge. In S. K. Abell & N. G. Lederman (eds.)

Handbook of research on science education. Mahwah, New Jersey: Lawrence Erlbaum Associates, Publishers.

Abraham, M. R. (1992). Instructional strategies designed to teach science concepts. In F. Lawrenz, K. Cochran, J. Krajcik, & P. Simpson (eds.) *Research matter...to the science teacher, NARST monograph, no. 5*. Manhattan, KS: NARST.

Abruscato, J. (2000). *Teaching children science, 5th ed*. Englewood Cliffs, NJ: Prentice-Hall, Inc.

Achieves, Inc. (2013). Next generation science standards. Washington, DC: The Author.

Aicken, F. (1991). *The nature of science, second ed*. Portsmouth, NH: Heinemann.

Aikenhead, G. (2003). STS education: A rose by any other name. In R. Cross (ed.) *A vision for science education: Responsible to the work of Peter Fensham*. London: Routledge Falmer.

Akerson, V. & Abd-El-Khalick, F. (2003). Teaching elements of nature of science: A young case study of a fourth-grade teacher. *Journal of Research in Science Teaching, 40*(10), 1025-1049.

Akour, I. A., Al Maroof, R. S., Alfaisal, R., & Salloum, S. A. (2022). A conceptual framework for determining metaverse adoption in higher institutions of gulf area: An empirical study using hybrid SEM-ANN approach. *Computers & Education: Artificial Intelligence, 3*, 100052.

Alsop, S. & Hicks, K. (2001). *Teaching science: a handbook for primary & secondary school teachers*. London: Kogan Page Limited.

American Association for the Advancement of Science (AAAS) (1989). *Science for all Americans*. Washington, DC: The author.

American Association for the Advancement of Science (AAAS) (1993). *Benchmarks for science literacy*. Washington, DC: The author.

American Association for the Advancement of Science (AAAS) (1990). *Science...A process approach (SAPA II)*. Delta Education, Inc.

Amin, T. G., Smith, C. L., & Wiser, M. (2014). Student conceptions and conceptual change: Three overlapping phases of research. In N. G. Lederman & S. K. Abell (eds.) *Handbook of research on science education*. Mahwah, New York: Routledge.

Anderson, L. W., Krathwohl, D. R., Airasian, P. W., Cruikshank, K. A., Mayer, R. E., Pintrich, P. R. Raths, J., & Wittrock, M. C. (2001). *A taxonomy for learning, teaching, and assessing: A revision of Bloom's taxonomy of educational objectives*. New York: Longman.

Appleton, K. (1997). Analysis and description of students' learning during science classes using a constructivist-based model. *Journal of Research in Science Teaching, 34*(3), 303-318.

Assessment of Performance Unit (APU) (1982). *Science in schools*. London: HMSO.

Atkin, J. M. & Karplus, R. (1962). Discovery or inventing? The Science Teacher, 29(5), 45-47. In R. G. Fuller(ed.) *A love of discovery: Science education - The second career of Robert Karplus*. New York: Kluwer Academic.

Audi, R. (ed.) (1999). *The cambridge dictionary of philosophy, second edition*. Cambridge: Cambridge University Press.

Ausubel, D. P. (2000). *The acquisition and retention of knowledge: a cognitive view*. Boston: Kluwer Academic Publishers.

Ausubel, D. P., Novak, J. D., & Hanesian, H. (1978). *Educational psychology: A cognitive view, 2nd ed.* N.Y.: Holt, Rinehart and Winston.

Ayala, F. J. & Dobzhansky, T. (1974). *Studies in the philosophy of biology: Reduction and related problems.* Berkeley, CA: University of California Press.

Bailer, J., Ramig, J. R., & Ramsey, J. M. (2006). *Teaching science process skills: middle school.* Parsippany, New Jersey: Good Apple, Inc.

Baker, D. L. & Piburn, M. D. (1997). *Constructing science in middle and secondary school classrooms.* Needham Heights, MA: Allyn & Bacon.

Baron, J. (2006). *Against bioethics.* Cambridge: The MIT Press.

Basu, S., Jacobs, C., & Vanderwende, L. (2013). Powergrading: A clustering approach to amplify human effort for short answer grading. *Transactions of the Association for Computational Linguistics, 1,* 391-402.

Bauer, H. H. (1994). *Scientific literacy and the myth of the scientific method.* Urbana and Chicago: University of Illinois Press.

Bennett, J. (2003). *Teaching and learning science: a guide to recent research and its applications.* London: Continuum.

Bentley, M., Ebert, C., & Ebert, E. (2000). *The natural investigator: A constructivist approach to teaching elementary and middle school science.* Belmont, CA: Wadsworth.

Berestova, A., Ermakov, D., Aitbayeva, A., Gromov, E., & Vanina, E. (2021). Social networks to improve the creative thinking of students: How does it works? *Thinking Skills and Creativity, 41,* 100912.

Biological Science Curriculum Study (BSCS) (1993). *Developing biological literacy: A guide to developing secondary and post-secondary biology curricula.* Dubuque, Iowa: Kendall/Hunt Publishing Company.

Biological Science Curriculum Study (BSCS) (2009). *The biology teacher's handbook, 4th edition.* Arlington, VA: NSTA Press.

Bloom, B. S., Hastings, J. T., & Madaus, G. F. (1971). *Handbook on formative and summative evaluation of student learning.* New York: McGraw-Hill Book Company.

Blosser, P. E. (1991). *How to ask right questions.* Wasgington, DC: NSTA.

Bonfield, C. A., Salter, M., Longmuir, A., Benson, M., & Adachi, C. (2020) Transformation or evolution?: Education 4.0, teaching and learning in the digital age. *Higher Education Pedagogies, 5*(1), 223-246. https://doi.org/10.1080/23752696.2020.1816847

Bonfield, C. A., Salter, M., Longmuir, A., Benson, M., & Adachi, C. (2020) Transformation or evolution?: Education 4.0, teaching and learning in the digital age. *Higher Education Pedagogies, 5*(1), 223-246. https://doi.org/10.1080/23752696.2020.1816847

Brainerd, C. J. (1978). *Piaget's theory of intelligence.* Englewood Cliffs, New Jersey: Prentice-Hall, Inc.

Bridgstock, M., Burch, D., Forge, J., Laurent, J., & Lowe, I. (1998). *Science, teaching and society: An introduction.* Cambridge: Cambridge University Press.

Brilhart, J. K. & Galanes, G. J. (1998). *Group discussion, 9th edition.* Boston: McGraw-Hill.

Brookfield, S. D. & Preskill, S. (1999). *Discussion as a way of teaching: Tools and techniques for democratic classrooms.* San Francisco: Josssey-Bass Publishers.

Brooks, J. G. (1990). Teachers and students: Constructivists forging new connections. *Educational Leadership, 47*(5), 68-71.

Brooks, V. & Sikes, P. (1997). *The good mentor guide: Initial teacher education in secondary schools.* Buckingham: Open University Press.

Brown, C. R. (1995). *The effective teaching of biology.* London: Longman.

Brown, H. I. (1977). *Perception, theory and commitment: The new philosophy of science.* Chicago: The University of Chicago Press.

Bruner, J. S. (1960). *The process of education.* Cambridge: Harvard University Press.

Bruner, J. S. (1961). The act of discovery. *Harvard Educational Review, 31*(1), 21-32.

Bruner, J. S. (1968). *Toward a theory of instruction.* New York: W. W. Norton & Company, Inc.

Bruner, J. S. (1973). *The relevance of education.* New York: W. W. Norton & Company, Inc.

Bruner, J. S. (1986). *Actual minds and possible worlds.* Cambridge: Harvard University Press.

Bulger, R. E., Heitman, E., & Reiser, S. J. (eds.) (1993). *The ethical dimensions of the biological sciences.* Cambridge: Cambridge University Press.

Bunzl, M. (1997). *Real history: Reflections on historical practice.* London: Routledge.

Burden, P. R. & Byrd, D. M. (2007). *Methods for effective teaching, 4th ed.* Boston: Pearson Education, Inc.

Burns, R. B. (1997). *Introduction to research methods, 3rd ed.* Melbourne: Longman.

Butterworth, J. & Thwaites, G. (2005). *Thinking skills.* Cambridge: Cambridge University Press.

Bybee, R. W. & DeBoer, G. E. (1994). Research on goals for the science curriculum. In D. L. Gabel. (ed.) *Handbook of research on science teaching and learning: A project of the national science teachers association.* New York: Macmillan Publishing Company.

Bybee, R. W. & Sund, R. B. (1982). *Piaget for educators, 2nd ed.* Columbus, Ohio: Charles E. Merrill Publishing Company.

Bybee, R. W. (1987). Science education and the science-technology-society (S-T-S) theme. *Science Education, 71*(5), 675.

Bybee, R. W. (1993). *Reforming science education: Social perspectives & personal reflections.* New York: Teachers College Press.

Bybee, R. W. (1997). *Achieving scientific literacy: From purposes to practices.* Portmouth, NH: Heinemann.

Bybee, R. W., Harms, N., Ward, B., & Yager, R. (1980). Science society and science education. *Science Education, 64*(3), 377-395.

Bybee, R. W., Powell, J. C., & Trowbridge, L. W. (2008). *Teaching secondary school science: Strategies for development scientific literacy, ninth edition.* Upper Saddle River, New Jersey: Merrill.

Bynum, W. F., Browne, E. J., & Porter, R. (1981). *Dictionary of the history of science.* New Jersey: Princeton University Press.

Callahan, J. F., Clark, L. H., & Kellough, R. D.(2002). *Teaching in the middle and secondary schools* (7th ed.). Upper Saddle River, NJ: Merrill Prentice Hall.

Campbell, S. H., & Daley, K. (Eds). (2009). *Simulation scenarios for nurse educators: Making it real.* New York: Springer Publishing.

Carey, S. (1985). *Conceptual change in childhood.* London: A Bradford Book.

Carey, S. (2009). *The origin of concepts.* Oxford University Press.

Carin, A. A. (1997). *Teaching science through discovery, 8th ed.* Upper Saddle River, New Jersey: Merill.

Carlson, J., & Dachler, K. (2019). *The refined consensus model of pedagogical content knowledge in science education.* In A. Hume, R. Cooper, & A. Borowski (Eds.), Repositioning pedagogical content knowledge in teachers' knowledge for teaching science (pp. 77-94). Singapore: Springer.

Carnap, R. (1991). Logical foundations of the unity of science. In R. Boyd, P. Gasper & J. D. Trout (eds.) *The philosophy of science.* Cambridge: The MIT Press.

Chalmers, A. F. (1999). *What is this thing called science? 3rd ed.* Cambridge: Hackett Publishing, Inc.

Chambliss, J. J. (ed.) (1996). *Philosophy of education: An encyclopedia.* New York: Garland publishing, Inc.

Champagne, A. B., Gunstone, R. F., & Klopfer, L. E. (1985). Instructional consequences of students' knowledge about physical phenomena. In Leo H. T. West & A. L. Pines. *Cognitive structure and conceptual change.* New York: Academic Press, Inc.

Champagne, A. B., Klopfer,u L. E., & Anderson, J. H. (1980). Factors influencing the learning classical mechanics. *American Journal of Physics, 48*(12), 1074-1076.

Chan, K. K. H., & Hume, A. (2019). *Towards a consensus model: Literature review of how science teachers' pedagogical content knowledge is investigated in empirical studies.* In A. Hume, R. Cooper, & A. Borowski (Eds.), Repositioning pedagogical content knowledge in teachers' knowledge for teaching science (pp. 3-76). Singapore: Springer.

Chatterjee, J., & Dethlefs, N. (2023). This new conversational AI model can be your friend, philosopher, and guide and even your worst eneymy. *Patterns, 4,* 1-3.

Cheek, D. W. (1992). *Thinking constructively about science, technology, and society education.* Albany, NY: State University of New York Press.

Chen, S. Y., Tsai, J. C., Liu, S. Y., & Chang, C. Y. (2021). The effect of a scientific board on improving creative problem solving skills. *Thinking Skills and Creativity, 41,* Article 100921.

Chen, X., Xie, H., & Hwang, G. J. (2020). A multi-perspective study on artificial intelligence in education: Grants, conferences, journals, software tools, institutions, and researchers. *Computer & Education: Artificial Intelligence, 1,* Article 100005.

Chiappetta, E. L. & Koballa, T. R. (2010). *Science instruction in the middle and secondary schools, 7th edition.* Upper Saddle River, New Jersey: Merrill.

Chiappetta, E. L. & Koballa, T. R. (2015). *Science instruction in the middle and secondary schools: developing fundamental knowledge and skills, 8th ed.* Upper Saddle River, New Jersey: Merrill.

Cho, H. H., Kahle, J. B., & Nordland, F. H. (1985). An investigation of high school biology textbooks as sources of misconceptions and difficulties in genetics and some suggestions for teaching genetics. *Science Education, 69*(5), 707-719.

Clement, J.(1993). Using bridging analogies and anchoring intuitions to deal with students' preconceptions in physics. *Journal of Research in Science Teaching, 30*(10), 1241–1257.

Clough, M. P. & Olson, J. K. (2008). Teaching and assessing the nature of science: An introduction.

Science Education, vol. 17, 143-145.

Cochran, K. F., DeRuiter, J. A., & King, R. A. (1993). Pedagogical content knowing: an integrative model for teacher preparation. *Journal of Teacher Education, 44*(4), 263-272.

Cohen, L., Manion, L., & Morrison, K. (1996). *A guide to teaching practice, 4th ed.* London: Routledge.

Colburn, A. (2003). *The lingo of learning.* Arlington, Virginia: NSTA Press.

Collins, A., & Halverson, R. (2018). *Rethinking education in the age of technology: The digital revolution and schooling in America.* New York: Teachers College Press.

Cosgrove, M. & Osborne, R. (1985). Lesson frameworks for changing children's ideas. In R. Osborne & P. Freyberg. *Learning in science: the implications of children's science.* London: Heinemann.

Cothron, J. H., Giese, R. N., & Rezba, R. J. (2006). *Students and research: Practical strategies for science classrooms and competitions, 4th ed.* Kendal/Hunt Publishing Company.

Crawford, B. A. (2014). From inquiry to scientific practices in the science classroom. In N. G. Lederman & S. K. Abell (eds.) *Handbook of research on science education.* Mahwah, New York: Routledge.

Cromer, A. (1997). *Connected knowledge: Science, philosophy, and education.* New York: Oxford University Press.

Cronin, Jones, L. L. (2003). Are lectures a thing of the past? *Journal of College Science Teaching, 31,* 419-441.

Crossgrove, K., & Curran, K. L. (2008). Using clickers in nonmajors-and majors-level biology courses: student opinion, learning, and long-term retention of course material. *CBE-Life Sciences Education, 7*(1), 146-154.

Czerniak, C. M. & Johnson, C. C. (2014). interdisciplinary science teaching. In N. G. Lederman & S. K. Abell (eds.) *Handbook of research on science education.* Mahwah, New York: Routledge.

D., Dede, C., Huang, R., & Richards, J. (Eds.), *Virtual, augmented, and mixed realities in education* (pp. 1-16). Springer.

Damon, W. (1999). The moral development of children. *Scientific American, August.* 72-78.

Davis, M (1999). *Ethics and the university.* London: Routledge.

Dawson, C.(1994). *Science teaching in the secondary school.* Melbourne: Longman.

Dede, C.J., Jacobson, J., & Richards, J. (2017). *Introduction: Virtual, augmented, and mixed realities in education.* In Liu.

Department for Education and Employment & Qualifications and Curriculum Authority (DfEE & QCA) (2008). *National Curriculum online.* http://www.nc.uk.net.

Department for Education(DFE) (2015). *National Curriculum in England: science programmes of study.* https://www.gov.uk/government/publications/national-curriculum-in-england-science-programmes-of-study. Accessed on April 7, 2019.

Di Pietro, G., Biagi, F., Dinis Mota Da Costa, P., Karpinski, Z. & Mazza, J., (2020). *The likely impact of COVID-19 on education: Reflections based on the existing literature and recent international datasets.* EUR 30275 EN, Publications Office of the European Union, Luxembourg.

Diaz, R. M., Neal, C. J., & Amaya-Williams, M. (1992). The social origins of self-regulation. In L. C. Moll. *Vygotsky and education: Instructional implications and applications of sociohistorical psychology.* Cambridge: Cambridge University Press.

Diekhoff, G. M. & Diekhoff, K. B. (1982). Cognitive maps as a tool in communicating structural knowledge. *Educational Technology*, April. 28-30.

Dillon, J. T. (1994). *Using discussion in classrooms*. Buckingham: Open University Press.

diSessa, A. A. & Sherin, B. L. (1998). What change in conceptual change? *International Journal of Science Education, vol. 20*(10), 1155-1191.

diSessa, A. A. (1993). Toward an epistemology of physics. *Cognitive Instruction, 10*(2-3), 105-225.

Dolan, K. (1999). *Ethics, animals and science*. Oxford: Blackwell Science Ltd.

Doran, R., Chan, F., & Tamir, P. (1998). *Science educator's guide to assessment*. Arlington, Virginia: National Science Teachers Association.

Driver, R. & Easley, J. (1978). Pupils and paradigms: A review of literature related to concept development in adolescent science students. *Studies in Science Education, 5*, 61-84.

Driver, R. & Erickson, G. (1983). Theories-in-action: Some theoretical and empirical issues in the study of students' conceptual frameworks in science. *Studies in Science Education, 10,* 41-42.

Driver, R. & Oldham, V. (1986). A constructivist approach to curriculum development in science. *Studies in Science Education, 13*, 105-122.

Driver, R. (1982). Children's learning in science. *Educational Analysis, 4*(2), 69-79.

Driver, R. (1983). *The pupil as scientist?* Milton Keynes: The Open University Press.

Driver, R. (1987). *Changing conceptions*. Prepared for international seminar, adolescent development and school science, King's College, London, September 13-17.

Driver, R., Leach, J., Millar, R., & Scott, P. (1996). *Young people's image of science*. Buckingham: Open University Press.

Duit, R., Niedderer, H., & Schecker, H. (2007). Teaching physics. In S. K. Abell & N. G. Lederman (eds.) *Handbook of research on science education*. Mahwah, New Jersey: Lawrence Erlbaum Associates, Publishers.

Duit, R., Schecker, Hottecke, D., & Niedderer, H. (2014). Teaching physics. In N. G. Lederman & S. K. Abell (eds.) *Handbook of research on science education*. Mahwah, New York: Routledge.

Dwivedi, Y. K., Hughes, L., Baabdullah, A. M., Ribeiro-Navarrete, S., Giannakis, M., Al-Debei, M. M., Dennehy, D., Metri, B., Buhalis, D., Cheung, C. M., Conboy, K., Doyle, R. M., Dubey, R., Dutot, V., Felix, R., Goyal, D. P., Gustafsson, A., Hinsch, C., Jebabli, I., … & Wamba, S. F. (2022). Metaverse beyond the hype: Multidisciplinary perspectives on emerging challenges, opportunities, and agenda for research, practice and policy. *International Journal of Information Management, 66*, Article 102542.

Ebenezer, J. V. & Haggerty, S. M. (1999). *Becoming a secondary school science teacher*. Upper Saddle River, New Jersey: Merill.

Eggen, P. D. & Kauchak, D. P. (2001). *Strategies for teachers: teaching content and thinking skills, 4th edition*. Boston: Allyn and Bacon.

Eggen, P. D. & Kauchak, D. P. (2006). *Strategies and models for teachers: teaching content and thinking skills, 4th ed*. Boston: Pearson.

Ekstig, B. (1991). Teaching guided by the history of science: the discovery of atmospheric pressure. In M. R. Matthews. *History, philosophy, and science teaching: selected readings*. New York: OISE

Press.

Enger, S. K. & Yager, R. E.(2001). *Assessing student understanding in science.* Thousand Oaks, CA: Corwin press, Inc.

Ernest, P. (1995). The one and the many. In L. P. Steffe & J. Gale. *Constructivism in education.* Hillsdale, New Jersey: Lawrence Erlbaum Associates, Publishers.

Falk, D. F. (1980). *Biology teaching methods.* Malabar, FL: Robert E. Krieger Publishing Company.

Fauth, B., Decristan, J., Decker, A. T., Büttner, G., Hardy, I., Klieme, E., & Kunter, M. (2019). The effects of teacher competence on student outcomes in elementary science education: The mediating role of teaching quality. *Teaching and Teacher Education, 86,* Article 102882.

Fauville, G., Luo, M., Queiroz, A. C. M., Bailenson, J. N., & Hancock, J. (2021). Zoom exhaustion & fatigue scale. *Computers in Human Behavior Reports, 4,* Article 100119.

Fenstermacher, G. D. (1994). *The knower and the known: The nature of knowledge in research on teaching.* In L. Darling-Hammond (Ed.), Review of research in education (pp. 3-56). Washington, DC: American Educational Research Association.

Fisher, A. (2001). *Critical thinking: an introduction.* Cambridge: Cambridge University Press.

Fisher, K. M. (1985). A misconception in biology: Amino acids and translation. *Journal of Research in Science Teaching, 22*(1), 53-62.

Fleury, S. C. (1998). Social studies, trivial constructivism, and the politics of social knowledge. In M. Larochelle, N. Bednarz, & J. Garrison. *Constructivism and education.* Cambridge: Cambridge University Press.

Fodor, J. A. (2007). Special sciences. In M. Lange(ed.) *Philosophy of science.* Malden, MA: Blackwell Publishing.

Freeman, S., O'Connor, E., Parks, J. W., Cunningham, M., Hurley, D., Haak, D., ... & Wenderoth, M. P. (2007). Prescribed active learning increases performance in introductory biology. *CBE—Life Sciences Education, 6*(2), 132-139.

Freyberg, P. & Osborne, R. (1985). Assumptions about teaching and learning. In R. Osborne & P. Freyberg. *Learning in science: the implications of children's science.* London: Heinemann.

Fuller, S. (2007). *The knowledge book: Key concepts in philosophy, science and culture.* Montreal & Kingston: McGill-Queen's University Press.

Fullick, P. & Ratcliffe, M. (eds.) (1996). *Teaching ethical aspects of science.* Southampton: The Bassett Press.

Gagné, R. M. (1985). *The conditions of learning, 4th ed.* New York: Holt, Rinehart and Winston.

Gall, M. D., Gall, J. P., & Borg, W. R. (2003). *Educational research: An introduction, 7th ed.* New York: Longman.

Gallagher, J. J. (2007). *Teaching science for understanding: A practical guide for middle and high school teachers.* Upper Saddle River, New Jersey: Merrill.

Gallimore, R. & Tharp, R. (1992). The teaching mind in society: Teaching, schooling, and literate discourse. In L. C. Moll. *Vygotsky and education: Instructional implications and applications of sociohistorical psychology.* Cambridge: Cambridge University Press.

Gardner, M. (ed.) (1966). *Rudolf Carnap: An introduction to the philosophy of science.* New York: Basic

Books, Inc.

Gardner, P. (1975). Attitudes to science: A review. *Studies in Science Education, 2*, 1-41.

Garrison, D. R. (2016). *E-learning in the 21st century: A community of inquiry framework for research and practice.* Routledge.

Gauch, Jr. H. G. (2003). *Scientific method in practice.* Cambridge: Cambridge University Press.

Gay, L. R. (1996). *Educational research: Competencies for analysis and application, 5th ed.* Columbus, OH: Merrill Publishing Company.

Giere, R. N. (1997). *Understanding scientific reasoning, 4th ed.* New York: Harcourt Brace College Publishers.

Gilbert, J. K., Osborne, R. J., & Fensham, P. J. (1982). Children's science and its consequences for teaching. *Science Education, 66*(4), 623-633.

Ginsburg, H. & Opper, S. (1979). *Piaget's theory of intellectual development, 2nd ed.* Englewood Cliffs, New Jersey: Prentice-Hall, Inc.

Globe Fearon(2003). *Unlocking science process skills.* Parsippany, NJ: the author.

Glynn, S. M. (1991). Explaining science concepts: A teaching-with-analogies model. In S. M. Glynn, R. H. Yeany, & B. K. Britton (Eds.), *The psychology of learning science.* Hillsdale, NJ: Lawrence Erlbaum.

Glynn, S. M. (2007). The Teaching-With-Analogies Model. *Science and Children, 44*(8), 52-55.

Godfrey-Smith, P. (2003). *Theory and reality: An introduction to the philosophy of science.* Chicago: The University of Chicago Press.

Goodfellow, I.J., Pouget-Abadie, J., Mirza, M., Xu, B., Warde-Farley, D., Ozair, S., Courville, A.C., & Bengio, Y. (2020). Generative adversarial networks. *Communications of the ACM, 63*, 139-144.

Gott, R. & Duggan, S. (1995). *Investigative work in the science curriculum.* Buckingham, UK: Open University Press.

Gower, B. (1997). *Scientific method: an historical and philosophical instruction.* London: Routledge.

Gowin, D. B. (1981). *Educating.* Ithaca, N.Y.: Cornell University Press.

Gredler, M. E. (1994). *Designing and evaluating games and simulations: A process approach.* London: Kogan Page.

Gredler, M. E. (2005). *Learning and instruction: Theory into practice, 5th ed.* New York: Merrill Prentice Hall.

Grieves, M. W., & Vickers, J. H. (2017). Digital twin: Mitigating unpredictable, undesirable emergent behavior in complex systems. In Kahlen, J., Flumerfelt, S., & Alves, A. (Eds.), *Transdisciplinary perspectives on complex systems* (pp. 85-113). Springer.

Grossman, P. & Schoenfeld, A. (2005). Teaching subject matter. In L. Darling-Hammond & J. Bransford (eds.) *Preparing teachers for a changing world: What teachers should learn and be able to do.* San Francisco: John Wiley & Sons, Inc.

Guan, C., Mou, J., & Jiang, Z. (2020). Artificial intelligence innovation in education: A twenty-year data-driven historical analysis. *International Journal of Innovation Studies, 4*, 134-147.

Gunstone, R. F. (2000). Constructivism and learning research in science education, In D. C. Phillips. *Constructivism in education: Opinions and second opinions of controversial issues.* Chicago: The

University of Chicago Press.

Hackling, M. W. & Treagust, D. (1984). Research data necessary for meaningful review of grade ten high school genetics curricula. *Journal of Research in Science Teaching, 21*(2), 197-209.

Haderer, B., & Ciolacu, M. (2022). Education 4.0: Artificial Intelligence Assisted Task- and Time Planning System. *Procedia Computer Science, 200*, 1328-1337.

Hammerman, E. (2006). *Becoming a better science teacher: 8steps to high quality instruction and student achievement.* Thousand Oaks, CA: Corwin Press.

Hanson, N. R. (1971). *Observation and explanation: A guide to philosophy of science.* London: George Allen & Unwin Ltd.

Harlen, W. (2006). *Teaching, learning & assessing science 5-12, 4th ed.* London: SAGE Publications.

Harms, N. C. & Yager, R. (1981). *What research says to the science teacher, vol.3.* Washington, DC: National Science Teachers Association.

Harms, N. C. (1977). Project synthesis(are search proposal prepared for NSF). NSF.

Harrison, A. G. (2008). Teaching with analogies. In A. G. Harrison & R. K. Coll. *Using analogies in middle and secondary science classrooms: the FAR Guide-an interesting way to teach with analogies.* SAGE Publications.

Hartman, H. J. & Glasgow, N. A. (2002). *Tips for the science teacher: Research-based strategies to help students learn.* Thousand Oaks, CA: Corwin Press, Inc.

Hashweh, M. Z. (1986). Toward an explanation of conceptual change. *European Journal of Science Education, 8*(3), 229-249.

Hassan, M., Montague, G., Iqbal, M. Z., & Fahey, J. (2024). Virtual reality-based bioreactor digital twin for operator training. *Digital Chemical Engineering, 11*, Article 100147.

Hassard, J. & Dias, M. (2009). *The art of teaching science: Inquiry and innovation in middle school and high school, 2nd ed.* New York and London: Routledge.

Hassard, J. (2005). *The art of teaching science: Inquiry and innovation in middle school and high school.* Oxford: Oxford University Press.

Head, J. (1986). Research into 'alternative frameworks': Promise and problems. *Research in Science & Technological Education, 4*(2), 204-207.

Hedegaard, M. (1992). The zone of proximal development as basis for instruction. In L. C. Moll. *Vygotsky and education: Instructional implications and applications of sociohistorical psychology.* Cambridge: Cambridge University Press.

Hempel, C. G. (1966). *Philosophy of natural science.* Englewood Cliffs, New Jersey: Prentice-Hall.

Hergenhahn, B. R. & Olson, M. H. (2005). *An introduction to theories of learning, 7th ed.* Upper Saddler River, New Jersey: Prentice-Hall, Inc.

Herr, N. & Cunningham, J. (1999). *Hands-on chemistry activities with real-life applications: Easy-to-use labs and demonstrations for grades 8-12.* West Nyack, New York: The Center for Applied Research in Education.

Herr, N. (2008). *The sourcebook for teaching science: Strategies, activities, and instructional resources.* San Franisco, CA: John Wiley & Sons, Inc.

Herron, M. D. (1971). The nature of scientific inquiry. *School Review, 70*, 171-212

Hess, D. J. (1997). *Science studies: An advanced introduction*. New York: New York University Press.

Hirst, P. H. (1974). *Knowledge and the curriculum: A collection of philosophical papers*. London: Routledge & Kegan Paul.

Hodson, D. (1998). *Teaching and learning science: Toward a personalized approach*. Buckingham: Open University Press.

Hofstein, A., Aikenhead, G., & Riquarts, K. (1988). Discussions over STS at the fourth IOSTE symposium. *International Journal of Science Education, 10*(4), 409-420.

Holmes, W., Bialik, M., & Fadel, C. (2019). *Artificial Intelligence in education: Promise and implications for teaching and learning*. MA: Center for Curriculum Redesign.

Holyoak, K. J. & Morrison, R. G. (eds.) (2005). *The Cambridge handbook of thinking and reasoning*. Cambridge University Press.

Honer, S. M., Hunt, T. C., Okholm, D. L., & Safford, J. L. (2006). *Invitation to philosophy: Issues and options, 10th ed*. Belmont, CA: Wadsworth Publishing Company.

Hospers, J. (1997). *An introduction to philosophical analysis, fourth edition*. London: Routledge.

Howe, A. C. (2002). *Engaging children in science, 3rd ed*. Upper Saddle River, New Jersey: Merill.

Howe, K. R. & Berv, J. (2000). Constructing constructivism, epistemological and pedagogical. In D. C. Phillips. *Constructivism in education: Opinions and second opinions of controversial issues*. Chicago: The University of Chicago Press.

Hung, E. (1997). *The nature of science: Problems and perspectives*. New York: Wadsworth Publishing Company.

Hungerford, H. R., Volk, T. L., & Ramsey, J. M. (1997). *Science-technology-society: Investigating and evaluating STS issues and solutions*. Carbondale, IL: Stipes Publishing L. L. C.

Hurd, D. P. (1997). *Inventing science education for the new millenium*. New York: Teachers College Press.

Hurd, D. P. (2000). *Transforming middle school science education*. New York: Teachers College Press.

Hwang, G. J., Xie, H., Wah, B. W., & Gasevic, D. (2020). Vision, challenges, roles and research issues of Artificial Intelligence in Education. *Computer & Education: Artificial Intelligence, 1*, Article 100001.

Isaacs, A., Daintith, J., & Martin, E. (1996). *Concise science dictionary*. Oxford: Oxford University Press.

Johnson, D. W. & Johnson, R. T. (1988) Critical thinking through structured controversy. *Educational Leadership, 45*(8), 58-64.

Johnson, D. W. & Johnson, R. T. (1999). *Learning together and alone: cooperative, competitive, and individualistic learning, 5th edition*. Boston: Allyne and Bacon.

Joyce, B., Weil, M., & Calhoun, E. (2009). *Models of teaching, 8th edition*. Boston: Pearson.

Kahai, S. S., & Cooper, R. B. (2003) Exploring the core concepts of media richness theory: The impact of cue multiplicity and feedback immediacy on decision quality. *Journal of Management Information Systems, 20*, 263-300.

Kaplan, E. H. (1976). *Problem solving in biology: A laboratory book, 2nd ed*. New York: Macmillan Publishing Co., Inc.

Karatas, S., Bagriacik-Yilmaz, A., Dikmen, C. H., Ermis, U. F., & Grubuz, O. (2017). Interactions in distance education environments: A trend analysis. *Quarterly Review of Distance Education, 18*(1), 63-82.

Karplus, R. (1977). Science teaching and the development of reasoning. Journal of Research in Science Teaching, 14(2), 169-175. In R. G. Fuller (ed.) (2002) *A love of discovery: Science education - The second career of Robert Karplus.* New York: Kluwer Academic.

Kauchak, D. P., & Eggen, P. D. (1989). *Exploring Science in the Elementary Schools.* Waveland PressInc.

Kaufman, J. C., & Sternberg, R. J. (eds.) (2010). *The Cambridge handbook of creativity.* Cambridge University Press.

Kaye, S. M. (2009). *Critical thinking: Beginners guides.* Oxford: Oneworld.

Keller, M., Neumann, K., & Fischer, H. (2016). The impact of physics teachers' pedagogical content knowledge and motivation on students' achievement and interest. *Journal of Research in Science Teaching, 54,* 1-29.

Kellough, R. D. & Carjuzaa, J. (2009). *Teaching in the middle and secondary schools, 9th ed.* Englewood Cliffs, New Jersey: Merrill.

Kelly, A. V. (2004). *The curriculum theory and practice, 5th ed.* Thousand Oaks: SAGE Publications.

Kelton, A. J. (2007). Second life: Reaching into the virtual world for real-world learning. *ECAR Research Bulletin, 17,* 1-13.

Kim, E. C. & Kellough, R. D. (1991). *A resource guide for secondary school teaching: planning for competence, 5th edition.* NY: MaCMillan Publishing, Co.

Kimmel, A. J. (1996). *Ethical issues in behavioral research: A survey.* Oxford: Blackwell Publishers.

Kind, V. & Taber, K. (2005). *Science: teaching school subjects 11-19.* London: Routledge.

Kitchener, R. F. (1999). *The conduct of inquiry: An introduction to logic and scientific method.* New York: University Press of America.

Klee, R. (1997). *Introduction to the philosophy of science: Cutting nature at its seams.* New York: Oxford University Press.

Klieme, E., Pauli, C., & Reusser, K. (2009). The pythagoras study: Investigating effects of teaching and learning in Swiss and German mathematics classrooms. In T. Janik, & T. Seidel (Eds.), *The Power of Video Studies in Investigating Teaching and Learning in the Classroom* (pp. 137-160). Munster, Germany: Waxmann.

Klopfer, L. E. (1971). Evaluation of learning in science. In B. S. Bloom, J. T. Hastings, & G. F. Madaus (eds.) *Handbook on formative and summative evaluation of student learning.* New York: McGraw-Hill.

Kneller, G. F. (1971). *Introduction to the philosophy of education, 2nd ed.* New York: John Wiley & Sons, Inc.

Koballa, T. R. & Glynn, S. M. (2007). Attitudinal and motivational constructs in science learning. In S. K. Abell & N. G. Lederman (eds.) *Handbook of research on science education.* Mahwah, New Jersey: Lawrence Erlbaum Associates, Publishers.

Kourany, J. A. (1987). *Scientific knowledge: Basic issues in the philosophy of science.* Belmont, CA: Wadsworth Publishing Company.

Kovac, J. (1999). Professional Ethics in the college and university science curriculum. *Science and*

Education, 8, 309-319.

Krajcik, J. & Czerniak, C. (2007). *Teaching science in elementary and middle school classrooms: A project-based approach, 3rd ed.* Boston: McGrawhill.

Krathwohl, D., Bloom, B., & Masia, B. (1964). *Taxonomy of educational objectives, Handbook II: Affective domain.* New York: Longman.

Kuhn, T. S. (1996). *The structure of scientific revolutions, 3rd ed.* Chicago: The University of Chicago Press.

Kuznetcova, I., Glassman, M., & Lin, T. J. (2019). Multi-user virtual environments as a pathway to distributed social networks in the classroom. *Computers & Education, 130*, 26-39.

Lacey, A. R. (1996). *A dictionary of philosophy, new edition.* London: Routledge.

Laforgia, J. (1988). The affective domain related to science education and evaluation. *Science Education, 72*(4), 407-421.

Lakatos, I. (1970). Falsification and the methodology of scientific research programmes. In I. Lakatos & A. Musgrave. (eds.) *Criticism and the growth of knowledge.* Cambridge: Cambridge University Press.

Laudan, L. (1977). *Progress and its problems: Towards a theory of scientific growth.* Berkeley, CA: University of California Press.

Laudan, L. (1996). *Beyond positivism and relativism: theory, method, and evidence.* Boulder: Westview Press.

Lawson, A. (1995). *Scientific teaching and the development of thinking.* Belmont, CA: Wadsworth Publishing Company.

Lawson, A. E. (2010). *Teaching inquiry science in middle and secondary schools.* Los Angeles: SAGE.

Layton, D. (ed.) (1986). *Innovations in science and technology education, Vol. I.* Unesco.

Lazarowitz, R. (2014). High school biology curricula development: implementation, teaching, and evaluation from the 20th to the 21st century. In N. G. Lederman & S. K. Abell (eds.) *Handbook of research on science education.* Mahwah, New York: Routledge.

Lederman, N & Lederman, J. (2004). Revising instruction to teach nature of science. *The Science Teacher, 71*(9), 36-39).

Lederman, N. G. (1999). Teachers' understanding of the nature of science and classroom practice: Factors that facilitate or impede the relationship. *Journal of Research in Science Teaching, 36*, 916-929.

Lederman, N. G. (2007). Nature of science: past, present, and future. In S. K. Abell & N. G. Lederman. (eds.) *Handbook of research on science education.* Mahwah, New Jersey: Lawrence Erlbaum Associates, Inc.

Lee, U. J., Sbeglia, G. C., Ha, M., Finch, S. J., & Nehm, R. H. (2015). Clicker score trajectories and concept inventory scores as predictors for early warning systems for large STEM Classes. *Journal of Science Education and Technology, 24*(6), 848-860.

Leuchter, M., Saalbach, H., & Hardy, I. (2014). Designing science learning in the first years of schooling. An intervention study with sequenced learning material on the topic of 'floating and sinking. *International Journal of Science Education, 36*, 1751-1771.

Levesque, A. A. (2011). Using clickers to facilitate development of problem-solving skills. *CBE-Life Sciences Education, 10*(4), 406-417.

Levinson, R. (2003). Teaching bioethics to young people. In R. Levinson & M. J. Reiss. (eds.) *Key issues in bioethics: A guide for teachers*. London: Routledge Falmer.

Levinson, R. (ed.) (1994). *Teaching science*. London: Routledge.

Lim, W. M., Gunasekara, A. N., Pallant, J. L., Pallant, J. I., & Pechenkina, E. (2023). Generative AI and the future of education: Ragnarök or reformation? A paradoxical perspective from management educators. *The International Journal of Management Education, 21*, 100790.

Linn, M. C. & Burbules, N. C. (1993). Construction of knowledge and group learning. In K. Tobin (ed.) *The practice of constructivism in science education*. Hillsdale, New Jersey: Lawrence Erlbaum Associates, Inc.

Loucks-Horsley, S., Love, N., Stiles, K. E., Mundry, S., & Hewson, P. W. (2003). *Designing professional development for teachers of science and mathematics, 2nd ed*. Thousand Oaks, CA: Corwin Press, Inc.

Lowenthal, P., Borup, J., West, R., & Archambault, L. (2020). Thinking beyond zoom using asynchronous video to maintain connection and engagement during the COVID-19 pandemic. *Journal of Technology and Teacher Education, 28*, 383-391.

Lu, Y., Liu, C., Wang, K.I., Huang, H., & Xu, X. (2020). Digital twin-driven smart manufacturing: Connotation, reference model, applications and research issues. *Robotics and Computer-integrated Manufacturing, 61*, Article 101837.

Lunetta, V. N., Hofstein, A., & Clough, M. P. (2007). Learning and teaching in the school science laboratory: An analysis of research, theory, and practice. In S. K. Abell & N. G. Lederman. (eds.) *Handbook of research on science education*. Mahwah, New Jersey: Lawrence Erlbaum Associates, Inc.

Macer, D. R. J. (ed.) (2006). *A cross-cultural introduction to bioethics*. Chirstchurch, New Zealand: Eubios Ethics Institute.

Mager, R. F. (1997). *Preparing instructional objectives: A critical tool in the development of effective instruction, 3rd ed*. Atlanta, GA: CEP Press.

Magner, L. N. (1994). *A history of the life sciences, 2nd ed*. New York: Marcel Dekker, Inc.

Maienschein, J. & Ruse, M. (eds.) (1999). *Biology and the foundation of ethics*. Cambridge: Cambridge University Press.

Makransky, G., & Lilleholt, L. (2018). A structural equation modeling investigation of the emotional value of immersive virtual reality in education. *Educational Technology Research and Development, 66*, 1141-1164.

Margolis, J. (1984). *Philosophy of psychology*. Englewood cliffs, New Jersey: Prentice-Hall, Inc.

Markle, S. M. & Tiemann, P. W. (1970). *Really understanding concepts: or in frumious of the jabberwock*. Champaign, IL: Stipes Publishing Company.

Martin, M. (1972). *Concepts of science education: A philosophical analysis*. Glenview, IL: Scott, Foresman and Company.

Martin, M. (1991). Science education and moral education. In M. R. Matthews. *History, philosophy, and science teaching: Selected readings.* New York: Teachers College Press.

Martin, R., Sexton, C., & Franklin, T. (2009). *Teaching science for all children: An inquiry approach, 5th ed.* Boston: Pearson.

Martin, R., Sexton, C., & Gerlovich, J. (2002). *Teaching science for all children. 3rd ed.* Boston: Allyn and Bacon.

Martin, R., Sexton, C., Wagner, K., & Gerlovich, J. (1997). *Teaching science for all children. 2nd ed.* Boston: Allyn and Bacon.

Mathan, S. A., & Koedinger, K. R. (2005). Fostering the intelligent novice: Learning from errors with metacognitive tutoring. *Educational Psychologist, 40*(4), 257-265.

Mathan, S. A., & Koedinger, K. R. (2005). Fostering the intelligent novice: Learning from errors with metacognitive tutoring. *Educational Psychologist, 40*(4), 257-265.

Matthews, M. R. (1991). *History, philosophy, and science teaching: selected readings.* New York: Teachers College Press.

Matthews, M. R. (1994). *Science teaching: The role of history and philosophy of science.* New York: Routledge.

Matthews, M. R. (2000). Appraising constructivism in science and mathematics education. In In D. C. Phillips. *Constructivism in education: Opinions and second opinions of controversial issues.* Chicago: The University of Chicago Press.

Mayer, R. (2004). Should there be a three-strikes rule against pure discovery learning? The case for guided methods of instruction. *American Psychologist, 59*(1), 14-19.

Mayr, E. (1982). *The growth of biological thought.* Harvard University Press.

McCarty, L. P. & Schwandt, T. A. (2000). Seductive illusion: von Glasersfeld and Gergen on epistemology and education. In D. C. Phillips (ed.) *Constructivism in education: opinions and second opinions on controversial issues.* Chicago: Chicago University Press.

McComas, W. & Olson, J. (2000). The nature of science in international science education standards document. In W. McComas. *The nature of science in science education: Rationales and strategies.* New York: Kluwer Academic Publication.

McComas, W. (2000). The principal elements of the the nature of science: dispelling the myths. In W. McComas. *The nature of science in science education: rationales and strategies.* New York: Kluwer Academic Publication.

McComas, W. (2004). Keys to teaching the nature of science. *The Science Teacher, 71*(9), 24-27.

McComas, W. F., Almazroa, H., & Clough, M. P. (1998). The nature of science in science education: An introduction. *Science & Education, 7,* 511-532.

McComas, W. F., Clough, M. P., & Almazroa, H. (2000). The role and character of the nature of science in science education. In W. McComas. *The nature of science in science education: Rationales and strategies.* New York: Kluwer Academic Publication.

McInerney, D. M., & McInerney, V. (1994). *Educational psychology: Constructing learning.* New York: Prentice Hall.

McNeil, J. D. (1996). *Curriculum: A comprehensive introduction, 5th ed.* Harper Collins Publishers.

Menon, H. K. D., & Janardhan, V. (2021). Machine learning approaches in education. *Materialstoday:*

PROCEEDINGS, 43, 3470-3480.

Mepham, B. (2008). *Bioethics: An introduction for the biosciences, 2nd ed.* Oxford: Oxford University Press.

Merton, R. K. (1973). *The sociology of science.* Chicago: University of Chicago Press.

Meschede, N., Fiebranz, A., Möller, K., & Steffensky, M. (2017). Teachers' professional vision, pedagogical content knowledge and beliefs: On its relation and differences between pre-service and in-service teachers. *Teaching and Teacher Education, 66*, 158-170.

Millar, R. (1989). Constructive criticisms. *International Journal of Science Education, 11*, 587-96.

Millar, R. (2002). Towards a science curriculum for public understanding. In S. Amos & R. Boohan (eds.) *Teaching science in secondary schools.* London: RoutledgeFalmer.

Minkoff, E. C. & Baker, P. J. (1999). *Biology today: An issues approach.* New York: The McGraw-Hill Companies, Inc.

Mintz, R., Litvak, S., & Yair, Y. (2001). 3D-virtual reality in science education: an implication for astronomy teaching. *Journal of Computers in Mathematics and Science Teaching, 20*, 293-305.

Modgil, S. & Modgil, C. (eds.). (1982). *Jean Piaget: Consensus and controversy.* N.Y.: Praeger Publisher.

Moharreri, K., Ha, M., & Nehm, R. H. (2014). EvoGrader: an online formative assessment tool for automatically evaluating written evolutionary explanations. *Evolution: Education and Outreach, 7*(1), 1-14.

Molenaar, I. (2021). Personalisation of learning: towards hybrid human-AI learning technologies. In OECD. (2021). *Digital Education Outlook 2021: Pushing the Frontiers with Artificial Intelligence, Blockchain and Robots* (pp. 57-77). Paris: OECD Publishing.

Moser, P. M. & Nat, A. V. (1987). *Human knowledge: Classical & contemporary approaches.* Oxford: Oxford University Press.

Nadler, R. (2020). understanding "Zoom fatigue": theorizing spatial dynamics as third skins in computer-mediated communication. *Computers and Composition, 58*, 102613.

Narguizian, P. (2004). Understanding the nature of science through evolution. *The Science Teacher, 71*(9), 40-45.

NAS, NAE & IOM (1995). *On being a scientist: Responsible conduct in research, 2nd ed.* Washington, D.C.: National Academy Press.

National Assessment Governing Board (NAGB) (2015). *Science framework for the 2015 national assessment of educational progress.* Washington, DC: The author, U.S. Department of Education.

National Research Council (NRC) (1996). *National science education standards.* Washington, DC: National Academy Press.

National Research Council (NRC) (2001). *Educating teachers of science, mathematics, and technology: New Practices for the new millenium.* National Academy Press.

National Research Council (NRC) (2012). *A framework for K-12 science education: practice, crosscutting concepts, & core ideas.* Washington, DC: National Academy Press.

National Research Council (NRC) (2000). *Inquiry and the national science education standards: A guide for teaching and learning.* National Academy Press.

National Science Teachers Association (NSTA) (1982). *Position statement on science- technology-society:*

Science for 1980s. Arlington, VA: Author.

National Science Teachers Association (NSTA) (2000a). *Position statement on the nature of science*. www.nsta.org/positionstatement&psid=22/.

National Science Teachers Association (NSTA) (1990). *Position statement on science/ technology/society*. Arlington, VA: www.nsta.org/positionstatement&psid=34/.

NGSS Lead States (2013). *Next generation science standards: for states, by state*. Washington, DC: National Academies Press.

Nichols, D. (1999). *Safety in biological fieldwork: Guidance notes for codes of practice*. London: Institute of Biology.

Nickerson, R. S. (1999). Enhancing creativity. In R. J. Sternberg. *Handbook of creativity*. Cambridge: Cambridge University Press.

Noddings, N. (1995). *Philosophy of education*. Boulder, Colorado: Westview Press, Inc.

Novak, J. D. & Gowin, D. B. (1984). *Learning how to learn*. Cambridge: Cambridge University Press.

Novak, J. D. (1977). *A theory of education*. Ithaca: Cornell University Press.

Novak, J. D. (1988). Learning science and the science of learning. *Studies in Science Education, 15*, 77~101.

Nussbaum, J. & Novick, S. (1982). Alternative frameworks, conceptual conflict and accommodation: Towards a principled teaching strategy. *Instructional Science 11*, 183-200.

Nussbaum, J. (1979). Children's conceptions of the earth as a cosmic body: A cross age study. *Science Education, 63*(1), 83-93.

OECD. (2022). Trends Shaping Education 2022. OECD Publishing.

OECD. (2024). Education Policy Outlook 2024: Reshaping Teaching into a Thriving Profession from ABCs to AI, OECD Publishing, Paris.

OECD. (2019). Artificial Intelligence in Society, Paris: OECD Publishing Paris.

Okaibedi, D. (2023). ChatGPT and the Rise of Generative AI: Threat to Academic Integrity? *Journal of Responsible Technology, 13*, 100060.

Okasha, S. (2016). *Philosophy of science,: a very short introduction, second edition*. Oxford: Oxford University Press.

OpenAI. (2023). GPT-4 Technical Report. arXiv preprint arXiv:2303.08774.

Opfer, J. E., Nehm, R. H., & Ha, M. (2012). Cognitive foundations for science assessment design: Knowing what students know about evolution. *Journal of Research in Science Teaching, 49*(6), 744-777.

Osborne, R. & Wittrock, M. (1985). The generative learning model and its implications for science education. *Studies in Science Education, 12*, 59.

Osborne, R., & Freyberg, P. (1985). *Learning in science: The implications of children's science*. London: Heinemann.

Ouyang, F., & Jiao, P. (2020). Artificial intelligence in education: The three paradigms. *Computers & Education: Artificial Intelligence, 2*, 100020.

Page, E. B. (1966). The imminence of... grading essays by computer. *The Phi Delta Kappan, 47*(5), 238-243.

Palmer, D. (2005). *Looking at philosophy: the unbearable heaviness of philosophy made lighter, 4th edition*. Boston: McGraw Hill.

Panofsky, C. P., John-Steiner, V., & Blackwell, P. J. (1992). The development of scientific concepts and discourse. In L. C. Moll. *Vygotsky and education: Instructional implications and applications of sociohistorical psychology*. Cambridge: Cambridge University Press.

Parkay, F. W. & Stanford, B. H. (2007). *Becoming a teacher, 7th ed*. Boston: Pearson.

Parkinson, J. (1994). *The effective teaching of secondary science*. London: Longman.

Pavitt, C. & Curtis, E. (1994). *Small group discussion: a theoretical approach, 2nd edition*. Scottsdale, Arizona: Gorsuch Scarisbrick, Publisher.

Pella, M. O. (1961). The laboratory and science teaching. *The Science Teaching, 28*(5), 29-31.

Peper, E., Wilson, V., Martin, M., Rosegard, E., & Harvey, R. (2021). Avoid zoom fatigue, be present and learn. *NeuroRegulation, 8*(1), 47-56.

Petrie, C. (2022), "Every child to flourish in a post-COVID-19 world: Eight lessons and visions for the future", In Vincent-Lancrin, S., Romaní, C. C., & Reimers, M. F. (eds.), *How Learning Continued during the COVID-19 Pandemic: Global Lessons from Initiatives to Support Learners and Teachers*, OECD Publishing, Paris.

Pfundt, H. & Duit, R. (1988). *Bibliography: Students' alternative frameworks and science education, 2nd ed*. Kiel: IPN.

Phillips, D. C. (1987). *Philosophy, science, and social inquiry*. N.Y.: Pergamon Press.

Phillips, D. C. (2000). *Constructivism in education: Opinions and second opinions of controversial issues*. Chicago: The University of Chicago Press.

Phillips, Jr., J. L. (1969). *The origins of intellect Piaget's theory*. San Francisco: W. H. Freeman and Company.

Piel, E. J. (1993). Decision-making: A goal for STS. In R. E. Yager (ed.) *What research says to the science teacher, vol. 7: The science, technology, society movement*. Washington, DC: NSTA.

Pietrocola, M., Rodrigues, E., Bercot, F. F., & Schnorr, S. M. (2021). Risk society and science education. *Science & Education, 30*(1), 1-25.

Pines, A. & West, L. (1986). Conceptual understanding and science learning: An interpretation of research within a source-of-knowledge framework. *Science Education, 70*(5), 583-604.

Popper, K. (1968). *The logic of scientific discovery*. N.Y.: Harper & Row, Publishers.

Popper, K. (1972). *Conjectures and refutations: The growth of scientific knowledge*. London: Routledge.

Posner, G., Strike, K., Hewson, P., & Gertzog, W. (1982). Accommodation of a scientific conception: Toward a theory of conceptual change. *Science Education, 66*(2), 211-227.

Potter, V. R. (1971). *Bioethics: Bridge to the future*. Englewood Cliffs, New Jersey: Prentice-Hall.

Print, M. (1993). *Curriculum development and design*. Sydney: Allen & Unwin Pty Ltd.

Radder, H. (1996). *In and about the world: Philosophical studies of science and technology*. Albany, New York: State University of New York Press.

Radianti, J., Majchrzak, T. A., Fromm, J., & Wohlgenannt, I. (2020). A systematic review of immersive virtual reality applications for higher education: Design elements, lessons learned, and research agenda. *Computers & Education, 147*, 103778.

Rakow, S. J. (1986). *Teaching science as inquiry.* Bloomington, Indiana: Phi Delta Kappa.

Ratcliffe, M. & Grace, M. (2003). *Science education for citizenship: Teaching socio-scientific issues.* Maidenhead: Open University Press.

Ratcliffe, M. (ed.) (1998), *ASE guide to secondary science education.* Cheltenham: Stanley Thornes Ltd.

Reber, A. S. (1995). *Dictionary of psychology, new edition.* Penguin Books.

Reeves, C., Chessin, D., & Chambless, M. (2007). Nurturing the nature of science: Integrating the nature of science into the existing curriculum. *The Science Teacher, 74*(8), 31-35.

Reimers, M. F. (2022). Learning from the frontlines of educational innovation during a pandemic. In S. Vincent-Lancrin, C. C. Romani, & F. M. Reimers (Eds.). *How Learning Continued during the COVID-19 Pandemic: Global Lessons from Initiatives to Support Learners and Teachers* (pp. 78-90). OECD Publishing, Paris.

Reiss, M. J. & Straughan, R. (1996). *Improving nature? The science and ethics of genetic engineering.* Cambridge: Cambridge University Press.

Renner, J. (1982). The power of purpose. *Science Education, 66*(5), 709-716.

Rennie, L. J. Learning science outside of school. In S. K. Abell & N. G. Lederman (eds.) *Handbook of research on science education.* Mahwah, New Jersey: Lawrence Erlbaum Associates, Publishers.

Resnik, D. B. (1998). *The ethics of science: An introduction.* London: Routledge.

Rezba, R. J., Sprague, C., & Fiel, R. (2003). *Learning and assessing science process skills, 4th ed.* Dubuque, Iowa: Kendall/Hunt Publishing Company.

Richards, S. (1987). *Philosophy & sociology of science: An introduction.* Oxford: Basil Blackwell.

Riggs, P. J. (1992). *Whys & Ways of science.* Melbourne: Melbourne University Press.

Roberts, D. A. (2007). scientific literacy/science literacy. In S. K. Abell & N. G. Lederman. (eds.) *Handbook of research on science education.* Mahwah, New Jersey: Lawrence Erlbaum Associates, Publishers.

Rose, E. (2006). Should you be a media ecologist? Bridging the gulfs of understanding between educational technology and media ecology. *Educational Technology*, Sep-Oct, 5-13.

Rose, S. P. R. (1986). The limits to science. In J. Brown, T. Horton, F. Toates, & D. Zeldin. (eds). *Science in schools.* Milton Keynes: Open University Press.

Ross, K., Lakin, L., & Callaghan, P. (2004). *Teaching secondary science, 2nd ed.* London: David Fulton Publishers.

Rothwell, N. (2002). *Who wants to be a scientist? Choosing science as a career.* Cambridge: Cambridge University Press.

Sadler, T. D., Amirshokoohi, A., Kazempour, M., & Allspaw, K. M. (2006). Socioscience and ethics in science classrooms: teacher perspectives and strategies. *Journal of Research in Science Teaching, 43*(4), 353-376.

Salmon, M. H. (1995). *Introduction to logic and critical thinking.* New York: Harcourt Brace Jovanovich, Publishers.

Salmon, M. H. et al. (1992). *Introduction to the philosophy of science, 3rd ed.* New Jersey: Englewood Cliffs: Prentice Hall.

Sattler, R. (1986). *Biophilosophy: Analytic and holistic perspectives.* New York: Springer-Verag.

Saykili, A. (2018). Distance education: Definitions, generations, key concept and future directions. *International Journal of Contemporary Educational Research, 5*(1), 2-17.

Schwab, J. J. (1964). Structure of the disciplines: meanings and significances. In G. W. Ford & L. Pugno(eds.) *The structure of knowledge and curriculum.* Chicago: Rand McNally.

Schwab, J. J. (1966). The teaching of science as inquiry. In J. J. Schwab & P. F. Brandwein(eds.) *The teaching of science.* Cambridge: Harvard University Press.

Schwartz, R. S., Lederman, N. G., & Crawford, B. (2004). It's the nature of the beast: The influence of knowledge and intention on learning and teaching nature of science. *Journal of Research in Science Teaching, 39*(3), 205-236.

Scott, P., Asoko, H., & Leach, J. (2007). Student conceptions and conceptual learning in science. In S. K. Abell & N. G. Lederman (eds.) *Handbook of research on science education.* Mahwah, New Jersey: Lawrence Erlbaum Associates, Publishers.

Secondary Science Curriculum Review (SSCR) (1987). *Better science: Choosing content.* London: Heinemann Educational Books.

Shamir, G., & Levin, I. (2022). Teaching machine learning in elementary school. *International Journal of Child-Computer Interaction, 31,* 100415.

Shamos, M. H. (1993). STS: A time for caution. In R. E. Yager. *What research says to the science teacher, volume seven: The science, technology, society movement.* Washington, DC: National Science Teachers Association.

Shamos, M. H. (1995). *The myth of scientific literacy.* New Brunswick, New Jersey: Rutgers University Press.

Sharan, Y. & Sharan, S. (1992). *Expanding cooperative learning through group investigation.* New York: Teachers College Press.

Shayer, M. & Adey, P. (eds.) (2002). *Learning intelligence: Cognitive acceleration across the curriculum from 5 to 15 years.* Buckingham: Open University Press.

Sheldrake, R. (1995). *A new science of life.* Rochester, Vermont: Park Street Press.

Shulman, L. S. (1986). Those who understand: Knowledge growth in teaching. *Educational Researcher, 15*(2), 4-14.

Shulman, L. S. (1987). Knowledge and teaching: foundations of the new reform. *Harvard Educational Review, 57*(1), 1-22.

Shute, V. J. (2008). Focus on formative feedback. *Review of Educational Research, 78*(1), 153-189.

Simpson, R. D. & Anderson, N. D. (1981). *Science, students, and schools.* New York: Macmillan Publishing Company.

Sinclair, J. (ed.) (1997). *English language dictionary.* London: Harper Collins Publishers.

Slater, M., & Wilbur, S. (1997). A Framework for Immersive Virtual Environments (FIVE): Speculations on the Role of Presence in Virtual Environments. *Presence: Teleoperators & Virtual Environments, 6,* 603-616.

Slavin, R. E. (1995). *Cooperative learning, 2nd ed.* Boston: Allyn and Bacon.

Slezak, P. (2000). A critique of radical social constructivism. In D. C. Phillips. *Constructivism in education: Opinions and second opinions of controversial issues*. Chicago: The University of Chicago Press.

Sober, E. (2000). *Philosophy of biology, 2nd ed.* Oxford: Oxford University Press.

Solomon, J. (1993). *Teaching science, technology and society*. Buckingham: Open University Press.

Sorsby, B. (2000). The irresistible rise of the nature of science in science curricula. In J. Sears & P. Sorensen. (eds.) *Issues in science teaching*. London: Routledge Falmer.

Sousa, D. A. & Pilecki, T. (2018). *From STEM to STEAM: Brain-compatible strategies and lessons that integrate the arts, 2nd edition*. London: Corwin.

Spafford, C. S., Pesce, A. J., & Grosser, G. S. (1998). *The cyclopedic education dictionary*. New York: Delmar Publishers.

Stahl, N. N. & Stahl, R. J. (1995). *Society and science: Decision making episodes for exploring society, science, and technology*. Menlo Park, CA: Addison-Wesley Publishing Company.

Stanford, G. & Stanford, B. D. (1969). *Learning discussion skills through games*. New York: Citation Press.

Steffe, L. P. & Gale, J. (1995). *Constructivism in education*. Hillsdale, New Jersey: Lawrence Erlbaum Associates, Publishers.

Sternberg, R. J. & Lubart, T. I. (1999). The concept of creativity: Prospects and paradigms. In R. J. Sternberg(ed.) *Handbook of creativity*. Cambridge: University of Cambridge Press.

Stokel-Walker, C. (2022). Welcome to the metaverse. *New Scientist, 253*(3368), 39-43.

Strike, K. & Posner, G. (1982). Conceptual change and science teaching. *European Journal of Science Education, 4*(3), 321-240.

Su, J., & Yang, W. (2022). Artificial intelligence in early childhood education: a scoping review. *Computers and Education: Artificial Intelligence, 3*, 100049.

Taba, H. (1962). *Curriculum development: Theory into practice*. New York: Harcourt, Brace & World.

Tao, F., & Zhang, M. (2017). Digital twin shop-floor: A new shop-floor paradigm towards smart manufacturing. *IEEE Access, 5*, 20418-20427.

Tao, F., Zhang, H., & Zhang, C. (2024). Advancements and challenges of digital twins in industry. *Nature computational science, 4*, 169-177.

Thelen, A., Zhang, X., Fink, O., Lu, Y., Ghosh, S., Youn, B.D., Todd, M.D., Mahadevan, S., Hu, C., & Hu, Z. (2022). A comprehensive review of digital twin-part 1: Modeling and twinning enabling technologies. *Structural and Multidisciplinary Optimization, 65*, Article 354.

Tikhonova E., & Raitskaya L. (2023). Education 4.0: The Concept, Skills, and Research. *Journal of Language and Education, 9*(1), 5-11.

Tilak, S., Glassman, M., Kuznetcova, I., Peri, J., Wang, Q., Wen, Z., & Walling, A. (2020). Multi-user virtual environments(MUVEs) as alternative lifeworlds: transformative learning in cyberspace. *Journal of Transformative Education, 18*(4), 310-337.

Torrance, E. P. & Sisk, D. A. (1997). *Gifted and talented children in the regular classroom*. Buffalo, Buffalo, New York: Creative Education Foundation Press.

Toulmin, S. (1972). *Human understanding: The collective use and evolution of concepts*. Princeton: Princeton University Press.

Treagust, D. F. & Tsui, C. Y. (2014). General instructional methods and strategies. In N. G. Lederman & S. K. Abell (eds.) *Handbook of research on science education*. Mahwah, New York: Routledge.

Treagust, D. F. (1988). Development and use of diagnostic tests to evaluate students' misconceptions in science. *International Journal of Science Education, 10*(2), 159-169.

Treagust, D. F., Duit, R., & Fraser, B. J. (1996). Overview: Research on students' preinstructional conceptions-The driving force for improving teaching and learning in science and mathematics. In D. F. Treagust, R. Duit, & B. J. Fraser. *Improving teaching and learning in science and mathematics*. New York: Teachers College Press.

Trout, J. D. (1991). Reductionism and the unity of science. In R. Boyd, P. Gasper & J. D. Trout. *The philosophy of science*. Cambridge: The MIT Press.

Trusted, J. (1987). *Inquiry and understanding*. London: Macmillan Education Ltd.

Tyler, R. W. (1949). *Basic principles of curriculum and instruction*. Chicago: The University of Chicago Press.

UNESCO (2013). Strategic Approaches on the Use of ICTS in Education in Latin America and the Caribbean. https://unesdoc.unesco.org/ark:/48223/pf0000223251_eng.

UNESCO (2022). *K-12 AI curricula: a mapping of government-endorsed AI curricula*. Paris: UNESCO Publishing.

Van Rooy, W. (2000). Controversial issues within biology: Enriching biology teaching. *Australian Science Teachers Journal, 46*(1), 20-26.

Vaughn, L. (2005). *The power of critical thinking: effective reasoning about ordinary and extraordinary claims*. Oxford: Oxford University Press.

Venvill, G. J. (2008). The focus-action-reflection (FAR) guide-science teaching analogies. Teaching with analogies. In A. G. Harrison & R. K. Coll. *Using analogies in middle and secondary science classrooms: the FAR Guide-an interesting way to teach with analogies*. SAGE Publications.

Verkijika, S. F. (2019). Digital textbooks are useful but not everyoe wants them: The role of technostress. *Computers & Education, 140*, 103591.

Vincent-Lancrin, S. (2021). Frontiers of smart education technology: opportunities and challenges. In OECD Digital Education Outlook 2021: Pushing the Frontiers with Artificial Intelligence, *Blockchain and Robots* (pp. 21-47). Paris: OECD Publishing.

Vincent-Lancrin, S. (2022). Educational innovation and digitalisation during the COVID-19 crisis: Lessons for the future. In Vincent- Lancrin, S., Romaní, C. C., & Reimers, M. F. (Eds.), *How learning continued during the COVID-19 pandemic: Global lessons from initiatives to support learners and teachers* (pp. 21-47). OECD Publishing.

von Glasersfeld, E. (1993). Questions and answers about radical constructivism. In K. Tobin (ed.) *The practice of constructivism in science education*. Hillsdale, New Jersey: Lawrence Erlbaum Associates, Publisher.

Vosniadou, S. (1994). capturing and modeling the process of conceptual change. *Learning and Instruction, 4,* 45-69.

Vosniadou, S. (2013). Conceptual change in learning and instruction: The framework theory approach. In S. Vosniadou (Ed.), *International handbook of research on conceptual change* (pp. 11-30).

Routledge.

Vygotsky, L. S. (1978). *Mind in society: The development of higher psychological processes*. Cambridge: Harvard University Press.

Vygotsky, L. S. (1986). *Thought and language, newly revised*. Cambridge: The MIT Press.

Wandersee, J. H., Mintzes, J. J., & Novak, J. D. (1994). Research on alternative conceptions in science. In D. L. Gabel. (ed.) *Handbook of research on science teaching and learning: A project of the national science teachers association*. New York: Macmillan Publishing Company.

Watson, C. (1991). *Process science in action*. New York: Heinemann.

Weate, J. (1998). *A person's guide to philosophy*. London: DK Publishing, Inc.

Wellington, J. & Ireson, G. (2008). *Science learning, science teaching*. Routledge.

Wellington, J. (2000). *Teaching and learning secondary science: Contemporary issues and practical approaches*. London: Routledge.

Wenham, M. (1995). *Understanding primary science ideas, concepts and explanations*. London: Paul Chapman Publishing Ltd.

Wenning, C. J. (2006). A framework for teaching the nature of science. *Journal of Physics Teacher Education, Online, 3*(3), 3-10.

Wertsch, J. V. (1992). The voice of rationality in a sociocultural approach to mind. In L. C. Moll. *Vygotsky and education: Instructional implications and applications of sociohistorical psychology*. Cambridge: Cambridge University Press.

West, A.(2007). Practical work for the gifted in science. In K. S. Taber(ed.) *Science education for gifted learners*. London: Routledge.

White, R. & Gunstone, R. (1992). *Probing understanding*. London: The Falmer Press.

White, T. T. (1988). *Learning science*. Oxford: Basil Blackwell.

Wiersma, W. & Jurs, S. G. (2009). *Research methods in education: An introduction, ninth edition*. Boston: Allyn and Bacon.

Wilke, R. R., & Straits, W. J. (2001). The effects of discovery learning in a lower-division biology course. *Advances in Physiology Education, 25*(2), 62-69.

Windschitl, M. (2008). What is inquiry? a framework for thinking about authentic scientific practice in the classroom. In J. Luft, R. L. Bell, & J. Gess-Newsome(eds.) *Science as inquiry in the secondary setting*. Arlington, VA: NSTApress.

Wittrock, M. C. (1974). Learning as a generative processes. *Educational Psychologist, 11*(2), 87-95.

Wittrock, M. C. (1985). Learning science by generating new conceptions form old ideas. In L. H. T. West & A. L. Pines. eds. *Cognitive structure and conceptual change*. New York: Academic Press, Inc..

World Economic Forum (2020). Platform for Shaping the Future of the New Economy and Society: Schools of the Future: Defining new models of education. Geneva.

World Economic Forum (2022). Catalysing Education 4.0: Investing in the future of learning for a human-centric recovery. *Insight Report*, 1-34.

World Economic Forum (2024). Shaping the Future of Learning: The Role of AI in Education 4.0. *Insight Report*, 1-27.

WPS(1986). *Warwick Process Science*. Southampton: Ashford Press Publishing.

Wray, J. (1987). *Science process*. London: Heinemann Educational Books.

Wu, A. N., Stouffs, R., & Biljecki, F. (2022). Generative Adversarial Networks in the built environment: A comprehensive review of the application of GANs across data types and scales. *Building and Environment, 223*, 109477.

Wulf, K. M. & Schave, B. (1984). *Curriculum design: A handbook for educators*. Glenview, Illinois: Scott, Foresman and Company.

Yager, R. E. & Tamir, P. (1993). STS approach: Reasons, intentions, accomplishments, and outcomes. *Science Education, 77*(6), 637-658.

Yager, R. E. (1993). *What research says to the science teacher, volume 7: The science, technology, society movement*. Washington, DC: NSTA.

Yager, R. E. (1995). Forward. In N. N. Stahl, & R. J. Stahl (1995). *Society and science: Decision making episodes for exploring society, science, and technology*. Menlo Park, CA: Addison-Wesley Publishing Company.

Yager, R. E. (2001). Science-technology-society and education: A focus on learning and how persons know. In S. H. Cutcliffe & C. Mitcham. (eds.) *Visions of STS: Counterpoints in science, technology, and society studies*. Albany, New York: State University of New York Press.

Yanagata-Lynch, L. C., & Luetkehans, L. M. (2104). Longitudinal design case of a university preservice technology integration curriculum. *International Journal of Design for Learning, 5*(1), 25-42.

Yang, S. J. H., Ogata, H., Matsui, T., & Chen, N. S. (2021). Human-centered artificial intelligence in education: seeing the invisible through the visible. *Computers and Education: Artificial Intelligence, 2*, 110008.

Yildiz, C., & Yildiz, T. (2021). Exploring the relationship between creative thinking and scientific process skills of preschool children. *Thinking Skills and Creativity, 39*, Article 100795.

Zeidler, D. L. (2014). Socioscientific issues as a curriculum emphasis. In N. G. Lederman & S. K. Abell (eds.) *Handbook of research on science education*. Mahwah, New York: Routledge.

Zeidler, D. L., Sadler, T. D., Simmons, M. L., & Howes, E. V. (2005). Beyond STS: a research-based framework for socioscientific issues education. *Science Education, 89*, 357-377.

Zeitoun, H. H.(1984). Teaching scientific analogies: A proposed model. *Research in Science & Technological Education, 2*(2), 107-125.

Zhao, W. X., Zhou, K., Li, J., Tang, T., Wang, X., Hou, Y., Min, Y., Zhang, B., Zhang, J., Dong, Z., Du, Y., Yang, C., Chen, Y., Chen, Z., Jiang, J., Ren, R., Li, Y., Tang, X., Liu, Z., Liu, P., Nie, J. Y., & Wen, J. R. (2025). A Survey of Large Language Models. arXiv preprint arXiv:2303.18223.

Ziman, J. (1980). *Teaching and learning about science and society*. Cambridge: Cambridge University Press.

Ziman, J. (1984). *An introduction to science studies*. Cambridge: Cambridge University Press.

Ziman, J. (2000). *Real science: What it is, and what it means*. Cambridge: Cambridge University Press.

찾아보기

[ㄱ]

가설 ············ 109, 144
가설 교수 · 학습 ············ 118
가설-연역법 ············ 41
가설-연역적 ············ 21
가설-연역적 교수 · 학습 ············ 44
가설-연역적 모형 ············ 335
가설-연역적 방법 ············ 38
가설-연역적 순환학습 모형 ············ 336
가설-연역적 순환학습 모형에 따른 교수 · 학습 ··· 341
가설-예상적 순환학습 모형 ············ 336
가설-예상적 추리 ············ 336
가설-예언적 순환학습 ············ 333
가설설정 기능 교수 · 학습 ············ 148, 149
가설적-연역적(가설적-예언적) 순환학습 모형 ···· 330
가설추리법 ············ 40
가역적 사고 ············ 211
가추법 ············ 40
가치 · 태도 ············ 303, 305
가치교육론 ············ 194
가치론 ············ 15
가치명료화 ············ 194
가치명료화법 ············ 182
가치설득법 ············ 182
가치주장 ············ 402, 406
가치판단 ············ 388
간접적 실험 경험 ············ 416
간학문 과학 ············ 282, 288
간학문 교육과정 ············ 289
갈등유발 교수-학습 ············ 216
감각운동 단계 ············ 210
감각적 지식 ············ 101
감각투입 ············ 361
감정적 태도 ············ 272
강의 ············ 379
강의 원리 ············ 379
강의요목 ············ 281, 470
강의요목의 구성요소 ············ 281
강제선택형 ············ 510
강한 재구성 ············ 349
개괄 ············ 223
개념 ············ 105, 402
개념교환 ············ 115, 202
개념교환 모형 ············ 353, 357
개념교환의 조건 ············ 353
개념도 ············ 226, 397, 517
개념도법 ············ 517
개념동화 ············ 219
개념 모형 ············ 167
개념발달 모형 ············ 347, 357
개념변화 ············ 345
개념변화 모형 ············ 50, 202, 347, 357
개념분화 ············ 114, 116, 202
개념분화 모형 ············ 348, 349
개념적 안경 ············ 48
개념적 영역 ············ 228
개념적 지식 ············ 102
개념적 측면 ············ 401
개념적 틀 ············ 199
개념조절 모형 ············ 357
개념틀 ············ 50
개념학습 ············ 218, 219
개념형성 ············ 114, 116, 202, 219
개념형성 모형 ············ 350
개발 ············ 176
개방적 질문 ············ 382, 384
개방적 탐구 수업 ············ 130
개방적 토론 ············ 384, 389
개별학습 ············ 61, 408
개별화 교수 · 학습 ············ 216, 431
개선된 합의 모델 ············ 527
개설 ············ 223
개인개념 ············ 106, 240
개인적 PCK ············ 528
개인적 구성주의 ············ 201
개인차 ············ 431, 434
거대자료 ············ 170
검색표 ············ 139

격변적 모형 ······ 54, 64, 202
견고한 핵 ······ 51, 52
견학 ······ 155, 424
견학에 의한 교수 · 학습 ······ 159
결과도 그리기 ······ 195
결론 ······ 17, 146
결론도출 ······ 146, 152
결론도출 기능 교수 · 학습 ······ 151
결정론 ······ 18
경쟁패러다임 ······ 48
경쟁학습 ······ 61, 408
경제성 ······ 235
경험 ······ 214
경험-귀추적 모형 ······ 335
경험-귀추적 순환학습 ······ 333
경험-귀추적 순환학습 모형 ······ 336
경험-귀추적 순환학습 모형에 따른 교수 · 학습 ··· 340
경험과학 ······ 94
경험론 ······ 16
경험적 지식 ······ 103
경험적-귀추적 순환학습 모형 ······ 330
경험주의 ······ 24
경험중심 교육과정 ······ 283, 297
계속성 ······ 206, 236
계시 ······ 100
계열 ······ 233, 236, 317
고윈의 비 ······ 228
고전적 경험주의 ······ 24
고정 ······ 221
고정개념 ······ 218
고차원적 질문 ······ 385
공리법 ······ 29
공리적 ······ 17
공리적 가치 ······ 262
공리주의 ······ 20
공통 과목 ······ 301
공통 교육과정 ······ 301
공학 ······ 95, 156
과정 중심 평가 ······ 496
과정 · 기능 ······ 303, 305
과정개발 ······ 424
과정이 따른 내용 ······ 321, 322
과제법 ······ 283
과제분담 ······ 410
과제분담 모형 ······ 410, 411
과제연구 ······ 130, 276
과제연구기반 과학 ······ 156
과제연구기반 수업 ······ 156
과학 ······ 70, 175
과학 교수 · 학습 과정안 ······ 475
과학 교육과정 ······ 289
과학 교육과정 개발 모형 ······ 310, 312, 314
과학 교육과정 내용 영역 ······ 317
과학 교육과정 내용 조직 준거 ······ 316
과학 글쓰기 ······ 121
과학 내용 ······ 488
과학 모형 ······ 346
과학 실행 ······ 488
과학 영재아 ······ 432
과학 태도 ······ 494
과학 프로그램 ······ 315
과학공학 실행 ······ 119, 164
과학공학 실행 교수 · 학습 ······ 166
과학과 기술 ······ 175
과학교사 양성 교육과정 ······ 529
과학교사 자격증 ······ 529
과학교사의 자질 ······ 524
과학교육 ······ 259
과학교육 가치 ······ 262
과학교육 평가의 대상 ······ 487
과학교육과정 내용의 선정 ······ 315
과학교육과정 내용의 조직 ······ 316
과학교육의 가치 ······ 260, 261, 262
과학교육의 기능 ······ 260, 261
과학교육의 목적 ······ 303, 305
과학교육의 성과 ······ 263
과학교육의 정당화 ······ 263
과학교육의 평가 ······ 487
과학교육학 ······ 260
과학기술 ······ 21, 95
과학기술의 윤리적 문제 ······ 191
과학기술학 ······ 275
과학논리 ······ 57
과학사 교수 · 학습 ······ 91, 93

과학사 교수 · 학습 내용 93
과학사 교수 · 학습의 방법 92
과학사회학 46, 57
과학실험 153, 162
과학실험 중심의 교수 · 학습 목표 420
과학실험의 목적 420
과학에 관한 교육 259
과학에 관한 태도 272
과학에 기반을 둔 사회적 쟁점 285
과학에 대한 태도 496
과학에 의한 교육 259
과학에 있어서 교육 259
과학영재교육 432
과학영재의 판별 및 선발 기준 433
과학윤리 190
과학윤리 교수 · 학습 193
과학윤리 문제 189
과학을 통한 교육 259
과학의 과정 기술 421
과학의 교육 259
과학의 구성요소 74
과학의 구조 73
과학의 기풍 57
과학의 목적 36, 75
과학의 방법 119, 161
과학의 본성 69
과학의 본성 교수 · 학습 79
과학의 분류 93
과학의 위기 49
과학의 윤리적 문제 190
과학의 윤리적 특성 196
과학의 주제 73
과학의 차원 74
과학의 측면 189
과학의 태도 분류 체계 495
과학의 태도 평가 틀 495
과학자과학 351
과학자에 대한 태도 272
과학적 방법 22
과학적 방법론 22
과학적 사고 17
과학적 이론 37
과학적 교양인 274
과학적 논쟁거리 177
과학적 논증 120
과학적 방법 16, 119, 161, 270
과학적 방법론 16, 36, 73
과학적 법칙 106, 238, 482
과학적 사고 121, 122, 277
과학적 사실 104
과학적 설명 171
과학적 소양 273, 274, 486
과학적 이론 107
과학적 탐구 161, 238
과학적 탐구 과정 기능 490
과학적 탐구기능 270
과학적 태도 271, 272, 495, 496
과학전람회 276
과학중심 STS 교육과정 320
과학지식 62, 96
과학지식 응용 교수 · 학습 180
과학지식사회학 199
과학지식의 구성요소 96, 104
과학지식의 기본구조 291
과학지식의 정의 96, 97
과학지식의 종류 101
과학지식의 출처 96
과학지식의 획득 269
과학학 57, 259
과학혁명 48, 50
과학혁명 이론 48
관념 106
관념론 16, 18
관념적 발판 226
관찰 132
관찰 교수 · 학습 136
관찰 기능의 교수 · 학습 136
관찰 단계 366
관찰법 508
관찰의 이론의존성 98, 99
교과 280, 310
교과 계획 467
교과 내용 77
교과 프로그램 467

교과과정 280, 295
교과중심 교육과정 282, 310, 312
교과중심 설계 310
교사과학 351
교사상 523
교사위주의 교수・학습 415
교사의 역할 523
교사의 자질 523, 524
교사주도 토론 390
교사중심 365
교사중심 교수 379
교수 484
교수 기능 382
교수 내용 478
교수 장치 224
교수 활동 478
교수・학습 과정안 467, 475
교수・학습 모형 345
교수・학습 이론 345
교수・학습 자료 475
교수・학습 활동 478
교수・학습 활동 프로그램 360
교수요목 280, 310, 467
교수적 추론(pedagogical reasoning) 527
교원자격검정령 529
교원자격검정령 시행규칙 530
교육 4.0(Education 4.0) 437
교육 이념 265, 300
교육공무원 임용후보자 선정경쟁시험규칙 532
교육공무원법 532
교육공무원임용령 532
교육과정 279
교육과정 개발 309
교육과정 개발 모형 311
교육과정 통합 288
교육과정의 안내 280
교육사상 290
교육사조 290
교육실습 426
교육의 이념 305
교육의 틀 185
교육적 구인 185
교직 523
교직적성 심층면접 시험 532
교차 연결 399
구두 발표 512
구두 발표법 512
구두 질문 510
구두 질문법 510
구두시험 512
구성주의 199, 406
구성주의 심리철학 203
구속성 220
구안법 156, 283
구인 32, 106, 128
구조적 관찰 508
구조적 접근법 349
구조화된 논쟁 모형 187, 188
구조화된 논쟁 모형에 따른 교수・학습 187
구조화된 탐구 수업 130
구체적 조작 단계 211
국가교육과정 281
국외자 169
궁지 61
권위 100
권재술의 상호전환 모형 355
귀납논증 27
귀납의 문제 26, 27
귀납의 원리 25, 27
귀납적 경험주의 25
귀납적 가설 109
귀납적 교수・학습 44
귀납적 교수・학습 모형 371
귀납적 교수・학습 방법 42
귀납적 기술 421
귀납적 모형 370
귀납적 실험 423
귀납적 일반화 147, 238
귀추법 23, 39, 44, 107
규칙성 25, 106, 237, 482
근거 17
근접발달영역 230, 231
급진적 구성주의 199, 334, 345
급진적 구성주의 교수・학습 모형 202

긍정적 발견법 51
기계론 16, 86
기계론적 세계관 21
기계적 암기학습 218
기능적 불변체 206
기동력설 99, 244
기록 402
기본과정 491
기본적 특성 채점표 503
기술 75, 95, 175
기술개발 424
기술과학 176
기술적 모형 335
기술적 순환학습 333
기술적 순환학습 모형 330, 336
기술적 특성 237
기술중심 교육과정 320
기초 탐구 131
기초 탐구 과정 135
기초과학 94
기호 219
길버트 등의 개념변화 교수 · 학습 모형 351
깨우침 194

[ㄴ]

나선형 교육과정 238, 318
난이도 236
내부고발자 191
내삽 134
내생적 구성주의 201
내용 321
내용교수지식 381, 526
내용이 있는 과정 321, 322
내용중심 토론 389
내재적 가치 262
넓은 의미의 학습 214
노박의 과학교육과정 개발 모형 313
논리경험주의 22
논리실증주의 21, 22, 31, 36
논리적 사고 120, 126
논리적 유의미가 220
논리적 조직 236
논리적 추리 278
논리적-수학적 경험 214
논리학 15
논술 121
논쟁거리 178, 183
논증 17
누가적 모형 25, 28, 54, 62, 202
누적 349

[ㄷ]

다단계분류 133
다른 입장에서 보기 62, 429
단순형 교수 · 학습 과정안 476
단원 470
단원 계획 467
단원목표 312, 479
단원평가 계획 470
단일 진술 75, 104, 113
단일교과 설계 311
담론 388
담론분석 관점 346
답지 500
대기시간 386
대기시간 I 386
대기시간 II 386
대담한 가설 109, 110
대안가설 39
대안적 틀 185
대안탐색 233
대안평가 499
대응률 32
대응설 104
대집단 토론 389
대체개념 241
대체적 개념틀 50, 239, 240, 242, 314, 356
대체적 개념틀 모형 357
대체적 개념틀 이론 242, 356
대화식 강의 380
도구적 정당화 263
도달목표 263
도달점 행동 268
도덕성 발달법 182

도덕철학 ········· 190
도식 ········· 206
도입 자료 ········· 224
도전 단계 ········· 362
독립변인 ········· 145, 162
독립적 학습 ········· 370
독백 ········· 380
독창성 ········· 124
동기유발 ········· 233, 361
동인질문 ········· 156
동화 ········· 207, 221
동화(또는 비평형)-조절-조직화 ········· 329
동화-조절-평형화 ········· 329
동화설 ········· 217, 221
두-교과 과학 ········· 288
드라이버 ········· 360
드라이버의 개념교환 모형 ········· 358
드라이버의 과학교육과정 개발 모형 ········· 314
등위표시 ········· 509
디지털 트윈 ········· 450
디지털 · 인공지능 기초 소양 ········· 303, 309

[ㅁ]

마인드맵 ········· 232
맨손 조작 ········· 421
맹목적 사실 ········· 104
메타버스 ········· 447
메타학습 ········· 402
면접 ········· 510
면접법 ········· 510
명세/수업 목표 ········· 264, 305
명시적 수업 ········· 379
명제 ········· 17, 397
명제적 사고 ········· 213
명제적 지식 ········· 102
명제학습 ········· 218, 219
모둠조사 모형 ········· 412
모둠학습 ········· 407
모순사건 ········· 237
모의실험 ········· 153
모집단 ········· 155
모형 ········· 108, 125, 329, 346
모형만들기 ········· 346
모형의 개발과 이용 교수 · 학습 ········· 167
모형의 종류 ········· 109
목적 ········· 263
목적 · 권리 · 의무 모형 ········· 194
목적기초과학 ········· 94
목적론 ········· 16, 84
목적론적 ········· 17
목표 ········· 263
목표물 ········· 392, 394, 396
무의식적 학습 ········· 234
문두 ········· 500
문제인식 ········· 143
문제인식 기능 교수 · 학습 ········· 147
문제인식 기능의 교수 · 학습 ········· 147
문제점 분석법 ········· 182
문제중심 설계 ········· 311
문제지향적 ········· 178
문제지향적 방법 ········· 179
문제해결 ········· 275, 421
문제해결 모형에 따른 교수 · 학습 ········· 183
문화-사회적 이론 ········· 201
문화-역사적 ········· 199
문화-역사적 이론 ········· 201, 229, 232
물리학 ········· 87, 244
물리학 분야 대체적 개념 ········· 244
물리학의 발달 ········· 87
물리화학 ········· 91
물상과학 ········· 286
물활론 ········· 85
미학 ········· 18
민감도 ········· 278

[ㅂ]

바람직한 교사상 ········· 525
반귀납주의 ········· 38
반례 ········· 105
반박 ········· 38
반사기구 ········· 213
반성 ········· 154
반성적 토론 ········· 390
반실재론적 신념 ········· 58

반응(종속)변인 ······ 158
반응변인 ······ 154
반증 ······ 21
반증가능성 ······ 36, 37
반증주의 ······ 21, 22, 36
반증주의의 문제 ······ 41
발견 ······ 329
발견학습 ······ 42, 217, 238, 370
발견학습 모형 ······ 370, 371, 482
발달심리학 ······ 345
발달에 기초한 교육과정 ······ 215
발산적 사고 ······ 122, 124, 278, 384
발산적 질문 ······ 384
발산적 · 개방적 질문 ······ 387
발생론적 인식론 ······ 204, 205
방법론적 환원주의 ······ 33, 34
방법론적 측면 ······ 401
방법론적 환원주의자 ······ 34
방법론적-심리학적 측면 ······ 228
방향 ······ 234
백지상태 ······ 24
범심론 ······ 85
범주 ······ 106
법칙과 원리 교수 · 학습 ······ 116
베이컨 경험주의 ······ 25
변별 ······ 133
변별도 ······ 225
변인통제 ······ 145, 149
변인통제 기능 교수 · 학습 ······ 149
변증법적 구성주의 ······ 201
병위적 학습 ······ 219, 223
보고서 ······ 514
보고서법 ······ 514
보조가설 ······ 39, 52, 110
보존 ······ 208, 212
보존적 모형 ······ 63
보편법칙 ······ 87, 107
보편성 ······ 107
보호대 ······ 51
복창 ······ 390
복합 영상-도식 ······ 347
복합 진술 ······ 106
본유 관념 ······ 28
본유적 가치 ······ 262
본유적 정당화 ······ 263
본질 ······ 16
본질적 역할 ······ 199
본체 ······ 105
봉사 학습 ······ 187, 189
부분발표 ······ 192
부정적 발견법 ······ 51
부착지 ······ 224
부호 ······ 219
분과형 ······ 283
분단 토론 ······ 390
분류 ······ 133
분류 기능 ······ 139
분류 기능 교수 · 학습 ······ 138
분리과학 ······ 286
분석과 해석 교수 · 학습 ······ 169
분석적 의사결정 모형 ······ 187
분석적 채점표 ······ 503
불연속성 ······ 206
불확실성 ······ 233
브이발견법 ······ 228
비계 ······ 232, 239
비과학 ······ 37
비교대상 ······ 27
비교조직자 ······ 225
비네트 ······ 194
비명제적 지식 ······ 102
비실례 ······ 105
비용편익 ······ 194
비유 ······ 108, 125, 391
비유 교수 · 학습 모형 ······ 392
비유만들기 모형 ······ 392
비유물 ······ 392
비율척도 ······ 503
비철학적 구성주의 ······ 201
비판적 사고 ······ 17, 22, 121, 122, 123
126, 127, 277, 278
비평형 ······ 202
비합리주의자 ······ 47
비형식적 평가 ······ 510

[ㅅ]

사건 과제 ········ 502
사고기술 ········ 421
사고실험 ········ 128, 421
사물/사건 ········ 402
사물에 관한 지식 ········ 102
사실 ········ 104
사실의 교수·학습 ········ 113
사실적 영역 ········ 228
사적 담화 ········ 230
사회 속의 과학 ········ 177
사회-문화적 ········ 73
사회-문화적 이론 ········ 229
사회가 진리로 믿고 수용하는 것 ········ 57
사회과학 ········ 94
사회과학 쟁점 ········ 185, 190
사회과학적 쟁점 ········ 177, 321, 428
사회독단적 지식 ········ 103
사회문화적 관점 ········ 346
사회문화적 이론 ········ 229, 231, 233, 408
사회역사적 이론 ········ 201, 229, 408
사회적 경험중심 교수-학습 ········ 216
사회적 구성주의 ········ 46, 56, 199, 202, 345
사회적 구성주의의 비판 ········ 57
사회적 궁지 ········ 186
사회적 논쟁거리 ········ 390
사회적 논쟁거리의 교수·학습 ········ 182
사회적 문제 중심의 교육과정 ········ 320
사회적 상호의존설 ········ 408
사회적 상황의 과학 ········ 178
사회적 전달 ········ 214
사회적 합의 ········ 19, 58
사회적 행동 ········ 156
사회적 협상 ········ 23, 56
사회학적 관점 ········ 74
삼단논법 ········ 29
상관적 포섭 ········ 222
상대주의 ········ 18
상사물 ········ 27
상세형 교수·학습 과정안 ········ 477
상위적 학습 ········ 219, 223
상징적 표현 ········ 235
상호작용 강의 ········ 380
상호전환 모형 ········ 355
상황의존적 ········ 178
상황의존적 접근법 ········ 179
상황주의 ········ 18
새로운 과학철학 ········ 22
생각 ········ 106
생기설 ········ 86
생명과학 ········ 89
생명과학의 발달 ········ 89
생명윤리강령 ········ 190
생명윤리학 ········ 190
생물물리학 ········ 91
생성 ········ 360
생성가치 ········ 236
생성과정 모형 ········ 241
생성학습 모형 ········ 241, 360
생성학습 모형의 독특성 ········ 360
생성형 교육과정 ········ 283
생화학 ········ 91
생활중심 교육과정 ········ 283
서술적 지식 ········ 101
선별 ········ 361
선언적 지식 ········ 102
선언적 진술 ········ 17
선택교육과정 ········ 301
선행개념 ········ 218, 221, 232, 240
선행조직자 ········ 223
선행지식 ········ 240, 356
선험적 지식 ········ 103
선형적 모형 ········ 312
설명 ········ 76
설명 가설 ········ 118
설명 구성과 해결책 설계 교수·학습 ········ 171
설명 단계 ········ 367
설명식 교수 ········ 380
설명식 교수-학습 ········ 43
설명조직자 ········ 226
설명체계 ········ 269
성도식 ········ 434
성숙 ········ 213
성역할 ········ 434

성차 434
성취기준 307
성취기준 해설 307
세계관 84
세부목표 304
세심한 가설 110
소집단 토론 389
소탕심리학 47
속진 과정 433
수공적 131
수공적 기능 135
수공적 조작 421
수공적 탐구 기능의 교수 · 학습 135
수렴적 사고 124
수렴적 질문 384, 387
수사적 선행조직자 225
수수께끼 49
수수께끼 풀이 49
수업 484
수업 목표 264, 479
수업 이론 237
수업 지도안 475
수업 체제 313
수업/명세 목표 268
수업능력 평가 532
수업단원 계획 470
수용학습 217
수준별 교수 · 학습 431
수직적 조직 316
수평적 조직 316
수학과 전산적 사고 교수 · 학습 170
수학적 사고 120, 170
수행 기대 270, 488
수행 목표 265
수행기반 평가 499
수행기준 501
수행예시표 507
수행준거 501
수행평가 497
수행평가 비용 500
수행평가단 490
수행평가의 대상과 주안점 498
수행평가의 필요성 498
순수과학 94
순수기초과학 94
순수수학적 사고 120
순진한 과학 241
순환학습 215
순환학습 모형 42, 202, 329
스콜라철학 86
시간표집 508
시기 384
시뮬레이션 455
시민권 가치 262
시범-관찰-설명 365
시범실험 365, 414
시범실험의 장단점 416
시범실험의 특성 416
시작점 185
신념의 조건 97
신동 433
신체적 경험 214
실기작업 153
실례 399
실사성 220
실용설 19, 20
실용적 가치 261
실용주의 275
실재론 18
실제 조작 기능 135
실제의 발달 수준 231
실제적 유의미가 221
실증적 31
실증주의 22, 30, 31
실증주의의 한계 35
실체 16
실체론적 33
실체론적 환원주의 33
실행된 PCK(enacted PCK, 이하 'ePCK') 528
실험 153, 418
실험 교수 · 학습 형태 422
실험 기능 교수 · 학습 158
실험 기능의 교수 157
실험 보고서 163

실험설계 ······ 145
실험소 ······ 502
실험시험 ······ 532
실험실 교수 · 학습 ······ 423
실험의 목적 ······ 419
실험의 수준 ······ 422
실험의 역할 ······ 419
심리적 구성주의 ······ 200
심리적 유의미가 ······ 220
심리적 조직 ······ 236
심리학적 관점 ······ 74
심성변화 ······ 48
심층면접 ······ 510
심화 프로그램 ······ 433

[ㅇ]

아동중심 교수-학습 ······ 216
아동중심 교육과정 ······ 283
안내된 발견학습 모형 ······ 371
안내된 탐구 수업 ······ 130
안내된 토론 ······ 390
안전사고 ······ 427
암기학습 ······ 217, 218
야외실습 ······ 155
야외실험 ······ 155, 424
야외조사 ······ 424
야외학습 ······ 155, 424
약한 재구성 ······ 349
양립불가능한 ······ 48
양적 관찰 ······ 132
어긋나는 사건 ······ 202
어림 ······ 130, 133
어림짐작 ······ 137
언어연합 ······ 243
여권주의적 과학 ······ 434
여성형 과학 ······ 434
여학생친화적 과학 ······ 434
역할 바꾸기 ······ 62
역할놀이 ······ 61, 428
역할놀이 교수 · 학습 ······ 61, 429
역할놀이 교수 · 학습 단계 ······ 430
역할놀이의 형식 ······ 429
연간 계획 ······ 467
연간 지도 계획 ······ 470
연결비유 ······ 396
연결비유 전략 ······ 394, 396
연결생성 ······ 361
연결어 ······ 398
연결자 ······ 394, 395, 396
연구 ······ 176
연구개발 ······ 176
연구문제 ······ 148
연구전통 ······ 55, 65
연구전통의 비판 ······ 55
연구제목 ······ 148
연구프로그램 ······ 50
연구프로그램의 비판 ······ 53
연역적 가설 ······ 109
연역적 경험주의 ······ 25
연역적 교수 · 학습 ······ 44
연역적 기술 ······ 421
연역적 실험 ······ 424
연역적 추리 ······ 43
영상적 표현 ······ 235
영역 설계 ······ 311
영역 일반적 변화 ······ 349
영역 특수적 변화 ······ 349
영역-구체적인 내용 구조 ······ 346
영역-구체적인 선언적 지식 ······ 365
영역-일반적인 논리적 구조 ······ 345
영재아 ······ 432
예비 단계 ······ 362
예상 ······ 78, 134, 140
예상 기능 교수 · 학습 ······ 140
예상 단계 ······ 366, 482
예시적 실험 ······ 419
오개념 ······ 200, 242, 244, 345, 356
오수벨의 유의미학습 이론 ······ 200
오인 ······ 22, 106, 239, 356
오인의 근원 ······ 242
오인의 조건 ······ 242
오인의 출처 ······ 243
완전학습 ······ 432
외삽 ······ 134

외생적 구성주의 201
요약 223
우열반 432
원리 107, 404
원자료 169
위계 399
유기체론 85, 87
유물론 16
유비 17, 391
유비추론 17
유비추리 17, 26, 27, 43, 125, 391
유사 17
유식한 추측 144
유용성 20
유의미수용학습 217, 221
유의미학습 218
유일 사건 104
유창성 124
유추 391
유효력 236
윤리적 딜레마 177
윤리적 문제 189
윤리적 분석 193, 194
윤리적 추리 194
윤리적 · 도덕적 문제 428
윤리학 15, 17, 190
융통성 124
융합과학 35, 91, 282
융합교육 289
융합적 사고력 289
융합학문 과학 90
융합학문적 90
은유 125
응용 단계 363
응용과학 95, 260
응용교육학 260
응용이론 408
의도된 결과 264
의도된 학습결과의 구조화된 총체 313
의무론적 17
의미구성 361
의미도 232
의미평가 361
의사결정 194, 276, 277
의사결정 교수 · 학습 184
의사결정법 60
의사결정행렬 126
이념 263
이론 교수 · 학습 117
이론의존성 26
이론적-인식론적 측면 228
이범홍 · 김영민 발견학습 모형 373
이범홍 · 김영민의 5단계 발견학습 모형 373
이상 263
이성론 16
이성주의 28
이성주의의 한계 30
이원론 16
이원분류 133
이차 관찰 132
이해 77
인간중심 교육과정 283
인간중심 교육사상 292
인간중심 교육사조 292
인공지능(AI: Artificial Intelligence) 441
인성 교육 185
인식론 15
인식론적 환원주의 33, 35
인식론적 V 401
인식론적 V 평가 405
인식론적 브이 227
인식론적 환원주의 34
인지과학 345
인지구조 205, 356
인지구조의 발달 204
인지기능 206
인지내용 208
인지도 226
인지도식 210
인지발달 205
인지발달 모형 347
인지심리학 103, 199
인지적 갈등 202
인지적 다리 224, 225

인지적 부조화 ···· 223
인지적 재구성 ···· 354
일반 교육과정 개발 모형 ···· 309, 312
일반 선택 과목 ···· 301
일반/단원 목표 ···· 264, 267, 305
일반목표 ···· 312
일반성 ···· 107
일반화 ···· 25, 39, 147, 238
일반화 진술 ···· 38
일반화 가설 ···· 118
일차 관찰 ···· 132
일차적 정보 ···· 76
일치설 ···· 19, 104
임상적 면담 ···· 205
임상적 면접 ···· 511
임시변통적 가설 ···· 41, 110
입증 ···· 21
입증설 ···· 32

[ㅈ]

자기복제 ···· 192
자료단원 계획 ···· 470, 474
자료단원 계획의 구성요소 ···· 474
자료변환 ···· 402
자료의 분석 ···· 169
자료정리 ···· 154
자료해석 ···· 145
자료해석 기능 교수 · 학습 ···· 150
자발적 개념 ···· 230
자연관 ···· 84
자연발생적 지식 ···· 351
자유반응형 ···· 510
자율적 발견학습 ···· 217
작동적 표현 ···· 234
작은모둠조사 ···· 60
잠재적 부착관념 ···· 224
잠재적 유의미가 ···· 220, 221
장기 계획 ···· 467
장면표집 ···· 508
재구성 ···· 349
재능아 ···· 432
저차원적 질문 ···· 385
적응 ···· 206
적응교육 프로그램 ···· 432
전개념적 사고 단계 ···· 211
전과학 ···· 48
전논리적 방법 ···· 211
전문가 모둠 ···· 411
전문적 기술 ···· 421
전산적 도구 ···· 170
전산적 사고 ···· 170
전조작 단계 ···· 210
전진적 분화 ···· 223
전통적 교수 · 학습 모형 ···· 350
전통적 심리철학 ···· 203
전패러다임 과학 ···· 48
절대적 진리 체계 ···· 269
절대주의 ···· 18
절차적 지식 ···· 102
절충주의 ···· 53
점검표 ···· 503
점수척도 ···· 501
점수체계 ···· 503
점수표 ···· 506
점진적 모형 ···· 54, 65
정교성 ···· 124
정답표 ···· 500
정당화된 참된 신념 ···· 15, 98
정량화의 수단 ···· 132
정보공학 ···· 293
정보화사회 ···· 293
정상과학 ···· 49
정신 모형 ···· 167, 241, 346
정신적 ···· 131
정신적 표상화 ···· 210
정의적 영역 ···· 494
정의적 토론 ···· 389
정착자 ···· 394, 395, 396
정체 ···· 105
정합설 ···· 19, 20
정합성 ···· 107
정확한 관찰 ···· 132
제1차 교육과정 ···· 295
제1차시험 ···· 532

제2차 교육과정 ········ 297
제2차시험 ········ 532
제3차 교육과정 ········ 297
제4차 교육과정 ········ 297
제5차 교육과정 ········ 297
제6차 교육과정 ········ 298
제7차 교육과정 ········ 298
제도적 사실 ········ 104, 113
제멋대로 한 추측 ········ 144
조건 ········ 268
조사 ········ 154, 163
조사 계획 설계 ········ 169
조사 계획과 수행 교수 · 학습 ········ 168
조사 기능 교수 · 학습 ········ 159
조사 기능의 교수 ········ 159
조사 보고서의 특징 ········ 164
조작 ········ 208
조작(독립)변인 ········ 158
조작변인 ········ 145, 154
조작적 정의 ········ 32, 154
조작적 지능 ········ 211
조작주의 ········ 22, 25, 32
조절 ········ 207
조절변인 ········ 149, 419
조정 교육과정 ········ 285
조정과학 ········ 90, 286
조정군 ········ 240
조직의 원리 ········ 236
조직화 ········ 206
조합적 사고 ········ 213
존재론 ········ 15
좁은 의미의 학습 ········ 214
종교적 세계관 ········ 86
종속변인 ········ 162, 419
종속변인과 ········ 145
종합적 역할 ········ 429
좋은 과학적 이론 ········ 108
주간 계획 ········ 467, 478
주요 개념 ········ 476
주의기울이기 ········ 361
주제 ········ 121
주제중심 교육과정 ········ 289
준거 ········ 19
준거대상 ········ 27
준거속성 ········ 105, 138, 219
중개변인 ········ 150
중복발표 ········ 192
중핵학습 설계 ········ 311
중핵형 ········ 283
증거 기반 논증 교수 · 학습 ········ 172
증거의 조건 ········ 97
지각 ········ 18
지구과학 ········ 90
지구과학 분야 대체적 개념 ········ 252
지구과학의 발달 ········ 90
지능 ········ 205, 207
지능발달 ········ 205
지능발달 단계 ········ 209
지능발달 이론 ········ 204
지능형과학실 ········ 457
지속 ········ 234
지속가능한 개발 ········ 285
지식 주장 ········ 241
지식 · 이해 ········ 303, 305
지식기반사회 ········ 293
지식사회학 ········ 56, 57
지식의 구조 ········ 233, 234
지식의 구조론 ········ 238
지식의 조건 ········ 97
지식정보화 교육사상 ········ 293
지식정보화 사회 ········ 285, 290, 293
지식주장 ········ 402, 406
지적 태도 ········ 272
직관적 관념 ········ 240, 356
직관적 사고 ········ 238
직관적 사고 단계 ········ 211
직업윤리 ········ 190
직유 ········ 125
직접 수업 ········ 379
직접 자료 ········ 132
진공 ········ 249
진로 선택 과목 ········ 301
진리 ········ 104
진리의 조건 ········ 97

진리의 준거 ··· 97
진보주의 ··· 275
진실 ··· 16, 104
진화적 모형 ··· 63, 202
질문 ··· 382, 383
질문하기와 문제 정의하기 교수 · 학습 ··· 167
질적 관찰 ··· 132
집단 영상 ··· 520
집단영상법 ··· 520
집단이익 ··· 387
집단적 PCK ··· 528
집단조사 ··· 276
짧은 과제 ··· 502
쪽매붙이기 ··· 192

[ㅊ]

차세대과학교육기준 ··· 263
차원 ··· 488
참명제 ··· 101
참여관찰 ··· 509
참조도구 ··· 133
참평가 ··· 499
창발적 사고 ··· 128
창안 ··· 329
창의력 ··· 278
창의성 ··· 278
창의융합형 인재 ··· 289
창의적 문제해결 ··· 278
창의적 사고 ··· 122, 123, 278, 384
창의적 사고력 ··· 122, 278
창의적 체험활동 ··· 301
채점 방법 ··· 498
채점 지침 ··· 501
채점 체계 ··· 501
채점기준 ··· 399
채점기준표 ··· 507
채점전략 ··· 501
채점준거 ··· 400, 501
채점척도 ··· 501
채점표 ··· 500
처방적 특성 ··· 237
천재 ··· 433
철학 ··· 15
철학적 관점 ··· 74
체계적 관점 ··· 346
체계적 관찰 ··· 508
초대 ··· 322
초심자-전문가 변화 ··· 240, 347, 349
초점 단계 ··· 362
초점질문 ··· 228, 402
초점총체평정척도 ··· 504
총괄목표 ··· 304
총체적 채점표 ··· 503
최선의 설명 추론 ··· 39, 40
최적의 계열 ··· 236
추가자료 제시 ··· 482
추구하는 인간상 ··· 265
추론 ··· 17, 137
추리 ··· 17, 134
추리 기능 교수 · 학습 ··· 141
추상적 개념 ··· 242
추측 ··· 38, 134
측정 ··· 132
측정 기능 교수 · 학습 ··· 137

[ㅋ]

클라우드 기반 협업도구 ··· 452

[ㅌ]

타일러의 교육과정 개발 모형 ··· 312
탈내용적 사고 ··· 120
탈상황적 기능 ··· 201
탐구 과정 ··· 130
탐구 기능 ··· 130
탐구 중심 과학 교수 · 학습 ··· 215
탐구 중심 과학교육 ··· 129, 233
탐구 평가목록 ··· 492
탐구 활동 ··· 307
탐구기반 ··· 131
탐구로서의 과학 ··· 291, 321, 322
탐구를 통한 교수 · 학습 ··· 165
탐구에 의한 과학 ··· 321
탐구에의 초대 ··· 291, 421
탐구적 실험 ··· 419

탐색 ··· 154, 329
탐색실험 ··· 44, 423
토론 ··· 388
토론을 통한 교수·학습 ··· 59
토론의 주제 ··· 389
토론중심 교수·학습의 주제 ··· 390
토의 ··· 152
토의 교수·학습 ··· 153
토의 기능 교수·학습 ··· 157
토의 기능의 교수 ··· 157
통계법칙 ··· 107
통일과학 ··· 35
통제 ··· 78
통제변인 ··· 145, 149, 154, 158, 162, 419
통합 교육과정 ··· 285, 289
통합 탐구 과정 ··· 142, 419
통합과정 ··· 491
통합과학 ··· 35, 282, 286, 287, 301
통합적 조정 ··· 221, 223
퇴행성 ··· 51
특정 이론 ··· 241
틀 이론 ··· 241

[ㅍ]

파생적 포섭 ··· 222
파인즈와 웨스트의 학습모형 ··· 350
패러다임 ··· 46, 346
패러다임의 교체 ··· 48
평가 ··· 485
평가 과제 ··· 498, 500
평가 목표 ··· 486
평가 문항 ··· 486
평가 틀 ··· 486
평가기준 ··· 400, 501
평가준거 ··· 501
평점표시 ··· 509
평형화 ··· 207, 214
폐쇄적 질문 ··· 384
포섭 ··· 219, 361
포섭자 ··· 222, 226
포트폴리오 ··· 498, 503, 515
포트폴리오법 ··· 515
표본 ··· 155
표상학습 ··· 218, 391
표상화 ··· 210, 240
표절 ··· 192
표준 교수·학습 ··· 416
표준모형 ··· 240
표준화 검사 ··· 487
표집 ··· 155
표현 양식 ··· 234
프로그램 ··· 280
피아제의 지능발달 이론 ··· 200

[ㅎ]

하슈웨의 개념변화 모형 ··· 354
하위적 학습 ··· 219, 222
학년군 ··· 301
학문분야 설계 ··· 311
학문의 구조 ··· 291
학문중심 교육과정 ··· 283
학문중심 교육사상 ··· 129, 291
학생과학 ··· 351
학생교사 ··· 426
학생모둠성취분담 모형 ··· 409
학생주도 토론 ··· 390
학생중심 토론 ··· 389
학습 ··· 484
학습 결과에 대한 평가 ··· 496
학습결과 ··· 313
학습경험 ··· 312, 314
학습경험의 프로그램 ··· 314
학습과제 ··· 220, 224, 360
학습 내용 ··· 478
학습 형태 ··· 217
학습 환경 ··· 408
학습 활동 ··· 478
학습으로서의 평가 ··· 496
학습을 위한 평가 ··· 496
학습의 도달점 ··· 304
학습의욕 ··· 233
학습자중심 설계 ··· 311
학습지도안 ··· 475
합리적 사고 ··· 122

합리적 태도 ······ 272
합본과학 ······ 283, 287, 288
핵심적 탐구 과정 ······ 476
행동 동사 ······ 264
행동 목표 ······ 265
행동 학습 ······ 187, 188
행동 학습 경험 ······ 188
행동의 구조화된 분석 ······ 195
행동주의 ······ 200
허명의 과학적 탐구 과정 모형 ······ 493
허명의 일반 탐구기능 평가 틀 ······ 492
현상론 ······ 18
현상적 어근 ······ 240
현장견학 ······ 155, 424
현장실습 ······ 155, 424
현장실습 계획서 ······ 427
현장실습 기능 교수 · 학습 ······ 160
현장실습 기능의 교수 ······ 159
현장실습 장소 ······ 427
현장실험 ······ 424
현장연구 ······ 155
현장학습 ······ 155, 424
협동학습 ······ 60, 195, 406
협동학습 모형 ······ 157
협동학습의 이론적 배경 ······ 408
협력학습 ······ 407, 408
협력학습 모형 ······ 413
형상 ······ 347
형성 평가 ······ 496
형식과학 ······ 94
형식과학적 사고 ······ 120
형식논리적 사고 ······ 17
형식적 강의 ······ 380
형식적 사고 ······ 208
형식적 조작 단계 ······ 213
형식적 지식 ······ 351
형이상학 ······ 15
호기심과 불확실성 ······ 233
호혜적 교수 · 학습 ······ 201
홍익인간 ······ 265, 300
화학 ······ 88
화학 분야 대체적 개념 ······ 247, 250
화학의 발달 ······ 88
확산적 사고 ······ 124
확인실험 ······ 44, 419, 423
확장형 과제 ······ 502
확증 ······ 21
확증설 ······ 31
환원론 ······ 16
환원주의 ······ 22, 25, 32, 33
환원주의의 한계 ······ 34
활동중심의 교수-학습 ······ 216
후실증주의 ······ 22
후험적 지식 ······ 103
흄의 문제 ······ 26
흉내내기 ······ 192

[A]

a posteriori knowledge ······ 103
a priori knowledge ······ 103
abduction ······ 39, 107
acceleration program ······ 433
accommodation ······ 206
accumulation ······ 349
action learning ······ 187
activation ······ 233
actual developmental level ······ 231
actual meaningfulness ······ 221
ad hoc hypothesis ······ 41, 110
adaptation ······ 206
advance organizer ······ 223
aesthetics ······ 18
aim or purpose ······ 263
alternative ······ 119
alternative assessment ······ 499
alternative conception ······ 241
alternative framework ······ 50, 185, 239, 314, 356
alternative hypothes ······ 39
analog ······ 392
analogical reasoning ······ 26
analogue ······ 27
analogy ······ 17, 108, 391
analytical ······ 119
analytical decision-making model ······ 187

analytical rubric ··· 503
anchor ··· 221
anchorage ··· 224
anchoring ideas ··· 218, 224
animism ··· 84
antirealism ··· 58
application phase ··· 363
applied education ··· 260
applied science ··· 94, 260
APU ··· 490
APU 평가 틀 ··· 490
APU의 탐구요소 평가 틀 ··· 490
argument ··· 17
argumentative essay ··· 121
assessment as learning ··· 496
assessment for learning ··· 496
assessment framework ··· 486
assessment of learning ··· 496
Assessment of Performance Unit ··· 490
assessment standard ··· 501
assessment task ··· 498
assimilation ··· 206
assimilation theory ··· 217
attainment target ··· 263
attention ··· 361
attitude toward science ··· 272
attitude towards science ··· 495
authentic assessment ··· 499
authority ··· 100
auxiliary hypothesis ··· 52, 110
axiology ··· 15
axiomatic method ··· 29

[B]

basic ··· 130
basic inquiry process ··· 135
basic processes ··· 491
basic science ··· 94
behavioral objective ··· 265
benchmark lesson ··· 416
big data ··· 170
biochemistry ··· 91
bioethics ··· 190
biology ··· 89
biophysics ··· 91
bold hypothesis ··· 109
bolt-on ··· 180
bridging analogy ··· 395
bridging case ··· 395
BSCS의 5E 모형 ··· 343

[C]

CASE ··· 215
category ··· 106
cautious hypothesis ··· 110
challenge phase ··· 362
chapter ··· 470
character education ··· 185
checklist ··· 139, 503, 509
checklist of points ··· 506
citizenship value ··· 262
classification ··· 133
clinical interview ··· 205, 511
Co-Op Co-Op ··· 413
Cognitive Acceleration through Science Education ··· 215
cognitive bridge ··· 224
cognitive conflict ··· 202
cognitive content ··· 208
cognitive development ··· 205
cognitive dissonance ··· 223
cognitive function ··· 206
cognitive map ··· 226
cognitive psychology ··· 103
cognitive science ··· 345
cognitive structure ··· 205, 220
cognitive-developmental ··· 240
cognitivism ··· 199
coherence ··· 107
coherence theory ··· 19
collaborative learning ··· 407
collective PCK, 이하 'cPCK' ··· 528
combinatorial learning ··· 219
combined science ··· 283

comparative organizer ········· 225
competitive learning ········· 61
complex statement ········· 106
concept ········· 105
concept assimilation ········· 219
concept formation ········· 219
concept learning ········· 218
concept map ········· 223, 396, 517
conception ········· 106
conceptual change ········· 345
conceptual change model ········· 202
conceptual differentiation ········· 347
conceptual domain ········· 228
conceptual exchange ········· 347
conceptual framework ········· 50
conceptual goggle ········· 48
conceptual model ········· 167
conceptual schemes ········· 199
conceptual side ········· 401
conclusion ········· 17
condition ········· 268
confirmation ········· 21
confirmation theory ········· 32
conjecture ········· 38
consequence mapping ········· 195
conservation ········· 212
conservative model ········· 63
construct ········· 32, 106
constructing meanings ········· 361
construction ········· 156
content ········· 321
content with process ········· 321
content-free ········· 240
content-free thinking ········· 120
context-based ········· 178
contextualism ········· 84
continuity ········· 206
control ········· 78
controlled variable ········· 154, 162
controversial issue ········· 178
convergent thinking ········· 124
cooperative learning ········· 60, 406
coordinated science ········· 90, 286
coordination class ········· 240
correspondence rule ········· 32
correspondence theory ········· 19, 104
cost-benefit ········· 194
counter example ········· 105
course ········· 280
course of study ········· 280, 312, 467
CPS ········· 278
creative ability ········· 278
Creative Problem Solving ········· 278
criteria ········· 19, 268
criterial attribute ········· 105
criterial attributes ········· 138, 219
critical thinking ········· 22, 277
cultural-historical ········· 199
cultural-historical theory ········· 229
cumulative model ········· 25, 62
curriculum guide ········· 280
curriculum integration ········· 288

[D]

decision making ········· 194, 276
decision-making matrix ········· 126
declarative knowledge ········· 102
declarative statement ········· 17
decontextualized function ········· 201
demonstrate-observe-explain ········· 365
demonstration ········· 365, 414
deontological ········· 17
dependent variable ········· 162
description ········· 75
descriptive ········· 237
descriptive learning cycle ········· 333
determinism ········· 18
development ········· 176
developmentally based curriculum ········· 215
dialectical ········· 119
differentiation ········· 133
difficulty ········· 236
dilemma ········· 61
dimension ········· 488

direct instruction ······ 379
direction ······ 233
discipline-centered ······ 290
discontinuity ······ 206
discourse ······ 388
discourse analysis perspective ······ 346
discovery ······ 329
discovery learning ······ 217, 233
discrepant event ······ 202, 237
discriminability ······ 225
discussion ······ 152, 388
disequilibrium ······ 202
divergent ······ 119
divergent thinking ······ 122
documenting ······ 154
DOE ······ 365
domain-general change ······ 349
domain-general logical structure ······ 345
domain-specific change ······ 349
domain-specific content structure ······ 346
domain-specific declarative knowledge ······ 365
driving question ······ 156
dualism ······ 16

[E]

eclectic doctrine ······ 53
economy ······ 234, 235
educated guess ······ 144
education about science ······ 259
education by science ······ 259
education in science ······ 259
education of science ······ 259
educational construct ······ 185
educational framework ······ 185
educational outcome ······ 263
effective power ······ 234, 236
elaboration ······ 124
emergent thinking ······ 128
emerging curriculum ······ 283
empirical-abductive ······ 335
empirical-abductive learning cycle ······ 333
empiricism ······ 16
enactive representation ······ 234
engineering ······ 95, 156
enrichment program ······ 433
entry point ······ 185
epistemological ······ 33
epistemological V ······ 223
epistemology ······ 15
equilibration ······ 207
estimate ······ 133
estimation ······ 130
ethical analysis ······ 194
ethical dilemmas ······ 177
ethics ······ 15, 190
ethos of science ······ 57
evaluative/assessment criteria ······ 501
event task ······ 502
event-centered ······ 180
evidence ······ 17
evolutionary model ······ 63
experiment ······ 153, 418
explanation ······ 76
explicit instruction ······ 379
exploration ······ 329
expository organizer ······ 225
expository teaching ······ 380
extended task ······ 502

[F]

fact ······ 104
factual domain ······ 228
falsifiability ······ 36
falsification ······ 21
falsificationism ······ 21
FAR ······ 392
FAR(Focus-Action-Reflection) Guide ······ 393
field experiment ······ 155, 424
field study ······ 155, 424
field trip ······ 155, 424
field work ······ 155, 424
firsthand data ······ 132
flexibikity ······ 124
fluency ······ 124

focus phase ········ 362
focus question ········ 228
Focus, Action, Reflection ········ 392
focused holistic rating scale ········ 504
folder ········ 515
formal lecture ········ 380
formal symbolic ········ 119
formative assessment ········ 496
formism ········ 84
framework theory ········ 241
functional invariant ········ 206
fused science ········ 282

[G]

General Model of Analogy Teaching ········ 392
generality ········ 107
generalization ········ 25
generating links ········ 361
generation ········ 360
generative learning model ········ 241, 360
generative process model ········ 241
generative value ········ 236
genetic epistemology ········ 204
genius ········ 433
gestalt switch ········ 48
GI ········ 276, 412
gifted ········ 432
gifted in science ········ 432
GMAT ········ 392
goal ········ 263
Gowin's Vee ········ 228
gradual model ········ 54, 65
Group Investigation ········ 412
group learning ········ 407
group visuals ········ 520
guess ········ 134
guided ········ 130

[H]

hands-on ········ 131, 421
hard core ········ 51
holistic rubric ········ 503
human-centered ········ 290
hypothetical-deductive ········ 335
hypothetical-predictive learning cycle ········ 333
hypothetico-deductive ········ 21, 38

[I]

IASA ········ 433
iconic representation ········ 235
idea ········ 106
ideal ········ 263
idealism ········ 16, 18
ideational scaffolding ········ 226
identity ········ 105
imagery ········ 347
impetus theory ········ 244
incommensurable ········ 48
inculcation ········ 194
independent variable ········ 162
individualistic learning ········ 61
inference ········ 17
inference by analogy ········ 17
inference to the best explanation ········ 39
inferential ········ 119
information society ········ 293
Information Technology ········ 293
innate idea ········ 28
inquiry process ········ 130
inquiry skill ········ 130, 270
inquiry-based ········ 131
inquiry-based science education ········ 233
instruction ········ 484
instructional objective ········ 264
instructional unit plan ········ 470
integrated ········ 130
integrated processes ········ 491
integrated science ········ 282
integrative reconciliation ········ 221, 223
intellectual development ········ 205
intelligence ········ 205
intended outcome ········ 264
interactive lecture ········ 380
interdisciplinary ········ 90

interdisciplinary science ········ 282
interview ········ 510
intrinsic role ········ 199
intrinsic value ········ 262
introductory material ········ 224
intuition ········ 100
intuitive idea ········ 240, 356
invention ········ 329
investigation ········ 154
invitation into enquiry ········ 322
invitation to enquiry ········ 291
invitations to enquiry ········ 421
Israel Arts and Science Academy ········ 433
issue-based ········ 180
IT ········ 293

[J]

Jigsaw ········ 410
Jigsaw II ········ 412
justified true belief ········ 15, 98

[K]

K-12 Framework ········ 164
knowing-how ········ 102
knowing-that ········ 102
knowing-what ········ 102
knowing-why ········ 102
knowledge ········ 97
knowledge by acquaintance ········ 101
knowledge by description ········ 101
knowledge claims ········ 241
knowledge of things ········ 102
knowledge-based society ········ 290
KWL ········ 224

[L]

laboratory works ········ 423
large data ········ 170
learning by doing ········ 156
learning cycle ········ 215
learning cycle model ········ 42, 202, 329
learning experience ········ 314
learning set ········ 220
learning task ········ 220, 224, 360
learning together ········ 413
learning Vee ········ 401
lecture ········ 379
lesson plan ········ 263, 467
linear model ········ 312
logic ········ 15
logic of science ········ 57
logical meaningfulness ········ 220
long-form ········ 476
LT ········ 413

[M]

maintenance ········ 233
manipulated variable ········ 154
Mastery Learning ········ 432
material symbolic ········ 119
materialism ········ 16
maturation ········ 213
meaningful reception learning ········ 217
measurement ········ 132
mechanism ········ 16, 84
mechanistic world view ········ 21
mental model ········ 167, 241, 346
meta-learning ········ 402
metaphysics ········ 15
method of science ········ 119
methodological ········ 33
methodological side ········ 401
mind map ········ 232
minds-on ········ 131, 421
misconception ········ 22, 106, 200, 239, 348
mode of representation ········ 234
model ········ 108
module ········ 286
monologue ········ 380
mop psychology ········ 47
mosaic ········ 192
motivation ········ 361
multiple image-schemas ········ 347
mysticism ········ 84

[N]

naive science 241
National Curriculum 281
Nature of Science 69
negative heuristic 51
new philosophy of science 22
NGSS 263, 288
non-example 105
non-propositional 102
nonarbitrariness 220
normal science 49
NOS 69
NOS PCK 81
notion 106
novice-expert shift 240, 349

[O]

objective 263
observation 132
ontological 33
ontology 15
OPE 모형 365
open 130
operation 208
operational definition 32
operationalism 22, 32
optimal level of uncertainty 233
oral presentation 512
oral question 510
organicism 84
organization 206
origin 99
originality 124
outliers 169
overview 223

[P]

p-prim 240
panpsychism 85
paradigm 46, 346
PBI 156
PBS 156
PCK 381, 526
pedagogic device 224
pedagogical content knowledge 381
PEOE 367
PEOE 모형 365, 367, 482
perception 18
performance 268
performance assessment 497
performance criteria 501
performance expectation 270
performance expectations 488
performance objective 265
performance standard 501
performance-based assessment 499
personal PCK, 이하 'pPCK' 528
phenomenalism 18
phenomenological primitive 240
philosophy of science 15
physical chemistry 91
physical sciences 286
Piagetian perspective 346
POE 365
POE 모형 365, 480
POE 모형에 따른 교수 · 학습 366
point system 503
population 155
portfolio 503
positive 31
positive heuristic 51
positivism 31
post positivism 199
post-positivism 21
potential meaningfulness 220
practical work 153
pragmatic theory 19
pre-existing conception 232
pre-paradigm science 48
pre-science 48
preconception 240
predict-explain-obseve-explain 367
prediction 78, 134
prediction-observation-explanation 365

predisposition ········ 233
preliminary phase ········ 362
preview ········ 223
primary observation ········ 132
primary source ········ 76
primary trait rubric ········ 503
principle ········ 107
prior knowledge ········ 240
private speech ········ 230
problem-oriented ········ 178
procedural knowledge ········ 102
process ········ 321
process with content ········ 321
prodigy ········ 433
professional ethics ········ 190
program ········ 280
progressive differentiation ········ 223
project ········ 130, 276, 283
project-based instruction ········ 156
project-based science ········ 156
proposition ········ 17
propositional learning ········ 219
propositions ········ 397
protective belt ········ 51
pseudoscience ········ 37
psychological constructivism ········ 200
psychological meaning ········ 220
pure science ········ 94
puzzle-solving ········ 49

[Q]

QCA ········ 123
Qualification and Curriculum Authority ········ 123
question ········ 383

[R]

R & D ········ 176
radical constructivism ········ 199, 334
rating scale ········ 501, 503
rationalism ········ 16
RCM ········ 527
realism ········ 18
reality ········ 16
reasoning ········ 17, 134
reasoning by analogy ········ 17
reception learning ········ 217
reciprocal teaching/learning ········ 201
reductionism ········ 16
Refined Consensus Model ········ 527
reflecting ········ 154
refutation ········ 38
regularities ········ 25
regularity ········ 106
repesentative learning ········ 218
report ········ 514
representation ········ 240
representational learning ········ 391
research ········ 176
research programme ········ 50
research tradition ········ 53
resource unit plan ········ 470
responding variable ········ 154
response format ········ 500
restructuring ········ 349
retention ········ 217
revelation ········ 100
revolutionary model ········ 64
rhetorical advance organizers ········ 225
role playing ········ 61, 428
rote learning ········ 217
rubrics ········ 500

[S]

sample ········ 155
sampling ········ 155
SAPA ········ 491
SAPA II ········ 131, 142, 491
SAPA의 평가 틀 ········ 491
scaffolding ········ 232
scheme ········ 206
scholasticism ········ 86
science as enquiry ········ 291
science by inquiry ········ 321
science content ········ 488

science course framework ··· 467
Science Curriculum Improvement Study ··· 335
science fair ··· 276
Science in a Social Context ··· 178
science of life ··· 89
science of science ··· 57
science practice ··· 488
science program ··· 467
science writing ··· 121
Science, Technology, Engineering, Arts & Mathematics ··· 288, 289
Science-A Process Approach ··· 491
science-based social issues ··· 285
science-in-society ··· 177
Science-Society-Technology ··· 294
Science-Technology- Society-Environment ··· 294
Science-Technology-Engineering-Art-Mathematics ··· 91
science-technology-engineering-art-mathematics ··· 174
science-technology-engineering-mathematics 174
Science-Technology-Society ··· 174
scientific and engineering practice ··· 119
scientific attitude ··· 272
scientific controversies ··· 177
scientific crisis ··· 49
scientific ethics ··· 190
scientific experiment ··· 162
scientific literacy ··· 273, 486
scientific method ··· 16, 119
scientific methodology ··· 16, 73
scientific revolution ··· 50
scientific thinking ··· 121, 277
SCIS ··· 335
scoring criteria ··· 501
scoring guideline ··· 501
scoring method ··· 498
scoring rubrics ··· 500
scoring scale ··· 501
scoring strategy ··· 501
scoring system ··· 501
search ··· 154
secondary observation ··· 132
selection ··· 361
Self-Generated Analogies ··· 393
semantic map ··· 232
sensitivity ··· 278
sensory input ··· 361
separated science ··· 286
sequence ··· 236
service learning ··· 187
SGI ··· 60
short task ··· 502
short-form ··· 476
SIEI ··· 492
sign ··· 219
similarity ··· 17
simple statement ··· 75, 104
simulation ··· 153
single idea ··· 106
singular occurrence ··· 104
SISCON ··· 178
skepticism ··· 277
Small-Group Investigation ··· 60
social action ··· 156
social arbitrary knowledge ··· 103
social consensus ··· 19, 23
social constructivism ··· 46, 199
social dilemma ··· 186
social interdependence theory ··· 408
social negotiation ··· 56
socio-cultural ··· 73
socio-historic theory ··· 408
sociocultural perspective ··· 346
sociocultural theory ··· 229
sociohistorical theory ··· 229
sociology of knowledge ··· 56
sociology of science ··· 46
sociology of scientific knowledge ··· 199
Socioscientific Issues ··· 321
socioscientific issues ··· 185, 428
socio-cultural theory ··· 408
source ··· 27
specific theory ··· 241

spiral curriculum ····· 238
spontaneous concept ····· 230
spontaneous knowledge ····· 351
spontaneous learning ····· 234
SSI ····· 177, 185, 190, 321
SSI 교수 · 학습 ····· 186
SSI 주제 ····· 186
SSK ····· 199
SST ····· 294
STAD ····· 409
STAD 모형 ····· 409
standard model ····· 240
station ····· 502
statistical law ····· 107
STEAM ····· 91, 174, 289
STEAM Literacy ····· 289
STEM ····· 91, 174, 288, 289
stronger sense restructuring ····· 349
structural approach ····· 349
structure of knowledge ····· 234
Structure of the Discipline ····· 291
structured ····· 130
structured analysis of people's actions using a 'goals, rights and responsibilities model ····· 195
structured controversy model ····· 187
STS ····· 174, 290
STS 과학교육사상 ····· 293, 300, 301, 303, 305
STS 교수 · 학습 ····· 177
STS 교수 · 학습 방법의 한계 ····· 184
STS 교육과정 ····· 284
STS 교육과정 내용 ····· 319
STS 교육과정 내용의 선정과 조직 ····· 319
STS 교육사상 ····· 293
STS 교육의 목적 ····· 178
STS 논쟁거리 ····· 277
STS 사상 ····· 275
STS 소양 ····· 275
STS 소양인 ····· 179
STS 접근법 ····· 178, 179, 294
STS 프로그램 ····· 320
STSE ····· 277, 290, 294
student teacher ····· 426
Student Teams-Achievement Division ····· 409
studies of sciences ····· 259
study trip ····· 155, 424
subject matter ····· 77, 280
subordinate learning ····· 219
substances ····· 16
substantiveness ····· 220
subsumer ····· 222, 226
subsumption ····· 219, 222, 361
summary ····· 223
superordinate learning ····· 219
survey ····· 163
sustainable development ····· 285
syllabus ····· 280, 470
syllogism ····· 29
symbol ····· 219
symbolic representation ····· 235
synthetical ····· 119
systemic perspective ····· 346

[T]

tabula rasa ····· 24
talented ····· 432
target ····· 27, 392
teacher-centered ····· 365
teacher-centered teaching ····· 379
teaching ····· 484
teaching profession ····· 523
Teaching With Analogies ····· 43, 392
teaching/learning through inquiry ····· 165
Teams-Games-Tournaments ····· 410
technique ····· 95
technology ····· 21, 96
technoscience ····· 176, 275
teleological ····· 17
teleology ····· 16, 84
TGT ····· 410
thematic ····· 289
theme ····· 73, 287
theory ladenness ····· 27
theory of impetus ····· 99
theory-dependence ····· 26

theory-ladenness ············ 98
thesis ············ 121
thought experiment ············ 421
through science ············ 259
timing ············ 384
to know ············ 97
true proposition ············ 101
truth criteria ············ 97
TWA ············ 43, 392
TWA(Teaching-With-Analogies) ············ 393
two-subject science ············ 288

[U]

understanding ············ 77
unified science ············ 35, 287
unit ············ 470
unit evaluation plan ············ 470
unit plan ············ 467
universal law ············ 87, 107
usability ············ 20
utilitarian ············ 17
utilitarian value ············ 262
utilitarianism ············ 20

[V]

V heuristic ············ 228
V 발견법 ············ 401
vacuum ············ 249
value clarification ············ 194
vee diagram ············ 519
Vee heuristic ············ 401
verification ············ 21
verification theory ············ 31
view of nature ············ 84
vignette ············ 194
vitalism ············ 84
V도(vee diagram) ············ 228, 519, 520
V도법 ············ 519

[W]

wait time ············ 386
weaker sense restructuring ············ 349
whistle blower ············ 191
wild guess ············ 144
world view ············ 84

[Z]

zo-ped ············ 231, 232
Zone of Proximal Development ············ 230
ZPD ············ 230, 231, 232, 239

[2]

2007 개정 교육과정 ············ 298
2009 개정 교육과정 ············ 299
2급 정교사 자격증 ············ 530

[3]

3단계 순환학습 모형 ············ 335, 339

[4]

4E 모형 ············ 331
4E 및 5E 순환학습 모형 ············ 338
4E 순환학습 모형 ············ 215, 333, 338, 343
4E 순환학습 모형의 적용 ············ 342
4단계 순환학습 모형 ············ 333

[5]

5E 모형 ············ 331, 476
5E 순환학습 모형 ············ 334, 338
5E 순환학습 모형의 적용 ············ 343
5단계 발견학습 모형 ············ 371
5단계 순환학습 모형 ············ 334

[7]

7E 모형 ············ 332
7E 순환학습 모형 ············ 334
7단계의 발견학습 모형 ············ 371

공저자 소개

이기영(李起榮)

서울대학교 사범대학 지구과학교육과(1990)
서울대학교 과학교육과(2004), Ph. D.
현재 강원대학교 사범대학 과학교육학부 교수
e-mail: leeky@kangwon.ac.kr

김희경(金喜卿)

서울대학교 사범대학 물리교육과(1995)
서울대학교 과학교육과(2003), Ph. D.
현재 강원대학교 사범대학 과학교육학부 교수
e-mail: heekyong@kangwon.ac.kr

윤희숙(尹姬淑)

서울대학교 사범대학 화학교육과(1995)
서울대학교 과학교육과(2005), Ph. D.
현재 강원대학교 사범대학 과학교육학부 교수
e-mail: hsyoon@kangwon.ac.kr

변정호(邊正鎬)

한국교원대학교 제3대학 생물교육과(1999)
한국교원대학교 과학교육과(2013), Ph. D.
현재 강원대학교 사범대학 과학교육학부 조교수
e-mail: jhbyeon@kangwon.ac.kr

조희형(趙熙衡)

서울대학교 사범대학 생물교육과(1974)
미국 Purdue University(1983), Ph. D.
현재 강원대학교 사범대학 과학교육학부 명예교수
e-mail: heehcho@kangwon.ac.kr

〈제2판〉
과학 교육론과 지도법

2020년 1월 15일 1판 1쇄 발행
2022년 6월 15일 1판 3쇄 발행
2025년 9월 15일 2판 1쇄 인쇄
2025년 9월 20일 2판 1쇄 발행

저자와의 협의하에 인지생략

공저자 : 이기영 김희경 윤희숙
변정호 조희형
발행자 : 한 정 주
발행처 : 교 육 과 학 사

경기도 파주시 광인사길 71
전화 (031)955-6956~8/팩스 (031)955-6037
Home-page : www.kyoyookbook.co.kr
E-mail : kyoyook@chol.com
등록 : 1970년 5월 18일 제2-73호

낙장 · 파본은 교환해 드립니다.
Printed in Korea.

정가 **32,000**원
ISBN 978-89-254-1940-4